LA GRANDE HISTOIRE DU MONDE

Diplômé de l'Institut d'études politiques de Paris, François Reynaert est journaliste à *L'Obs*. Il y a tenu, entre 1994 et 2014, une chronique humoristique qui l'a rendu célèbre. Il a publié une trilogie romanesque (*Nos amis les journalistes*, 2001 ; *Nos amis les hétéros*, 2004 ; *Rappelle-toi*, 2008, tous chez Nil Éditions). *Nos ancêtres les Gaulois et autres fadaises* (Fayard, 2010 ; Le Livre de Poche, 2012), devenu un best-seller, a montré son goût pour l'histoire. En 2013, il récidive avec *L'Orient mystérieux et autres fadaises*, une grande histoire du monde arabo musulman, toujours publié chez Fayard.

Paru au Livre de Poche :

La Grande Histoire du monde arabe
Nos ancêtres les Gaulois et autres fadaises

En collaboration avec Vincent Brocvielle :
Le Kit du 21e siècle

FRANÇOIS REYNAERT

La Grande Histoire du monde

FAYARD

Les cartes ont été réalisées par Philippe Rekacewicz,
à l'exception des deux cartes en pages 852 et 854,
réalisées par Études et Cartographie.

ISBN : 978-2-253-18004-3 – 1re publication LGF

SOMMAIRE

Introduction

« La terre est ronde. Cela permet à tous les peuples qui l'habitent de se croire au centre du monde. »

Les Occidentaux du XXIe siècle découvrent avec stupéfaction la montée en force de l'Iran. Par quel miracle ce pays qui leur semblait coincé dans son archaïsme comme ses mollahs dans leur turban est-il en train de redevenir l'une des puissances les plus importantes de tout le Moyen-Orient ? Aucun Iranien n'a jamais douté de la capacité de son vieux pays à tenir ce rôle de premier plan. Tous ont en tête le souvenir de Cyrus le Grand et de ses successeurs, qui régnèrent de la Méditerranée aux portes de l'Inde et firent de la Perse le premier « empire monde » de l'histoire.

Personne ne doute désormais de la puissance de la Chine : tous les jours, les journaux nous informent de ses impressionnantes capacités militaires, de ses innovations technologiques, de l'extraordinaire puissance de son économie, dont la croissance ou les refroidissements sont capables d'entraîner la planète à la hausse ou de la mettre à terre. La plupart d'entre nous ont du mal à comprendre l'origine de ce phénomène. Comment est-il possible qu'un pays qui semble avoir été arriéré depuis des siècles, un pays de misère où l'on ne circulait qu'à bicyclette il y a seulement trente ans ait réussi une progression aussi fulgurante ? Les Chinois ne voient pas les choses de cette façon. Tous ont en tête un schéma historique qui est plus proche de la réalité : leur vieil empire a été, de façon continue, depuis le début des grandes civilisations humaines jusqu'à la toute fin du XVIIIe siècle, la première puissance économique et commerciale mondiale, et son effondrement, sous les coups de boutoir des Britanniques d'abord, puis des autres puissances impérialistes, ne date que du milieu du XIXe siècle. Les Chinois savent que la Chine d'aujourd'hui ne fait que refermer une parenthèse, douloureuse mais courte, pour retrouver sur le podium une place qu'ils voient comme naturelle, puisqu'elle a toujours été la sienne.

À partir du XVIe siècle, l'Europe a connu une expansion fulgurante qui lui a permis de conquérir la quasi-totalité de la planète. Cette domination s'est achevée au XXe siècle dans le fracas des deux guerres mondiales que le petit continent a provoquées. À la suite de la Seconde, les États-Unis et l'URSS ont pris le relais. Ils se sont partagé le globe au nom de deux systèmes idéologiques – hérités de la pensée européenne. Pendant longtemps, donc, les Européens, avec orgueil, ont pu croire que la connaissance de leur propre passé, de leur propre culture, pouvait suffire à comprendre l'univers, puisque seule leur façon de penser semblait y régner. L'effondrement de l'URSS a mis fin à cette glaciation bipolaire du monde et rendu cette prétention caduque. À tout moment, dans notre siècle, de nouvelles ou d'anciennes puissances, le Brésil, l'Afrique du Sud, l'Inde, la Chine, les grands pays musulmans – l'Indonésie, l'Arabie saoudite –, montrent leur capacité à peser sur le destin commun de l'humanité et nous rappellent que le monde a changé.

L'histoire globale

Cela fait plusieurs décennies, déjà, que la recherche historique a pris en considération cette manière de voir. Depuis plus de vingt ans, aux États-Unis d'abord, puis un peu partout, de grands universitaires ont développé une nouvelle branche de l'histoire qu'on appelle encore parfois de son nom anglais d'origine, la *global history* ou, en français, l'« histoire globale ». Les sous-catégories qu'elle recouvre sont complexes. Son principe de base est simple. Il consiste à regarder l'histoire du monde dans sa réalité multiple, c'est-à-dire en cessant de se contenter du seul point de vue occidental qui a trop longtemps prévalu. Tous les petits Européens ont appris à l'école l'histoire de Vasco de Gama, le hardi navigateur portugais qui, le premier, contourna l'Afrique pour atteindre la côte de l'Inde et en rapporter des épices. Certes, admet la *global history*, mais pourquoi ne pas tenter aussi de lire cet événement à travers les sources indiennes, et voir comment l'arrivée a été perçue par les marchands et les autorités du port où il a accosté ? Ne déflorons rien pour l'instant de ces recherches, nous y reviendrons en temps et en heure. Contentons-nous de dire que, dans cet exercice comme dans beaucoup d'autres, le malheureux orgueil occidental risque d'en prendre un coup…

Citons l'exemple de la guerre de 1914-1918. La plupart des peuples européens s'en font une idée très nationale – les Français la voient comme un énième conflit avec l'Allemagne ; les Allemands, au départ, étaient focalisés sur l'éternel ennemi slave, etc. – et le plus généralement strictement européenne. Pourquoi ne pas ouvrir la focale jusqu'au plan très large, demandera la *global history* : en balayant le champ jusqu'à l'Extrême-Orient, par exemple, on découvre que les guerres qui y opposèrent Russes et Japonais au début du XXe siècle furent essentielles dans la formation des alliances entre les puissances qui allaient conduire à l'explosion générale de 1914.

Ce regard neuf porté sur le passé, cette nouvelle méthodologie sont passionnants et ont produit nombre d'œuvres qui permettent de relire de façon originale des événements déjà connus, ou encore de nous faire découvrir des pans de l'histoire jusqu'alors ignorés. Au cours des pages qui suivent, au fil de notre progression, nous rendrons compte bien sûr des avancées de cette *global history*. Quelques-uns des grands livres qu'elle produit ont un défaut : ils sont difficiles d'accès pour les profanes car, parlant de tel ou tel épisode de l'histoire, ils supposent acquis une chronologie, un contexte politique ou international qui, en général, ne le sont pas pour la plupart des non-spécialistes. Un des buts de l'ouvrage que vous avez entre les mains est de reposer, de la façon la plus simple, la plus claire possible, en procédant pas à pas, les bases de l'histoire universelle depuis l'Antiquité.

Le monde identitaire

Les grands historiens, on l'a vu, ont décidé de chercher à comprendre le monde tel qu'il est, dans sa riche complexité. L'histoire populaire a plutôt tendance, hélas, à aller dans le sens inverse. Il existe bien sûr de belles exceptions, des ouvrages d'histoire universelle magnifiquement bien faits. Nous les citons avec plaisir dans notre bibliographie. Combien d'autres, quoique publiés aujourd'hui, semblent droit sortis de crânes du XIXe siècle. Telle grande encyclopédie en une vingtaine de tomes, par exemple, qui est censée rendre compte de l'« histoire du monde » et dont la répartition des volumes est révélatrice : trois sur l'Égypte antique, quatre sur la Grèce, six sur Rome – c'est-à-dire, en gros, ce que l'Occident considère comme les bases de sa civilisation – et un seul pour réunir l'Empire ottoman, la Russie et la Chine. Je n'ai évidemment rien contre l'histoire grecque ni contre l'histoire romaine, je pose juste la question : est-il encore concevable, dans le monde qui est le nôtre, de penser qu'elles valent, historiquement parlant, trente fois l'histoire chinoise ?

Au moins cette collection fait-elle l'effort, même mal proportionné, de sortir le lecteur de la petite cage où la folie de l'époque l'enferme de plus en plus : l'obsession nationale. On dira que la crispation identitaire est une maladie autrement plus contagieuse. Toutes nos sociétés, à propos de politique, de rapports aux autres, de diplomatie, d'économie, frissonnent de cette fièvre maligne. L'histoire n'y échappe pas. Résumons son éternel hit-parade : Louis XIV, Napoléon, Bismarck, Victoria, et une touche de Jeanne d'Arc pour faire pleurer sur l'héroïne. J'exagère un peu, évidemment. Je n'ai rien, par ailleurs, contre l'histoire nationale : je trouve essentiel qu'on l'étudie, j'ai peur quand on s'y claquemure. Songez aux polémiques qui surgissent dès lors qu'un ministre de l'Éducation nationale tente de mettre un poil d'histoire mondiale dans les programmes scolaires : « Comment ! hurlent en chœur les nationalistes déchaînés, oser parler d'on ne sait quel roitelet africain quand nos enfants ne savent même plus qui est Henri IV ! » Puis, immanquablement, ils lâchent : « Comment voulez-vous que ce pays aille bien, si les gens ne connaissent plus leurs racines ! »

Les racines ! À force de les invoquer à tout moment, je vous le dis, on va finir par se prendre les pieds dedans. Contrairement à ce que pensent les nationalistes à front de taureau, le strict enfermement dans ses frontières, sa culture, ses grands hommes, son passé, n'est pas un service à rendre à son pays. C'est le meilleur moyen de le faire couler. Encore une fois, je ne dis pas qu'il faille négliger sa propre histoire. Je pense simplement que, pour aider au mieux son propre pays à affronter l'avenir, il faut que l'on se décide enfin à appréhender le XXIe siècle dans sa réalité et à cesser de regarder le monde comme s'il s'était arrêté en 1914.

À l'heure où la Chine rugit, où le monde musulman trépigne, où l'Inde monte en puissance, est-on sûr que la meilleure des stratégies pour faire face à leur déploiement sur la scène du monde soit de leur brandir la liste des maréchaux d'Empire et de leur réciter la suite des victoires du Roi-Soleil ? Le réflexe minimal que nous dicte l'intelligence n'est-il pas de tenter, un tant soit peu, de s'intéresser enfin à leur propre culture et à leur propre histoire ?

Le grand tour

Dans l'ensemble, pour rédiger ce livre, j'ai utilisé le procédé mis en œuvre lors des deux précédents[1] : j'ai tenté de rendre accessible à tous une connaissance puisée aux plus grands historiens, aux meilleurs spécialistes de chacune des époques et des civilisations concernées. J'y ai ajouté une source nouvelle. Durant les quelques années qu'a duré ma recherche, j'ai effectué de nombreux voyages dans quelques-uns des grands pays qui apparaissent dans ces pages. Rien n'est plus instructif que de visiter les musées d'histoire, de parcourir les livres qu'on y vend, d'écouter les guides, ou simplement de voir les noms qui ont été donnés aux rues et aux places pour comprendre, sinon l'histoire au sens scientifique du terme, mais

1. *Nos ancêtres les Gaulois et autres fadaises*, Fayard, 2010, et *L'Orient mystérieux et autres fadaises*, Fayard, 2013.

au moins la façon dont chaque nation se fabrique la sienne propre.

Cette longue quête m'a permis d'aboutir à ce livre. Son obsession, je le répète, est la pédagogie. Rien ne me rendrait plus fier que de savoir qu'il a été lu par des lecteurs de tous âges et aussi par des personnes qui n'ont aucune culture historique de base. Sans doute, à l'inverse, en parcourant tel chapitre sur la Chine des Ming, les indépendances de l'Amérique latine, ou la guerre de 14, tel ou tel spécialiste s'offusquera : comment a-t-il pu oublier de mentionner le ministre Truc, la bataille de Z ou la question essentielle de la rétrocession du Sud de la province de Y dans la querelle séparatiste vénézuélienne ? Que le spécialiste me pardonne : toutes ces omissions sont voulues. Cet ouvrage est destiné au grand public, il ne cherche que la clarté, et donc la synthèse. Mon idée fixe a été de ne garder que les lignes de force essentielles à la compréhension d'un grand mouvement de l'histoire, et de donner les rudiments de la connaissance à son sujet. Tous ceux qui, après la lecture d'un chapitre ou d'un autre, voudraient en savoir plus long sur l'épisode traité pourront se référer à la bibliographie, où j'ai indiqué des ouvrages spécialisés sur telle ou telle période, chaque fois d'accès simple et non destinés seulement aux spécialistes.

Enfin, j'ai décidé de bâtir cette longue marche à travers les siècles en procédant par ce que l'on pourrait appeler des grands paliers chronologiques : le monde au temps de l'Antiquité, le monde vers l'an 800, le monde au XIXe siècle… Cela permet bien sûr de découvrir l'histoire de chaque grand pays, mais aussi de comprendre comment une civilisation, à une période donnée, se situe par rapport aux autres. C'est un premier et bon moyen de réviser le jugement occidental préconçu sur l'histoire dont je parlais au début de cette introduction. Faites-en l'expérience en feuilletant simplement le sommaire. Cherchez Charlemagne, l'empereur à la barbe fleurie, le père de l'Europe occidentale, l'immense guerrier franc qui, avec l'aide du pape, a reformé l'Empire romain au IXe siècle. N'est-il pas un personnage phare de l'histoire ? Il l'est. Et comment s'appelle la partie qui traite de cette période ? Porte-t-elle son nom ? Non, diable ! Quel autre personnage, quelle autre civilisation est plus importante que lui à cette époque ?

Je ne vous le dis pas. Vous êtes au bord d'entrer dans cette grande histoire. Sans doute aurez-vous plaisir à aller le découvrir vous-même.

PROLOGUE

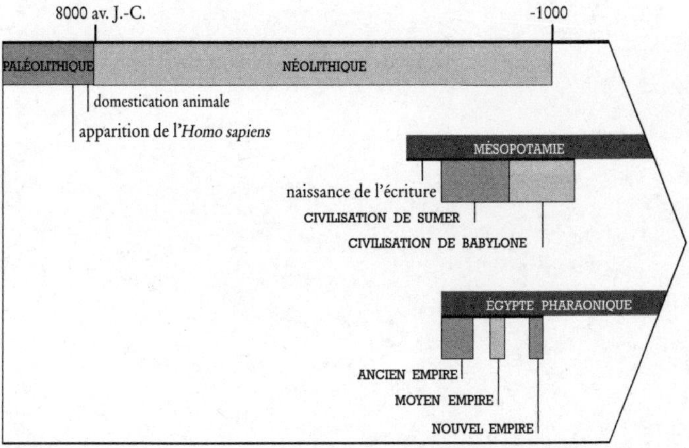

8000 av. J.-C.
-1000
PALÉOLITHIQUE
NÉOLITHIQUE
domestication animale
apparition de l'*Homo sapiens*
MÉSOPOTAMIE
naissance de l'écriture
CIVILISATION DE SUMER
CIVILISATION DE BABYLONE
ÉGYPTE PHARAONIQUE
ANCIEN EMPIRE
MOYEN EMPIRE
NOUVEL EMPIRE

Brève histoire de la préhistoire

Il y a environ 2 millions d'années, partis d'Afrique, les premiers hommes se répandent dans le continent eurasiatique. Ils y évoluent en diverses espèces.

Il y a environ 200 000 ans, peut-être parti d'Afrique lui aussi, Homo sapiens *investit le monde à son tour et finit par devenir le seul représentant du genre humain sur terre. C'est notre ancêtre.*

La préhistoire est une branche singulière de l'histoire. Elle cherche à nous raconter une épopée qui a duré des millions d'années et, tous les ans, ou presque, de nouvelles découvertes entraînant de nouvelles hypothèses viennent remettre en cause l'épopée comme on la racontait jusque-là. Cette science, qui parle des temps les plus anciens, est bien jeune, il est vrai. Il faut attendre le début du XIXe siècle pour que quelques savants européens, comprenant que les mystérieuses pierres taillées retrouvées ici et là depuis longtemps avaient été des outils, réussissent à s'extraire du récit imposé par la religion. Non, l'homme n'est pas une créature façonnée par Dieu à son image, apparue au moment de la Création, il y a 6 000 ans. L'homme est un primate comme un autre et les mystérieuses lois de l'évolution l'ont lentement transformé au cours des millénaires pour en faire cet être d'aujourd'hui qui a réussi, grâce à son intelligence – et parfois sa déraison – à dominer la planète. Qui sont ses ancêtres ? Où l'homme préhistorique est-il apparu pour la première fois ? Par quel chemin est-il passé, pour réussir à s'imposer ainsi ? Depuis deux siècles seulement, on cherche des réponses à ces questions, et le matériel sur lequel s'appuyer est mince. Pour sortir de la nuit de l'oubli des centaines de milliers de millénaires, les paléontologues ne disposent ni d'archives écrites, comme les autres historiens, ni de cités en ruine, comme les archéologues, mais d'indices autrement fragiles : des cailloux et des restes d'ossements, parfois une simple phalange ou une dent cassée, exhumés des centaines de milliers d'années après parce que les hasards de la géologie les ont protégés. Ces éléments ne valent que tant qu'une autre dent plus ancienne, une autre phalange d'un autre type ne viennent semer le doute sur les hypothèses que la première découverte avait permis d'échafauder.

Les éblouissants progrès de la génétique, survenus depuis le début du XXIe siècle, l'amélioration des techniques de fouilles, la précision de la datation nous ont fait faire des bonds extraordinaires. Nul doute que notre siècle éclairera peu à peu les zones encore dans l'ombre. Il en reste beaucoup. Contentons-nous donc, dans ce chapitre introductif, de présenter très schématiquement l'état du savoir actuel sur les premiers temps de l'aventure humaine, et d'évoquer les divers modèles qui cherchent à les expliquer.

Le paléolithique

La préhistoire, par convention, couvre les temps qui vont de l'origine de l'homme aux premières grandes civilisations[1]. Depuis le XIXe siècle, on la découpe en plusieurs grandes périodes caractérisées par le type d'outils utilisés par les hommes. La première, la plus longue, coïncide avec le temps où l'homme a taillé des pierres. C'est le paléolithique, c'est-à-dire l'ancien âge de la pierre (du grec *palaios*, ancien, et *lithos*, la pierre). Il commence avec l'apparition du genre *Homo*, la catégorie de primates à laquelle nous appartenons[2]. Actuellement, on estime que cela nous place en Afrique, il y a entre 2,8 et 3 millions d'années – 2,8 Ma BP, comme écrivent les

1. Jusque dans la seconde moitié du XXe siècle, il était entendu que l'entrée dans l'histoire, et donc la fin de la préhistoire, était la connaissance de l'écriture. Il existe pourtant de grandes civilisations sans écriture. C'est pourquoi cette césure a tendance à être abandonnée.

2. Les biologistes classent les êtres en les regroupant dans des ensembles ainsi subdivisés : le règne, l'embranchement, la classe, l'ordre, la famille, le genre, l'espèce. L'homme d'aujourd'hui appartient à l'espèce *Homo sapiens*, qui appartient au genre *Homo*, famille des hominidés (comprenant aussi des grands singes comme les bonobos, les gorilles, les orangs-outans, etc.), ordre des primates, classe des mammifères, sous-embranchement des vertébrés, règne animal.

scientifiques, c'est-à-dire 2,8 millions d'années *before present*, avant le présent[1].

Auparavant, il y eut les *australopithèques*, sorte de pré-humains, petits, presque bipèdes mais grimpant toujours aux arbres, qui s'étaient eux-mêmes différenciés des autres grands singes plus de 3 millions d'années auparavant, vers 6 Ma BP. Lucy, dont le squelette a été découvert en Afrique dans les années 1970, en est la plus illustre représentante mais on sait aujourd'hui qu'elle n'est pas notre ancêtre directe. Les premiers hommes sont nés de l'évolution d'une autre espèce d'australopithèques, cousine, donc, de celle de Lucy. Ils sont caractérisés par diverses particularités morphologiques, dont des mains à pouce opposable, un gros cerveau et une bipédie si évoluée qu'elle confère une aptitude à la course. Les deux premières caractéristiques expliquent sans doute le goût de cet *Homo habilis* – c'est le nom de la première des espèces humaines – pour les outils. Les premiers sont des galets grossièrement éclatés. La taille devient de plus en plus précise. Nos lointains ancêtres devaient utiliser bien d'autres matériaux, sans doute le bois ou les os, mais comment le savoir ? Tant de millénaires plus tard, les traces en sont évidemment perdues.

Il y a 2 millions d'années, au hasard des changements climatiques et en pistant leur nourriture – le

1. Pour les scientifiques ce « présent » renvoie précisément à l'année 1950, durant laquelle furent mises au point les premières datations utilisant la radioactivité, ce que l'on appelle la datation au carbone 14.

petit gibier, les charognes, dont au départ ils se nourrissent –, une poignée d'humains quitte l'Afrique et se répand peu à peu dans le continent eurasiatique. Peut-être appartiennent-ils à l'espèce *Homo erectus*, littéralement l'homme dressé. En tout cas, l'« homme de Pékin », dont les restes, vieux de 500 000 ans, ont été découverts dans les années 1920, dans une grotte non loin de la capitale chinoise, est un de ceux-là. Séparés, les descendants de ces premiers arrivants évoluent sur des millénaires et des millénaires jusqu'à former des espèces différentes.

L'homme de Néandertal, qui habite l'Europe et l'Asie occidentale, est connu depuis sa découverte, au milieu du XIXe siècle, dans une petite vallée allemande qui lui a donné son nom. On a mis longtemps à savoir où le classer. Était-il un ancêtre de l'homme moderne, un cousin ? Depuis le début du XXIe siècle, la majorité des scientifiques estiment qu'il appartient à une des espèces du genre *Homo* qui se formèrent alors. Il en existe bien d'autres, reconnues très récemment. Ainsi le minuscule « homme de Florès », dont on a dégagé les restes en 2003 dans l'île indonésienne qui lui a donné son nom. Ou encore l'« homme de Denisova », identifié en 2010 grâce au séquençage d'un morceau de phalange ramassé dans une grotte de Sibérie.

Durant cette longue période, les hommes réussissent quelques bonds technologiques majeurs. Le plus important est la domestication du feu, qui permet de survivre aux grands froids, d'éloigner les animaux sauvages et de rendre la nourriture plus saine en la cuisant.

Out of Africa

Il y a environ 200 000 ans, au terme d'un nouveau processus d'évolution, apparaît la plus importante des espèces du genre *Homo*, tout au moins pour ce qui nous concerne. Il s'agit de la nôtre. *Homo sapiens*, l'homme savant. Dans la littérature scientifique on l'appelle aussi l'« homme moderne », ou l'« homme anatomiquement moderne ». Pas plus que celle de ses prédécesseurs, son origine géographique n'est fixée. Pour un grand nombre de paléontologues actuels, il serait né en Afrique, et aurait quitté ce berceau pour partir à la conquête du monde entier. Cette hypothèse porte le joli nom de modèle « out of Africa ».

De fait, on trouve la trace d'*Homo sapiens* en Israël il y a 100 000 ans ; en Chine il y a 50 000 ans ; en Europe il y a 45 000 ans. À peu près en même temps, profitant du fait que les terres étaient beaucoup plus rapprochées qu'aujourd'hui, il réussit à s'installer en Australie. Bien plus tard, entre 16 000 et 13 000 BP, selon la thèse communément admise (mais très souvent remise en question), il franchit le détroit de Behring (entre la Russie et l'Alaska) qui formait alors une langue de terre ferme et investit l'Amérique, dernier continent à être peuplé par les humains.

S'il est bien sorti d'Afrique il y a 100 000 ans, comme le veut la théorie que l'on vient d'évoquer, l'*Homo sapiens* a croisé bien d'autres *Homo* sur son chemin. L'homme de Néandertal, si l'on en croit les restes les plus récents de l'espèce, retrouvés dans le sud de l'Espagne, aurait vécu jusqu'en 26 000 BP.

L'homme de Florès jusqu'en 18 000. Pendant des millénaires, *Homo sapiens* a donc cohabité avec eux, comme avec les autres *Homo* qui peuplaient l'Eurasie. Comment s'est passée cette coexistence ? C'est une des grandes questions de la paléontologie contemporaine. Fut-elle pacifique ou guerrière ? Le nouveau venu s'hybrida-t-il avec les prédécesseurs ? Dans ce cas, ce métissage, puisqu'il implique des espèces différentes, aurait dû produire des humains différents. Ou alors *sapiens* a réussi à éliminer méthodiquement tous ses concurrents du genre *Homo*. Comment ? En commettant un génocide méthodique ? En leur transmettant des maladies contre lesquels ils n'étaient pas immunisés, comme les Espagnols avec les Indiens d'Amérique, au XVIe siècle ? En triomphant des bouleversements climatiques fatals aux autres grâce à sa supériorité intellectuelle ? Mais cette supériorité est-elle si évidente ? Pendant longtemps, à cause de la lourdeur supposée de son faciès, on a fait de Néandertal, par exemple, le type même de la brute, du primitif à peine sorti de l'animal. On a découvert en l'étudiant plus précisément un être d'une grande sophistication, auteur d'importantes innovations dans le domaine des outils, et enterrant ses morts soigneusement, ce qui indique de profondes préoccupations spirituelles. Notons d'ailleurs qu'en ayant existé entre 250 000 BP et 26 000 BP, l'*Homo neandertalis* forme à ce jour l'espèce humaine ayant eu la plus longue existence sur terre.

Et si c'était l'hypothèse de départ qui était fausse, se demandent d'autres paléontologues ? Et si *Homo sapiens* n'était pas né d'un seul berceau africain, mais était le fruit de l'évolution qui s'est reproduite un peu à la fois dans des endroits divers du globe ? Ce ne serait donc qu'à force d'hybridation, de mélange qu'on en serait arrivé à l'existence de l'homme moderne ?

Le grand bond en avant

Peu à peu – le fait est rare dans le règne animal – notre espèce est devenue la seule représentante de son genre sur la planète, et a pu poursuivre l'aventure qui mène jusqu'à nous. Elle a connu, elle aussi, de grands sauts technologiques, comme celui que les Anglo-Saxons appellent la « révolution cognitive », ou encore le « grand bond en avant ». Il aurait eu lieu à partir de 70 000 BP. Les outils sont toujours en pierre, mais n'ont plus grand-chose à voir avec les grossiers galets des débuts d'*Homo habilis* : le propulseur permet, comme son nom l'indique, de projeter une lance avec une grande force, et donc de conduire la chasse au grand gibier. L'invention de l'aiguille à chas, dont les premières trouvées datent de 30 000 ans, et, partant, l'invention de la couture permettent de faire un pas de géant dans la lutte contre le froid.

Apparaissent avec cette révolution cognitive le langage articulé complexe de même nature que les langues que nous parlons, le sens de l'abstraction, la religion ou encore les premières manifestations d'art, comme les splendides peintures pariétales (réalisées sur les parois des grottes). Parce que les premières découvertes se trouvaient en Europe occidentale, comme la grotte d'Altamira, en Espagne (avec des peintures datées entre 15 000 et 13 000 BP), et plus tard celle de Lascaux, en France (entre 18 000 et 15 000 BP), les Européens ont longtemps pensé que cette naissance de l'art était un phénomène leur appartenant. Il a suffi qu'on cherche ailleurs pour comprendre qu'il n'en était rien. On a découvert des œuvres magnifiques en Indonésie, en Argentine (remontant à 13 000 BP). En Afrique du Sud, des blocs d'ocre portant des stries datent de 77 000 BP. Elles prouvent l'intérêt des hommes d'alors pour ce précieux pigment.

Après le temps de la pierre taillée, devenue elle aussi très perfectionnée, vient celui de la pierre polie. Elle permet de faire d'autres outils, plus précis, plus tranchants, qui servent aux nouvelles activités auxquelles se consacrent les hommes. Ce changement marque traditionnellement le passage à la nouvelle grande période de la préhistoire : le néolithique, ou nouvel âge de pierre[1]. Il correspond à un autre changement si fondamental qu'il bouleverse du tout au tout la vie de l'espèce humaine…

★
★★

1. Par souci de simplification, nous ne mentionnons pas le mésolithique, une période intermédiaire entre le paléolithique et le néolithique qui concerne surtout l'Europe.

Le néolithique

Les raisons de ce bouleversement ne sont toujours pas clairement établies. On évoque un climat plus sec, qui entraîne une raréfaction du gibier, et la nécessité de trouver d'autres moyens que la chasse pour se nourrir. Ou une évolution démographique qui fait qu'on a besoin de stocks plus importants. Ou encore une transformation des terrains qui se prête à la nouvelle activité. Le changement lui-même ne fait pas de doute, nous n'en sommes toujours pas sortis.

Jusqu'alors et depuis la nuit des temps, les hommes vivaient de chasse et de cueillette. Le seul animal dont ils avaient fait leur allié était le loup, devenu le chien qui les protégeait des bêtes sauvages et les aidait à la chasse. En quelques centaines d'années, ils apprennent à planter, à semer, à récolter et à élever les animaux pour en tirer le lait, la viande, la laine. Ils étaient prédateurs. Ils deviennent producteurs. C'est ce qu'un grand archéologue australien des années 1920 a baptisé la « révolution néolithique[1] ». Elle se passe au Proche-Orient vers 12 000 BP, avec la domestication des chèvres et des moutons, et les cultures de l'orge, du blé, des pois, des fèves, des lentilles. Elle se répand ensuite en Europe via les Balkans ou par la Méditerranée. Puis elle survient en Chine, vers 10 000 BP, quand s'étend la culture des deux piliers alimentaires de cette civilisation, le riz au sud et le millet au nord. Ensuite, on la retrouve vers 7 000 BP au Mexique et dans les Andes, où appa-

1. Vere Gordon-Childe (1892-1957).

raissent les champs de haricot, de courge et de maïs ; puis, vers 5 000 BP, en Afrique, où l'on plante le millet et le sorgho.

En quelques millénaires, cette révolution s'étend à toute la planète. Les chasseurs-cueilleurs sont repoussés toujours plus loin. Il reste aujourd'hui encore, dans le cercle polaire, ou en Afrique centrale et australe, quelques rares populations pratiquant ce mode de vie qui semble appartenir à un autre temps. Il faut rappeler qu'il a été celui de l'humanité pendant plus de 99 % de son existence.

Apparaissent les premiers villages. Le régime alimentaire permet d'accroître la population, mais il n'a pas que des bons côtés. Les sucres lents des céréales créent des caries dentaires, la promiscuité avec les animaux transmet de nouvelles maladies. Même la stature des individus change. L'*Homo sapiens* de la fin du paléolithique, celui qui peignait à Lascaux, mesurait en moyenne un peu plus de 1,80 mètre. Son descendant, qui doit se courber sur les champs, subir les années de disette dues aux mauvaises récoltes et lutter contre de nouvelles maladies parasitaires retombe à 1,63 mètre. Il faudra attendre la seconde moitié du XXe siècle pour qu'on retrouve la taille précédente.

De toute évidence, de tels aléas n'empêchent pas le cerveau humain de fonctionner. Les inventions déterminantes se poursuivent. Voici bientôt celle des métaux. Depuis longtemps, les hommes en utilisaient quelques-uns à l'état natif, c'est-à-dire dans l'état où l'on peut les trouver dans la nature. Vers 10 000 BP, au Proche-Orient, ils comprennent qu'il est possible d'extraire le cuivre de son minerai, en le chauffant. C'est le début de la métallurgie. Elle progresse quand, des millénaires plus tard, on passe au bronze, qui est un alliage de cuivre et d'un peu d'étain. La technique est évidemment plus complexe, et la nécessité de disposer de deux métaux suppose déjà des réseaux commerciaux pour aller s'approvisionner, car il est rare d'avoir les deux sur place. Après, sans doute vers 4 000 BP, vient le fer, dont la production repose sur une maîtrise encore plus impressionnante des fourneaux. Du temps où les Européens écrivaient une histoire strictement européenne, on terminait la préhistoire avec ce passage sur les débuts de la métallurgie. Après l'âge de la pierre taillée (paléolithique) puis celui de la pierre polie (néolithique) viennent l'âge du cuivre, appelé aussi le chalcolithique, l'âge du bronze, puis l'âge du fer. Nul doute que ces techniques nouvelles, permettant la fabrication d'armes, d'objets nouveaux ont créé des changements importants.

Dans bien d'autres endroits du monde, cette périodisation n'a pas grand sens car ces inventions nouvelles sont contemporaines de bien d'autres, tout aussi essentielles. Au Proche-Orient ou en Égypte, en Chine ou dans le nord du sous-continent indien apparaissent, après le néolithique, les premières grandes civilisations. C'est à elles que sont consacrés les chapitres qui suivent.

Survol de la haute Antiquité

Après avoir découvert l'agriculture et l'élevage, les hommes inventent les villages, puis les villes, avec leurs commerçants, leurs temples et leurs rois. Apparaissent ainsi les grandes civilisations de l'Antiquité. Commençons par survoler celles qui prospèrent en Égypte et en Mésopotamie, et voyons l'héritage qu'elles nous ont laissé.

La découverte de l'agriculture et de l'élevage, l'acquisition de nouvelles techniques, comme la poterie et le tissage, bouleversent les conditions de vie des hommes. À partir de quelques foyers, ces innovations se répandent peu à peu sur la terre. Elles n'enclenchent pas partout le même processus de développement. Ainsi l'Europe de l'Ouest et du Nord ne voit pas, comme d'autres régions du monde, ses villages se transformer en embryons de villes, et découvrira l'écriture très tardivement, quand les Romains l'apporteront. Mais les sociétés qui s'y forment entre le néolithique et l'âge du bronze ont laissé des vestiges spectaculaires. À partir du IVe millénaire avant notre ère, commence la civilisation dite « mégalithique », parce qu'on la connaît essentiellement à travers ces pierres dressées – les dolmens, qui devaient servir de sépulture, et les menhirs, dont la fonction devait être liée à des rites qui sont perdus.

La domestication animale a sans doute commencé au Proche-Orient, il y a 10 000 ou 12 000 ans, avec l'élevage des chèvres et des moutons. Celle du cheval, bientôt essentielle à l'humanité, a probablement été le fait de peuples de la steppe asiatique, là où est le Kazakhstan aujourd'hui, et remonte au Ve ou IVe millénaire avant notre ère. Partout où cette domestication se répand, le cheval sert au transport, à la guerre, bientôt à l'agriculture. Dans son berceau, elle fait naître de grandes civilisations nomades : les hommes vivent sur leur monture et suivent les troupeaux au hasard des pacages.

Dans d'autres endroits de la planète, au contraire, la révolution néolithique favorise la sédentarité. Elle évolue en petites sociétés villageoises, rassemblées autour des cultures vivrières qui assurent la subsistance de la communauté. Ces villages peuvent prendre des configurations très élaborées. Le plus ancien site néolithique connu remonte à plus de 6 000 ans avant J.-C. Il se trouve à Çatal Höyük, en Anatolie centrale (dans l'actuelle Turquie). On estime qu'un millier de familles, soit environ 5 000 personnes, vivaient dans ces maisons de brique crue couverte de plâtre, assez sophistiquées, mais assemblées de façon particulière. La cité ne comportait pas de rue. Toutes les maisons étaient collées les unes aux autres, on y entrait par un trou formé dans le toit.

Le Croissant fertile

Dans divers foyers, enfin, le village grossit jusqu'à devenir une ville, avec sa hiérarchie sociale, avec ses temples, ses palais, ses prêtres, ses princes, ses maisons et ses entrepôts où œuvrent artisans et marchands. Les nécessités de la religion ou selon les cas, celles du commerce, débouchent sur cette invention révolutionnaire qu'est l'écriture. À des époques différentes, sans qu'il y ait de liens entre ces sociétés, on voit se dérouler à peu près le même processus en Chine, dans le nord de l'Inde et en Amérique. On en reparlera bientôt. Il se produit également dans une zone située entre le golfe Persique, le rivage méditerranéen et le nord de l'Afrique. Là où se trouvent aujourd'hui l'Irak, la Syrie, le Liban, la Jordanie, Israël, les territoires palestiniens et enfin l'Égypte coulent plusieurs grands fleuves : le Tigre et l'Euphrate, l'Oronte, le Jourdain et le Nil. Leurs bassins, qui semblent se suivre, créent, au milieu d'un univers aride, un long couloir propice à l'agriculture. En raison de la forme incurvée que trace cette zone sur la carte, un archéologue américain du début du XXe siècle lui a donné le nom de « Croissant fertile ». À cause de la grandeur des civilisations qui se sont développées dans cette région

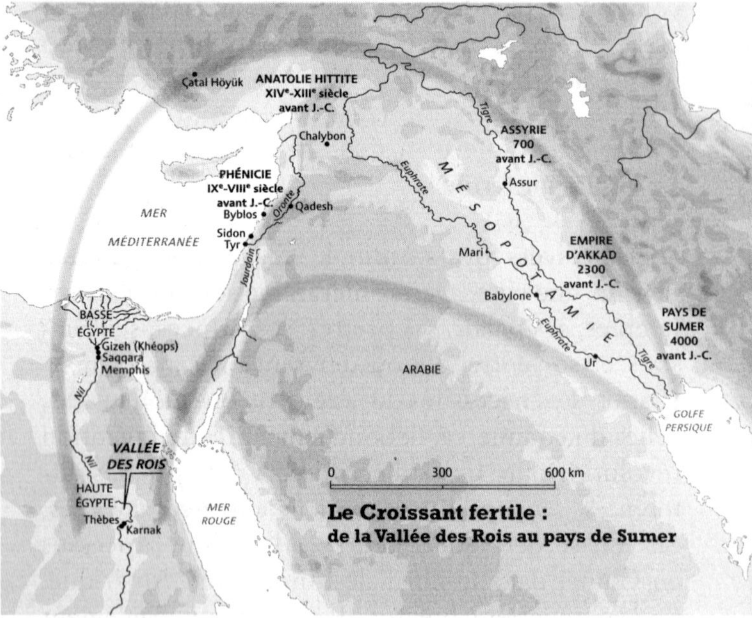

Le Croissant fertile :
de la Vallée des Rois au pays de Sumer

depuis la plus haute Antiquité, à cause du nombre de découvertes déterminantes qui y ont été faites, on a qualifié cette vaste zone de « berceau de l'humanité ».

★ ★
★

L'Égypte ancienne

La plus célèbre des civilisations antiques est celle de l'Égypte. Ce pays, a écrit le Grec Hérodote, est un don du Nil. Il doit tout à ce fleuve impétueux et nourricier dont les crues annuelles déposent le limon noir et fécond qui servira à dessiner, au milieu du désert, un miraculeux ruban vert. On les attend avec espoir et anxiété, car elles sont imprévisibles. Elles peuvent être violentes et dévaster champs et villages ; faibles et provoquer la disette ; ou abondantes et annoncer la prospérité.

Dès le néolithique, les hommes s'installent sur les rives du Nil. Des petits royaumes se forment qui s'allient ou se font la guerre, mais ils évoluent dans deux univers différents. Au nord, il y a la Basse-Égypte, centrée sur le delta du fleuve. Au sud, la Haute-Égypte. Vers 3200 avant J.-C. environ, un premier souverain réunit les deux sous son autorité. L'unification des « deux terres » marque le début de l'Égypte dite « pharaonique », puisque tel est le nom que prendront ses rois à double couronne. Le système qui se met en place dure trois millénaires. Trente et une dynasties se succèdent sur le trône, mais de façon discontinue[1]. Par trois fois le double royaume doit affronter de longs siècles d'effondrement politique, d'instabilité, de division, ou d'occupation par des envahisseurs, que l'on appelle les « périodes intermé-

1. Peu de chronologies s'accordent sur l'Égypte ancienne. Pour ce chapitre, nous avons adopté la datation donnée par l'encyclopédie Universalis.

diaires ». Elles servent à partager l'histoire du pays en trois empires.

L'Ancien Empire dure de 2720 à 2300 avant J.-C. Il s'achève par la première période intermédiaire qui voit l'éclatement du royaume en plusieurs entités.

Au tout début du IIe millénaire, un roi réussit à refaire l'unité et sa dynastie marque le début du Moyen Empire (-2065/-1785). Il s'effondre sans doute à cause d'envahisseurs venus du Proche-Orient. Ceux que les Égyptiens nomment *hyksos* (les « chefs des pays étrangers ») apportent le cheval et les chars. Ces *hyksos* réussissent à régner sur une partie du pays. Le Nouvel Empire dure cinq siècles (-1590/-1085) et marque l'apogée de la puissance et de la culture égyptiennes. Il est suivi par la Basse Époque (-1085/-332). Après avoir été soumis aux Perses, qui en ont fait une province de leur immense empire, le pays est conquis par Alexandre le Grand[1]. Son général Ptolémée fonde l'ultime et 32e dynastie pharaonique, les Ptolémaïques, ou Lagides[2], un peu à part dans cette histoire. Avec leur double couronne, leur respect des cultes anciens, ils conservent les apparences du pouvoir traditionnel, mais, installés dans leur nouvelle ville d'Alexandrie, ils sont de langue et de culture grecques. Cléopâtre, qui se suicide en l'an 30 avant J.-C. quand l'Égypte est prise par les Romains, est la dernière représentante de cette famille.

---

1. Voir chapitre 1.
2. Du nom de Lagos, père de Ptolémée.

Portraits

À défaut de pouvoir raconter en détail une épopée qui dura 3 000 ans, égrenons quelques noms importants de l'histoire égyptienne.

Imhotep (-2800) est un important ministre, il est aussi philosophe, médecin et surtout architecte. Il édifia, à Saqqara, la première pyramide, spectaculaire édifice à degrés destiné à accueillir pour l'éternité la dépouille de Djoser, son pharaon.

Construite quelques décennies plus tard sur le site de Gizeh (aujourd'hui dans la banlieue du Caire), la pyramide du pharaon Khéops, aux faces lisses, est restée pendant des millénaires le plus haut bâtiment du monde et elle est, à ce jour, la dernière visible des sept merveilles du monde qu'avaient listées les Grecs[1].

Parmi les grands souverains du Nouvel Empire, Aménophis IV prit le nom d'Akhenaton (-1375/-1354) quand il décida de rompre avec les dieux traditionnels d'Égypte pour imposer le culte unique d'Aton. Néfertiti, dont le buste du musée de Berlin permet d'admirer encore la troublante beauté, est une de ses épouses. Le nombre de mentions de son nom ou de son effigie sur les bas-reliefs des temples de Karnak, en particulier, témoigne de son importance politique.

Toutankhamon, le fils d'Akhenaton, régnant après lui, restaura les dieux anciens, et mourut jeune. Il doit sa célébrité mondiale au trésor fabuleux qu'exhuma l'archéologue britannique Howard Carter, quand, en

1. Elle culminait à 146 mètres à l'époque de sa construction.

1922, il découvrit sa tombe dans la Vallée des Rois, une nécropole située sur la rive ouest du Nil, face à l'actuelle ville de Louxor.

Ramsès II, enfin (règne au temps du Nouvel Empire, entre -1304 et -1236), a su œuvrer de son vivant pour assurer sa postérité : sa victoire de Qadesh (située au sud de la Syrie) contre les Hittites, peuple régnant en Anatolie, a été célébrée par d'innombrables tablettes, ou bas-reliefs des sites de Louxor, de Karnak ou d'Abydos qui le chantent.

Experte en architecture, comme le prouvent les monuments qu'elle nous a laissés, l'Égypte a produit une des grandes civilisations de l'Antiquité. Non moins intéressante, pour l'historien, est l'incroyable et durable fascination que cette culture continue d'exercer sur les hommes d'aujourd'hui. L'égyptomanie, c'est-à-dire la folie pour l'Égypte ancienne, a explosé à la fin du XVIIIe siècle, au moment de sa redécouverte par les savants européens et surtout après l'expédition dans ce pays mené par le général Bonaparte. Le déchiffrage de l'écriture égyptienne par le Français Champollion, dans les années 1820, en permettant une connaissance plus précise de cette société, a accentué un phénomène qui n'a plus cessé. Pourquoi ? C'est difficile à dire. L'incroyable longévité de ce monde, véritable défi au temps, y tient sa part. Les derniers pharaons ont disparu il y a un peu plus de 2 000 ans. Leur règne a duré 1 000 ans de plus. La complexité du panthéon égyptien, avec ses dieux à tête d'animaux, la beauté mystérieuse des hiéroglyphes, le rapport à la mort si particulier entretenu par une société experte dans l'art de la momification et capable d'édifier les plus spectaculaires tombeaux jouent aussi.

Le point qui peut apparaître paradoxal dans l'amour que ces derniers siècles vouent à ce monde ancien est qu'il est bien difficile d'établir les liens qui pourraient unir le second au premier. L'immense majorité des grandes civilisations anciennes dont nous allons parler ensuite, grecque, chinoise, indienne, ont laissé aux mondes qui leur ont succédé un héritage facilement reconnaissable et ardemment revendiqué. On le verra dans les chapitres suivants, les Chinois se vivent comme les héritiers de l'antiquité chinoise comme l'Occident se pense fils de la Grèce de Périclès ou de Socrate. Rien de tel pour l'Égypte. Il est évident qu'une société qui a porté si haut la science de l'État, la médecine ou l'architecture a accumulé des connaissances dont se sont forcément inspirées les sociétés qui lui ont succédé au Proche-Orient et dans le nord de l'Afrique. Mais lesquelles précisément ? Au rang des inventions que le monde doit au temps des pharaons, on cite le papyrus, qui servit de support à l'écriture avant qu'on utilise le parchemin (fait de peaux d'animaux) et le calendrier : celui mis au point par les Égyptiens servit de modèle aux Romains. C'est peu. Personne à notre connaissance ne s'est jamais réclamé ni de son système politique, ni de ses principes religieux et pourtant ils fascinent : ils ont gardé une grande force symbolique qui éveille l'imaginaire. Peut-être est-ce là la raison de cet amour ?

★
★ ★

La Mésopotamie

À l'autre bout du Croissant fertile, à l'est, avant de se jeter dans le golfe Persique, deux immenses fleuves, le Tigre et l'Euphrate, coulent presque en parallèle sur des kilomètres. Cette particularité géographique a donné son nom grec à cette région : la Mésopotamie – *mesos potamos* –, c'est-à-dire le pays entre les rivières. Contrairement à l'Égypte, elle a été partagée depuis la haute Antiquité entre tant de peuples divers, a été soumise à tant de maîtres, d'empereurs, de rois aux noms imprononçables que son histoire paraît complexe. C'est dommage. Cette histoire est passionnante, d'une grande richesse et surtout, nous lui devons un nombre incroyable de découvertes, d'évolutions primordiales qui méritent au moins qu'on les évoque.

L'histoire mésopotamienne commence tout au sud, près de l'embouchure des deux fleuves, là où se trouve le pays de Sumer. On ignore l'origine du peuple qui y habite. On sait qu'à partir du IVe millénaire naissent de grandes cités-États qui sont aussi de grandes places commerciales. C'est probablement pour améliorer la gestion de leurs comptes, de leurs stocks, ou des contrats passés avec les fournisseurs que des marchands de Sumer inventent un système ingénieux. Ils prennent l'habitude de creuser des petits dessins dans des tablettes d'argile, un matériau abondant et peu cher, grâce à un poinçon de roseau, le calame. Faire des images sophistiquées avec une pointe sur de la terre n'est pas commode. Les dessins deviennent des petits traits stylisés. Bientôt, ils évoquent des notions abstraites, l'image de la bouche signifie parler, l'image de la bouche à côté du signe de l'eau veut dire boire, etc. Selon le principe du rébus, on en vient à représenter un mot tel qu'on le prononce en le formant avec d'autres sons : un chat et un pot, font un chapeau. Nous sommes entre 3500 et 3200. L'écriture est née. À cause des coins que dessinent dans l'argile les stylets, on a appelé cette écriture le cunéiforme, l'écriture en forme de coin, et elle a été déchiffrée au XIXe siècle. Les hiéroglyphes égyptiens viennent un peu après. On estime donc que le cunéiforme est la première écriture utilisée au monde. Les Sumériens sont décidément un peuple ingénieux : on leur doit également les premiers usages recensés de la roue, et plus tard de la charrue.

Dès les temps de Sumer, les Mésopotamiens ont développé des connaissances extraordinaires en astronomie et en mathématique. Ils usent, pour faire leurs opérations, de la base soixante, toujours en usage dans le monde d'aujourd'hui. On compte les minutes et les secondes selon ce mode-là.

Depuis le milieu du IIIe millénaire, les villes de Mésopotamie s'ornent d'impressionnantes tours à étage édifiées à des fins religieuses, les ziggourats. Celle de Babylone, haute de 90 mètres, a peut-être inspiré la tour de Babel.

En Mésopotamie toujours, mais au nord de Sumer, s'installe une autre population à l'origine très différente : ce sont des Sémites, c'est-à-dire des gens parlant une langue dont descendent l'arabe ou l'hébreu. Leur ville principale est Akkad, dont le site n'a toujours pas été retrouvé. Vers 2300 avant J.-C., Sargon réussit à unir les peuples d'Akkad et de Sumer, formant ainsi le premier empire de l'histoire. De cette époque date un grand récit, l'épopée de Gilgamesh, qui raconte les aventures légendaires d'un roi de Sumer.

De grandes cités prospèrent en Mésopotamie. Au VIIIe siècle avant J.-C., Hammourabi (qui règne de -1792 à -1750) donne la prééminence à celle de Babylone. Une liste de décrets porte son nom et passe pour le premier code de lois de l'histoire. Le « code d'Hammourabi » détaille minutieusement les châtiments que doivent recevoir tous ceux qui ont enfreint la loi selon le rang qu'ils occupent dans la société et celui de la victime.

Dans la succession des peuples qui ont fait l'histoire de la Mésopotamie, il faut citer les Assyriens, qui habitent une région située dans le nord de l'Irak actuel. Leur royaume, dont la capitale, comme le dieu principal, se nomme Assur, est tantôt indépendant tantôt soumis à des États voisins. Vers le VIIIe siècle avant J.-C., les Assyriens deviennent si puissants qu'ils forment un empire allant du golfe Persique à la Méditerranée. Ils doivent leur supériorité militaire à l'usage de la cavalerie, cette arme nouvelle qu'ils sont les premiers à employer.

On peut, pour terminer ce bref panorama, mentionner quelques autres peuples importants de l'Orient ancien. Nous avons déjà cité les Hittites, dont les troupes furent défaites par celles de Ramsès II. Installé en Anatolie vers la fin du IIIe millénaire avant J.-C., ce peuple parle une langue indo-européenne et en a laissé de nombreuses traces écrites qui permettent de le connaître. Organisé d'abord en petites principautés, il forme un empire dont l'apogée se situe aux XIVe et XIIIe siècles avant J.-C. On a longtemps considéré que les Hittites étaient les inventeurs du fer, ce dont on doute aujourd'hui. On sait qu'ils maîtrisaient parfaitement la métallurgie. Leur puissant empire a été balayé, au XIIIe siècle, par des invasions de groupes d'Indo-Européens que les Égyptiens appelaient les « peuples de la mer ».

Vers 1200 avant notre ère, sur la côte de l'actuel Liban, vivent les Phéniciens. Ils ont édifié de grandes villes, Sidon, Tyr ou Byblos. Toutes constituent des cités indépendantes unies par une même culture et vénérant les mêmes dieux. À cause de l'immense chaîne de montagnes qui borde leur pays à l'est, les Phéniciens se tournent naturellement vers la mer et, grâce aux comptoirs qu'ils ont fondés sur toutes les côtes, ils deviennent les maîtres du commerce en Méditerranée. Pour faciliter le trafic, tenir leurs comptes, gérer leurs stocks, ils utilisent beaucoup l'écriture, mais ils cherchent à la simplifier. Non loin de chez eux, dans la région de Syrie-Palestine, est inventé durant le IIe millénaire un système qui décompose chaque mot en sons et donne un signe à chacun de ces sons. C'est l'alphabet. Les Phéniciens l'adoptent et, vers 1100, le codifient en vingt-deux signes qui sont tous des consonnes. Ils les passent ensuite à leurs voisins d'en face, les Grecs. Venons-en à eux.

Première partie

UN MONDE ÉCLATÉ

Les fondements des trois grandes civilisations

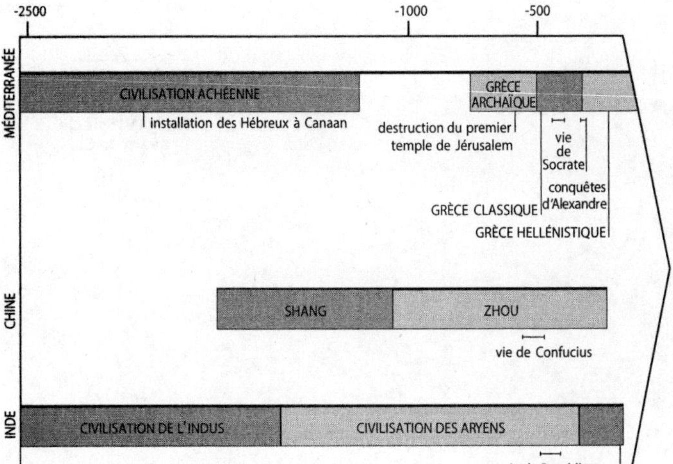

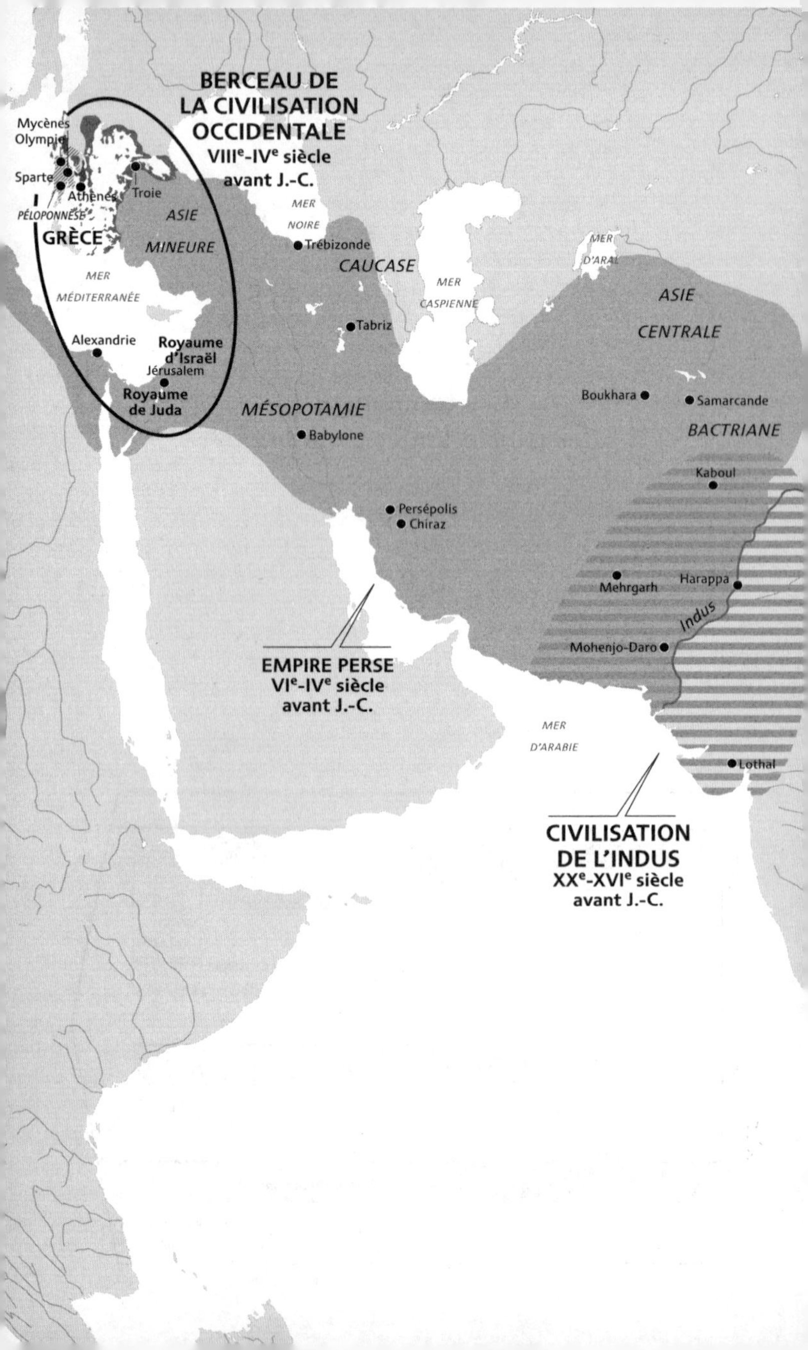

BERCEAU DE LA CIVILISATION OCCIDENTALE
VIIIe-IVe siècle avant J.-C.
Mycènes
Olympie
Sparte
Athènes
Troie
PÉLOPONNÈSE
GRÈCE
ASIE MINEURE
MER MÉDITERRANÉE
Alexandrie
Royaume d'Israël
Jérusalem
Royaume de Juda
MER NOIRE
Trébizonde
CAUCASE
MER CASPIENNE
MER D'ARAL
Tabriz
MÉSOPOTAMIE
Babylone
ASIE CENTRALE
Boukhara
Samarcande
BACTRIANE
Kaboul
Persépolis
Chiraz
Mehrgarh
Harappa
Indus
Mohenjo-Daro
EMPIRE PERSE
VIe-IVe siècle avant J.-C.
MER D'ARABIE
Lothal
CIVILISATION DE L'INDUS
XXe-XVIe siècle avant J.-C.

Les berceaux des grandes civilisations

1

L'Occident

Athènes et Jérusalem

Quand, à la fin du XIX*e siècle, Ernest Lavisse, le grand historien de la Troisième République, cherche à poser la première borne des programmes destinés aux lycéens français, il écrit : « Notre histoire commence avec les Grecs, qui ont inventé la liberté, la démocratie, qui nous ont apporté le Beau et le goût de l'universel*[1]*. » Sans risquer d'être démenti, nous pourrions ajouter en écho cette évidence : et notre calendrier commence avec Jésus-Christ.*

Aucun historien d'aujourd'hui ne considère plus les choses de la façon dont Lavisse les présentait. Les civilisations sont le produit de lents mouvements historiques qui prennent leurs racines loin dans le temps, elles sont nourries par des courants divers, multiples, contradictoires et nulle borne aussi clairement posée ne marque leur début.

---

1. Cité par le grand helléniste Marcel Détienne dans *Les Grecs et nous*, Perrin, 2005.

Les deux phrases de notre introduction n'en marquent pas moins une réalité : le christianisme et la culture grecque sont deux sources essentielles de la civilisation occidentale. Qu'il soit croyant ou qu'il soit athée, qu'il soit docteur en philosophie ou qu'il n'ait jamais ouvert un texte grec de sa vie, qu'il soit bulgare, espagnol, belge ou suédois, tout Européen est aussi un fils d'Athènes et de Jérusalem, qui ont façonné sa façon de penser, sa morale, son esthétique, la langue qu'il parle, ses conceptions politiques, son rapport au temps ou à l'univers. Commençons donc par aller voir dans quelles circonstances historiques la civilisation grecque et la religion chrétienne sont apparues et se sont développées. Cela nous aidera à tirer un rapide bilan de ce qu'on leur doit.

L'odyssée grecque

Traditionnellement, on fait remonter l'histoire de l'Antiquité grecque aux temps de Mycènes, une cité-État du Péloponnèse, dont on suppose qu'elle fut fondée par un peuple d'Indo-Européens, peut-être vers le XVIIe siècle avant notre ère. On admire toujours ses imposantes murailles dites « cyclopéennes », parce qu'elles sont faites de blocs si énormes qu'on supposait qu'ils avaient été transportés par des cyclopes. Le raffinement des objets, des bijoux qu'on a trouvés dans les tombes indique que la cité emprunta beaucoup à la brillante civilisation crétoise qui la précède. Pour autant, on ne la connaît que fort imparfaitement. Vers l'an 1200 avant J.-C., elle disparaît, balayée sans doute par d'autres envahisseurs.

Après quatre cents années formant ce qu'on appelle les « siècles obscurs », parce que l'on n'en sait pas grand-chose, vient la période archaïque – entre 800 et 500 avant J.-C. –, celle où ce monde se structure.

La Grèce ne forme pas alors un État. Elle est composée d'une multitude de cités, toutes à peu près indépendantes. Quand la population y devient trop abondante, une partie des habitants s'en va sur d'autres rivages fonder d'autres villes, des colonies, qui ne rompent jamais le lien avec la métropole – littéralement la ville-mère –, mais en sont les extensions commerciales, culturelles et même religieuses. En quelques siècles, par ce système, les Grecs se sont établis en Asie Mineure, sur la mer Noire et sur le pourtour du Bassin méditerranéen. Ils y sont, écrira Platon, « comme les grenouilles autour d'une mare ».

Toutes dispersées qu'elles soient, ces coassantes créatures appartiennent au même univers culturel. Où qu'ils demeurent, les Grecs sont unis par une même langue, qui s'écrit grâce à un alphabet ainsi nommé car *alpha* et *bêta* sont les deux premières lettres de la liste. Les enfants apprennent à le lire dans les deux grandes épopées fondatrices de leur culture. L'*Iliade* raconte l'histoire de la guerre de Troie, et l'*Odyssée* le long voyage d'Ulysse pour revenir chez lui. Les deux livres, qui dateraient du VIIIe siècle, sont attribués à Homère, sans que l'on sache trop si cet auteur a existé ou non.

Tous les Grecs adorent les mêmes dieux, ces fameux dieux fantasques et querelleurs qui vivent sur le mont Olympe, groupés autour de Zeus, leur chef, de sa fille Athéna, déesse de la sagesse et de la guerre, ou de Poséidon, dieu de la mer. Tous vont les honorer dans les mêmes sanctuaires, comme celui de Delphes, dont la grande prêtresse, la Pythie, prédit l'avenir, ou à travers de grandes compétitions sportives. Les plus importants de ces jeux sont ceux qui se tiennent tous les quatre ans à Olympie. Tous les Grecs enfin, sont liés par un sentiment d'infinie supériorité par rapport au reste des humains. Pour eux, le monde se partage en deux catégories. Dans la première, les seuls êtres civilisés, eux. Dans l'autre, le reste de l'humanité, les barbares, c'est-à-dire des rustres incapables de s'exprimer convenablement qui ne savent que bredouiller des bruits incompréhensibles, *bar... bar...* – c'est l'étymologie du mot.

Les guerres médiques

Au tournant du Ve siècle survient un événement considérable qui prouve ce qu'il advient des seconds quand ils s'en prennent aux premiers. Depuis les années 540, toute l'Asie Mineure, où vivent de nombreux Grecs, a été conquise par le puissant Empire perse[1]. Après quelques décennies, diverses villes de la province d'Ionie se rebellent contre cette domination. Athènes décide de se porter à leur secours. C'est la guerre.

Parce qu'ils confondent les Perses avec les Mèdes, un autre peuple vivant en Iran, les Grecs appellent

1. Voir chapitre 4.

le conflit qui vient de commencer les « guerres médiques ». Deux se succèdent. Athènes gagne la première grâce à sa victoire à Marathon (-490), une plage où les Perses ont débarqué et d'où les Grecs réussissent à les refouler[1].

La seconde se déroule dix ans plus tard, en 480. Une armée de 200 000 Perses arrive en Grèce par le nord. Trois cents spartiates et 700 Thébains se sacrifient héroïquement pour les bloquer le plus longtemps possible au défilé des Thermopyles, un étroit passage. Cela doit permettre aux Athéniens de préparer leur défense. Athènes est quand même prise et brûlée, mais les Athéniens défient les Perses en mer, et parviennent à les vaincre à côté de l'île de Salamine. Les Perses repartent une fois encore. On verra plus loin la lecture que ceux-ci font de ces événements[2]. Celle des Grecs est gonflée d'orgueil : par deux fois, leurs petites cités et surtout Athènes, la première d'entre elles, ont réussi à vaincre le plus grand empire du monde. Leur prestige est au plus haut.

Le Ve siècle, qui vient de commencer par les guerres médiques, et une partie du IVe, qui est celui des grands philosophes, marque l'époque classique, celle où la civilisation grecque atteint son apogée. En cent cinquante ans, ce qui est fort peu au regard de l'his-

---

1. Selon la tradition, le messager Phidippidès aurait parcouru en courant les 42 kilomètres séparant l'endroit d'Athènes pour y annoncer la victoire, juste avant de s'effondrer, mort d'épuisement. La course de 42 kilomètres porte le nom de la bataille en son honneur.

2. Voir chapitre 4.

toire, quelques cités d'un tout petit pays produisent une incroyable moisson d'idées nouvelles et d'œuvres fondamentales. Le philosophe français Ernest Renan, ébloui, parla de « miracle grec ». Concentrons-nous sur deux de ses facettes, l'invention d'un système politique et la révolution de la pensée.

L'invention de la démocratie

Au moment même où sa victoire sur les Perses lui vaut le plus grand prestige, Athènes jouit d'un système de gouvernement si enviable qu'il continue, aujourd'hui, à représenter un idéal politique dans une large partie du monde. Durant ce Vᵉ siècle, elle invente la démocratie. Celle-ci a été mise au point par paliers.

Comme toutes les autres cités grecques, la ville dédiée à Athéna a d'abord été gouvernée par des rois. Puis le pouvoir a été accaparé et contrôlé par quelques riches familles, les Eupatrides. Vers la fin du VIIᵉ siècle, de gros problèmes sociaux enrayent ce système. Les petits paysans, écrasés par les dettes, sont réduits à l'esclavage. De nouvelles classes moyennes enrichies par le commerce acceptent de moins en moins d'être exclues de tous les processus de décision. Quelques grands réformateurs font bouger les lignes.

Vers 620, Dracon est le premier qui impose que les lois soient écrites. Elles sont fort sévères, comme nous l'indique l'adjectif « draconien » qui nous est resté, mais au moins chacun peut-il en avoir connaissance, en les lisant sur les panneaux de bois où elles sont affichées. Dans les années 590, Solon (-640/-558), si aimé qu'il compte parmi les Sept Sages de la Grèce[1], interdit l'esclavage pour dette et offre un rôle aux classes populaires en leur ouvrant, par exemple, des postes au tribunal.

À la fin de ce même VIe siècle, le chemin semble se bloquer. À Athènes, comme c'est le cas dans nombre d'autres villes grecques, le pouvoir tombe dans les mains d'un seul, le tyran. Celui-là se nomme Pisistrate (-600/-527). Il monopolise le gouvernement mais, de façon avisée, engage des réformes sociales, embellit la ville et n'est pas mal considéré. Malheureusement pour sa postérité, ses fils lui succèdent. Arrogants et incapables, ils se font vite détester, et l'un d'entre eux finit assassiné[2].

Nous sommes au tout début du Ve siècle. Après la fin du dernier tyran, deux grandes familles aristocratiques se disputent le pouvoir. Clisthène est le chef de l'une d'elle. Il fait le pari d'éliminer l'autre en

---

1. Les Grecs aiment les listes. Comme ils dressent celle des Sept Merveilles du monde, ils répertorient les sept grands hommes, politiciens, philosophes, les plus sages.

2. Dans les faits, l'épisode relève plutôt du fait divers homoérotique. Hipparque, le fils de Pisistrate, veut séduire le bel Harmodios, qui se refuse à lui. Blessé, il humilie publiquement la sœur de celui qui l'a éconduit. C'est la raison qui pousse Harmodios et son amant Aristogiton à se venger en retour en tuant Hipparque. Les deux jeunes hommes, tués eux-mêmes lors de l'assassinat, n'en reçurent pas moins le titre de *tyrannoctones* – tueurs de tyrans – et leur statue de héros de la liberté orna de nombreuses places.

s'appuyant sur le peuple. C'est lui qui, ainsi, fonde la démocratie. Il en assoit le principe en rendant chaque citoyen égal devant la loi (les Grecs appellent cela l'« isonomie ») et en réformant le corps électoral, qui sera désormais découpé par circonscriptions géographiques, et non plus en fonction des classes sociales, ce qui favorisait les plus riches. Il est aussi celui qui, pour parer au retour des tyrans, invente la pratique de l'ostracisme. Chaque année, les citoyens peuvent écrire sur un morceau de poterie (ou, à l'origine, une coquille d'huître, *ostrakon* en grec) le nom des gens suspectés de vouloir accaparer le pouvoir et ordonner leur bannissement pour dix ans. Périclès (-495/-429), enfin, est l'homme qui porte la démocratie à son apogée. Petit-neveu de Clisthène, chef du parti qu'on appelle précisément « démocratique », il est l'homme d'État de la période, sans cesse réélu à des postes divers pendant trois décennies.

Désormais à Athènes, c'est donc au peuple d'édicter les lois et de gouverner. Il le fait à travers une immense assemblée, l'Ecclésia, qui réunit chaque jour des milliers de citoyens sur la colline du Pnyx pour délibérer et voter sur des sujets divers qui ont été préparés et contrôlés par la Boulé, un conseil de cinq cents membres dont cinquante citoyens assurent la permanence à tour de rôle. Les nombreux magistrats (qui seraient un peu l'équivalent de nos ministres) sont chargés de gérer les affaires de la ville, tout comme les membres des tribunaux, qui sont également élus. Pour autant, le vote n'est pas la seule source de légitimité et de choix. Dans cet univers profondément religieux, de nombreuses décisions se prennent par tirage au sort, car les Grecs pensaient que celui-ci indiquait la volonté des dieux.

La démocratie athénienne a une limite bien connue et soulignée depuis fort longtemps. Elle s'accommode fort bien de l'exclusion d'une large partie de la population. Les esclaves, très nombreux, sont hors du système. Ils en constituent pourtant les rouages essentiels. Contrairement à ce qui se passera à l'époque de la traite, en Occident, les esclaves de l'Antiquité peuvent avoir des postes élevés dans la hiérarchie sociale. À Athènes, ils forment l'essentiel de l'administration qui fait tourner la machine.

Sont également hors jeu les métèques, c'est-à-dire les étrangers qui vivent dans la cité, mais n'en sont pas considérés comme citoyens. Périclès restreint d'ailleurs un peu plus la définition de cette catégorie privilégiée. Avant lui, il suffisait, pour être citoyen, d'avoir un père athénien. Il impose que la mère le soit aussi. C'est bien le seul rôle qu'ont à jouer les femmes dans ce monde où elles sont, pour le reste, d'éternelles mineures dont le seul destin est d'être cantonnées au gynécée, la partie de la maison qui leur est dévolue.

Sparte, cité rivale

La démocratie athénienne est fille de la civilisation grecque. Il est juste de ne pas renverser cette corrélation. La civilisation grecque n'a pas enfanté que la démocratie, elle a accouché d'autres systèmes politiques qui en sont les exacts opposés. Songeons à l'exemple de Sparte, la plus célèbre rivale de la ville de Périclès.

L'idéal athénien est de former des citoyens qui seront capables, tous ensemble, de décider du sort commun. L'idéal spartiate est de former des soldats qui n'ont comme vocation que de servir aveuglément leur cité et de maintenir la domination la plus brutale sur ceux qui la font vivre en cultivant sa terre. La richesse de Sparte repose en effet sur le travail des hilotes, descendants des premiers habitants du territoire, ravalés, depuis qu'ils ont été conquis par ces nouveaux maîtres, à un statut misérable qui rappelle celui des serfs du Moyen Âge.

Pour se montrer à la hauteur du destin qu'on lui a assigné, tout bon citoyen a été formé par l'éducation spartiate. Dès leur plus jeune âge, on enlève les enfants à leurs parents pour les dresser collectivement à l'obéissance, les endurcir à toutes les souffrances et les préparer à relever tous les défis. Le plus spectaculaire est celui de la cryptie, un rite initiatique imposé aux adolescents les plus prometteurs. Pour montrer leur sens de la débrouillardise, ceux-ci doivent vivre seuls et cachés dans les forêts en assurant eux-mêmes leur subsistance par tous les moyens, y compris le vol, qui sera évidemment puni avec la plus grande sévérité s'il est découvert. Ils doivent aussi montrer leur bravoure en tuant, à l'occasion, quelques hilotes, un peuple à qui il est bon de rappeler qu'il n'appartient pas vraiment à l'humanité.

Cette formation porte ses fruits : Sparte est une société d'un égalitarisme absolu et son armée est la plus crainte de Grèce. Les deux qualités lui valurent, au cours des temps, de nombreux admirateurs. Certains sont très honorables, comme les nombreux philosophes de l'époque des Lumières, qui furent bluffés par la frugalité et la noble austérité de cette société. D'autres le sont moins. Au XXe siècle, les fous de Sparte se comptèrent surtout parmi les pires personnages de l'époque, dont Hitler.

La guerre entre Athènes et Sparte

Après les guerres médiques, Athènes a pris la tête d'une ligue de diverses villes grecques destinée à se défendre contre de nouveaux périls. Peu à peu, l'arrogante cité, aussi démocratique avec son peuple qu'elle est impériale avec les autres, prend la mauvaise habitude de plonger sans retenue dans le trésor commun pour son propre profit. Elle a de gros besoins. Son lourd système démocratique a un coût ; les monuments somptueux dont se pare la ville, comme le Parthénon commandé par Périclès, nécessitent d'énormes dépenses. Les querelles ne tardent pas à survenir. Certains alliés se tournent vers Sparte, l'éternelle rivale, qui est à la tête d'une ligue concurrente. Le choc devient inévitable. En 431 commence la guerre du Péloponnèse qui, pendant trente ans, oppose les unes aux autres les villes grecques. Ces guerres s'achèvent en 404 par la victoire de Sparte qui conquiert l'*hégémonie*, c'est-à-dire la suprématie sur la Grèce. Athènes, rabaissée, déchue, obligée d'abattre ses remparts, renoue un temps avec le gouvernement des tyrans, puis tente de revenir à la démocratie, mais celle-ci, dénaturée, tourne à la *démagogie* – encore une notion grecque, qui désigne la manipulation du peuple par des chefs sans scrupules. Le vertueux système qui fait toujours notre admiration aura duré à peine plus d'un siècle. Pour autant, l'esprit de la Grèce n'est pas mort. Le IVe siècle est celui des grands philosophes.

L'invention de la philosophie

L'autre face de notre miracle grec est celle de la culture et de la pensée. En quelques décennies, tant de grands auteurs couvrent tant de registres différents qu'on en finit par se demander quels domaines la Grèce n'a pas écrasés de son génie. Eschyle (-525/-456), Sophocle (-496/-406), Euripide (-480/-406) sont les maîtres de la tragédie, comme Aristophane (-450/-386) fonde le genre de la comédie. La sculpture touche à la perfection. Nombre d'œuvres originales sont perdues mais les grands noms de qui les forgèrent demeurent, comme ceux de Phidias (-490/-430), l'ami de Périclès qui décora le Parthénon, de Praxitèle (-400/-326) ou de Polyclète (Ve siècle av. J.-C.) qui, dans un traité, définit le canon, l'ensemble des règles et des mesures fixant l'idéal de la beauté.

L'histoire comme nous la concevons, c'est-à-dire cette volonté d'analyser le passé et de le comprendre, apparaît. Le mot dérive, par le latin, d'un verbe grec qui signifie « enquêter ». Hérodote (-485/-420) en est le père. Thucydide (-460/-395), qui étudie avec précision les causes, le déroulement et les conséquences des guerres du Péloponnèse sans jamais faire intervenir les dieux, en est un des premiers grands noms.

À partir du VIIe siècle s'est enclenchée une énorme révolution de la pensée. En passant par des voies qui aujourd'hui peuvent nous paraître peu orthodoxes, elle pose les premiers jalons de ce que nous appelons l'esprit scientifique. Thalès, né et mort dans la ville de Milet en Asie Mineure (-625/-547), est connu des mathématiciens pour son fameux théorème. Il fut aussi un astronome capable de prédire les éclipses. Et encore un philosophe obsédé par la recherche du principe fondamental, celui qui expliquerait tout le fonctionnement de l'univers. Pour lui, c'était l'eau. Pythagore (-580/-495), fameux auteur d'un autre théorème et fondateur de la secte étrange et secrète des Pythagoriciens en recherche un autre : pour lui tout est nombre. Démocrite (-460/-370) est un matérialiste. Il pose lui que l'univers n'est fait que de vide et de minuscules particules de matière, les atomes – littéralement, ce qui ne peut être coupé.

Enfin la Grèce est la patrie de la philosophie, dont elle vit naître les trois maîtres. Le premier est Socrate (-470/-399), considéré comme si important dans l'histoire de la pensée qu'il y sert de borne. Les penseurs grecs qui vécurent avant lui sont appelés les « Présocratiques ». Avec lui, arrive enfin *la* philosophie, c'est-à-dire une façon d'appréhender la vie et le monde qui servira de base à toute la pensée occidentale postérieure.

Socrate est un fils du siècle de Périclès, comme on a surnommé l'Athènes de ce temps, mais il a beaucoup de reproche à faire au système politique alors mis en place. La démocratie, avec sa manie du discours, a fait prospérer les sophistes. Ces « communicants » de l'époque sont des professeurs d'éloquence qui se font payer très cher pour apprendre aux plus riches toutes les ruses qui leur permettront de faire passer n'importe quelle idée qui leur convient grâce à de beaux discours. En tout cas, c'est ainsi que Socrate les considère. Son idéal à lui va à l'inverse de ces faux-semblants. Pour lui, le beau et surtout le vrai sont les seules valeurs qu'un homme juste doit rechercher. Toute sa pratique philosophique consiste à tisser un dialogue avec un interlocuteur qui a pour but, de question en question, de paradoxe en apparente plaisanterie, de le mettre face à ses contradictions pour l'amener à douter, de le mettre ainsi sur le chemin de la vérité. Sa révolution de la pensée ne passe pas par de longues et complexes théories mais par cette apparente simplicité. Socrate est celui qui ne sait rien mais aussi celui qui sait qu'il ne sait rien. Cela fait toute la différence. Il nous laisse une méthode, la maïeutique, littéralement l'art de faire accoucher. Il nous apprend la nécessité du doute et de l'esprit critique.

Tous les Athéniens de son temps ne goûtaient pas ces progrès décisifs de l'évolution intellectuelle. En 399, accusé entre autres griefs d'avoir « corrompu la jeunesse » avec ces idées pernicieuses, Socrate est condamné à mort par un tribunal populaire.

Son plus illustre disciple est Platon (-428/-348), grâce à qui nous le connaissons. C'est lui en effet qui rédige les dialogues de son maître, mort après avoir tant pensé, mais jamais rien écrit. Platon est aussi le philosophe de l'idéalisme. Cette doctrine pose que les réalités sensibles, les choses que nous voyons, touchons, sentons ne sont que des illusions, des ombres de ce qui est vraiment, le monde de la réalité vraie, celui des Idées, auquel la philosophie peut nous mener.

Platon, devenu un maître à son tour, a fondé son école, l'Académie. Aristote (-384/-322), le troisième de notre liste, y est élève, avant de devenir à son tour un des plus grands philosophes de l'Antiquité. Pour les grands penseurs arabes classiques comme pour les grands penseurs européens du Moyen Âge au XVIIIe siècle, il était même plus que ça. Il n'était pas un des plus grands philosophes des temps anciens. Il était le seul. L'homme dont l'œuvre colossale embrassait tout le savoir, l'homme chez qui l'on pouvait tout apprendre. Aristote a en effet été un précurseur dans un nombre considérable de domaines. Il fonde la métaphysique, ce qui vient après les phénomènes physiques, la connaissance qui mène aux stades les plus élevés de la pensée, comme la recherche sur l'être ou sur les principes premiers qui règlent l'univers. Il fonde la logique, qui est la science du raisonnement, qui dit comment il faut lier les idées les unes aux autres. Il traite de la politique et de la morale. Il a enfin la passion de classer, d'organiser et de décrire le monde, celui des animaux ou celui de la physionomie humaine, et le fait avec cette idée-force selon laquelle, en sachant observer, l'homme finira par comprendre. Aristote fonde lui aussi son école, le Lycée. Il devient un maître si réputé que Philippe, roi de Macédoine, vient l'y chercher pour en faire le précepteur de son fils, un certain Alexandre, un jeune prince fougueux appelé à un destin hors norme.

Alexandre et l'époque hellénistique

Après avoir cheminé sur les cimes de la pensée, nous revoilà dans les tumultes de l'histoire politique de la Grèce. On a vu qu'Athènes avait dominé le Ve siècle, avant de se faire évincer par Sparte, qui gagne la guerre du Péloponnèse. Pendant un court moment, au début du IVe siècle, la cité de Thèbes détient l'hégémonie. Celle-ci passe ensuite aux Macédoniens, ce peuple du Nord méprisé par les « vrais » Grecs du Péloponnèse ou de l'Attique, qui les tenaient pour des « semi-barbares » tant ils leur semblaient rustres et mal dégrossis. Dans les années 350-340, leur roi Philippe (-382/-336) réussit néanmoins à soumettre la Grèce tout entière, cité après cité. Après son assassinat par un de ses compagnons, son fils Alexandre (-356/-323) devient roi et commence les conquêtes qui le rendent célèbre.

En 334, il passe l'Hellespont, que nous appelons le détroit des Dardanelles, et s'attaque à l'immense empire perse, autrement dit, dans l'esprit du temps, au monde. Il conquiert l'Asie Mineure, le Proche-Orient, l'Égypte, la Perse même et ne s'arrête qu'en Inde, parce que son armée, lassée, ne veut plus suivre.

Moins de dix ans après le début de son périple, il meurt de fièvres à Babylone.

La Grèce entre dans l'époque appelée « hellénistique ». Les conquêtes d'Alexandre ont propagé sa culture, son esthétique, sa langue, sa façon de penser des rivages de la Méditerranée jusqu'à l'Afghanistan ou au Pakistan d'aujourd'hui. Sur ce chemin, elles sont arrivées aussi dans le royaume de Judée, où vit un petit peuple auxquels les Grecs n'accordaient jusque-là aucune importance. Venons-en donc à eux.

★
★ ★

Des Juifs et des chrétiens

Les historiens noteront avec raison que la Bible, texte religieux, n'a rien, par définition, d'un ouvrage historique. Ils ont raison. Son influence culturelle est telle qu'il n'est pas inutile pourtant, même dans un livre d'histoire, de rappeler les premières aventures des Hébreux comme le saint ouvrage les raconte.

Selon la Bible, donc, ce peuple est issu de tribus de Mésopotamie ayant suivi, quelque part entre 2000 et 1750 avant notre ère, leur patriarche Abraham pour s'installer au pays de Canaan, l'ancien nom de terres du Proche-Orient situées dans la région de Syrie-Palestine. Il le quitte à nouveau pour l'Égypte, où il devient esclave mais réussit, après plusieurs siècles, à s'en enfuir sous la conduite de Moïse. Celui-ci entend ramener les siens à Canaan, cette terre « promise » par Dieu, ce pays « où coulent le lait et le miel ». Sur le chemin de l'Exode – c'est le nom de la fuite hors d'Égypte –, alors qu'il se trouve au sommet du mont Sinaï, le prophète renoue l'alliance de son peuple avec Dieu et reçoit le décalogue, les « dix paroles » ou « dix commandements », d'où se déduit la Loi. Elle sera consignée dans les cinq livres formant la Torah (qui correspondent, pour les chrétiens, au début de l'Ancien Testament). On y trouve, entre autres, les nombreuses prescriptions que tout croyant doit suivre scrupuleusement s'il veut vivre loyalement envers son Dieu (ce qu'il faut manger ou ne pas manger, comment on doit pratiquer le culte, cultiver la terre, se comporter avec les autres, pratiquer la sexualité). Plus tard, les savants juifs chiffreront à 613 le nombre de ces commandements, les *mitzvot* : 365 négatifs, indiquant ce qu'il est interdit de faire, et 248 positifs.

Le Temple de Jérusalem

Réinstallés sur la Terre promise, les Hébreux y vivent en tribus, sous la direction de chefs religieux qu'on appelle les Juges. Autour de l'an 1000 avant notre ère, de grands hommes réussissent à les réunir sous leur sceptre, dans un seul royaume. Au premier roi Saül succèdent David, puis Salomon qui fait construire, à Jérusalem, le premier temple, foyer de la vie religieuse et lieu où les prêtres organisent les sacrifices. Sa partie centrale, le saint des saints, contient l'Arche d'Alliance, un coffre orné contenant les Tables de la Loi reçues par Moïse.

Dès la mort de Salomon, les disputes reviennent et son royaume se brise en deux, celui d'Israël, au nord, dont la capitale sera un peu plus tard Samarie[1], et celui de Juda, au sud, gouverné par Jérusalem. L'un et l'autre sont trop petits pour résister longtemps aux appétits de leurs puissants voisins. Le royaume d'Israël est anéanti par les Assyriens. Dans les années 590, celui de Juda est vaincu et absorbé par les soldats de Nabuchodonosor, le souverain de Babylone. Le Temple de Jérusalem est détruit (-587) et l'élite des Judéens conduite en captivité dans la capitale de leur vainqueur. Elle en est délivrée moins de cinquante ans plus tard, en 539, par Cyrus, empereur de Perse, qui absorbe la Babylonie et conquiert toute la région[2]. Une partie des captifs est autorisée à rentrer à Jérusalem, où Cyrus les aide à reconstruire le temple. Nombre d'entre eux restent toutefois en Mésopotamie et d'autres s'éparpillent dans d'autres pays que leur terre d'origine. C'est le début de la diaspora, la dispersion. À partir de ce moment-là, on ne parle plus d'Hébreux, mais de Juifs, un terme qui dérive de Judéens.

C'est aussi en ce VIe siècle que les grands historiens de la religion datent la naissance du monothéisme, la croyance en un dieu unique. Les Juifs sont-ils le premier peuple à l'avoir conçue ? L'ont-ils empruntée aux Égyptiens, qui en avaient fait l'expérience,

1. Pour cette raison, les descendants des habitants de ce royaume sont appelés les Samaritains.

2. Voir chapitre 4.

du temps du pharaon Akhenaton, ou encore aux Perses zoroastriens, qu'ils ont fréquentés à Babylone ? Le point est toujours discuté. Quoi qu'il en soit, contrairement à ce qu'enseignent les religieux, ce monothéisme juif ne date pas d'Abraham, ni même de Moïse. Le dieu qui parle au prophète sur le mont Sinaï exigeait du peuple d'Israël qu'il n'en adore pas d'autres que lui. Il ne niait pas pour autant l'existence de dieux rivaux. Les spécialistes désignent cette nuance sous le nom de « monolâtrie ».

Après être devenue une province de l'Empire perse, la Judée subit, dans les années 330, la conquête d'Alexandre le Grand. Les Juifs, comme tous les peuples de l'Orient, s'hellénisent. Nombreux sont ceux qui s'installent à Alexandrie, la nouvelle et brillante capitale que les Ptolémée, la dynastie grecque qui descend d'un général d'Alexandre, ont donnée à l'Égypte. C'est là que les Juifs font traduire la Bible en grec, dans une version appelée la « Septante ». Selon la tradition, pour être tout à fait sûr de la traduction, on avait en effet demandé à soixante-douze savants de l'effectuer.

Arrivent les Romains, qui conquièrent progressivement tout le Proche-Orient au cours du Ier siècle avant notre ère[1]. Ce sont eux qui baptisent Palestine la région comprise entre la Méditerranée et la vallée du Jourdain. Soumise par Pompée (-63), la Judée devient un petit royaume client de Rome, une forme de protectorat, puis une sorte de préfecture de la

1. Voir chapitre 7.

riche province de Syrie. L'occupation y est fort mal vécue. Il règne un climat de « tout est perdu », de fin du monde. Divisés sur l'attitude à tenir face à la situation, les Juifs se regroupent en quelques grands partis ennemis les uns des autres : les pharisiens, dévots austères, sont très populaires ; les sadducéens, les plus conservateurs, liés à l'aristocratie des prêtres, sont prêts à s'allier aux occupants ; les zélotes, au contraire, intransigeants et violents, estiment qu'il est du devoir d'un Juif de les poignarder. Nombreux aussi sont les personnages inspirés qui prétendent être le *messie*, l'envoyé de Dieu qui sauvera le peuple juif et dont les textes prédisent la venue.

Apparition de Jésus de Nazareth

Dans ce contexte apparaît Jésus, un homme qui va bouleverser l'histoire du monde, et dont pourtant nous ne savons presque rien. Il vient de Nazareth, un village de Galilée. Il est passé par une des nombreuses sectes qui fleurissaient alors, celle des baptistes, dirigée par Jean, dont les membres cherchent la purification en s'immergeant dans l'eau. Elle est sans doute liée au mouvement des esséniens, des ascètes qui se retirent du monde pour vivre de presque rien dans le désert et forment le quatrième des grands courants du judaïsme d'alors, après les trois que nous avons cités.

Hormis cette fréquentation des baptistes, qu'a fait Jésus durant toutes les années qui l'ont mené à l'âge adulte ? Nous l'ignorons. Nous ne retrouvons sa trace qu'à l'âge d'environ trente ans, prêchant en araméen, sa langue, qui était aussi celle du peuple, dans cette Judée troublée par l'époque. Il prône un renversement social, tonne contre les riches et les puissants, veut redonner aux pauvres et aux humbles toute leur dignité. Son charisme, la puissance de son verbe, ses talents de guérisseur attirent les foules. Il appelle à la rupture avec la loi religieuse, étouffante et stérile quand elle est appliquée par les dévots. Surtout, il annonce la fin des temps et promet qu'il sauvera ceux qui le suivront.

Comment les puissants auraient-ils pu accepter un discours qui, à ce point, remettait en cause leur pouvoir ? Ils le livrent aux Romains et ceux-ci, le considérant comme un trublion séditieux, le font crucifier. Fin du premier acte de l'histoire.

Le troisième jour après le supplice, certains de ses disciples constatent que le tombeau où Jésus a été enterré, appelé le Saint-Sépulcre, est vide. Ils en déduisent qu'il est revenu des morts, et voient bientôt en lui l'envoyé de Dieu dont parlent les textes, celui que les Hébreux appellent « messie » : en grec, le *Christ*.

L'histoire a fini. Commence la foi. Contrairement à ce que la tradition chrétienne cherche à affirmer par la suite, elle met longtemps à se structurer. Jésus a prêché une doctrine très générale, ouvrant tout grand les portes de l'interprétation et des hypothèses. Il a aussi été très flou sur sa véritable nature. Qui était-il ? Un simple mortel porteur d'un message particulier ? Un prophète, c'est-à-dire un homme inspiré par Dieu, comme les Juifs en ont connu d'autres ?

L'idée que cet homme extraordinaire puisse aussi être le fils de Dieu mettra du temps à s'affirmer parmi ceux qui se réclameront de lui. Les textes qui racontent sa vie – les Évangiles – ne seront fixés que des décennies après sa mort. Et d'autres points qui paraissent aujourd'hui si étroitement liés à cette religion, comme le rôle et le statut de Marie, mère de Jésus, la fête de Noël commémorant sa naissance, ou la notion de Trinité, attendront des siècles avant d'être éclaircis. On y reviendra.

Naissance du christianisme

Très rapidement, toutefois, advient une nouvelle rupture fondamentale. Jésus était juif, il a prêché au cœur du monde juif d'alors et tous ses disciples étaient juifs. Un homme bouleverse cette donne. Saül est originaire de Tarse (aujourd'hui en Turquie), il est citoyen romain. Il est également juif, et en tant que tel entend combattre cette nouvelle secte abominable qui ose célébrer un faux prophète. Alors qu'il se rend à Damas, nous dit le Nouveau Testament, il chute, et Jésus lui apparaît dans une illumination en s'exclamant : « Saül, Saül, pourquoi me persécutes-tu ? » Lumière et retournement. Ce « chemin de Damas » transforme le bourreau en disciple passionné. Sous son nouveau nom de Paul, Saül, l'apôtre missionnaire, devient celui qui, inlassablement, parcourt le monde autour de lui pour aller convertir des hommes et des femmes au culte nouveau. Le plus souvent il se rend dans les petites communautés juives qui sont disséminées dans le Bassin méditerranéen, mais aussi auprès des non-Juifs, les gentils. Il s'y forge une conviction. Le message qu'il porte est fait pour tous les hommes, il doit sortir du judaïsme. Si la foi dans le Messie doit suffire à sauver n'importe quelle âme, il ne faut plus exiger du converti qu'il commence par observer la loi juive et donc, par exemple, qu'il se fasse circoncire – un point qui, on s'en doute, était un frein à de nombreuses conversions, en particulier chez les hommes adultes.

D'autres apôtres récusent cette idée qui leur paraît blasphématoire. Jésus était juif, il ne faut pas rompre avec cette tradition. À Antioche, à Jérusalem, où tous se retrouvent, les discussions sont passionnées. Finalement, Paul l'emporte.

La religion nouvelle mettra des siècles à devenir ce qu'elle est aujourd'hui. Les bases en sont désormais posées. Le christianisme croit en un seul dieu, et ce dieu s'est incarné, il s'est fait chair, a pris la forme d'un homme pour s'adresser aux hommes. Contrairement aux cultes grecs et romains, dont les fidèles invoquent les dieux pour connaître un meilleur sort ou une bonne fortune de leur vivant, le christianisme promet à ceux qui le suivent qu'ils seront sauvés pour l'éternité, c'est ce qui en fait une religion du salut. Contrairement au judaïsme, enfin, qui repose sur l'alliance entre le Dieu unique et un peuple qu'il a choisi, le « peuple élu », la « bonne nouvelle » que prêchent désormais les disciples de Jésus s'adresse à tous. « Il n'y a plus ni Juifs ni Grecs, il n'y a plus ni esclaves ni libres, il n'y a plus ni homme ni femme… » a écrit saint Paul. Le christianisme se veut universel.

★
★ ★

Vers la civilisation occidentale

Le peuple grec aura donc révolutionné l'art de penser, l'art de gouverner, et accouché d'une culture extraordinaire. Le peuple juif a donné naissance à deux des grandes religions du globe dont l'une, le christianisme, est toujours au XXIe siècle la plus pratiquée au monde. Ce sont les deux « miracles » dont parlait Renan, le miracle grec, que nous avons cité, qu'il mettait toujours en parallèle avec le miracle juif. Il est juste de rappeler que ni l'un ni l'autre n'ont réussi à s'imposer seuls d'une manière aussi éclatante. Pour que les deux deviennent les sources de la civilisation occidentale, il leur a fallu ce qu'on pourrait appeler, en paraphrasant le philosophe français, un troisième miracle, le miracle romain.

Nous le verrons dans un prochain chapitre, c'est Rome, fascinée par la culture grecque, qui la répandit partout dans son empire, au sud de la Méditerranée, mais aussi au nord[1]. De la même manière, Rome « occidentalisa » le christianisme qui au départ était, comme le judaïsme, une religion orientale.

Enfin, si l'un et l'autre courant ont chacun un rôle fondamental dans la genèse de la pensée occidentale moderne, cela ne signifie pas pour autant qu'ils se sont toujours mariés harmonieusement. Bien au

1. Voir chapitre 7.

contraire. La religion repose sur la foi. La culture grecque porte du côté de la raison. La guerre entre l'une et l'autre dura des siècles. Nous aurons l'occasion de revenir sur les innombrables épisodes d'un conflit dont on oserait dire qu'il fut homérique, si le mot, de par son origine, ne semblait favoriser outrageusement un des deux camps. Quoi qu'il en soit, Athènes et Jérusalem ont fondé la civilisation occidentale. La plupart de ses traits essentiels viennent de l'un, de l'autre, ou des deux à la fois. Contentons-nous d'en égrener quelques-uns.

Le judaïsme, à travers le récit de la Création, pose l'homme comme une créature singulière et supérieure, à qui Dieu a donné mission de dominer la planète. Le christianisme, en étendant le message de la foi à l'humanité tout entière pose le principe d'égalité entre toutes ces créatures. Les Grecs, par leur philosophie, tâchent de comprendre les mystères de l'existence qui, peu à peu, se dévoilent à la lumière de l'intelligence et de la raison. Tous ont à cœur de mettre l'homme au centre de l'univers, et sont à la base de cette tradition qu'on appelle l'humanisme.

Dans la plupart des grandes civilisations anciennes ou actuelles, le temps est considéré de manière cyclique, comme les jours succédant inlassablement aux nuits, comme les saisons succédant aux saisons. Le christianisme et sa religion mère, le judaïsme, le rendent linéaire : le monde, lors de sa création par Dieu, a eu un début. Il avance vers une fin, celle qui a été annoncée par le Messie. L'idée de fin du monde a pu accoucher de conceptions pessimistes, tétanisées par cette perspective d'une Apocalypse dont les textes prédisent qu'elle s'accompagnera de grands malheurs. Jointe à la confiance grecque dans les capacités de l'intelligence humaine, cette conception linéaire du temps a pu aboutir, à l'inverse, à une idée optimiste : celle du progrès, qui veut que l'homme avance vers une amélioration infinie de sa condition.

L'humanisme, la science, le progrès sont des valeurs qui structurent la pensée occidentale, et dont tout Occidental peut être fier. Puisque les Grecs nous ont appris qu'un des autres fondements de la pensée était l'esprit critique, il est bon de le faire fonctionner également, et de ne pas oublier au passage la face sombre que peuvent comporter ces mêmes valeurs. L'humanisme, en plaçant l'Homme au centre de la Création, lui donne une position de domination sur la nature qui, contrairement à la place qu'elle tient dans d'autres mondes, n'a rien de sacré. Les désastres écologiques qui peuvent menacer jusqu'à l'existence du monde montrent à quelles extrémités cette domination mal maîtrisée peut aboutir.

De même, la magnifique notion de progrès scientifique, mal comprise, peut s'égarer dans le scientisme, cette dérive consistant à idolâtrer la science, à estimer qu'elle est supérieure à tout. Au bout de ce chemin pointe une maladie contre lesquels les Grecs mettaient en garde, l'*hubris*, ce péché d'orgueil, cette folle démesure qui touche parfois les hommes et est toujours punie par les dieux.

Enfin le monothéisme universaliste chrétien a un défaut : en posant l'idée qu'il n'y a qu'un seul dieu et qu'il doit parler à tous les hommes, il décrète le règne de la vérité unique, mère de l'intolérance et des guerres de religion.

C'est la grande limite de la pensée occidentale. Par nature, elle s'autorise à se croire seule capable de dire le bien et le mal, la vérité et l'erreur. D'autres peuples dans d'autres contextes historiques ont pourtant mis au point d'autres croyances, d'autres systèmes de valeurs qui n'ont rien d'inférieur à elle et ont produit d'autres civilisations importantes. Étudions-en deux.

2

La Chine

Laozi et Confucius

À quelle date commencer ? Pour un Chinois, la question n'a qu'une réponse. Son pays a 5 000 ans d'histoire. Pas une boutique de musée qui ne propose tasses et tee-shirts ornés de cette durée, pas un livre qui ne rappelle cet âge impressionnant à côté duquel le pauvre bimillénaire du calendrier occidental fait pâle figure.

Selon les archéologues et les historiens, cette vérité tant assénée relève pourtant de la mythologie nationale. Pour réussir à remonter si loin en arrière, certains Chinois continuent à faire débuter leur civilisation à quelques-uns de ces lointains personnages dont parlent leurs vieux classiques, comme le fabuleux « empereur jaune ». Inventeur des arts martiaux, grand civilisateur, il aurait régné cent ans, pas moins, dans les années 2600 avant l'ère commune. Arithmétiquement, cela permet à peu près de faire le compte. Scientifiquement, cela n'a aucun sens. On n'a toujours pas trouvé la moindre trace archéologique qui accréditerait l'existence de ce personnage, pas plus que celle des rois de la dynastie Xia, censée lui avoir succédé. La plupart des historiens chinois eux-mêmes les considèrent désormais comme purement légendaires. La première dynastie dont l'existence est certaine est la dynastie Shang, qui régna environ de 1700 à 1000 avant l'ère commune. Cela soustrait au premier décompte la bagatelle d'un millénaire et demi…

Faut-il alors supposer qu'en Chine on ne sache pas compter ? Ou plutôt que le nationalisme porte à toutes les manipulations ? On peut essayer de voir les choses d'une autre façon et faire de ce petit exemple un premier exercice pour sortir de nos fonctionnements occidentaux. Comme sur tant d'autres sujets, le rapport aux chiffres ou aux nombres ne s'accorde pas toujours avec le rationalisme le plus strict qui est censé être en usage dans le monde contemporain. Ainsi, chaque Chinois sait depuis l'école que la célèbre Grande Muraille fait 10 000 li (c'est le nom d'une mesure correspondant à un peu plus de 500 mètres) puisque tous les livres l'affirment et que le « mur de 10 000 li » est son nom le plus courant. Cela signifie-t-il qu'ils considèrent que le prestigieux rempart fait cette longueur au sens mesurable du terme ? Nullement. Cela veut dire qu'elle est grande et aussi que le fait d'exprimer cette grandeur par ce beau nombre rond, qui sonne, est bien plus réel que de s'abaisser à un décompte d'arpenteur qui, au fond, n'aurait pas beaucoup plus de sens… Prenons donc ces 5 000 ans pour ce qu'ils ont à nous dire et acceptons-en la part incontestable de vérité : la Chine a une histoire très ancienne et le pays d'aujourd'hui en est l'héritier en droite ligne.

Les bassins du fleuve Jaune et du fleuve Bleu

Il y a donc « très longtemps », une civilisation se forme autour du bassin du fleuve Jaune. Puis elle s'étend jusqu'à l'autre grand fleuve, situé plus au sud, le Yangzi Jiang[1] que, par symétrie avec le précédent, les Occidentaux baptisèrent parfois « fleuve Bleu ». Des royaumes s'y forment. Les annales chinoises les classent par dynasties. La première recensée est celle des Xia, mais on a vu qu'elle était probablement légendaire. Au deuxième millénaire avant notre ère, domine celle des Shang, qui est attestée. Dès ces temps lointains apparaissent quelques traits distinctifs de la société chinoise.

Comme ailleurs, les hommes, sédentarisés, vivent de l'agriculture et tout particulièrement de céréales.

---

1. Ou, anciennement, Yang Tseu Kiang : la translittération en alphabet romain des mots chinois s'est faite, jusqu'au milieu du XXe siècle, selon des systèmes inventés par les Européens. Ainsi les Anglais utilisaient le système Wade-Giles – du nom de ses inventeurs –, les Français celui de l'École française d'Extrême-Orient (EFEO). Depuis 1958, le gouvernement chinois a promu son propre système, le *pinyin*, que nombre de pays ont adopté. C'est pourquoi tant de mots chinois s'écrivent différemment. Ainsi le Yang Tseu Kiang de l'EFEO, que les vieux manuels français écrivaient aussi Yang-tsé Kiang, s'écrit-il désormais en *pinyin* : Yangzi Jiang (mais se prononce à peu près *yang tze tziang*).

Celle cultivée au nord est le millet, au sud, le riz. Comme ailleurs, les populations ont appris à élever des animaux, le porc, puis le buffle. Cependant les paysans chinois ont très tôt mis au point une domestication animale qu'ils seront seuls à maîtriser durant des millénaires, ce qui leur apportera de grandes richesses. Ils ont compris comment élever le bombyx du mûrier, le fameux insecte dont le cocon produit la soie. Le plus vieux fragment de ce précieux tissu, découvert en Chine, daterait du milieu du IIIe millénaire avant J.-C.

Comme ailleurs, on découvre le métal. La dynastie Shang est célèbre pour de somptueux vases de bronze, servant le plus souvent à des rituels, que l'on admire toujours dans les musées chinois. Des pratiques religieuses s'organisent. Celles consistant à honorer les morts de sa lignée donneront naissance au culte des ancêtres, un marqueur essentiel de la culture chinoise. Comme ailleurs, les hommes, anxieux de l'avenir, remettent à des devins la charge d'en percer le mystère. Ceux-ci pratiquent, entre autres, une forme de divination qui porte le nom savant de « scapulomancie ». Elle consiste à placer au feu des omoplates de bovidés (d'où son nom, dérivé du latin *scapulae*, les épaules) ou des carapaces de tortue, puis à tenter de lire les signes que la flamme y a dessinés. La technique est usitée dans d'autres endroits du monde. En Chine, toutefois, les dessins produits prennent une importance capitale. Ils donnent naissance au système d'écriture. Les traits laissés par les flammes deviennent ces caractères que les spécialistes nomment des « sinogrammes ». Le système, né ainsi, s'est enrichi et complexifié au cours des siècles puisqu'on estime le nombre de caractères existant aujourd'hui entre 40 000 et 60 000. Cependant – nouvelle preuve de la longévité de cette civilisation –, il reste le plus vieux système d'écriture au monde à être toujours utilisé.

De l'écriture naissent les premiers livres, que leur caractère ancien et toujours révéré fait appeler les « classiques ». Le *Classique des documents* collecte des archives diverses, des fragments de discours, des édits de la cour des Zhou (v. -1046/-221), la dynastie qui a succédé aux Shang. Le *Classique des vers* est une anthologie de poèmes. Le plus ancien de ces ouvrages est le *Classique des mutations*, qui consigne des croyances et des techniques liées à la divination.

Peu à peu, à travers ces livres et ces pratiques, se met en place un système de pensée. Il sera long à s'élaborer et se structurera autour de grands personnages qui, on le verra bientôt, le tireront chacun dans des sens différents. Les bases sont communes.

Pour tâcher d'initier brièvement à la pensée chinoise, d'une savante complexité, contentons-nous d'exposer les trois notions essentielles qui la fondent et de comprendre, de façon succincte, comment elles interagissent. Ces trois notions sont le *qi*, le principe du *yin* et du *yang*, et la théorie des cinq éléments.

Trois grands principes de la pensée chinoise

Contrairement à ce que nous avons vu naître chez les Hébreux, il n'existe rien, dans la tradition chinoise, qui ressemble à un dieu créateur, donnant naissance au monde. Il n'y a pas de commencement. Il y a un principe originel, qui dispense une énergie primordiale, le *qi*[1]. Le *qi* est ce souffle présent partout, toujours, dans toutes les manifestations de l'univers, de la nature, de la vie sous toutes ses formes, comme dans le corps des humains où il circule à travers des méridiens.

Pour lui donner sa force, son allant, ce rythme particulier qui le conduit, il faut lui adjoindre une deuxième notion fondamentale : le système du yin et du yang. L'alternance constante entre ces deux principes contraires conduit la marche de l'univers. Le yin est du côté de l'humidité, du féminin, du sombre, du froid, de la rétractation. Le yang du côté de la chaleur, du soleil, de l'activité, de l'expansion, du masculin. Il ne faut rien voir de positif ou de négatif dans l'une ou l'autre de ces énumérations. L'un et l'autre principe ne sont pas plus chargés en valeurs morales que le pôle « plus » et le pôle « moins » d'une pile électrique. Précisément, ils fonctionnent comme le courant. Ils sont complémentaires, l'un a besoin de l'autre, et l'autre a besoin de l'un, car c'est leur opposition, leur alternance qui créent la direction, le mouvement, comme l'alternance de la jambe gauche et celle de la jambe droite créent la marche. Enfin, ce mouvement perpétuel met en branle tout ce qui constitue l'univers, et est formé de cinq éléments.

Nous voici à la troisième notion fondamentale, la théorie des cinq éléments. Là où les Grecs pensaient

1. On prononce *tchi*.

quatre (l'eau, le feu, la terre, l'air), les Chinois en voient un de plus et leur liste diffère légèrement : le métal, le bois, l'eau, le feu, la terre. Par ailleurs, ils pensent ces éléments non de façon statique, comme des particules de base qui s'agencent entre elles pour former la matière, mais de façon dynamique. Pour eux, tous ces éléments, en effet, ont la particularité de pouvoir se transformer les uns en les autres, de manière infinie. Cela se passe en suivant des cycles d'engendrement (ainsi par exemple le métal qui fond devient liquide comme l'eau ; l'eau qui arrose fait pousser l'arbre et donc engendre le bois, etc.) – et des cycles de destruction, comme celui du métal qui peut couper le bois, ou de l'eau qui peut éteindre le feu.

On l'aura constaté, il y a de grandes différences entre la pensée chinoise et la pensée occidentale. Soulignons-en deux. Dans l'univers tel que le conçoivent les Occidentaux, créé par un dieu unique qui le fit à son image, l'homme occupe une place centrale. Il n'est rien de tel pour les Chinois. Selon eux, l'univers n'a pas été créé, il *est*, et l'homme en fait partie, au même titre que tout ce qui existe, le rocher et la fleur, le visible et l'invisible, tous mus selon les mêmes principes que l'on vient de décrire, et agis par les mêmes cycles.

La pensée occidentale, issue du rationalisme grec, est une pensée de l'opposition : il y a le blanc et le noir, le chaud et le froid, des effets et des causes, des choses qui existent ou qui n'existent pas : il y a l'esprit et le corps, la matière et la conscience, l'ici-bas et la perfection céleste. En Chine, on ne se préoccupe pas de l'opposition mais de l'énergie produite par l'interaction des uns et des autres. Toutes les notions que l'on a présentées, la circulation du *qi*, l'alternance du yin et du yang, le cycle des mutations entre les éléments sont du côté du mouvement permanent qui gouverne et fait tourner cette grande machine qu'est l'univers.

La pensée de l'opposition, en Occident, a souvent conduit la science à chercher à comprendre toutes choses en segmentant, en coupant les problèmes en petits morceaux pour les résoudre les uns après les autres. Un penseur chinois cherchera toujours à comprendre les choses dans leur globalité. L'exemple le plus évident de cette différence d'approche se trouve dans la médecine. L'occidentale, pour combattre une maladie, cherche à trouver son origine en procédant par élimination successive : vient-elle du cœur ? du foie ? de l'estomac ? La chinoise se préoccupe de la circulation de l'énergie à travers le corps tout entier.

Confucius

Lentement élaborée depuis des temps très anciens, cette manière de penser s'est donc structurée dans le cadre de ce que l'Occident appellerait des religions et que la Chine appelle plutôt des « enseignements ». Elle en connaît trois principaux : le confucianisme, le taoïsme et le bouddhisme. Seuls les deux premiers sont d'origine chinoise. Ils sont nés en Chine, à l'époque des Zhou, en un temps joliment nommé période des « Printemps et Automnes[1] » (-722/-481).

À cette époque, les rois Zhou sont faibles, et le pays est partagé entre des petites principautés. Kongzi (-551/-479), ou encore Kong-fuzi, c'est-à-dire maître Kong, dont les jésuites firent le nom occidental de Confucius, commence une carrière au service de l'une de celles-ci. Le voici même ministre d'un prince, mais des intrigues l'obligent à le fuir. Après avoir été appelé auprès d'autres gouvernants qui le déçoivent toujours, il décide de délaisser la vie politique pour méditer sur ce qu'il a vécu. Entouré de nombreux disciples, il élabore peu à peu une doctrine. Comme Socrate, il ne la coucha pas lui-même par écrit. À l'instar du maître grec, sa pensée fut recueillie par ses élèves. Compilée sous forme de discours, de dialogues, on la retrouve dans un livre fondamental de la culture chinoise, *Lunyu*, en français les « entretiens[2] ».

Le culte qui, des siècles après lui, fut rendu à Confucius a des aspects religieux. Il est célébré dans des temples, on dépose des offrandes sous ses statues. Pour autant, il n'y a rien dans sa pensée qui s'apparente à ce que l'Occident appelle une religion. Aucune interrogation sur le rapport aux divinités, l'origine de l'univers ou ce qui se passe après la mort. Pour lui, une seule question importe : comment

---

1. Le nom lui vient du livre ancien qui en a fait la chronique et s'intitulait ainsi.

2. Ou encore les analectes, un mot savant qui signifie « morceaux choisis », « anthologie ».

faire pour que les hommes vivent en harmonie. Le confucianisme est une doctrine sociale, dans le sens premier du mot. Elle est bâtie sur quelques grands principes. Il s'agit d'abord de mettre en valeur chez chaque homme un bien commun à l'ensemble de l'humanité qui est le sens de la bonté, de la bienveillance à l'égard d'autrui. C'est le *ren*[1], la grande vertu confucéenne. Il s'agit aussi d'apprendre à chacun la place qu'il a dans le groupe, la famille ou la collectivité, et la nécessité qu'il y a de tenir cette place vertueusement, car c'est la seule garantie de l'équilibre de l'ensemble. Ainsi le fils, au nom de l'amour qu'il a pour ses parents, doit-il respecter la piété filiale et la maintenir après la mort en pratiquant scrupuleusement le culte des ancêtres. Ainsi le subordonné doit-il respecter le supérieur, tout comme le supérieur doit se comporter avec respect envers le subordonné. Les analectes résument cela en une formule devenue proverbiale et que les plus téméraires de nos lecteurs pourront tenter de dire en chinois : « jun jun chen chen fu fu zi zi », c'est-à-dire : « Que le souverain agisse en souverain, le ministre en ministre, le père en père, le fils en fils. » Comme ciment de cet édifice, le philosophe insiste sur l'importance des rites. Ils sont essentiels car ils donnent aux actes de la vie tout leur sens et permettent de prendre conscience de la place de l'homme au sein de la collectivité. Enfin, il fait une place particulière au savoir et au respect des textes. Il est un lettré lui-même. Dans sa doctrine, cette classe de la population se retrouve tout en haut

1. On prononce *djen*.

de l'échelle sociale. Comme base de la culture de ces érudits, il promeut les textes anciens, ces classiques dont nous avons parlé. Grâce à lui, ils seront étudiés et révérés pendant des siècles.

Laozi

La vie de Confucius, perdue dans sa légende, n'est pas très assurée sur un plan historique. Au moins reste-t-il de lui sa tombe, toujours fréquentée aujourd'hui, et même des descendants : quelques familles s'honorent d'être de sa souche. De Laozi, ou Lao Tseu, comme l'on écrivait jadis[1], on ne peut en dire autant. Il est fort probable que ce personnage n'a jamais existé. Il pourrait n'être qu'une création légendaire, qui a eu pour fonction de cristalliser un certain nombre de croyances et de pratiques formant la doctrine qu'il est censé avoir fondée mais qui, pour le coup, existe bel et bien. On l'appelle le taoïsme.

La tradition, donc, fait de Laozi un contemporain de Confucius, puisqu'ils sont censés s'être rencontrés. Cette contemporanéité a une grande utilité pédagogique. Elle met d'autant plus en valeur leur opposition et c'est une bonne manière d'entrer dans la pensée de l'un et de l'autre. Confucius ne s'intéresse qu'à la vie de la société. Laozi et les taoïstes ont d'autres préoccupations. Ils se focalisent sur les questions que nous appellerions métaphysiques, celles qui ont trait aux mystères de l'univers, aux secrets de la

1. Voir la première note du chapitre, p. 83.

nature, aux principes obscurs qui président à la vie ou à la mort. En cela, ils s'inscrivent dans la continuité des religions chinoises traditionnelles – liées aux esprits, aux démons, aux divinités. Le taoïsme porte ce nom car il repose sur l'idée qu'un principe est à l'origine de tout, le *tao*, littéralement le chemin, la voie, et par extension la doctrine, la morale. Ce *tao* est l'unicité primordiale d'où dérive le système dont nous avons parlé, celui qui fait fonctionner l'univers, le yin, le yang, etc. En le décortiquant, en l'étudiant, pensent les sages taoïstes, on finira peut-être par comprendre les secrets de la vie… Une de leurs obsessions les plus célèbres et qui les poursuivra longtemps est celle de la quête de l'immortalité : inlassablement, pendant des siècles, ils chercheront l'élixir, l'endroit, la formule magique, qui permettra enfin aux hommes d'échapper à la malédiction de la mort. Cette recherche, aussi extravagante qu'elle nous paraisse aujourd'hui, a des répercussions très concrètes sur l'histoire chinoise, on le verra à plusieurs reprises.

Les conceptions sociales de Laozi sont résumées par un autre principe : *wu wei*, le « non-agir ». Le devoir du sage est de se retirer de l'action pour respecter le *tao*, laisser faire l'ordre cosmique. Alors qu'on lui proposait de grands postes ministériels, Laozi lui-même, dit sa légende, préféra s'éloigner du monde pour aller vivre au sommet d'une montagne, avant de partir et de disparaître. Notion fondamentale, le *wu wei* régna jusqu'au sommet de l'État, de nombreux empereurs en firent leur principe cardinal. Ne pas agir, c'est respecter l'équilibre fondamental, c'est donc montrer que l'on est garant de l'ordre du monde.

Nous venons de citer deux des plus grands penseurs chinois. Il y en eut beaucoup d'autres. Certains furent violemment opposés à l'un ou à l'autre, comme Mozi (-468/-381), qui développa une philosophie très pessimiste pour contrer celle de Confucius. D'autres, au contraire, se placèrent dans la lignée de maître Kong, comme Mencius (-371/-289), qui pensait l'homme naturellement bon et équitable. Les deux que nous venons de citer vivaient à l'époque des « Royaumes combattants » (-481/-221), qui suivit la période des « Printemps et Automnes ». L'efflorescence de la pensée était telle en ces temps qu'on les désigne comme l'époque des « Cent écoles ».

Le bouddhisme

Pourtant, la doctrine qui compta le plus et pèse encore d'un poids immense dans la société chinoise d'aujourd'hui arriva beaucoup plus tard et vint de l'étranger. Vers le Ier siècle de notre ère, alors que les routes commerciales ont été ouvertes qui permettent de circuler à travers l'Asie centrale, des missionnaires apportent dans l'empire du Milieu le bouddhisme, venu d'Inde[1]. La période est pétrie d'incertitudes et les populations accueillent favorablement cette sagesse qui entend prendre en charge la douleur, la

1. Voir chapitre suivant.

souffrance. On reviendra dans le chapitre suivant sur ce qu'est le bouddhisme. Contentons-nous de noter qu'il fit donc une percée fulgurante en Chine et se mêla bien vite aux deux courants précédents.

C'est le point important. À partir des premiers siècles de l'ère commune, la Chine est donc dotée de ce que l'on peut appeler trois grands systèmes de croyance. Faut-il les désigner autrement ? Éternel casse-tête de l'Occidental. Sont-ce des « religions » ? des « philosophies » ? des « sagesses » ? ou un peu tout à la fois ? Le bouddhisme chinois a eu très tôt ses moines et ses monastères. Le taoïsme a les siens et ses prêtres, mais il est aussi revendiqué par des savants qui spéculent sur la vie et la mort, et que l'on comparerait plutôt aux philosophes ou encore aux alchimistes de l'autre côté du Vieux Monde. Le confucianisme est un code de conduite sociale qui ne se préoccupe donc pas des questions de transcendance, pourtant au cours des siècles, ses adeptes lui édifieront de nombreux temples, qui sont toujours actifs.

Les trois doctrines se sont concurrencées, leurs disciples ont souvent été rivaux et le pouvoir a bien souvent changé d'attitude à leur endroit. Tour à tour confucianisme, taoïsme, bouddhisme connaîtront l'heur d'être promu par les empereurs, puis les duretés de la persécution. Enfin les maîtres de l'empire se décideront à faire ce qui semble toujours naturel à la plupart des Chinois. Ils vénéreront les trois. Le lettré de la Chine classique se sentira obligé dans la journée de vénérer son grand maître Confucius, mais le soir à la maison il honorera les dieux selon les traditions taoïstes, et n'hésitera jamais, en cas de deuil, à se tourner vers les bouddhistes, car ils passent pour des experts dans les choses funéraires. Voilà encore un point qui distingue radicalement la civilisation chinoise, et plus généralement les civilisations asiatiques, des traditions occidentales. Les dieux du monothéisme sont des dieux jaloux. Les vérités chinoises sont plastiques. Aucune ne mérite d'écraser toutes les autres. Comme tout ce qui est dans l'univers, la vérité circule, elle est multiple, changeante, et peut s'adapter aux circonstances. Un empereur de la dynastie Ming (1368-1644) a clos le problème et réglé la question d'une formule : « Les trois enseignements sont un. »

3

L'Inde

Hindouisme et bouddhisme

Quittons le fleuve Jaune et le fleuve Bleu, volons au-dessus du Tibet, survolons la chaîne spectaculaire de l'Himalaya, et contemplons ce grand triangle qui semble plonger dans les océans : l'Inde.

La Chine et sa culture millénaire s'inscrivent dans un cadre qui, souvent au cours des temps, on le verra, restera uni. L'Inde au sens large, c'est-à-dire ce monde si vaste que les géographes le nomment le sous-continent indien, ne le sera que très rarement, comme par exception. Aujourd'hui encore l'ensemble géographique est éclaté en six pays[1] et son histoire n'est pas simple à raconter. Pendant des siècles, l'écrit a été le domaine réservé des brahmanes, les prêtres, très préoccupés des affaires de dieux, de rites, de sacrifices ou des mouvements des grandes ères cosmiques, mais s'intéressant si peu à

1. Le Pakistan, le Bangladesh et la république de l'Inde, tous trois issus de l'Empire britannique des Indes, plus le Népal, le Bhoutan et le Sri Lanka, à quoi l'on ajoute parfois les Maldives.

celles des cités, des rois et des peuples que celles-ci ont fini par se perdre. L'héritage religieux n'en est pas moins complexe. L'Inde a vu naître quatre des grandes religions du monde : l'hindouisme, le jaïnisme, le bouddhisme et, beaucoup plus tard, le sikhisme (au XVe siècle). La première, sans dogme, sans prophète venu transmettre la parole des dieux à un moment particulier de l'histoire, a mis des siècles et des siècles pour évoluer et se structurer. La troisième a connu un destin singulier : alors même qu'il devenait la grande religion de nombre de pays asiatiques, le bouddhisme a quasiment disparu de son pays d'origine. Pour autant, l'Inde a un point commun essentiel avec la Chine. Elle fut le berceau d'une des plus vieilles et plus grandes civilisations humaines et plus de 1 milliard d'individus continuent à la faire vivre aujourd'hui. Essayons de la présenter.

La civilisation de l'Indus

La plupart des livres traitant de l'Inde font débuter son histoire entre 2500 et 1800 avant notre ère, au temps de la « civilisation de l'Indus », qui porte le nom de ce grand fleuve coulant dans ce qui est aujourd'hui le Pakistan[1]. Elle est connue grâce

1. Le fleuve Indus, ou Sindhu en sanscrit, est à l'origine du nom du sous-continent. Pour les Perses, qui ont transmis cette façon de voir aux Grecs, qui eux-mêmes l'ont passée aux Romains, l'Inde, c'est le pays qui est après l'Indus.

aux sites extraordinaires qui ont été découverts au XIXe siècle et fouillés dans les années 1920, à l'époque britannique, comme celui de Mohenjo-Daro, ou de Harappa (qui donne parfois son nom à l'ensemble, on parle de « civilisation harappéenne »). Les rues en damier, les systèmes d'égout, les gigantesques bassins à l'étanchéité parfaite, associés aux traces d'une agriculture prospère et d'un commerce actif témoignent d'une culture avancée. Contemporaine de la grande civilisation mésopotamienne et du Moyen Empire égyptien, la civilisation de l'Indus possède également l'écriture mais, malgré de nombreux efforts, nul spécialiste n'a encore réussi à la déchiffrer, ce qui laisse planer bien des mystères sur ces pages de l'histoire humaine. Celui de sa fin n'est pas le moindre. Pourquoi vers 1500 avant J.-C. ce monde a-t-il disparu ? Par épuisement écologique, à cause d'une catastrophe soudaine, d'invasions ? On l'ignore toujours.

Vers 1500 avant l'ère commune, venus du Nord, peut-être du Causase, arrivent des Indo-Européens à peau blanche, nommés les Aryens. Guerriers intrépides, ils sont montés sur des chevaux, inconnus jusque-là dans la région, et maîtrisent le fer. Grâce à cette supériorité technologique considérable, ils auraient chassé les peuples autochtones à peau noire, appelés les Dravidiens, obligés d'aller se réfugier dans le sud de l'Inde, là où habitent toujours leurs descendants. C'est la théorie de l'invasion aryenne, comme on appelle désormais cette construction historique qui a fait florès depuis qu'elle a été élaborée par des indianistes européens au XIXe siècle. Même en acceptant d'oublier l'usage délirant que les nazis ont fait de la notion d'aryen, race supérieure supposée être à l'origine des Germains, on voit bien ce que cette histoire de Blancs apportant la civilisation à des Noirs forcément inférieurs contenait de préjugés. N'étant par ailleurs étayé par aucune preuve archéologique, ce récit est remis en cause aujourd'hui. Les seules certitudes qui indiquent une ancienne division dans l'univers indien sont d'ordre linguistique. Les langues parlées dans le sud de l'Inde, comme le tamoul, appartiennent à la famille dite dravidienne. Celles du nord appartiennent au groupe indo-aryen, lui-même appartenant à l'ensemble indo-européen. Comment cette partition est-elle advenue ? À quels mouvements de peuples correspond-elle ? Tout cela reste soumis à hypothèse.

★
★★

La lente naissance de l'hindouisme

À partir de 1500 avant J.-C., avec les Aryens, apparaissent de façon concomitante le cheval, le fer, mais aussi une des bases de la culture indienne, des livres sacrés rédigés en sanscrit, les Veda. Recueils d'hymnes, collections de formules dont doit user le prêtre lors des sacrifices, ils expliquent aussi les rites selon lesquels doit s'organiser le pouvoir.

Le plus étonnant de ces rites très anciens est l'*ashvamedha*, le sacrifice du cheval, qui permet au souverain de délimiter son territoire et son pouvoir.

Lors d'une fête particulière, on lâche un étalon qui peut cavaler où il veut durant un an, sous la surveillance de guetteurs. Toutes les terres qu'il foule de son sabot passent *de facto* sous la suzeraineté du roi. Quiconque essaie de s'emparer de l'animal ou de se mettre en travers de sa marche se voit déclarer la guerre. Au bout d'un an, la bête est rattrapée et sacrifiée par le roi en personne au cours d'une cérémonie solennelle à laquelle assistent tous les vassaux.

Les Veda comportent également de longs poèmes racontant les grands cycles cosmiques appelés à se succéder, l'origine de l'humanité, ou encore la façon dont les dieux ont voulu que les hommes soient répartis dans la société selon la fonction qu'ils y occupent. Le système des castes, tel qu'on le nomme en Occident, y puise son origine. Selon les Veda, l'humanité est divisée en quatre groupes, car, explique l'un des textes, les dieux ont coupé l'homme primordial en quatre. Les brahmanes, qui ont le monopole de la parole, correspondent à sa bouche ; les guerriers à ses bras ; les artisans et commerçants à ses jambes ; et les serviteurs, soumis à tous les autres, à ses pieds.

Ainsi sont plantées les racines de cette religion que l'Europe appelle l'hindouisme. Croyance sans fondateur, sans prophète, il lui faudra des siècles pour se structurer. On distingue dans son histoire trois stades d'évolution. Celui que nous venons d'évoquer, marqué par les Veda, est celui du védisme.

Au cours des siècles, une fusion se produit entre la culture védique des Aryens et celles qui préexistaient. Le culte modifié intègre les légendes antérieures et des dieux remontant à des temps plus anciens. Les plus connus sont Vishnou, qui envoie aux hommes ses avatars, ou Shiva, toujours représenté aujourd'hui par un *lingam*, c'est-à-dire un phallus dressé. La religion se transforme, mais avec ses rituels complexes, ses sacrifices, ses livres en sanscrit que nul profane ne comprend, elle est toujours élitiste et totalement sous la coupe des brahmanes. C'est pourquoi, durant les siècles qui courent du VIe avant J.-C. aux premiers de notre ère, on parle de brahmanisme.

Apparaissent durant cette période les deux grandes épopées fondatrices de la culture indienne, issues sans doute de traditions orales, mais fixées alors. Le *Mahabharata*, qui passe pour le plus long poème du monde, raconte la lutte trépidante pour le royaume à laquelle se livrent deux familles cousines, les Pandava et les Kaurava. Le *Bhagavad-Gita* en est une sous-partie, mais son ton est très différent. Dialogue inspiré sur le sens de la vie, de l'honneur de la mort, entre le guerrier Arjuna et son conducteur de char, qui n'est autre que Krishna, un des avatars de Vishnou, il est surtout un grand livre de spiritualité.

Deuxième grande épopée, le *Ramayana* narre les aventures de Rama, aidé par le rusé roi des singes pour aller délivrer Sita, sa princesse, enlevée par un démon. L'une et l'autre sont pour l'Inde aussi essentielles que l'*Iliade* et l'*Odyssée* le furent pour le monde grec, et par extension, pour l'Europe, à une différence près. Au contraire de ceux d'Homère, tous les dieux que l'on y rencontre sont toujours bien vivants dans le cœur de millions d'hommes et de femmes qui les adorent, les vénèrent.

Castes et réincarnation

Vers les derniers siècles avant notre ère, le pouvoir des brahmanes est fortement remis en question par des grands réformateurs dont on parlera plus bas mais le brahmanisme persiste. Quelques siècles plus tard, la religion évolue pour devenir moins élitiste et s'ouvre à la dévotion populaire. Les fidèles peuvent enfin montrer l'amour fou qu'ils portent à leurs dieux préférés, de façon directe, sans en passer forcément par des rites complexes. C'est la base de la religion existant toujours, que l'on nomme l'hindouisme. Résumons ses principes.

Tout, dans la tradition grecque ou chrétienne, insiste sur l'individu, sa raison, sa foi, son salut. Tout, dans l'hindouisme, repose sur le *dharma*, un mot qui désigne l'ordre du monde tout autant que la religion, la morale et la loi, car l'un et l'autre vont de pair. Pour que cet ordre fonctionne, dans un univers où tout est lié, il faut que l'individu respecte scrupuleusement la place sociale qui lui a été assignée à la naissance. On retrouve ici le système que l'on a vu apparaître aux temps védiques, celui des castes, ainsi nommé en Occident d'après un mot portugais signifiant « pur », « non mêlé ». À l'origine, dans les textes sacrés, on l'a vu, il y en avait quatre.

Elles évoluent au cours des siècles et finissent par se subdiviser en un millier de sous-groupes qui correspondent à peu près aux différents métiers. Ceux-là sont classés selon une savante hiérarchie qui va des plus nobles jusqu'à ceux qui sont considérés si impurs qu'ils rejettent les déshérités qui en font partie parmi les « hors-castes », les intouchables. Tous ceux dont la profession touche le sang ou la mort, les bouchers, les sages-femmes, ou encore les cordonniers, subissent cet opprobre.

Les règles d'étanchéité entre les castes sont absolues et terrifiantes. Il suffisait à un membre des hautes castes marchant dans une rue d'être touché par l'ombre d'un intouchable pour devoir se livrer à un rituel de purification. Ce système qui, à juste titre, semble épouvantable à nos esprits contemporains, trouve sa logique interne dans le *dharma* : vouloir passer d'une caste à l'autre, c'est ébranler l'ordre du monde en touchant à ce qui le fonde, c'est aussi dangereux que de vouloir retirer une pierre à la voûte d'une cathédrale. Comme nombre de religions dans le monde, celle-ci propose également aux victimes des normes qu'elle leur impose le baume censé les en guérir : pourquoi le plus humilié des hors-caste n'accepterait-il pas le destin qui lui a été assigné par les dieux puisque celui-ci n'est qu'une épreuve à passer ? S'il se comporte convenablement dans sa vie d'aujourd'hui, sa vie prochaine sera forcément meilleure.

La croyance en la réincarnation – la métempsychose, de son nom savant – est le second grand fondement de l'hindouisme. Tout humain connaîtra de nombreuses vies. Il devra forcément subir un cycle infini de morts et de renaissances, le *samsara*. Mais il a la possibilité à tout moment d'agir pour le faire évoluer dans un sens ou un autre, grâce au *karma*, c'est-à-dire la somme de ses actes. Si ceux-ci sont, au total, négatifs, il risque la réincarnation dans un corps humiliant, peut-être celui d'une plante ou d'une bête, ou encore d'un de ces intouchables dont on vient de parler. Si toutes ses actions sont vertueuses, s'il cherche le bien, il connaîtra une nouvelle vie bien meilleure et, au bout du compte, réussira peut-être à obtenir le bien suprême – le nirvana ou *moksha*, c'est-à-dire le moment où en ayant éteint enfin l'épuisant *samsara*, son âme va pouvoir se fondre dans le grand tout, l'unité primordiale, l'âme universelle.

Car il y a un tout, un Unique, même si cette unicité est capable de se subdiviser de façon vertigineuse. « Dieu est un, disent parfois les hindous et il y en a 33 millions. » Le chiffre est sans doute symbolique. Il montre l'étendue du domaine. Les dieux les plus célèbres sont ceux qui forment la trinité hindoue, Brahma, celui qui crée, Vishnou, celui qui préserve et Shiva, celui qui détruit pour qu'on puisse rebâtir. Les trois, portant ce cycle de la création, de la préservation et de la destruction/recréation, représentent le mouvement de la vie.

Par ailleurs, chacun de ces dieux a une famille, dont chaque membre est également vénéré, à l'instar de Parvati, l'épouse de Shiva, ou de leur fils Ganesh, le dieu à tête d'éléphant. En outre, quand il veut aider les hommes, Vishnou leur envoie ses avatars. Ils peuvent prendre la forme d'animaux ou d'hommes, comme le très célèbre et très aimé Krishna. Un jour, arrivera Kalki, le dernier des avatars de Vishnou qui sera chargé de sauver l'humanité.

Dans cet univers prolifique, chaque individu peut choisir de réserver sa dévotion à un dieu particulier.

L'Inde compte de nombreux shivaïtes, adorateurs de Shiva, reconnaissables aux traits horizontaux qu'ils se peignent sur le front, et de nombreux adorateurs de Vishnou, qui arborent des traits verticaux formant plus ou moins un *v*. Les uns et les autres se retrouvent dans la ferveur de leur amour pour leur dieu, à qui ils apportent des offrandes, dont ils lavent et parfument la statue, pour qui ils pratiquent les mortifications les plus spectaculaires, ou entreprennent de longs pèlerinages jusqu'aux villes saintes qui leur sont dédiées. Cet amour fou des dévots pour leurs dieux se nomme la *bhakti*.

★
★ ★

Le bouddhisme

Bien avant cette dévotion populaire, qui n'a donc commencé à se développer que dans les premiers siècles de notre ère, les brahmanes régnaient sans partage. La volonté de remettre en cause leur pouvoir étouffant explique sans doute le succès des deux grands réformateurs qui réussirent à ébranler sérieusement la religion traditionnelle et à en fonder deux nouvelles. Les deux hommes sont à peu près contemporains. Faute de textes fiables, il est difficile de savoir à quelle époque précise ils vécurent, mais on peut les situer autour des VIe ou Ve siècles avant J.-C., c'est-à-dire à peu près entre Confucius (-551/-479) et Socrate (-470/-399). Les deux sont des princes hantés par les errements de la condition humaine qui, après être passés par de longues phases d'ascèse et de méditation, entreprirent d'apprendre aux hommes à trouver la paix et à vivre de façon plus juste. Le premier est appelé par ses disciples *Mahavira*, le « grand héros », ou *Jaïna*. Ainsi, la doctrine qu'il a fondée se nomme le jaïnisme, elle repose sur une morale très stricte, des pratiques ascétiques et une non-violence absolue qui implique le respect de toute vie quelque forme qu'elle prenne. Aujourd'hui encore, les jaïns scrupuleux portent un linge devant la bouche pour éviter d'avaler les moucherons et se déplacent en balayant devant eux pour ne pas écraser une fourmi.

Le second prince réformateur se nomme Siddharta. Il est issu de la famille aristocratique des Gautama[1], qui vivait dans un lieu situé aujourd'hui au Népal, juste à la frontière nord de l'Inde. Selon la tradition, belle comme une fable, Siddharta vit une enfance ouatée, enfermé dans son beau palais par un père qui veut lui éviter les duretés du monde. Un jour, il décide enfin de sortir, accompagné de son cocher. Il comprend toute la vérité de l'existence à travers les quatre premières rencontres qu'il fait : un vieillard décharné, un malade gémissant, un cadavre qu'on mène au bûcher et un moine itinérant. Le premier lui montre la décrépitude, le deuxième la douleur, le troisième la mort et le quatrième la voie à suivre.

1. On l'appelle aussi Shakyamuni, le « Sage des Shakyas », du nom de son clan.

Il vient de recevoir le quadruple choc primordial qui détermine le combat de sa vie : toute l'humanité est souffrance, il faut trouver le moyen de l'en délivrer. Siddharta quitte le palais, part en moine sur les routes, interroge des sages, tente les pratiques ascétiques les plus extrêmes, connaît les plus grandes épreuves, puis finalement se pose sous un arbre. Après des jours d'intense méditation, à l'âge de trente-cinq ans, il connaît la *bodhi*, l'éveil, c'est-à-dire qu'il éprouve ce moment intense qui donne la claire conscience de la vérité du monde, et reçoit en même temps la compassion et l'énergie qui serviront à la partager. Telle est désormais la mission de celui qui est devenu Siddharta *Bouddha*, c'est-à-dire l'« Éveillé ».

Le sermon de Bénarès

Dès qu'il retrouve cinq de ses disciples, dans un parc, non loin de Bénarès, il leur expose les bases de ce que sera sa doctrine. Ce sont les « quatre vérités ». La première est que tout, la naissance, la vieillesse, la maladie, la mort, est souffrance ; la deuxième est que la cause de cette souffrance est l'inextinguible soif, le désir sans fin et illusoire après lequel l'homme court et qui l'entraîne dans le cycle infini des renaissances ; la troisième est qu'il y a moyen de faire cesser cette souffrance, d'arriver au nirvana, en se détachant de cette soif, de ce méprisable désir humain ; et la quatrième est qu'il faut, pour y parvenir, suivre l'« octuple sentier ». On peut l'énumérer comme le font les bouddhistes : une parole juste, une action juste, des moyens d'existence justes, un effort juste, une concentration juste, une compréhension juste, une attention juste et une pensée juste.

Par ce « sermon de Bénarès », le Bouddha a mis en branle ce que les bouddhistes appellent la roue du *dharma*, c'est-à-dire la roue de la loi. Un nouveau système de croyance est en cours. On vient de voir qu'il emprunte nombre de concepts – comme le nirvana, le cycle des renaissances, le *dharma* – à la tradition hindouiste. Il s'en différencie sur un point essentiel. À aucun moment, dans les premiers discours du Bouddha, il n'a été fait mention des dieux, ni d'aucune des grandes questions métaphysiques, comme celles qui portent sur la nature de l'âme, l'origine de l'univers, les mystères de la nature, etc. Cette absence créera une interrogation chez les Occidentaux qui revient toujours aujourd'hui : s'il ne parle pas de toutes ces thématiques, le bouddhisme peut-il être considéré vraiment comme une religion ou est-il simplement une sagesse, une philosophie ?

Laissons aux spécialistes des spéculations transcendantes le plaisir de réanimer ce vieux débat. Notons simplement que, d'un point de vue historique, les débuts du bouddhisme, avec son prophète, sa doctrine, ses premiers disciples, ressemblent à s'y méprendre aux débuts de nombre de grandes religions. À l'âge de quatre-vingts ans – toujours selon la tradition, c'est-à-dire selon des critères invérifiables historiquement –, Siddharta meurt ou, plus exactement, « quitte son enveloppe corporelle » et « s'éteint », c'est-à-dire atteint le nirvana. Il laisse après lui de nombreux fidèles, hommes et femmes. Certains sont moines ou moniales, d'autres simples disciples. Tous forment une première communauté, le *sangha*. Il laisse une loi, le *dharma*. Il laisse sa figure de maître, de guide, d'éveillé.

Sangha, *dharma* et Bouddha sont les piliers de la nouvelle doctrine, les « trois joyaux », comme dit joliment cette tradition, qui la fondent. Le bouddhisme va désormais suivre les voies qui sont celles de presque toutes les religions à leurs débuts. Il connaît un succès rapide et se répand vite. Des monastères s'ouvrent. Les spécialistes qui s'y forment ne sont pas toujours d'accord entre eux, ou ils divergent sur des points d'interprétation du message de Bouddha. On décide donc de convoquer de grandes réunions d'érudits que, par analogie avec le christianisme, on appelle des conciles. Ils cherchent à fixer un canon.

Vers les années 250 avant J.-C., l'empereur Ashoka, dont on reparlera[1], fait du bouddhisme la religion officielle de l'Inde. Il commence à s'exporter. Ceylan est le premier pays à se convertir. Dans les premiers siècles de notre ère, porté par la puissance de la civilisation indienne, il s'implante dans le Sud-Est asiatique – Birmanie, Cambodge, Thaïlande – et se diffuse vers le nord : Asie centrale, Tibet, Chine, d'où il passe en Corée puis au Japon (fin VIe).

Durant ces mêmes siècles, le bouddhisme affronte la grande maladie qui frappe toutes les jeunes Églises. Il se scinde en branches rivales. Le courant appelé à

1. Voir chapitre suivant.

devenir majoritaire prend le nom de *mahayana*, le « grand véhicule ». Il faut prendre ce mot de véhicule quasiment au pied de la lettre : il désigne le moyen de transporter l'homme sur le chemin du salut, de la vérité. Celui-ci passe par la vénération d'un Bouddha presque déifié, et le culte des *boddhisattvas*, des êtres qui ont également connu l'Éveil mais ont renoncé temporairement à monter au nirvana, pour aider les hommes à aller dans la voie du bien. Les fidèles viennent les implorer et prier devant leurs statues, dans les pagodes ou les temples, dans un mouvement de dévotion qui n'est pas sans rappeler le culte des saints des catholiques. Par dérision, les tenants du « grand véhicule » ont appelé leurs rivaux les bouddhistes du « petit véhicule » (*hinayana*), mais ceux-ci, se plaçant dans la fidélité aux enseignements premiers du Bouddha, se voient plutôt comme orthodoxes.

Plus surprenant, dans l'histoire universelle des religions, est le destin que réserve au bouddhisme son pays d'origine. Puissant au départ, solidement implanté dans les villes et dans ses grands monastères, la doctrine de Siddharta se met à décliner en Inde et finit par en disparaître, peut-être vers le XIe ou le XIIe siècle. Les ravages des conquérants musulmans qui, à partir du XIe siècle, pillèrent et détruisirent les grands monastères, tiennent leur part dans ce phénomène. La sclérose doctrinale d'une religion déjà vieillissante y joue la sienne. Très fascinante est la façon dont l'hindouisme, bien plus ancien, va profiter de cette faiblesse pour chasser l'intrus. Ainsi, dans le nord de l'Inde, où se trouve le berceau du bouddhisme, Bouddha est vénéré, aujourd'hui encore, mais il l'est par les fidèles hindouistes, qui le tiennent pour un des avatars de Vishnou.

Quatre empires de l'Antiquité

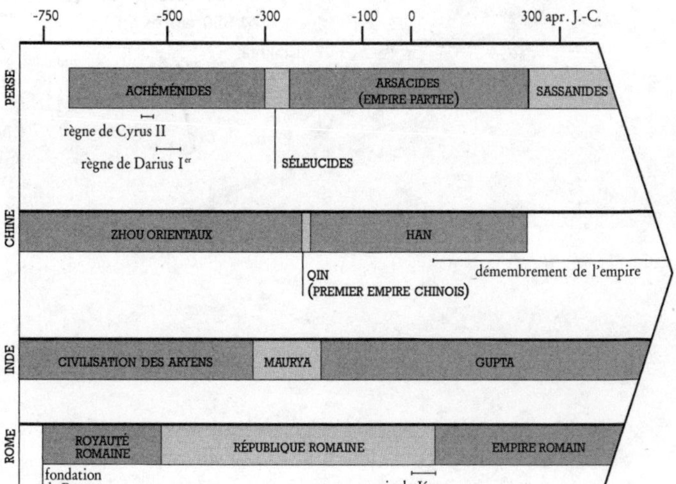

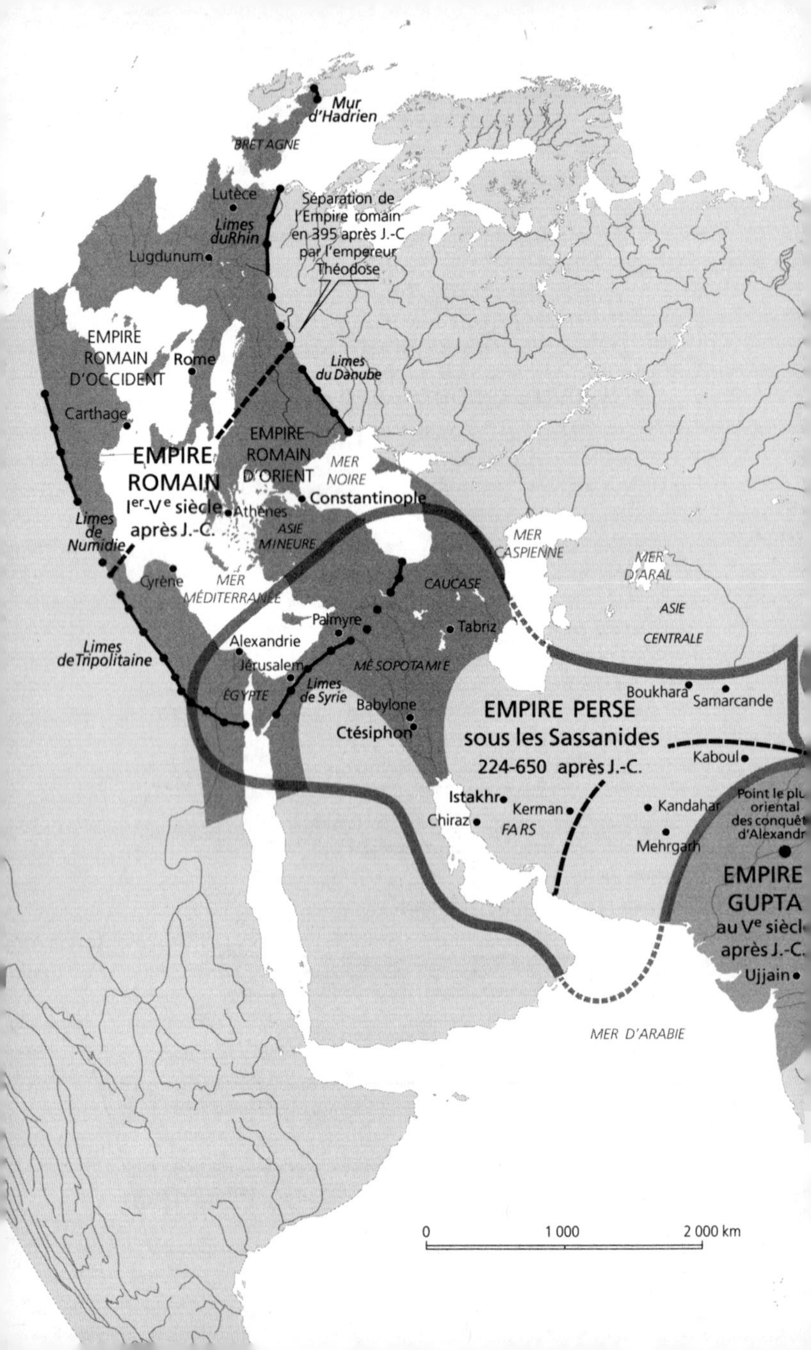

Mur d'Hadrien
BRETAGNE
Lutèce
Limes duRhin
Lugdunum
Séparation de l'Empire romain en 395 après J.-C par l'empereur Théodose
EMPIRE ROMAIN D'OCCIDENT
Rome
Limes du Danube
Carthage
EMPIRE ROMAIN D'ORIENT
MER NOIRE
EMPIRE ROMAIN
Ier-Ve siècle après J.-C.
Constantinople
Athènes
ASIE MINEURE
Limes de Numidie
MER CASPIENNE
MER D'ARAL
Cyrène
MER MÉDITERRANÉE
CAUCASE
ASIE
Palmyre
Tabriz
CENTRALE
Alexandrie
Limes deTripolitaine
Jérusalem
MÉSOPOTAMIE
ÉGYPTE
Limes de Syrie
Babylone
Ctésiphon
Boukhara
Samarcande
EMPIRE PERSE sous les Sassanides
224-650 après J.-C.
Kaboul
Istakhr
Kerman
Kandahar
Chiraz
FARS
Mehrgarh
EMPIRE GUPTA
Ujjain
MER D'ARABIE
0
1 000
2 000 km

Quatre empires de l'Antiquité

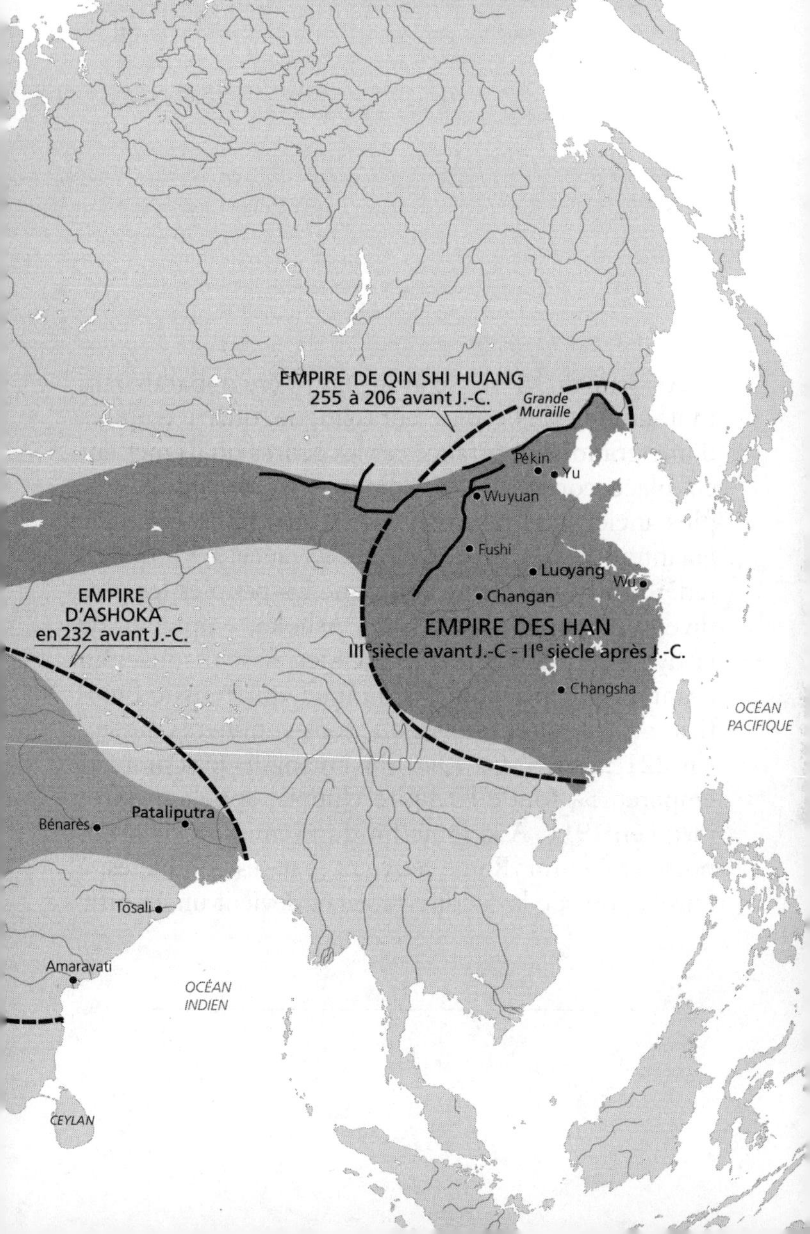

À partir du VIe siècle avant notre ère apparaissent, tout au long de l'espace eurasiatique, quatre empires d'une grande importance car les cadres qu'ils mettent en place continuent à structurer notre monde. Le plus ancien est l'Empire perse. Couvrant une surface gigantesque qui va de la Méditerranée à l'Indus, il fédère sous une même couronne les peuples les plus divers. Vers 250 avant J.-C., Ashoka, empereur de la dynastie maurya, est le premier et seul souverain avant la colonisation britannique qui réussit l'unification presque totale du sous-continent indien. En 221 avant J.-C., Qin Shi Huangdi, le « premier empereur », fonde l'Empire chinois, appelé à durer jusqu'en 1911. À la toute fin du premier siècle avant notre ère, enfin, Rome parvient, par ses conquêtes, à faire le tour de la Méditerranée et devient un empire.

4

Un millénaire d'empires perses

Des Achéménides aux Sassanides, 550 avant J.-C. – 642 après J.-C.

On les a vus passer déjà dans ce livre, comme on les présente toujours en Occident, faisant déferler leur armée immense sur les héroïques petites cités grecques prêtes à combattre jusqu'à la mort pour défendre leur liberté[1]*. C'est le drame des Perses. Toute à son admiration pour Athènes ou Sparte, l'Europe ne les considère qu'avec les yeux des Grecs : à jamais ils sont les envahisseurs, les brutaux, en un mot, les barbares. Il suffit pourtant d'élargir le champ pour comprendre que ce point de vue est réducteur. Les expéditions contre les Grecs sont fort importantes pour Athènes et Sparte. Elles ne sont qu'une parenthèse négligeable dans la longue et prestigieuse histoire perse. L'empire qu'a fondé ce peuple vers 550 avant notre ère est un des plus anciens et des plus vastes qui fût au monde. Interrompu par l'invasion d'Alexandre le Grand,*

1. Voir chapitre 1.

puis par la domination des Parthes, il renaît au III*e siècle pour disparaître au* VII*e. Cela représente en tout un millénaire.*

Le temps des Achéménides
550 – 330 avant J.-C.

Situé entre la Mésopotamie et l'Indus, deux grands pôles de très anciennes civilisations, l'Iran est un austère plateau au climat rude. À partir du IIe millénaire avant notre ère s'y installent des peuples venus d'Asie centrale appartenant à la famille des Aryens[1], cousins de ceux que l'on a vus envahir le nord de l'Inde[2]. L'un d'eux s'appelle les Mèdes. Il réussit, dans un premier temps, à soumettre tous ses rivaux. Puis un autre groupe d'Aryens, conduit par un prince ambitieux, réussit à secouer sa tutelle et à prendre à son tour l'hégémonie sur tous les autres. Le peuple est installé dans une province nommée le *Fars*, ou *Pars*, d'où le nom de « Perse » qu'après les Grecs, nous lui donnons. Le prince se nomme Cyrus. Il reste, pour la postérité, Cyrus le Grand (règne : v. -559/-530). Il est le fondateur de l'immense et premier Empire perse et le plus illustre représentant de la brillante dynastie des Achéménides[3].

1. On retrouve leur nom dans celui du pays. Le mot « Iran » est une déformation du mot « aryen ».
2. Voir chapitre précédent.
3. Un nom qui dérive de celui d'Achéménès, ancêtre sans doute mythique de la dynastie.

Après avoir unifié les Perses sous son sceptre et réussi à dominer les Mèdes, il part à l'assaut du monde. Nous sommes vers 550 avant J.-C. En deux décennies, les conquêtes de l'invincible Cyrus le conduisent de la riche Bactriane, là où se trouvent à peu près l'Afghanistan et le Pakistan, à la Méditerranée. On assommerait le lecteur en les détaillant. Rappelons simplement les deux épisodes de cette épopée restés célèbres en Occident. Un des premiers buts de Cyrus est de mettre la main sur l'Asie Mineure, presque entièrement soumise alors au puissant royaume de Lydie. Y règne Crésus, un roi dont la richesse est devenue proverbiale, grâce à un cours d'eau au nom tout aussi fameux. En Lydie coule le Pactole, une rivière où abondent les paillettes d'or. La légende veut que les hostilités contre les Perses aient été déclenchées par Crésus lui-même car l'oracle de Delphes lui avait assuré qu'à l'issue de cette guerre « un grand empire disparaîtrait ». L'oracle avait vu juste, mais pas dans le sens espéré. Écrasé, le royaume de Lydie sort de l'histoire. L'Empire perse y trace sa route.

En 539, Cyrus entre en triomphe dans Babylone. L'épisode est resté célèbre grâce à l'histoire religieuse. C'est en effet à l'occasion de cette victoire que les Juifs, gardés captifs dans la ville depuis Nabuchodonosor, sont libérés[1]. Le Perse les aide à se réinstaller à Jérusalem, désormais sous son contrôle, comme tout le Proche-Orient, et même à y rebâtir leur temple.

1. Voir chapitre 1.

Le geste lui vaudra nombre de mentions flatteuses dans la Bible.

Cyrus meurt en 530 en guerroyant non loin de la mer d'Aral contre un peuple de nomades portant le nom beau et mystérieux de Massagètes. Son fils Cambyse (règne : -530/-522) accroît encore l'étendue du domaine du père en conquérant l'Égypte, la puissante patrie des pharaons, tombée alors très bas. La tradition veut qu'il y soit devenu fou. D'où les troubles qui entourent la fin de son règne et sa succession, et qui permettent l'arrivée au pouvoir, grâce à une conjuration, d'un de ses lointains parents, le troisième des grands Achéménides, Darius (ou Darios, règne : -522/-486). Il est celui qui tente d'écraser la Grèce et qui, sèchement battu par les Athéniens et leurs alliés à Marathon, renonce. Du point de vue grec, l'événement est crucial. On peut comprendre que tant de pages y aient été consacrées. Du point de vue perse, il relève de l'anecdotique. La défaite n'a dû guère faire plaisir au grand roi, puisque quelques années plus tard son fils Xerxès est venu chercher la vengeance en réattaquant Spartiates et Athéniens, mais elle tient plus de la piqûre de moustique que de la catastrophe. Qu'est-ce que la petite Grèce, quand on a la charge d'une telle part du monde connu ?

En outre, dans l'histoire des Achéménides, le troisième des empereurs n'est pas réputé pour ses prouesses militaires, mais pour ses talents d'administrateur. Il crée des routes, comme la magnifique voie royale qui relie Sardes, en Asie Mineure, à Suse, une des capitales impériales. Il embellit les villes existantes de nouvelles constructions et, pour donner un écrin aux fastes de sa cour, en fonde une nouvelle, Parsa, que nous connaissons mieux sous son nom grec de Persépolis.

Cyrus, Cambyse, et Darius, disent les spécialistes, ont bâti le premier « empire monde » de l'histoire. Tout à leur tropisme grec, la plupart des livres européens rendent fort mal compte de sa vastitude. Leurs cartes, centrées sur la mer Égée, ne dépassent pas, en général, la Mésopotamie. Quelle amputation ! Le domaine des Achéménides va, à l'est, jusqu'à l'Inde, à l'ouest, jusqu'au désert de Libye, et est borné au nord par la Caspienne et au sud par une partie de ce qui est aujourd'hui l'Arabie saoudite ! Il a absorbé l'ancien monde des Chaldéens, des Assyriens, des Phéniciens, des Égyptiens, c'est-à-dire la plupart des civilisations prestigieuses de l'Antiquité. Il fédère sous une même couronne des peuples aux religions, aux traditions, aux langues les plus diverses. Son principe cardinal est de les respecter toutes.

On a vu Cyrus renvoyer les Juifs de Babylone à Jérusalem avec la plus grande mansuétude et les y aider à rebâtir leur temple. Cette attitude n'avait rien d'exceptionnel. Elle était la règle avec tous les peuples soumis, à qui on ne demandait que d'accepter la tutelle perse, sans renoncer à rien de leurs particularités. Certaines d'entre elles étaient d'ailleurs intégrées par le conquérant lui-même. Quand Cambyse conquiert l'Égypte, il s'y fait nommer pharaon, et tous les gouverneurs après lui font de même. Alexandre le Grand, ou les Romains, comme nous allons bientôt le voir, surent eux aussi bâtir leurs empires avec des principes d'ouverture et de tolérance. Cyrus et Darius le firent des siècles avant eux, ils furent sans doute leurs inspirateurs.

Pour ne pas non plus imposer leur langue, les Perses favorisent l'usage de l'araméen, une langue sémitique qui se répand dans tout l'empire. Elle y sera utilisée très longtemps : c'est la langue que parle le Christ, des siècles plus tard. Tout le territoire impérial est divisé en provinces appelées des « satrapies », dirigées par des satrapes. L'Empire perse dispose de plusieurs capitales, Suse, Persépolis, Babylone ou Ecbatane. L'empereur, qui se fait appeler Roi des rois, a le goût du faste. Quand il se déplace dans une province, nous raconte Pierre Briant, le grand spécialiste français de la Perse antique, chacun de ses sujets, du plus riche au plus pauvre, doit se mettre le long de la route qu'emprunte le prince et déposer devant lui les cadeaux qui lui sont destinés. Ils vont, selon les fortunes, des bijoux les plus précieux à la simple branche de dattes[1]. D'après divers spécialistes, l'appartenance religieuse des Achéménides n'est pas très claire[2]. Pour autant, le Roi des rois, garant de l'unité de cet ensemble complexe, tient un rôle religieux essentiel. Lui seul peut faire les sacrifices qui attireront la faveur des dieux sur l'empire.

1. Voir le collectif *L'Iran, des Perses à nos jours*, Pluriel-*L'Histoire*, 2012.

2. C'est le cas entre autres de Philip Huyse, *La Perse antique*, Les Belles Lettres, 2005.

Les Iraniens, explique une autre spécialiste, ont le culte de la bonne vie, et les pratiques d'ascèse ou de célibat en horreur[1]. L'ivresse n'est pas considérée comme un désordre, mais une voie vers la sagesse. Quand l'empereur prend une décision alors qu'il est sobre, ajoute l'historienne, il juge sage de boire pour vérifier si, une fois saoul, il la maintient… Et partout où il va dans l'empire, il veut trouver des jardins clos qui lui servent aussi de réserves de chasse. Il faut qu'y coule l'eau en abondance et qu'y foisonne la verdure, pour souligner le contraste entre cette douceur et les terres désertiques qui l'entourent. En persan, un jardin clos se dit *pairi daeza*. Les Grecs, éblouis par ceux qu'ils découvrirent, reprirent le mot pour en faire le « paradis ». Le monde judéo-chrétien le fit monter au ciel.

★
★ ★

Le temps des Séleucides,
successeurs d'Alexandre
305 – 64 avant J.-C.

La dynastie achéménide a commencé avec Cyrus, vers 550 avant J.-C. Elle ne reste pas toujours aussi flamboyante que dans la description que nous venons d'en faire. Le territoire était trop vaste pour une même couronne. Affaibli par les révoltes qui ne

1. *L'Iran, des Perses à nos jours*, *op. cit.*

cessent d'éclater ici et là, miné par les querelles de palais et les intrigues des puissants eunuques qui le contrôlent, l'empire devient ingouvernable. En 334 avant J.-C. surgit l'homme qui lui porte le coup de grâce. Alexandre, petit roi de Macédoine aux appétits démesurés, s'attaque au mastodonte. En quatre ans, celui-là est à terre. Le dernier Roi des rois finit assassiné par un satrape. Son immense territoire et, lit-on parfois sous la plume des historiens antiques, le plus beau de ses eunuques, tombent aux mains du Grec. À la mort de celui-ci, son propre empire, qui est donc principalement constitué de celui des Achéménides, est partagé entre ses généraux. Séleucos et ses successeurs, les Séleucides, héritent de pratiquement toute la partie asiatique. Partout s'ouvre la période dite hellénistique, qui répand la culture grecque mais la fait se mêler à la solide culture perse qui précédait, réalisant ce mariage entre les Grecs et l'Orient dont rêvait Alexandre.

★
★ ★

Le temps des Parthes
milieu du IIIe siècle avant J.-C. – 224 après J.-C.

Vers le milieu du IIIe siècle avant J.-C. apparaissent les Parthes. Ce peuple apparenté aux Iraniens, venu d'un petit royaume situé dans le nord-ouest de l'Iran actuel, réussit à repousser peu à peu les Séleucides jusqu'à créer un grand empire qui va d'Asie centrale aux grands fleuves de Mésopotamie. Il dure environ de 250 avant J.-C. à 224 après J.-C. On le connaît non pas par les Grecs mais par les Romains. Ayant conquis l'Asie Mineure et le Proche-Orient vers le Ier siècle avant J.-C., ceux-ci sont devenus en effet les voisins de ces turbulents rivaux avec qui ils ne cessent de faire la guerre. Bien des bas-reliefs latins que l'on admire toujours représentent les innombrables campagnes menées par les légions romaines contre les Parthes, dont la cavalerie est célèbre pour une ruse meurtrière. Les archers font semblant de fuir, puis, excellents cavaliers, arrivent à faire un tour à 180° sur leur monture pour envoyer à l'ennemi pris par surprise les flèches mortelles. C'est le « tir parthe ».

★
★ ★

Le temps des Sassanides,
nouvel Empire perse
226 – 651 après J.-C.

Au IIIe siècle enfin, un prince perse se soulève contre les Parthes dont il était vassal, réussit peu à peu à les chasser et, ayant éliminé leur dernier empereur, se fait couronner *Shahanshah*, Roi des rois, à Ctésiphon, ville de Mésopotamie fondée par ses prédécesseurs dont il fait sa capitale. Son ancêtre vénéré se nommait Sassan. La dynastie qu'il vient de fonder est celle des Sassanides. Purement perse, déclarant régner sur *Iranshahr*, littéralement la terre des Aryens, elle se vit aussi dans la continuité des Achéménides. Durant quatre siècles, elle en fait renaître la splendeur.

L'empire est riche. Il produit la canne à sucre ou le riz en telle abondance qu'il peut en exporter. Sa situation, entre la Chine et le monde byzantin, est excellente pour le commerce par voie de terre. Par le golfe Persique, ses navigateurs contrôlent les échanges avec l'Inde et Ceylan. L'empereur peut s'entourer d'un faste qui n'a rien à envier à celui des Cyrus et des Darius. Pour marquer le mystère de son pouvoir, il reçoit ses visiteurs caché derrière un rideau et, quand il siège sur son trône, sa couronne ne peut être posée sur son crâne, mais doit être suspendue au plafond, tellement elle est lourde d'or et de pierreries.

Un point diffère entre cet empire nouveau et l'ancien. Les Achéménides n'imposaient rien en matière de religion et leur propre culte était si peu démonstratif que les spécialistes ont du mal à le définir. La politique des Sassanides est tout autre.

Leur empire est toujours fait d'une mosaïque de peuples et de dieux divers. De très vieilles communautés sont toujours présentes, comme celle formée par les Juifs, qui ne sont pas tous repartis en Judée quand Cyrus le leur a permis. Leur chef, dans la capitale perse, est appelé l'exilarque (du grec : le chef de l'exil). Il est un personnage considérable et très considéré, qui a droit à de nombreux égards.

De nouvelles religions sont apparues. Le culte de Mithra, qui fut important à Rome où l'importèrent les soldats revenus d'Orient, se diffuse à l'époque des Parthes. Le christianisme, apparu en Judée, s'est développé dans le creuset de l'Empire romain, mais déborde vite de ses frontières. Quand les querelles religieuses sont trop aiguës, vers le Ve siècle, la Perse sert de refuge à de nombreux chrétiens pourchassés comme hérétiques, comme les nestoriens[1]. Pour autant, le sort qu'on leur fait n'est pas toujours facile, surtout quand on est en guerre avec Constantinople. Pour un Perse, un chrétien, même rejeté par les Romains, reste toujours un Romain déguisé, un traître en puissance dont il faut se méfier.

On peut citer encore une religion syncrétique, née au début de l'ère sassanide. Elle est prêchée par Mani (216-277), son prophète, né dans la région de Babylone. Touché par des messages divins qui lui parviennent, il commence par être inspiré par le christianisme, puis, lors d'un voyage aux confins de l'empire, rencontre le « gréco-bouddhisme », le bouddhisme mâtiné d'hellénisme qui s'y est développé[2]. Il synthétise ces apports dans la religion qu'il fonde. Elle est dualiste, c'est-à-dire qu'elle repose sur une opposition frontale entre un monde bon et un monde méchant, et porte son nom : le manichéisme.

1. Voir chapitre 7.
2. Voir chapitre 1.

Ces cultes nouveaux sont très différents des religions anciennes sur un point essentiel. Le plus souvent, ils ne sont plus réservés à tel ou tel peuple en particulier, mais prétendent parler à tous les hommes. Cela rend leur concurrence difficile. Comment faire coexister plusieurs vérités si une seule existe ? Et sur laquelle faut-il appuyer pour assurer l'unité de l'empire ?

Au tout début de la dynastie, le pouvoir est tenté par le manichéisme. L'empereur reçoit Mani, et songe à rendre sa religion officielle. Son successeur est d'un avis diamétralement opposé. Il fait mettre le prophète en prison, où il meurt de mauvais traitements. Peu à peu, influencés par les prêtres, qui y voient une façon de regagner leur pouvoir, les Sassanides reviennent à l'antique religion perse, dont ils vont faire le culte officiel de l'empire et son ciment. Elle se nomme le zoroastrisme. Il est temps d'en dire un mot.

Le zoroastrisme

Son dieu principal est un dieu de lumière, le dieu du ciel, le « seigneur sage », Ahura Mazda. C'est pourquoi cette religion peut aussi être appelée le mazdéisme. Vers le VIe siècle avant J.-C., ou peut-être beaucoup plus tôt – car nul n'a de certitudes sur les dates –, elle a été réformée, revivifiée, repensée, par celui que les Occidentaux ont appelé Zarathoustra ou Zoroastre. On ne sait pas grand-chose de lui. On ignore même s'il est réel ou non. Même son nom a été longtemps objet d'erreur. Sur la foi d'une mauvaise traduction, Nietzsche, comme tant d'autres, le reliait à l'idée d'astres. En ancien persan, il signifierait plutôt « celui qui possède de vieux chameaux », qualificatif peu flatteur mais qui s'explique. Porter un nom dépréciatif est traditionnel, cela permet de ne pas attirer la jalousie des démons.

Zoroastre, selon sa légende, a eu un contact direct avec Ahura Mazda et, tirant le mazdéisme vers un quasi-monothéisme, en fait le dieu essentiel, premier, très supérieur à toutes les autres divinités, celui qui a pour charge de mener le combat éternel qui oppose les dieux aux démons malfaisants, responsables de la maladie, de la paresse, de l'ignorance.

La religion s'appuie sur des livres appelés les Avesta, dont certaines parties sont très anciennes, et d'autres formées d'hymnes qui auraient été composés par Zoroastre lui-même. Elle est servie par des prêtres qu'on appelle des « mages ». Les Rois mages de la Bible qui portent des présents à l'enfant Jésus et s'inclinent devant sa puissance viennent de là. L'élément principal du culte est le feu, principe sacré entre tous. Le feu est en effet l'intercesseur entre le monde de dieu et celui des hommes. C'est à travers ses flammes, sa lumière, sa chaleur que le dieu parle aux hommes et à travers elles que ceux-ci entendent ses paroles.

Mais il ne parle pas à tous au même endroit. La société zoroastrienne n'est pas égalitaire. Elle est divisée en catégories qu'ailleurs on appellerait des castes : celle des prêtres, celle des guerriers, celle des agriculteurs qui toutes ont leur temple et donc leurs feux à part, puis encore celle des citadins et artisans.

Religion de la pureté, le zoroastrisme comporte de nombreux rituels pour lutter contre la corruption, la souillure. Le plus spectaculaire concerne la mort. La décomposition du cadavre étant, selon la croyance, le fait d'un démon, il faut éviter qu'il ne tache aucun des éléments essentiels, l'eau, la terre, et surtout le feu. C'est pourquoi les corps des défunts, ne pouvant être ni brûlés, ni enterrés, ni immergés, sont laissés exposés dans des lieux isolés jusqu'à ce que les bêtes sauvages et les vautours les aient fait disparaître[1].

L'épuisante guerre contre les Byzantins

Sur le plan territorial, l'empire sassanide n'est pas aussi immense que celui de Cyrus, mais reste d'une taille considérable. Il court de la Mésopotamie à l'actuel Afghanistan. Il est resté aussi guerrier. Les Sassanides ne cessent de vouloir conquérir de nouvelles provinces ou de batailler pour garder celles qu'ils ont acquises. À l'Est, il faut contrer les poussées récurrentes des barbares d'Asie. À l'Ouest, il faut se mesurer sans cesse avec le grand rival, l'Empire byzantin, c'est-à-dire la partie orientale

1. Après la conquête arabe, au VIIe siècle, de nombreux zoroastriens ont émigré en Inde, où, sous le nom de Parsis – les Perses –, ils existent toujours, en particulier vers Bombay. Ils continuent à pratiquer l'exposition des corps dans des « tours de silence », même si cette tradition est menacée par la disparition progressive des vautours.

de l'Empire romain, très vaste aussi puisqu'il va des Balkans à l'Égypte et englobe tout le Proche-Orient[1].

Pendant pratiquement tout le VIe siècle, d'incessants conflits opposent ces deux superpuissances du temps. On se bat en Mésopotamie, on se bat dans le Caucase, pour le contrôle de l'Arménie, puis on se réconcilie et on signe des traités de paix qui ne durent que jusqu'à la guerre suivante. La plus terrible a lieu au tout début du VIIe siècle. En 603, le Roi des rois Khosro II lance l'offensive sur le flanc est de l'Asie Mineure. En 613, il prend la Syrie. En 614, triomphal, il réussit à ravir Jérusalem et, après avoir fait brûler l'église du Saint-Sépulcre, il peut, symbole immense, revenir dans sa capitale de Ctésiphon avec la Vraie-Croix, une relique très précieuse pour les chrétiens qui avait été miraculeusement retrouvée par sainte Hélène, la mère de l'empereur Constantin. Un peu plus tard, ses armées entrent victorieuses en Égypte. C'est l'apogée de la Perse sassanide. Elle a réussi à reconstituer l'empire de Darius. Le sommet est atteint, la chute est proche. En 622, l'empereur de Byzance Héraclius, touché au vif d'avoir perdu autant, met toutes ses forces dans la contre-offensive. En six ans, il réussit à récupérer l'Égypte, la Syrie, Jérusalem, et même la Vraie-Croix. Il laisse la Perse à genoux. Il est épuisé lui-même de tant de batailles. Les deux géants se sont

1. Voir chapitre 7.

tant battus qu'ils sont à bout de force. Il suffira de la pichenette d'un nouveau venu de l'histoire pour les faire tomber[1].

1. Voir chapitre 8.

5

L'Empire chinois

Du premier empereur à la dynastie Han,
IIIe siècle avant J.-C. – IIIe siècle après J.-C.

Dans les années 230 avant notre ère, le chef du petit royaume de Qin réussit à soumettre tous ses rivaux et à fondre en un les petits États qui se partageaient le pays : il fonde l'Empire chinois. Après lui, les Han le font prospérer. Ce sont les débuts de la grande route de la Soie.

Nous avons présenté sa langue, sa manière de penser, les bases de sa philosophie ou de ses doctrines religieuses[1]. Avec tant d'atouts, la Chine a constitué une civilisation si forte, et de si grand prestige, qu'elle s'impose peu à peu à de nombreux pays. La Corée, le Vietnam, le Japon ont subi cette attraction, et bien des traits de leur culture, des systèmes d'écriture à la pratique du thé, ont été copiés sur le grand voisin. Comme tous les pays de forte civilisation, la Chine a eu une vision du monde en accord avec cette puissance. Cela se traduit jusque dans

1. Voir chapitre 2.

le vocabulaire. Le mot « Chine » que nous venons d'employer pour désigner ce pays est occidental. On reviendra plus bas sur son étymologie probable. Un Chinois ne connaît son pays que comme *zhong guo*, « le pays du Milieu » (plus tard traduit en Europe en « empire du Milieu »), c'est-à-dire l'axe du monde autour duquel ne peuvent tourner que des inférieurs et des barbares.

Le système politique qui se met en place dès l'Antiquité est en phase avec cet ethnocentrisme. Il repose sur l'idée que les souverains peuvent régner légitimement parce qu'ils ont reçu un « mandat du ciel ». Par lui, ils sont les intermédiaires entre le monde d'en haut et leur peuple, ils sont les garants de l'harmonie universelle, de toutes les choses qui dépendent d'un ordre supérieur, comme l'écoulement du temps ou l'éternel recommencement de la nature. Ainsi chaque année, pendant des siècles, à date fixe, le premier sillon des premiers labours sera-t-il tracé par les empereurs tenant la charrue en personne, car seuls eux ont le pouvoir de faire revenir le printemps et les récoltes. Le mandat implique également que ceux qui gouvernent la Chine ont vocation à régner sur le monde entier. Le monde entier n'est-il pas couvert par le ciel ? Pour cette raison, tout au long de son histoire, la Chine ne considère jamais les autres pays que comme des vassaux.

Par le mandat, le souverain garantit l'ordre du monde. Tout signe de désordre, une famine, des inondations, d'autres catastrophes naturelles, est donc le signe que le Ciel lui a retiré son pouvoir et qu'il est temps de changer de prince et de famille régnante. On pourrait dire que le régime impérial chinois est une monarchie absolue tempérée par la rébellion. Le plus souvent, après des troubles, on voit surgir dans quelque province un homme nouveau, parfois de très modeste origine, qui appelle au soulèvement car il se sent la mission de rétablir dans l'empire l'ordre du Ciel. Périodiquement, grâce à leur talent de meneurs d'homme, leur charisme, ou la chance, certains y parviennent, et règnent à leur tour. Ces révoltes cycliques – mais les cycles peuvent être très longs – expliquent la succession de dynasties qui scandent l'histoire chinoise.

On en a cité quelques-unes déjà, que tous les écoliers chinois se doivent d'apprendre par cœur. On l'a dit, la dynastie Xia, que l'on trouve toujours mentionnée en tête des chronologies de l'empire, est désormais considérée unanimement comme légendaire. Les Shang, qui viennent ensuite, sont attestés (-1765/-1066). Leur succèdent les Zhou (on prononce *Tcho-ou*). Certains règnent d'abord à l'ouest de la Chine, d'où leur nom de Zhou occidentaux (-1041/-771), puis à l'est, les Zhou orientaux (-770/-221).

Les souverains de ces premières dynasties sont appelés *wang* en chinois, un titre que, faute de mieux, on traduit par « roi ». Dans les faits, ils ont peu de pouvoir. La noblesse s'est octroyé des petites principautés qui passent leur temps à guerroyer entre elles et sur lesquelles le roi n'a d'autorité que symbolique. Par analogie avec l'histoire occidentale, on parle, pour désigner les temps des Shang et des Zhou, d'« époque féodale ». Confucius, comme nous l'avons déjà écrit, vivait durant la période de la dynastie Zhou appelée « Printemps et Automnes » (v. - 722/- 481). Le grand sinologue américain John Fairbank[1] estime à 170 les États, duchés, cités plus ou moins indépendants qui, durant ces trois siècles, quadrillaient le territoire.

Le premier empereur

L'ère suivante se nomme période des « Royaumes combattants » (v. - 475/- 221). Le nom est plus guerrier. D'un certain point de vue, la période présente pourtant un progrès. Les royaumes en question ne sont plus que sept. L'un de ceux-là est le royaume de Qin (on prononce *Tchinn*). Son importance est grande. Certains linguistes estiment que le mot « Chine » dérive de ce nom, via le persan. Ce petit État devient en effet central quand, entre 230 et 221 avant J.-C., le prince qui le dirige réussit à conquérir les uns après les autres tous les royaumes et à les rassembler sous sa couronne. Personnage devenu très puissant, il estime qu'il mérite mieux que le titre que portaient ceux qu'il a vaincus. Il est bien plus qu'un roi. Il décide donc de reprendre à son propre usage une appellation qui remonte à l'antiquité des premiers souverains légendaires : il sera *Huangdi*, Auguste. Et même *Shi Huangdi*, le Premier Auguste.

1. John Fairbank, avec Merle Goldman, *Histoire de la Chine. Des origines à nos jours*, Tallandier, 2010.

Par la suite, on ajoute à cette titulature le nom de son royaume d'origine, pour distinguer sa dynastie des suivantes. Cela donne donc : *Qin Shi Huangdi* ou, plus souvent, *Qin Shi Huang*. En français, on l'appelle aussi le « premier empereur ». Il règne de 221 à 207 avant J.-C. sur l'Empire chinois qu'il vient de fonder.

Ayant tous les royaumes sous sa coupe, il décide de les fondre en un seul vaste État. Sa volonté unificatrice est absolue. L'une des écoles de pensée chinoise, issue du bouillonnement philosophique des siècles précédents, se nomme le « légisme ». À l'opposé des conceptions de Confucius ou de Mencius, elle repose sur l'idée que l'homme est foncièrement mauvais : on ne peut le faire avancer que par un système de châtiments et de récompenses, et surtout on ne peut rendre le monde vivable qu'en y établissant une sorte de dictature de la loi, une loi qui soit comme un corset, intangible, identique partout et pour chacun. Qin Shi Huangdi se fait un légiste forcené. Il impose à tous ses sujets de marcher d'un même pas d'un bout à l'autre de son vaste empire. Tout est standardisé, unifié, l'écriture, la monnaie, les poids, la taille des routes, jusqu'à la mesure de l'essieu des charrettes. Les hommes doivent n'avoir que la loi pour référence. Ils n'ont donc plus besoin de toute la littérature ni du prétendu savoir qui ne servait qu'à créer le trouble dans les esprits et le désordre dans le pays. L'empereur ordonne qu'on brûle tous les livres, sauf ceux qui peuvent avoir une utilité pratique, comme les traités d'agriculture ou d'alchimie. On prétend même qu'il ordonna de faire enterrer vivants plusieurs centaines de lettrés, pour tuer le mal à la racine, en quelque sorte. Il est possible que le point soit faux et appartienne à la légende noire du souverain, forgée du temps de ses successeurs, qui le haïrent avec constance.

Tenant son peuple d'une poigne de fer, le premier empereur entendait aussi protéger son empire des dangers extérieurs. Comme cela reviendra souvent dans l'histoire chinoise, les barbares menacent, depuis la frontière nord. Ceux-là sont appelés par les chinois les *Xiongnu*, ce sont des nomades, peut-être ancêtres des Turcs ou des Mongols ou peut-être apparentés aux Huns. Ils font des incursions, mènent de véritables campagnes. Pour les bloquer, Shi Huang fait édifier sur la frontière du nord les premiers tronçons de la Grande Muraille.

Un fondateur détesté

Autant l'empereur hait le confucianisme et ses maudits lettrés, autant il cajole les taoïstes, tout au moins ceux d'entre eux qui sont engagés dans la grande quête de l'élixir de l'immortalité. C'est son obsession. Les mages lui affirment-ils que les immortels vivent dans des îles de la mer de Chine ? L'empereur envoie illico une expédition pour qu'on rapporte les herbes qui y poussent et que ces immortels ont dû manger. Disent-ils qu'ils sont sur les montagnes ? Il trace une route pour qu'ils puissent venir jusqu'à son palais lui offrir leur secret.

Le paradoxe est que l'immortalité a finalement été donnée au premier empereur près de deux millénaires après sa mort. Si le monde entier connaît aujourd'hui Qin Shi Huangdi, c'est grâce au fameux mausolée qu'il fit construire non loin de sa capitale Changan (actuelle Xian), dans lequel il fit disposer la célèbre et impressionnante armée de guerriers de terre cuite modelés à taille réelle, censés le protéger dans l'au-delà. Cruel, paranoïaque, Qin Shi Huangdi a été détesté de toutes les dynasties après lui, revenues au confucianisme, et n'est guère aimé par la tradition chinoise, bien trop portée sur l'amour des lettres pour trouver des qualités à un homme qui persécuta les lettrés. Seul Mao chercha à le réhabiliter. Il se mit même clairement dans ses pas en déclenchant sa Révolution culturelle qui entendait, elle aussi, faire table rase du savoir et étouffer la société dans le corset de la plus délirante uniformisation. Le mausolée de Changan et son armée de terre cuite furent d'ailleurs opportunément découverts dans les années 1970, au beau milieu de cet épisode tragique et désastreux de l'histoire récente de la Chine. L'étrange coïncidence conduisit quelques spécialistes à se poser des questions sur leur authenticité[1]. La majorité de la communauté scientifique ne les suit pas sur ce chemin. Toujours est-il que, tout en condamnant ses excès, la plupart des Chinois reconnaissent à leur premier empereur

---

1. C'est le cas, entre autres, de Jean Leclerc du Sablon, ancien correspondant de l'Agence France-Presse à Pékin (*L'Empire de la poudre aux yeux. Carnets de Chine, 1970-2001*, Flammarion, 2002) ou du sinologue Jean Lévi (*La Chine est un cheval et l'Univers une idée*, Maurice Nadeau, 2010).

le mérite d'avoir formé le moule dans lequel leur histoire allait se lover. L'empire qu'il a fondé dura jusqu'en 1911.

L'âge d'or des Han

L'application délirante du légisme et le coût exorbitant, en hommes et en impôts, des travaux pharaoniques entrepris laissent la Chine à genoux. Le premier empereur meurt haï. Il espérait que la dynastie Qin durerait 10 000 ans. Elle est balayée en quatre. Liu Bang, un homme sorti de rien, un paysan devenu officier, réussit à prendre le pouvoir, et assoit sur le trône sa famille. Il fonde la dynastie des Han. Il y en aura même deux. La première, appelée parfois les « Han antérieurs », est renversée par d'autres révoltes après deux siècles de pouvoir (206 av. J.-C. – 9 apr. J.-C.). Deux décennies plus tard la famille reprend les rênes de l'empire pour former les « Han postérieurs », qu'elle tient durant deux cents ans (23-220). Contrairement aux Qin, les Han sont très aimés par la postérité. Leurs quatre siècles de règne sont associés à une idée de prospérité, d'efflorescence culturelle. Leur nom est si heureusement considéré qu'il qualifie l'ethnie à laquelle appartiennent la majorité des Chinois : les Han.

Parmi tous les empereurs han, le plus célèbre est Wudi, à la longévité spectaculaire. Il reste sur le trône durant cinquante-quatre ans (-141/-87). Il est l'homme qui fait du confucianisme l'idéologie dominante de l'empire. Comme le voulait maître Kong, les lettrés prennent alors une place essentielle dans le gouvernement du pays. Le papier, inventé lors des premiers siècles de notre ère, assure leur rayonnement. Cette innovation révolutionnaire permet de fabriquer des livres bien moins chers, et favorise donc leur circulation. Elle permet aussi le développement de la calligraphie, art chinois par excellence, qui s'attache, dans la perfection du dessin d'un caractère, à exprimer plus qu'un simple mot, un concept, une essence.

La route de la Soie

En quête d'une alliance de revers contre les nomades qui, comme toujours, menacent, Wudi mandate un émissaire fort loin, jusqu'en Asie centrale. Après un périple interminable et rocambolesque qui dure une décennie, celui-ci, nommé Zhang Qian, revient avec des descriptifs merveilleux de ces régions que les Chinois ne connaissaient pas et des renseignements précieux sur les chemins et les passes qui permettent d'y accéder. Ainsi s'ouvre l'itinéraire commercial que l'on connaît sous le nom que lui donna, au XIXe siècle, un géographe allemand : la « route de la Soie ». Dans les siècles qui suivent, cette route ou, plus exactement, *ces* routes – car plusieurs itinéraires sont possibles à travers les déserts d'Asie – se développent jusqu'à relier le Vieux Monde d'un bout à l'autre : elles partent de Changan et aboutissent à Damas ou Antioche, en Syrie. Les Chinois n'en contrôlent que le début. Tout au long du chemin, les biens, transportés dans d'immenses caravanes de chameaux de Bactriane, ou de modestes convois de quelques bêtes, passent d'intermédiaire en intermédiaire. Ils alimentent ainsi tous les marchés d'Asie. Idéalement situées sur le parcours, Boukhara, Samarcande, les grandes oasis d'une région alors dénommée la Sogdiane, tirent leur richesse de ce commerce, où s'imposent, de bout en bout, les marchands sogdiens.

La route de la Soie tire son nom de la luxueuse étoffe que fabriquent les Chinois. Quand ils la découvrent, au tout début de notre ère, les Romains en sont fous. Elle les fascine tant qu'ils donnent son nom au pays d'où elle vient : la Sérique, le pays de la soie. Il faudra attendre le Ve siècle pour qu'enfin Byzance perce le secret et se mette à l'élevage des précieux vers – une vieille légende veut que les premiers œufs de bombyx aient été ramenés par deux moines qui les avaient cachés dans leurs bâtons de marche. De leur côté, les Chinois achètent les magnifiques chevaux qu'ils trouvent en Asie centrale, bien plus grands et beaux que ceux qui vivent dans leurs plaines. Circulent aussi des pierreries, de l'or, des épices et même des idées nouvelles. Le bouddhisme, originaire d'Inde, arrive en Chine par la route de la Soie[1], comme le christianisme nestorien[2], venu de Perse, où il avait trouvé refuge après avoir été chassé de l'Empire byzantin.

Au IIIe siècle, le vent favorable qui poussait les Han tourne à l'orage. De mauvaises récoltes ici et là sus-

---

1. Voir chapitre 2.
2. Voir chapitre 7.

citent des révoltes. Des nobles se sentent assez ivres de puissance pour menacer le centralisme de l'empire en prenant une quasi-indépendance. Comme toujours, des peuples nomades menacent au Nord. Alors l'empire éclate et le temps de la division revient.

Aux Han, succèdent la période des « Trois Royaumes » (220-280), puis, durant de longs siècles encore, d'autres guerres, d'autres déchirements : la Chine du Nord et du Sud vivent à nouveau des destins séparés. Il faut attendre la fin du VIe siècle pour qu'une nouvelle dynastie, les Sui, reforme enfin l'empire. Ce ballet princier rythme le destin de ce grand pays. L'*Histoire des Trois Royaumes* est un classique de la littérature chinoise. Il fut écrit au XIVe siècle et relate la période dont nous venons de parler, celle de la fin de la dynastie Han et des troubles qui suivirent. Il commence ainsi : « L'empire, après avoir été longtemps divisé, doit se réunir ; longtemps réuni, doit se diviser. » C'est toute l'histoire de la Chine.

6

Le premier empire indien et l'âge classique de l'Inde

IVe siècle avant J.-C. – VIe siècle après J.-C.

L'empereur Ashoka, plus célèbre personnage de l'histoire ancienne de l'Inde, unifie le sous-continent, mais sa dynastie, les Maurya, dure peu. Les Gupta, au pouvoir du IVe au Ve siècle de notre ère sont moins puissants, mais leur règne marque celui de l'Inde classique, celui de la haute culture, des mathématiciens et des poètes.

En 326 avant J.-C., Alexandre le Grand franchit l'Indus, prend possession des provinces du Sind et du Pendjab qui dépendaient de l'Empire perse vaincu. Il veut pousser au-delà, vers la vallée du Gange, vers l'autre mer au loin, vers ce territoire inconnu empli de forêts, peuplé d'éléphants. Son armée, gavée de victoires et exténuée de fatigue, refuse de l'y suivre. Pour une fois, le chef est obligé d'obéir. Il fait ériger une colonne disant : « Ici s'est arrêté Alexandre » et, après avoir soumis la vallée de l'Indus, rebrousse chemin. Tous les admirateurs du Conquérant connaissent cet épisode. Plus rares sont ceux qui ont conscience de ses conséquences.

Avec lui, le Macédonien a apporté la civilisation grecque. Elle s'installe pour longtemps dans une partie du monde où peu d'Occidentaux la placeraient spontanément, quelque part entre le Pakistan, l'Afghanistan et le Tadjikistan, dans la vaste province que les Anciens nommaient la Bactriane. Celle-ci est d'abord intégrée à l'empire séleucide, la part de l'immense empire d'Alexandre qui est échue à Séleucos, un de ses généraux. Cent ans plus tard, vers le milieu du IIIe siècle avant J.-C., conduite par son ambitieux satrape – son gouverneur –, elle s'en sépare pour former un nouveau pays que les historiens nomment le Royaume gréco-bactrien. On ne connaît son histoire que grâce aux pièces de monnaie que l'on a retrouvées. On n'en sait donc pas grand-chose sinon le nom de ses rois, des Euthydèmes, des Apollodotes, des Eucratides, dont les sonorités nous rapprochent plus d'Homère et de Delphes, en effet, que de l'univers des Talibans sévissant deux millénaires plus tard dans la région.

Un siècle avant notre ère, le Royaume gréco-bactrien disparaît, balayé par les invasions de peuples nomades venus des confins de la Chine. Ils réussissent à former un nouvel empire brillant et prospère, lui aussi, l'Empire kushan (qui dure environ du Ier siècle avant J.-C. au IIe siècle après J.-C.). Chassés, les souverains grecs se déplacent en Inde du Nord et, dans tout cet univers, les apports culturels de l'hellénisme demeurent féconds. Sans doute les admirateurs des marbres du Parthénon ont-ils déjà été frappés par l'air de parenté que l'on retrouve dans l'élégance du drapé, l'expression des traits du visage de certaines statues de Bouddha que l'on peut voir dans les musées d'art asiatique. Elles appartiennent à ce courant appelé art « gréco-bouddhique », qui fleurit dans toute la zone au nord-ouest de l'Inde durant les premiers siècles de notre ère. Il descend en droite ligne du mariage entre le monde de la Méditerranée et celui de l'Orient qu'Alexandre avait commencé de célébrer.

Les Maurya

En franchissant l'Indus, le Conquérant a également bousculé l'histoire indienne proprement dite. Venons-en à elle. Jusqu'alors, le Nord indien était morcelé en de nombreux petits royaumes[1]. Un homme rusé et ambitieux profite du choc produit par l'irruption des armées macédoniennes pour le retourner à son profit et conquérir les uns après les autres ces territoires déboussolés. Il se nomme Chandragupta Maurya (v. -322/-298). On ignore presque tout de sa naissance et de sa vie, sauf sa fin, qu'a retenue la tradition. L'âge venu, las de gouverner le vaste royaume qu'il avait fondé en unissant toutes ces conquêtes, il se serait retiré dans un monastère jaïn pour y terminer ses jours selon l'une des techniques recommandées par cette austère religion : il se serait laissé mourir de faim.

---

1. Voir chapitre 3.

Il lègue à l'Inde son premier empire unifié et une puissante dynastie, les Maurya. Pendant près d'un siècle et demi (-322/-184), depuis leur capitale de Pataliputra (actuelle Patna), au bord du Gange, ses souverains règnent sur un territoire immense qui, à son apogée, couvre pratiquement la totalité du sous-continent, à l'exception de la petite pointe sud de ce gigantesque triangle. Si l'on en croit l'indianiste Alain Daniélou, les empereurs maurya s'entourent d'un faste exceptionnel[1]. Ils ne sortent de leur palais, explique-t-il, que portés dans un palanquin décoré d'or et de perles, précédés par d'imposantes gardes de soldats parmi lesquels, en l'honneur du souverain, certains portent des branches sur lesquelles chantent des oiseaux...

Ashoka

Au sein de cette famille, le grand personnage est Ashoka (v. -273/-237), petit-fils du fondateur Chandragupta. S'il ne faut retenir qu'un nom dans toute l'histoire ancienne de l'Inde, celui-là est le bon. Près de 2 400 années après sa mort, il est un des rares héros d'avant le XXe siècle que l'ensemble des Indiens est capable de citer avec affection. Ashoka figure à jamais le type du souverain sage et vertueux. Il ne l'a pourtant pas toujours été. Arrivé au pouvoir après avoir fait massacrer ses frères et sœurs, il poursuit la politique d'expansion commencée par son grand-père et multiplie les guerres pour réduire ses voisins.

1. Alain Daniélou, *Histoire de l'Inde*, Fayard, 1983.

L'annexion du Kalinga, au sud du Bengale, est une opération tellement sanglante qu'elle cause chez lui un choc déterminant. Pourquoi celle-là plutôt qu'une autre ? On l'ignore. Soudain hanté d'avoir tant tué, le souverain se repent des horreurs qui ont été commises en son nom et se convertit au bouddhisme. Après s'être retiré un an dans un monastère pour y méditer, il revient sur son trône, décidé à ne plus agir qu'en homme de paix et de bonté. Partout dans son vaste empire, sur les falaises, sur les rochers ou encore sur de grands piliers érigés spécialement, il fait graver les édits qui suivent les préceptes bouddhistes et résument sa loi de concorde et de compassion : « Tous les hommes sont mes enfants, déclare-t-il, je désire le bonheur de mes enfants dans ce monde. » Il fait creuser des puits, construire des hôpitaux et des *stupa* – monuments érigés pour contenir les reliques du Bouddha. Il convoque dans un grand concile savants et moines pour définir les canons de cette religion, alors à ses débuts[1]. Il contribue à son expansion hors des frontières indiennes : sous son règne le bouddhisme s'implante à Ceylan, où il prospère d'ailleurs toujours.

Cet engagement en faveur de la loi du Bouddha n'était pas une garantie pour passer à la postérité, dans un pays où l'hindouisme d'abord, l'islam ensuite firent tout pour l'éradiquer. Ashoka fut oublié pendant des siècles. Il fallut les travaux menés par les historiens et archéologues britanniques au temps de la colonisation pour qu'on le redécouvre. L'Inde

1. Voir chapitre 3.

moderne a creusé ce sillon. L'empereur avait sans doute été effacé de la mémoire commune parce qu'il était bouddhiste. Il y revint probablement pour la même raison. Dans un pays déchiré par les rivalités entre musulmans et hindouistes, il y avait un grand avantage à n'être ni l'un ni l'autre. Au moment de sa naissance, en 1950, la république de l'Inde décida d'adopter pour emblème les lions représentés sur le chapiteau d'un des piliers érigés par l'empereur maurya et de faire apparaître sur le drapeau fédéral la roue d'Ashoka, symbolisant la loi bouddhique.

Apogée de l'Inde classique

Environ cinquante ans après la mort d'Ashoka, son immense empire se disloque et d'autres empires, d'autres royaumes se succèdent et se partagent l'univers indien. Parmi toutes les dynasties qui y régnèrent, n'en gardons qu'une. Les Gupta arrivent au pouvoir vers le début du IVe siècle après J.-C. et déclinent vers la fin du Ve siècle sans que l'on sache trop pourquoi. Leur empire, centré sur le nord de l'Inde, est moins vaste que celui des Maurya, mais leur nom est célèbre car il est resté attaché à l'idée d'un âge d'or, d'un apogée de la période que les spécialistes nomment l'« Inde classique ».

Aucun souverain en particulier de cette dynastie n'est aussi célèbre qu'Ashoka, mais, si l'on en juge par le titre que tous s'arrogent, leur puissance doit être considérable. Les empereurs gupta se font appeler *Maharajahiraja*, Grand Roi des rois. Moins centralisateurs que les Maurya, ils règnent en effet sur une nuée de royaumes vassaux. Ils s'appuient sur les brahmanes et affectent de pratiquer encore certains des vieux rites demandés par les Veda, comme celui du sacrifice du cheval[1]. Eux-mêmes sont plutôt portés au culte de Vishnou, mais ils restent d'une grande tolérance religieuse et n'hésitent pas à favoriser le développement des monastères bouddhistes ou des temples à Shiva. Enfin, comme nous l'explique le savoureux petit livre que lui consacrent Amina Okada et Thierry Zéphir[2], la période porte au plus haut les lettres, les arts et les sciences.

Le sanscrit, langue dérivée de celle des Veda, est étudié depuis longtemps. Bien des siècles auparavant, Panini (-520/-460) l'a décortiqué pour en étudier les règles. Il est parfois considéré comme le premier grammairien au monde. Il faut toutefois attendre nos siècles gupta pour que le sanscrit se fixe comme langue de culture. Le poète Kalidasa en est l'orfèvre. Sa biographie est peu connue. Tout juste suppose-t-on qu'il vécut entre le IVe et le Ve siècle. Son œuvre, considérée comme la quintessence du classicisme indien, est toujours célébrée. Il fut un des premiers à passer les frontières. Tout le XIXe siècle européen, de Goethe à Camille Claudel, qui s'en inspira pour une de ses sculptures, fut fou de la pièce intitulée *Sakuntala*, qui raconte une triste et belle histoire d'amour entre un roi et une pauvre amante délaissée.

1. Voir chapitre 3.
2. Amina Okada et Thierry Zéphir, *L'Âge d'or de l'Inde classique*, Gallimard, collection « Découvertes », 2007.

La philosophie indienne se développe sous ces facettes diverses qui vont de la métaphysique la plus élevée à la connaissance la plus concrète de l'expérience humaine. Le *Kama Sutra* date de cette époque. L'Occident a voulu voir dans l'ouvrage un livre érotique. Il s'agit en fait d'un traité destiné à apprendre à l'honnête homme les techniques de l'amour, qu'il se consomme au sein du mariage ou avec les courtisanes. Tous ceux qui ont tenté de le lire en entier ont saisi au passage un des traits du génie indien : le goût pour la classification, les listes et l'exhaustivité.

Les domaines couverts par ce que l'Europe, à partir du XVIIe siècle, appellera la science, progressent à grands pas. Aryabhatta (476-550) est considéré aujourd'hui encore comme une figure majeure des mathématiques. À vingt-trois ans, ce jeune prodige publie un traité qui en impose. Il réussit à déterminer aux décimales près la valeur du nombre *pi*. Grand astronome, comme l'étaient alors la plupart des mathématiciens, il établit l'origine naturelle des éclipses et passe pour être le premier à affirmer que la terre, ronde, tourne sur son axe. À cette époque apparaissent en Inde deux découvertes qui révolutionnent l'arithmétique : le système de numération par position[1] et le zéro. Les deux passent en Perse, où l'adopteront les Arabes, qui en répandent l'usage jusqu'en Espagne, où les Occidentaux les découvrent,

1. Quand on écrit 246, chacun comprend, à cause de la position du chiffre dans le nombre, que le 2 se lit « deux cents », le 4, « quarante », et le 6, « six ». C'est ce que l'on appelle la numération par position.

vers l'an mil. C'est pour cette raison que l'Europe parle des « chiffres arabes », qu'il serait plus juste d'appeler des « chiffres indiens ».

On peut voir, aujourd'hui encore, dans une mosquée de Delhi, dans le nord de l'Inde, une longue pique appelé le « pilier de fer de Delhi ». Il a une particularité qui étonne toujours : quoiqu'exposé à la chaleur et à l'humidité, il ne rouille pas. Les spécialistes sont incapables d'expliquer les raisons de ce prodige. Le pilier a été conçu au temps des Gupta, et témoigne en tout cas de la haute technicité en métallurgie de l'époque.

Ayurveda

C'est alors aussi que sont fixés dans de grandes encyclopédies les principes cardinaux de la médecine indienne, l'*ayurveda* – de *veda*, « savoir », et *ayur*, « vie ». Entre autres prescriptions, elle insiste sur l'hygiène de vie, et en particulier sur la nourriture. Celle-ci équilibre scrupuleusement les six saveurs fondamentales que sont le sucré, l'aigre, le salé, le piquant, l'amer et l'astringent. D'où l'importance des épices qui furent, et sont toujours l'une des richesses de l'Inde.

Au Ve siècle, le monde gupta subit, comme l'Occident, les assauts des Huns. Ceux-là se nomment les « Huns hephtalites ». Leurs ravages sont aussi terribles que ceux commis par leurs cousins qui, à pareille époque, s'abattent sur l'Europe. Au VIe siècle, la dynastie disparaît et le territoire se morcelle à nouveau en petits royaumes. À la fin du Xe siècle, les musulmans arrivent dans la vallée de l'Indus, là où les guerriers d'Alexandre les avaient précédés mille ans plus tôt. Peu à peu, l'islam change totalement le visage et le destin de la moitié nord du sous-continent.

Le Sud, de son côté, connaît d'autres dynasties, non moins brillantes. Citons les Cholas, ou encore les Pallavas (dominant le Sud de la fin du IIIe siècle au IXe siècle) dont on admire toujours, dans de nombreux sites, les monuments et temples magnifiques qu'ils firent édifier. Toute la zone, à la terre féconde, arrosée par d'abondantes pluies de mousson, est riche. L'abondance des pierres précieuses, du bois de santal, du riz, de la canne à sucre, des épices, comme le poivre, le cumin, le gingembre, la moutarde, la cardamome engendre un commerce prospère. Du littoral occidental, la côte de Malabar, les bateaux partent vers le monde de l'Arabie, de l'Égypte, de l'Occident. De l'autre, la côte de Coromandel, ils emportent leurs précieuses cargaisons jusqu'à l'Insulinde, l'Indochine, la Chine.

7

L'Empire romain en cinq idées-forces

VIIIe siècle avant J.-C. – Ve siècle après J.-C.

De l'Empire romain, il nous reste, entre cent autres choses, un tracé de routes que l'on utilise toujours ; le droit romain qui a irrigué de nombreux systèmes juridiques européens ; quelques-unes des langues les plus parlées au monde – l'espagnol, le français, le portugais, mais également le catalan, le provençal, l'italien et le roumain ; de nombreuses institutions : la plupart des États des cinq continents ne sont-ils pas des républiques dotées d'un sénat ? La Grèce et le christianisme constituent les sources qui alimentent le grand fleuve de la civilisation occidentale. Rome en est le lit.

La période couverte par son histoire est immense. Selon la légende, confirmée à quelques décennies près par les recherches archéologiques, la ville a été fondée en 753 avant J.-C., date qui marque l'an zéro du calendrier romain. En 395 après J.-C., l'immense Empire romain est divisé en deux. Sa partie occidentale s'effondre en 476. La partie orientale lui survit très longtemps. Elle disparaît avec la prise de Constantinople par les Turcs, en 1453. Côté ouest, Rome a donc duré plus de 1 200 ans. Un millénaire de plus si l'on compte la *pars orientalis*. Pour ne pas nous perdre en route sur cette longue voie romaine, résumons-la en cinq idées-forces.

1 Rome forme un empire méditerranéen de culture grecque

Au milieu du VIIIe siècle avant J.-C., lorsqu'elle est fondée par une poignée de Latins et de Sabins, des petits peuples de la famille des Italiques qui vivaient dans cette partie de la péninsule, la ville s'étend à peine sur quelques collines. À son apogée, au début du IIe siècle après J.-C., au moment du règne de l'empereur Trajan, l'Empire romain court des frontières de l'Écosse à la Mésopotamie. Il couvre une superficie de 5 millions de kilomètres carrés, soit 500 000 de plus que l'ensemble de l'Union européenne du début du XXIe siècle.

Pour arriver à cette hégémonie, il a fallu beaucoup se battre. L'histoire romaine est donc d'abord une histoire de conquêtes. Partis de leur noyau originel, les Romains réussissent en quelques siècles (-509/-270) à prendre possession de la péninsule italienne, puis ils cherchent à s'étendre autour du Bassin méditerranéen.

Lutte contre Carthage

Sur la rive sud, une rivale pourrait empêcher ce rêve, qu'elle partage. Carthage est une cité fondée dans l'actuelle baie de Tunis par des Phéniciens, peu de temps avant Rome, en 814 avant J.-C. Grâce à ses comptoirs situés sur les côtes de l'Espagne, en Corse, en Sardaigne, en Sicile, elle est devenue une puissance commerciale très prospère, et cette richesse lui donne, à elle aussi, des idées d'expansion. L'affrontement est inévitable. Il éclate quand les Romains veulent prendre le contrôle de la Sicile, qui était sous la coupe des Carthaginois. Pendant plus d'un siècle, à partir de 264 avant J.-C., les deux cités se livrent trois guerres, appelées les « guerres puniques » (du latin *punicus* ou *poenicus*, phénicien). Durant la deuxième, Rome frise la catastrophe. L'Italie est envahie par le général carthaginois Hannibal, qui a réussi à passer les Alpes avec ses éléphants. La capitale latine n'est sauvée qu'à l'issue d'une bataille gagnée par miracle. Traumatisés, les Romains entendent régler la question de façon définitive. « Delenda est Carthago » (il faut détruire Carthage) martèle l'austère Caton l'Ancien (-234/-149), un homme politique romain, à la fin de tous ses discours. Lors de la troisième guerre punique, ses compatriotes accèdent enfin à son vœu. Ils réussissent à écraser les Carthaginois et rasent leur ville (-146).

Mare nostrum

La grande expansion romaine peut se poursuivre. Elle se fait en progressant peu à peu sur les côtes de la Méditerranée, tant vers l'ouest (la côte sud de la France actuelle, celle de l'Espagne) que vers l'est (Grèce, Asie Mineure, Proche-Orient, Égypte) et en s'étendant vers l'intérieur avec la conquête de la Gaule, de la Bretagne (l'Angleterre d'aujourd'hui), des Balkans, etc. Le tour de la Méditerranée est à peu près complet au tout début de l'ère commune, au temps d'Auguste. Un siècle plus tard, au temps de Trajan, l'expansion a atteint son maximum. L'empire se stabilise, protégé derrière des frontières, parfois naturelles, comme le Rhin, le Danube, le désert d'Arabie ou le Sahara.

Ces conquêtes n'ont évidemment rien d'une promenade de santé. Elles prennent des décennies et les atrocités n'y manquent pas. La conquête de la Gaule passe pour avoir fait 1 million de morts et autant d'esclaves. Partout, les résistances sont fortes. Partout, elles sont vaines, mais les noms de ceux qui les ont menées sont toujours connus des différents peuples européens[1].

1. Chacun des peuples européens exhume ces noms à partir du XIXe siècle, quand se forge l'idée nationale. À peu près en même temps, au cours du XIXe siècle, les Français apprennent à célébrer Vercingétorix (-72/-46) et les Belges Ambiorix, autre adversaire de César. Les Allemands glorifient Arminius (ou Herman), le chef germain qui écrasa les légions de Varus à la bataille de Teutobourg (9 apr. J.-C.), les Britanniques édifient des statues à la reine Boudicca, ou Boadicée (30-61) qui lutta contre

La géographie est aussi changeante que l'histoire, et souvent elle lui est soumise. Aux VIIe et VIIIe siècles de notre ère, la grande conquête arabe dessinera une ligne de fracture au milieu de la Méditerranée. C'est depuis qu'on y voit un Sud – le monde musulman – et un Nord – l'Europe chrétienne. Un Romain conçoit son empire tel un monde circulaire, tournant autour de la *mare internum* – la mer intérieure – comme il lui arrive de l'appeler, et ne différencie nullement sa rive nord ou sud. L'Égypte ou la Tunisie, appelée l'Afrique, sont de grandes et riches provinces romaines au même titre que la Pannonie, où se trouve l'actuelle Hongrie, ou la Germanie inférieure, où sont les Pays-Bas et le nord de l'Allemagne.

La fascination grecque

Sur le chemin de ces conquêtes, un pays pèse d'un poids particulier. À peu près en même temps qu'ils en finissent avec Carthage, les Romains achèvent la conquête de la Grèce. Contrairement à ce qu'ils ont fait avec la cité punique, ils n'en déclarent pas le sol maudit. Ils savent qu'ils viennent y chercher tout ce qu'ils admirent. Les Romains n'ont aucun

---

l'occupation. Les Espagnols célèbrent une ville, Numance, qui résista vingt ans (-153/-133). Beaucoup plus tard, au moment de la décolonisation de leur pays, les Algériens se passionnent pour le berbère Jugurtha (-160/-104), roi de Numidie qui défia Rome après sa victoire sur Carthage.

doute sur la supériorité de leur puissance militaire face à ce conglomérat de petites cités dont les armées ne sont plus que l'ombre de ce qu'elles furent aux temps héroïques, mais ils sont fascinés par la culture grecque. « Et la Grèce conquise conquit son farouche vainqueur… » écrivit le poète Horace pour rendre compte de cette dialectique.

L'Empire romain est un empire méditerranéen. Ses statues, ses monuments et ses références montrent qu'il est aussi de culture grecque. Après la conquête, de vieux Romains, avec l'intraitable Caton l'Ancien, pestent contre l'importation des mœurs efféminées et décadentes des Hellènes. C'est peine perdue. Durant des siècles, tous les jeunes nobles Romains vont faire leurs études dans le pays d'Homère et de Platon pour apprendre cette langue, cette pensée qu'ils jugent si raffinées. Jules César écrivait en latin, mais, comme la plupart des gens de son milieu de son temps, il parlait grec.

2 Des rois, une république, un empire

D'abord, il y eut la monarchie (-753/-509). Elle s'achève avec l'éviction de Tarquin le Superbe – autrement dit l'orgueilleux –, si tyrannique, si détesté qu'il reste le dernier à avoir porté le titre de roi, honni à jamais.

À partir de 509 avant J.-C. vient la république. Le pouvoir appartient en principe au peuple, qui vote dans des assemblées, les comices, pour désigner les magistrats qui gouvernent, dont les fameux consuls, sous le contrôle du Sénat. Dans les faits, tout le système est confisqué par l'oligarchie des patriciens, représentant les riches familles. Les gens du peuple, les plébéiens doivent mener de rudes luttes pour faire valoir leurs droits.

Un siècle de guerres civiles

Au IIe siècle, les tensions sociales sont trop fortes, le système se grippe mais nul n'arrive à le réformer et les violences ne cessent pas. De 133 à 29 avant J.-C., Rome connaît un siècle de guerres civiles.

Entre 133 et 121, les frères Gracques tentent de faire des réformes agraires plus favorables au peuple. Conflits, émeutes. Tous deux sont assassinés à quelques années d'intervalle. Vient le temps des hommes forts. Des généraux, emplis de la gloire qu'ils tirent de leurs prestigieuses conquêtes, s'en retournent à Rome pour tenter l'aventure du pouvoir personnel. En règle générale, leur ambition bute sur celle d'autres ambitieux qui veulent, eux aussi, le pouvoir pour eux seuls. Ainsi le brillant militaire Marius (-157/-86), qui pensait gouverner, se retrouve en guerre avec son lieutenant Sylla (-138/-78). Ce dernier réussit à se faire nommer « dictateur à vie », mais après un temps, il abdique et se retire.

Les troubles se reproduisent avec son propre lieutenant, Pompée (-106/-48). Auréolé de ses conquêtes en Orient où il a soumis l'Asie Mineure et créé la province de Syrie, il a l'idée de s'allier avec deux autres puissants du moment, un certain Crassus et Jules César, le général qui jouit, lui, des lauriers de conquérant des Gaules. Les trois hommes – en latin *tres viri* – forment le premier *triumvirat*. Crassus meurt dans une guerre en Orient. Reste un duel, forcément explosif. César décide de forcer le destin. Marchant sur Rome, il ordonne à ses armées de le suivre pour franchir le Rubicon, une petite rivière du nord de l'Italie, alors qu'une loi, faite pour prévenir un soulèvement militaire, stipule qu'aucun général n'a le droit de la passer avec ses soldats. Le coup de main est payant. Voici César en place et Pompée éliminé. Battu, réfugié en Égypte, il y est assassiné. Tout est enfin prêt pour qu'un homme exerce seul le pouvoir. En 46 avant J.-C., César se fait nommer dictateur pour dix ans. Il commence une action d'envergure, embellit Rome, réforme l'État, assure encore quelques victoires. En 45, il est dictateur à vie mais aussi *pontifex maximus* – la plus haute autorité religieuse. Il organise son propre culte, et gère tout. Voudrait-il devenir roi ? L'idée est odieuse à certains. C'est la raison de sa mort sous les coups de poignard de vingt-trois sénateurs, en mars 44. L'assassinat débouche sur un de ces étonnants bégaiements de l'histoire.

Un nouveau *triumvirat* se constitue. Lépide joue le rôle du personnage éjectable, il est vite proscrit. Reste un face-à-face incroyablement romanesque entre deux êtres que tout oppose. D'un côté, le bouillant, le charismatique Marc Antoine, sanguin, carré, qui fut le plus proche lieutenant de César. De l'autre celui qui fut son fils adoptif, Octave, un petit jeune homme frêle, timide, qui semble si mal assuré que personne ne miserait un sesterce sur lui. Nouvelle guerre civile. Marc Antoine se retrouve en Égypte. Il vit avec la reine Cléopâtre que César aima avant lui et dont elle eut un fils. Il rêve de s'installer là, il veut faire basculer le destin de Rome en fondant un nouvel empire gréco-oriental qui aurait sa capitale à Alexandrie. Octave soulève la Ville des villes contre cette offense : comment, les Romains seraient soumis à ces Orientaux efféminés et décadents ?

Une bataille navale à Actium (-31) solde l'affaire : Antoine est vaincu et se suicide, comme sa belle Cléopâtre un peu plus tard. L'Égypte passe à Rome. Rome passe à Octave. Le peuple, lassé d'un siècle de guerres civiles, accepte son nouveau maître avec soulagement. En 27 avant J.-C., le Sénat lui décerne le titre prestigieux d'Auguste, nom sous lequel on le connaît.

L'empire et les empereurs

Prudent et soucieux de ne pas subir le sort de César, Octave monopolise tous les pouvoirs mais garde les apparences de la république, avec ses consuls, ses assemblées. Officiellement, il n'est que *princeps senatus*, le premier du Sénat. Son régime s'appelle le « principat ». Dans les faits, tout est entre les mains d'un seul. Nous voici au temps de l'Empire romain.

Le règne de ce premier Auguste (27 av. J.-C. - 14 apr. J.-C.) est brillant. On parle du « Siècle d'Auguste » pour décrire ce moment que Virgile, Horace,

Ovide, les grands noms de la littérature du temps ont immortalisé. Après lui, les successions se font en principe de père en fils, mais en suivant les conceptions romaines de la paternité, pour qui le choix compte autant, sinon plus, que le sang : souvent le fils qui succède au père est un fils adoptif. La formule ne garantit pas les résultats les plus probants. Dès l'Auguste numéro 3, Caligula (12-règne : 37-41), apparaît un modèle hélas appelé à se répéter, celui de l'empereur délirant, cruel, mégalomane et capable de toutes les extravagances et de tous les massacres. Le système est d'une grande instabilité. Sur la grosse centaine d'Augustes qui ont porté ce titre jusqu'à la fin de l'empire d'Occident, une bonne quarantaine sont morts assassinés. À partir du IIIe siècle, ils sont les jouets de la légion : les soldats désignent les nouveaux empereurs par acclamation, ou les éjectent.

Le régime fut toutefois assez solide pour durer près de cinq siècles à l'Ouest, et dix de plus à Byzance-Constantinople. Quelques familles impériales font honneur à la charge. Du temps des Romains déjà, la dynastie des Antonins – IIe siècle – était considérée comme celle des bons empereurs. Parmi ses membres, on a cité Trajan, qui porta l'empire à son apogée. Son successeur, Hadrien[1] (règne : 117-138), amoureux éperdu du bel Antinoüs, fut un grand pacificateur. Le souverain modèle reste Marc Aurèle (règne : 161-180), empereur et philosophe, dont les *Pensées* sont un chef-d'œuvre du stoïcisme.

1. Les *Mémoires d'Hadrien* de la romancière française Marguerite Yourcenar l'ont rendu célèbre.

3 Un grand empire intégrateur

Comme la Grèce, l'Empire romain repose sur une inégalité absolue entre ses sujets. Les femmes y sont d'éternelles mineures, les esclaves des objets. Seul l'homme libre a tous les droits, y compris sexuels, sur tous ceux qui ne le sont pas, quel que soit leur sexe ou leur âge. Comme le fils d'Athènes, le Romain est aussi citoyen. Dans les faits, dès la République, ce rôle est très réduit sur le plan politique, et assez peu glorieux. Pour nombre de Romains, la principale activité sociale consiste à être « client », c'est-à-dire à aller chaque matin se mettre au service d'un plus riche, d'un « patron », en échange de sa protection et de son argent. Sous l'empire, l'autre grande activité consiste à aller assister aux jeux du cirque offerts par l'empereur, qui assure également les distributions de blé. « Panem et circenses » – du pain et des jeux –, résume en soupirant le poète Juvénal, dans une de ses célèbres satires.

Comme un Grec, enfin, un Romain fait une distinction claire, parmi les hommes, entre ceux qui sont civilisés, c'est-à-dire les Romains, et les autres, les barbares. Mais, contrairement aux Grecs, pour qui un individu qui n'est pas né grec ne le deviendra jamais, les Romains forment un peuple très intégrateur. Les conquêtes sont généralement impitoyables. Très souvent, les vaincus sont massacrés et réduits en esclavage. Mais une fois que leur territoire a été intégré à l'empire, tout est mis en œuvre pour « civiliser » ses habitants, c'est-à-dire en faire des Romains.

La plupart des peuples répondent d'ailleurs favorablement à cette demande. Quel intérêt auraient-ils à la rejeter ? L'Empire romain, protégé par le *limes*, la frontière gardée par les légions, est une bulle où règne la *pax romana*, la paix romaine. Le magnifique système routier favorise le commerce. Les biens, les idées, les modes de vie y circulent et se fondent les uns dans les autres. Les Romains poussent à cette fusion. Ils ont par exemple l'habitude de ne jamais rejeter les dieux des peuples soumis, bien au contraire. Ils leur donnent des noms romains et les font entrer dans leur panthéon.

En 212 de notre ère, Caracalla, un empereur par ailleurs complètement fou, capable de massacres atroces (il ordonna le sac d'Alexandrie parce qu'on y avait écrit une satire qui le visait), généralise le système. L'édit de Caracalla décrète que tous les hommes libres de l'empire sont désormais citoyens romains. Cette politique fonctionne jusqu'au plus haut niveau. Dans de nombreuses villes, dans de nombreuses provinces, de Carthage à Cologne, de l'Hispanie à l'Orient, prospère une élite parfaitement romanisée, qui parle latin (à l'Ouest) ou grec (en Orient) et joue le jeu de l'empire. Nombre de sénateurs viennent des diverses provinces de l'empire. Nombre d'empereurs romains ne sont pas nés à Rome. Antonin le Pieux (86-161) est d'une famille nîmoise. Septime Sévère (146-211) est né en Libye d'une famille punique ; Philippe l'Arabe (204-249) vient de la province d'Arabie ; Dioclétien (245-313) est né dans une modeste famille dalmate.

4 L'Empire romain devient chrétien, le christianisme devient romain

Revenons au christianisme, que nous avions laissé à ses premiers balbutiements, commençant à peine à se démarquer de son milieu juif d'origine[1]. Pour les habitants de la Judée eux-mêmes, la suite de l'histoire est terrible. En 66 après J.-C., les plus résolus d'entre eux, ne supportant plus l'occupation, lancent contre les Romains la « Grande Révolte » juive. La répression est impitoyable. En 70, le « second Temple », comme on appelle celui qui avait été reconstruit au retour de la captivité de Babylone, est détruit. En 133, après une ultime tentative écrasée dans le sang, Jérusalem est transformée en une ville romaine. Les Juifs en sont chassés. Ceux qui n'ont pas été réduits en esclavage grossissent la diaspora. C'est par celle-ci que le christianisme, au départ, va se répandre.

Progression et persécution du christianisme

Les Romains sont par principe d'une grande tolérance religieuse. Tous les sujets de Rome peuvent continuer à célébrer les divinités qui leur conviennent à la seule condition de sacrifier également au culte de l'empereur, garant de l'unité de l'empire. Professant un monothéisme intraitable, les chrétiens s'y refusent. De fait, ils se mettent d'eux-mêmes hors la loi. Par-

1. Voir chapitre 1.

fois, cela leur vaut d'être très durement persécutés. Néron, dans les années 60, en fait mettre à mort un grand nombre en les accusant de l'incendie de Rome, qu'il a sans doute causé lui-même. Parfois, les temps sont plus cléments.

Partie de son petit foyer juif, la doctrine nouvelle ne cesse de progresser, poussée par les désirs de renouvellement spirituel. À partir du Ier et du IIe siècle de notre ère, la vieille religion romaine, avec ses dieux, ses sacrifices, ses rites, s'essouffle. Les élites la délaissent au profit de la philosophie, et tout particulièrement du stoïcisme, qui cherche à définir le sens de la vie ou la façon de trouver la paix. Les cultes venus d'Orient séduisent aussi, car ils promettent à tous ceux qui les suivent le salut. Cela n'était pas le cas de la religion traditionnelle, purement axée sur la cohésion sociale.

Le culte de Mithra, sans doute rapporté de Perse par les soldats, est une religion à mystères, c'est-à-dire que ses pratiques sont secrètes et connues des seuls initiés. Certaines d'entre elles ne sont pas sans rappeler ce qui se fait chez les chrétiens : les cérémonies avec le pain et le vin, symbolisant le corps et le sang du dieu, la croyance en une vie après la mort, ou encore le choix de faire du dimanche le jour consacré aux dieux et du 25 décembre une grande fête symbolique. Mais le mithraïsme est interdit aux femmes alors que le christianisme les accueille avec bienveillance. Peut-être est-ce la raison pour laquelle ce dernier finit par distancer son rival, qui périclite.

Selon les estimations, vers l'an 300, 5 à 10 % de la population de l'empire est chrétienne[1]. Quelques empereurs cherchent, par tous les moyens, à enrayer cette progression menaçante. Dèce, vers 250, puis Dioclétien, au début des années 300, ordonnent des persécutions à grande échelle. Les chrétiens qui ont le courage de mourir alors sans abjurer leur foi forment les martyrs. Une fois devenue officielle, l'Église en fera les premiers saints.

Une religion orientale

À peine une décennie plus tard, l'empereur Constantin joue la partition inverse. Il est monté sur le trône après une guerre civile qui l'a opposé à un rival. Sans doute parie-t-il sur le fait que le christianisme, répandu dans tout l'empire et solidement organisé en réseaux, pourra être un garant de l'unité et servira à asseoir son pouvoir. Par son édit de Milan (313), il accorde à tous les citoyens la liberté de culte, ce qui revient à lever l'interdiction qui pesait sur les chrétiens.

Un de ses successeurs, Julien (331-363), que la tradition catholique surnomme l'« Apostat », tente de réimposer la religion ancienne. Il échoue. Enfin Théodose, en 380, rend le christianisme obligatoire. La persécution des cultes païens peut commencer. Au début du IVe siècle, l'Arménie, après le baptême

1. Christophe Badel et Hervé Inglebert, *Grand Atlas de l'Antiquité romaine. Construction, apogée et fin d'un empire (IIIe siècle av. J.-C. - VIe siècle apr. J.-C.)*, Autrement, 2014.

de son roi, avait été le premier pays à devenir chrétien. L'Empire romain est donc le second.

Le temps des conciles

Devenu officiel, le christianisme évolue vite. Passé du statut de religion persécutée à celui de culte obligatoire, il a tant à faire. Il est temps de s'organiser, et aussi d'élaborer sa doctrine. Contrairement à d'autres religions révélées, le christianisme s'est bâti sur des certitudes assez floues. Le message de Jésus était émancipateur mais vague. D'innombrables questions se posent sur des points qui nous paraissent essentiels et qui n'avaient jamais été tranchés jusque-là. Qui est vraiment Jésus et quelle est sa nature ? Est-il plutôt dieu ? Est-il plutôt homme ? Qui était Marie, sa mère ? Qu'est-ce que la Trinité ? Sur fond de rivalités très temporelles, des querelles éclatent entre théologiens ou dignitaires épiscopaux. Chaque fois, le même processus se met en place. L'empereur, qui contrôle de près tout ce qui touche à la foi, convoque tous les évêques qui peuvent venir dans un concile, chargé, à la majorité des votes, de définir le dogme juste, l'orthodoxie, et de rejeter la position fausse, qui devient « hérétique ». Ainsi le premier concile, qui se tient à Nicée[1], condamne-t-il Arius, un prêtre d'Alexandrie, qui soutenait que Jésus était une sorte de superprophète, mais qu'il ne pouvait être

1. Nicée est une petite ville aujourd'hui en Turquie, située non loin de la mer de Marmara.

de nature divine. Le plus souvent, le groupe minoritaire décrété hérétique par le concile fonde une Église dissidente. Bon nombre de celles qui existent toujours au Moyen-Orient en sont issues[1].

De même que Rome est devenue chrétienne, le christianisme se romanise. Dès ses débuts, il s'est répandu dans le creuset qu'offrait l'empire, c'est-à-dire tout autour de la Méditerranée. Partout, il a du mal à s'implanter dans les campagnes, qui restent longtemps fidèles aux anciens cultes. Le vocabulaire l'atteste : le mot « païen » dérive du latin *paganus*, le paysan. Les villes se christianisent plus vite. En Occident, Lyon, capitale des Gaules, est un grand centre chrétien, comme Carthage, en Afrique du Nord, ou Hippone, aujourd'hui Annaba (Algérie), dont le grand théologien saint Augustin (354-430) fut l'évêque. Toutefois, le premier centre de gravité de la nouvelle religion est clairement oriental comme à partir du IVe siècle l'est l'empire, désormais dirigé depuis Constantinople, la nouvelle capitale choisie par Constantin.

L'Égypte est un des grands terreaux du premier christianisme. Saint Antoine le Grand qui, en se retirant dans le désert pour prier seul, a inventé le

1. L'Église nestorienne, condamnée par le concile d'Éphèse (431) est fondée par les partisans de l'évêque Nestorius, qui prônait que le Christ avait une double nature, l'une humaine, l'autre divine. Les Églises *monophysites* – comme celle des coptes d'Égypte, par exemple –, condamnées par le concile de Chalcédoine (451), sont créées par les théologiens qui affirmaient que la seule nature du Christ était divine.

monachisme, l'état de moine, est égyptien. La plupart des grands conciles qui ont en charge de fixer le dogme ont lieu en Asie Mineure. Les Occidentaux y sont minoritaires. La structure de l'Église tout entière s'en ressent. En principe, depuis sa création, elle repose sur le seul pouvoir des évêques. Se vivant comme les successeurs des apôtres, ils sont maîtres après Dieu dans leur diocèse. Toutefois, en raison de l'importance historique ou stratégique de leur siège, on accorde à certains de ces évêques le titre de « patriarche ». Il a été décidé qu'il y en aurait cinq, correspondant aux cinq villes les plus importantes du christianisme de cette époque : Constantinople, où demeure l'empereur ; Antioche, où se retrouvèrent les premiers chrétiens ; Jérusalem, où mourut Jésus ; Alexandrie, la métropole culturelle, et Rome, où mourut saint Pierre. De nombreux catholiques pensent aujourd'hui que Rome a toujours eu un rôle central dans l'histoire du christianisme. C'est inexact. Certains théologiens occidentaux, comme saint Augustin, ont plaidé pour sa prééminence mais la plupart des Orientaux ne sont pas de cet avis. Il faudra des circonstances historiques particulières sur lesquelles nous reviendrons pour que Rome, des siècles plus tard, prenne la place qui est la sienne depuis[1].

---

1. Voir chapitre 10.

5 Empire romain d'Occident, Empire romain d'Orient

L'empire est grand, trop pour un seul homme. À la fin du IIIe siècle, Dioclétien décide de partager la tâche en quatre. Il fait administrer l'empire par deux Augustes, secondés par deux Césars. Un siècle plus tard, en 395, Théodose, l'homme qui a rendu le christianisme obligatoire, rend la coupure définitive. Il ordonne qu'après sa mort, l'empire soit divisé en deux parts égales par une ligne droite, passant donc, du nord au sud, au milieu des Balkans et de l'actuelle Libye. Désormais, il existe un Empire romain d'Orient. Constantinople est sa capitale, et, en général, on y parle grec. Et un Empire romain d'Occident, qui parle latin. Sa capitale devrait être Rome, qui reste une ville essentielle. Pour des raisons de commodité militaire, elle a été déplacée à Milan. Au début de ce Ve siècle, les deux empires font face à un même péril.

Les grandes invasions

Les barbares ne sont pas une nouveauté pour les Romains. Depuis toujours, ils commercent, échangent avec ceux qui vivent derrière le *limes*, la frontière. Parfois, ceux-ci brisent ce *statu quo* pacifique. Au IIIe siècle, au moment de la grave crise politique et financière qui a failli faire chuter l'empire entre les années 230 et 260, des peuplades entières entrent sur le territoire romain pour le ravager. Mais Rome se ressaisit et les barbares sont domptés. Parfois, pour qu'ils se tiennent calmes, on leur donne même des terres dans l'empire qu'ils doivent faire fructifier. Souvent on leur offre une carrière : de très nombreux barbares servent dans l'armée.

À la fin du IVe siècle, un terrifiant raz-de-marée venu de l'est rompt cet équilibre. Les Huns, cavaliers d'Asie, déferlent, conquièrent, pillent et tuent. Bousculés par ce choc, les divers peuples, majoritairement germaniques, qui vivaient aux limites de l'Empire romain, obligés de fuir, se ruent vers l'ouest. C'est la cause première de ce que l'on a appelé les « invasions barbares » et que les historiens préfèrent désormais nommer les « migrations germaniques ».

L'empire d'Orient est le premier à subir le choc. À la fin du IVe siècle, pour les protéger des assaillants venus d'Asie, les Romains acceptent de faire entrer les Goths dans l'empire et leur donnent une terre en Thrace[1]. Mais les réfugiés en viennent à mordre la main qui les a aidés. Ils prennent les armes contre les Romains et réussissent, lors de la bataille d'Andrinople, en 378, à tuer l'empereur de Constantinople. Le traumatisme est terrible. Mais l'empire d'Orient arrive à se relever.

Soumis aux mêmes tensions, l'Occident court vers sa fin. Le dernier jour de l'an 406, subissant la même poussée hunnique, des tribus entières franchissent le Rhin gelé. En 410, les Goths font le sac de Rome. Bientôt, chaque peuple réussit à se tailler

1. Le territoire de la Dacie.

des royaumes dans les dépouilles d'un empire qui s'effondre. Les Francs s'installent là où est la Belgique. Les Wisigoths fondent un royaume à Toulouse et de là l'étendent en Espagne d'où les Vandales sont partis pour prendre possession de Carthage et s'approprier la riche province d'Afrique, privant ainsi l'empire déjà affaibli de son grenier à blé.

Au milieu du siècle, les Huns ont un nouveau roi, Attila. Il s'est installé vers la Hongrie d'aujourd'hui. Il est encore plus puissant, plus cruel, plus invincible que ses pères et mène des campagnes qui sèment la désolation. Un général romain basé en Gaule, Aetius, réussit à rassembler une immense armée formée à la fois de Romains et de barbares pour tenter de le bloquer. En 451, au lieu-dit des champs Catalauniques, près de Troyes (France actuelle), ses milliers d'hommes affrontent les troupes du Hun, formées elles aussi d'une impressionnante coalition de peuples. Aetius l'emporte, forçant Attila à faire marche arrière. Sa victoire est une des dernières remportées par un Romain. Ailleurs, en Occident, la situation est désespérée.

Rome, ou plutôt Ravenne, devenue capitale après Milan, est entre les mains de grands chefs germains. En 476, l'un d'entre eux, Odoacre, dépose Romulus Augustule, un gamin qui venait d'être nommé empereur. Un millénaire après la fondation de Rome, l'empire romain d'Occident n'est plus.

La chute de la *pars occidentalis* ne sonne nullement la fin de l'histoire. L'Orient a encore de belles heures à vivre. Quand il a déposé Romulus, Odoacre n'a d'ailleurs aucunement voulu en finir avec un empire que, comme tous les barbares, il admirait. Il s'est contenté de débarrasser le trône d'un adolescent qui lui paraissait incapable d'y siéger et il a pris soin d'envoyer les insignes impériaux à Constantinople. Là-bas, se poursuit le monde romain. Certains des empereurs qui y règnent ne désespèrent pas de lui rendre son entière splendeur. Le plus important d'entre eux est Justinien (règne : 527-565). Avec ses brillants généraux Bélisaire et Narsès, il rêve de restaurer l'unité d'hier. Il arrive à reprendre l'Italie, la côte d'Afrique, le sud de l'Espagne. Ces conquêtes ne lui survivent pas longtemps. Mais son influence sur l'empire d'Orient sera durable. Il fait rédiger de solides codes de lois. Il fait édifier la basilique Sainte-Sophie, qui est alors la plus haute église du monde et dont le dôme est une prouesse architecturale. Comme Constantinople a été bâtie sur le site de Byzance, les historiens, bien plus tard, prendront l'habitude d'appeler « Empire byzantin » cet empire qui, pour ses sujets, continuera d'être, pendant les 1 000 ans qui lui restent, l'Empire romain.

Le monde au temps d'Haroun al-Rachid

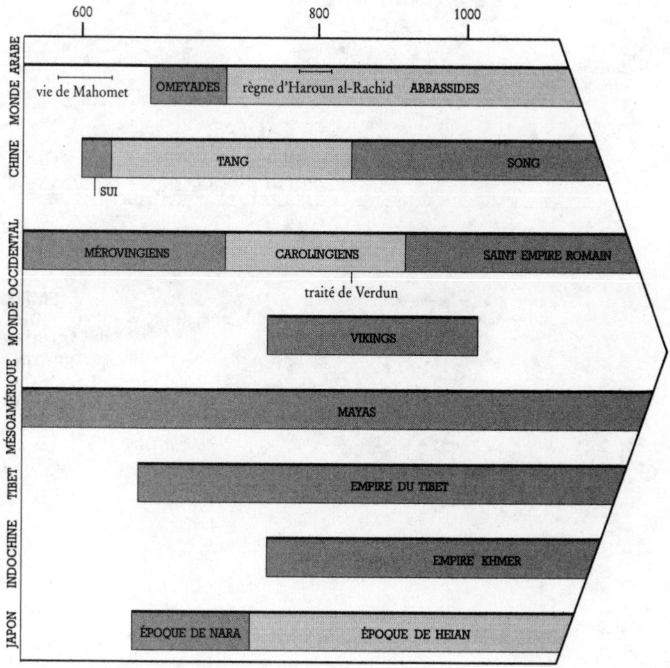

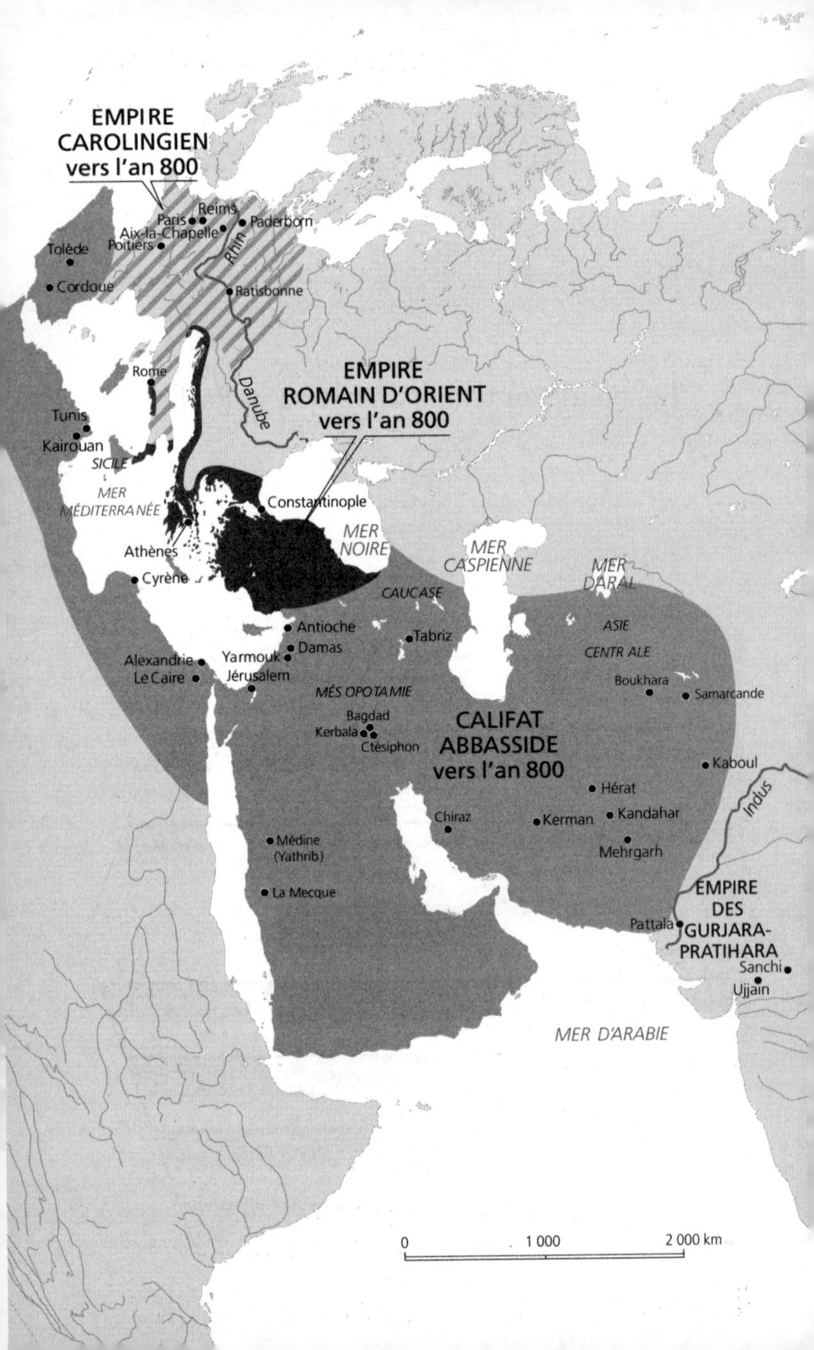
EMPIRE
CAROLINGIEN
vers l'an 800
Reims
Paris
Paderborn
Aix-la-Chapelle
Poitiers
Rhin
Tolède
Cordoue
Ratisbonne
Rome
Danube
EMPIRE
ROMAIN D'ORIENT
vers l'an 800
Tunis
Kairouan
SICILE
MER
MÉDITERRANÉE
Constantinople
MER
NOIRE
MER
CASPIENNE
MER
D'ARAL
Athènes
Cyrène
CAUCASE
Antioche
Tabriz
ASIE
CENTRALE
Damas
Yarmouk
Alexandrie
Le Caire
Jérusalem
MÉSOPOTAMIE
Boukhara
Samarcande
Bagdad
Kerbala
Ctésiphon
CALIFAT
ABBASSIDE
vers l'an 800
Kaboul
Hérat
Indus
Chiraz
Kerman
Kandahar
Médine
(Yathrib)
Mehrgarh
La Mecque
EMPIRE
DES
GURJARA-
PRATIHARA
Pattala
Sanchi
Ujjain
MER D'ARABIE
0
1 000
2 000 km

Le monde au temps d'Haroun al-Rachid

Vers l'an 800, deux empires dominent le Vieux Monde. Celui formé par les Arabes est le plus récent. S'étendant de l'Atlantique aux portes de l'Inde, il est dirigé depuis la ville nouvelle de Bagdad par les fastueux califes abbassides.

Dans leur capitale de Changan, les empereurs Tang gouvernent la Chine. Forte de toutes les grandes inventions qui y ont vu le jour, elle est la première puissance technologique mondiale.

Tout à l'ouest du continent eurasiatique, enfin, Charlemagne forme une troisième entité. Couronné par le pape, il restaure l'Empire romain d'Occident et donne naissance à l'Europe.

8

Naissance de l'islam, l'âge d'or arabe

VIIe – XIe siècle

Prêché par le prophète Mahomet, l'islam sort des sables du désert au début du VIIe siècle. Un peu plus d'un siècle plus tard, les Arabes ont réussi à conquérir un empire qui va de l'Atlantique aux frontières de l'Inde, et Bagdad, la nouvelle capitale construite par les califes, est le centre d'un extraordinaire renouveau de la philosophie, des arts et des sciences. L'islam est alors, selon la belle expression de l'orientaliste français Maurice Lombard, dans sa « première grandeur ».

Naissance de l'islam

Qui, au VIe siècle, aurait pu deviner d'où allait venir une telle révolution ? Le grand désert d'Arabie est alors, comme il le fut depuis la nuit des temps, très à l'écart des mouvements de l'histoire. La seule ville un peu importante de la région est La Mecque. Elle vit du trafic des caravanes chamelières qui y font étape en remontant le long de la mer Rouge, chargées des épices ou des parfums venant d'Inde, d'Afrique ou de l'« Arabie heureuse », le Yémen, la seule zone un peu arrosée de la péninsule. Elle est aussi célèbre pour sa source Zamzam et la Pierre noire tombée du ciel qui, toutes deux, attirent de nombreux pèlerinages polythéistes. En 570, y naît *Mohammed*. Ce prénom signifie « le Loué ». Depuis le Moyen Âge, on le traduit en français par *Mahomet*. Très tôt orphelin de père et de mère, il est recueilli par son oncle qui lui apprend son métier de caravanier. Il entre au service d'une autre marchande, Khadija, une riche veuve dont il gère les affaires et qu'il finit par épouser. C'est ainsi qu'à dos de chameau, pendant près de vingt ans, Mahomet sillonne tout le Proche-Orient. À travers les rencontres, il se frotte aux deux grandes religions qui y sont implantées depuis des siècles : le judaïsme, dont de nombreuses tribus bédouines sont adeptes, et le christianisme, présent dans les villes et dans les monastères.

En 610 se produit l'événement qui change le cours de sa vie. Selon la tradition, alors qu'il est assis dans une grotte non loin de La Mecque où il aime à se reposer, lui apparaît l'ange Gabriel lui annonçant que Dieu l'a choisi pour porter aux hommes son message. Mahomet refuse d'abord cette charge qu'il juge écrasante, puis se soumet. Commence la succession des révélations. Elles durent vingt ans. À chaque fois, l'homme les transmet à ceux qui l'entourent, sa femme Khadija, puis ses premiers compagnons, qui les notent comme ils le peuvent. Les premières sont d'un ordre général. Ils insistent sur l'unicité de Dieu, annoncent la prochaine fin des temps. Ils portent aussi un clair message social, insistant sur la nécessité de protéger les humbles contre les puissants, d'aider les pauvres.

Les notables de La Mecque, qui vivent du polythéisme, finissent par s'émouvoir de ces conceptions nouvelles propres à ruiner leur commerce et leur crédit. Après la mort de sa femme et de son oncle, qui protégeaient Mahomet, la situation de celui que ses compagnons appellent le « Prophète » est intenable. Toujours selon la tradition religieuse, qui est l'une des seules sources dont on dispose pour établir ce récit, des envoyés d'une oasis, ayant entendu parler de sa sagesse, viennent lui proposer de s'installer chez eux pour y faire la paix entre les tribus qui ne cessent de s'y quereller.

En 622, Mahomet fuit sa ville pour s'y rendre. L'oasis, située à quelques centaines de kilomètres de La Mecque, se nomme Yathrib. À cause de l'importance de celui qui s'y installe, on ne l'appelle plus que *Madinat an-Nabi*, la ville du Prophète, Médine. L'année où il s'y installe est également essentielle. Elle marque l'hégire – un mot d'origine arabe signifiant l'exil, la fuite –, qui est le point de départ du calendrier islamique car le rôle de Mahomet change. Jusque-là, il était un prophète. À Médine, il est à la tête d'un petit État qui rassemble l'Oumma, la communauté des croyants appelée à s'étendre à tous les hommes jusqu'à devenir universelle. Les messages de Dieu changent de nature. Les révélations mecquoises étaient générales, celles dites

« médinoises » semblent adaptées à un homme qui a charge d'âmes, et paraissent plus précises, touchent aux normes de la vie quotidienne, au mariage, à l'héritage, à la façon dont il faut prier, etc. L'autre grande préoccupation du moment est de nourrir la population. Les gens de Yathrib ont recours à l'antique tradition bédouine de la *razzia*, du pillage des caravanes passant à leur portée. Les plus nombreuses sont celles des Mecquois, avec qui une lutte s'engage. Ce contexte explique pourquoi la guerre est si présente dans le Coran. Après de nombreuses batailles, les troupes du Prophète la remportent. En 630, Mahomet peut entrer en vainqueur dans La Mecque et y détruire les « idoles », symbole des cultes anciens. Il ne conserve que la Pierre noire, sertie dans la Kaaba, la construction qui l'entoure, et instaure l'adoration du dieu unique. Deux ans plus tard, il meurt à Médine, dans les bras d'Aïcha, son épouse préférée, en laissant au monde une nouvelle religion, l'islam.

La foi nouvelle repose sur cinq piliers : la *chahada*, la profession de foi disant « il n'y a de dieu que dieu et Mahomet est son Prophète » ; les cinq prières quotidiennes ; l'obligation de faire l'aumône aux pauvres ; le jeûne annuel du ramadan ; et, pour ceux qui peuvent le faire, le pèlerinage à La Mecque. La doctrine est fondée sur les messages censément reçus de Dieu. Ils ont été transcrits de façon désordonnée par les compagnons du Prophète. Une dizaine d'années après sa mort, son successeur, le calife Othman, ordonne que tous ceux qui sont en circulation soient collectés. Rassemblés en chapitres qu'on appelle des sourates, ils forment le Coran. Étant donné l'importance de la personne du Prophète, tous ses faits et dires, appelés les « hadiths », seront plus tard consignés, et ils sont également dignes de foi.

Ainsi formé, l'islam est une religion nouvelle. Le dieu qu'elle célèbre est ancien. C'est le dieu qu'a rencontré le Prophète dans ses allées et venues au Proche-Orient, le dieu des juifs et des chrétiens, celui qui a été révélé à Abraham, le premier des Prophètes[1]. Bon nombre de personnages célébrés dans le Coran sont ceux de l'Ancien Testament, comme Moïse, nommé Moussa, ou ceux du Nouveau, Marie, nommée Myriam ; Jésus, Isa ; ou le très révéré saint Jean-Baptiste, Yahia. La plupart des normes musulmanes, comme l'interdiction de manger du porc, viennent du judaïsme. Les musulmans revendiquent cette filiation. Pour eux, les Juifs, puis les chrétiens ont bien reçu la parole de Dieu. Le problème vient du fait qu'ils ne l'ont pas comprise et l'ont déformée. Mahomet a eu pour vocation de rectifier ces erreurs et, de leur point de vue, l'a fait de façon définitive. Il n'y aura plus de révélations après lui. Il est le « sceau des prophètes ».

★
★★

1. Pour cette raison, les spécialistes appellent « religions abrahamiques » les trois religions juive, chrétienne et musulmane.

Les conquêtes arabes

Le Prophète a donné au monde une religion nouvelle, il a aussi insufflé à son peuple une énergie propre à le dominer. Du temps même où Mahomet faisait la guerre aux Mecquois, ses guerriers ont entamé la conquête de la péninsule Arabique. L'expansion arabe se poursuit après sa mort, dans une des plus incroyables épopées que l'humanité ait connues.

Quelques dates aident à en donner l'ampleur. Mahomet meurt à Médine en 632. Exactement un siècle plus tard, en 732, les armées formées d'Arabes et de Berbères recrutés en Afrique du Nord se heurtent à Poitiers aux armées franques de Charles Martel et atteignent leur limite nord[1]. Vingt et un ans auparavant, le guerrier berbère Tariq Ibn Zyad avait traversé le détroit qui a gardé son nom : le « rocher de Tariq », en arabe *jabel al-Tariq*, Gibraltar. Cela avait permis à ses troupes de vaincre les Wisigoths et de conquérir l'Espagne. En cette même année 711, un autre chef arabe s'installait dans le Sind, au bord de l'Indus, mettant l'islam aux portes de l'Inde. En 751 enfin, les soldats de Mahomet, quelque part en Asie centrale, affrontent l'armée de l'empereur de Chine. Estimant peut-être que le chemin commence à être long, ils s'arrêtent là.

Bien sûr, toutes ces conquêtes n'ont pas été faites d'une pièce. Il y eut des revers, de longues résistances menées ici et là contre les envahisseurs, des pages

1. Voir chapitre 10.

glorieuses et d'autres sanglantes et cruelles. N'empêche, en un peu plus d'un siècle, des Bédouins sortis des sables auront réussi à établir un des plus grands empires du monde et à vaincre deux mastodontes qu'on croyait invincibles. Au nord-ouest de l'Arabie et au nord-est se dressaient deux des plus grandes puissances de l'époque, l'Empire byzantin et l'Empire perse[1].

Les Byzantins sont battus à Yarmouk (aujourd'hui en Syrie) en 636. Ils refluent derrière la chaîne du Taurus, qui marque le début de l'Asie Mineure, et ne réussissent que par miracle à sauver leur capitale de Constantinople, assiégée deux fois par les Arabes. Toutes les riches provinces orientales et africaines de Syrie, de Palestine, d'Égypte, qui étaient romaines depuis six siècles, ont basculé dans un autre monde.

Le vieil ennemi perse succombe corps et âme. En 637, la capitale de Ctésiphon tombe et ses palais sont brûlés. En 651, après des années d'errance, le dernier empereur sassanide, le dernier Roi des rois est tué au bord d'une rivière par un simple meunier. Fin d'un empire millénaire.

Comment expliquer de telles victoires ? Les croyants ont à la question une réponse qui a le mérite de la simplicité : c'est le « miracle du Coran ». Les historiens proposent des arguments plus terre à terre. La rapidité logistique des Arabes, qui progressent sur leurs petits chevaux et font porter l'intendance par les infatigables chameaux, joue son

1. Voir chapitre 4.

rôle. La faiblesse de leurs adversaires aussi. On se souvient que, durant toute la fin du VIe siècle, Perses et Byzantins n'avaient cessé de s'affronter. Les armées des deux grands empires étaient à bout. Les populations plus encore. Lassées, exsangues, elles se livrent aux nouveaux maîtres avec d'autant plus de facilité que ceux-ci ne sont pas si exigeants. Ils demandent aux vaincus de se soumettre, mais pas de se convertir. C'est un point essentiel. Les Arabes apportent l'islam, mais ne l'imposent pas. À tous les Gens du Livre qu'ils vainquent, c'est-à-dire les Juifs, les chrétiens et, par extension, les zoroastriens qu'ils trouvent vers le monde perse, ils proposent le statut de *dhimmi*, de « protégé », qui permet de pratiquer librement sa propre religion, à condition de reconnaître la supériorité symbolique de l'islam et de payer un impôt.

Les Arabes viennent de créer un empire qui court des Pyrénées à l'Asie centrale. Mais son arabisation, c'est-à-dire son basculement linguistique, sera lente et très imparfaite – le Proche-Orient et l'Afrique du Nord se mettent lentement à l'arabe. Le monde perse, jusqu'aujourd'hui, continue à parler le persan. Son islamisation, c'est-à-dire son basculement religieux, est très progressive. Un siècle après la conquête, écrit Albert Hourani, 90 % de la population avait gardé son ancienne foi[1]. Partout, cette rencontre entre tant de flux divers concourt à former une civilisation nouvelle.

---

1. Ce grand orientaliste britannique est l'auteur d'un livre devenu un classique : *Histoire des peuples arabes*, Seuil, 1993.

★
★ ★

Naissance des sunnites et des chiites

La fortune est toujours ambiguë. Alors même qu'ils réussissent aux extrémités du monde les plus éblouissantes conquêtes, les conquérants, à Médine et à La Mecque, se déchirent dans des guerres fratricides. Le message que Dieu a envoyé aux hommes par l'intermédiaire du Prophète est extrêmement précis dans d'innombrables domaines. Il est muet sur un point essentiel : qui devra diriger la communauté après la disparition de Mahomet ? Qui devra être calife, c'est-à-dire son successeur ? Dès le lendemain de sa mort, à Médine, deux camps se forment. Le premier estime qu'il faut suivre la tradition bédouine et désigner le plus sage parmi les compagnons du défunt. Le second pense qu'étant donné la personnalité de Mahomet, la charge de lui succéder ne peut revenir qu'à un homme de sa famille, de son sang. Le Prophète est mort sans laisser de fils après lui. Il a une fille, Fatima, mère de ses petits-enfants Hassan et Hussein, mariée à Ali, par ailleurs un de ses cousins. Pour ce deuxième camp, le seul apte à la succession est Ali.

Commence une histoire qui, quatorze siècles plus tard, n'est toujours pas terminée. Les épisodes en sont, dès le départ, mouvementés et violents. Les premiers califes sont des compagnons de Mahomet (Abou Bakr, 573-634 ; puis Omar, 581-644 ; puis

Othman, 576-656) mais le deuxième et le troisième meurent assassinés. Ali règne enfin, mais se retrouve face à des adversaires acharnés et doit plus d'une fois livrer bataille[1].

Il meurt assassiné lui aussi par un extrémiste de son propre camp. Le califat passe à Mouawiya (658), puissant gouverneur de Syrie, qui s'installe à Damas et réussit à calmer les choses, avant, vingt ans plus tard, de rallumer le feu mal éteint des passions. Sentant sa fin venir, il organise sa succession en la promettant à son fils. L'intention réveille la fureur d'un personnage central de ce drame. Hussein, fils d'Ali et petit-fils de Mahomet, est devenu adulte. Il estime que c'est à lui de diriger désormais la communauté, pas au fils d'un imposteur. Il prend la tête de la rébellion. Yazid, fils de Mouawiya, lui envoie son armée. Le 10 octobre 680, à Kerbala (aujourd'hui en Irak) les soldats du calife commettent l'irréparable. Ils assassinent Hussein et expédient sa tête à Damas. Un fleuve de sang infranchissable vient séparer les deux camps. Un parti, en arabe, se dit

---

1. Deux sont restées célèbres. La « bataille du chameau » est ainsi nommée parce qu'Aïcha, femme du Prophète et ennemie mortelle d'Ali, y assiste montée sur cet animal. En 657, la bataille de Siffin, sur les routes de l'Euphrate, entraîne un nouveau schisme. Redoutant de perdre, les troupes ennemies du calife ont l'idée d'éviter le combat en mettant des feuillets du Coran au bout de leurs lances. Face à ce geste, Ali accepte de baisser les armes pour se soumettre à un arbitrage. Une partie de ses troupes refuse ce qu'elle voit comme une trahison et se retire pour former une troisième famille, les kharijites, minorité la plus austère et intransigeante de l'islam.

shi'a. Ceux qui sont du parti d'Ali sont les chiites. La commémoration de la mort d'Hussein, célébrée par les flagellations des croyants qui se punissent de ne pas l'avoir protégé, est, aujourd'hui encore, leur plus grande fête.

Politique au départ, la querelle prend rapidement une forme religieuse. Pour les chiites, le Prophète est un homme exceptionnel, d'un ordre supérieur, c'est pourquoi seuls ceux de son sang peuvent lui succéder pour éclairer la révélation coranique en en dévoilant le sens caché. Ali a été le premier d'entre eux. Hussein le deuxième. Après lui est venu son fils, miraculeusement épargné à Kerbela, et ainsi de suite jusqu'au douzième imam Mohammed[1]. Surnommé « le Mahdi », il a disparu en 939, vit caché depuis – les chiites nomment ce phénomène la « grande occultation » – et reviendra à la fin des temps pour sauver les justes.

L'autre branche de l'islam, majoritaire dans le monde, rejette ces conceptions. Pour eux, un calife n'est nécessaire que pour faire l'unité de la communauté ; les savants, qu'on appelle des oulémas, ne sont là que pour éclairer la doctrine ; et les imams sont simplement les hommes qui guident la prière à la mosquée. Pour le reste, un croyant n'a, en matière de religion, qu'à se fonder sur le Coran et les faits et dits du Prophète, les hadiths. Ces deux piliers de la

1. C'est pourquoi on parle de « chiisme duodécimain ». Certaines branches du chiisme, comme les ismaéliens, s'arrêtent au sixième imam.

foi forment la *sunna*, la tradition. Leur courant est le sunnisme.

★
★ ★

L'âge d'or des Abbassides

Mouawiya s'était installé à Damas. C'est là que réside la dynastie qu'il a fondée, les Omeyades. Ils y ont vite oublié les mœurs farouches des Bédouins de Médine, pour adopter celles, raffinées et luxueuses, des palais byzantins qu'ils ont fait leur. Leur règne d'un peu moins d'un siècle (650-750) correspond à une grande phase de conquêtes. Mais ils ne savent pas se faire aimer. Les haines des premières guerres civiles contre les partisans d'Ali restent vivaces. Et parmi les peuples conquis, nombreux sont les convertis à l'islam – les *mawali* – qui s'offusquent d'être traités en citoyens de seconde zone par les maîtres arabes. Ce ressentiment est exploité habilement par une autre famille, descendant d'Abbas, un oncle du Prophète. En 749-750, ces Abbassides prennent la tête de la révolte contre les Omeyades et, après les avoir presque tous massacrés, deviennent califes. Damas ne leur convenant pas, ils cherchent une nouvelle capitale, plus à l'est, c'est-à-dire mieux centrée par rapport à leur vaste empire. C'est ainsi qu'ils font construire, dans la fertile Mésopotamie, arrosée par le Tigre et l'Euphrate, une nouvelle capitale, située non loin de l'antique Babylone et de Ctésiphon. Ils la nomment Bagdad. En quelques décennies, avec son plan circulaire, centrée sur le palais califal et les mosquées, elle devient une des plus brillantes villes du monde et le centre rayonnant de l'âge d'or arabe. Un chiffre en dit la puissance. Vers 800-900, alors que la plus grande ville d'Europe, Rome, compte au maximum 50 000 habitants, Bagdad atteint déjà le million. Dans tout l'empire, bien d'autres cités apparaissent, Kairouan (en 670), Chiraz, en Perse (684), Fès (809) et plus tard Le Caire, bâtie tout à côté de Fostat (ou Fustat), qui était le camp des troupes arrivées au moment de la conquête. D'autres villes renaissent et se développent, comme Cordoue, la rayonnante capitale d'al-Andalus, la province d'Espagne.

Cette civilisation est unifiée par une langue, l'arabe, et une foi nouvelle, l'islam. Elle puise aussi sa force dans sa capacité à intégrer les cultures qui l'ont précédée et à brasser les savoirs venus d'ailleurs. Pour régner, les califes se reposent sur l'administration mise en place par les Perses, sur le magnifique réseau de routes qu'ils ont laissé et leur extraordinaire système postal. Ce vaste ensemble pacifié qui court de l'Asie centrale à l'Atlantique favorise la circulation et l'apparition de biens, de produits, d'idées nouveaux. Le coton, la canne à sucre, les oranges ou les citrons venus d'Asie se répandent jusqu'à l'Espagne, où on les trouve toujours. D'Inde sont importés les chiffres que nous appelons arabes[1]. De Chine arrivent de grandes inventions, dont le papier, qui permet une meilleure diffusion des livres et de la connaissance.

1. Voir chapitre 6.

Et des Grecs revient tout un savoir. Après la fermeture de l'école d'Athènes par les empereurs de Byzance, hostiles à cette philosophie jugée païenne, les manuscrits des grands noms antiques ont été sauvés par des moines syriaques. Certains étaient déjà arrivés en Perse du temps des Sassanides. Quelques califes s'y intéressent de près.

Haroun al-Rachid (766-règne : 786-809) est devenu le plus célèbre des Abbassides grâce aux contes des *Mille et Une Nuits*, dont son double de fiction est le héros. Le plus grand est son fils al-Ma'mun (786-règne : 813-833), campant le type même du grand prince éclairé ami des lettres et des savants. La tradition rapporte qu'il était si féru de livres qu'il accepta d'arrêter la guerre contre son vieil ennemi byzantin en échange d'un manuscrit précieux qui manquait à sa collection. À la suite d'un rêve dans lequel Aristote lui est apparu, il ouvre sa bibliothèque de Bagdad à tous les poètes et savants de son temps, qu'ils soient musulmans, juifs, chrétiens ou zoroastriens, et en fait un important centre de traduction et d'études. Le lieu porte le nom de « maison de la sagesse ».

Croissant sur ce terreau fertile, la littérature et les sciences arabes sont au plus haut. Citons trois de leurs éminents représentants. Abu Nuwas (v. 762-813), ami du prince Amin, l'autre fils d'Haroun al-Rachid, est célèbre pour ses frasques, son goût du vin et des éphèbes. Le raffinement de sa langue, la délicatesse de ses vers en font aussi le plus grand des poètes arabes. Al-Khwarizmi (né dans la province du Khwarezm en 780, mort à Bagdad en 850) est le père de l'algèbre. Son nom a donné le mot « algorithme ».

Ibn Sina, que l'Occident nomme Avicenne (né en 980, à côté de Boukhara, mort à Hamadan, en Iran, en 1037) est un génie universel, capable de disséquer Aristote et d'écrire des traités d'astronomie ou de médecine dont on se servira durant des siècles.

L'éclatement du califat

L'empire arabe, bien trop vaste, est impossible à tenir sous une seule couronne. Il éclate vite. Quand ils ont pris le pouvoir, les Abbassides ont fait mettre à mort tous les Omeyades. L'un d'entre eux a survécu par miracle, et est allé s'installer en Espagne, où il est devenu émir, c'est-à-dire gouverneur, de cette riche province. Elle est si éloignée que la tutelle de Bagdad n'y est que symbolique. Au début du Xe siècle, un Omeyade rompt définitivement avec la capitale en se proclamant calife d'un « califat de Cordoue » désormais indépendant. De même apparaît en Afrique du Nord une famille chiite se disant descendante de Fatima, fille de Mahomet. Après avoir proclamé leur califat en Tunisie (909), ces Fatimides conquièrent l'Égypte, où ils règnent deux siècles (969-1171). En Iran, en Asie centrale, d'autres gouverneurs réussissent à rendre leurs émirats quasiment indépendants. À Bagdad, les califes deviennent des marionnettes aux mains de leurs vizirs, d'origine perse et de tendance chiite, mais ceux-ci sont chassés par de nouveaux venus. Originaires d'Asie centrale, les Turcs sont entrés aux services des califes comme mercenaires. Ils s'installent peu à peu dans tout le Moyen-Orient, et y deviennent si puissants que l'un d'entre eux, chef de la tribu des Seldjoukides, réussit à obtenir le titre de sultan (1055) qui lui donne tous les pouvoirs sur l'empire, sauf le pouvoir religieux. Le califat n'est plus qu'une coquille vide. L'immense civilisation qu'il a créée continue de briller, et l'islam de s'étendre, en Asie, en Afrique. Nous en reparlerons.

9

La Chine des grandes inventions

À l'époque Tang-Song

Tous les Chinois apprennent à l'école à célébrer le nom de Taizong, deuxième empereur Tang, dont le long règne (627-649) évoque une époque de grande prospérité. Découvrons sa dynastie et celle des Song, qui vient ensuite.

Longtemps uni, l'empire se divise. Divisé, il se réunit. Durant les dix premiers siècles de notre ère, le fameux ressort de l'histoire chinoise fonctionne à plein[1]. Après la chute des Han (220) suivent trois siècles et demi de divisions infinies. À la période des « Trois Royaumes » (220-280) succède bientôt celle des « Seize Royaumes des Cinq Barbares » (304-439), qui font place à la grande coupure géographique entre les dynasties du Nord et du Sud (420-589). Comme cela s'est passé déjà, et comme cela se passera encore, on voit se lever dans une province un preux guerrier qui réussit à rassembler cet ensemble disparate pour l'unir à nouveau.

1. Voir chapitre 5.

Ainsi apparaît la dynastie Sui, qui dure peu (581-617), mais ouvre la voie à la dynastie Tang (618-907). Celle-ci représente un moment très fort de l'histoire chinoise. On a parlé de la popularité de l'empereur Taizong, éternel héros des manuels d'histoire. On peut y associer le nom de Wu Zetian (624-705) : cette concubine aussi belle que douée pour l'intrigue, entrée au service de Taizong, réussit à séduire son fils quand il monte sur le trône. À sa mort, elle devient impératrice elle-même et règne dans la plénitude de la fonction. La Chine connaîtra d'autres femmes de pouvoir. Wu Zetian est la seule qui porte, comme les hommes, et comme le premier empereur, le titre de Huangdi – l'Auguste[1]. Avec ça, tous nos petits élèves ont forcément eu à réciter quelques vers de Li Bai (701-762) qui est, avec Du Fu (712-770), un des plus grands poètes chinois. Les deux appartiennent à l'époque Tang. Au bout de trois cents ans de cette dynastie, nouveaux renversements de pouvoir, nouvelles divisions, nouvelle période de troubles et de guerres : celle-ci s'intitule les « Cinq Dynasties et les Dix Royaumes ». Puis, après un demi-siècle de chaos et d'incertitude, nouveau rétablissement de l'unité grâce à une nouvelle famille, les Song (960-1279).

Oublions la succession d'événements qui ont lieu alors, oublions les interminables listes d'empereurs dont les noms ne diraient pas grand-chose aux lecteurs occidentaux, les rébellions à mater, les guerres que l'on mène pour agrandir le territoire ou se

1. Voir chapitre 5.

défendre face à d'impudents barbares. Ne gardons qu'une idée. L'époque Tang, à laquelle on peut, à bien des égards, adjoindre l'époque Song, représente un des âges d'or de la Chine. À ce moment de son histoire, elle est sans conteste le pays le plus puissant du monde, celui qui écrase tous les autres dans tous les domaines. Première puissance commerciale ; première puissance économique ; et première puissance technologique, grâce à de multiples inventions que le reste du monde mettra du temps à copier ou à acquérir. Cherchons donc à comprendre comment tout cela fonctionne.

La vie dans la Chine des mandarins

Si la Chine domine, c'est d'abord grâce au poids de sa population. La démographie fournit toujours un indice précieux de la prospérité d'un pays. Au début de l'ère Tang, l'empire compte 60 millions de sujets[1]. Au début des Song, 100. À la fin, 120. C'est dire si l'essor est spectaculaire. L'agriculture est florissante. On voit apparaître aussi d'immenses ateliers qui préfigurent, avec des siècles d'avance, les usines métallurgiques de la révolution industrielle. En 1078, note le sinologue Fairbank, les hauts-fourneaux chinois produisent « deux fois plus d'acier que n'en produira l'Angleterre sept cents ans plus tard ». Grâce à son contrôle de la route de la Soie, la

1. Nous citons les chiffres que nous donne le sinologue américain John Fairbank, *Histoire de la Chine*, *op. cit.*

Chine peut exporter ses biens de luxe, la soie, donc, mais aussi ses céramiques[1]. Éternel avantage de ce vaste État, son économie est également soutenue par la demande de son gigantesque marché intérieur. Il est aidé par un bon réseau de communication, dont la perle est le Grand Canal. Les premiers tronçons datent de l'Antiquité. Juste avant l'ère Tang, les Sui, à un coût humain exorbitant, l'ont étendu de Pékin à Hangzhou. Connecté à tous les grands fleuves, il relie le Nord au Sud et permet d'éviter les lenteurs de la route ou les attaques des pirates qui sévissent de façon endémique dans toute la mer de Chine. On y transporte tous les biens, et surtout les céréales qui servent à approvisionner les grandes villes, ou encore le thé. Le breuvage, connu depuis fort longtemps, devient alors une boisson populaire. La façon dont nous le buvons aujourd'hui en infusion n'apparaîtra qu'au XVe siècle, à l'époque Ming. Sous les Tang, on le consomme bouilli et sous les Song battu, c'est-à-dire réduit en poudre très fine, puis mélangé à l'eau bouillante et fouetté pour qu'il devienne mousseux.

La civilisation chinoise est urbaine. Parmi les nombreuses grandes villes que compte l'empire, la plus prestigieuse est Changan (actuelle Xian), ancienne capitale des Qin et des Han, où se réinstallent les Tang. Elle passe pour la plus grande ville du monde d'alors. Sauf sous le règne d'un empereur resté célèbre pour la dureté de sa persécution contre toutes les religions étrangères, et en parti-

---

1. Voir chapitre 5.

culier le bouddhisme, tous les cultes de l'empire sont célébrés dans leurs nombreux temples[1]. Placée tout au début de la route de la Soie, Changan attire les marchands venus d'Asie centrale et d'autres aussi, venus d'Asie du Sud-Est, avec qui le commerce est important. On peut y croiser des Arabes qui ont leurs mosquées. À Canton, où arrivent leurs bateaux, ils ont aussi leur quartier. Il y a des visiteurs venus d'Inde ; des Perses zoroastriens et des ambassadeurs de toutes provenances venus établir ou consolider leurs liens avec le plus puissant pays du monde. Une stèle retrouvée indique la présence de chrétiens nestoriens, probablement originaires de Perse, eux aussi. Les Japonais font souvent le voyage ; Kyoto, leur capitale impériale, est construite sur le modèle de Changan. Mais tous ceux qui y vivent, tant les étrangers que les habitants, artisans, marchands, petit peuple de la ville, sont soumis à l'étroit contrôle de l'administration et de la police. Contrairement à ce qui se passera bientôt en Europe, la grande ville chinoise n'est pas un lieu de plus grande liberté, elle n'est pas l'endroit où les gens des campagnes se réfugient pour échapper au seigneur. Elle est corsetée par la pesante tutelle des autorités qui, pour toutes choses, délivrent des permis ou font pleuvoir des interdictions. Qui, en

1. Tang Wuzong (règne : 814-846) prend en 845 un édit qui interdit le manichéisme, le zoroastrisme, le christianisme nestorien et fait détruire les temples bouddhistes et renvoyer les moines à la vie séculière. Ils connaissent un renouveau après sa mort.

Chine, durant ces temps, échappe au contrôle et à la tutelle des autorités ?

À l'époque Tang, l'empire se structure et adopte le mode de fonctionnement qui sera le sien pendant les siècles à venir. Il est pyramidal et centralisé. Dans la représentation collective qu'elle se fait d'elle-même, la Chine impériale se voit comme un grand corps dont l'empereur est la tête. Il règne dans son palais, dans sa capitale, entouré de sa cour, de ses harems, de ses eunuques. Chargés au départ de la garde des nombreuses femmes et concubines du souverain, ceux-ci commencent, à cette époque, à servir d'intermédiaires entre le palais et les solliciteurs de toute sorte. Cette position stratégique explique la place considérable qu'ils tiendront dans l'histoire impériale.

Un des devoirs de l'empereur est de faire régner la loi, pensée pour assurer la justice et la stabilité de l'empire. Pour qu'elle soit appliquée de façon identique partout, les Tang font publier un code. Amendé de siècle en siècle, il servira jusqu'à la fin de l'empire, au tout début du XXe siècle, et sera copié, comme tant d'autres innovations chinoises, en Corée et au Japon. Il prévoit un barème de châtiments qui, dans cette société très hiérarchisée, est soigneusement pondéré en fonction des relations sociales qui existent entre l'accusé et la victime. Un domestique qui frappe un maître verra sa peine alourdie, un maître qui a lésé un domestique verra la sienne allégée.

Pour asseoir son pouvoir, l'empereur dispose surtout du système administratif qui est, à cette époque, le plus performant du monde. Cette grande machine tourne grâce à l'impressionnante armée de lettrés qui en forment les rouages. Dans ce monde inspiré par la pensée de Confucius, la société est divisée en quatre classes. Celle des artisans, qui fabriquent, et celle des paysans, qui nourrissent, ont droit à une certaine considération étant donné les services rendus à la collectivité. La classe des commerçants, pourtant non moins essentielle au fonctionnement d'une collectivité humaine, n'a droit qu'au mépris. La classe des lettrés, ceux que l'Occident appellera les « mandarins », dont la vie est dévolue au service de l'État et de l'empereur, a droit à tous les prestiges[1]. Si riche que soit devenu un commerçant, il n'aura pour ambition que de réussir à faire d'un de ses fils un lettré. Cela n'est pas si simple. Il faut, pour y parvenir, réussir à franchir l'obstacle d'une des plus fascinantes des spécificités chinoises : les examens impériaux.

Les examens

Le principe remonte là encore à Confucius, qui a fait de l'érudit le seul sage à même d'aider le prince à assurer la justice dans le royaume. L'idée de les recruter par concours remonte aux Han, mais la généralisation du système apparaît sous les Tang. L'impératrice Wu Zetian passe pour y avoir joué un rôle essentiel. Dans le but probable de se débarrasser de l'influence des grandes familles qui contestaient

1. Le mot est venu dans les langues européennes par le portugais, qui l'a emprunté au sanscrit *mantrin*, « ministre ».

sa légitimité, elle poussa à cette méritocratie absolue. La pratique est incroyablement novatrice si on la compare avec ce qui se passe en Occident. À cette époque, et pour longtemps encore, les rois y choisissent ceux qui les servent par bon vouloir, surtout en fonction des intérêts claniques. En France, par exemple, le système des concours n'arrive qu'avec la Révolution française, qui entend faire primer le mérite sur la naissance. Un millénaire auparavant, l'empereur de Chine fait recruter tous ceux qui le servent, du plus petit des fonctionnaires au plus titré des ministres, sur concours.

À date fixe, à tous les échelons, celui de la commune, de la province ou encore du palais impérial, et pour tous les grades, ont lieu les fameux examens. Leur programme porte sur des domaines divers : la poésie, la capacité de gouverner et, bien sûr, les classiques confucéens[1], les livres de l'Antiquité, dont Confucius jugeait qu'ils devaient être la base de la culture d'un homme accompli. Le déroulement des examens suit un rituel minutieux et impressionnant. Fairbank, dans son *Histoire de la Chine*[2], nous raconte comment les candidats étaient minutieusement fouillés, puis enfermés dans des petites cases où ils demeuraient plusieurs jours, avant que leur travail ne soit récupéré, et soigneusement recopié par un tiers, pour être sûr de garantir l'anonymat, et donc l'impartialité du jury.

---

1. Voir chapitre 2.
2. John Fairbank, *Histoire de la Chine*, *op. cit.*

La puissante armée de fonctionnaires produite par cette sélection est classée ensuite selon une hiérarchie complexe, qui se distingue en fonction des habits portés, de la forme des manches, des coiffures. Elle quadrille l'empire de la capitale au plus petit village. Il s'agit de faire descendre jusqu'au peuple les volontés de l'empereur et de ses ministres, mais aussi de faire remonter jusqu'à eux les informations qui les renseigneront sur l'état du pays et du peuple. Tous les ans, chaque gouverneur doit ainsi envoyer au palais un rapport détaillé. Tout en haut de l'échelle sont les puissants mandarins de la cour, ceux qui ont l'immense privilège de servir l'empereur directement, de l'éclairer sur les décisions qu'il aura à prendre ou, nous explique l'historien Ivan Kamenarovic, de lui faire des remontrances sur celles qu'il est en train de prendre, si elles sont contraires aux traditions[1]. Certains lettrés ont même le pouvoir de censurer des décisions déjà prises. Ils l'exercent rarement.

Vertueux sur le papier, ce système, mis en pratique, s'avère plus problématique. Les examens de recrutement aux postes les plus prestigieux demandent une telle préparation qu'ils sont vite monopolisés par les familles les plus riches. Par ailleurs, en donnant un tel poids à ses lettrés, gardiens tatillons d'un ordre conservateur, le procédé dérive vers une sclérose bureaucratique et finit par encourager la corruption – un mal endémique chinois qui n'a d'ailleurs pas

1. Ivan Kamenarovic, *La Chine classique*, Les Belles Lettres, 1999.

cessé au XXIe siècle. Il n'empêche que le mandarinat durera jusqu'en 1905. Entre-temps, il aura fait l'admiration de l'Occident des Lumières. Pour Voltaire ou Diderot, un empire qui régnait grâce à des érudits recrutés sur le mérite touchait de près à leur idéal de monarchie éclairée.

★
★ ★

Les grandes inventions chinoises

L'autre grande spécificité de la Chine de cette époque est son énorme avance technologique. La plupart des grandes innovations, jusqu'au Moyen Âge, ont été chinoises. Chaque citoyen de ce pays connaît en particulier les « quatre grandes inventions » dites avoir changé le cours de l'humanité, car la Chine, dans sa fierté retrouvée de superpuissance, ne cesse de les célébrer de toutes les manières, dans les musées, dans les émissions de télé, jusque sur les timbres. Certaines sont très antérieures à l'époque Tang-Song, mais, étant alors encore inconnues dans le reste du monde, elles contribuent à donner à l'empire, sous ces deux dynasties, toute sa puissance.

Faisons la liste.

On a parlé déjà du papier[1], adopté par les Arabes, qui l'ont diffusé à l'Occident. Il a été mis au point en Chine dès le début de l'ère commune. On le pro-

1. Voir chapitre 5.

duit en faisant bouillir du chanvre avec des cendres de plantes, pour l'écraser ensuite, l'étaler et le faire sécher en minces feuilles dont on fera des livres, plus légers, plus commodes et moins chers que ceux qui existaient auparavant.

L'écrit bénéficie d'une autre révolution qui apparaît vers l'époque Sui-Tang : l'invention de l'imprimerie. Celle-ci n'a pas été inventée par Gutenberg, au XVe siècle, mais *réinventée* par lui. Dès le VIIe ou VIIIe siècle, les Chinois gravent des textes sur des planches qu'ils pressent pour en obtenir des reproductions sur papier. Ils utilisent aussi un système de tampons qui sert plus particulièrement à diffuser des saintes images bouddhistes, à un moment où cette religion se répand dans l'empire. Au début du XIe siècle, ils inventent le système des caractères mobiles, ces petites pièces qu'il suffit de déplacer pour produire un texte différent. Comme elle le prouvera en Europe, cette invention est parfaitement adaptée à une langue alphabétique, qui utilise une combinaison d'un nombre restreint de signes. Elle ne l'est pas à un système d'écriture reposant sur des milliers de caractères. C'est pourquoi elle servira peu en Chine.

Dès l'époque « Printemps et Automnes », nous affirme le livre des inventions chinoises, on s'aperçoit qu'une cuillère taillée dans une pierre aimantée placée en équilibre sur du bronze marque toujours le sud[1]. C'est la naissance de la *boussole*, qui se perfectionne et commence à être utilisée comme instrument

1. Deng Yinke, *Ancient Chinese Inventions*, China Intercontinental Press, 2005.

de navigation sur les bateaux à la fin de l'époque Tang ou au début de l'époque Song.

Obsédés par leur quête de l'immortalité, les savants taoïstes, experts en alchimie, deviennent les rois de toutes les poudres, de tous les mélanges. Ils ont mis au point une mixture de salpêtre, de soufre et de charbon de bois qu'ils utilisent pour guérir les maladies de peau. Par hasard, certains d'entre eux découvrent une propriété fâcheuse de ce mélange et mettent en garde les utilisateurs éventuels : quand on approche une flamme, il peut mettre le feu à toute la maison. Bien vite, cet effet indésirable devient l'effet recherché. Les alchimistes taoïstes ont mis au point la poudre à canon. Elle est utilisée pour les feux d'artifice, mais aussi, rapidement, dans un contexte guerrier : le bruit des explosions sert à effrayer les ennemis. On en met aussi dans des tubes qui, projetant le feu, deviennent des lance-flammes rudimentaires. Elle n'apparaît en Occident qu'au moment de la guerre de Cent Ans (XIVe-XVesiècle).

Et pourquoi ne garder que ces quatre inventions ? se demandent parfois les érudits de l'empire du Milieu. Il en est bien d'autres qui ne sont pas de moindre importance. Quatre siècles avant notre ère, est mis au point le harnais de trait, qui permet de labourer en fatiguant moins l'animal qu'avec la sangle de gorge qui l'étranglait. On a déjà parlé de la soie, dont le secret ne parvient à Constantinople qu'au VIe siècle. Grâce au kaolin, une argile d'un type particulier, les potiers font de la porcelaine, une céramique si fine et délicate qu'elle en est presque transparente. La recette n'arrive en Occident qu'au XVIIe siècle, après avoir été volée par un jésuite curieux. Les porcelaines de l'époque Tang, admirées des connaisseurs, sont de trois couleurs, le plus souvent le rouge, le vert et le blanc.

On peut ajouter à la liste les allumettes, le gouvernail axial, si important pour manœuvrer plus facilement les gros bateaux, ou encore la brouette, fort commode pour transporter des choses lourdes.

Citons enfin l'innovation qui révolutionne le commerce. À l'époque Tang, la monnaie tend à remplacer, dans les échanges, l'antique pratique du troc. L'or sert de réserve. Pour les transactions, on utilise des pièces en cuivre ou en bronze, des sapèques, carrées avec un trou au milieu. On y passait une corde pour les porter en collier. Les sapèques étaient de faible valeur, les colliers pesaient de plus en plus lourd, sans parler des risques de se faire voler sur les chemins, lors des longs voyages. C'est ainsi que s'ouvrirent dans les grandes villes d'où partaient les marchands des bureaux spécialisés à qui on donnait tout ce lourd argent contre un billet de change, que l'on présentait dans un bureau correspondant de la ville d'arrivée pour récupérer sa mise. Le procédé portait le nom de *feiqian*, l'argent qui vole. Grâce aux commissions perçues en échange du service, il était très lucratif. D'où l'idée de l'État de contrôler ce service, puis de s'en charger. Il avait inventé le papier-monnaie.

10

Charlemagne et la formation de l'Europe

Le soir de Noël de l'an 800, à Rome, le prenant quasiment par surprise, le pape pose sur la tête de Charlemagne, roi des Francs et des Lombards, agenouillé devant lui, la couronne d'empereur romain. Elle n'a plus été portée de ce côté-ci de l'ancien monde romain depuis l'an 476. En un geste, le chef barbare, le descendant des envahisseurs germaniques, est devenu l'égal des Augustes et des Césars. En un geste, le pape vient de faire renaître l'heureux temps de l'empire d'Occident. Aux yeux du pontife, comme à ceux de ses contemporains, ce couronnement marque une résurrection. Avec notre regard rétrospectif, nous pouvons le voir plutôt comme le baptême d'un monde nouveau. L'histoire de l'Europe vient de commencer.

Renaissance de l'empire d'Occident

Pour prendre toute la mesure de la scène et comprendre comment elle est advenue, il nous faut d'abord accepter de faire un bond en arrière d'un peu plus de trois siècles pour reprendre le fil des temps là où nous l'avions laissé[1]. Vers la fin du Ve siècle, au moment où s'effondre l'Empire romain d'Occident, quand les peuples barbares venus d'outre-Rhin se partagent ses dépouilles pour fonder de nouveaux royaumes. Les Ostrogoths s'installent au nord de l'Italie ; les Wisigoths, du sud de la Gaule à l'Espagne ; les Vandales, en Afrique du Nord. On peut, à cette liste, ajouter les Burgondes, qui se taillent un territoire courant des Alpes à l'actuelle Bourgogne (qui leur doit son nom). Et mentionner, au passage, le grand télescopage qui chamboule jusqu'à notre géographie. Partis de la vallée de l'Elbe, les Angles et les Saxons envahissent la grande île que les romains nommaient Bretagne. Elle prend désormais le nom de « pays des Angles », l'Angleterre. Les Bretons, le peuple celte qui y vivait, sont chassés et contraints de se réfugier dans d'autres terres restées celtes, le pays de Galles, les Cornouailles ou, enfin, l'Armorique, cette grande presqu'île située de l'autre côté de la Manche. C'est la raison pour laquelle celle-ci devient alors la Bretagne.

★
★★

1. Voir chapitre 7.

Le règne des Francs

À la toute fin du Vᵉ siècle, parmi tous ces peuples, les Francs se taillent la part du lion. Leur roi Clovis (481-511) est un guerrier redoutable. Depuis son berceau situé autour de Tournai (dans l'actuelle Belgique), il réussit à ravir la dernière partie de la Gaule, qui était encore contrôlée par un général romain ; puis à battre les Alamans, qui dominaient sur le Rhin ; ensuite à refouler les Wisigoths au-delà des Pyrénées. En deux décennies, il se constitue le plus vaste des royaumes d'Occident. Pour y asseoir son pouvoir, il dispose d'un avantage paradoxal. Parmi tous les barbares, il était le seul à ne pas être chrétien au départ, ce qui lui permit de le devenir dans l'orthodoxie. Nombre de chefs germains, en effet, ostrogoths, wisigoths, vandales, avaient été évangélisés dès le IVᵉ siècle. Mais ils l'avaient été par un évêque d'une tendance condamnée par les conciles. Ils étaient ariens[1], donc considérés comme hérétiques et rejetés par le clergé et les populations sur lesquels ils entendaient régner. Quand, sur le conseil de sa femme Clotilde, Clovis se fait baptiser par l'évêque Remi, à Reims, vers 496, il l'est dans la ligne, pourrait-on écrire. Il peut donc s'appuyer sur le puissant réseau des églises et des évêques, seule institution qui a maintenu une structure sociale dans le tumulte des invasions, et c'est cet appui, déterminant, qui permet à ce petit chef barbare de régner sur un territoire considérable.

1. Voir chapitre 7.

Le Franc laisse après lui la dynastie des Mérovingiens[1]. Elle est vite minée par les sanglantes querelles de succession qui se reproduisent, inlassablement, à chaque génération. Mais la domination de ce peuple sur toute l'ancienne Gaule romaine, des Pyrénées au Rhin, est installée pour longtemps.

Apparition de la papauté

Bien loin, de l'autre côté des Alpes, à Rome, qui fut la capitale du plus puissant empire du monde et qui n'est plus, après ses pillages successifs par les barbares, qu'une ville ruinée, réside un autre personnage essentiel de la pièce qui se joue. C'est l'évêque. Par respect, par affection, on commence à lui donner le surnom sous lequel nous le connaissons toujours, *papa* – le « père », le « pape ». Certains d'entre eux ont une conduite admirable. Au début du Ve siècle, Léon le Grand protège la Ville éternelle, quand elle est menacée par Attila. Au milieu du VIe siècle, Grégoire le Grand (540-604) se démène pour aider ses ouailles pendant la peste. Il fait aussi progresser le christianisme en envoyant des missionnaires vers les pays qui ne sont pas encore chrétiens, ou ne le sont plus. Ainsi Augustin de Canterbury traverse-t-il la Manche pour aller réévangéliser l'Angleterre.

Pour autant, contrairement à la façon dont l'Église catholique cherchera plus tard à présenter cette histoire, ces papes n'ont pas encore le rôle central qu'on leur confère aujourd'hui. Le christianisme, on l'a vu,

---

1. Du nom de Mérovée, roi présumé des Francs.

s'est construit dans le moule de l'Empire romain qui englobait tout le Bassin méditerranéen, et cinq patriarches se partagent la prééminence dans l'Église. Tout juste concède-t-on à celui de Rome une prééminence protocolaire, due au fait que Rome est la ville où se trouve le tombeau de saint Pierre, l'apôtre sur lequel Jésus avait dit qu'il voulait « bâtir son Église ». Cela n'en fait pas le chef. Depuis Constantin, la véritable clé de voûte de l'édifice n'est d'ailleurs aucun de ces cinq patriarches, mais l'empereur. Lui seul est le « lieutenant de Dieu sur Terre », celui par qui Sa volonté est faite. C'est lui qui contrôle et protège le peuple de Dieu et ses pasteurs. Depuis qu'il n'y a plus d'empereur en Occident, cette fonction est dévolue à celui qui règne à Constantinople. Seulement, pour un Romain, il est de plus en plus loin…

Au VIe siècle, l'empereur Justinien, le brillant bâtisseur de Sainte-Sophie, voulant restaurer l'Empire romain tout entier, a réussi à reconquérir l'Italie, la côte africaine et le sud de l'Espagne. La victoire fut sans lendemain. Dans les années 560, les Lombards, un autre peuple germanique, s'installent dans la plaine du Pô et repoussent peu à peu les Byzantins.

Au VIIe siècle, une nouvelle tempête vient rendre le jeu encore plus complexe : les conquêtes arabes[1]. En occupant la Syrie, la Palestine, l'Égypte, la côte de l'Afrique du Nord et l'Espagne, les guerriers de Mahomet provoquent ce qu'on pourrait appeler une révolution géographique. L'Empire romain s'était constitué sur l'unité de la Méditerranée. Désormais

1. Voir chapitre 8.

mare nostrum est coupée en deux. Le Sud et le Nord appartiennent à des univers qui ne cesseront plus de s'opposer. Le monde chrétien en est chamboulé. Sur les cinq patriarcats, trois – Antioche, Jérusalem, Alexandrie – sont soumis à de nouveaux maîtres, qui ne sont plus chrétiens. Et si l'empereur de Constantinople a réussi, malgré deux longs sièges, à sauver sa capitale et son empire, il n'est plus guère en état de s'occuper des affaires de l'Occident.

L'alliance du pape et des Francs

Le patriarche de Rome a donc besoin d'un allié. Il lui faut lutter contre les Lombards qui menacent son pouvoir, il lui faut s'appuyer sur un pouvoir politique solide. Il se tourne vers les Francs. Nous sommes au VIIIe siècle. La dynastie mérovingienne est représentée par des rois si faibles que la postérité (et surtout, il est vrai, la dynastie qui les a détrônés) les a surnommés les « rois fainéants ». Elle est en train de s'effacer. Une nouvelle famille de l'aristocratie franque les remplace, ce sont les Carolingiens. Charles Martel en est le premier grand homme. Maire du palais – une sorte de Premier ministre – du petit royaume d'Austrasie, à Metz, il réussit en 732, près de Poitiers, à bloquer les incursions arabes, ce qui lui permet, au passage, de soumettre les seigneurs du sud de la Gaule et de devenir l'homme fort du moment. Son fils Pépin, surnommé le Bref à cause de sa petite taille, va encore plus loin. Il éjecte le dernier Mérovingien et se fait roi. C'est lui qui scelle l'alliance avec le pape de Rome. Celui-ci peut lui donner une chose très importante pour un roi qui vient de s'asseoir sur le trône par effraction : la légitimité. Le pape y met les formes. Il ressuscite une cérémonie qui remonte, selon la Bible, au roi David et que jusqu'alors, seuls quelques Wisigoths ont pratiquée dans la lointaine Espagne. En 751, à Soissons, par l'intermédiaire de son légat, il sacre le roi, c'est-à-dire le fait oindre d'une huile sainte pour lui donner, par ce signe, l'autorité divine. En échange, Pépin accepte de combattre les Lombards et fait au pape un grand cadeau. Il lui donne la partie des terres conquises situées autour de Rome. Elles sont censées lui permettre d'organiser sa défense. Elles constituent la base des États pontificaux, appelés à perdurer jusqu'en 1870.

★
★ ★

Charlemagne

Le second acte de notre pièce à deux personnages se joue avec le fils de Pépin, devenu roi à son tour, Charlemagne. L'homme est encore plus guerrier et conquérant que son père Pépin, son grand-père Charles Martel, ou même Clovis. Toujours en guerre, il ne cesse d'agrandir ses possessions, qui deviennent immenses. En 774, il écrase le Lombard Didier et, le front ceint de sa couronne de fer, devient « roi des Francs et des Lombards ». En 788, il soumet la Bavière. En 795, il établit une marche, c'est-à-dire une zone tampon, au nord de l'Espagne. En 796, il met la main sur le *ring* des Avars, le camp fortifié où cette population d'origine asiatique installée en Hongrie gardait les fabuleux butins accumulés depuis des lustres. À la fin du VIIIe siècle, Charlemagne règne de l'Èbre à l'Elbe.

Il est un vrai prince chrétien. Dans le contexte de son époque, cette appartenance religieuse peut aller de pair avec une grande barbarie. Une des grandes obsessions de son règne est d'évangéliser les Saxons, un peuple encore païen habitant dans le nord de l'Allemagne d'aujourd'hui. La méthode dont il use pour les conduire à la foi de Jésus tient plus du crime de masse que de la douceur apostolique. Il leur mène une guerre de trente ans (772-804), scandée de pillages, de dévastations et d'épouvantables massacres.

Pour autant, cet homme dont on dit que, malgré ses efforts quotidiens, il ne réussit jamais à apprendre à lire, fut aussi à l'origine d'un renouveau de la culture et de la connaissance. Les grands lettrés accueillis à son palais d'Aix-la-Chapelle – comme le célèbre Alcuin – favorisent le retour des grands textes antiques et développent l'instruction. Ils furent les promoteurs de ce que les historiens ont nommé la « renaissance carolingienne ».

Ce prince chrétien se retrouve donc lui aussi en position d'aider le pape.

Celui qui règne alors à Rome doit faire face à de nouveaux ennuis. Il n'a plus à craindre aucun barbare, mais subit des assauts qui ne sont pas moins terribles : certaines des riches familles qui font et défont les élections romaines le haïssent et l'accusent de tous les crimes. Un jour, la foule déchaînée – et sans doute payée pour ça – s'est ruée sur lui et l'a laissé pour mort dans les rues de Rome. En avril 799, affolé, désespéré, le pape accourt dans la cité franque de Paderborn et implore la protection de Charles, qui la lui accorde. Le roi des Francs décide de se rendre lui-même à Rome pour visiter son protégé. Nous sommes en décembre 800. C'est lors de cette visite qu'a lieu la scène du couronnement impérial, si essentielle. Une histoire nouvelle peut commencer. Elle a un cadre, ce vaste empire qui vient d'être formé par les conquêtes de Charlemagne. Elle repose sur deux personnages principaux, l'empereur et le pape.

Le partage de Verdun

Le cadre, dans sa belle unité, ne dure pas très longtemps. Après Charlemagne règne Louis le Pieux. Il était le seul de ses fils à lui avoir survécu, cela réglait les questions de succession. Elles reviennent en force à la génération suivante, celle des trois petits-fils du grand roi. Après de terribles guerres fratricides, ils signent enfin, en 843, le traité de Verdun, qui découpe l'empire de Charlemagne dans le sens de la longueur, en trois parts égales. La partie occidentale échoit à Charles II le Chauve. La partie orientale à Louis II le Germanique. Et la partie médiane, courant des Pays-Bas d'aujourd'hui à l'Italie centrale, à Lothaire. Appelée la Lotharingie, elle est la plus prestigieuse du lot puisqu'elle contient les deux capitales d'Aix-la-Chapelle et de Rome, et donc la couronne impériale. Seulement cette Lotharingie, minée par de nouveaux découpages opérés par les générations suivantes, ne tient pas. Au tournant du Xe siècle, il ne reste donc plus dans le paysage que deux grandes entités. La Francie occidentale va de la Flandre aux Pyrénées. Elle est délimitée par l'Atlantique à l'ouest et à l'est par les « quatre rivières », l'Escaut, la Meuse, la Saône et le Rhône. De l'autre côté, la Francie orientale, très vaste, qui va de la mer du Nord et la Baltique jusqu'aux États pontificaux qui entourent Rome.

Le Saint Empire

Pendant des siècles, les pages les plus importantes de l'histoire européenne s'écrivent de ce côté est. Les rois carolingiens qui succèdent à Louis le Germanique sont faibles et pèsent de peu de poids face aux puissants duchés qui se sont constitués, comme ceux de Franconie, de Souabe, de Bavière. Vers les années 950, un prince du duché de Saxe change la donne. Il se nomme Otton. Il acquiert un immense prestige en écrasant les Hongrois, de nouveaux envahisseurs que nul n'arrivait à arrêter. Devenu l'homme fort de l'Europe, il intervient en Italie pour calmer les guerres incessantes auxquelles les nobles locaux se livrent entre eux. En 962, il réussit à relever à Rome un titre qui n'était plus porté depuis près de cent ans. Comme Charlemagne, il se fait couronner par le pape empereur d'Occident.

L'entité qu'il vient de former prend le nom de « Saint Empire romain[1] ». Ses empereurs seront presque toujours issus de grandes familles d'origine allemande, comme Otton de Saxe, qui vient de le fonder. Son territoire de départ dépasse de beaucoup le seul monde germanique. Le Saint Empire englobe la majeure partie de l'Europe occidentale, depuis la Baltique jusqu'au milieu de l'Italie, en passant par une partie des Pays-Bas, de la Belgique, de la Suisse. Pendant des siècles, un grand nombre de villes ou de provinces aujourd'hui françaises, comme la Bourgogne, la Franche-Comté, la Provence, Lyon ou Arles sont « terres d'Empire ».

Le duel entre le pape et l'empereur

La grande affaire tient au face-à-face mouvementé entre le pape et l'empereur. La querelle était en germe dès la scène inaugurale du couronnement de Charlemagne. On a raconté plus haut que, dans la cathédrale, le pape avait de lui-même posé la couronne sur la tête du roi des Francs. Le geste avait, pour le pontife, un sens politique très fort. Il signifiait que c'était lui, vicaire de Dieu, qui, dans l'univers chrétien qu'il reformait alors, créait les empereurs. On n'a pas encore dit que, selon Éginhard, son fidèle biographe, Charlemagne en fut furieux. Il voulait recevoir son titre comme on le faisait chez les Francs, par

1. L'appellation de « Saint Empire romain germanique » n'apparaît que des siècles plus tard, quand les territoires impériaux se résumeront au monde allemand.

acclamation de la foule. Il pensait que sa légitimité ne devait venir que de son peuple.

Pendant quatre cents ans, la même dispute rebondit sous les formes les plus diverses. Au XIe siècle, on parle de la « querelle des investitures » car il s'agit de savoir qui du pontife de Rome ou de l'empereur avait le pouvoir d'investir les évêques, c'est-à-dire de leur remettre leur charge. L'épisode connaît son moment critique en 1077. Le pape est Grégoire VII, un homme à poigne. Excédé de ne pas le voir se plier à sa volonté, il excommunie l'empereur, Henri IV. Les nobles allemands trop contents de contester le pouvoir impérial, se rangent du côté pontifical. Henri est obligé de céder. Tout puissant qu'il est, il se voit contraint d'aller implorer le pardon en habit de pénitent, à genou, dans la neige, à Canossa, devant le château des Alpes où résidait alors l'atrabilaire pontife. Mais sa vengeance vient quelque temps après : c'est à son tour d'humilier ce même Grégoire en le déposant pour en faire élire un autre.

Au XIIe siècle, la guerre reprend et l'on parle de « lutte du sacerdoce et de l'empire ». C'est la même histoire qui se répète, nourrie par une même question : qui du trône ou de l'autel détient le vrai pouvoir ? Qui, de celui qui règne sur les âmes ou de celui qui règne sur les hommes est supérieur à l'autre ? Et le simple fait de la poser sans cesse aboutit à entériner la séparation entre le pouvoir spirituel et le pouvoir temporel si fondamentale, puisqu'à notre sens, c'est d'elle que naîtra bien plus tard le principe de laïcité.

Notons-le au passage. Nombre de commentateurs voient aujourd'hui dans la laïcité un trait spécifique du christianisme. Ils la font remonter à la fameuse parole du Christ qui demande que l'on « rende à César ce qui appartient à César ». On peut leur faire remarquer que l'Empire byzantin n'était pas moins chrétien que celui de Charlemagne et que personne ne s'y serait permis d'y opérer cette distinction. On l'a vu, tous les pouvoirs étaient là-bas réunis dans la main de l'empereur, à qui les patriarches étaient très docilement soumis. La séparation entre les deux pouvoirs n'est pas une caractéristique du christianisme. Elle appartient à l'histoire européenne du christianisme et remonte à Charlemagne, nuance.

Les débuts de l'histoire de France

Le Saint Empire est une construction ambitieuse, mais bien trop vaste, et il est rapidement miné par le mode de désignation de son chef. Tout nouvel empereur est élu par les princes allemands, ce qui le rend tributaire de ceux sur qui il doit régner et alimente une guerre incessante entre les grandes familles. De siècle en siècle, cette vaste entité a tendance à s'affaiblir et le centre y tient de moins de moins de place, tandis que les provinces, les grandes villes cherchent à s'autonomiser pour former de véritables petits États dans l'État. C'est le sens de l'histoire de l'Allemagne ou de l'Italie.

Il se passe exactement l'inverse dans l'autre partie de l'héritage de Charlemagne, en Francie occidentale. Nous y avions laissé sur le trône d'autres Carolingiens. Installés sur les bords de la Seine, ils sont aussi faibles au départ que leurs cousins mis au pouvoir de l'autre côté de la Meuse. En 987, un noble issu d'une puissante famille réussit, par acclamation de tous les seigneurs réunis à ses côtés, à se faire élire roi des Francs. Il se nomme Hugues Capet. Il vient de fonder la dynastie des Capétiens. Au départ, comme celui de l'empereur du Saint Empire, son titre est électif. Ses successeurs ont l'idée de faire proclamer et sacrer leur fils de leur vivant, ce qui évite les querelles à leur mort. La monarchie capétienne devient ainsi héréditaire. Par un hasard de la génétique et du destin, pendant trois siècles, tous les rois eurent des fils capables de leur succéder sans encombre. Les historiens ont parfois appelé cela le « miracle capétien ». Cette stabilité successorale permet à la dynastie d'accroître sans cesse son pouvoir. Au départ, les rois capétiens ne règnent que sur les petites terres qui leur appartiennent en propre, en Île-de-France. Le reste du royaume est tenu par des puissants comtes et ducs, et leur suzeraineté n'y est que symbolique. De génération en génération, par le mariage, par la ruse, par la guerre, ils augmentent leur petit domaine et s'affirment sur la noblesse. C'est le sens de l'histoire de France.

D'autres pays ont des destins différents. L'Angleterre, gouvernée par les rois saxons, subit l'invasion des Vikings, avant d'être conquise par Guillaume, duc de Normandie, et descendant de Viking lui-même[1]. Les Hongrois, que nous avons vus attaquer le monde franc, se convertissent au christianisme, avec leur roi Étienne Ier, vers l'an mil. À peu près en même

1. Voir chapitre suivant.

temps, Mieszko Ier (règne : 960-992), qui se convertit lui aussi, fonde le royaume de Pologne en unifiant sous sa couronne de nombreux territoires épars.

★ ★
★

Les débuts de l'âge féodal

Sur la carte apparaissent donc un empire et des royaumes. Pour autant, aucun d'entre eux n'arrive pour l'instant à reformer un État, comme il existait du temps des Romains. Aucun d'entre eux ne dispose d'une administration centralisée ou même d'une armée permanente qui permette d'asseoir un pouvoir sur tout un territoire. Et, partout, une nouvelle organisation sociale se met en place. Elle repose, à tous les niveaux, sur les relations d'homme à homme. La plus importante est celle qui se noue entre celui qui possède une arme et un cheval – on l'appelle donc chevalier – et un homme plus puissant, le seigneur. En échange de la protection de celui-ci, le premier accepte de se mettre à son service. Il devient son vassal. Pour que ce vassal puisse entretenir sa force et sa monture, le seigneur lui fournit une terre, que l'on appelle un fief. De ce mot dérive celui de féodal. Il sert aussi à désigner tout le système, qui fonctionne en pyramide.

Bien souvent, en effet, le seigneur est lui-même le vassal d'un seigneur plus puissant, qu'on appelle son suzerain, et, de degré en degré, on peut remonter ainsi jusqu'au sommet, où se trouvent le roi et, encore au-dessus, l'empereur. Bien sûr, cette organisation devient rapidement très complexe. Il arrive que les vassaux réussissent à accumuler tant de terres qu'ils sont plus puissants que leur suzerain. On verra se produire le cas bien souvent dans l'histoire.

Le principe reste toujours le même. Il repose entièrement sur les liens que deux individus ont noués entre eux, en se prêtant des serments de fidélité. Ils sont prononcés lors de la cérémonie de l'hommage, qui voit le vassal, agenouillé devant son seigneur, placer ses mains jointes dans les siennes en se déclarant son « homme » – d'où le nom. De ces principes de respect à la parole donnée, de soumission consentie, naît l'éthique de la chevalerie propre au Moyen Âge européen. Rien n'est pire, dans cet univers, que de rompre un serment. Celui qui le fait devient félon, et alors, c'est la guerre dans laquelle chaque seigneur entraîne ceux de ses vassaux qui lui sont fidèles, lesquels engagent dans le combat les hommes dont ils disposent. Les guerres des temps féodaux ne sont pas des conflits entre nations, comme on en verra plus tard. Toutes celles qui se succèdent reposent sur des conflits interpersonnels qui opposent ces guerriers qui ont conquis l'Europe et se la sont partagée.

L'Église

L'Église est la grande institution qui tient lieu de ciment à ce monde. Elle se structure peu à peu autour du pape. On a parlé des différends qui l'opposent à l'empereur. Il en a d'autres avec le reste du monde chrétien. Quand l'évêque de Rome a posé la couronne d'empereur romain sur le crâne de Charlemagne, il a provoqué la fureur de l'Empire byzantin, qui s'estimait seul successeur légitime des Césars. Une grande rupture théologique va suivre. À partir du début du IXe siècle, les disputes entre le patriarche romain et celui de Constantinople sont de plus en plus fréquentes. Elles portent sur des points de doctrine qui peuvent nous apparaître aujourd'hui vétilleux. Faut-il dire que le Saint-Esprit procède du Père, comme l'ont proclamé les conciles en Orient ? Ou dire qu'il procède du Père et du Fils – en latin *filioque* – comme le veut l'Occident carolingien ? Aujourd'hui, même de grands clercs auraient peine à expliquer clairement ce que ces questions impliquent. Durant ce haut Moyen Âge, cette « querelle du *filioque* » dégénère en un interminable feuilleton. En 1054, lors d'un de ses épisodes, les deux patriarches en arrivent à s'excommunier mutuellement. C'est le schisme. Il sépare, de façon inconciliable, l'Église d'Orient, qu'on appellera orthodoxe, et celle du monde latin, qu'on appellera catholique.

Celle-ci règne donc sur l'Occident grâce au maillage des diocèses, et aussi au réseau des monastères qui y sont apparus. Le monachisme est né au IVe siècle en Égypte[1]. Saint Benoît, un aristocrate de Nursie, en Italie, l'a acclimaté en ouvrant, au VIe siècle, un premier monastère sur le mont Cassin et en y organisant la vie des moines autour d'une règle très stricte, reposant sur le travail et la prière. L'ordre qu'il a

1. Voir chapitre 7.

ainsi fondé porte son nom, les bénédictins. Il essaime dans toute l'Europe. En 910, de nouveaux moines, estimant que la règle d'origine posée par saint Benoît n'est plus respectée, décident de la réformer (c'est-à-dire de lui redonner sa forme première). Ils fondent pour ce faire l'abbaye de Cluny, en Bourgogne, qui essaime à son tour. On verra, dans l'histoire occidentale, le même phénomène se reproduire souvent, il sera à l'origine de la plupart des créations d'ordre. Celui qui vient d'être créé à Cluny est à la pointe d'un mouvement général de rénovation de l'Église de cette époque. La « réforme grégorienne » doit son nom à Grégoire VII, l'homme fort de Canossa (pape de 1073 à 1085), mais elle dure toute la seconde moitié du XIe siècle. Elle cherche à régénérer le monde chrétien. En quête d'un clergé plus moral, elle interdit aux prêtres de se marier ou encore de vendre des sacrements. La réforme cherche aussi à adoucir les mœurs brutales du temps. Pour limiter les guerres incessantes auxquelles se livrent les seigneurs, l'Église grégorienne tente d'imposer la paix de Dieu, ou la trêve de Dieu, qui interdit les combats pendant de nombreux jours de l'année, et demande qu'on protège les plus faibles, les femmes, les clercs, les paysans.

Le peuple

Ces derniers, pourtant, comptent pour bien peu. Adalbéron de Laon, un clerc vivant aux alentours de l'an mil, a expliqué comment Dieu avait voulu que le monde fût organisé, et cette doctrine sera celle de l'Occident chrétien pendant des siècles. Une société juste, donc, doit être divisée en trois parties, en trois ordres, comme on le dira plus tard : *oratores*, ceux qui prient, les hommes d'Église ; *bellatores*, ceux qui font la guerre, les chevaliers, les nobles ; et enfin *laboratores*, ceux qui travaillent, les plus nombreux, les plus opprimés. Les grandes villes du temps de l'Empire romain ont été vidées de leurs habitants dans le tumulte des invasions barbares. L'immense majorité des Européens vivent des travaux des champs, au service des seigneurs. L'esclavage existe toujours, mais il a tendance à être remplacé par le servage, un système un peu différent. À la différence des esclaves, les serfs ne sont pas considérés comme des objets. Ils sont toutefois attachés à une terre qu'il leur est interdit de quitter.

Après l'an mil, de nouvelles techniques comme la charrue au soc de métal ou l'assolement commencent à apparaître mais, dans cette partie du monde, les progrès sont bien lents.

11

Les Vikings

Ils ont, entre autres initiatives, fondé l'Islande, créé la Normandie, pris l'Angleterre et sont à l'origine de la Russie. En deux siècles et demi, les Vikings ont chamboulé l'histoire de l'Europe.

En l'an 793, un fait bref et terrifiant survient sur la côte est de l'Angleterre. Des guerriers arrivés nuitamment par la mer sur de petits bateaux à fond plat ont débarqué par surprise et réussi à saccager et piller un monastère. Voici les Vikings, marins casqués de cornes, pillards, brutaux et imbattables, tels qu'ils sont apparus dans l'histoire de l'Europe et y ont imprimé depuis une marque indélébile. Peuples germaniques, comme l'étaient les Francs ou les Goths, ils sont installés en Scandinavie depuis l'Antiquité. Selon les spécialistes de leur histoire, nos hommes du Nord ne sont pas alors des inconnus dans le paysage européen. Commerçant de place en place depuis longtemps, ils disposaient d'un réseau de petits comptoirs sur tout le continent. Ce n'est « que la conjoncture qui les a amenés à se transformer en pillards ou en guerriers[1] », écrit l'historien Régis Boyer. Sans doute le large redoux climatique qui caractérise le VIIIe siècle a-t-il joué. En rendant la vie plus facile, il a permis un accroissement démographique difficile à digérer sur des terres trop étroites qui a poussé ces peuples à chercher plus loin les richesses leur permettant de survivre. Pour expliquer leur rage à s'attaquer aux monastères, aux églises, à tous les lieux et symboles du christianisme, on évoque aussi parfois l'hypothèse d'une réponse de ce peuple germanique à la violence avec laquelle Charlemagne avait tenté de convertir les Saxons, peuple cousin qui priait les mêmes dieux.

Toujours est-il qu'à partir du tout début du IXe siècle, le phénomène qui a commencé en 793 sur le littoral anglais se reproduit partout, sous cette même forme. Voyant approcher le péril, Charlemagne avait prévu de faire renforcer la sécurité de ses côtes. Il était venu lui-même à Boulogne et sur la mer du Nord pour surveiller la construction d'une flotte de guerre. L'éclatement de l'empire après sa mort rend cette stratégie caduque. La plupart des royaumes européens sont incapables de se défendre convenablement et, pendant des décennies, leurs habitants vivent dans la terreur des attaques inopinées et violentes.

1. Régis Boyer, *Les Vikings. Histoire, mythes*, Robert Laffont, collection « Bouquins », 2008.

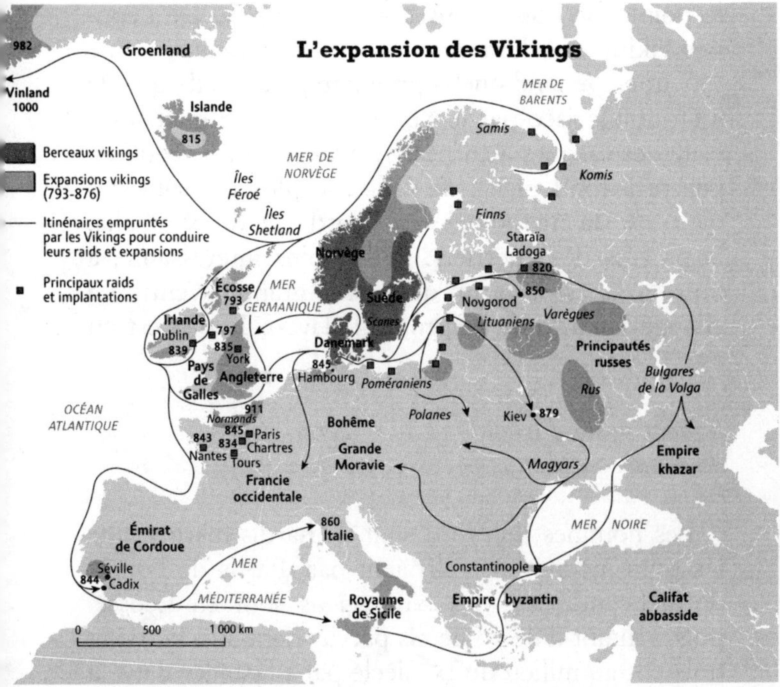

Les hommes du Nord habitent l'ensemble de la Scandinavie. Tous partagent les mêmes dieux, les mêmes coutumes, les mêmes modes de vie, mais leurs peuples ne forment pas un État unitaire. On distingue trois groupes, celui des Suédois, celui des Norvégiens et celui des Danois. Chacun va faire ses raids dans des zones qu'il se garde, même s'il arrive que Norvégiens et Danois se retrouvent en concurrence.

Au fil des expéditions, ils s'enhardissent, vont de plus en plus loin, et finissent aussi par faire souche dans divers pays dont ils modifient le destin. C'est le point que nous avons le moins en tête. De l'épopée viking qui dura deux cent cinquante ans, on ne retient en général que la première phase, telle qu'elle a été folklorisée par le XIXe siècle, qui en était fou : celle des casques à cornes ; des *langskips*, bateaux de guerre à fond plat[1] ; de Odin, le plus puissant des dieux de la mythologie du Nord ; et du Walhalla, le paradis des guerriers. Non moins intéressante, à notre avis, est la façon dont cette grande aventure a changé la carte de l'Europe. Balayons-la d'ouest en est.

Fondation de l'Islande et découverte du Nouveau Monde

Les hommes du Nord sont de hardis marins, que les rives inconnues n'effraient pas. Partis de l'ouest de la Scandinavie, les Norvégiens sont en Écosse, puis, sautant d'île en île, ils parviennent aux Féroé et finissent au milieu du IXe siècle par s'installer dans la grande terre d'Islande, quasi déserte. N'y habitaient jusqu'alors que quelques vertueux ermites irlandais. Entre 870 et 930, plus de 10 000 colons s'établissent et fondent le pays. Certains de leurs marins continuent d'explorer et découvrent encore plus à l'ouest une terre que le climat doux d'alors avait rendue si verte qu'ils lui donnent ce nom : le Groenland, la terre verte. Banni d'Islande pour meurtre, le guerrier Éric le Rouge y installe la première colonie scandinave.

1. Le terme drakkar, encore utilisé, est à proscrire, il est une pure invention d'un journaliste français du XIXe siècle.

Les ressources sont rares. La petite société groenlandaise finira par s'éteindre au XVe siècle, mais les voyages qu'effectuent les pêcheurs entre cette terre et l'Islande ont des conséquences inattendues. Peu avant l'an mil, lors d'un voyage, un bateau se serait dérouté et serait ainsi arrivé sur un continent nouveau, même s'il n'a certainement pas été perçu comme tel. Longtemps considéré comme fantaisiste, le fait que les Vikings groenlandais aient été les premiers Européens à arriver en Amérique fait aujourd'hui consensus chez les historiens. Pour autant, les détails de l'aventure restent toujours assez flous. Dans les sagas islandaises qui content l'épisode, la terre se nomme le Vinland, ce qui serait peut-être une allusion aux vignes sauvages découvertes à l'arrivée. On ne sait s'il s'agit d'une côte de Terre-Neuve ou d'un rivage du golfe du Saint-Laurent. On sait seulement que les hommes du Nord ont passé plusieurs hivers là-bas à travailler le bois de la forêt avant de repartir.

Les Vikings en Angleterre, en France et même en Sicile

Durant ce même IXe siècle, Norvégiens ou Danois lancent des raids qui visent l'ancien empire de Charlemagne, et vont souvent très au-delà. En 845, ils pillent Hambourg. Un an plus tôt, ils avaient attaqué Séville. Ils font le tour de la Méditerranée, attaquant les Baléares ou la Sicile. Parfois, ils passent d'une logique de pillage ponctuel à la conquête pure et simple.

Au milieu du IXe siècle, des Norvégiens sont en Irlande, où ils fondent Dublin, mais ils sont ensuite battus par un roi gaélique.

Des Danois ont ciblé l'Angleterre, où les Angles et les Saxons cèdent une large part de leur territoire. En 876, toute la partie est de l'île est soumise au *danelaw*, c'est-à-dire à la loi danoise. Encore aujourd'hui, de nombreux mots anglais, en particulier dans le domaine maritime, viennent de langues scandinaves, rendant compte de cet héritage.

À peu près en même temps, d'autres Vikings harcèlent la Francie occidentale, future France, où un faible successeur de Charlemagne peine à asseoir son autorité. Par les fleuves, la Loire, puis la Seine, ils pénètrent loin dans les terres. Ils réussissent ainsi à faire le siège de Paris. En 911, le roi Charles III le Simple trouve une solution pour contenir ce péril sans cesse renaissant. Par le traité de Saint-Clair-sur-Epte, il donne à Rollon, le chef viking, toute la région située autour de Rouen et l'en nomme duc. Il a métamorphosé un ennemi en bouclier. Rollon, vassal du roi, se voit ainsi dans l'obligation de le défendre contre les éventuelles attaques de nouveaux Vikings. Le puissant duché ainsi créé devient le pays des « hommes du Nord », les Normands, c'est la Normandie.

Rollon s'est converti au christianisme et ses guerriers s'assimilent très vite. Pour autant, ces Normands gardent un goût de l'aventure et continuent, à leur manière, de bouleverser l'histoire de l'Europe. L'exemple le plus célèbre est donné au XIe siècle par le plus illustre des ducs de Normandie, Guillaume (1027-1087). Les liens de son duché avec l'Outre-Manche, où ont fait souche d'autres Danois, restent très importants. Sur le trône alternent désormais là-bas, dans un jeu à trois fort compliqué à suivre, des rois saxons, danois et parfois norvégiens. Édouard le Confesseur est un roi saxon, mais il a vécu en Normandie chez Guillaume, son cousin normand. Il l'aime tant qu'il lui promet son trône. À sa mort, Harold, un autre prétendant, s'y assoit. Furieux, voyant là une terrible preuve de félonie, Guillaume sollicite le pape et, avec son accord, débarque en Angleterre, aidé de 3 000 chevaliers sans terre avides d'en acquérir. Grâce à sa victoire à la bataille de Hastings, en 1066, durant laquelle le malheureux Harold est tué, Guillaume de Normandie, devenu Guillaume le Conquérant prend possession de l'Angleterre qu'il partage entre ses chevaliers normands et les Saxons.

À peu près à la même époque, d'autres aventuriers perpétuent la tradition. À la fin du Xe siècle, un groupe de Normands de retour d'un pèlerinage en Terre sainte entre au service des nobles du sud de l'Italie – en butte aux Arabes installés en Sicile – et s'implante dans cette région. Entre 1061 et 1091, deux d'entre eux, Roger de Hauteville et son frère Robert Guiscard, fils d'un petit seigneur de la Manche, conquièrent la Sicile elle-même. En 1130, Roger II, qui possède aussi la Calabre et Naples, fait de ce fief un prospère royaume normand.

Les Varègues, fondateurs de la Russie

À l'est de la Scandinavie vivent les Vikings suédois. On les appelle en français les Varègues, d'après le scandinave *vaering*. En vieux finnois, ils sont les Rus.

Aussi doués pour le commerce et la navigation que tous les autres Vikings, ils utilisent les fleuves pour vendre aux riches mondes du Sud esclaves, fourrures, épées et en remonter tous les biens qu'ils n'ont pas. Peu à peu, ils s'implantent le long de la Volga[1], qui leur donne accès à l'Empire arabe du califat de Bagdad en pleine prospérité. Des voyageurs arabes sont parfois montés leur rendre visite et ont laissé des récits de leur voyage. Le plus connu est celui d'Ibn Fadlan, envoyé par le calife en ambassade chez les Bulgares de la Volga, qui rencontre les Rus sur le chemin. Il est souvent cité à cause de la description qu'il fait des coutumes funéraires de ce peuple, il est vrai assez fascinantes. Pour honorer le chef mort, raconte-t-il, on place son cadavre sur son bateau, dans lequel on jette des animaux sacrifiés, son chien et son cheval coupés en deux. Puis on cherche parmi ses esclaves le garçon ou, dans le cas dont il a été témoin, la fille chargée de l'accompagner. Dès qu'elle est désignée, on la lave, on la pare, et tous les compagnons du défunt, par une sorte d'étrange amour posthume pour lui, ont avec elle une relation sexuelle. Puis, tandis que des tambours résonnent pour couvrir ses cris, une matrone vient l'étrangler, avant de

1. Raison pour laquelle on désigne parfois les Varègues sous le nom de « Vikings de la Volga ».

la placer à côté du mort sur le bateau, poussé enfin vers son dernier voyage.

Les Vikings passent aussi par le Dniepr qui conduit à la mer Noire, et donc aux portes de Constantinople. L'itinéraire, appelé par l'histoire russe la « route des Varègues aux Grecs », mène les marchands du Nord à la capitale de l'Empire byzantin, un des plus riches marchés du monde.

Comme leurs cousins à l'ouest, les Vikings suédois sont autant chefs de guerre que bâtisseurs de royaumes. Selon la tradition, slaves et finnois, qui se partagent difficilement le même territoire, font appel à un Varègue, Riourik pour qu'il les mette d'accord en devenant leur prince. Il fonde Novgorod, au milieu de leurs terres. Son successeur, Oleg le Sage (règne : 882-912), prend la tête de Kiev et la réunit avec Novgorod. Les deux cités forment une principauté que les historiens, à cause de l'origine de ceux qui l'ont fondée, appellent la « Rus de Kiev ». Oleg est si puissant qu'il réussit, en 907, à masser une armée sous les murailles de Constantinople pour forcer l'empereur à signer un traité commercial très favorable. Peu à peu, comme partout où ils ont fait souche, nos Scandinaves s'assimilent. Ceux-ci se slavisent. En 988, leur grand prince Vladimir joue l'alliance avec l'Empire byzantin. Il accepte la main de la sœur de l'empereur et se fait baptiser. Les Russes en ont fait un saint et le considèrent, comme Oleg, comme l'un des fondateurs de leur pays. Les Rus sont ainsi à l'origine de la Russie.

12

Un tour du monde

De 600 à l'an mil

Vers l'an 650 règne à Palenque, une cité-État située aujourd'hui dans le sud du Mexique, le roi Pakal. La civilisation maya est à son apogée. À l'autre bout du monde, un prince fonde l'empire du Tibet. Deux siècles plus tard, les cités mayas sont vides, l'Empire tibétain est en déclin, mais on construit à Angkor les premiers palais de la somptueuse ville khmer et le Japon traverse l'époque Heian, restée dans les mémoires pour avoir porté la littérature et l'art de vivre à un sommet.

Les Mayas

On a peu traité, jusqu'ici, les nombreuses civilisations qui se sont épanouies sur le continent américain depuis les premiers millénaires avant notre ère. Les principales se répartissent dans deux grandes zones : du côté des Andes, là où se trouve le Pérou actuel (on parle des « civilisations andines ») ; et dans une aire englobant le sud de l'Amérique du Nord et l'Amérique centrale. Un archéologue américain les a baptisées la « Mésoamérique[1] ». Tous les peuples mésoaméricains qui se sont succédé ou ont coexisté pendant des siècles partageaient des traits communs : les pyramides à degrés ; les sacrifices humains ; le jeu de balle, qui se pratiquait en équipe sur des terrains dédiés à cet usage dans des matchs très rigoureusement réglés ; la façon de manger le maïs. Parmi tous, les Mayas fascinent pour une raison supplémentaire : le mystère qui entoure l'effondrement de leur société. Pendant des siècles, ils prospèrent dans une vaste zone qui s'étend du golfe du Mexique au Nicaragua. Ils vivent dans des cités-États riches et puissantes, comme Tikal (Guatemala actuel) ou Palenque (Mexique actuel) qui sont densément peuplées. À partir de la fin du IXe siècle de notre ère, la population y devient plus rare, et les bâtiments magnifiques sont abandonnés. Ce fait même n'a été connu que très récemment. Mais le

---

1. La Mésoamérique va du Mexique au Costa Rica, et inclut le Belize, le Guatemala, le Honduras, le Salvador. Parmi les peuples mésoaméricains, citons : les Olmèques (qui ont prospéré de - 1200 à - 500), installés sur la côte ouest du Mexique, célèbres pour les énormes têtes de pierre qu'ils ont laissées ; la civilisation de Teotihuacan (du IIIe siècle av. J.-C. au Xe siècle de notre ère), qui fut une des plus grandes villes du monde avant d'être abandonnée, et dont on admire toujours les impressionnantes pyramides, située non loin de Mexico ; les Toltèques (Xe-XIIIe siècle), installés autour de Tula, leur capitale, et dont la culture raffinée impressionnait tant les Aztèques qu'ils prétendaient descendre de ce peuple.

peuple maya n'a jamais disparu. Décimé, comme tous les peuples amérindiens, par les maladies apportées par les Européens, les Mayas ont mené une longue et farouche résistance aux conquérants espagnols. Ils restent nombreux aujourd'hui en Amérique centrale et dans le sud du Mexique. Ils ont su conserver leur culture et leur langue. Les villes habitées par leurs ancêtres, désertées, englouties par la jungle pendant des siècles, n'ont été retrouvées qu'à partir de la fin du XVIIIe siècle, par hasard. La découverte a tellement impressionné les Européens que pendant un temps quelques savants imaginatifs ont formé l'hypothèse que de tels chefs-d'œuvre architecturaux ne pouvaient avoir été bâtis que par les Romains... Les archéologues, depuis, ont fait de grands progrès, et n'ignorent plus grand-chose de la façon dont s'organisait la vie dans ces grandes sociétés urbaines. On connaît le goût des Mayas pour les mathématiques ; on sait déchiffrer leur calendrier si complexe et 80 % de leur écriture ; on peut restituer leur vie quotidienne, aux champs, ou dans ces grands marchés où s'échangeaient, contre des fèves de cacao, jade, obsidienne, silex, coquillages, plumes ou bijoux. Les fresques racontent avec précision l'histoire des rois prêtres qui gouvernaient, comme Pakal, le prince de Palenque, dont on connaît au jour près les dates de naissance et de mort, et dont, au musée d'anthropologie de Mexico, on admire l'impressionnant tombeau.

La fin de cette histoire reste un mystère. La seule certitude donnée à ce sujet par les pierres est une preuve par défaut : à partir du milieu du IXe siècle, les inscriptions disparaissent, ce qui indique un abandon des lieux par ceux qui en avaient la charge. Quelle en est la raison ? Épidémies ? Invasions ? Révoltes du peuple contre les puissants qui les exploitaient ? Tous les spécialistes ont avancé, au cours des temps, les hypothèses les plus diverses. Au début du XXIe siècle, dans un livre célèbre étudiant la façon dont diverses sociétés humaines se sont effondrées, le géographe et biologiste étatsunien Jared Diamond a privilégié une piste : la ruine des Mayas est due à la surexploitation de leurs terres et au gaspillage de leurs ressources, qui ont conduit à la famine[1]. L'explication domine aujourd'hui sans doute parce qu'elle entre en résonance avec les préoccupations environnementales de l'époque. Cela ne nous dit pas qu'elle sera la dernière.

★
★ ★

L'empire du Tibet

Au moment même où s'installe la dynastie Tang, dans les premières décennies du VIIe siècle, un puissant voisin apparaît aux portes de la Chine. Songtsen Gampo (617-650) fédère des petits royaumes des montagnes himalayennes et transforme le Tibet en un empire. Il fonde Lhassa, sa capitale, et y fait édi-

1. Jared Diamond, *Effondrement. Comment les sociétés décident de leur disparition ou de leur survie*, Gallimard, 2005.

fier le premier bâtiment du palais du Potala[1]. Le souverain introduit l'écriture. Il est aussi à l'origine de la diffusion du bouddhisme. Ses deux successeurs continuent dans cette voie : ils font venir des sages indiens, fondent des monastères. C'est ce rôle au service de la foi qui vaut à ces trois souverains le titre de « Rois religieux ». Malgré des échanges culturels constants, malgré de grands mariages avec des princesses chinoises, les relations avec le puissant voisin sont souvent guerrières. Au milieu du VIIIe siècle, les troupes tibétaines réussissent brièvement à prendre Changan, la capitale chinoise. Cette victoire marque l'apogée de l'empire du Tibet. Il décline au IXe siècle et se morcelle, pour renaître, à partir du XIe siècle, sous la forme d'une théocratie. Jusqu'au XXe siècle, le gouvernement du pays est en effet assuré par des moines, les lamas.

★
★ ★

La splendeur d'Angkor

Là où se trouve aujourd'hui le Cambodge, au début du IXe siècle, un autre roi fédère des petits royaumes peuplés par des Khmers. Il instaure le culte du dieu roi, qui fait de lui-même une représentation de Shiva, le dieu hindou. Il jette les fondations de la

---

1. Mais l'essentiel du célèbre palais-forteresse de Lhassa, résidence des dalaï-lamas avant leur exil, date du XVIIe siècle.

ville d'Angkor. Cette prodigieuse cité est située non loin d'un grand lac et tire sa richesse d'une maîtrise impressionnante de l'eau, qui tombe en abondance lors des moussons, mais qu'il faut savoir conserver et conduire où l'on veut qu'elle aille.

L'Empire khmer est périodiquement envahi et pillé par de puissants voisins, mais renaît toujours pour connaître de nouvelles périodes de faste qui permettent à de nouveaux rois de construire, non loin de l'endroit où se situaient les précédents, de nouveaux bâtiments, de nouveaux palais, de nouveaux temples. Ainsi, les visiteurs qui se pressent aujourd'hui au Cambodge pour visiter un des lieux les plus prisés de la planète, peuvent admirer des sites et des styles très différents. Angkor Vat, la capitale (construite entre 1113 et 1144), montre l'influence hindoue. Un demi-siècle plus tard, le roi qui fait construire la ville-temple d'Angkor Thom est un fervent bouddhiste.

★★
★

Le Japon des époques Nara, puis Heian

Le Japon a développé, depuis l'Antiquité, une culture propre et une religion qui n'est qu'à lui : le shintoïsme, fondé sur le culte d'un grand nombre de divinités, les kamis, représentant les esprits, les forces de la nature, les arbres, les rochers, ou encore les ancêtres[1]. Il a aussi un puissant voisin, la Chine, dont l'influence a été déterminante dans bien des domaines. Au VIe siècle, le bouddhisme, appelé à devenir la religion principale de l'archipel, y arrive sous sa forme chinoise[2]. La plupart des écoles qui, au cours des siècles, viendront rénover ou réformer ce courant de pensée suivront le même cheminement[3]. Le VIIIe siècle est appelé, dans la tradition nippone, l'« époque de Nara » (645-794), du nom de la ville choisie comme capitale. La Chine inspire alors l'organisation politique : le pouvoir est entre les mains d'un empereur qui, comme ceux de la tradition confucéenne, est le fils du Ciel et le point central qui garantit l'équilibre du monde. Le pays, à la manière des Tang, adopte des codes. L'élite parle chinois et les caractères chinois font leur apparition dans l'archipel. Et quand, pour se déprendre de l'influence étouffante des moines trop puissants à Nara, l'empereur décide de déménager, il se fait construire une ville nouvelle sur le modèle de Changan. La ville se nomme Heian – actuelle Kyoto. Elle donne son nom à une nouvelle subdivision de l'histoire japonaise. L'« époque de Heian » (794-1192) en est un moment marquant.

Sur un plan politique, le pays prend un chemin dangereux. Le système impérial centralisé s'effiloche

---

1. La tradition shinto dénombre officiellement 8 millions de kamis, ce qui est une façon de dire que leur nombre est infini.

2. Voir chapitre 2.

3. Ainsi le bouddhisme *zen*, reposant sur la méditation. Tellement important au Japon qu'il est devenu emblématique de la culture nationale, il est issu de l'école chinoise du *chan*.

et, peu à peu, le pouvoir est soumis à la rivalité des grands clans, appuyés sur leurs riches domaines. Sur le plan culturel, la période laisse jusqu'aujourd'hui, dans la mémoire japonaise, le souvenir d'une forme de perfection. L'empereur n'a plus qu'un rôle secondaire, mais la vie, à sa cour, est d'un extrême raffinement. Une culture nationale apparaît. Les femmes y jouent un rôle particulier. Pour combattre l'ennui d'existences placées en retrait de maris qui les délaissent, nombre de dames de la bonne société passent le temps à écrire. Le chinois, langue de l'élite et du pouvoir, leur est interdit pour des raisons de convenances. Elles rédigent donc leurs textes en japonais. Le « dit du Genji », la longue histoire d'un beau prince impérial, poète et séducteur, écrit par une riche veuve peu après l'an mil, est l'exemple le plus célèbre de ce mouvement. Il est toujours considéré comme un des chefs-d'œuvre de la littérature japonaise.

Le monde au temps des invasions mongoles

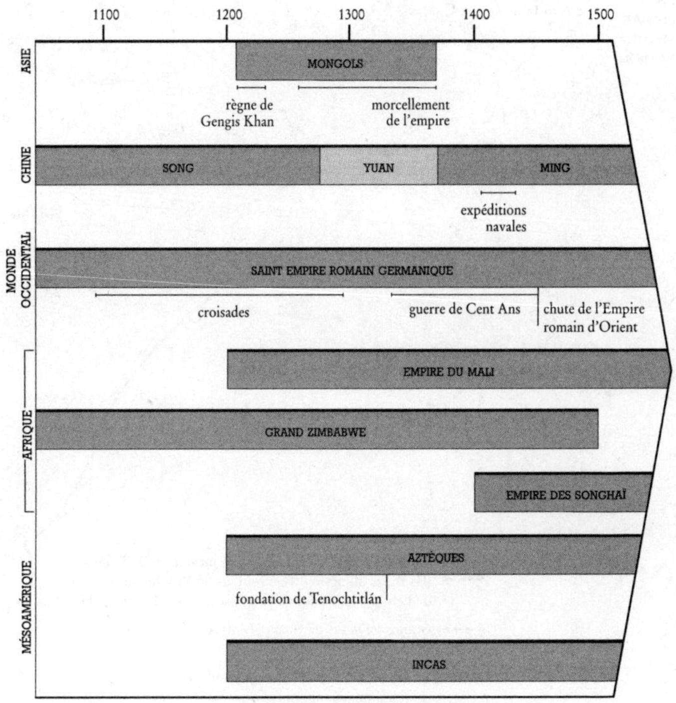

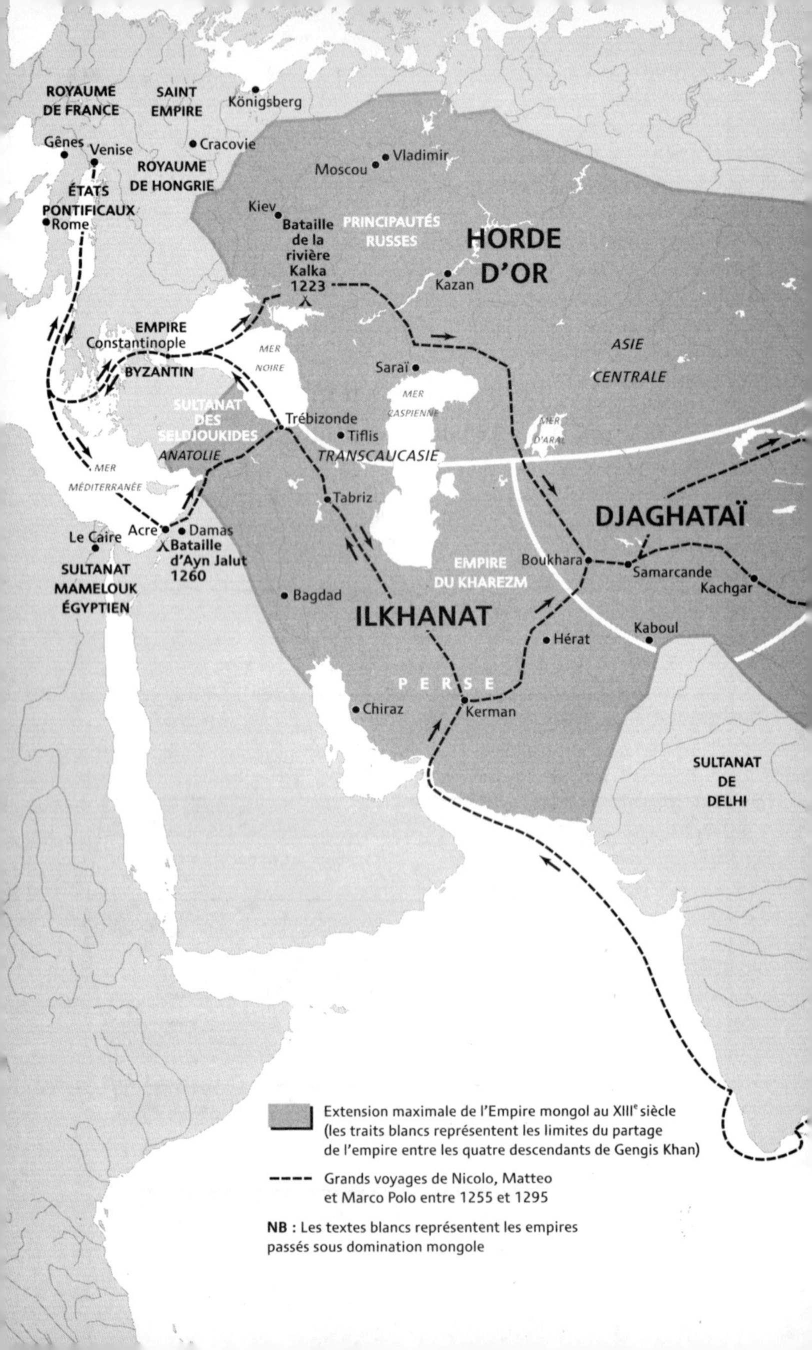
ROYAUME DE FRANCE
SAINT EMPIRE
Königsberg
Gênes
Venise
Cracovie
ROYAUME DE HONGRIE
ÉTATS PONTIFICAUX
Rome
Moscou
Vladimir
Kiev
Bataille de la rivière Kalka 1223
PRINCIPAUTÉS RUSSES
HORDE D'OR
Kazan
EMPIRE BYZANTIN
Constantinople
MER NOIRE
Saraï
MER CASPIENNE
ASIE CENTRALE
MER D'ARAL
SULTANAT DES SELDJOUKIDES
ANATOLIE
Trébizonde
Tiflis
TRANSCAUCASIE
MER MÉDITERRANÉE
Tabriz
DJAGHATAÏ
Le Caire
Acre
Damas
Bataille d'Ayn Jalut 1260
SULTANAT MAMELOUK ÉGYPTIEN
EMPIRE DU KHAREZM
Boukhara
Samarcande
Kachgar
Bagdad
ILKHANAT
Hérat
Kaboul
PERSE
Chiraz
Kerman
SULTANAT DE DELHI
Extension maximale de l'Empire mongol au XIIIe siècle (les traits blancs représentent les limites du partage de l'empire entre les quatre descendants de Gengis Khan)
Grands voyages de Nicolo, Matteo et Marco Polo entre 1255 et 1295
NB : Les textes blancs représentent les empires passés sous domination mongole

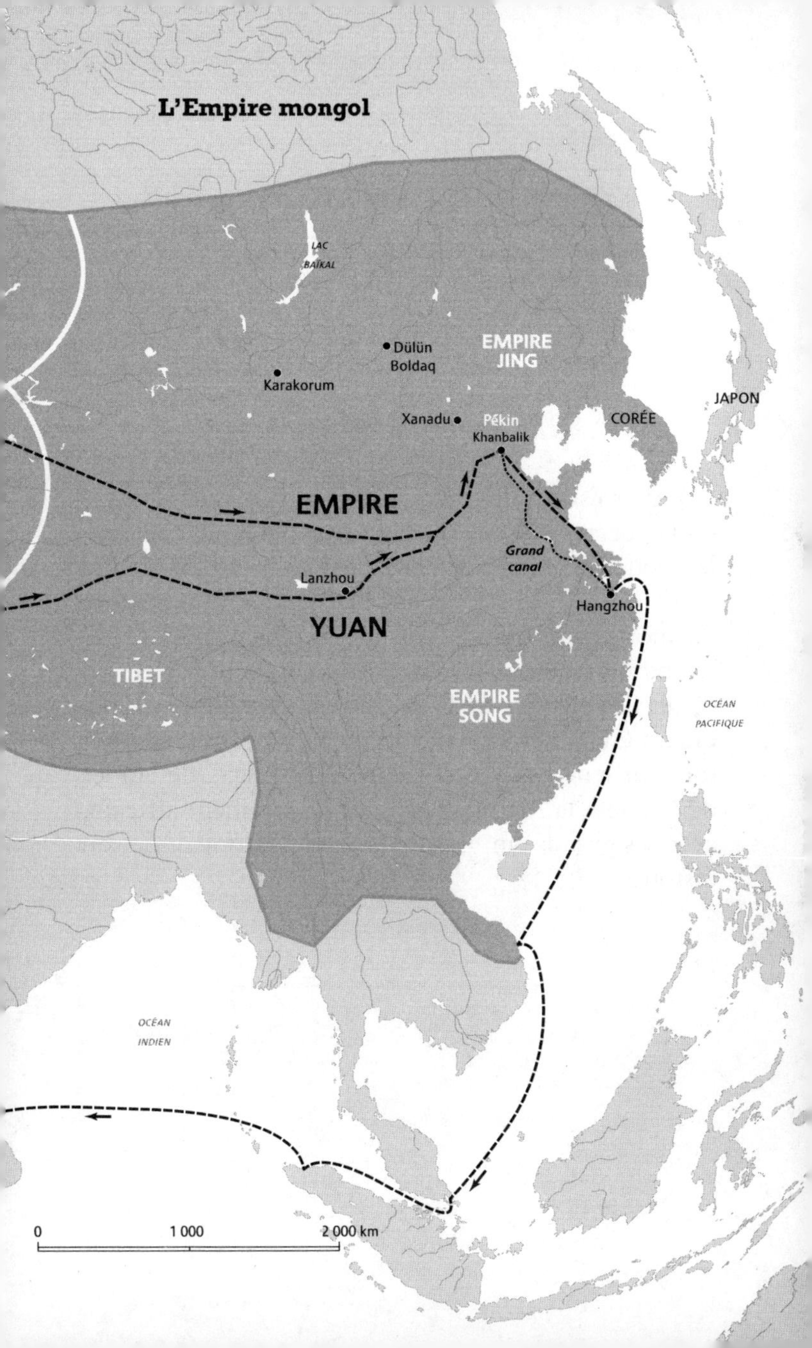
L'Empire mongol
LAC
BAÏKAL
Dülün
Boldaq
Karakorum
EMPIRE
JING
JAPON
CORÉE
Xanadu
Pékin
Khanbalik
EMPIRE
YUAN
Grand
canal
Lanzhou
Hangzhou
TIBET
EMPIRE
SONG
OCÉAN
PACIFIQUE
OCÉAN
INDIEN
0
1 000
2 000 km

Les croisades, les cathédrales, la ligue hanséatique ou la guerre de Cent Ans : pour la mémoire occidentale, que de moments marquants dans la période qui court du XIIe au XVe siècle. À l'échelle de l'histoire du monde, pourtant, l'épisode le plus important du temps ne se passe ni à Azincourt ni à Jérusalem. Il surgit des steppes de l'Asie, autour des années 1200, quand Gengis Khan lance les conquêtes qui balayent tout sur leur passage et remodèlent l'Asie, de la mer de Chine à la Méditerranée. Et le continent africain, avec ses grands empires, vit un grand moment de son histoire…

13

Beau et sombre Moyen Âge

XIIe – XIVe siècle

À partir du XIe siècle, des progrès dans l'agriculture ouvrent sur une période de plus grande prospérité qui entraîne des bouleversements en chaîne…

Demandez à un médiéviste le mot qu'il déteste le plus, il répondra : le Moyen Âge. L'expression, il faut le reconnaître, n'est pas tentante. On s'en fait des idées de temps archaïques, barbares, obscurs. Cet âge moyen, dans le sens d'intermédiaire, a été inventé par opposition à la période suivante. Les hommes des XVe et XVIe siècles, obsédés par la grandeur de l'Antiquité gréco-romaine, entendent la faire « renaître » par les arts et les lettres. D'où le nom de Renaissance. Dans ce schéma, le millénaire qui les sépare de la fin de Rome n'est rien d'autre qu'une longue parenthèse. Les médiévistes ont raison de s'insurger contre cette façon de voir les choses. Elle est trompeuse. Durant ce millénaire, il y eut, en effet, des périodes sombres. Au début, c'est-à-dire au moment des grandes invasions qui mirent fin à l'empire d'Occident[1], et à la fin, à partir du XIVe siècle, on en parlera plus bas. Entre les deux, que d'aventures, que d'évolutions, que de progrès !

À partir du XIe siècle, le climat est plus doux. On défriche de nouvelles terres. Des innovations agricoles se multiplient, comme l'usage du cheval de labour, qui remplace avantageusement le bœuf ; l'assolement triennal, et non biennal comme auparavant. Ces changements permettent une production plus abondante qui conduit à une augmentation considérable de la population et à un essor général de l'Europe. Pour qualifier ce moment faste, un historien américain a utilisé l'expression de « renaissance du XIIe siècle[2] ». Le grand médiéviste français Jacques Le Goff parle du « beau Moyen Âge », et le situe entre 1150 et 1250.

L'Europe occidentale n'est pas encore au niveau des immenses civilisations dont nous venons de parler, celles qui brillent à Bagdad ou Changan, mais, portée par cette dynamique démographique, elle subit une série de bouleversements qui accélèrent sa mutation. Ils concernent tous les domaines, la religion, l'économie, le champ du savoir, l'organisation politique. Par souci de clarté, présentons-les à la suite.

---

1. Voir chapitre 7.
2. Charles Haskins, dont le livre le plus connu, publié en 1927, s'intitule *The Renaissance of the Twelfth Century*.

Le temps des papes et des croisades

À partir de la fin du XIe siècle, l'Europe chrétienne se sent si forte qu'elle est capable de s'étendre et même de mener ses premières expéditions outre-mer. C'est l'épisode des croisades. Dans l'esprit commun, le mot désigne essentiellement celles qu'ont menées les chevaliers occidentaux en Terre sainte. Il y eut bien d'autres croisades, en Europe, même, on en reparlera plus bas. Toutes ces entreprises ont en commun d'être conduites au nom de Dieu et lancées à l'appel du pape. On s'en souvient, un conflit séculaire oppose, depuis Charlemagne, le pouvoir temporel des rois et des empereurs au chef de l'Église[1]. Grâce à ces guerres saintes, c'est lui qui prend la main. Il apparaît pour un temps comme l'homme fort de l'Occident, le véritable chef de la chrétienté.

Les croisades en Terre sainte

Puisqu'elles sont restées les plus célèbres, attaquons par les expéditions en Terre sainte. Pour comprendre comment elles ont commencé, il nous faut d'abord nous rendre de ce côté-là du monde et découvrir la place qu'y occupe désormais un peuple nouveau dans la région, les Turcs.

Nomades originaires d'Asie centrale, ils sont entrés dans le monde abbasside d'abord comme soldats, au service des califes. Peu à peu, ils s'y sont installés par tribus entières et y ont pris tant de puissance

1. Voir chapitre 10.

qu'ils s'y sont taillé de véritables États. À la fin du XIe siècle, un chef turc rêve de conquérir l'Empire byzantin. Sa victoire écrasante à Manzikert, une ville située non loin du lac de Van, en 1071, lui ouvre la voie de toute l'Asie Mineure. Le péril est imminent. L'empereur de Constantinople a besoin d'un allié. Il se résout à faire appel aux chrétiens de l'autre bord, ceux du monde latin.

Le pape Urbain II décide de se lancer dans l'aventure. La lutte contre les Turcs concerne aussi le monde romain car ceux-ci, qui contrôlent une partie du Proche-Orient, perturbent les pèlerinages à Jérusalem. L'opération présente un autre avantage. Elle permettra au pontife d'imposer sa voix dans la chrétienté. En 1095, lors du concile de Clermont, en Auvergne, il lance un vibrant appel à tous les seigneurs chrétiens. Au lieu de se battre entre eux, ceux-ci feraient mieux de combattre pour la sainte foi et seront récompensés. Tous ceux qui iront « délivrer le tombeau du Christ » auront droit à la rémission de leurs péchés. Les chevaliers qui répondent à l'appel prennent l'habitude de coudre une croix sur leurs vêtements, lors de leur départ. C'est l'origine du nom de croisade que, plus tard, on donnera à l'épisode historique qui vient de commencer.

Il dure deux siècles et commence mal. En 1096, les premiers à répondre à la demande du pape sont des pauvres gens, conduits par des prédicateurs fanatisés. Quand il voit arriver devant Constantinople ces foules déguenillées, l'empereur, horrifié, leur ferme les portes de sa ville. Les malheureux finissent par mourir dans les sables du désert. Quelques mois après, les « barons », chevaliers bien armés, leur succèdent. Avec leurs troupes immenses, ils déferlent sur la côte proche-orientale, s'y taillent un collier de petits royaumes et, en juillet 1099, accèdent au Graal : ils prennent Jérusalem, dans un mélange d'extrême violence et de fièvre mystique.

Les Orientaux, pris de court, n'ont pas résisté à ce tsunami. En quelques décennies, ils se reprennent. Dans les années 1140, un émir reconquiert Édesse. L'Occident s'émeut. Le pape, aidé cette fois de Bernard de Clairvaux, futur saint Bernard, prêche une nouvelle croisade. C'est la deuxième. Il y en aura neuf. On y verra des gens de toute sorte, des pauvres et des grands, des aventuriers et des âmes pieuses ; des horreurs et des actes de bravoure.

Le plus célèbre héros musulman de la période entre en scène dans la seconde moitié du XIIe siècle : Salah ad-Din, Saladin, est un guerrier kurde. Neveu d'un général, travaillant pour un des émirs de la région, il taille son chemin. Devenu vizir du dernier calife fatimide d'Égypte, il réussit à prendre le pouvoir. Sultan d'Égypte, il lui adjoint bientôt la Syrie. En 1187, il reprend Jérusalem aux croisés. Nouveau choc terrible en Occident. Nouvelle croisade, c'est la troisième. Elle est conduite par un empereur du Saint Empire, Frédéric Barberousse, mais il se noie en chemin en traversant une rivière. Deux rois suivent, Philippe Auguste, roi de France, et son cousin Richard Ier Cœur de Lion, roi d'Angleterre, mais ils repartent sans être arrivés à rien.

La quatrième croisade atteint un sommet d'absurdité : elle aboutit à une guerre entre chrétiens. Armés par Venise, les croisés, embringués dans les rivalités entre prétendants au trône byzantin, mettent à sac Constantinople dont ils chassent les empereurs grecs pour fonder un éphémère « Empire latin » (1204-1261). L'horrible pillage de leur capitale leur vaudra, de la part des Byzantins une haine durable.

Les autres expéditions ne sont guère plus réussies. Saint Louis, le pieux roi de France, engage la septième et, voulant reconquérir l'Égypte, s'y trouve prisonnier. Libéré contre rançon, revenu en France, il repart pour la huitième. Elle s'achève devant Tunis, où il meurt du typhus. On en compte encore une neuvième. Elle échoue également. En 1291, les mamelouks, des soldats esclaves qui dirigent maintenant l'Égypte[1], conquièrent les dernières places latines en Syrie-Palestine. Fin de la séquence.

Resté le symbole du premier affrontement entre le monde chrétien et le monde musulman, l'épisode, c'est évident, pèse toujours sur les mémoires. Pourtant, son bilan est mince. Côté oriental, il aura permis à l'Égypte, réorganisée par les Ayyubides, dynastie fondée par Saladin, de devenir la grande puissance du Proche-Orient. Côté occidental, il n'aura pas fait gagner grand-chose à quiconque, sauf à Venise et Gênes. Les deux cités commerçantes rivales, qui ont installé des comptoirs sur le littoral de Méditerranée orientale et ont tiré grand profit de l'aventure, grâce

1. Voir chapitre suivant.

à la relance du grand commerce[1] et à la vente d'armes à tous les protagonistes.

Les croisades espagnoles et baltes

L'Occident entamait sa croissance. Les papes avaient à cœur d'étendre le christianisme de tous côtés et par tous les moyens. Ils prêchèrent bien d'autres croisades qui, contrairement aux premières, eurent des conséquences durables.

Avant même le concile de Clermont, Rome avait exhorté les chevaliers chrétiens à un autre combat. Il leur fallait aider les rois chrétiens du nord de l'Espagne, engagés dans la « reconquête » de la Péninsule contre les musulmans. Aux alentours de l'an mil, le rapport de force s'inverse dans la péninsule Ibérique. Le puissant califat de Cordoue, à son apogée au Xe siècle, éclate en de nombreux petits États et subit bientôt par deux fois l'invasion de dynasties berbères venues du sud du Maroc qui déstabilisent l'Andalousie arabe en lui imposant leur islam du désert, puritain et austère, très opposé à sa tradition ouverte et hédoniste. Au nord, au contraire, les chrétiens, éparpillés au départ en petites entités, se rassemblent et reprennent l'offensive. Trois royaumes vont bientôt dominer la scène, l'Aragon, la Castille et le Portugal. Ce sont eux qui mènent la lutte pour repousser l'islam. Ils le font au nom de la foi chrétienne, avec l'aide constante des seigneurs

1. C'est ainsi qu'on appelle, au Moyen Âge, le commerce international.

et des grands ordres monastiques de la chrétienté et, donc, l'appui des papes. L'alliance est payante. En 1212, la victoire d'une vaste coalition de troupes chrétiennes à Las Navas de Tolosa marque le grand tournant de la Reconquista. À partir de cette date, le petit royaume de Grenade, cantonné à l'extrême sud de la Péninsule, devient l'ultime bastion de la présence musulmane en Espagne.

À la pointe nord-est de l'Europe, où se trouvent aujourd'hui une partie de la Pologne, le territoire de Kaliningrad et les pays baltes, de nombreux peuples slaves sont encore païens. À la fin du XIIe siècle, le pape lance, là aussi, une croisade pour les forcer à adopter la foi chrétienne. Des Scandinaves, et surtout des chevaliers allemands, y participent mais ce mouvement de conquête militaire s'accompagne d'une véritable politique démographique. L'Allemagne est alors surpeuplée. Des milliers de paysans allemands sont appelés à s'installer dans les villes ou dans les campagnes, le long de la Baltique, de la Pologne à la Finlande, où ils feront souche jusqu'au XXe siècle.

Quand ils se sont installés en Palestine, les croisés ont fondé divers ordres militaires, pour défendre les États latins de Terre sainte, le plus célèbre étant celui des Templiers. En 1190, des nobles d'origine germanique avaient, devant Saint-Jean-d'Acre, fondé l'ordre des chevaliers Teutoniques. Envoyé au bord de la Baltique, aux confins de la Pologne et de la Lituanie, il engage une longue guerre sanglante contre les Vieux-Prussiens, un peuple qui refuse de se soumettre. Pour asseoir son pouvoir, l'ordre fonde aussi des villes forteresses, qu'il tient d'une main de fer, comme Königsberg (1255). Elles sont à l'origine de la future Prusse[1].

Les croisades contre les hérétiques

De même qu'elle repousse les infidèles à ses frontières, l'Europe chrétienne engage la lutte contre ceux qu'elle ressent comme des ennemis intérieurs. Les cathares – étymologiquement les « purs » – prêchent une religion dualiste, distinguant le monde du bien et celui du mal, inspirée du manichéisme perse. Ils prospèrent dans le Languedoc et sont bientôt jugés hérétiques. Pour en venir à bout, le pape prêche en 1209 la croisade dite « des Albigeois », car la ville d'Albi est un centre cathare. Dans l'affaire, comme c'est évidemment toujours le cas, les motifs religieux se mêlent aux intérêts les plus séculiers : les nombreux seigneurs du nord du royaume de France participent à l'opération car elle permet au passage de mettre la main sur de riches terres du Sud.

Alors que païens, hérétiques et infidèles musulmans disparaissent peu à peu d'Europe, les Juifs restent la dernière minorité au sein de la chrétienté, comme aime à se définir désormais l'Europe. Sauf durant quelques périodes de persécution, assez rares, ils ont jusque-là vécu tranquillement dans des pays qui sont les leurs depuis l'Antiquité. Le

1. Voir chapitre 27.

temps du malheur commence par la première croisade. En 1096, alors qu'elles font route pour la lointaine Jérusalem, les foules fanatisées massacrent au passage de nombreux Juifs qui demeurent dans la vallée du Rhin et dans le nord-est du royaume de France. En 1215, le concile de Latran (à Rome), qui cherche par ailleurs les moyens d'en finir avec les hérésies, impose aux Juifs et aux Sarrasins de porter sur leurs vêtements des signes distinctifs, ce qui est une façon de commencer à les mettre en marge de la société. Diverses rumeurs courent bientôt les villes, qui affirment que les Juifs mangent des enfants chrétiens durant leurs cérémonies religieuses. Ces « crimes rituels », tous purement imaginaires, évidemment, alimentent la haine. Les princes suivent bientôt la voix des peuples, qui suivaient celle des prêtres. En 1290, le roi d'Angleterre expulse les Juifs de son royaume. Dans le siècle qui suit l'imitent le roi de France et l'empereur du Saint Empire. Chassés de partout, de nombreux Juifs s'installent en Pologne, un des seuls pays du monde chrétien qui les accueille.

La naissance des ordres mendiants

L'Église est au plus haut. Sûre de sa force, elle arrive même à intégrer ceux qui la remettent en question.

François d'Assise (1182-1226) est le fils d'un riche marchand d'Ombrie. Après une jeunesse dissipée, il renonce à tous les biens du monde pour retrouver les vertus évangéliques et consacrer sa vie à un idéal de pauvreté, d'humilité, de dialogue. Il est bientôt suivi dans ce chemin par de nombreux disciples. Le pape sent la force de ce nouveau courant, et ne la laisse pas s'échapper. Fait rarissime dans l'Église, François est canonisé deux ans à peine après sa mort, et l'ordre des franciscains qu'il a fondé entre au service de Rome.

Presque en même temps, Dominique de Guzmàn (1170-1221), un noble espagnol devenu chanoine, ayant traversé le Languedoc acquis aux cathares, a décidé de consacrer sa vie à prêcher l'Évangile pour contrer l'hérésie. Il est lui aussi rapidement canonisé (1234) et le pape charge l'ordre des prêcheurs, qu'on appelle aussi les dominicains, de juger les hérétiques, dans des tribunaux créés à cette occasion, l'Inquisition.

Franciscains et dominicains qui viennent d'apparaître ont une autre caractéristique en commun. Jusqu'alors, les moines demeuraient dans des monastères, installés dans les campagnes qu'ils ont d'ailleurs largement contribué à mettre en valeur. Ils y vivaient entre autres des revenus de leurs vastes domaines. Les nouveaux venus décident de former des ordres qu'ils disent « mendiants », car ils entendent subvenir à leurs besoins grâce à la charité, et ils investissent un univers alors en plein essor, les villes.

★
★ ★

Le temps des villes et du commerce

Brillantes, puissantes, très peuplées au temps de l'Empire romain, les villes d'Occident, saccagées, pillées, ont été désertées au temps des invasions barbares. À partir du XIe siècle, la croissance démographique pousse les gens des campagnes à s'y installer pour y travailler chez les artisans et les commerçants dont l'activité se développe. Le retour de l'Europe à une civilisation urbaine change tout. L'ordre politique en est bouleversé. Le monde paysan était soumis au seigneur dont la protection lui était vitale. Les habitants des villes, les bourgeois, à l'abri de leurs remparts, commencent à s'unir pour le défier. Rassemblés selon leurs métiers, en guildes, en confréries, ils cherchent à obtenir des chartes qui garantiront leurs « libertés », par exemple celle de pouvoir tenir un marché ou d'être exempté de tel droit féodal. Ils se mettent aussi à défendre leurs intérêts communs : ils forment des communes. Aux XIIe et XIIIe siècles, ce mouvement communal monte en puissance, au moins dans les zones d'Europe les plus développées. En France, il est très soutenu par les rois, qui y voient un moyen de rehausser leur pouvoir en abaissant celui des seigneurs.

Grâce à la prospérité de Venise qui, à partir des ports d'Égypte, contrôle le commerce des biens précieux venus du lointain d'Orient, ou de Gênes, qui établit des comptoirs jusqu'à la mer Noire, l'Italie du Nord s'enrichit considérablement. Quelques cités, comme Florence ou Milan, en jouant habilement des rivalités qui opposent dans cette région l'empereur du Saint Empire et le pape, s'affranchissent peu à peu de toute tutelle pour devenir quasi indépendantes.

En Flandre, Gand, Bruges prospèrent, grâce au tissage du drap, fabriqué avec la laine des moutons anglais.

Le nord du Saint Empire participe de cet essor. En 1241, les villes de Hambourg et de Lübeck ont l'idée de former une union commerciale destinée à porter un secours mutuel à leurs marchands et à défendre leurs intérêts. Ce genre d'union s'appelle une hanse. De Londres à Novgorod, de nombreuses villes se joignent à cette ligue hanséatique, qui développe le commerce à travers la mer du Nord et la Baltique, d'où reviennent le poisson séché, les fourrures, l'ambre et le bois qu'on trouve dans le monde russe.

Les biens issus de ces trois grandes zones s'échangent dans de grandes foires commerciales où, à date fixe, se retrouvent les marchands. Les plus célèbres se tiennent en Champagne.

La multiplication des échanges, enfin, bouleverse le système économique. Les monnaies d'or avaient disparu en Occident depuis la fin de l'Empire romain. Elles réapparaissent sous de nouveaux noms, le florin, frappé à Florence, ou le ducat de Venise, dont le nom rend hommage aux ducs de la ville, les doges. Dans le nord de l'Italie, les changeurs utilisent comme étal un banc, d'où la naissance des premières banques. À Bruges, en Flandre, les marchands prennent l'habitude de se retrouver sur une place où habite la riche famille Van der Beurse (ou Burse).

Selon certains lexicographes, le mot de bourse, dans son sens financier, en dérive.

★
★ ★

Le temps des cathédrales et des universités

L'expansion des villes transforme l'ordre culturel. Pour accueillir les fidèles nombreux qui y vivent, pour témoigner de leur puissance face aux seigneurs, les cités cherchent à édifier des églises plus vastes que les modestes édifices du style roman. Par une heureuse concomitance, en Île-de-France et en Picardie, des artisans mettent au point une technique architecturale révolutionnaire : en croisant les ogives, ce qui permet d'augmenter la portance des piliers, on peut construire des bâtiments plus hauts et plus grands. Le chanoine Suger (1081-1151), abbé de Saint-Denis et conseiller du roi de France, promeut dans tout l'Occident cet art nouveau qui permet aux cathédrales, sièges des évêques, d'affirmer la grandeur de l'Église. La Renaissance, pour le décrier, appellera cet art « gothique », c'est-à-dire barbare. Le qualificatif est méprisant et injuste : l'architecture dite gothique est toute en finesse, toute en hauteur et, parée de ses vitraux magnifiques, plus lumineuse qu'on ne le vit jamais.

Depuis les grandes invasions, on ne pratiquait plus l'étude que dans les monastères. L'essor des villes permet aux élèves de s'y retrouver pour venir étudier auprès des maîtres. Les compagnies dans lesquelles ils prennent l'habitude de se regrouper sont à l'origine des universités. La première est à Bologne. Celle de Paris est fondée par le théologien Robert de Sorbon (1201-1274). Toutes se nourrissent des savoirs nouveaux qui arrivent alors en Occident, et permettent leur développement. Il n'est pas inutile de se souvenir d'où ils viennent.

Quand ils ont « reconquis » l'Espagne à partir du XIe siècle, les rois chrétiens en ont chassé les Arabes, mais ont pris grand soin de s'approprier les connaissances qu'ils avaient acquises. À Tolède, par exemple, se met en place un grand centre où Juifs et chrétiens d'Espagne parlant l'arabe traduisent en latin les riches ouvrages des bibliothèques d'Andalousie. Le même phénomène se produit en Sicile, que les Normands ont prise aux musulmans[1]. Ces deux sources permettent un transfert technologique et intellectuel considérable[2]. L'Europe redécouvre Aristote, qui n'était plus connu que de façon parcellaire, grâce aux commentaires qu'en ont faits les grands penseurs musulmans Avicenne et Averroès. Les traités de médecine sont directement traduits des ouvrages qui avaient cours à Bagdad ou Cordoue, comme ceux de mathématique ou d'astronomie, sciences dans les-

1. Voir chapitre 11.

2. Voir François Reynaert, *L'Orient mystérieux et autres fadaises*, *op. cit.*

quelles les Arabes excellaient. Et les grands savants du Moyen Âge européen, considérés aujourd'hui comme les prédécesseurs de la science moderne, comme les Anglais Robert Grosseteste (1175-1253) ou Roger Bacon (1214-1294), n'ont jamais caché que tout ce qu'ils savaient venait d'Orient. Dans ces domaines aussi, le vocabulaire témoigne de ce legs : les chiffres arabes, dont nous avons vu qu'ils ont été mis au point par les Indiens, doivent ce nom au fait que l'Occident est allé les chercher en Espagne[1]. Le mot « algèbre » dérive du titre d'un traité écrit par le mathématicien al-Khuwarizmi, dont on a déjà dit que son nom était à l'origine du mot algorithme[2].

Les mœurs s'adoucissent. Certains raffinements arrivent eux aussi d'Orient, via l'Espagne, comme le fait de boire dans du verre, ou de manger plus proprement. D'autres sont le fait de l'évolution de l'Église. Le quatrième concile de Latran, si brutal envers les hérétiques et les Juifs, a mieux traité d'autres enfants de Dieu. Les évêques y décident que le mariage chrétien doit reposer sur une égalité de consentement entre les époux. Jacques Le Goff y voit la preuve qu'à sa manière, le Moyen Âge est féministe. De fait, l'époque voit naître la littérature courtoise, celle des troubadours, qui chante et célèbre la Dame, ce personnage digne de toutes les attentions et tous les respects, que l'Antiquité ou le monde oriental ignoraient superbement.

1. Voir chapitre 6.
2. Voir chapitre 8.

★
★ ★

Le temps des rois de France

Avec tous ces bouleversements, la carte politique de l'Europe finit par changer du tout au tout, elle aussi. L'organisation de la société est toujours la même, en principe, que celle qui dure depuis l'époque carolingienne : nous sommes toujours dans les temps féodaux, avec seigneurs et châteaux. Et le souverain le plus important de l'Occident est toujours l'empereur. Seulement cette couronne est de plus en plus vacillante, et ce titre symbolique. Le dernier à le porter haut est Frédéric II Hohenstaufen (1194-1250), un des princes les plus extraordinaires du Moyen Âge. Descendant des rois normands de Sicile par sa mère, il naît et est élevé à Palerme où vivent encore de nombreux Sarrasins. Cela lui vaut de parler aussi bien l'arabe que le latin. Prince allemand par son père, il est bientôt élu empereur du Saint Empire. Comme nombre de ses prédécesseurs, il passe sa vie en conflit avec les papes, qui l'excommunient à plusieurs reprises. Cela ne l'empêche pas de diriger la sixième croisade et de reprendre Jérusalem. Il le fait même sans verser de sang. Au grand scandale de l'Europe, il emporte l'affaire par accord avec le sultan d'Égypte, qui est son ami. Trait d'union vivant entre l'Italie du Sud et le monde germanique, entre l'Orient et l'Occident, il s'imagine à la tête d'un empire universel, mais son rêve meurt avec lui. Le Saint Empire est incapable d'élire son successeur. La grosse machine sombre pour vingt-trois ans dans un temps d'anarchie, c'est le Grand Interrègne (1250-1273).

De l'autre côté du Rhône et de la Saône, la France, hier encore incertain petit royaume, est devenue la puissance de premier plan. Trois grands rois font beaucoup pour consolider cette position. Philippe Auguste (1165-1223) mène une dure bataille contre les grands féodaux qui contrent son autorité. En créant les baillis, des agents chargés de faire valoir sa juridiction dans tout le royaume, il pose les bases d'une administration qui ne dépend que de son pouvoir. En guerroyant sans cesse contre ses rivaux, il réussit à agrandir considérablement son territoire.

Par sa piété, par son obstination à régler les conflits entre princes par des traités plutôt que par la guerre, son petit-fils Louis IX (règne : 1226-1270), futur Saint Louis, campe le modèle du prince chrétien.

Philippe IV le Bel (règne : 1285-1314) enfin, règne sur un royaume de 20 millions de sujets, le plus vaste d'Europe. Il entend ne laisser personne contester son autorité, fût-il assis sur le trône de saint Pierre. Toujours à court d'argent, il décide de faire payer un impôt par son clergé. Furieux de ne pas avoir été mis au courant d'une affaire qui concerne l'Église, le pape proteste vertement. Le roi ne se démonte pas. Il convoque une assemblée pour faire juger le pape, puis envoie un légat à Agnani, en Italie, où se trouve le pontife, pour le faire arrêter. Traumatisé par l'événement, le malheureux Boniface VIII meurt quelques mois plus tard. Philippe en profite pour faire nommer à la tête de l'Église un évêque français et l'oblige à s'installer en Avignon (1305), une ville d'Empire que seul le Rhône sépare de son royaume. On a vu la période commencer par le triomphe des papes prêchant les croisades. Ils sont désormais les jouets des rois.

★
★ ★

Le retour des calamités

Nous voilà au XIVe, siècle terrible. Le « beau Moyen Âge » fait place à des temps sombres. Tout le magnifique édifice que nous venons de décrire semble s'écrouler.

Installés en Avignon dans de riches palais, les papes sont la cible de nombreux prêcheurs qui dénoncent leur luxe ostentatoire. Les grandes familles romaines ne cessent de faire pression sur eux pour qu'ils reviennent dans leur ville, où ils étaient sous leur contrôle. En 1377, un pape se décide enfin à réélire domicile à Rome, mais de sombres intrigues l'en font repartir. Alors qu'il se réinstalle en Avignon, un collège de cardinaux romains élit un autre pape. Il y en a donc deux. C'est le Grand Schisme, un des moments les plus dramatiques de l'histoire de l'Église, une déchirure traumatisante pour tous les chrétiens, d'autant plus difficile à apaiser qu'elle est envenimée par les rivalités entre États qui soutiennent l'un ou l'autre pontife. Les choses s'enveniment à tel point qu'un concile, convoqué pour mettre fin à l'aberration des deux papes, aboutit à en élire un troisième. Il faut attendre le concile de Constance (1414-1418) pour qu'on en revienne à la normale. Un seul pape règne à Rome. L'autorité qui était la sienne deux ou trois siècles auparavant est un lointain souvenir.

Le triomphe de la monarchie française aura été, lui aussi, de courte durée. Le temps de la paix également. Voici venu celui des horreurs de la guerre. Après Philippe le Bel, règnent ses fils. Tous meurent sans descendants. À qui doit revenir la couronne ? Les seigneurs français poussent sur le trône, en 1328, un membre d'une branche cadette de la famille capétienne, les Valois. De l'autre côté de la Manche, un autre candidat était possible et ne manquait pas de titres pour cela. Édouard III est roi d'Angleterre. Il est donc aussi duc de Normandie. Et duc d'Anjou, par sa famille, les Plantagenêts, qui sont issus de cette région. Il possède également l'Aquitaine, anglaise depuis le temps où sa duchesse, la reine Aliénor, a épousé un roi anglais. De surcroît, ce même Édouard est le petit-fils de Philippe le Bel, par sa mère, Isabelle de France, qui a épousé le roi Édouard II. N'est-ce pas assez ? En 1338, il débarque en Flandre pour faire valoir ses droits à la couronne de France. Débute un conflit terrible et meurtrier qui voit s'affronter Valois et Plantagenêts. À cause de sa longueur, les historiens le nommeront la guerre de Cent Ans. Dans les faits, elle durera un peu plus. Elle aussi change le visage de l'Europe.

Après des premiers affrontements, puis des trêves, le conflit rebondit au début du XVe siècle. Grâce à ses archers, qui ont massacré la chevalerie française lors de la bataille d'Azincourt (1415), le brillant roi d'Angleterre Henri V peut imposer au roi de France Charles VI un traité qui doit enfin garantir la paix. Il épousera sa fille, et ainsi, leur descendance à tous les deux réunira leurs deux royaumes de France et d'Angleterre sous une même couronne. C'est la « double monarchie ». Eût-elle fonctionné, peut-être aurait-elle créé un nouveau puissant royaume en Europe. Le destin en a décidé autrement. Henri V meurt prématurément. Et Charles, un des fils du roi de France, entend tout mettre en œuvre pour bloquer un accord qui l'écarte du trône. Aidé par Jeanne d'Arc, une paysanne lorraine inspirée et mystique, il réussit à se faire sacrer roi de France à Reims. Devenu Charles VII, il parvient, en vingt ans, à chasser les Anglais de toutes leurs possessions continentales pour les rejeter de l'autre côté de la Manche.

Avec ces sombres histoires de préséance, de vassaux et de suzerains qui opposaient Édouard III d'Angleterre et son cousin Philippe de Valois, la guerre de Cent Ans a commencé comme un conflit féodal, opposant non pas deux peuples, mais deux seigneurs entre eux. Sa fin ouvre sur autre chose. Quoiqu'il soit encore embryonnaire, le sentiment national, qui fait que les Français se sentent français et les Anglais anglais, fait son apparition. Le pouvoir royal progresse encore un peu plus : ainsi Charles VII, lassé des troupes de mercenaires qu'il fallait lever à chaque fois qu'on voulait faire la guerre et qui finissaient par ravager le pays quand on les renvoyait, inaugure-t-il un système appelé à un grand avenir. Il enrôle à son service la première armée française permanente.

La plus terrible épreuve de ce XIVe siècle, enfin, ne touche pas seulement les papes et les rois de la chrétienté. Elle est venue de bien plus loin, et affecte tout l'Ancien Monde. Inconnue en Europe depuis les temps de l'empereur Justinien, la peste, après avoir dévasté le monde musulman, débarque sur les côtes méditerranéennes en 1348 et se répand à la vitesse de l'éclair sur tout le continent. En quatre ans, cette maladie terrible, d'une contagiosité extrême, tue entre un tiers et une moitié de la population européenne, créant un choc démographique qu'il faudra des siècles pour combler.

14

Le siècle des Mongols

« Ils surgirent comme un ouragan pour terrifier une demi-douzaine de civilisations. Ils massacrèrent et détruisirent, conquirent et réorganisèrent à une échelle que seul le XXe siècle parviendra à égaler[1]. » L'irruption de peuples nomades fondant sur les mondes sédentaires pour en piller les richesses est presque un classique de l'histoire humaine, on l'a vu à plusieurs occasions dans ce livre. Celle des Mongols est d'une ampleur qui dépasse toutes les précédentes et fait de cet épisode historique l'événement le plus important du XIIIe siècle.

De ce peuple, on ne connaît au départ que peu de choses. Comme d'autres, il nomadise dans les steppes asiatiques, parle une langue du groupe altaïque, la famille des langues turques, et vit de l'élevage. Les clans se déplacent en suivant leurs troupeaux, emportant sur leurs lourds chars à bœufs leurs tentes

1. Lit-on dans J. M. Roberts, O. A. Westad, *Histoire du monde*, vol. 2, Perrin, 2016.

de peaux, les yourtes. Ils possèdent des chameaux à deux bosses pour commercer, des moutons mais surtout des chevaux, qui se comptent, nous explique Jean-Paul Roux, le grand spécialiste de cette culture, « par millions[1] ».

Gengis Khan et la conquête du monde

Le bouddhisme a pénétré leurs tribus, tout comme le christianisme de la branche nestorienne qui, par la Perse, s'est propagé jusque-là. La plupart restent toutefois attachés à la religion traditionnelle de la steppe. Elle est portée par les chamans, qui relient les hommes au monde des forces et des esprits et repose sur la croyance en une divinité unique, le Ciel. Cette façon de penser rejaillit sur leurs espérances terrestres. De même que le Ciel règne au-dessus de la terre, les Mongols attendent l'être exceptionnel qui réussira à les unir et à régner sur eux.

Temüjin voit le jour vers 1155. Les premiers temps de sa vie sont terribles. Il est encore enfant quand son père, un chef de clan, est assassiné. La famille, chassée, est condamnée à une vie d'errance et de misère que seule la force de la mère, un personnage au caractère de fer, leur permet de supporter. Aucune des épreuves qu'il endure n'abat le garçon, elles lui donnent au contraire une énergie hors du commun et la conviction qu'il en sera un jour vengé en devenant le chef qu'attend son peuple.

1. Jean-Paul Roux, *Histoire de l'Empire mongol*, Fayard, 1993.

Ayant retrouvé sa place dans un clan, il se révèle être un redoutable guerrier et réussit à fédérer autour de lui de plus en plus de tribus. Vers 1195, il se fait acclamer *khan* (souverain) des Mongols et assoit son pouvoir en promulguant le *yasaq*, un code de lois rigoureux qui s'impose à tous. En 1206, une nouvelle assemblée, plus nombreuse encore, en fait le prince suprême, appelé au plus haut destin. Il prend le nom, sous lequel nous le connaissons, de Gengis Khan, c'est-à-dire le souverain universel, celui qui va régner sur les terres et les océans. Dans son cas, l'appellation n'a rien de symbolique. Il entend la rendre concrète et lance ses armées à la conquête du monde.

La conquête du monde

Comme tous les peuples nomades d'Asie, les Mongols sont avant tout attirés par la Chine, pays qui impressionne et fascine. Celle-ci, comme souvent dans son histoire, est alors désunie. Au Sud règne la brillante dynastie des Song[1]. Au Nord, les Jin. La tornade s'abat sur eux en 1211, ils sont incapables de l'arrêter. En 1215, Pékin, la capitale, est prise. L'histoire veut que Gengis Khan n'ait même pas daigné y entrer. Il avait déjà tant à faire ailleurs.

De 1219 à 1225, ses troupes ravagent et conquièrent l'empire du Khorezm (qui s'étendait sur une partie de l'Iran, de l'Ouzbékistan et du Turkménistan d'aujourd'hui), qu'une riche dynastie perso-turque avait

1. Voir chapitre 9.

édifié sur cette partie du califat déclinant des Abbassides. Au même moment (1223), d'autres cavaliers mongols, après avoir atteint l'Anatolie et contourné la mer Noire, affrontent sur les bords de la rivière Kalka, dans l'actuelle Ukraine, une armée de princes russes appelés à la rescousse par les populations locales. Les princes ne doutent pas une minute qu'ils écraseront les misérables barbares qui ont osé venir les défier. Ils sont massacrés et le monde russe n'est sauvé que parce que lesdits barbares, après quelques pillages, repartent aussi vite qu'ils sont venus. Le répit est temporaire. Les Mongols viennent de faire un tour de chauffe.

En 1227, Gengis Khan meurt des suites d'une blessure accidentelle. Son fils Ögedeï lui succède. Sans doute inspiré par les nombreuses villes que son peuple a conquises, le nomade en fonde une : Karakorom, en Mongolie, dont il fait sa capitale. C'est là qu'il convoque les assemblées qui prennent les grandes décisions. L'une d'entre elles approuve le désir du nouveau grand khan de réaliser le rêve de son père de conquérir le monde entier. Les Mongols partent dans quatre directions pour le faire. Ils y arrivent presque.

Une épopée en quelques dates

Années 1230, conquête de l'Azerbaïdjan et de la Transcaucasie. L'Arménie est vassalisée, comme le sultanat turc des Seldjoukides[1], qui s'était installé en

1. Voir chapitre 8.

Asie Mineure. Depuis la Perse, assaut sur le Moyen-Orient.

En 1258, Bagdad, ancien centre du monde, perle des grands califes, prise et détruite, part en fumée.

Dans les années 1236-1241, depuis la Chine du Nord, conquête de l'Extrême-Orient. La Corée est assujettie. L'assaut est lancé sur la riche Chine du Sud, mais le climat, lourd et chaud, et les barrières de forêts le rendent long et difficile.

En 1240, à l'autre bout du monde, Kiev tombe. Le monde russe chute avec elle. L'Europe devient la nouvelle cible.

En 1241 une lourde armée composée de chevaliers allemands de l'ordre Teutonique et de Polonais ayant tenté de s'interposer face aux envahisseurs s'effondre. La déferlante continue. Cracovie est en flammes, la Hongrie est à feu et à sang, les Mongols baignent bientôt leurs montures dans l'Adriatique.

En un demi-siècle, semblant surgir de nulle part, ils auront ravagé tout l'Ancien Monde et étendu partout leur empire. On comprend que tous les peuples confrontés à cette calamité n'y aient vu d'abord qu'une manifestation surnaturelle, sans doute issue de l'enfer. Comment ont-ils fait ? Comment une telle équipée a-t-elle été possible ?

Aujourd'hui encore, les historiens continuent à multiplier les réponses à ces questions, faute d'en trouver une seule qui suffise. Les Mongols ont pour eux la rapidité des petits chevaux avec lesquels, véritables centaures, ils font corps. Ils sont même capables, en l'absence de points d'eau, de faire une incision à l'encolure de l'animal, pour s'abreuver de son sang. Ils possèdent des arcs à grande portée, qui leur permettent d'atteindre les adversaires sans être menacés par eux. Ils sont les rois de la ruse, aussi, capables de faire semblant de fuir pour contre-attaquer par surprise, ou d'abandonner un butin pour tromper l'adversaire sur leurs intentions. Contrairement à l'image de barbares hirsutes que l'histoire a souvent gardée d'eux, ils forment également une armée à la discipline d'airain, dans laquelle chaque soldat, sur sa vie, est responsable de la conduite de tous les autres. Leurs campagnes, nous explique Jean-Paul Roux, sont soigneusement préparées. Leur tactique ne cesse de s'améliorer. Ainsi, après leur conquête de la Chine du Nord, emmènent-ils avec eux les ingénieurs chinois capables de fabriquer les machines de siège les plus perfectionnées. Partout, ils usent de leur arme suprême, la plus impitoyable cruauté. Quand ils prennent une ville, ils peuvent en tuer tous les habitants méthodiquement, sauf les hommes de religion, qu'ils gracient par principe, ou les artisans, qu'ils épargnent par utilité. Il leur arrive aussi de décréter le massacre de tous les hommes au-dessus d'une certaine taille, ce qui aura pour effet de tétaniser d'effroi le reste de la population. Ou encore de garder en vie une partie de la population pour l'utiliser comme bouclier humain lors d'une de leur prochaine bataille. Cette sauvagerie deviendra légendaire. Elle est délibérée. Il s'agit d'inspirer assez de terreur dans le pays pour décourager toute velléité de résistance de la part de la ville suivante, qui sera appelée à se rendre sans combattre, sous peine de connaître le même sort. La méthode aboutit aussi à une dévastation totale de toutes les terres conquises. Citons le seul exemple de la Hongrie. Le pays, avant le passage des hordes des successeurs de Gengis Khan, est un des plus prospères d'Europe. Après les Mongols, qui n'y sont restés que quelques mois, il a perdu la moitié de sa population.

★
★ ★

Les quatre parties de l'Empire mongol

Dans la seconde moitié du XIIIe siècle, la progression fulgurante des conquérants marque un coup d'arrêt. D'Europe, les cavaliers repartent comme ils étaient venus, car ils sont appelés à Karakorom pour participer à la désignation d'un nouveau grand khan.

En 1260, deux ans après la destruction de Bagdad par Hulagu, un des petits-fils de Gengis Khan, ses armées subissent une de leurs premières défaites, à Ayn Jalut (un endroit situé aujourd'hui en Israël) face aux mamelouks égyptiens. Contrairement à ce qu'il leur arrive de faire ailleurs, ils ne cherchent pas à contre-attaquer mais se retirent du Proche-Orient. Il est probable qu'avec leurs milliers de chevaux, il leur était difficile de rester dans une région manquant cruellement de pâturages.

En Extrême-Orient, l'avancée continue un temps, puis s'arrête. La Chine du Sud est prise. Le Vietnam, la Birmanie et même Java, la grande île d'Indonésie, sont attaqués, mais ne sont pas occupés. Par deux fois, en 1274 et 1281, les Mongols tentent d'envahir le Japon avec des bateaux chinois. Les deux tentatives sont un échec. Lors de la seconde, les Japonais sont sauvés par une tempête qui détruit la marine des envahisseurs. Pour lui rendre grâce, ils la baptisent « vent divin ». En japonais cela se dit *kamikaze*. Le nom resservira, bien plus tard, contre d'autres assaillants.

Alors que leurs conquêtes ralentissent, les Mongols organisent celles qu'ils ont accumulées. Au temps de la guerre succède celui de la *pax mongolica*, la paix mongole. Les routes se reforment, le commerce repart, la communication, si importante dans un univers si vaste, fonctionne grâce à un système de poste qui fait l'admiration des voyageurs. Guerriers impitoyables, les Mongols s'avèrent des souverains plutôt ouverts en particulier sur le plan religieux. Pratiquant eux-mêmes des cultes divers, ils les tolèrent tous. Partout, les minorités religieuses connaissent un temps de prospérité.

Comme c'est le cas depuis Gengis Khan, le gigantesque empire est toujours placé sous la direction d'un unique grand khan. Dans les faits, à partir de 1260, il est divisé en quatre parties, que se partagent les descendants du mythique fondateur.

Au nord-ouest, l'un d'entre eux a fondé un clan, ou une horde, à laquelle l'histoire a donné le beau nom de Horde d'Or. Installés à Saraï, une ville qu'ils ont fondée sur la basse Volga[1], les khans qui se succèdent à sa tête contrôlent la steppe et l'ensemble du monde russe. Toutes les grandes principautés comme Kiev, Moscou ou la riche cité de Vladimir sont soumises aux gouverneurs qu'ils leur envoient et doivent payer de lourds tributs à leurs vainqueurs. Jusqu'au XIVe siècle, les Russes subissent ainsi ce qu'ils appellent le « joug tatar » ou « tartare », qui est le nom qu'ils donnent aux Mongols[2].

Au beau milieu des terres conquises, l'Asie centrale, avec les riches villes de la route de la Soie, comme Samarcande. Elle a été donnée à Djaghataï, le deuxième fils de Gengis Khan. Le khanat de Djaghataï est le nom de l'empire que se partagent ses descendants dans cette région.

Au sud-ouest, toute la Perse et le Moyen-Orient, tombés dans l'escarcelle d'Hulagu, petit-fils de Gengis Khan et conquérant de Bagdad. Il y forme l'Ilkhanat, un vaste État dont la capitale est Tabriz.

Enfin, à l'est, la plus prestigieuse part du butin, la Chine. En 1260, elle échoit à Kubilaï, un autre petit-fils du premier grand khan. Il s'installe à Pékin, rebaptisée Khanbalik (la ville du Khan) ou Dadu. Conquérant de la Chine du Sud dont il chasse les derniers Song, il fonde dans les années 1270 la dynastie des Yuan et entreprend les grands travaux qui renforcent l'unification de son empire. Sous son

---

1. Non loin de la ville actuelle de Volgograd.
2. Les Tartares sont un peuple de la steppe, qui fut ennemi des Mongols et battu par eux. Par glissement, leur nom a servi à désigner les Mongols dans toute l'Europe.

ordre est achevé le Grand Canal, qui va de Pékin à Hangzhou et permet aux hommes et aux biens de circuler du nord au sud et du sud au nord.

★
★ ★

Des mamelouks à Marco Polo

Les invasions mongoles ont remodelé l'Asie. L'onde de choc qu'elles ont produite modifie également l'organisation des terres qu'ils n'ont pas conquises.

Seul pays à avoir pu stopper par les armes la déferlante venue de l'est, l'Égypte retire un grand prestige de la victoire de ses mamelouks. Ces esclaves, achetés dans les pays du nord de la mer Noire, forment un ordre militaire d'élite. Ils sont si puissants qu'un de leur chef, en 1250, est devenu sultan, après avoir chassé du trône le dernier des Ayyubides, la dynastie fondée par Saladin. Baybars (1223-1277), mamelouk lui-même, est le général qui, à Ayn Jalut (1260), a barré la route aux Mongols. Auréolé de sa victoire, il rentre au Caire et élimine son rival pour se faire sultan. Politique rusé, il a l'idée d'accueillir dans sa capitale un des rares membres de la famille abbasside qui n'aient pas été assassinés lors de la prise de Bagdad. Sans lui donner le moindre pouvoir, il le nomme calife. Le symbole de l'unité religieuse de l'islam est ainsi à sa main. L'Égypte des mamelouks est devenue, pour trois siècles, la nouvelle grande puissance du monde arabe.

En entendant le récit des horreurs commises par les envahisseurs, l'Europe a d'abord été tétanisée. Ces barbares ne pouvaient annoncer que la fin du monde. Quand ils ont reflué s'est formée une idée inverse qui prend corps sur un vieux mythe, soudain réactivé. On se souvient que loin, très loin vers l'Orient vivrait le prêtre Jean, un descendant des Rois mages fabuleusement riche, qui aurait fondé un empire chrétien. Et si cet empire puissant que les Mongols viennent de faire naître en Asie était celui-là ? Pourquoi ne pas tenter de faire alliance avec lui pour prendre à revers les musulmans, avec qui on est en guerre en Terre sainte ?

Le pape envoie un ambassadeur (Plan Carpin, 1245-1247). Saint Louis, un peu plus tard (1253-1254) envoie le sien, un franciscain flamand nommé Guillaume de Rubrouck, qui rapportera de son voyage chez les Tartares un récit extraordinaire. L'un et l'autre sont fort bien reçus. De nombreux Mongols sont chrétiens – quoique de l'obédience nestorienne, ce qui horrifie d'ailleurs nos deux Latins –, ils sont ouverts à toutes les discussions religieuses avec les nouveaux venus : « De même que dieu a donné à la main plusieurs doigts, de même il a donné aux hommes plusieurs voies. » Les deux émissaires butent toutefois sur la plus profonde des convictions des grands khans. Ceux-ci sont des souverains universels. Ils ne comprennent même pas qu'on puisse leur proposer une alliance d'égal à égal avec des petits princes dont ils n'ont jamais entendu parler. Ils ne traiteront avec les rois et papes d'Occident que si ceux-ci acceptent d'être leurs vassaux.

La paix mongole présente un autre avantage. Elle rouvre les routes commerciales. Deux marchands de Venise, les frères Nicolo et Matteo Polo tentent l'aventure en 1260. Ils arrivent jusqu'en Chine, rencontrent l'empereur, en reviennent et y repartent en 1271, accompagnés cette fois de leur tout jeune fils et neveu, un certain Marco. Après un nouveau long périple, accompli le plus souvent à pied, celui-ci, avec son oncle et son père, y parvient en 1273. Il ne reverra Venise que vingt-deux ans plus tard. Entretemps, il aura, lui aussi, été admis à la cour de Kubilaï et travaillé pour lui à sillonner l'empire de long en large. L'empereur mongol, peu sûr de la loyauté des Chinois, aime employer des étrangers pour contrôler ses sujets. Autorisé enfin à repartir pour accompagner une princesse qu'on marie à un khan du Moyen-Orient, il revient dans sa ville natale en 1295. Nul n'aurait sans doute jamais rien su de son histoire s'il ne s'était trouvé pris au piège, quelques années plus tard, d'une de ces guerres que se livraient Venise et Gênes, emportées dans une concurrence farouche. Jeté en prison, ou peut-être simplement retenu en otage avec un certain Rusticello, il lui raconte tout ce qu'il a vu durant ses voyages – la vie à la cour de Kubilaï Khan, son somptueux palais d'été de Xanadu, la fabuleuse richesse de la Chine, un pays si incroyable qu'on peut y payer ses achats avec du papier, la beauté de la ville de Hangzhou, aux mille canaux. Il lui raconte aussi ce qu'il a entendu dire sur d'autres pays, comme ceux où les hommes ont des têtes de chien, ou celui où les maisons sont en or. Le talent de plume de son compagnon, qui a déjà écrit quelques romans, fait le reste, dans un français mêlé de pisan. Le *Devisement du monde* ou le *Livre des Merveilles du monde* devient une sorte de best-seller d'avant l'imprimerie, un livre que l'on copie et que l'on recopie encore, si lu, si commenté, si aimé qu'il met le même rêve dans la tête de tous ceux qui l'ouvrent. Eux aussi veulent aller voir le monde.

★
★★

Tamerlan, l'épilogue de l'ère mongole

Le monde mongol, depuis Gengis Khan, est réuni sous l'autorité d'un unique grand khan. À partir de 1260, Kubilaï est le cinquième à porter ce titre. Dans les faits, son pouvoir devient symbolique et l'empire, bien trop grand, se scinde peu à peu. Les quatre mondes qui le partagent parfois même se livrent des batailles et se font absorber par la culture des endroits où ils se sont installés. Les khans de la Horde d'Or, ceux d'Asie centrale et ceux de l'Ilkhanat de Perse se convertissent à l'islam. Les deux premiers finissent par se fondre dans la culture turque. Le troisième dans le monde perse. Le phénomène est encore plus marqué chez les Mongols de Chine, dont la puissante civilisation montre une fois de plus sa force et son attractivité. Kubilaï, dans les mœurs, l'habillement, la façon de conduire l'État, est rapidement sinisé, et la dynastie Yuan, qu'ils ont fondée, quoiqu'elle soit parfois considérée comme « étrangère » par les nationalistes sourcilleux, est intégrée à l'histoire chinoise. Les Mongols ont conquis le monde. En quelques décennies, le monde qu'ils ont conquis les absorbe.

Seul un étonnant hoquet de l'histoire rappelle, durant la seconde moitié du XIVe siècle, l'épopée qui avait transformé le XIIIe siècle. Il est le fait d'un guerrier turco-mongol né dans le khanat d'Asie centrale (dans une ville aujourd'hui située en Ouzbékistan), nommé Timour le boiteux, en perse *Timur-Lang*, ce qui, en Europe a donné Tamerlan (1336-1405). Devenu émir à Samarcande, il se sent assez inspiré et puissant pour repartir à la conquête du monde. Sa percée est spectaculaire. Il envahit toute l'Inde du Nord. Il ravage Delhi, puis met la main sur tout le Moyen-Orient, puis le Proche-Orient. Il assiège et prend Damas. En Anatolie, il réussit à écraser les troupes des Ottomans[1], nouvelles puissances de la région, et même à faire prisonnier leur sultan. Partout, l'horreur mongole semble renaître, encore plus épouvantable qu'elle ne fut. La cruauté de Tamerlan est vertigineuse. Il est resté célèbre pour les pyramides de crânes de prisonniers qu'il faisait dresser devant les villes vaincues. Il laisse derrière lui des champs de ruines, mais est incapable d'y faire repousser quoi que ce soit. Après sa mort, sa puissance s'effondre et son empire se désagrège. Quelques-uns de

1. Voir chapitre 16.

ses descendants, appelés les Timourides, réussissent néanmoins à faire prospérer de riches cités d'Asie centrale, comme Herat et Samarcande et à y faire édifier de splendides monuments que les touristes du XXIe siècle admirent encore.

15

Les grands empires africains du Moyen Âge

Ignorée pendant longtemps par l'Occident, l'histoire de l'Afrique est redécouverte peu à peu : partons donc sur la trace des grands empires qui prospérèrent dans le Sahel ou dans le sud du continent.

Jusqu'il y a peu, le continent noir n'avait droit, dans les livres d'histoire du monde, qu'à un traitement en très gros pointillés. On le croisait forcément au début de l'ouvrage : grâce à Lucy et à ses congénères des temps préhistoriques, il était entendu qu'il fallait commencer avec lui l'épopée humaine. Ensuite, on le perdait pour quelques bonnes centaines de millénaires pour ne le retrouver qu'à partir du XVe siècle, avec les premiers navigateurs portugais longeant ses côtes, préparant le terrain à la traite négrière, puis à la colonisation, c'est-à-dire au moment où les Blancs commençaient à s'intéresser à lui. Entre les deux ? Rien ou presque, une gigantesque parenthèse fixant dans les têtes l'idée d'un monde en stagnation, figé dans un âge de pierre éternel, peuplé d'immuables guerriers à sagaie dansant au son d'éternels tam-tams. Cette façon de voir a été façonnée au temps de la conquête coloniale, quand il s'agissait de prouver que seule l'Europe avait su « apporter la civilisation » à un univers qui en était dépourvu. Elle s'avère tenace. En 2007, un président de la République française, en visite au Sénégal, n'osa-t-il pas encore une formule disant à peu près la même chose, et restée célèbre pour cette raison : « L'homme africain n'est pas assez entré dans l'Histoire[1]. »

Il faut croire que le conseiller qui lui avait écrit ce discours n'était, de son côté, pas assez entré dans les bibliothèques. Cela fait plus d'un demi-siècle que des intellectuels publient des livres qui cherchent, à leur manière, à tordre le cou à cette légende d'une Afrique anhistorique. Cheikh Anta Diop est le plus célèbre d'entre eux. Ce Sénégalais venu étudier à Paris dans les années 1950, spécialiste au départ de physique nucléaire, y entreprend un doctorat d'histoire, visant précisément à redécouvrir celle du continent d'où il venait. Selon lui, elle a été volontairement occultée par les Européens, alors que son rôle est primordial dans l'émergence des grandes civilisations. Ainsi, affirme-t-il dans un de ses livres, les pharaons d'Égypte étaient noirs et leur langue de la même origine que celles qui sont toujours parlées au sud du Sahara. La thèse, controversée dès le départ, est rejetée aujourd'hui à peu près unanimement par les historiens. Elle a l'avantage d'avoir rappelé cette vérité d'évidence, trop oubliée : l'Égypte se trouve en Afrique et appartient donc à l'histoire africaine. Le courant qu'il a fondé, cherchant à faire pièce à la domination occidentalo-centriste sur l'histoire, s'appelle l'« afrocentrisme ». La plupart

1. Nicolas Sarkozy, discours de Dakar, juillet 2007.

des travaux qui en sont issus subissent la même critique que les thèses de Diop. On leur reproche souvent d'avoir une approche du passé de l'Afrique plus idéologique que scientifique et de forcer la réalité. Au moins ont-ils eux aussi induit une prise de conscience qui a fini par redonner toute son importance à un continent injustement méprisé jusque-là.

Le sujet n'est pas facile. Contrairement à la plupart des autres grandes civilisations du monde, celles qui ont éclos en Afrique n'ont pas utilisé l'écriture, si précieuse à la science historique. Tout aussi rares sont les grands vestiges archéologiques, dans un univers où, sauf exception, les hommes n'ont pas construit en pierre. Il faut donc se contenter de souvenirs plus ténus des temps anciens, comme des monnaies, des fragments d'armes, des petits objets ; ou adopter des méthodes plus complexes, et moins précises, comme l'ethnobotanique, qui étudie les plantes utilisées par les hommes pour comprendre l'évolution de leurs sociétés, ou la linguistique, qui retrace leur parcours à travers les langues. Il faut accepter aussi que, jusqu'à présent, des pans entiers de cette histoire gardent leur mystère : ainsi connaît-on toujours très mal l'histoire de l'Afrique centrale, où auraient migré les populations bantoues qui ont repoussé les Pygmées au fond de la forêt équatoriale.

Pour d'autres parties du continent, cette histoire se forme, et produit des ouvrages majeurs et passionnants. Nous citons, dans la bibliographie, la *Petite histoire de l'Afrique* de Catherine Coquery-Vidrovitch, universitaire spécialiste de l'Afrique, qui a à cœur de rendre accessible les plus récentes avancées de la recherche. On pense aussi au *Rhinocéros d'or* de l'africaniste français François Xavier Fauvelle-Aymar, chef-d'œuvre par la qualité de la plume et la finesse de la méthode employée. Chacun des chapitres du livre part d'un rien, un objet, une carte, une statuette, pour ressusciter un moment que l'auteur appelle le Moyen Âge africain. Il le situe entre le VIIIe siècle, celui de la conquête musulmane du nord du continent, et le XVe, qui vit arriver les Portugais. Marchons sur ces traces pour évoquer deux grandes zones, le Sahel, où se formèrent de grands empires, et l'Afrique australe, riche des extraordinaires constructions du Zimbabwe.

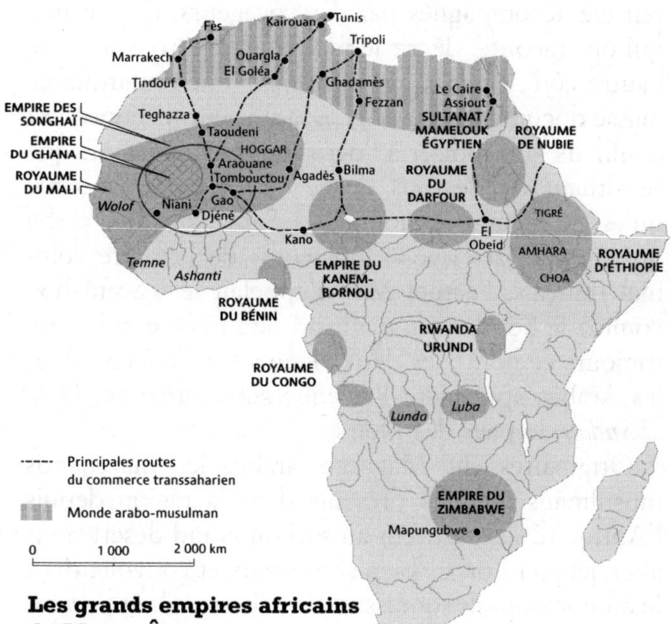

Les grands empires africains du Moyen Âge

★
★ ★

Les empires du Sahel

L'Afrique noire n'a pas écrit sa propre histoire. D'autres l'ont fait pour elle bien avant l'arrivée des Européens. Dès qu'ils se sont installés dans le nord de l'Afrique, dans la zone qu'ils ont appelée Maghreb, les Arabes ont commencé à faire du commerce à travers le Sahara, en suivant les routes que les Berbères empruntaient depuis des siècles. Au fil du temps, ils ont été accompagnés par des voyageurs, des savants qui ont raconté, décrit le monde qu'ils trouvaient de l'autre côté, laissant aux historiens une remarquable masse documentaire. La géographie européenne y est d'ailleurs allée puiser à l'occasion. La zone d'Afrique se situant en dessous de ce vaste océan de sable qu'est le Sahara se nomme le Sahel, un mot arabe qui signifie la « rive ». Du temps de l'empire colonial français, l'actuel Mali s'appelait le « Soudan », comme le Soudan situé au sud de l'Égypte qui porte toujours ce nom : les deux viennent de la façon dont les Arabes appelaient l'Afrique subsaharienne, *bilad al-Sudan*, le pays des Noirs.

Originaires du Maghreb arabe, les marchands musulmans ou juifs présents dans la région depuis l'Antiquité s'aventurent au sud du grand désert pour aller acheter l'or, ce bien si précieux et convoité dans le monde dont ils sont issus. En échange, ils apportent un bien non seulement précieux mais vital dans un continent qui en manque, le sel. À ce trafic s'ajoute celui d'autres biens, comme le cuivre, venu du Maroc et apporté donc par ceux du Nord qui repartent souvent avec les esclaves, vendus par ceux du Sud. Ce commerce transsaharien assure la prospérité de royaumes situés au Sahel, là où sont aujourd'hui la Mauritanie, le Sénégal, le Mali, le Niger qui au fil du temps deviennent parfois si riches et puissants qu'ils finissent par vassaliser d'autres royaumes. C'est pourquoi, par analogie avec les conceptions européennes, on les désigne sous le nom d'« empires ». Sur un demi-millénaire, trois principaux vont se constituer. L'empire du Ghâna – dont l'actuel Ghana a repris le nom tout en étant situé plus au sud, dans une autre zone – se forme dès le IIIe siècle de notre ère, connaît son apogée au Xe avant de tomber, au XIe siècle sous les coups de la puissante dynastie berbère musulmane des Almoravides, venus du sud du Maroc. Arrive le temps de l'empire du Mali, dont l'apogée se situe aux XIIIe et XIVe siècles, puis de celui des Songhaï, centré sur la ville de Gao, qui prospère au XVe siècle, jusqu'à être défait au XVIe siècle par la puissante armée du sultan du Maroc.

Au départ, les souverains, rois ou princes, de ces entités pratiquaient les religions traditionnelles africaines, celles que, faute d'en comprendre la subtilité, l'Occident englobait sous le terme d'animistes. Sous l'influence des commerçants et aussi des oulémas – les religieux musulmans – qui les ont suivis, ces chefs se convertissent à l'islam. Fauvelle émet l'hypothèse qu'il y eut peut-être des raisons économiques à cela. L'islam, à travers le Coran, définit un droit commercial jugé sûr et juste. Devenir musulman permettait, entre autres avantages, de traiter plus facilement avec des marchands qui, à cause de cette proximité religieuse, se sentaient en confiance. Pour autant, aucun de ces souverains n'imposa ce choix à ses peuples qui continuèrent, pendant des siècles, à adorer leurs anciens dieux. Les conversions de masse à la religion musulmane dans l'Afrique subsaharienne ne se produiront qu'au XIXe siècle.

On ne connaît pas tant de choses sur ces vastes empires, nous rappelle humblement notre grand historien de l'Afrique. Ainsi ignore-t-on toujours, par exemple, où se trouvait la capitale de l'empire du Mali. Il est établi que ces États prospéraient sur le commerce de l'or, mais ils ne le produisaient pas. On ignore également d'où le métal précieux provenait exactement. Tout juste sait-on que la récolte de ce métal était associée à une faible rentabilité, et qu'il représentait donc une activité de morte-saison, qui se pratiquait quand on n'était pas trop occupé aux champs. On y accordait si peu de valeur qu'on pouvait échanger un lingot contre une barre de sel. Cela nous permet au moins d'imaginer les profits vertigineux générés par ceux qui venaient l'acheter.

Il est vrai que le voyage n'était pas sans risque. De nombreux voyageurs ont raconté l'épreuve de la grande traversée du Sahara, ces deux mois écrasés de chaleur, à travers cet océan de dunes, dans ces grandes caravanes dont il ne faut jamais s'éloigner. Malheur à celui qui s'égare, on ne retrouvera même pas ses os. Le chameau, utilisé dans le nord de l'Afrique à partir des premiers siècles de notre ère, est la bête idoine pour un tel périple. Si on l'a engraissé pendant quatre mois, il est capable de tenir jusqu'à dix jours entre les points d'eau. Il ne reste plus qu'à espérer qu'aucun de ceux-ci ne soit asséché. Si tel est le cas, la seule solution pour que les hommes ne meurent pas de soif consiste à sacrifier une bête pour boire le liquide resté dans sa panse.

Le Mali

On connaît mieux quelques grands personnages du temps de ces empires. À la fin du XIIIe siècle, le Mali bordait l'océan. Un de ses souverains aurait affrété une flotte pour tenter d'aller voir « de l'autre côté de la mer ». L'hypothèse a poussé quelques afrocentristes à soutenir l'idée que le premier peuplement du Brésil avait été le fait d'Africains. La plupart des universitaires sont plus prudents. Le fait qu'un roi africain se soit embarqué sur l'Atlantique n'a rien d'impossible. À ce jour, il n'existe aucune preuve qu'il soit arrivé sur l'autre rive.

On connaît cette histoire de prince navigateur car elle a été racontée au Caire par celui qui fut son successeur, le plus incroyable, le plus fastueux des empereurs du Mali, Kankan Moussa, ou *Mansa* Moussa (règne : 1312-1337), c'est-à-dire le roi Moussa, ou plutôt « Moussa, le Roi des rois ». Étant musulman, il décida de faire son pèlerinage à La Mecque, et c'est grâce à ce voyage qu'il est bien connu. Ibn Khaldoun lui-même, l'illustre historien tunisien, qui vécut quelques décennies après lui, parle de ce roi dont le train de vie avait frappé les esprits. On dit qu'il était accompagné d'une troupe de 10 000 soldats et serviteurs, et qu'il dépensa tant d'or lors de son passage au Caire que le cours du précieux métal s'effondra. Il devait lui en rester bien assez à son retour. Il fit édifier la plus grande des mosquées de Tombouctou, ville très importante dans le grand commerce du temps, grâce à son emplacement idéal sur la boucle du Niger. Et on sait aussi qu'il fit tomber une pluie de richesses sur l'architecte arabo-andalou qui en fut le maître d'œuvre.

Contemporain d'Ibn Khaldoun, un autre grand nom de la littérature arabe témoigne de la vie de cour dans ces empires africains. Ibn Battuta, le grand voyageur marocain du XIVe siècle, parfois surnommé le Marco Polo arabe, était allé jusqu'en Inde. Lors d'un de ses derniers périples, il s'est rendu dans les années 1350 jusqu'au Mali. Ses premières impressions de l'Afrique subsaharienne sont mauvaises. Le voyage a été trop dur, la chaleur, les mouches, les puces sont des ennemis trop pénibles, et le misérable repas de dattes et de lait caillé que lui offre le premier gouverneur rencontré n'aide guère à modifier son jugement. Quelques semaines plus tard, après avoir navigué sur le Niger, il séjourne à la cour de Mansa Souleyman, frère et successeur de Mansa Moussa, et nous décrit avec précision l'impressionnant cérémonial entourant les audiences du souverain. Placé sous une coiffe d'or, sur une estrade couverte de tapis de soie, il surplombe ses sujets prosternés sur le sol, qui se jettent de la poussière sur les épaules pour lui montrer leur déférence.

★
★ ★

Le Grand Zimbabwe

L'Afrique noire a peu bâti. Il existe, tout au sud du continent, une magnifique exception à cette règle, un ensemble de ruines de pierre, parmi lesquelles on reconnaît de solides murailles. Il est nommé le « Grand Zimbabwe » et fut longtemps perdu dans une savane oubliée. Il se trouve dans le pays qui a pris ce nom. Au départ, *zimbabwe* signifie simplement « maison de pierre » mais l'appellation sert à désigner tout l'empire, ou le royaume dont cette ville forte était sans doute la capitale. L'étude des lieux témoigne d'une activité qui nous rapproche de ce que l'on vient de raconter. Entre les XIe siècle et XVe siècle, ici, existait cet État, qui vivait lui aussi de l'or, vendu ou plutôt échangé à des marchands venus de la côte est du continent, des Arabes comme au nord, mais aussi sans doute des marchands venus d'Inde, apportant verroteries et cotonnades. On a même retrouvé sur les lieux des porcelaines chinoises, témoignant de ce grand commerce. Sur le site de Mapungubwe, situé plus au sud (en actuelle Afrique du Sud), et correspondant à un royaume plus ancien que celui dont nous venons de parler, a été découvert le rhinocéros d'or qui a donné son titre au livre de Fauvelle, une statuette représentant l'animal, et posant question. La bête représentée ne possède qu'une seule corne. Ses sœurs d'Afrique en ont deux. Cela prouve sans doute que l'objet venait de loin.

Les forteresses du Grand Zimbabwe furent abandonnées vers le milieu du XVe siècle, et la population migra plus au nord, formant un royaume que découvrirent les Portugais, quand ils arrivèrent dans la région après avoir contourné le continent. Il apparaît dans leur récit comme l'empire du Monomotapa. Il eut en Europe son heure de gloire. Jean de La Fontaine y situe une de ses fables : « Deux amis vivaient au Monomotapa…[1] »

Presque aussi fascinante que l'histoire de l'empire lui-même est la façon dont les Européens, au XIXe et au début du XXe siècle, ont cherché à la réécrire. Les ruines du Grand Zimbabwe, abandonnées depuis des lustres, sont redécouvertes par hasard dans les années 1870 par un explorateur allemand. Il ne connaît rien de l'endroit, mais l'aborde avec une certitude : aucun Africain n'a pu être capable d'édifier des bâtiments aussi impressionnants. Bientôt il croit reconnaître les restes de bois qui servaient de poutres. Cela ne peut être que des cèdres du Liban. Le site, en déduit-il, aurait donc été édifié par les Phéniciens. L'idée qu'il ait servi au commerce de l'or amène à un rapprochement évident. Eurêka ! C'est là que devait se trouver la capitale de la fameuse reine de Saba, dont parle le Livre des Rois, dans la Bible, ou peut-être les mines du roi Salomon, le fondateur du temple

---

1. Jean de La Fontaine, *Fables*, « Les deux amis ».

de Jérusalem, dont le livre saint affirme qu'il était immensément riche. Rider Haggard, auteur britannique en vogue fin XIXe, fit un best-seller mondial avec cette hypothèse prouvant décidément que ces mines étaient inépuisables[1].

Dans la seconde moitié du XXe siècle, les gouvernements sud-africains de l'époque de l'apartheid furent confrontés à un autre problème. Selon la mythologie fondatrice de ce régime, la domination blanche sur toutes ces terres était légitimée par le fait que les Hollandais en avaient été les premiers occupants. La grande obsession des autorités fut donc de faire dater frénétiquement les vestiges retrouvés pour prouver qu'ils étaient postérieurs au peuplement blanc, et de cacher tout aussi frénétiquement les résultats prouvant obstinément le contraire.

1. Rider Haggard, *Les Mines du roi Salomon.*

16

Un tour du monde au XVe siècle

La vision rétrospective est toujours avantageuse. Les hommes qui vécurent entre 1400 et 1500 n'eurent sans doute pas conscience de traverser une époque charnière. Le recul nous fait voir les choses autrement. Le XVe siècle est, pour nous, celui qui précède un des grands basculements de l'histoire du monde. Allons donc y chercher les événements qui l'annoncent.

Les expéditions navales chinoises
1405 – 1422

Depuis qu'ils ont chassé les Mongols, en 1368, les Ming règnent en Chine. Yongle, le troisième empereur de cette dynastie, est le plus entreprenant. Il déplace la capitale de Nankin à Pékin et y fait édifier l'immense palais de couleur pourpre que nous appelons la Cité interdite[1]. Comme tant de

1. Nankin, en chinois *Nanjin*, littéralement la « capitale du Sud ». Pékin, *Beijin*, la « capitale du Nord ».

ses prédécesseurs, il mène la guerre contre ses voisins, au sud et au nord. Il entend aussi faire savoir jusqu'au-delà des mers la puissance de son empire. C'est une première. L'idée aurait sans doute paru incongrue à la plupart des souverains chinois. Fils du Ciel, ils étaient au centre du monde. Il allait de soi que le monde le savait. Pour des raisons qui nous sont inconnues, Yongle forme des rêves maritimes. Il charge Zheng He, un de ses fidèles, de les réaliser. L'homme a un parcours particulier : fils d'un chef musulman tué par les Chinois lors d'une conquête, il a été fait prisonnier alors qu'il était enfant, et castré. Il est entré au service de son maître en qualité d'eunuque, au temps où celui-ci n'était que prince impérial. Il est aussi un grand marin. Entre 1405 et 1422, à la tête d'une flotte impressionnante – plus de 20 000 hommes lors de la première expédition –, il sillonne les océans. En sept voyages, il atteint le Vietnam, l'Indonésie, la Malaisie, Ceylan, le sud de l'Inde, la péninsule Arabique et la côte est de l'Afrique. On lit parfois qu'il est allé plus loin encore, mais la trace est perdue. Partout, il fait un peu de commerce, achète des produits rares, vend des produits chinois, et surtout pratique la diplomatie comme la conçoit son pays : il s'agit, à travers un système très codifié de cadeaux et de collecte de tributs, de s'assurer de la vassalité du monde. Parfois, quelques dignitaires acceptent de suivre l'amiral eunuque jusqu'à Pékin pour être présentés à l'empereur et l'assurer de leur soumission. L'histoire rapporte qu'un jour, Zheng He revint aussi avec une girafe, donnée par un prince. Elle fut fêtée. Les Chinois, l'associant à la licorne, voyaient en elle un signe de bonheur et de prospérité. Il faut croire que le présage était trompeur : Yongle meurt en 1424. L'année suivante, Zheng He est envoyé en retraite dans une lointaine province. Les expéditions sont arrêtées. Il n'y en aura plus. On ignore toujours la raison exacte de ce revirement. Les historiens doivent se contenter d'avancer des hypothèses. Les tensions causées par les barbares du Nord ont pu jouer un rôle : la menace contre l'empire vient toujours du continent, il vaut mieux concentrer les forces de ce côté. Les luttes d'influence au sein du palais ont dû compter également. Le clan des lettrés, par austérité confucéenne, avait toujours été opposé à ces entreprises coûteuses qui lui semblaient inutiles. Peut-être a-t-il pris alors l'ascendant.

Quelques décennies après la dernière expédition, il est absolument interdit de voyager par-delà les mers. Construire un bateau à deux mâts est passible de la peine de mort. L'empire se referme sur lui-même et veut oublier jusqu'au souvenir de son ouverture : toutes les archives concernant les voyages sont brûlées. Zheng He tombe dans l'oubli. Il n'en ressort qu'au XXe siècle, porté par cette préoccupation qui, depuis, hante le pays. Les expéditions de l'amiral le prouvent. Sur le plan de la puissance maritime, la Chine avait cinquante ans d'avance sur Colomb et l'Occident. En jetant cet atout au feu, est-elle passée à côté d'un destin historique ? Elle semble se consoler aujourd'hui en faisant de l'amiral eunuque un anti-modèle valeureux et positif. Zheng He, lit-on dans les nombreux ouvrages à sa gloire qu'on trouve en Chine, a toujours été pacifique et n'a jamais cherché à conquérir[1]. Les mauvais esprits diront qu'il n'a guère eu de temps pour le faire.

★
★ ★

Apogée de l'Empire aztèque
milieu du XVe siècle

Le plus connu des grands empires précolombiens est aussi l'un des plus récents. Originaires d'une région située au nord-ouest du Mexique actuel, les Aztèques, appelés aussi *Mexicas*, ne se fixent qu'au début du XIIIe siècle. Mettant fin à une longue migration, ils se posent sur une petite île au bord d'un lac, pour fonder la ville de Tenochtitlán, là où se trouve aujourd'hui Mexico[2]. Un peu plus de cent ans plus tard, au temps du grand souverain Moctezuma Ier (règne : 1440-1469), elle aligne palais, temples, quartiers d'habitations, reliés les uns aux autres par un ingénieux système de canaux. Ses 200 000 habitants sont approvisionnés par des marchés débordants de biens et des jardins flottants.

1. Deng Yinke, *History of China*, China Intercontinental Press, 2008.
2. Le lac a été asséché.

Unis avec deux autres cités-États de la région[1], les Aztèques, au sommet de leur puissance, imposent une domination implacable sur tous les peuples environnants. Certains doivent verser d'énormes tributs, des plumes, des bijoux, des vivres qu'il faut, dans cette société sans animaux de bât, porter à dos d'homme sur des kilomètres pour en faire offrande à la ville des maîtres. Certains autres servent de ce que l'on pourrait appeler de vivier humain. Les Aztèques maintiennent avec eux des conflits permanents dans le but de rafler les prisonniers qui seront offerts aux dieux. Comme de nombreux peuples américains, les Mexicas pratiquent le sacrifice humain. Ils le font à une échelle sans équivalent ailleurs. Lors des grandes cérémonies religieuses, devant tout le peuple rassemblé, soigneusement ordonné selon les rangs sociaux, des dizaines de milliers de prisonniers sont offerts en holocauste les uns après les autres. Ils montent les marches du temple, ils sont maintenus allongés sur la pierre du sacrifice par quatre hommes tandis qu'un prêtre plonge dans leur poitrine le couteau d'obsidienne qui sert à leur arracher le cœur. Pour maintenir l'ordre cosmique, s'assurer que le soleil reviendra et que le monde ne sombrera pas dans la nuit éternelle, dit la religion aztèque, il faut abreuver les dieux du sang qu'ils réclament.

1. Les Aconhuas et les Tépanèques forment avec les Mexicas le système politique appelé par les historiens la « Triple-Alliance ».

★
★ ★

Apogée de l'Empire inca
milieu du XVe siècle

En Amérique du Sud, dans les hautes montagnes des Andes, s'épanouit à pareille époque une autre civilisation puissante. Situé à plus de 5 000 kilomètres de Tenochtitlán, l'Empire inca appartient à un autre univers que celui des Aztèques. Il partage avec lui d'être récent. En deux siècles, nous explique *L'État du monde en 1492*, par la conquête, ou grâce à une habile politique matrimoniale, les Incas, probablement venus d'Amazonie, réussissent à étendre leur domination sur un territoire immense où vivent plus de 8 millions d'âmes[1]. Au milieu du XVe siècle, leurs grands souverains – le puissant Yupanqui (1438-1471) ou son fils Túpac Yupanqui (1471-1493) – règnent du sud de l'actuelle Colombie au centre du Chili. Le trait le plus fascinant de leur empire est sa capacité à administrer un espace aussi démesuré. Cela passe par une implacable coercition. Les maîtres, qui ont imposé à tous leur langue, le quechua, exigent une soumission totale des peuples dominés, réduits à la corvée, obligés de verser des tributs considérables, déportés dans des zones plus « incaïsées » si on les

1. *L'État du monde en 1492*, coédition La Découverte-Sociedad estatal para la ejecución de programas del Quinto centenario, 1992.

sent prêts à la rébellion. Astre central de cet univers, siégeant dans son palais de Cuzco, sa capitale, l'Inca, l'empereur, en est le dieu. Tout est dû à son bien-être, garant de l'harmonie du monde, y compris les vies. Pour obtenir sa guérison, lorsqu'il est souffrant, on lui offre en sacrifice des enfants, choisis parmi les plus beaux dans les villages.

Pour asseoir ce pouvoir, le système dispose d'un outil impressionnant, encore visible en partie aujourd'hui : le « chemin de l'Inca », la route qui sillonne le territoire, dont la grande spécialiste de cette société, Carmen Bernand, écrit qu'elle est l'ouvrage le plus remarquable du XVe siècle[1]. Traversant les plus hautes altitudes, bordé d'entrepôts soigneusement gardés, ponctué de ponts ou d'échelles, le réseau couvre plus de 20 000 kilomètres. Colonne vertébrale de l'empire, la route sert au transport des troupes, mais aussi, grâce aux messagers qui la parcourent de relais en relais, elle permet de faire circuler l'information dont a besoin le pouvoir à une vitesse impressionnante. Par temps de paix, pour éblouir ses peuples, l'Inca l'emprunte, porté dans une litière de bois précieux ornée d'or, précédé par 5 000 guerriers en tenue d'apparat, suivi par autant.

★
★ ★

1. Patrick Boucheron (dir.), *Histoire du monde au XVe siècle*, Fayard, 2009.

La prise de Constantinople par les Ottomans
1453

Fuyant les Mongols au XIIIe siècle, de nombreux Turcs se sont installés dans la région d'Anatolie qu'ils se sont partagée en petites principautés, les beylicats. En 1299, Othman (ou Osman), un guerrier, chef d'un petit clan basé non loin de la mer de Marmara, se déclare à son tour indépendant et souverain. Il vient de fonder une dynastie appelée à jouer un grand rôle dans l'histoire du monde, celle des *Osmanlis*, les « gens d'Osman », que l'Europe, par déformation, nomme les Ottomans. Comme leur fondateur, tous ceux qui se succèdent ont d'indéniables talents de conquérants. La progression de la famille est fulgurante. Au début du XVe siècle, après avoir vaincu, à l'ouest, les Serbes[1] et les Bulgares, et à l'est autant de petits princes turcs, elle possède un empire qui s'étend des Balkans à l'Asie Mineure. Les Ottomans se battent aussi contre les Byzantins. Le vieil Empire romain d'Orient n'est plus que l'ombre de lui-même. Son territoire, réduit à peau de chagrin, se limite à une petite partie de la Grèce et un mince domaine autour de Constantinople. Cette capitale reste néanmoins un symbole d'importance. Va-t-elle tomber ? L'empereur byzantin vient lui-même en Occident

---

1. Les Serbes sont vaincus en juin 1389, au Kosovo, dans un endroit nommé le champ des Merles, considéré jusqu'aujourd'hui, par les nationalistes serbes, comme le berceau de leur nation. La date marque pour eux le début du « joug ottoman ».

chercher l'alliance des chrétiens latins. Peine perdue. En 1453, après un siège de quelques semaines, le sultan Mehmet II réussit là où, par deux fois, les conquérants arabes des VIIe et VIIIe siècles avaient échoué. Ses soldats, les janissaires, parviennent à investir la Ville des villes. Le dernier *basileus*, lointain descendant de Constantin le Grand, meurt les armes à la main et le vainqueur peut faire la prière musulmane dans l'antique église Sainte-Sophie, transformée en mosquée. Le retentissement est immense. La Deuxième Rome est tombée. L'Europe chrétienne est tétanisée. Mehmet a gagné son titre de Mehmet le Conquérant. Il est à la tête d'un empire puissant, moitié européen, moitié asiatique, appelé à devenir un des acteurs essentiels du monde de demain.

★ ★
★

La Bourgogne redessine la carte de l'Europe occidentale
1419 – 1477

Dans la seconde moitié du XIVe siècle, le roi de France Jean le Bon offre à son fils cadet Philippe le Hardi le duché de Bourgogne, et lui fait bientôt un cadeau supplémentaire. Pour éviter que la province ne tombe dans les mains des Anglais, il le marie avec la fille du comte de Flandre. Maîtres des deux terres les plus riches d'Europe, Philippe et ses successeurs s'entendent à faire prospérer ce bien. En quelques décennies, par les mariages, les achats, les héritages, les ducs de Bourgogne réussissent à se constituer un patrimoine impressionnant. Au Sud, à côté de la Bourgogne proprement dite, ils acquièrent la Franche-Comté et le Charolais. Au Nord, un ensemble de provinces considérable qui court pratiquement de la Somme à la Frise recouvre à peu près tout le Bénélux et le nord de la France actuelle : ce sont les Pays-Bas bourguignons. Au XVe siècle, grâce au drap flamand, aux vins bourguignons de Flandre, aux riches ports de la mer du Nord, aux vins de Bourgogne, et grâce à une habile politique d'équilibre entre les rois de France et d'Angleterre qui se déchirent dans la guerre de Cent Ans, le duc Philippe le Bon (règne entre 1419 et 1467), petit-fils de Philippe le Hardi est un des princes les plus puissants de son temps. Il tient une cour fastueuse à Dijon, à Bruxelles, à Lille, réglée par une étiquette pointilleuse, à l'origine de celle qui se pratiquera dans les palais d'Europe durant tout l'Ancien Régime. Il organise des fêtes magnifiques, fait travailler les plus grands artistes, comme le peintre Van Eyck, maître de la peinture à l'huile alors naissante. Pour faire oublier qu'il n'est pas roi, il s'est octroyé à lui-même le titre de « grand duc d'Occident ». Il institue, pour honorer ses chevaliers, l'ordre de la Toison d'or, qui devient le plus prestigieux du continent. Son fils Charles le Téméraire veut aller plus loin encore. Il rêve d'acquérir tous les territoires qui séparent le haut et le bas de ses possessions pour créer un État en une seule pièce, situé donc entre le royaume de France et l'Empire romain germanique. En 1477, il meurt devant Nancy, qu'il assiégeait. Son ennemi acharné, le roi de France Louis XI, qui avait tout fait pour torpiller les projets menaçant son royaume, en profite pour confisquer le duché de Bourgogne. La fragile Marie de Bourgogne, seule héritière de Charles, a besoin d'appuis. Pour contrer les Français, elle épouse un prince de la lointaine famille des Habsbourg. Ceux-ci sont déjà fort célèbres dans le monde germanique. Ils ont leurs bases en Autriche, mais ils réussissent aussi, à presque chaque élection, à obtenir la couronne du Saint Empire romain. Grâce au mariage avec l'héritière bourguignonne, les voici en place dans les Pays-Bas bourguignons et en Franche-Comté, prêts à un face-à-face avec les rois de France, leurs nouveaux rivaux.

★
★ ★

Gutenberg (ré)invente l'imprimerie
Mayence, vers 1450

Au cours des siècles, de nombreuses inventions chinoises sont passées à l'Occident, comme la boussole ou la poudre à canon. Pour une raison qui nous échappe, l'imprimerie n'est pas de celles-là[1]. Mise au point en Chine, elle est entièrement « réinventée », pourrait-on dire, par Gutenberg. De sa vie, on ne sait pas grand-chose. Il est né à Mayence, dans le Saint

1. Voir chapitre 9.

Empire romain germanique, vers 1400. Durant les années 1430, il vit à Strasbourg et pratique le métier d'orfèvre, il perfectionne sa science des métaux. De retour à Mayence, grâce à l'argent prêté par un riche banquier qu'il a convaincu du potentiel de ce qu'il trame, après des mois d'essais et de tâtonnements, il met au point l'invention auquel son nom est à jamais associé. Depuis la fin du siècle précédent, on pratiquait en Europe la xylographie, procédé consistant à reproduire des dessins grâce à des planches de bois. C'est la base. L'imaginatif artisan ajoute la presse, inspirée de celle utilisée par les vignerons et, surtout, selon le grand historien du livre Henri-Jean Martin un « coup de génie » : des caractères mobiles fondus dans le métal, qui permettent de composer et recomposer les pages qu'on veut reproduire[1]. Ayant trouvé la recette de l'encre qui adhère convenablement au métal, il touche au but. En 1452, sortent enfin de son atelier des Bibles en latin, premières œuvres imprimées d'Europe. La découverte révolutionne l'époque. Produit rare, long à composer et hors de prix quand il était copié à la main, le livre connaît une diffusion sans précédent. En 1500, des ateliers d'imprimeurs ont ouvert un peu partout qui proposent déjà plus de 25 000 titres.

★
★★

1. Revue *L'Histoire*, octobre 2000.

L'Italie invente la Renaissance
années 1400

À partir de la fin du XIIIe siècle, un vent nouveau souffle sur le nord de la péninsule italienne. Trois grands écrivains réveillent les façons d'écrire et de penser. Les œuvres de Dante (1265-1321), l'auteur de *La Divine Comédie*, un grand poème allégorique ; de Pétrarque (1304-1374), célèbre pour les sonnets d'amour adressés à la belle Laure ; ou du spirituel Boccace (1313-1375), l'auteur de contes libertins, sont très différentes. Elles ont en commun de donner sa noblesse à la langue italienne qui naît alors et de susciter un regain d'intérêt pour la culture classique[1]. Les arts suivent ce même mouvement. Brunelleschi (1377-1446) réussit une prouesse architecturale en coiffant d'un dôme spectaculaire la cathédrale Santa Maria del Fiore de Florence. Sa coupole est imitée d'un monument romain. Les grands peintres de l'époque, Masaccio (1401-1428) puis Piero della Francesca (1416-1492) améliorent l'art nouveau de la perspective, inauguré par Giotto (1266-1337). Léonard de Vinci (1452-1519) invente le *sfumato* qui donne un contour vaporeux aux figures. Dans le même temps, Sandro Botticelli (1445-1510) peint des nus tout en se référant aux allégories de l'Antiquité. La sculpture s'inspire également des canons gréco-romains.

---

1. La langue italienne est même fixée d'après les dialectes toscans utilisés par Dante.

Au XVe siècle, l'intérêt pour les Grecs croît encore quand quelques savants byzantins, fuyant les Turcs, apportent des textes de philosophes qu'on n'étudiait plus et que dévorent les érudits humanistes.

L'Italie du Nord achève alors sa mue politique. Les riches cités, que l'on a vues s'émanciper peu à peu de l'autorité de l'empereur, deviennent quasi indépendantes. Le pouvoir passe aux mains de grandes familles, parfois d'origine bourgeoise. Elles entendent s'imposer par la magnificence de leur cour. Ainsi à Florence, Laurent le Magnifique, de la famille de Médicis (des banquiers), fait-il de l'art un outil de gouvernement en accueillant et en protégeant les meilleurs artistes, Léonard de Vinci, Botticelli ou le jeune Michel-Ange. Les papes agissent de même à Rome, pour redonner du lustre à une ville laissée à l'abandon pendant le Grand Schisme.

La conjonction de la politique, de l'évolution des façons de penser et de l'essor artistique fait la période. Pour rendre le mélange d'optimisme et de volonté de ressusciter l'Antiquité qui la caractérise, Vasari, un artiste et écrivain italien du XVIe siècle, trouve un nom qui lui est resté : *Rinascita*, « la Renaissance ».

★
★★

Les Portugais préparent les grandes découvertes
1415 – 1488

Éparpillé en une multitude de petites entités au moment de la conquête arabe, le monde chrétien de la péninsule Ibérique a fini par se recomposer autour de trois couronnes. Les deux principales sont celles de Castille et d'Aragon. En 1469, le mariage d'Isabelle, héritière de la première et de Ferdinand, qui porte la seconde, crée l'État à deux têtes qui deviendra l'Espagne. La troisième couronne est celle du Portugal. Ce petit pays a un temps d'avance : il a chassé les derniers musulmans dès le XIIIe siècle, ce qui lui a permis d'être l'un des premiers en Europe à achever son unité. Il se cherche un destin.

Au début du XVe siècle, la vieille idée de Reconquista[1], de guerre contre les infidèles musulmans, est toujours puissante, et certains veulent la poursuivre au-delà de la mer. En 1415, les Portugais prennent Ceuta, au Maroc. Un pied est mis en Afrique. Dom Henrique (1394-1460), un des princes de la famille royale, a participé au siège de la ville. C'est la seule expédition à laquelle il s'associe, mais elle lui donne le goût de faire voyager les autres. Un historien du XIXe siècle l'a surnommé Henri le Navigateur. Il a de grands projets pour son pays. Le petit Portugal, perdu aux confins de l'Europe, est très éloigné des grandes routes commerciales qui traversent l'Orient et arrivent à Venise. Mais il a pour lui cette grande

1. Voir chapitre 13.

façade sur l'Océan. Pourquoi ne pas l'utiliser ? Pourquoi ne pas tenter un destin maritime ? Très chrétien, il est hanté par l'idée d'aller convertir les peuples de la terre. Comme au temps de Marco Polo[1], il espère aussi qu'on finira par trouver le fameux royaume chrétien du prêtre Jean, qui permettra de prendre les musulmans à revers. Il compte en outre importer l'or africain sans passer par les intermédiaires arabes qui en contrôlent le commerce. Dans sa demeure du cap Saint-Vincent, à Sagres, Henri reçoit tous ceux qui peuvent l'aider à ce projet, des cartographes et des marchands, des navigateurs génois, des Africains, des Arabes. Il fait mettre au point la caravelle, un nouveau type de navire, plus simple, plus maniable que ceux qu'on utilisait, très adapté au rôle qu'il va lui faire jouer. Et il affrète celles qui s'aventurent de plus en plus loin le long de la mystérieuse côte d'Afrique. Chaque nouveau voyage pose les fondations d'une puissance en devenir. Madère est prise en 1418, les Açores en 1432. Le Cap-Vert est dépassé en 1444. Partout où ils passent, les marins plantent des croix, engagent le commerce et commencent aussi le trafic infâme : durant cette même année 1444 a lieu à Lagos, le port au sud du pays, la première vente européenne d'esclaves venus d'Afrique.

Henri le Navigateur meurt en 1460. Le mouvement qu'il a lancé est en plein essor. Onze ans plus tard, l'équateur est franchi. En 1482, les bateaux lisboètes entrent dans l'embouchure du Congo. En 1488, Bartolomeu Dias passe, tout au sud du continent, un cap

1. Voir chapitre 14.

si périlleux qu'il l'appelle le « cap des Tempêtes ». Le roi de Portugal est plus optimiste sur ce qu'implique ce périple pour l'avenir de son royaume et change le nom : ce sera le cap de Bonne-Espérance.

Deuxième partie

UN MONDE RECONFIGURÉ

Le XVIe siècle

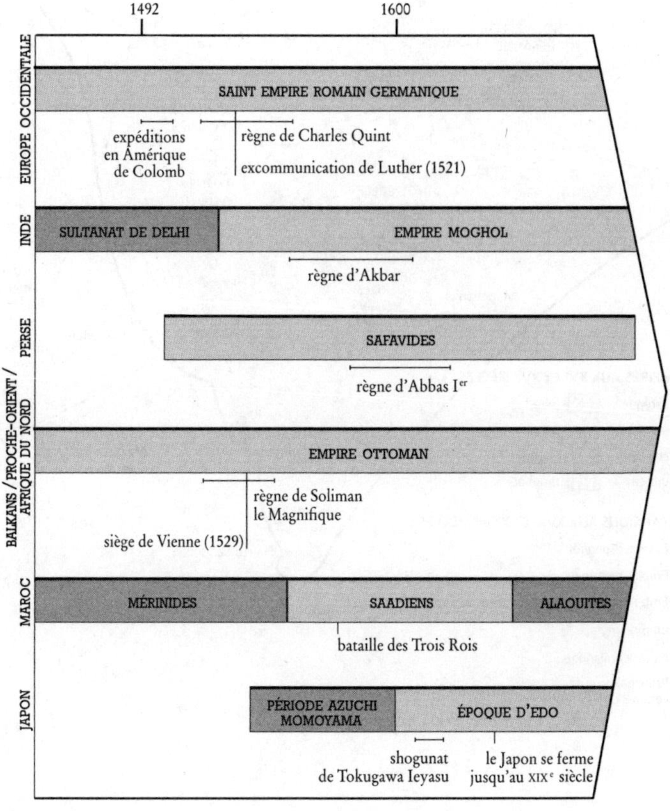

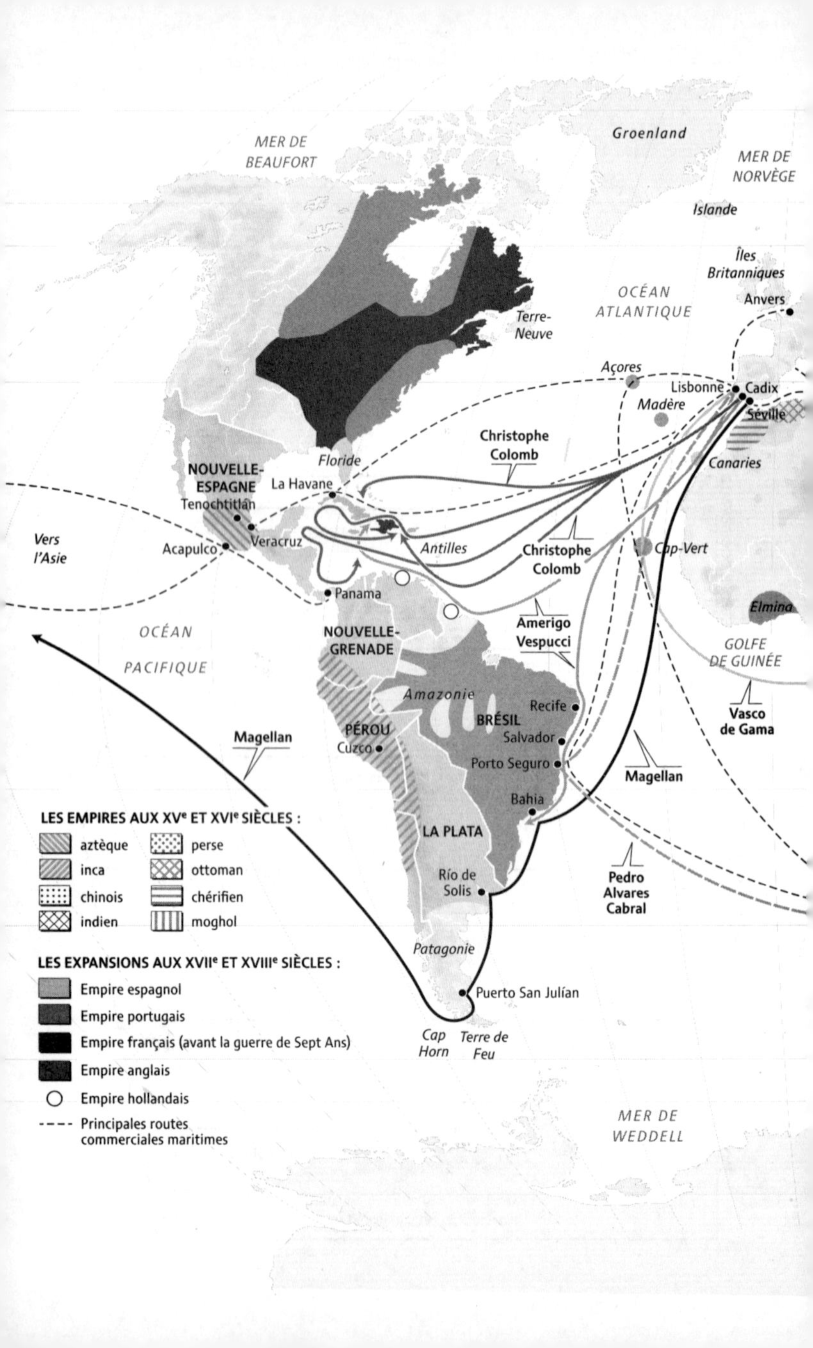

MER DE BEAUFORT
Groenland
MER DE NORVÈGE
Islande
Îles Britanniques
OCÉAN ATLANTIQUE
Anvers
Terre-Neuve
Açores
Lisbonne
Cadix
Madère
Séville
Christophe Colomb
Floride
Canaries
NOUVELLE-ESPAGNE
La Havane
Tenochtitlán
Veracruz
Acapulco
Vers l'Asie
Antilles
Christophe Colomb
Cap-Vert
Panama
Elmina
OCÉAN PACIFIQUE
NOUVELLE-GRENADE
Amerigo Vespucci
GOLFE DE GUINÉE
Amazonie
Recife
BRÉSIL
Vasco de Gama
PÉROU
Salvador
Magellan
Cuzco
Porto Seguro
Magellan
Bahia
LA PLATA
Pedro Alvares Cabral
Río de Solis
Patagonie
Puerto San Julían
Cap Horn
Terre de Feu
MER DE WEDDELL
LES EMPIRES AUX XVe ET XVIe SIÈCLES :
aztèque
inca
chinois
indien
perse
ottoman
chérifien
moghol
LES EXPANSIONS AUX XVIIe ET XVIIIe SIÈCLES :
Empire espagnol
Empire portugais
Empire français (avant la guerre de Sept Ans)
Empire anglais
Empire hollandais
Principales routes commerciales maritimes

Les premiers empires coloniaux européens
XVIe-XVIIIe siècle

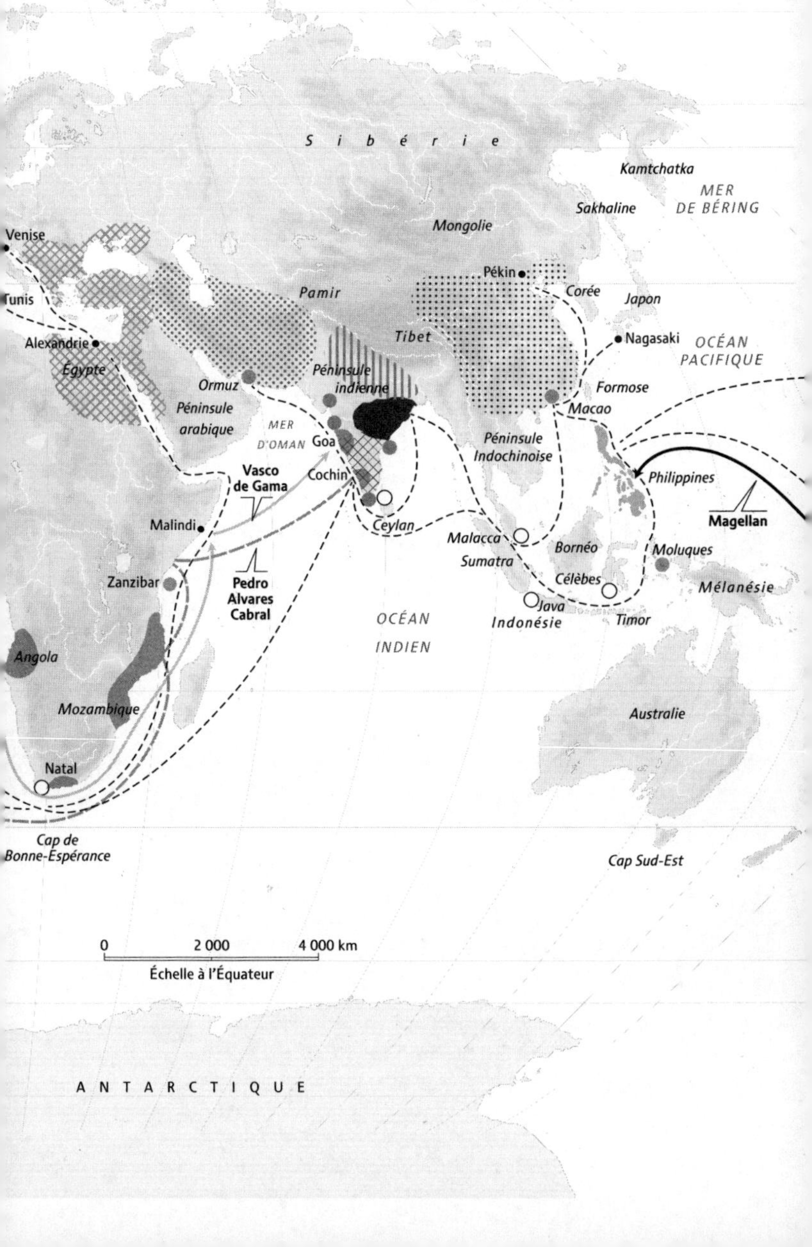

17

L'Europe décolle

En 1491, sur un planisphère, l'Europe chrétienne n'est pas grand-chose, un petit cap de l'Asie[1], une pointe aux confins du monde qui pèse bien peu, au regard des grandes civilisations musulmane, chinoise, indienne. Cinquante ans plus tard, les Espagnols ont conquis la moitié d'un continent dont ils ignoraient jusqu'à l'existence, et les Portugais, installés dans leurs comptoirs asiatiques, ont capté à leur profit une large part du commerce mondial.

À la fin du XVIIIe siècle, le christianisme est partout en position de force, l'Amérique du Nord est colonisée par les Blancs, l'Afrique saignée par la traite, l'Inde soumise aux Anglais et l'immense Australie en passe de l'être. L'Europe règne sur la carte, y compris dans les noms qu'elle y a inscrits. L'Amérique doit le sien à un marchand florentin, les Philippines à un roi espa-

1. L'expression est née sous la plume du poète et essayiste français Paul Valéry. Il la rendit célèbre dans les années 1920, quand le traumatisme de la Première Guerre mondiale lui faisait craindre que la civilisation européenne ne redevienne cette petite pointe qu'elle était avant son décollage.

gnol, l'île Maurice à un prince hollandais et le Brésil à une métonymie portugaise[1]. En notre XXIe siècle, la question continue de se poser : comment un tel phénomène a-t-il été possible ? Pourquoi la Chine, l'Inde, le monde musulman, dont nous avons vu à quel point ils ont été puissants et inventifs, se sont-ils fait distancer en si peu de temps par un rival si insignifiant jusqu'alors ?

N'allons pas trop vite dans le temps. La domination quasi absolue de l'Occident sur le reste de la planète ne viendra qu'au XIXe siècle. Durant les trois siècles qu'il nous faut envisager maintenant, les XVIe, XVIIe, XVIIIe, correspondant à ce que l'historiographie européenne traditionnelle appelle les « Temps modernes », les anciennes puissances sont loin d'être à terre. L'islam continue son expansion, comme le prouvent les grands empires musulmans moghol, perse, ottoman ou chérifien qui, au début du XVIe, s'installent ou se renforcent, de l'Inde au Maroc[2]. Le Japon, en décidant de se refermer sur lui-même, réussit à échapper à l'influence occidentale[3]. L'Empire chinois atteint au XVIIIe siècle son apogée territorial et, grâce à l'exportation de ses porcelaines, de sa soie, de son thé, reste,

1. Amérique : en référence au voyageur Amerigo Vespucci. Philippines : en hommage à Philippe II d'Espagne. Île Maurice : d'après Maurice de Nassau, qui était stathouder des Provinces-Unies, c'est-à-dire chef de ses armées quand l'île fut découverte. Brésil : où l'on se fournissait en un bois précieux, rouge comme la braise, *brasa*, en portugais.

2. Voir chapitre 21.

3. Voir chapitre 22.

jusqu'en 1800, la première puissance commerciale mondiale.

L'élan, la dynamique sont indiscutablement du côté européen. À partir du XVIe siècle, l'Europe semble avoir le vent de l'histoire dans le dos quand les autres paraissent le prendre de face. Cela fait longtemps qu'historiens et essayistes cherchent à ce phénomène des explications. Elles sont le plus souvent soigneusement filtrées par le tamis des idéologies de chacun. Conservateurs ou néoconservateurs, ne voudront voir dans la domination de l'Occident que la conséquence de la supériorité supposée de ses valeurs et de sa religion sur toutes les autres. Les marxistes ou les positivistes se concentreront sur les causes matérielles du décollage européen en pensant, un peu rapidement, que les autres facteurs, idéologiques, religieux, ne font que suivre. Ne tranchons pas le débat. Contentons-nous de présenter le contexte dans lequel le phénomène s'inscrit.

Dans tous les manuels européens, la première moitié du XVIe siècle s'appelle la « Renaissance ». Ce nom seul dit l'optimisme de la période. Né en Italie, au siècle précédent, porté par les peintres et les sculpteurs qui, voulant faire renaître l'Antiquité, inventent une nouvelle esthétique, le mouvement s'étend à l'ensemble de l'Europe à partir des années 1500 et entraîne une révolution des mentalités. Le glissement de sens d'un mot traduit ce phénomène. Au XVe siècle, on l'a vu, un humaniste[1] est un éru-

1. Voir chapitre 16.

dit qui travaille sur les anciens textes grecs et latins. Cinquante ans plus tard, il est un penseur qui met l'homme au centre de sa réflexion. Le Hollandais Érasme (1469-1536) en est l'archétype. Petit chanoine de Rotterdam, il est venu étudier la théologie et la philosophie à Paris, puis, après avoir parcouru l'Europe et rencontré tous les grands esprits de son époque, il s'installe en Suisse et correspond avec chacun, devenant une sorte de conscience morale du temps. En appelant à lire les Écritures pour se les réapproprier, il contribue à cette plus grande place donnée à l'individu et à la réflexion. Le Moyen Âge, lit-on souvent, était tourné vers Dieu et posait la soumission aux maîtres comme source de toute sagesse. La Renaissance déplace le regard vers l'homme. Elle l'incite à penser par lui-même en s'affranchissant des dogmes. D'où les premiers pas de la démarche scientifique. Vésale, un médecin flamand (1514-1564), est considéré comme le père de l'anatomie, car, le premier, il cherche à la comprendre, non pas en se référant aux travaux livresques des maîtres grecs, mais en observant les cadavres qu'il disséquait. Le Polonais Copernic (1473-1543) réussit à démontrer que la Terre tourne autour du soleil, et non le soleil autour de la Terre, comme l'Église l'affirmait et comme les hommes le croyaient depuis toujours. Le renversement de la pensée induit alors est si complet qu'on lui a donné le nom de « révolution copernicienne ».

Bien sûr, cette façon de voir mérite nuance. Notre manière de lire l'histoire n'est plus celle des positivistes béats du XIXe siècle, véritables dévots de l'idée de progrès, qui pensaient que, grâce à la science et à la raison, l'humanité avançait inéluctablement vers le Bien, et ne voyaient la Renaissance que comme une étape dans cette marche continue. Qui, après Verdun, après Auschwitz et Hiroshima, pense encore que l'Occident et la science ne peuvent conduire qu'au paradis ? À l'inverse, le Moyen Âge occidental n'a pas été le long tunnel obscurantiste qu'on a voulu en faire[1]. Il a connu lui aussi ses renaissances et ses périodes d'effervescence intellectuelle. Et le XVIe siècle a sa face sombre.

Quasi contemporain d'Érasme, Luther (1483-1546), père du protestantisme, promeut également une foi plus individuelle, qui se veut débarrassée du carcan clérical. Le schisme qu'il déclenche se solde par les centaines de milliers de morts des guerres de religion et une flambée de fanatisme très également répartie dans les deux camps.

Au moment même où elle lance l'ère des « grandes découvertes », l'Espagne inaugure une politique religieuse qui préfigure une « modernité » dont le monde se serait sans doute fort bien passé. Le premier geste que font les Rois Catholiques après avoir achevé la Reconquista de la péninsule Ibérique – par la prise de Grenade, dernier vestige de la présence musulmane, en 1492 – est d'en expulser les Juifs, puis bientôt les Maures, qui y vivaient depuis des siècles. Ceux qui veulent y rester doivent se convertir, comme tant d'autres Juifs et musulmans ont dû le faire déjà. Bientôt un soupçon s'amplifie à l'égard

1. Voir chapitre 13.

de ces si nombreux « nouveaux chrétiens » : et s'ils continuaient à pratiquer en secret leurs anciens rites ? Le doute dérape en une chasse délirante. Elle est confiée à l'Inquisition, dont les méthodes font passer celles de son ancêtre, l'inquisition médiévale, pour humanistes : les juges ont tout pouvoir d'emprisonner et de torturer sans rendre compte à quiconque, et sans même informer leurs victimes des crimes dont elles sont accusées. La paranoïa débouche également sur de nouvelles législations. À partir du XVIe siècle se mettent en place les lois dites « de pureté du sang » qui réservent de nombreux emplois à ceux qui peuvent prouver qu'ils n'ont aucun ancêtre juif ou maure[1]. Le Moyen Âge pouvait être antijudaïque, c'est-à-dire pouvait haïr la religion juive, mais il était entendu alors qu'une conversion suffisait à « blanchir » un individu. En supposant que le judaïsme passe, pour ainsi dire, par le sang, l'Espagne entre dans un autre système de pensée.

Le reste de l'Europe, en particulier les pays protestants, a des obsessions différentes. Il en veut aux femmes, ou tout au moins à celles que les juges, des hommes, soupçonnent de faire commerce avec le diable. Dans l'idée commune, les images de sabbats, de magie noire ou de vols sur des balais sont associées au Moyen Âge. C'est pourtant aux XVIe et XVIIe siècles qu'eut lieu la folle « chasse aux sorcières » qui envoya des milliers de victimes au bûcher.

Face à ceux qui osent prétendre penser par eux-mêmes, enfin, l'Église ne baisse pas les armes si vite.

---

1. *Limpieza de sangre*, en espagnol.

Même sûr de ses recherches, Copernic n'en publie pas les résultats, par peur d'avoir à subir les foudres des tribunaux ecclésiastiques. Plus d'un demi-siècle après sa mort, Galilée réussit à faire la preuve des hypothèses formulées par son prédécesseur. Mis en procès, il est contraint de se rétracter pour échapper au bûcher[1].

Il n'empêche. Le climat général de la période donne à l'Europe ce ressort que les autres grandes civilisations n'ont plus.

On l'a souvent remarqué, la boussole, le gouvernail d'étambot, la poudre à canon, c'est-à-dire toutes les grandes inventions qui permettent à l'Occident de se lancer à la conquête du monde ne lui sont pas propres. Elles viennent de Chine et lui ont été transmises par les Arabes. Au XVIe siècle, la fibre créatrice chinoise semble cassée. Et l'islam, si avide de connaissances au temps des grands califes de Bagdad, les rejette désormais, pour se laisser étouffer par le pouvoir religieux. Quand on reçoit la première presse d'imprimerie à Istanbul, nous raconte l'orientaliste Bernard Lewis, plutôt que de la faire étudier par ses savants, le sultan demande aux oulémas ce qu'il convient d'en penser[2]. Presser le Coran serait un sacrilège, tranchent les hommes de Dieu, il faut interdire cet outil maléfique. La messe est dite, si l'on ose écrire. L'imprimerie ne fera son entrée dans

1. Voir chapitre 26.

2. Bernard Lewis, *Islam*, Gallimard, collection « Quarto », 2005.

le monde ottoman qu'à la toute fin du XVIIIe siècle, apportée par les troupes de Bonaparte débarquant en Égypte.

Pour oser affronter le monde, il en faut le goût. L'Occident, qui rêve des fabuleuses sociétés orientales depuis que Marco Polo les a décrites, le possède. Les autres non. On l'a vu, l'empire de Chine, du haut de sa supériorité, a condescendu, au début du XVe siècle, à envoyer sa flotte en visite chez les barbares[1]. Il a rapidement renoncé. Les musulmans, non moins certains de la primauté de leur civilisation, n'y songent même pas. Ils continuent à étendre le *dar al-islam*, le territoire musulman, comme le font les Ottomans, dans les Balkans ou au nord de la mer Noire, mais les mondes lointains ne les intéressent pas. Bernard Lewis, toujours lui, nous le rappelle. Dans le célèbre *Discours sur l'Histoire universelle* d'Ibn Khaldoun, un des plus grands esprits du XIVe siècle, la seule référence aux royaumes européens est une allusion aux Wisigoths, car ils possédaient l'Espagne avant les Arabes. Les autres ne concernent pas les musulmans, donc ils n'existent pas.

À la fin du XVe et au début du XVIe siècle, de l'Atlantique à la mer de Chine, tout l'Ancien Monde connaît une poussée démographique. Elle induit un boom économique. Le négoce est florissant. Contrôlé depuis des siècles par l'Orient, il échappe à l'Europe où, comme partout ailleurs, la demande est pourtant forte. Paradoxalement, cette faiblesse va lui servir

1. Voir chapitre précédent.

car elle pousse à trouver les nouvelles routes commerciales qui feront sa fortune. On a besoin d'or et d'argent que les mines d'Europe centrale ne donnent pas en quantité suffisante. Le Portugal, on l'a vu, s'aventure d'abord le long des côtes africaines pour court-circuiter le contrôle des Arabes sur le métal précieux. Il rêve aussi de mettre la main sur d'autres biens de grands prix. Avec l'élévation du niveau de vie, la demande d'épices explose. Elles servent aux cuisiniers mais aussi, et surtout, aux apothicaires. Elles sont produites au sud de l'Inde, ou plus loin encore, dans les Moluques, un archipel indonésien, puis acheminées par les marchands arabes et perses qui les convoient par voie de terre à travers le Moyen-Orient, ou en bateau par la mer Rouge. Après, il faut encore qu'elles traversent l'Égypte à dos de chameau pour que les mamelouks les revendent à l'habile Venise, qui en tire sa fortune. La Sérénissime a beau être chrétienne, le Portugal n'a aucun état d'âme à tenter, par tous les moyens, de briser son monopole.

Nous voilà devant une autre clé de l'échappée européenne. Les spécialistes l'appellent le « polycentrisme », c'est-à-dire le partage du continent en diverses puissances que leur concurrence stimule. L'Empire chinois, au XVIe siècle, pèse bien plus lourd que la petite Europe mais son centralisme l'entrave. On l'a vu, un empereur a pu lancer une immense flotte sur les mers. Un autre a suffi pour couler à jamais ces rêves océaniques. Les rivalités européennes produisent l'effet contraire. Colomb, rejeté par les Portugais, finit par partir au service des Espagnols. De même, tous les Occidentaux, Français, Anglais, bientôt les Néerlandais ou les Suédois se lanceront à la conquête du monde pour la bonne raison qu'il leur est insupportable qu'elle ne soit réservée qu'aux Ibériques.

Mission

Comme toutes les grandes entreprises humaines, enfin, celle-ci n'aurait pas été possible sans être portée par cette force fascinante encore plus efficace que la cupidité pour pousser les hommes à tout risquer, et leur donner la certitude de le faire au nom du Bien ; une croyance.

Au départ, l'affaire peut se résumer au choc, assez classique dans l'histoire, entre deux empires. Il s'agit, pour le monde chrétien, d'affronter l'islam, son grand rival monothéiste. En mettant le pied en Afrique, en cherchant à mettre à bas le commerce arabe, Portugais et Espagnols poursuivent la lutte engagée lors de leurs Reconquista. Le reste de l'Europe, tétanisé par la prise de Constantinople, est hanté par le rêve de contrer le péril ottoman.

Bientôt, un autre sentiment se met en place, encore plus redoutable. L'Europe chrétienne se sent investie d'une mission, elle est intimement persuadée qu'il est de son devoir de convertir tous les peuples qu'elle rencontrera à ses propres conceptions religieuses, à ses normes, à ses valeurs. On dira que la plupart des grands empires du passé n'ont pas agi autrement. Romains, chinois, perses, arabes, tous se sont étendus avec la claire volonté de piller les richesses des peuples conquis et la certitude, en retour, de leur apporter *la* civilisation, c'est-à-dire *leur* civilisation. L'Europe, à partir du XVIe, porte ce phénomène à un point jamais vu jusqu'alors, parce qu'elle entend l'étendre au monde entier.

Dès 1492, après l'annonce du retour de Colomb, qui croit avoir trouvé les Indes au nom du roi d'Espagne, les Portugais s'inquiètent. Les Indes n'étaient-elles pas pour eux ? Les deux puissances catholiques s'en remettent au pape. Il fait un premier arbitrage, vite dénoncé par Lisbonne, parce que trop favorable à Madrid. Après discussions, il accouche donc d'un autre, formalisé par un traité, signé dans la petite ville de Tordesillas, en Castille. Il trace une ligne au milieu de l'Atlantique qui partage la Terre. L'Ouest, après ces îles qui viennent d'être découvertes par Colomb, ira à l'Espagne. L'Est, où se trouve l'Afrique, et, incidemment, le Brésil, sera pour les Portugais. Nous sommes en 1494. Ni les Portugais, ni les Espagnols, ni le pape n'ont la moindre idée de la carte réelle de la terre, ni des peuples qui l'habitent, ni des dieux qu'ils prient. Au nom du leur, ils viennent de se la partager.

18

L'Empire espagnol

1492 – 1810

De l'intérêt de se tromper. Christophe Colomb (1451-1506), un marin génois, est obsédé par un grand projet. Comme la plupart des gens cultivés de son temps, il sait que la Terre est ronde. Il est le seul à en tirer une déduction qui nous semble d'une grande simplicité et qui était d'une grande audace : il suffit donc, pour rejoindre la Chine et ses richesses, de passer par l'ouest. Après avoir navigué dans divers endroits d'Europe, il s'est installé à Lisbonne, la Mecque des navigateurs du XVᵉ siècle, où son frère est cartographe. Tout naturellement, il présente son plan au roi de Portugal et à la commission qui s'occupe des expéditions. Refus. Peut-être le souverain ne veut-il pas court-circuiter le grand projet d'atteindre l'Inde par la route africaine, patiemment explorée depuis qu'il a été lancé par Henri le Navigateur un demi-siècle plus tôt[1]. Peut-être ses experts ont-ils l'intuition que le Génois se trompe. De fait, si son hypothèse est juste, ses calculs, fondés

1. Voir chapitre 16.

sur une cartographie erronée, sont faux. L'Asie n'est pas aussi proche qu'il le croit. Les experts ont donc raison. Colomb commet une erreur monumentale. Elle fera sa gloire.

Dépité, le marin va voir ailleurs. Il s'arrête en Espagne. Refus. Il songe au roi de France. Finalement, après des années d'attente, il revient en Espagne et obtient l'accord d'Isabelle la Catholique. Nous sommes en 1492. En août, les trois caravelles les plus célèbres du monde appareillent depuis Palos, petit port andalou, jouant la scène inaugurale d'un grand drame historique. Il se donne en trois actes.

Le premier est décevant. Colomb est un marin exceptionnel. Il accomplit une traversée de l'Atlantique que personne n'a réussi avant lui à cette latitude. Il accoste aux Bahamas, puis à Cuba et Hispaniola[1]. Il en revient avec 10 captifs qu'il a baptisés « Indiens » parce qu'il est certain d'être arrivé aux Indes orientales, comme on appelle alors la lointaine Asie, mais il n'a trouvé ni or ni épices. Les rois espagnols, ravis de damer le pion aux Portugais, lui font quand même un triomphe. Colomb repart, revient, connaît des hauts et des bas, les honneurs et la disgrâce et, après un quatrième voyage, qui l'a fait longer la côte vénézuélienne, meurt dans ses délires mystiques. Il est persuadé d'avoir atteint le paradis terrestre. Les habitants des Antilles, grâce à lui, découvrent l'enfer. Les Indiens ont plutôt bien accueilli les arrivants. Ils

1. Nom donné par les Espagnols à la grande île partagée aujourd'hui entre Haïti et la République dominicaine.

les ont même aidés à bâtir leurs premiers forts, mais les exactions des Espagnols ont attiré des vengeances qui, en retour, ont déclenché des représailles de plus en plus disproportionnées. Les maladies importées par les Européens ont complété le travail des épées et des arquebuses. En quelques décennies, la population autochtone, estimée parfois à plusieurs millions en 1492, chute de 80 à 90 %. Les rares survivants sont réduits à travailler comme esclaves dans les mines ou les premières plantations sucrières créées par les colons.

L'Espagne vient d'inaugurer l'ère des « grandes découvertes ». L'expression, forgée au XIXe siècle, donne la mesure du rôle que s'assigne l'Europe. Le monde n'existera donc plus désormais que lorsqu'il lui apparaîtra. En 1497, Cabot, un autre Italien au service du roi d'Angleterre, accoste en Amérique du Nord. En 1498, le portugais Vasco de Gama réalise enfin le rêve d'Henri le Navigateur en arrivant aux Indes[1]. Au tout début du XVIe siècle, le navigateur florentin Amerigo Vespucci est le premier à comprendre que les côtes qu'il explore appartiennent à un « nouveau monde ». Un cartographe le baptise « Amérique », en son honneur[2]. Deux décennies plus tard, Magellan, autre Portugais passé au service des Espagnols, réussit la prouesse ultime. Ayant franchi l'Atlantique, il passe le cap sud de l'Amérique et, après avoir affronté cette grande mer océane qui

1. Voir chapitre suivant.

2. Le cartographe Martin Waldseemüller, né en 1470 en Souabe, mort vers 1520 à Saint-Dié-des-Vosges.

semble si calme qu'il la nomme « Pacifique », réussit à toucher aux îles des épices par l'ouest. Il y meurt, tué dans une bataille avec des indigènes. Il est une des innombrables victimes de ces voyages que le scorbut, la faim, les intempéries, les combats avec les populations rencontrées ou encore les mutineries, résultant de tant d'angoisses, rendaient terriblement risqués. Magellan a quitté l'Espagne en 1519 avec 265 hommes et 5 navires. En 1522, un seul jette l'ancre dans un petit port près de Cadix. Dix-huit survivants, maigres comme la mort, en descendent. Ils sont les premiers humains à avoir accompli le tour du monde.

Exactement au moment où leur flotte appareillait commence l'acte II de notre grand drame. Cortés est un petit noble espagnol désargenté qui est venu chercher fortune dans les possessions des Caraïbes. Il est viveur, querelleur, mais il a un courage à la hauteur de ses immenses ambitions. En 1519, donc, il débarque sur la côte de l'actuel Mexique, avide de cet or qui, depuis bientôt trois décennies, nourrit tous les phantasmes. Il entend parler d'un fabuleux empire qui se trouve là-bas, loin vers l'est. Cortés ne sait rien du monde où il a mis le pied, mais il se renseigne et apprend vite. Un ancien naufragé espagnol qui a survécu parmi les Indiens, et surtout la Malinche, une esclave indigène dont il fait son interprète – et sa maîtresse – lui livrent des informations précieuses. Le premier des *conquistadors*, ainsi que l'histoire appelle la race d'hommes qu'il inaugure, apprend l'existence des Aztèques. Il sait aussi que les peuples qui leur sont soumis les haïssent. Cette haine sera son levier. Partout où il arrive, il l'attise pour soulever les tribus contre leurs maîtres.

Les Aztèques n'ont personne qui puisse leur expliquer ce qui leur arrive. Qui sont ces créatures poilues, serrées dans des habits d'une matière si dure qu'elle les rend invincibles aux coups, faisant corps avec des bêtes inconnues ? Sont-ils des monstres ? Sont-ils les dieux annoncés par les antiques prophéties ? Sont-ils des hommes ? Faut-il les amadouer ? Faut-il les combattre ? Moctezuma II, l'empereur, hésite tellement entre le parti de tuer ces étrangers et celui de les accueillir qu'il n'en prend aucun. Les Espagnols entrent enfin dans Tenochtitlán, la capitale de l'empire. Ils sont éblouis par une ville bien plus propre, plus belle, plus monumentale que celles qu'ils connaissent. Ils sont horrifiés aussi, raconteront-ils, par le sang des sacrifices qui sèche à peine sur les marches des temples. L'action de notre pièce se tend. Le destin balance. Invité à une grande cérémonie, un conquistador, soit par fanatisme religieux soit par peur panique, ouvre le feu sur la noblesse mexica. C'est la guerre. Moctezuma, que les Espagnols veulent prendre en otage, est tué dans l'affaire, sans qu'on sache trop s'il a été la victime des étrangers ou de ses propres sujets, révoltés par sa pusillanimité. Lors d'un épisode piteux, la *noche triste*, les conquistadors sont au bord d'être exterminés et ne réussissent à s'enfuir du palais où ils s'étaient réfugiés qu'au prix de pertes immenses. Il faut à Cortés des mois de siège, l'appui de milliers d'indigènes et le secours d'une terrible et providentielle épidémie de variole pour écraser la ville impériale. L'Empire aztèque meurt avec elle. Fin 1521, l'Espagnol est le maître.

Le troisième et dernier acte se joue dix ans plus tard. Cortés était un petit noble. Pizarro est un simple soldat, illettré et brutal, mais il a, lui aussi, un courage trempé dans l'acier et une obstination que rien n'arrête. En Amérique centrale où il est venu chercher fortune, il a entendu parler d'un royaume pavé d'or et de richesses, le « Biru », le « Pérou », quelque chose comme ça. Il tente d'y arriver en cabotant le long de la côte Pacifique avec une poignée d'hommes. Renonce. Revient. Repart. Revient encore, près de dix ans après le premier voyage. Les circonstances sont alors avec lui ; l'État qu'il convoite est en position de faiblesse. Le puissant Inca vient d'être tué par les Européens sans avoir vu un Espagnol. Il a succombé à la variole qui a progressé plus vite encore que les conquistadors. Deux prétendants, un au sud, un au nord, se disputent le trône dans un climat de guerre civile qui le fragilise. Comme Cortés en Amérique du Nord, Pizarro progresse le long des Andes en prenant soin, à chaque étape, d'attiser les haines contre les maîtres, d'exciter les divisions. En août 1533 se joue la scène fatidique de notre histoire. Atahualpa, l'Inca, a accepté de rencontrer les étrangers. Pour les impressionner, il réunit son peuple, sa cour, ses gardes et se fait porter en grande cérémonie dans sa riche litière jusqu'à la grand-place de la petite ville andine où est fixé le rendez-vous. Le prêtre de l'expédition espagnole s'approche de l'idolâtre et lui tend la Bible en lui demandant d'embrasser la vérité et de renoncer à l'erreur païenne. Si l'on en croit la version donnée plus tard par les vainqueurs, l'empereur se serait saisi du saint Livre et, n'en voyant rien sortir, l'aurait jeté à terre. C'est le sacrilège impardonnable. Ou l'opportun prétexte. Pizarro ordonne le feu. Quelques heures plus tard, des milliers de cadavres d'Indiens jonchent le sol et l'Inca, ligoté comme un gigot, n'est plus qu'un pauvre prisonnier. Ses puissantes armées, massées sur les collines environnantes, tétanisées à l'idée qu'on attente à la vie d'un quasi-dieu n'ont pas bougé. Un peu plus de 160 Espagnols ont eu raison d'eux. Pour libérer l'otage, Pizarro exige une rançon qui excède tout ce qui s'est vu dans l'histoire. Le pillage est général. Les Espagnols, dit la chronique, ramassent tant d'or qu'ils s'en servent pour ferrer leurs chevaux. Repu, et prétextant qu'il complote contre lui, le conquérant fait exécuter Atahualpa. Puis il poursuit sa marche.

Nouveau moment suspendu. Les agressés se sont repris. Ils mènent une guerre ardue aux agresseurs. Et les Espagnols, que la cupidité a rendus fous, se déchirent entre eux dans une guerre fratricide sanglante. Arrivés à Cuzco, la capitale, les conquistadors ont placé sur le trône un nouvel Inca, dont ils pensent faire leur marionnette. Il réussit à s'échapper et à reprendre des combats et il n'est finalement vaincu que d'extrême justesse. D'autres, après lui, trouvent refuge dans un nid d'aigle fortifié sur les sommets andins. Ils poursuivent la lutte jusque dans les années 1570, mais cela tient, alors, du baroud d'honneur.

La pièce est jouée. En quarante ans, quelques poignées d'Espagnols ont fait tomber deux des plus puissants empires du temps. Ils sont solidement installés dans un continent qu'ils peuvent continuer à soumettre méthodiquement et qui, à l'exception de quelques poches indiennes qui résistent jusqu'au milieu du XIXe siècle, sera entièrement à eux. Leur supériorité technologique a pesé d'un grand poids dans leur victoire. Ils possédaient le fer, le cheval, la poudre à canon, inconnus des peuples précolombiens. L'arme la plus meurtrière et la plus dramatiquement efficace a été celle qu'ils ne maîtrisaient pas : les virus et les bactéries qu'ils apportaient. Les épidémies se sont abattues sur les Indiens comme la punition envoyée par leurs dieux, pour châtier des crimes qu'ils ne savaient même pas avoir commis. Sidérés par ce qui leur arrivait, les vaincus n'ont pas réussi à se défendre car ils ont été incapables de réagir à des événements qui n'entraient pas dans leurs catégories mentales.

En mettant la main sur le Nouveau Monde, l'Espagne inaugure une ère nouvelle. Les flux commerciaux sont bouleversés. Les routes asiatiques ou la Méditerranée, centrales depuis l'Antiquité, perdent de l'importance au profit de l'Atlantique. L'Europe découvre le tabac, les tomates, le cacao, les pommes de terre, et aussi la syphilis, débarquée avec les premiers retours des expéditions de Colomb. Une pluie d'argent d'abord, puis d'or s'abat sur Madrid et se diffuse. Le monopole du commerce avec les colonies accordé à Séville fait la fortune de la ville. Le

Vieux Monde devient immensément riche. L'autre s'écroule. Les maladies, les massacres, le dégoût de vivre dans un univers où plus rien de ce à quoi on croyait n'existe, créent un des pires effondrements démographiques de l'histoire. Il se passe à l'échelle d'un continent ce qui est déjà arrivé aux Antilles. Des 50 millions d'hommes et de femmes qui, selon les estimations, peuplaient l'Amérique au début du XVIe siècle, il en reste 5 un siècle plus tard. Parfois, le souffle de la révolte repasse dans leurs rangs. Au XVIIIe siècle encore, au Pérou, un métis se disant descendant du dernier empereur réussit à lever une armée de milliers de rebelles en leur promettant qu'il incarne le retour de l'Inca. Le plus souvent, la résistance est sourde. Elle s'insinue dans les pratiques de syncrétisme religieux. En apparence, les Indiens ont accepté leur conversion au christianisme. Dans les faits, courbés devant la Vierge et les saints, ils prient les anciens dieux qui les ont abandonnés, et auxquels ils restent fidèles.

Par bien des côtés, la société qui se met en place annonce le monde colonial que l'on verra à l'œuvre ailleurs. Les populations qui débarquent en Amérique sont diverses. Les aventuriers brutaux et cupides ne manquent pas. Ils côtoient des administrateurs intègres et des humanistes animés des meilleures intentions. Pour prix de leur victoire, les conquistadors ont reçu d'immenses domaines, des terres, des mines, sur lesquels ils peuvent asservir les Indiens à la condition qu'ils leur inculquent les principes de la religion catholique. C'est le système de l'*encomienda*. Il engendre presque aussitôt des abus épouvantables.

Les maîtres sont de très mauvais catéchistes, mais ils excellent quand il s'agit de transformer les malheureux indigènes en bêtes de somme. Cette injustice révolte quelques cœurs purs. Las Casas (1474-1566), un dominicain installé outre-Atlantique, devient leur plus célèbre porte-voix[1]. Il s'en va jusqu'à Madrid dénoncer ces horreurs. Révolté par ce qu'il apprend, Charles Quint ordonne la suppression du régime de l'*encomienda*. Sitôt qu'il arrive aux Indes, son décret est bloqué par les conquistadors hystériques. Il ne sera jamais appliqué.

Les horreurs, le sadisme continuent. La révolte contre ces scandales aussi. Las Casas, devenu entretemps évêque du Chiapas, aura des successeurs. Parmi les religieux qui font le voyage, nombreux sont ceux qui rêvent sincèrement d'Évangile. Au XVIIe siècle, au Paraguay, les jésuites fondent les « réductions », des sortes d'unité de vie collective inventées pour protéger les Indiens des chasseurs d'esclave. Les intentions de toutes ces grandes âmes sont nobles. Elles sont toujours du plus parfait paternalisme. Rien, dans l'esprit des missionnaires, ne remet en cause la justesse de la domination européenne. Le christianisme n'a-t-il pas mis fin aux horribles pratiques qui avaient cours, comme le cannibalisme et les sacrifices humains ? Le

1. Las Casas est également célèbre pour le débat qui, plus tard, l'a opposé à Sepúlveda, un autre théologien. La « controverse de Valladolid », du nom de la ville espagnole où elle a eu lieu, porte sur la façon dont l'Espagne doit se comporter avec les Indiens. Pour Sepúlveda, leur idolâtrie, leurs pratiques barbares justifient qu'on les convertisse par la force. Las Casas pense qu'on ne doit le faire qu'avec douceur et humanité.

Dieu sauveur n'apporte-t-il pas la vérité ? En toute bonne foi, pourrait-on dire, la propagation de la religion nouvelle s'accompagne ainsi de la destruction méthodique des cultures préexistantes. Temples, statues, peintures, objets rituels, codex partent dans les flammes de grands bûchers expiatoires autour desquels on rassemble le peuple, pour qu'il comprenne l'étendue de ses erreurs passées.

Selon qu'ils sont soudards ou pasteurs, les nouveaux maîtres peuvent considérer les Indiens comme de la chair à fouet ou d'innocentes victimes. Pour tous, ils ne sont jamais que d'éternels mineurs.

Dans cette Amérique qu'on appellera « latine », une nouvelle architecture fait son apparition, avec ses belles places d'arme à l'espagnole et ses églises de style dit jésuite. Un nouveau découpage du territoire aussi, calqué au départ sur les premières conquêtes. Au nord, la Nouvelle-Espagne avec son vice-roi qui règne dans son palais de Mexico au nom du souverain de Madrid. Dans les Andes, le Pérou, une autre vice-royauté. Entre les deux – vers la Colombie et le Venezuela d'aujourd'hui – la Nouvelle-Grenade. Au sud, là où est aujourd'hui l'Argentine, le Rio de La Plata.

L'économie entre dans le régime du « pacte colonial », qui sera celui de la plupart des possessions européennes. Son principe repose sur un double monopole : toutes les richesses de l'empire doivent aller à l'Espagne. Tous les biens achetés par l'empire ne peuvent venir que d'elle.

Une nouvelle société apparaît enfin, séparée, raciste, divisée en véritables castes qui se haïssent les unes les autres. Au sommet, les Espagnols, militaires, prêtres, fonctionnaires, qui détiennent tous les pouvoirs. Juste en dessous, les créoles, c'est-à-dire les descendants d'Espagnols, nés en Amérique. Certains deviennent fabuleusement riches. Tous sont frustrés de voir les métropolitains, qui les méprisent, monopoliser les places. La conquête a été masculine. Tous les soldats, en prenant le pays, ont pris ses femmes. Une immense masse de métis est issue de ces unions. Elle forme le petit peuple des villes. Les Indiens sont cantonnés aux champs, soigneusement maintenus dans leur infériorité. Jusqu'au XIXe siècle, il leur est interdit d'avoir un cheval, une arme, ou de se vêtir à l'européenne. Plus bas encore, les esclaves, qu'on fait venir d'Afrique dès le début du XVIe siècle, pour accomplir les tâches harassantes qui avaient tué tant d'Indiens avant eux.

19

L'Empire portugais

XVIᵉ – XVIIᵉ siècle

Au XVIᵉ siècle, les Portugais installent un impressionnant chapelet de comptoirs qui va de la côte marocaine au sud du Japon, en passant par l'Inde et l'Indonésie.

Après avoir suivi la route soigneusement repérée par ses prédécesseurs depuis trois quarts de siècle jusqu'au cap sud de l'Afrique, puis s'être élancé à travers l'océan Indien, Vasco de Gama (1469-1524) aborde aux Indes, en 1498. Colomb a accompli son exploit en 1492. Les Espagnols ont grillé la politesse aux Portugais. Depuis, dans la mémoire de la grande expansion océanique du XVIᵉ siècle, le Portugal fait figure d'éternel second. C'est injuste au regard de l'histoire. En prenant pied au Brésil, en Afrique et dans toute l'Asie du Sud-Est, de l'Inde à la côte chinoise, ce si petit pays a réussi, en un gros demi-siècle, à former un empire d'une étendue jamais vue jusqu'alors. C'est dommage sur le plan de l'historiographie, c'est-à-dire de la façon dont on raconte l'histoire. Depuis la fin du XXe siècle, en le revisitant avec d'autres sources et un regard nouveau, quelques grands chercheurs ont modifié ce que l'on croyait savoir de cet épisode, et en ont fait un des grands exemples de cette nouvelle histoire mondiale dont ce livre espère donner le goût.

Exposons d'abord la façon la plus traditionnelle de présenter les choses. Comme souvent, elle nous vient pour l'essentiel du XIXe siècle, époque de la supériorité européenne et des grands récits nationalistes. En l'occurrence, elle relaie aussi une mythologie mise en place de façon quasi contemporaine des événements eux-mêmes. Dès les années 1570, avec *Les Lusiades,* un long poème épique se plaçant dans la tradition d'Homère et de Virgile, le poète Camoens (1524-1580), qui fut lui-même marin et voyageur, a chanté la gloire océanique de son pays et fait de ses grands navigateurs les Énée et les Ulysse de leur époque.

En 1498, donc, ayant triomphé des périls d'une si longue route, les navires partis de Lisbonne abordent à Calicut, le riche port marchand de la côte occidentale indienne. Vasco de Gama, capitaine de l'expédition, peut rencontrer le prince qui y règne. Il porte le titre exotique de zamorin de Calicut. De grandes toiles pompier du XIXe siècle nous le peignent en prince des Mille et Une Nuits, alangui sur ses tapis, couvert de plumes et de bijoux, entouré d'esclaves forcément robustes et sensuels. On sent que l'austère chrétien qui se tient face à lui, droit et serré dans son sobre pourpoint occidental, et lui tend la lettre de son roi, ne va pas tarder à secouer ce monde lascif et vieillissant.

De fait, sitôt posée cette scène inaugurale, l'histoire s'emballe. Dès son deuxième voyage, Vasco de Gama fonde à Cochin la première factorerie[1] portugaise en Inde, une de ces places où l'on fait partir les marchandises vers l'Europe. Le négoce prospère vite. En 1503, le poivre est cinq fois moins cher à Lisbonne qu'à Venise[2]. La Sérénissime, dont le monopole est brisé par cette concurrence brutale, s'apprête à vivre des décennies difficiles. L'heureux Manuel Ier mérite son surnom de « Fortuné » dans tous les sens du mot : il devient en quelques années un des souverains les plus riches d'Occident. Ses gouverneurs appelés vice-rois des Indes, Almeida (1450-1510), Albuquerque (1453-1515), peuvent creuser le sillon maritime tracé par leur prédécesseur. En 1510, Goa, conquise, devient la capitale des Portugais. En 1511, ceux-ci réalisent un coup de maître en prenant Malacca. Placée au bout de la péninsule malaise, à l'endroit stratégique qui relie les routes de la mer de Chine à celle de l'océan Indien, cette petite principauté portuaire est, a écrit Stefan Zweig, le véritable « Gibraltar oriental[3] ». Fondée par un ambitieux sultan un petit siècle auparavant, elle est la plaque tournante du commerce extrême-oriental, l'endroit où

1. Les puristes font une différence entre la factorerie, qui appartient à des marchands, et le comptoir, à une nation. Très souvent, on emploie les termes l'un pour l'autre.

2. Édith et François-Bernard Huyghe, *Les Coureurs d'épices*, Payot, 2002.

3. Dans sa biographie de Magellan.

s'échangent les soies de Chine, les épices des îles de la Sonde, les cotonnades indiennes. Depuis Malacca, nos conquérants navigateurs peuvent pousser encore plus loin, et s'aventurer jusqu'aux Moluques, ces îles dont l'éloignement faisait tant rêver, et qui fournissent au monde le précieux clou de girofle. En bons stratèges, ils ont soin de sécuriser la longue route qu'ils viennent de se frayer. Sur la côte occidentale de l'Afrique ; sur sa côte orientale ; à Ormuz, porte d'entrée du golfe Persique, arrachée aux Arabes ; à Colombo, au sud de Ceylan, ils édifient des fortins. Leurs canons sont prêts à tonner s'il faut protéger les intérêts de Lisbonne.

Seule la prise des Philippines par Magellan, ce transfuge qui agit alors pour le compte du roi d'Espagne, semble rompre cette hégémonie sur les mers d'Asie. Quelle importance ? Le hasard, ou, disons plutôt, les vents de la fortune ont rendu à l'ouest ce qui était pris à l'est. En 1500, Cabral, un autre navigateur portugais, suit la route africaine avec son navire. Cherchant les courants favorables, il dérive tellement à l'ouest qu'il tombe sur une côte inconnue. Il a découvert le Brésil, faisant ainsi cadeau à son pays de sa part du Nouveau Monde.

Telle est, disions-nous, la version de l'épisode que, jusque récemment, la plupart des Européens ont eue en tête. Elle repose évidemment sur des faits incontestables. Quelques grands historiens d'aujourd'hui nous ont appris toutefois qu'il suffisait de les regarder avec d'autres points de vue pour se faire une idée différente de l'événement. Ainsi l'historien et universitaire indien Sanjay Subrahmanyam, spécialiste de ce qu'il nomme l'« Empire portugais d'Asie » et truculent biographe de Vasco de Gama[1]. Il nous invite à commencer par élargir notre champ de vision. Contrairement à ce que croient trop les Européens, le monde existait avant qu'ils ne s'en préoccupent. L'Inde de la toute fin du XVe siècle n'est pas une vieille beauté en déshérence qui attend les sauveurs venus la réveiller. C'est un pays riche et dynamique. Le Nord, dominé depuis trois cents ans par des sultans qui résident à Delhi, va bientôt être conquis par d'autres musulmans, les puissants Moghols[2]. La côte sud-ouest est partagée en petites principautés, souvent hindouistes. Le commerce y est tenu par de riches marchands de diverses provenances, arabes, perses, ou gujaratis (les habitants du Gujarat, cette région de l'Inde) qui tirent leur fortune de leur bonne position dans l'intense réseau qui, depuis des siècles, fait circuler hommes et biens de la Méditerranée arabe à la mer de Chine.

Le premier marin portugais qui met le pied sur le quai grouillant de Calicut ne revient pas des premiers mots qu'il entend. Ils ne sont pas prononcés dans une langue exotique, mais dans un mélange de génois et de castillan, par deux Maures qui ont vécu à Tunis : « Que le diable t'emporte ! Qu'es-tu venu faire ici ? » Que sont-ils venus faire ici, en effet ?

---

1. Citons *L'Empire portugais d'Asie (1500-1700)*, Le Seuil, collection « Points histoire », 2013, et surtout *Vasco de Gama. Légende et tribulations du vice-roi des Indes*, Alma, 2012.

2. Voir chapitre 21.

Dans cet univers aux habitudes d'opulence, les Portugais, descendant de leurs petits bateaux, mal vêtus, amaigris et sentant mauvais, ne font pas figure de conquérants, mais plutôt de pâles cousins de province. Et la fameuse rencontre entre Vasco de Gama et le zamorin, comme nous le rappelle drôlement Subrahmanyam, est moins flatteuse pour le premier que sur les belles toiles académiques du XIXe siècle. Le prince indien est très déçu, il a rarement vu un étranger oser lui présenter des cadeaux aussi piteux.

De fait, dès son deuxième voyage, le ton du portugais change, sa diplomatie est plus offensive. Voilà un autre motif soigneusement gommé de la grande fresque traditionnelle. La conquête portugaise n'a pas été une aimable promenade menée pour le bien du commerce et de la civilisation. Elle a été accomplie avec une grande violence par une soldatesque capable des pires brutalités. À cause de la dangerosité extrême des voyages, les équipages, nous apprend l'historien indien, sont composés pour partie de gens de sac et de corde, des condamnés de droit commun à qui on a promis la liberté à leur retour, si toutefois ils revenaient. C'est le seul moyen qui a été trouvé pour emplir les bateaux. Capables d'affronter tous les périls, les chefs des expéditions ne sont pas des repris de justice, et pour la plupart, ils sont bien les hommes d'un courage surhumain dont la postérité a fixé le souvenir. Il n'est pas inutile d'ajouter qu'ils puisent essentiellement cette intrépidité dans leur fanatisme religieux. Rien ne peut leur arriver, puisque Dieu est avec eux. Formés dans la mythologie de la Reconquista, ils haïssent tout particulièrement les musulmans, en qui ils voient par ailleurs leurs principaux rivaux commerciaux. Ils sont capables de tout pour assouvir cette haine. Outre les bombardements de la côte et divers massacres ciblés sur les quartiers musulmans, un des faits d'arme de Vasco de Gama est d'avoir envoyé par le fond, sans beaucoup de raison, un bateau empli de pèlerins pacifiques rentrant de La Mecque, et laissé se noyer équipages et passagers, femmes et enfants compris, sans le moindre scrupule. Sitôt qu'il a enfin conquis Goa, son successeur, Albuquerque, fait brûler les mosquées et massacrer l'ensemble de la population musulmane masculine. Il garde les femmes pour les donner à ses soldats. Les Hindous, dont les Portugais comprennent si mal la religion qu'ils la prennent d'abord pour une forme lointaine du christianisme, sont épargnés dans un premier temps. Les persécutions et la destruction des temples viendront plus tard.

Pour ce qui est des méthodes employées, les marins portugais sont donc moins éloignés qu'on ne le croit généralement de leurs cousins les conquistadors. Pour autant, l'Asie n'est pas l'Amérique et l'Empire portugais n'est pas l'Empire espagnol.

Implantés à Malacca, après l'avoir conquise, les Européens entendent parler par des marchands chinois du riche empire dont ils viennent. Curieusement, ils ne l'associent pas au fabuleux royaume de Marco Polo, qui était pourtant dans toutes les têtes. Le Vénitien l'avait nommé Cathay, du nom d'une ancienne province chinoise, et on avait du mal à le situer. Toujours est-il que, comme les Espagnols entendant parler de leurs eldorados aztèque ou inca, les Portugais rêvent de cette proie de choix. Contrairement à ce qui se passe dans le Nouveau, l'Ancien Monde résiste au choc. Le Français Serge Gruzinski, autre grand nom de la nouvelle histoire monde, a consacré un livre passionnant à ce parallèle entre deux événements quasi exactement contemporains[1]. Au moment même où Cortés fait tomber le monde aztèque, les Portugais se font proprement rembarrer du vieil empire du Milieu, encore tout à fait apte à se défendre. Malgré tout l'argent qu'il a versé aux eunuques impériaux pour les corrompre, malgré des années d'attente passées entre autres à faire le lent apprentissage du protocole, le premier ambassadeur, Tome Pires, n'arrive même pas à être reçu par l'empereur. Celui-ci a le mauvais goût de mourir avant qu'il ait pu le faire, et son successeur colle l'envoyé en prison parce qu'on n'est jamais sûr de rien avec les étrangers. En 1522, une flotte portugaise envoyée, peut être pour le délivrer, comprend ce qu'il en coûte de mépriser les jonques chinoises qui gardent la côte : elle doit rebrousser chemin, après avoir subi un désastre.

Pour autant, le bilan, pour le Portugal, n'est pas mince. Après les premiers déboires, ses marchands ont réussi à obtenir des Chinois un poste sur la côte où faire le commerce. En 1557, ils s'installent sur la presqu'île de Macao. Une dizaine d'années auparavant, une poignée de leurs congénères étaient arrivés à Nagasaki. Dans la seconde moitié du XVIe siècle,

1. Serge Gruzinski, *L'Aigle et le Dragon*, Fayard, 2012.

un impressionnant chapelet de fortins et de comptoirs permet ainsi au petit royaume d'étendre son influence et ses intérêts commerciaux depuis la côte marocaine jusqu'au sud du Japon. Le but des expéditions était, selon une formule attribuée à Vasco de Gama, de « trouver des chrétiens et des épices ». Les secondes, ramenées par cargaisons entières, font la fortune de Lisbonne. Le Roi Très Fidèle s'emploie en retour à multiplier les premiers. Toutes ses factoreries et places fortes, de l'Afrique, de l'Inde, de la Malaisie, de la Chine se parent de ces belles églises sobres, blanches et droites qu'on y admire encore. Les missionnaires travaillent à les emplir des âmes qu'ils viennent de convertir. Le plus célèbre d'entre eux est François Xavier (1506-1552), un noble basque, devenu ami d'Ignace de Loyola, avec qui il a fondé l'ordre des jésuites. Recommandé par le pape auprès du roi de Portugal, il débarque à Goa, où il réorganise la vie chrétienne, voyage à Malacca, puis aux Moluques et pousse jusqu'au Japon[1]. Il réussit, disent ses pieuses biographies, à y obtenir un millier de conversions. Son grand rêve est de faire basculer la Chine tout entière dans le camp de la vraie foi, mais il meurt devant Canton, avant d'avoir pu poser le pied dans l'empire. Ses talents de prosélyte lui ont valu l'auréole et le surnom d'« apôtre des Indes ».

L'édifice patiemment construit au début du XVIe siècle souffre toutefois de faiblesses qui l'empêchent de durer longtemps. Le Portugal a déjà

1. Voir chapitre 22.

grand-peine à trouver les garnisons chargées de garder ses postes. Il est bien trop peu peuplé pour mener une véritable politique de colonisation. Son existence en Europe même est fragile. En 1580, une crise dynastique met fin à son indépendance. Par un habile mariage, l'Espagne réussit à englober sous sa couronne le royaume, qui ne recouvrera sa liberté qu'en 1640. Pendant soixante ans, donc, Lisbonne doit affronter sur les mers les ennemis de Madrid, les Anglais, et surtout les Provinces-Unies, puissance montante du XVIIe siècle, qui vient de se constituer en faisant sécession des Pays-Bas de Philippe II[1]. Marins hors pair, les Néerlandais réussissent à prendre pied à Ormuz, à Ceylan, à Malacca, et à en évincer les Portugais déjà déclinants.

Le Brésil, lui aussi, est rudement menacé par les rivaux européens qui s'installent sur ses rivages. *In fine*, le Portugal arrive à le garder pour lui. Au début, on n'y exploite que le bois rouge qui a donné son nom au pays et que l'on achète aux Indiens contre les petits ustensiles de métal qui leur sont précieux. Dans les années 1570, on commence à planter la canne à sucre. Les Indiens sont combattus et repoussés. Les Blancs s'installent. Ils font venir les Noirs. Les premiers contingents d'esclaves, achetés en Afrique, sont débarqués dans les ports de la côte.

---

1. Voir chapitre suivant.

L'Europe se déchire

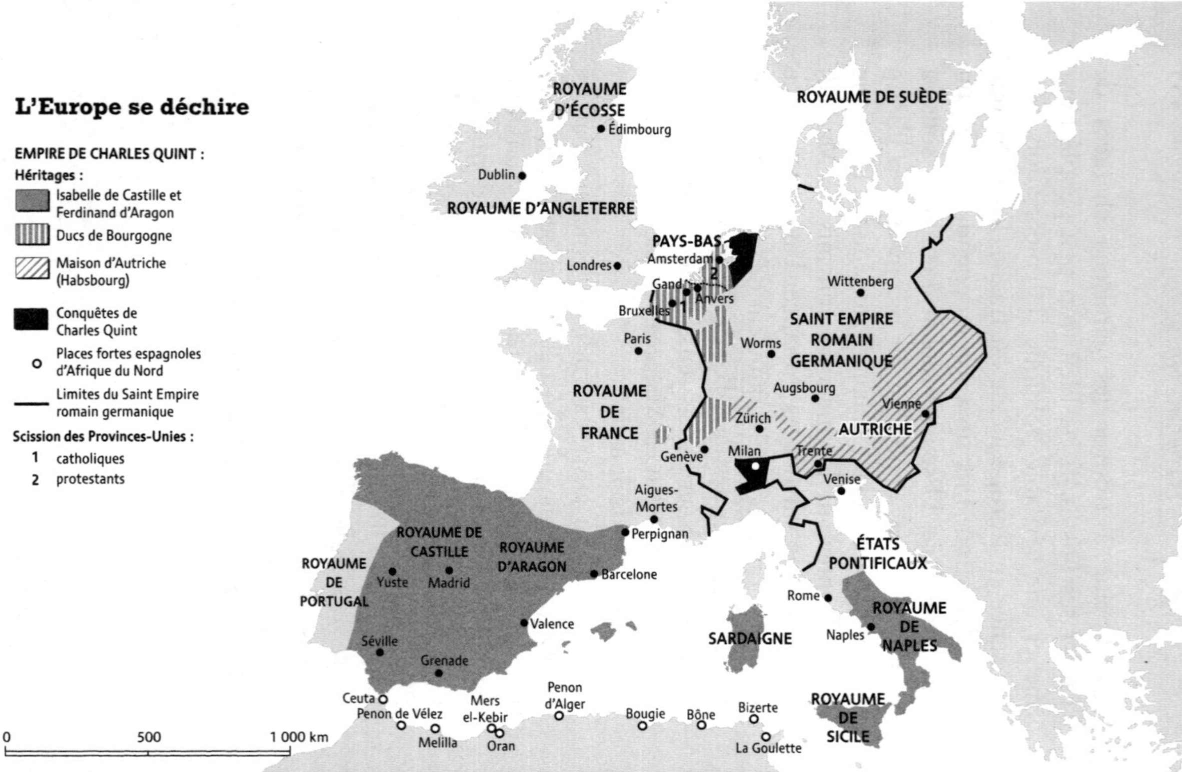

20

L'Europe au XVIe siècle

Le siècle commence par le grand duel entre l'empereur Charles Quint et le roi de France François Ier. Il se poursuit avec la grande déchirure religieuse, causée par la réforme protestante.

Les grands souverains

Le personnage le plus considérable du XVIe siècle européen est un petit prince francophone, né à Gand, en 1500. Il se nomme Charles de Habsbourg. Il est le plus fabuleux héritier de l'histoire universelle. Son père Philippe est le fils de Maximilien, archiduc d'Autriche devenu plus tard empereur du Saint Empire, et de Marie, riche héritière de ces ducs de Bourgogne, que nous avons évoquée[1]. Sa mère, Jeanne, est la fille d'Isabelle de Castille et Ferdinand d'Aragon, les Rois Catholiques qui ont fait l'unité de l'Espagne. Par les hasards du destin, il est le seul à recueillir les uns après les autres, en à peine dix ans, tous les fruits de cet arbre

1. Voir chapitre 16.

généalogique impressionnant. À la mort de son père (1506), Charles touche l'héritage des ducs de Bourgogne, c'est-à-dire les Pays-Bas – qui s'étendent alors de l'Artois à la Frise – et la Franche-Comté. En 1517, sa mère étant déclarée folle, il devient roi d'Espagne à sa place, récupérant au passage les nouvelles possessions d'Amérique, mais aussi le royaume de Naples, au sud de l'Italie, vieille dépendance de la couronne d'Aragon. Du grand-père Habsbourg, il reçoit les domaines autrichiens. En 1519, il réussit aussi, à l'issue d'une élection achetée à prix d'or, à lui succéder comme empereur du Saint Empire romain. Il est le cinquième à porter ce titre après Charlemagne, d'où son nom de Charles Quint (1500-1558)[1].

Il a, sur la scène européenne, un grand rival. De six ans son aîné, François Ier (1494-règne : 1515-1547) porte sur la tête un nombre moins important de couronnes mais celle qui s'y trouve pèse d'un grand poids. Le royaume de France est le plus riche, le plus peuplé d'Europe, et il a l'avantage d'être tout d'une pièce.

Il suffit de regarder une carte d'Europe occidentale pour comprendre ce qui oppose les deux princes. Roi d'Espagne, empereur, héritier bourguignon, le Habsbourg est partout, au sud, à l'est, au nord. Le Valois – c'est le nom de la famille de François – peut à juste titre se sentir encerclé. Inversement, Charles craint

1. Karl V. pour les Allemands, Charles V pour les Anglais, et Carlo V d'Asburgo pour les Italiens. Les Espagnols préfèrent lui donner son nom de roi d'Espagne, Carlos I.

beaucoup de ce grand royaume qui se dresse comme une barrière entre ses diverses possessions et il ne se remet pas de la confiscation par les rois de France de la Bourgogne, qu'il considère comme sa vraie patrie. La guerre entre les deux est inscrite dans la géographie. Elle occupait jadis de nombreuses pages dans les manuels d'histoire européens, avec ses alliances, ses traités, ses batailles à ne plus savoir qu'en faire. Il y en a partout. On se bat dans les Ardennes, on se bat en Provence. On se bat surtout en Italie, qui devient le terrain de jeu préféré des belligérants. Depuis la fin du XVe siècle, les rois de France, prétextant des héritages, se sont mis en tête de prendre pied dans la péninsule. Louis XII (1462-règne : 1498-1515), puis François Ier, au nom d'une aïeule qui en était duchesse, veulent conquérir Milan. À chaque fois qu'ils franchissent les Alpes, les Français doivent affronter les nombreuses grandes et petites entités qui se partagent la Botte, Florence, Venise, le pape et ses États, sans parler des mercenaires suisses, qui se vendent à tous. Charles Quint, empereur d'un empire qui couvre le nord de la Péninsule et roi d'Aragon, de qui dépend le sud, s'ajoute à la liste.

Deux autres protagonistes compliquent le jeu. Contemporain de Charles et de François, courtisé par l'un et l'autre, Henri VIII Tudor (1491-règne : 1509-1547), le rusé roi d'Angleterre, joue savamment la balance entre les deux. Et Soliman (1494-règne : 1520-1566), le sultan qui règne à Constantinople, menace l'empire par le flanc est. Après avoir conquis la Hongrie, il fait le siège de Vienne (1529), qui est sauvée un peu par miracle, et beaucoup par l'hiver, contraignant les assaillants à fuir les plaines gelées d'Autriche. Les Ottomans sont en pleine fièvre conquérante. Leur empire s'étend sur toute la côte nord de l'Afrique, jusqu'aux frontières marocaines. La guerre entre l'empereur-roi d'Espagne et le sultan se poursuit en Méditerranée. Elle est pimentée d'une épice qui fait s'étrangler l'Europe. François Ier, prêt à tout pour venir à bout de son rival très chrétien, ose s'allier avec le Turc pour le combattre.

Au-delà de ces péripéties, une autre opposition se joue dans ce duel. Deux systèmes politiques s'affrontent.

Les possessions de Charles Quint ont tout du manteau d'Arlequin. Éparpillées sur des milliers de kilomètres que le malheureux s'épuise, sa vie durant, à parcourir, régies par les régimes les plus divers, minées par les rébellions qui ne cessent d'y éclater, elles sont dans les faits un agrégat ingouvernable. Dans la tête de l'empereur, elles sont unies par un grand rêve. Il a pour dessein de former l'empire universel appelé à rassembler la chrétienté, et peu à peu à s'étendre au monde entier.

Face à ce modèle qui remonte au temps de Charlemagne, François Ier en oppose un nouveau : l'État. Dans le monde féodal, les rois n'étaient que les suzerains de seigneurs qui, dans leur fief, ne se connaissaient pas d'autres maîtres que Dieu. Le roi Valois se veut souverain. S'inspirant de ce qui se faisait en Italie, et aussi chez les ducs de Bourgogne, il crée une cour, ce monde de fêtes et de plaisirs qui est aussi un redoutable instrument de pouvoir : elle permet de rappeler à toute la noblesse qu'elle n'est qu'un public dont le monarque est le centre. Le premier, il considère le territoire du royaume comme lui appartenant en propre. « Car tel est notre bon plaisir » est l'impérieuse formule qui conclut ses ordonnances. Celle qu'il signe dans la petite ville de Villers-Cotterêts fait un pas important dans le sens de l'unification. Elle impose l'emploi du français dans tous les actes officiels du pays.

L'histoire occidentale ira tout entière dans le sens initié par François Ier. L'Europe sera bientôt constituée d'États, plus ou moins unifiés par leurs monarques. Aurait-elle pu basculer dans le sens de l'empire ou ce projet n'était-il qu'une chimère ? Charles lui-même finit par ne plus y croire. À la surprise générale, il abdique de tous ses pouvoirs, les uns après les autres, en 1555-1556, pour se retirer dans la solitude et la prière d'un monastère d'Espagne. Il divise en deux son héritage. Le Saint Empire et les possessions d'Autriche vont à son frère Ferdinand. Les couronnes d'Espagne et le legs bourguignon, Pays-Bas et Franche-Comté, à son fils Philippe, qu'on appellera Philippe II. Un autre mal qui ronge ses domaines a tourmenté le pauvre empereur plus encore que ses guerres avec ses rivaux. Charles Quint rêvait d'une grande et puissante chrétienté. Depuis les débuts du XVIe siècle, elle s'est brisée en deux.

★
★★

La Réforme

Au début du XVe siècle, ravagée par le Grand Schisme, l'Église semblait au plus bas. Un siècle plus tard, elle ne vaut guère mieux. Les papes qui règnent à Rome, membres de grandes familles comme les Borgia, sont plus célèbres pour leurs orgies que pour leur piété évangélique. Pour redonner son lustre à leur capitale en décrépitude, ils ont entrepris des travaux pharaoniques. Pour les financer, ils renouvellent un vieux système pratiqué depuis longtemps. En échange de dons en argent, les fidèles reçoivent des certificats leur garantissant le pardon de tel ou tel péché, ou des réductions sur les années qu'ils auront à faire au purgatoire après leur mort. C'est le « trafic des indulgences ».

Nombreux sont les chrétiens qui rêvent de réformer une vieille institution aussi branlante, c'est-à-dire, littéralement, de lui faire retrouver sa forme originelle. Un opiniâtre petit théologien allemand réussit à porter ce combat à un point de rupture impensable jusqu'alors. Martin Luther (1483-1546), devenu moine dans l'ordre des augustins après des études de droit et de théologie, est rongé depuis l'enfance par la hantise du mal et de l'enfer. Plus ses angoisses le torturent, plus il doute de la capacité de l'Église de son époque à les éteindre. Un voyage dans une Rome plus fastueuse et décadente qu'elle ne fut jamais achève de le convaincre sur ce point. La lecture assidue de saint Augustin et de saint Paul lui apporte enfin l'illumination qu'il attendait. Pourquoi avoir peur ? La peur est inutile, comme l'idée de la conjurer par les *œuvres*, ces actions que les chrétiens s'obstinent à entreprendre pour se racheter. Seule compte la foi, seul compte l'abandon du pécheur dans une totale confiance en Dieu.

L'idée d'une relecture du christianisme sur cette base finit par faire corps. En 1517, à l'université de Wittenberg, où il est devenu professeur d'Écriture sainte, il rend publiques « 95 thèses » qui remettent sévèrement en question diverses pratiques de l'Église, dont le fameux trafic des indulgences. La rupture est annoncée. Après trois ans de discussions passionnées qui permettent au frondeur de parfaire sa doctrine, Rome lui envoie sa réponse. C'est une bulle d'excommunication. En décembre 1520, Luther la brûle en public. La rupture est consommée. Convoqué l'année suivante à la diète de Worms, une sorte de parlement de l'empire, par Charles Quint lui-même, l'effronté moine ne fait que signifier au plus haut personnage d'Europe qu'il ne renoncera jamais.

Bien d'autres chrétiens, avant le théologien de Wittenberg, se sont affrontés à l'Église. Un siècle avant lui, Jan Hus (1371-1415), le recteur de l'université de Prague, portait des idées qui n'étaient pas éloignées des siennes. Il a fini brûlé. Si Luther réussit son combat, il le doit à son indéniable courage, mais aussi à un contexte politique qui lui est favorable. Ses critiques de la papauté plaisent à de nombreux chrétiens horrifiés par ses abus. Elles servent aussi les intérêts des princes et des villes allemandes, avides de secouer la pesante tutelle romaine, dont les grandes familles tirent toujours les bénéfices des riches abbayes sans y mettre les pieds. Dès que les « 95 thèses » sont rendues publiques, elles sont imprimées en des centaines d'exemplaires et circulent dans toute l'Allemagne. Luther devient le héros des étudiants, des gens des villes, des membres du clergé qui n'en peuvent plus. Quatre ans plus tard, après la houleuse diète de Worms, il n'échappe au bûcher que parce qu'il est protégé par un puissant personnage, le prince-électeur de Saxe. Celui-ci va jusqu'à le faire enlever pour le mettre à l'abri dans son château de la Wartburg. Pendant que le théologien y parfait son enseignement, d'autres prennent le relais. En 1529, lors d'un nouveau concile impérial[1] assemblé pour résoudre ces affaires religieuses, ce ne sont pas des clercs mais des princes et des représentants de grandes villes allemandes qui prennent le parti du rebelle. Ils « protestent » – c'est-à-dire témoignent avec force – de la justesse de ses vues. C'est l'acte de naissance du protestantisme.

Fondée sur le rejet véhément de l'autorité de Rome, « moderne Babylone », des papes, ces « antéchrists », du clergé, considéré comme inutile et corrompu, et même du culte de la Vierge et des saints, vu comme de l'idolâtrie, cette doctrine nouvelle prône le retour au modèle évangélique par un rapport personnel, individuel à Dieu. Le vrai croyant ne doit être guidé que par quelques principes simples : le fait de ne rendre de culte qu'à Dieu ; la confiance absolue dans

1. La diète se déroule dans la ville de Spire.

sa grâce ; l'amour de Jésus ; le fait que les Écritures soient l'autorité suprême[1].

Discuté, approuvé par de nombreux chrétiens, le protestantisme s'affine peu à peu et, forcément, ne tarde pas à engendrer, en son sein même, de nouvelles chapelles. Le Suisse Zwingli (1484-1531), qui s'établit à Zurich, le Français Calvin (1509-1564), qui s'installe à Genève, ont suivi au départ la voie ouverte par Luther mais ils finissent pas fonder des Églises dont les doctrines diffèrent[2].

Après avoir tenté d'étouffer l'incendie, en vain, l'Église catholique cherche au moins à édifier des pare-feu. L'interminable concile de Trente[3] (1545-1563), marque l'apogée du mouvement que l'on appelait jadis la « Contre-Réforme », et que les catholiques préfèrent désormais nommer du terme plus positif de « Réforme catholique ». Il prévoit par exemple l'ouverture de séminaires, des centres pouvant donner aux prêtres une véritable formation. Il donne aussi au monde catholique l'élan qui réveille les consciences et stimule les arts. La magnifique architecture baroque des églises de la fin du XVIe et

---

1. On résume parfois cela comme les « cinq solae » : *soli deo gloria* – à Dieu seul la gloire – ; *sola gratia* – la grâce seule ; *solus christus* – le Christ seul ; *sola fide* – la foi seule – *sola scriptura*, les Écritures seules.

2. Un des points de divergence est par exemple de savoir si le Christ est ou non *réellement* présent dans l'hostie au moment de la communion. Les luthériens pensent que oui, les calvinistes non.

3. Trente est une petite ville des Alpes italiennes. On parle de « rite tridentin » suite au concile.

du début du XVIIe siècle en porte témoignage. Parmi les nouveaux mouvements qui voient le jour dans ce même contexte, le plus fameux est celui fondé à Paris par Ignace de Loyola, un jeune noble espagnol venu étudier en France. Sa Compagnie de Jésus est destinée à regagner la bataille des âmes pour les ramener au catholicisme et à porter secours à la papauté, si malmenée par l'hérésie protestante. En plus des trois vœux traditionnels, d'obéissance, de pauvreté, de chasteté, que prononcent tous les moines, les jésuites ajoutent celui d'« obéissance spéciale au pape ».

★
★ ★

Guerres de religion

Cinq siècles après la grande séparation entre le christianisme occidental et le monde oriental (les orthodoxes), le protestantisme crée donc un nouveau schisme au sein du monde chrétien. À la fracture religieuse, il ajoute rapidement une fracture politique. En un demi-siècle, elle réécrit la carte de l'Europe.

Très vite, le monde allemand, ce conglomérat de petites principautés, de villes libres, de duchés divers, se divise. Deux camps se forment. Luthériens et catholiques – fidèles au pape et à l'empereur – se regroupent dans des ligues qui ne tardent à pas à se faire la guerre. Après quelques victoires militaires, Charles Quint décide de mettre fin au conflit en concédant la paix d'Augsbourg (1555). Résumée par la maxime latine « *cujus regio, ejus religio* » (littéralement « telle la religion du prince, telle celle du pays »), elle permet au chef de chaque entité de l'empire de choisir sa religion, qui sera dès lors celle de tous les habitants. Le Saint Empire retrouve la paix, mais son unité est perdue.

Gustave Ier Vasa, roi de Suède, est le premier à avoir fait basculer son royaume tout entier du côté luthérien. L'Écosse, dans les années 1550, devient calviniste. L'Angleterre suit une voie qui n'est qu'à elle. Époux de Catherine d'Aragon, fille des rois d'Espagne, Henri VIII veut s'en séparer pour épouser une autre femme. Le pape, proche des Espagnols, refuse d'annuler ce mariage. L'Anglais décide de divorcer de Rome. Par l'Acte de suprématie (1534), le roi Tudor fonde l'Église d'Angleterre, qui garde des rites catholiques tout en étant indépendante du trône de Saint-Pierre. On appelle cette étonnante synthèse l'anglicanisme.

Les États d'Italie, le Portugal restent farouchement catholiques, comme l'Espagne. En revanche les Pays-Bas, qui en dépendent, connaissent les affres de la division. La noblesse et les villes sont déchirées. De Madrid, Philippe II envoie des troupes qui engagent une répression féroce contre les calvinistes. Ils se regroupent dans les sept provinces les plus au nord qui, en 1581, font sécession des Pays-Bas espagnols pour former un nouveau pays, les Provinces-Unies.

En 1559, le roi de France Henri II, fils de François Ier, a mis fin à l'interminable guerre avec les Habsbourg (par le traité de Cateau-Cambrésis) pour pouvoir se consacrer à « extirper l'hérésie », qui séduit beaucoup aussi dans son royaume. Il meurt aussitôt, par accident, laissant après lui sa femme Catherine de Médicis et des enfants mineurs. Un pouvoir si faible attise l'appétit des grandes familles. Les antagonismes religieux fanatisent leurs querelles et jettent le pays dans trente-six ans de guerres de religion. Elles atteignent un sommet de l'horreur avec le massacre des protestants du 24 août 1572, jour de la Saint-Barthélemy. Elles ne se terminent que lorsqu'Henri de Navarre, le chef protestant, accepte de se convertir pour monter sur le trône.

Unie avec le grand-duché de Lituanie, la Pologne forme au XVIe siècle une république nobiliaire. Le chef de l'État est un roi, mais il est élu et tout le pouvoir est à la diète, l'assemblée des nobles. Par un accord de 1573, ceux-ci établissent formellement le droit de chacun de choisir librement sa religion, faisant de leur pays une des rares terres de tolérance d'Europe.

21

Quatre empires musulmans

XVIe – XVIIe siècle

À l'heure où l'Europe chrétienne commence son expansion, se forment ou se consolident, de l'Inde à l'Atlantique, quatre puissants empires musulmans.

L'Inde des grands Moghols

Les immenses richesses du nord de l'Inde attirent depuis longtemps. Vers l'an mil, les Turcs musulmans installés là où se trouvent aujourd'hui l'est de l'Iran, le Pakistan et le nord de l'Afghanistan, y lancent régulièrement des raids dévastateurs pour en piller les trésors et ravager au passage les temples et sanctuaires hindous. À partir du XIIIe siècle, d'autres Turco-Afghans s'y installent pour former les « sultanats de Delhi » qui se succèdent pendant trois siècles. Au début du XVIe siècle, un grand conquérant nommé Babur (1483-1530), rebat les cartes de la région. Descendant de Tamerlan par son père et de Gengis Khan

Quatre empires musulmans au XVIe siècle

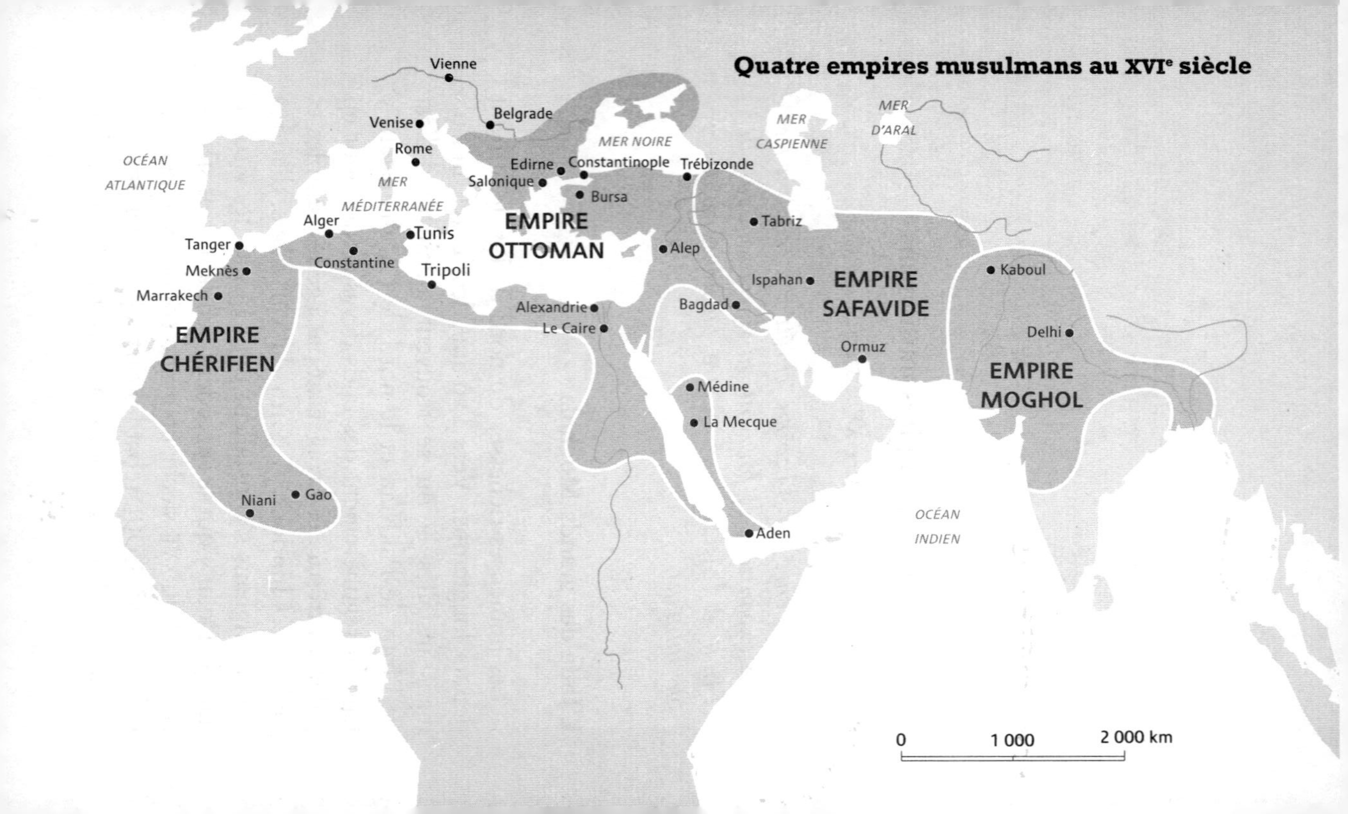

par sa mère[1], il est l'héritier d'une principauté de la vallée de Fergana, en Asie centrale, et rêve de mettre la main sur la prospère Transoxiane. Défait par un prince ouzbek, il change ses plans. Il conquiert Kaboul puis entreprend la conquête de toute l'Inde du Nord, où il lui faut se battre contre les musulmans et aussi contre les Rajput, des guerriers hindous dont la bravoure est légendaire. En 1526, grâce à son artillerie, arme qu'il est le premier à utiliser dans cette région du monde, il réussit à défaire l'armée gigantesque du dernier sultan de Delhi.

On se sert de cette date pour marquer le début de la dynastie que Babur inaugure. Elle sera la plus longue de l'histoire de ce pays. À cause de l'ascendance du conquérant, on l'appelle la dynastie moghole, une déformation, via le persan, du mot mongol. À son extension maximale, à la fin du XVIIe siècle, elle s'étend jusqu'au sud du Deccan, le grand plateau central du sous-continent, dont le dernier des grands royaumes hindous a été balayé au milieu du XVIe par une coalition de sultans musulmans[2].

À cause du faste qu'ils déploient, du luxe de leur cour, du raffinement du cérémonial qui s'y pratique, on a pris coutume d'appeler ses empereurs les « Grands Moghols ». L'Inde d'alors est toujours un pays d'opulence, célèbre pour ses soieries, ses cotonnades et ses pierres précieuses, qui passent pour être les plus belles du monde. Les Moghols, qui vivent

1. Voir chapitre 14.

2. La dernière puissance hindoue d'Inde était l'empire de Vijayanagar, du nom de sa capitale.

sous l'influence culturelle de la Perse, y développent des arts d'un grand raffinement, en particulier celui des miniatures.

Le plus important des Grands Moghols est Akbar (1542-1605), qui continue les conquêtes mais manie les arts de l'esprit avec autant de succès que ceux de la guerre. Il est poète et soufi, c'est-à-dire mystique, à ses heures. Esprit ouvert, il supprime les taxes religieuses imposées par la charia, qui oppressent les non-musulmans, principalement les hindous, et leur confie de hauts postes dans son administration, pour les associer au pouvoir. Intéressé par toutes les religions, il fait ouvrir une maison de l'adoration pour y faire débattre les théologiens de toute obédience, bouddhistes, jaïnistes, hindouistes, zoroastriens et même chrétiens. Peut-être la fréquentation de tant de dieux divers finit-elle par lui monter à la tête. À la fin de sa vie, il bascule dans un état proche du délire mystique, se rêvant en prophète d'une nouvelle religion, synthèse de toutes les autres.

Shah Jahan (règne : 1628-1658) est resté célèbre à cause du monumental tombeau qu'il fit édifier pour son épouse bien-aimée. Le Taj Mahal est aujourd'hui encore le monument emblématique de l'Inde. Pour impressionner ses visiteurs, et leur donner une idée de sa fortune, l'empereur avait aussi fait construire le trône du paon, sur lequel il siégeait, orné de représentations de ces oiseaux multicolores et entièrement couvert de pierres précieuses.

Aurangzeb, qui lui succède (règne : 1658-1707), a laissé un souvenir plus contrasté. Il est aussi guerrier que ses prédécesseurs et donne à l'empire sa plus vaste étendue. Contrairement à eux, il professe un islam sectaire. Il bannit artistes et musiciens, et persécute sans répit les hindous, attisant en retour leur haine des musulmans. Après lui, l'empire, miné par les divisions, entre en décadence.

★
★ ★

La Perse des Safavides

Après sa conquête par les Arabes au VIIe siècle, la Perse n'a jamais perdu son identité. Sa langue continue à être parlée sous forme de dialectes par une bonne partie de la population. Autour de l'an mil, codifiée en caractères arabes, elle redevient littéraire. Firdoussi (940-1020) lui donne ses lettres de noblesse avec le *Livre des Rois – Chahname* – qui chante la gloire des souverains de l'Iran ancien. Les grands poètes, Saadi (1200-1291), auteur du *Gulistan* (*Le jardin des roses*) ou Hafiz (1320-1389), auteur du *Divan*, lui confèrent le prestige qui en fait la grande langue de culture de l'Orient.

Englobé dans le grand califat abbasside, soumis aux Mongols, ravagé par les hordes de Tamerlan puis dirigé par les Timourides, le pays, en revanche, n'a plus d'existence politique. Au début du XVIe siècle, à peu près au moment où Babur commence son ascension, un homme fort la fait renaître. Ismaïl (1487-1524) est un chef de clan turcophone qui, par sa mère, descend de sultans turkmènes et, par son père, d'un ordre religieux mystique et militaire. Appuyé par celui-ci, il réussit, en 1501, à prendre Tabriz. Il en fait sa capitale et décide de relever un titre qui rappelle le temps glorieux des empereurs achéménides. Il se proclame shah d'Iran, fondant ainsi la dynastie des Safavides (1501-1736). Menacé par les Turkmènes au nord-est, et les Ottomans à l'ouest, il trouve un moyen d'unifier le pays face à ces ennemis, tous deux sunnites. Il décide de la conversion de l'Iran au chiisme, donnant au pays une caractéristique qu'il a gardée jusqu'à nos jours.

Comme l'Empire moghol qui le voisine, l'Iran au XVIe siècle connaît une période de prospérité. Il fait commerce de la soie, du tabac, des pierres précieuses. Il tire surtout profit de sa situation privilégiée sur les grandes routes commerciales asiatiques qui se maintiennent malgré la rude concurrence maritime engagée par les Portugais. Entre 1587 et 1628 s'étend le long règne du plus prestigieux des Safavides, shah Abbas Ier, dit le Grand. Voulant s'éloigner de l'ouest de l'empire, trop menacé par les ennemis ottomans, il décide d'établir sa capitale à Ispahan, au centre de la Perse. Il en supervise lui-même l'édification, exécutée par des milliers d'artisans arméniens qu'il a fait déporter de force pour pouvoir utiliser leur talent. Les voyageurs du XVIIe siècle, éblouis par ses places, ses palais et ses jardins, verront en Ispahan une des plus belles villes au monde.

★
★ ★

Splendeur des Ottomans

Jusqu'ici, nous n'avons parlé d'eux que sous l'angle de la conquête. Elle est un trait indéniable de la dynastie. Issus d'un minuscule fief d'Asie Mineure, les Ottomans ne cessent d'accroître leur empire. Au milieu du XVe siècle, depuis leur nouvelle capitale de Constantinople[1], ils règnent sur l'Asie Mineure et les Balkans et ont vassalisé le khanat de Crimée, de l'autre côté de la mer Noire. Au tout début du XVIe siècle, Selim Ier (1467-1520), petit-fils de Mehmet le Conquérant, lance la guerre contre les mamelouks du Caire. Il leur prend la Syrie, l'Égypte et, avec elle, les prestigieuses villes saintes de Médine et La Mecque, qui en dépendent. Soliman le Magnifique (règne : 1520-1566), l'homme que nous avons vu assiéger Vienne (1529) après avoir fait tomber une partie de la Hongrie, continue l'offensive. Il s'attaque aux Safavides perses et, devenu maître de la Mésopotamie, entre victorieux à Bagdad. Grâce à des alliances avec les corsaires qui y font la loi, comme le célèbre Khayr al-Din, un marin d'origine albano-grecque que l'Occident connaît sous le surnom de Barberousse, il réussit à étendre son pouvoir sur toute la côte méditerranéenne, jusqu'à la frontière du Maroc. Alger, Tunis, Tripoli deviennent des régences ottomanes.

---

1. Dans la langue courante des Turcs, la ville conquise se nomme *Istanbul*. Dans la langue officielle ottomane, elle est toujours *Konstantiniyye*, Constantinople.

Pour tenter de montrer un front uni contre ce péril qui fait trembler l'Europe chrétienne, le pape, Venise et les Espagnols, forment la Sainte Ligue et arment une flotte. Elle réussit, devant Lépante, en Grèce, à couler en une bataille (1572) presque tous les bateaux turcs. Partout dans la chrétienté, des *Te Deum* célèbrent la miraculeuse victoire. Constantinople se contente d'accuser le coup et fait reconstruire une flotte nouvelle. Certains historiens datent de cette bataille de Lépante le début du déclin ottoman. C'est oublier que l'empire continue de grossir. Il n'atteint son extension maximale qu'à la fin du XVIIe siècle.

Non moins passionnante que sa puissance conquérante est la façon dont cette énorme machine réussit à fonctionner. Le sultan en est la pièce maîtresse. Tout le territoire de l'empire lui appartient en propre, la propriété privée des terres n'existe pas. Ayant vocation à régner sur l'univers – portant tout à la fois les titres de khan, comme chez les Mongols, de sultan, comme dans la tradition turque, de padichah, comme chez les perses, ou de *kayser i Rum*, c'est-à-dire de César de ces Romains dont il a pris la capitale –, il est l'« ombre de Dieu sur Terre », celui qui, pour faire régner la justice, dispose du droit de vie et de mort sur chacun de ses sujets, y compris les membres de sa propre famille. Pour éviter les querelles de succession et en invoquant le « bien du monde », Mehmet le Conquérant a édicté au milieu du XVe siècle la loi du fratricide. Elle permet à tout nouveau sultan intronisé de faire étrangler ses frères.

Dominant la Corne d'Or à Istanbul, le palais de Topkapi, avec ses jardins, ses salles immenses, son harem où vivent femmes et concubines, est la résidence du souverain. Le grand vizir, dirigeant le gouvernement, que les Ottomans nomment le *divan*, habite un autre palais situé tout à côté, où sont reçus les ministres et les visiteurs étrangers. Ils doivent, pour y pénétrer, passer sous une entrée monumentale, qui a donné un de ses noms à l'Empire ottoman. Dans la langue diplomatique occidentale, jusqu'au XIXe siècle, il est la « Sublime Porte ».

Pour assurer son autorité, lever l'impôt, faire fonctionner l'empire, le sultan dispose de troupes au recrutement particulier. Elles sont, dans leur majorité, composées d'anciens enfants chrétiens des Balkans qui, le plus souvent, furent enlevés de force, ou achetés par des soldats, lors de campagnes appelées *devchirme*, la récolte. Convertis de force à l'islam, turquisés, éduqués, les fruits de cette récolte sont ensuite triés en fonction de leur compétence. Les plus robustes grossissent les régiments de janissaires, les troupes d'élite qui, grâce à leur discipline extraordinaire et leur sobriété proverbiale, ont assuré à l'empire ses plus brillantes conquêtes. Les plus doués pour les écritures forment l'administration impériale et en occupent tous les postes, des plus bas aux plus élevés. La plupart des grands gouverneurs de province, nombre de ministres et même de grands vizirs chargés de diriger ce grand Empire musulman sont d'anciens enfants chrétiens, un jour réduits en esclavage. Le fait, pour impensable qu'il apparaisse à un esprit occidental, répond à une logique. En s'appuyant sur des individus à qui on a coupé toutes les attaches, le sultan s'est fait une armée qui lui est totalement dévouée et qui lui évite de se mettre sous l'influence des grandes familles de l'empire.

L'autre grande caractéristique du monde ottoman, enfin, est sa disparité ethnique, religieuse, linguistique. Plus de soixante-dix nationalités, dit-on, parlant un nombre incroyable de langues, de dialectes, de patois, tissent ce manteau d'Arlequin. Comme les Arabes avant eux, les Turcs n'ont pas cherché à convertir les peuples soumis. Dans certaines provinces balkaniques, les chrétiens restent majoritaires, comme dans la partie orientale de l'Anatolie, où sont les Arméniens. Salonique, où ont été accueillis une partie des Juifs chassés d'Espagne, est largement une ville juive. Pour organiser la masse de ses sujets, l'empire recourt au système des *millet*, des communautés qui regroupent les populations en fonction de l'appartenance religieuse. Chaque *millet* est dirigé par un dignitaire, le grand rabbin, le patriarche grec, le catholicos arménien, etc., et peut organiser sa justice et ses écoles. Le système, par nature, n'est pas égalitaire. L'empire est fait pour assurer la domination de l'islam et le *millet* musulman, dirigé par le sultan lui-même, doit avoir la préséance. Selon la charia, les autres n'ont droit qu'à un statut inférieur de protégés (en arabe *dhimmi*), accordé en échange d'impôts spécifiques. Mais ils peuvent vivre, travailler, et parfois faire de grandes carrières, chose impensable à pareille époque pour n'importe quelle minorité dans une Europe occidentale minée par la haine des Juifs et les guerres de religion.

★
★ ★

Les empires chérifiens du Maroc

Au XVe siècle, les Portugais, maîtres de la route africaine, ont conquis de nombreuses places sur la côte marocaine. Les Saadiens, une famille arabe originaire de la vallée du Draa tire un grand prestige en en reprenant quelques-unes. Installés à Marrakech, ils réussissent à étendre leur contrôle sur une grande partie du territoire. Parce qu'ils prétendent descendre du Prophète Mahomet, on dit leur dynastie « chérifienne[1] ». Les successions y sont parfois mouvementées. Dans les années 1570, pour évincer son frère monté sur le trône, un prétendant n'hésite pas à s'allier à Sébastien, jeune roi de Portugal à l'esprit chimérique, qui pense que l'opération lui permettra de conquérir à son profit tout le Maroc. Un affrontement a lieu, en 1578, près de Tanger. Lors de cette bataille des Trois Rois, tous sont tués. Le beau Sébastien devient un personnage mythique de l'histoire portugaise, dont le peuple attend l'éternel retour. Le Maroc continue de se fortifier. À la fin du siècle, une armée saadienne défait l'empire africain des Songhaï[2], ce qui lui permet de contrôler

1. Dans le monde arabe, un chérif (féminin : chérifa) est un descendant de Mahomet. Dans le monde perse, on parle de *seyyed*.

2. Voir chapitre 15.

la route du sel, de l'or et des esclaves. Au milieu du XVIIe siècle, le pouvoir passe aux Alaouites, une autre famille se disant chérifienne elle aussi qui, au début du XXIe siècle, règne toujours[1]. Moulay Ismaïl, dont le long règne s'étire de 1672 à 1727, est le plus fameux des sultans de cette dynastie. Grâce à son impressionnante armée composée pour partie de milliers d'esclaves noirs, il mène la guerre et reprend aux Espagnols les villes de Larache et de Tanger. Bâtisseur, il embellit sa ville de Meknès de palais, de portes monumentales, de mosquées, construits par les 25 000 captifs chrétiens que ses corsaires ont enlevés sur les mers. Insatiable sur le plan sexuel, il a un harem gigantesque et passe pour avoir engendré plus de 800 enfants. Avide de nouer de solides alliances au nord, il n'hésite pas à envoyer un ambassadeur demander en son nom la main d'une fille légitimée de Louis XIV. La jeune femme refuse. Moulay Ismaïl ne devient pas le gendre du roi de France. L'histoire marocaine lui a quand même donné le surnom de sultan soleil.

1. Les Alaouites, famille régnante au Maroc, ainsi nommée parce qu'elle dit descendre d'Ali, gendre de Mahomet, ne sont pas à confondre avec les alaouites, secte liée au chiisme, surtout présente en Syrie, qui porte ce nom à cause de sa vénération pour ce même Ali.

22

Le Japon s'ouvre et se referme

XVIe – début XIXe siècle

Après être sorti de ses guerres féodales et avoir fait son unité, le Japon trouve un moyen radical de contrer l'expansion européenne, il se coupe totalement du monde.

Nous l'avons laissé au XIIe siècle dérivant vers un système féodal laissant de plus en plus de pouvoir aux seigneurs, les puissants *daimyos*[1]. Leurs rivalités dégénèrent en guerre civile. Du milieu du XVe à la fin du XVIe siècle, le Japon connaît l'époque Sengoku, de sinistre mémoire. Le terme est apparenté à l'expression chinoise des « Royaumes combattants ». Résidant toujours à Kyoto, les empereurs n'ont plus le moindre pouvoir. Certains d'entre eux, faute de revenus et de soutiens, sont réduits à la misère pendant que les grands féodaux, aidés des serviteurs armés chargés de leur protection, les *bushi* ou samouraïs, mettent le pays à feu et à sang.

---

1. Voir chapitre 12.

Entre 1573 et 1603, trois chefs de guerre qui se succèdent réussissent, à force d'alliances et de batailles, à prendre l'ascendant sur tous les révoltés et à rassembler le pays sous leur égide en écrasant les clans qui s'opposent à eux. Ce sont les trois unificateurs du Japon. À ce titre, ils font partie des personnages les plus connus de toute son histoire.

Le premier est le brutal Nobunaga (1534-1582), de la famille Oda, que l'on appelle donc Oda Nobunaga, selon la manière nippone, qui veut qu'on fasse toujours précéder le prénom par le nom de famille. Il réussit à réunir presque tout le territoire sous son pouvoir, mais finit mal. Il est contraint au suicide par le plus proche de ses lieutenants, qui l'a trahi. Le deuxième est son neveu par alliance, Toyotomi Hideyoshi (1536-1598). Il réussit comme son oncle à briser les résistances des clans. Grisé par ses victoires, il forme le projet, un peu fou, d'envahir la Chine. Par deux fois, il débarque en Corée, dont il réussit à écraser la petite armée, mais les Coréens, vaincus sur terre, réussissent à retourner la situation sur mer, en détruisant la flotte japonaise grâce à leurs bateaux, à l'armement le plus sophistiqué de l'époque. Épuisé par cette défaite, le grand général, peut-être atteint de démence, meurt en laissant un héritier encore enfant et bien trop jeune pour lui succéder. Un de ses conseillers en profite pour prendre la place. Il se nomme Tokugawa Ieyasu (1543-1616)[1]. C'est le bon.

1. Pour distinguer les traits de caractère de ces trois célèbres personnages de leur histoire, les enfants japonais apprennent à l'école un petit poème que l'on peut traduire ainsi : « Si le cou-

Après la bataille de Sekigahara[1] en 1600, qui lui permet d'écraser ses derniers rivaux, il contrôle l'ensemble du pays. Il prend le titre de *shogun* qui, à l'origine, désigne un gouverneur militaire[2], et lui donne en fait tous les pouvoirs. L'empereur, qui reste dans ses palais de Kyoto, n'a plus qu'un rôle religieux et symbolique. Ieyasu décide de s'installer dans la ville d'Edo[3], où sont ses domaines. Pour parer toute nouvelle velléité de rébellion des *daimyos*, il les oblige à quitter leurs fiefs une année sur deux pour résider dans sa capitale. Ils doivent aussi y laisser à demeure femmes et enfants, ce qui permet au pouvoir de les avoir toujours sous la main. Le pays entre dans une période de paix et de grande stabilité politique. Ieyasu a mis au pouvoir sa famille, les Tokugawa, qui se succèdent au shogunat pendant plus de deux siècles et demi. À cause de la capitale où ils sont installés, on appelle cette période de l'histoire nipponne l'époque d'Edo (1603-1868).

---

cou ne chante pas, Nobunaga dit : "Tuez-le." Hideyoshi dit : "Je saurai le faire chanter." Et Ieyasu : "Attendez, il finira par chanter." »

1. La bataille de Sekigahara est aussi fameuse au Japon que celle de Gettysburg aux États-Unis ou celle d'Austerlitz en France.

2. Son gouvernement se nomme le *bakufu*, littéralement le « gouvernement de la tente », une manière de rappeler son origine militaire.

3. Actuelle Tokyo, on verra dans le chapitre 37 pourquoi elle a changé de nom.

Les barbares du Sud

Un autre événement décisif s'est produit au milieu du tumultueux XVIe siècle. En 1543, poussé par un typhon, un navire portugais fait naufrage sur une île du sud de l'archipel. Le seigneur local recueille les naufragés mais se montre surtout intéressé par les armes étranges qu'ils transportent. Il est le premier Japonais à voir une arquebuse. Il décide donc de relâcher les marins, mais garde en gage la cargaison de leur bateau et leur promet de la rendre à la seule condition qu'ils reviennent prochainement lui enseigner comment se servir de leurs étonnants petits canons. Tel s'est passé le premier contact entre deux mondes qui ne se connaissaient pas jusqu'alors. Les Portugais comprennent qu'ils sont enfin arrivés à Cipango, pays mystérieux dont parlait Marco Polo, mais où il ne s'était jamais rendu. Les Japonais découvrent les *nanban*, les « barbares du Sud », ainsi nommés à cause de la direction dont ils viennent. Le commerce *nanban* est d'abord fructueux. Comme promis, les navigateurs sont revenus enseigner l'art de la poudre à des élèves qui apprennent vite. En un demi-siècle, les forges de l'archipel produisent quantité d'armes à feu. Le pays, ravagé par la guerre civile, en fait grand usage. Elles sont d'un emploi décisif lors de quelques-unes des grandes batailles dont nous venons de parler.

En règle générale, par ailleurs, les Japonais sont très dégoûtés par les Portugais, qu'ils trouvent fort sales et sans éducation, car ils mangent avec leurs doigts, et ignorent les baguettes. Ils sont néanmoins très utiles car ils font la contrebande de tous les riches produits chinois, les soieries et les porcelaines dont l'empire du Milieu a interdit le commerce pour punir les Japonais de lancer ses pirates sur ses côtes.

Suivant un enchaînement qu'on a vu et qu'on verra se reproduire bien souvent dans ces chapitres, les missionnaires débarquent vite après les mousquets. François Xavier, cofondateur des jésuites et « apôtre des Indes » a entendu parler du pays alors qu'il était à Malacca[1]. Il débarque en 1549 et, son talent de prosélyte aidant, obtient rapidement des conversions. Le Japon ne se méfie pas de cette religion nouvelle. Les gens la considèrent d'abord comme une nouvelle secte bouddhique, comme ils en ont vu débarquer tant d'autres, depuis des siècles. Après François Xavier, reparti pour mourir de maladie sur le point d'entrer en Chine, viennent d'autres jésuites, et bientôt des franciscains. Ils continuent à multiplier les chrétiens comme Jésus les pains. Dans les années 1580, quatre jeunes nippons, enfants de hobereaux convertis, font même le voyage jusqu'à Rome, pour rencontrer le pape. Celui-ci peut se réjouir des progrès de son Église au bout du monde. Un premier diocèse est créé à Nagasaki.

Puis les choses se gâtent. Nous sommes alors à l'époque d'Hideyoshi, le deuxième des unificateurs. Pour tenir le pays, il cherche à tout contrôler, y compris les affaires religieuses, et se méfie fort des chrétiens de plus en plus nombreux car il les

1. Voir chapitre 19.

soupçonne d'être des traîtres au service des étrangers. Les persécutions commencent. En 1597, vingt-six catholiques sont crucifiés à Nagasaki et laissés bien exposés, en hauteur sur la colline, pour servir d'exemple. Sans doute la leçon en effraie-t-elle autant qu'elle en stimule. Les conversions ne cessent pas. En 1614, sous les Tokugawa, une nouvelle étape est franchie : le christianisme est interdit. Pour appuyer la mesure, de nouveaux chrétiens sont martyrisés. Le phénomène n'est pas éradiqué pour autant. En 1637, toute une province, presque entièrement chrétienne, se révolte. Le shogun veut en finir. Il ordonne une répression impitoyable qui aboutit au massacre de 37 000 hommes, femmes, enfants. Pour accomplir cette sinistre et lourde tâche, les soldats du gouvernement ont reçu le précieux renfort d'autres barbares, bombardant les villes rebelles depuis leurs bateaux, et dont nous n'avons pas encore parlé.

Au cours du XVIe siècle, en effet, d'autres Occidentaux sont arrivés sur la péninsule. Des Espagnols, venus de Manille ; des Anglais ; mais surtout des Hollandais, ces ambitieux calvinistes du Nord, décidés, comme ils l'ont fait ou vont le faire dans tant d'autres endroits, à supplanter les Portugais. Pour eux, la répression de la révolte tombe à pic. Elle leur permet de se rapprocher du pouvoir japonais, tout en éliminant des catholiques, qui ont à leurs yeux le double défaut d'être soutenus par leurs concurrents hispaniques et de professer un papisme détesté. Lors de l'écrasement de la rébellion, ils offrent donc au shogun le renfort de leur flotte. Voyant arriver des navires européens, les malheureux assiégés brandissaient leurs croix en remerciant Dieu, persuadés que des chrétiens ne pouvaient être là que pour les sauver. Il leur manquait des informations sur les subtilités de l'histoire religieuse européenne.

Désormais, le temps des chrétiens, et plus généralement de leurs amis étrangers, est compté. Une chasse méthodique est ouverte pour en finir avec les convertis, même ceux qui dissimulent leur foi. Partout dans l'empire, on envoie des médailles portant des images du Christ ou de la Vierge que l'on demande à tous les individus suspects de piétiner en public, pour prouver qu'ils ont bien abjuré[1]. Ceux qui ne le font pas sont exécutés. Les Occidentaux, toujours suspectés de les aider, sont désormais rejetés. Et la tentation du repli se fait d'autant plus forte que les nouvelles qui viennent de l'étranger font de plus en plus peur. Dans les années 1630-1640, les Mandchous réussissent à conquérir la Corée, et s'apprêtent à ravir le trône impérial de Pékin à la vieille dynastie Ming[2].

Par volonté de ne plus être en rien tributaire d'une Chine si incertaine, pour être sûr de maîtriser totalement son propre commerce, et pour en terminer à jamais avec tous les désordres, le shogun choisit une solution radicale. Il impose le *sakoku*, la fermeture totale de son pays au reste du monde. À partir de 1639, les missionnaires, puis tous les étrangers sont

1. La pratique est appelée *fumi-e*.
2. Ils y forment la dynastie Qing, au pouvoir de 1644 à 1911, voir chapitre 30.

expulsés. Les ports sont interdits à leurs navires. Peu de temps après cette décision, un malheureux capitaine portugais, qui a imprudemment fait entrer son bateau dans une rade japonaise comme on le faisait depuis un siècle, comprend ce qu'il en coûte de rompre les ordres du maître du pays : tous les membres de l'équipage sont immédiatement saisis et exécutés. La même règle fonctionne dans l'autre sens. Il est interdit aux Japonais de passer leurs propres frontières sous peine de mort. Toutes les relations commerciales ou humaines de l'archipel avec le reste de la planète tiennent désormais à deux minces cordons. Remerciés pour les services qu'ils ont rendus lors de l'écrasement de la rébellion chrétienne, seuls, parmi les barbares, les Hollandais obtiennent le privilège de commercer avec le Japon, sans pouvoir toutefois y poser le pied. Leurs bateaux ne peuvent accoster que sur une petite île artificielle créée dans la baie de Nagasaki. Cet étonnant sas sera, jusqu'au milieu du XIXe siècle, le seul point de contact entre l'empire du Soleil-Levant et l'Occident. Les Chinois et les Coréens peuvent, eux, aborder dans le port de Nagasaki lui-même.

L'heureux temps d'Edo

Pendant deux siècles, donc, l'archipel, comme suspendu hors du cours du monde, vit parfaitement replié sur lui-même. Étonnamment, la période laisse plutôt des souvenirs de bonheur et de prospérité. En écrasant ses rivaux lors de l'ultime grande bataille livrée sur le sol nippon, le premier shogun Tokugawa a ramené la paix intérieure. La fermeture décidée par ses prédécesseurs garantit la paix extérieure. La seule classe sociale à s'en plaindre est celle des samouraïs, pauvres soldats réduits à voir les deux sabres, le long et le court, que chacun, par privilège, peut porter, transformés en objets décoratifs.

Au sommet de l'État, sommeillant dans leur palais de Kyoto où personne ne songe guère à les déranger, les empereurs se succèdent. À Edo, ce sont les shoguns. L'un d'eux, Tokugawa Tsunayoshi, contemporain de Louis XIV (règne : 1680-1709), est resté célèbre pour son excentricité. Confucianiste, attentif à la souffrance animale, il édicte une loi « de pitié des créatures », qui punit de mort quiconque maltraite les bêtes, fait installer partout dans le pays des mangeoires pour les chiens qu'il affectionne particulièrement, et interdit qu'on les mange. Ils lui ont laissé son surnom : *inu kubo*, le shogun chien.

La fermeture du pays n'empêche pas l'essor de son économie. L'argent, dont le Japon est un des gros producteurs mondiaux, mais aussi l'or de ses mines, servent à acheter les biens qu'on ne produit pas, les laques, les poudres pour la pharmacopée, les soieries ou le coton dont presque tous les vêtements sont faits. Les ressources agricoles sont abondantes. La population augmente. Les 12 millions de Japonais du XVe siècle sont 27 au milieu du XVIIIe. Approchant alors le million d'habitants, Edo est une des plus grandes villes du monde. Le *tokaido*, la « route de la mer de l'Est », bordée d'auberges disposées le long de ses cinquante étapes, la relie à Kyoto, capitale impériale, ou à Osaka, la grande place du commerce.

Coupée du monde, l'élite intellectuelle se concentre sur le seul moyen qui lui est donné d'en percevoir les échos : les livres apportés par les Hollandais. Ceux qui traitent de religion seront toujours interdits, mais à partir du XVIIIe siècle, les ouvrages portant sur d'autres sujets ne le sont plus. Traités de sciences, de médecine, d'agriculture, ou même d'art sont disséqués par les quelques privilégiés qui y ont accès avec tant d'attention qu'ils forment la base d'une branche à part du savoir : *rangaku*, les études hollandaises.

La croissance des villes, l'essor économique consacrent la montée en puissance des classes marchandes, de la bourgeoisie urbaine et le déclin de la vieille aristocratie féodale. Les puristes du temps trouvent la culture moins raffinée qu'à l'âge glorieux de la littérature de cour mais elle se fait plus populaire, plus énergique. L'époque d'Edo marque l'âge d'or du *kabuki*, une forme de comédie reposant sur le jeu stéréotypé d'artistes portant des masques et des maquillages outranciers. Au début du XVIIe siècle, choqué par les débordements provoqués par l'admiration excessive de certains pour les actrices, le shogun interdit la scène aux femmes. Elles sont remplacées par de jeunes hommes. Les débordements redoublent. Le pouvoir impose donc que tous les rôles féminins soient tenus par des hommes mûrs. Quelques-uns deviennent d'immenses vedettes. Nombre d'entre eux ont été représentés, avec leurs fards multicolores et leurs costumes extravagants, par les dessinateurs d'estampes.

Faciles à reproduire, plus populaires que les savants tableaux des temps aristocratiques, ces gravures spécifiquement nippones sont le grand art du temps. Elles peignent les demeures en bois, les promenades en barque, les scènes de rue, les quartiers de plaisir, les courtisanes qui minaudent derrière leur éventail ou sous leurs ombrelles. Utamaro (1753-1806) et Hokusai, un sobriquet signifiant le « vieux fou de dessin » (1760-1849) sont les grands maîtres de ce genre, auquel un romancier à donné le nom poétique d'*ukiyo-e*, le « monde flottant », c'est-à-dire ce monde où l'homme peut se laisser porter par la vie, comme une calebasse, voguant doucement au rythme des flots qui la bercent.

Le XVIIᵉ siècle

REPÈRES

– 1555 : paix d'Augsbourg (*cujus regio, ejus religio*).
– 1600 : création de la Compagnie britannique des Indes orientales.
– 1607 : fondation de Jamestown en Virginie, première colonie, britannique, en Amérique.
– 1633 : procès de Galilée.
– 1635-1659 : guerre franco-espagnole.
– 1644-1911 : dynastie des Qing en Chine.
– 1648 : traités de Westphalie.
– 1649, 1688 : première et deuxième révolutions anglaises.

23

La guerre de Trente Ans et l'Europe du XVIIe siècle

Grâce au compromis passé à Augsbourg, en 1555, le Saint Empire romain germanique a échappé aux guerres religieuses qui faisaient rage en Europe, mais la paix y est fragile.

La guerre de Trente Ans

Au début du XVIIe siècle, la tension monte entre les camps. Princes luthériens d'une part et catholiques d'autre part se regroupent dans des ligues dont les membres se promettent l'entraide en cas de menace. Apparus plus tardivement dans le monde allemand, les calvinistes cherchent, dans cet univers compliqué, une place que personne ne veut leur faire. Dans les années 1610, l'arrivée au pouvoir d'un nouvel Habsbourg rompt cet équilibre précaire.

Élevé chez les jésuites, l'armée de choc de la Contre-Réforme, dans la haine farouche du protestantisme, Ferdinand II (1578-1637) entend rompre avec la politique de relative tolérance de ses prédécesseurs. Il est appelé à devenir le nouvel empereur du Saint Empire. Comme tous les héritiers de sa prestigieuse famille, il reçoit aussi bien d'autres titres : les domaines héréditaires d'Autriche, la couronne de roi de Hongrie et celle de roi de Bohême. Il a pour projet d'unifier cet ensemble bien trop disparate, afin de pouvoir le gouverner avec plus d'autorité, et surtout le faire revenir tout entier à la sainte religion romaine. Les nobles tchèques, majoritairement protestants, sont les premiers à rejeter violemment cette éventualité. En 1618, lors d'une réception au château de Prague, ils en viennent à jeter par la fenêtre les émissaires de Ferdinand. Quelques mois plus tard, ils montent encore d'un cran dans l'affront : ils couronnent à sa place un prince protestant pour en faire leur roi. La réponse de l'intransigeant Habsbourg est à la hauteur du camouflet. Il envoie la troupe. Une répression féroce s'abat sur la Bohême. Par solidarité religieuse, les luthériens allemands tentent de la défendre. Immédiatement, les États catholiques se rangent du côté de l'empereur. Le feu qui couvait depuis si longtemps va se répandre à la vitesse de l'éclair. En quelques mois, la guerre s'étend à tout le Saint Empire. Acculés, quelques États cherchent bientôt le secours d'alliances extérieures. Cela conduit leurs ennemis à faire intervenir les leurs. Les unes après les autres, la plupart des puissances européennes entrent dans le conflit et finissent par se battre entre elles, tout en cherchant à dépecer à leur profit le monde germanique, devenu un gigantesque champ de ruines.

La défenestration de Prague a lieu en 1618. Elle ouvre la voie à une succession de conflits tellement imbriqués et tellement complexes qu'il faut trois décennies pour qu'ils cessent. C'est la « guerre de Trente Ans ».

Les premiers à entrer dans la partie sont les Danois, suivis par les Suédois, conduits par leur roi Gustave II Adolphe. Les deux pays, protestants, interviennent pour des motifs religieux, mais escomptent aussi agrandir leurs possessions autour de la Baltique, dont Stockholm veut faire un « lac suédois ». La Très Catholique Espagne est dirigée, elle aussi, par un Habsbourg, cousin de celui de Vienne. Par solidarité familiale et confessionnelle, elle se range du côté de l'empereur du Saint Empire. Richelieu, le puissant ministre du roi de France Louis XIII, est catholique lui aussi, mais il ne peut accepter de se voir repris en tenaille entre des cousins Habsbourg qui viennent de refaire alliance. Dans son propre pays, il mène une guerre d'une grande dureté aux protestants, qui, selon lui, menacent le pouvoir royal, mais il estime que la politique étrangère répond à d'autres lois. Il entre dans le conflit en se rangeant aux côtés des luthériens et des calvinistes de l'Empire et en déclarant la guerre aux Espagnols. Ceux-ci, au nom du vieil héritage bourguignon de Charles Quint, possèdent toujours les Pays-Bas et la Franche-Comté. Voici donc le conflit porté dans ces régions.

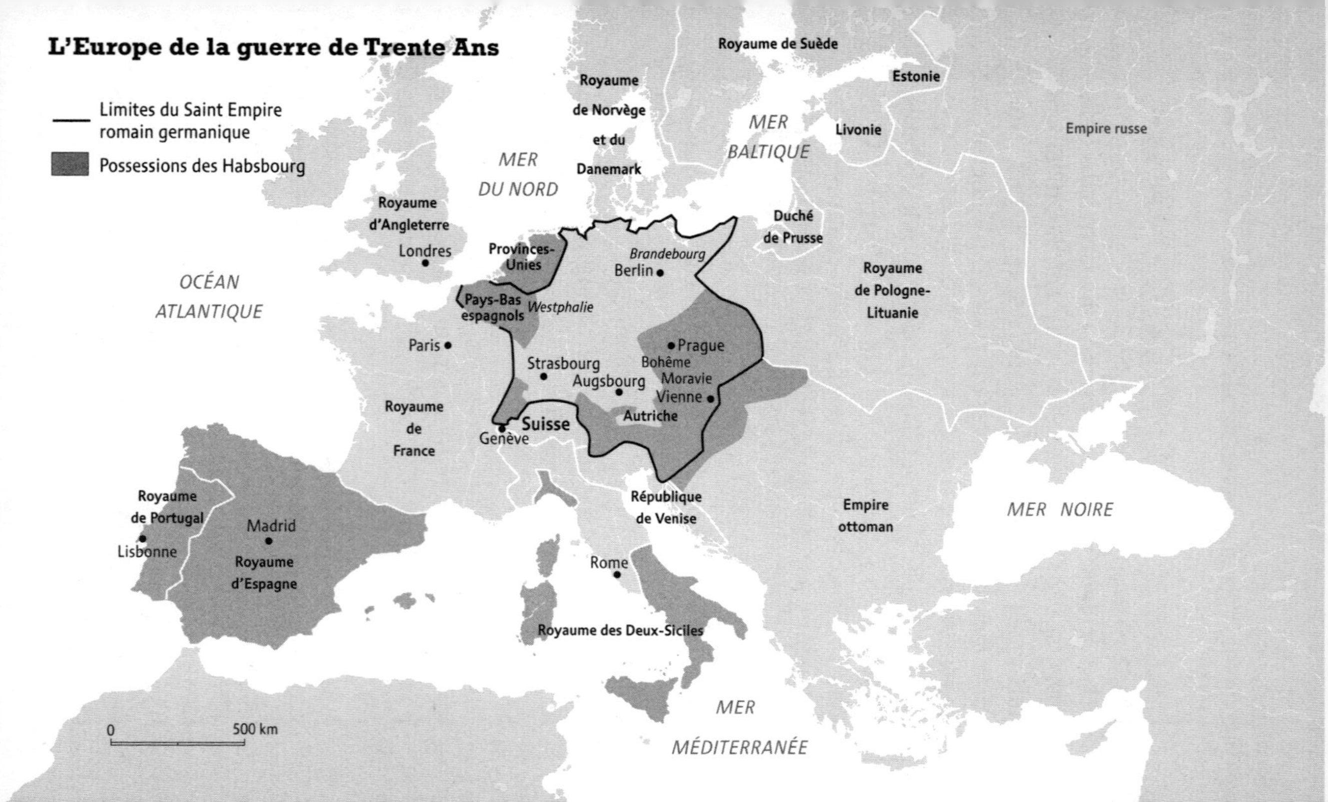
L'Europe de la guerre de Trente Ans
Limites du Saint Empire romain germanique
Possessions des Habsbourg
Royaume de Suède
Estonie
Royaume de Norvège et du Danemark
MER BALTIQUE
Livonie
Empire russe
MER DU NORD
Duché de Prusse
Royaume d'Angleterre
Londres
Provinces-Unies
Brandebourg
Berlin
Royaume de Pologne-Lituanie
OCÉAN ATLANTIQUE
Pays-Bas espagnols
Westphalie
Paris
Prague
Strasbourg
Bohême
Augsbourg
Moravie
Vienne
Autriche
Royaume de France
Suisse
Genève
Royaume de Portugal
Lisbonne
Madrid
Royaume d'Espagne
République de Venise
Empire ottoman
MER NOIRE
Rome
Royaume des Deux-Siciles
0
500 km
MER MÉDITERRANÉE

La guerre est féroce, terrible et elle suscite aussi, très vite, une intense activité diplomatique. Il y a tant d'enjeux, tant de protagonistes, qu'il faut longtemps pour que les discussions aboutissent. En 1648, enfin, sont signés une série de traités réglant les différends entre tous les États qui sont entrés dans la bagarre. La plupart le sont dans la région allemande de Westphalie.

Le système westphalien

La guerre de Trente Ans est l'événement majeur de l'histoire européenne du XVIIe siècle. Elle a représenté, pour l'ensemble du monde germanique, une catastrophe humaine sans précédent. Pendant trois décennies, le Saint Empire a été ravagé par toutes les variantes possibles de la brutalité militaire : les armées régulières, comme celle, fort disciplinée, de la Suède, n'ont pas été moins barbares que les troupes de mercenaires se vendant indifféremment au plus offrant, tout en se payant sur la bête. Wallenstein, un noble tchèque s'étant placé au service de l'empereur, est le plus célèbre chef de guerre de l'époque. On lui prête cet adage : « La guerre doit nourrir la guerre. » Une fois ravagées par la soldatesque, des régions entières subissent les catastrophes en série qui succèdent toujours à ce premier malheur : les récoltes détruites provoquent des famines, qui ouvrent la voie aux épidémies. En trente ans de ce régime, les villes du monde germanique ont perdu en moyenne un habitant sur quatre, les campagnes un sur trois. Dans certains États plus exposés, comme le Brandebourg, la Lorraine (terre d'Empire) ou la Franche-Comté (ravagée par les combats franco-espagnols), l'effondrement démographique a été de 70 % de la population.

La guerre a, par ailleurs, une conséquence fondamentale sur le plan politique : elle transforme le système de pouvoir en vigueur en Europe. Au Moyen Âge, le continent était marqué par le duel entre le pape et l'empereur, qui se disputaient la domination de la chrétienté et se posaient comme supérieurs aux rois. Ni l'un ni l'autre ne représentent plus rien. Le jeu passe entre les mains des États, qu'on a vus tour à tour entrer dans la partie et la conclure en signant les uns avec les autres les traités de Westphalie. La diplomatie européenne fonctionne désormais selon de nouvelles conceptions que les spécialistes de science politique nomment, à cause de ce contexte, le « système westphalien ». Il repose sur les trois principes suivants : les États ne reconnaissent aucune autorité au-dessus d'eux et traitent entre eux sur un pied d'égalité, quelle que soit leur taille ; les États sont souverains pour toutes les affaires internes, qui ne regardent personne d'autre qu'eux ; le seul moyen de maintenir la paix est d'arriver à un équilibre entre tous les États. La guerre a reconfiguré les relations internationales, comme elle a reconfiguré l'Europe.

★
★ ★

Un tour de l'Europe au XVIIe siècle

La maison d'Autriche

Au sortir du conflit, la couronne impériale appartient toujours aux Habsbourg, mais le Saint Empire, éclaté en plus de 300 principautés, villes libres, duchés, etc., que leur religion sépare, n'est plus qu'une coquille vide. La « maison d'Autriche », comme on appelle la branche viennoise de la puissante famille, recentre son pouvoir sur les possessions d'Europe centrale. Elle accentue sa domination sur la Bohême, d'où est partie la fronde, en la ramenant avec brutalité dans le catholicisme, en écrasant la noblesse tchèque, en imposant de force la langue allemande. Elle joue aussi la carte d'une extension vers l'est et le sud, du côté de la Hongrie, en gagnant peu à peu des terres sur l'Empire ottoman, qui s'affaiblit peu à peu.

Le siècle d'or des Provinces-Unies

Les traités de Westphalie reconnaissent *de jure* (selon les formes du droit) l'existence de deux nouveaux pays. Le premier est la Confédération suisse. Formée à l'origine de trois cantons alpins qui se sont unis, à la fin du XIIIe siècle, pour s'affranchir de la tutelle des seigneurs de Habsbourg et de l'Empire, elle a compté ensuite huit, puis treize cantons et elle existe donc *de facto* depuis fort longtemps.

Les Provinces-Unies, qui se sont détachées des Pays-Bas au milieu du XVIe siècle[1], sont un État plus récent, mais il n'a pas non plus attendu cette légitimation formelle pour entamer une période de puissance et de prospérité. Le XVIIe siècle est le siècle d'or néerlandais, dont les grands peintres, les Vermeer, les Frans Hals, les Rembrandt, ont rendu la richesse, les couleurs, et la beauté.

La surface est réduite, les terres de l'intérieur sont arides, celles du littoral sont mangées par la mer. Le courage, l'opiniâtreté des habitants permettent de faire fructifier ce patrimoine ingrat, en gagnant de l'espace sur l'eau grâce aux polders, en s'enrichissant par la vente de produits réputés, les fleurs, les fromages, les draps de Leyde, la faïence de Delft, le velours d'Utrecht. Ils pratiquent aussi depuis longtemps la pêche au hareng, ce qui les a habitués au grand large. La maîtrise de la mer, assortie d'une flotte conséquente, est l'atout qui va faire du petit pays une grande puissance. La longue guerre menée contre l'Espagne va paradoxalement l'y aider.

En 1580, profitant d'une crise de succession au trône, Philippe II s'octroie le Portugal, dont les ports sont immédiatement coupés aux ennemis de Madrid. Ne pouvant plus s'approvisionner en épices à Lisbonne, comme ils le faisaient jusqu'alors, les Hollandais décident d'aller les chercher eux-mêmes. Le gouvernement délègue cette mission vitale à une association de marchands, la Compagnie néerlandaise des Indes orientales (fondation : 1602). Financée par

---

1. Voir chapitre 19.

des capitaux privés[1], elle réussit à armer une flotte assez puissante pour conquérir des terres jusqu'au bout du monde, en pillant au passage les galions des ennemis ibériques. Tous les équipages hollandais que nous avons vus déjà ravir les comptoirs asiatiques des Portugais, s'implanter à Java, ou traiter avec le Japon servaient des bateaux ornés du célèbre monogramme de la VOC (Vereenigde Oostindische Compagnie). Les richesses affluent. Amsterdam, au début du XVIIe siècle, est une des principales places financières du monde. En 1611, la première bourse des valeurs y voit le jour.

Le système politique du pays est complexe. Les provinces de ce qui est officiellement une république fédérale s'administrent séparément. Seule une prééminence de fait est reconnue aux deux hommes qui dirigent la Hollande, la plus grande des provinces, où se trouve La Haye, la capitale fédérale. L'un est le grand pensionnaire, qui représente les intérêts des marchands, l'autre le stathouder, toujours choisi dans la famille d'Orange, qui défend ceux de la noblesse et de l'armée. Les deux s'opposent sans cesse. Peut-être est-ce cette division du pouvoir qui empêche l'autoritarisme et fait du pays un des rares îlots de liberté dans l'Europe du temps. La tolérance y est de mise. Les catholiques y sont mal considérés, mais non persécutés. Les Juifs, chassés d'Espagne et du Portugal, viennent y chercher refuge. Les idées circulent. À cause de la hardiesse de celles qu'il défend,

1. Pour cette raison, on voit dans la Compagnie la première entreprise capitaliste de l'époque moderne.

le grand philosophe Spinoza (1632-1677) est exclu de la communauté juive d'Amsterdam pour hérésie, mais jamais poursuivi par les autorités. La censure n'existe pas et on peut y imprimer sans patente. La *Gazette de Hollande* ou les *Nouvelles de Leyde* sont lues partout en Europe parce qu'elles sont les seules publications à donner des informations exactes.

Tant de prospérité et de liberté font des envieux. Dans les années 1650, le petit pays doit affronter, lors de diverses guerres navales, les Anglais, qui rêvent eux aussi d'avoir un destin maritime. Son essor est brisé net en 1672, quand les troupes françaises passent le Rhin et déferlent sur la Hollande. La province n'échappe à l'invasion qu'en ouvrant les écluses pour inonder la plaine. Louis XIV entendait montrer aux « marchands de fromage » qui, désormais, était le maître en Europe.

La prépondérance française

Après les traités de Westphalie, les Français ont continué à se battre contre les Espagnols. Il leur a fallu encore onze ans pour que Madrid, mise à genoux dans les Flandres, accepte la paix. La guerre avait commencé en 1635, sur l'ordre du cardinal de Richelieu. Elle se termine en 1659, grâce à l'habileté de Mazarin, un autre cardinal, qui lui a succédé au gouvernement du royaume. Le traité des Pyrénées est son grand œuvre. Il prévoit la cession de diverses provinces espagnoles à la France mais aussi la réconciliation des ennemis grâce au mariage de Marie-Thérèse, l'infante d'Espagne, avec le tout jeune roi de France. Le texte, entièrement concocté par Paris, est une victoire diplomatique qui marque la prépondérance française en Europe. Le monarque qui le signe, Louis XIV (1638-1715), en est l'incarnation.

L'établissement d'une monarchie forte et centralisée est le résultat d'un processus à l'œuvre depuis le début du siècle. Louis XIII (1601-règne : 1610-1643) n'avait pas de goût personnel pour le pouvoir, mais il l'avait délégué à son ministre Richelieu. En brisant les révoltes des protestants, en écrasant les complots des nobles, celui-ci l'avait exercé d'une main de fer. Mazarin, qui gouverne pendant toute l'enfance et la jeunesse de Louis XIV (1642-1661), continue ce régime qu'on appelle le « ministériat ». Le lendemain de sa mort, en 1661, le roi se révèle. On le pensait fait pour la vie de bal et de plaisirs qu'il a menée jusque-là. Il devient le « Roi-Soleil », l'astre autour de qui l'univers doit tourner. Il accapare tous les pouvoirs, décide de tout gérer, de tout contrôler, de tout savoir. Il pose que la légitimité qui l'autorise à régner sur tout et sur tous lui vient de Dieu et de Dieu seul. Il porte au sommet un régime lentement préparé par ses prédécesseurs : la monarchie absolue de droit divin. Pour éviter toute nouvelle révolte des nobles, comme celle de la Fronde (1648-1652), qui l'a traumatisé quand il était enfant, il veut les avoir à sa main et les fait venir à sa cour. Elle se tient bientôt au château de Versailles, l'écrin de sa grandeur, qu'il a fait bâtir dans ce but.

Ses intendants contrôlent les provinces. Ses ministres, qu'il a soin de choisir dans la toute petite noblesse ou la bourgeoisie pour contrebalancer le pouvoir des grandes familles, gèrent les affaires selon ses directives. Colbert est le plus célèbre d'entre eux. Le royaume est alors le plus grand et le plus peuplé d'Europe. Le ministre entend mettre ses richesses au service de l'État, c'est-à-dire du roi. Il fait ouvrir des fabriques d'État, comme la manufacture des Gobelins ; il développe la marine pour pouvoir contrer sur les mers les Hollandais et les Anglais ; il impose des tarifs douaniers pour favoriser les productions françaises ; il mène une politique d'intervention dans l'économie qui a gardé son nom : le colbertisme.

L'obsession de la grandeur de Louis XIV conduit à de grandes choses : son siècle est le Grand Siècle, qui voit rayonner les grands écrivains dont la littérature française a fait ses classiques, Molière, Racine, Boileau, Bossuet ou Corneille. Elle charrie aussi sa part d'ombre. Alors que son peuple subit les plus grandes souffrances, comme lorsqu'il est frappé par de terribles famines (1694 et 1709) qui tuent des centaines de milliers de pauvres gens, le roi n'aime que la guerre.

Il la fait sans cesse, à tous, sous tous les prétextes ; pour agrandir ses frontières ; pour faire valoir tel héritage, comme lorsqu'il ravage le Palatinat[1], qu'il estime devoir revenir à sa belle-sœur, princesse allemande ; pour briser une concurrence commerciale, comme lors de la guerre de Hollande. Cet étalage

1. Région du Saint Empire située sur le Rhin, autour de la ville de Heidelberg.

constant de sa force est aussi sa faiblesse. Les conflits perpétuels épuisent le royaume. Le dernier le laisse à genoux. En 1700, Charles, dernier Habsbourg d'Espagne, meurt sans enfant. Il a désigné pour être son héritier Philippe, duc d'Anjou, petit-fils du Roi-Soleil dont la femme Marie-Thérèse fut infante espagnole. Comment l'Europe pourrait-elle accepter que des Bourbons règnent des deux côtés des Pyrénées ? Un autre Charles, un prince Habsbourg de Vienne, estime que le trône de Madrid lui revient à lui, au nom des droits familiaux. Comment Louis XIV pourrait-il accepter de revoir ses ennemis des deux côtés de ses frontières ?

La guerre de Succession d'Espagne éclate, entre, d'une part, la France et Madrid, et, de l'autre, la coalition du Saint Empire, des Provinces-Unies et de l'Angleterre. Elle est terrible, dure plus d'une décennie pour se terminer par les traités d'Utrecht (1713) qui modifient une nouvelle fois les grands équilibres européens. Philippe, devenu Philippe V, reste roi à Madrid[1], mais il renonce au trône de France et l'Espagne, en compensation, cède ses territoires en Italie, et les Pays-Bas aux Habsbourg d'Autriche. La fin du conflit consacre surtout la nouvelle puissance du continent. Du début à la fin de la guerre, l'Angleterre a été à la manœuvre. Elle gagne l'Acadie, au Canada[2] et aussi Gibraltar et Minorque, essentiels pour asseoir son hégémonie maritime. Voyons comment elle est arrivée là.

1. Où sa famille, les Bourbons d'Espagne, règne toujours.
2. Voir chapitre suivant.

Les révolutions anglaises

Élisabeth Ire (règne : 1558-1603), fille d'Henri VIII[1] et dernière des Tudor, réussit à faire de l'Angleterre un royaume puissant. Restée à jamais « la Reine vierge », elle meurt sans lui donner de nouveau roi. On a donc recours à une branche cousine, les Stuart, qui règnent à Édimbourg. En 1603, Jacques VI d'Écosse devient Jacques Ier d'Angleterre et réunit ses deux couronnes. Le nouveau roi a une tendance autoritaire et cherche à s'appuyer sur la religion anglicane, dont il est le chef. Cela suscite une double opposition, politique et religieuse. Le Parlement, où siègent les nobles et la bourgeoisie des villes, n'entend pas se laisser amputer de ses libertés. Les protestants les plus fervents sont hostiles à la pompe de l'Église d'Angleterre, qui leur paraît une affreuse singerie du pire catholicisme. Le deuxième Stuart, Charles Ier (règne : 1625-1649), rêve d'absolutisme comme son père. Pour l'appliquer, il tente la manière forte. Puisque le Parlement s'oppose à lui, il décide de ne plus le réunir et il soutient le chef spirituel de son Église officielle, Mgr Laud, l'archevêque de Canterbury, dans le combat acharné mené contre les opposants religieux, en particulier les plus intransigeants d'entre eux, les puritains. Ses méthodes deviennent insupportables. Quand l'archevêque impose à l'Écosse calviniste le livre de prières anglican, les Écossais prennent les armes. Pour lever des troupes contre eux, le roi est bien obligé de réunir enfin un parlement. Celui-ci s'oppose à lui.

1. Voir chapitre 20.

Il le dissout et en réunit un autre tout aussi hostile (1640). Le blocage conduit à la guerre. Elle met face à face les « cavaliers », partisans du roi, et les puritains surnommés les « têtes rondes », à cause de leur coupe de cheveux. Grâce à la pugnacité de leur chef, Cromwell, ils finissent par l'emporter. En 1649, Charles Ier est décapité. La monarchie fait place à une sorte de république (1649-1658), le *Commonwealth*, dont Cromwell devient le *lord protector*. Dans les faits, ce régime est une dictature puritaine. Les cabarets sont fermés. La musique, le théâtre sont bannis. Et les pauvres catholiques irlandais comprennent le malheur d'être papistes : le dictateur protestant réprime leurs révoltes avec une brutalité inouïe et dépossède méthodiquement les habitants de leurs terres pour les donner à des propriétaires anglais.

Après sa mort, en 1658, son fils, qu'il a désigné pour lui succéder, se montre incapable de tenir le pouvoir. En 1660, les Stuart sont de retour. Les mêmes problèmes politico-religieux se posent. Charles II (règne : 1660-1685), élevé à la cour de France, rêve d'un système absolutiste et cache de moins en moins sa préférence pour le catholicisme. Son frère Jacques II (règne : 1685-1689), qui monte sur le trône après lui, suit sa voie. Quand il fait baptiser son héritier dans la religion romaine, l'Angleterre explose. Le Parlement fait appel à Mary, la fille du roi, qui a le bon goût d'être mariée à Guillaume d'Orange, stathouder de Hollande et surtout prince protestant. Il leur propose à tous deux de devenir roi et reine d'Angleterre à condition d'accepter un texte qui limite le pouvoir royal et concède des droits à ses sujets : la Déclaration des droits, the *Bill of Rights*. L'épisode, qui a lieu en 1688-1689, s'appelle la « Glorieuse Révolution ». Il donne au pays un système qui rejette l'absolutisme, en équilibrant le pouvoir du roi avec celui du Parlement : on l'appelle la monarchie constitutionnelle. En 1707, par l'acte d'Union, les deux couronnes d'Angleterre et d'Écosse, et leurs deux parlements respectifs, sont fondus en un pour créer le « royaume de Grande-Bretagne ». Doté d'un régime politique stable et plus ouvert que celui qui étouffe les vieilles monarchies du continent, il est prêt à faire son grand décollage économique.

24

La colonisation en Amérique du Nord

L'appropriation des richesses du monde par les Portugais et les Espagnols n'est du goût d'aucun des rivaux européens des deux pays. « Le soleil luit pour moi comme pour les autres, tonnera un jour François Ier devant l'ambassadeur de Charles Quint, je voudrais bien voir la clause du testament d'Adam qui m'exclut du partage du monde. » Toutes les puissances du Vieux Continent pensent comme lui. À leur tour, elles lancent leurs hommes sur les océans.

Dès 1497, le Florentin Giovanni Caboto – John Cabot, selon la forme anglicisée – découvre Terre-Neuve et explore les côtes du Labrador et du nord des États-Unis actuels pour le compte de la reine d'Angleterre. Un peu plus tard, Verrazzano, un autre Italien, longe celles qui s'étendent des Carolines au Maine. Il est au service du roi de France, comme Jacques Cartier, qui s'engage dans l'estuaire du Saint-Laurent. Chacun d'entre eux poursuit le rêve de Colomb : ils cherchent le fameux passage qui conduit

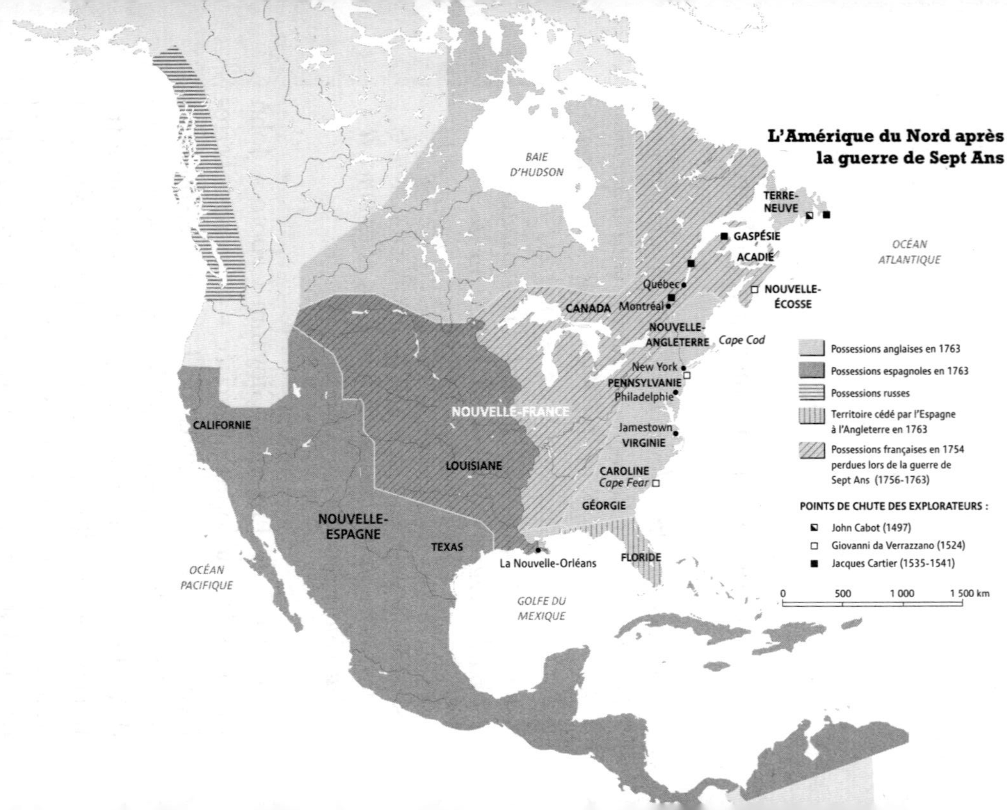
L'Amérique du Nord après la guerre de Sept Ans
BAIE D'HUDSON
TERRE-NEUVE
GASPÉSIE
ACADIE
OCÉAN ATLANTIQUE
Québec
NOUVELLE-ÉCOSSE
CANADA
Montréal
NOUVELLE-ANGLETERRE
Cape Cod
New York
PENNSYLVANIE
Philadelphie
NOUVELLE-FRANCE
CALIFORNIE
Jamestown
VIRGINIE
LOUISIANE
CAROLINE
Cape Fear
GÉORGIE
NOUVELLE-ESPAGNE
TEXAS
La Nouvelle-Orléans
FLORIDE
OCÉAN PACIFIQUE
GOLFE DU MEXIQUE
Possessions anglaises en 1763
Possessions espagnoles en 1763
Possessions russes
Territoire cédé par l'Espagne à l'Angleterre en 1763
Possessions françaises en 1754 perdues lors de la guerre de Sept Ans (1756-1763)
POINTS DE CHUTE DES EXPLORATEURS :
John Cabot (1497)
Giovanni da Verrazzano (1524)
Jacques Cartier (1535-1541)
0
500
1 000
1 500 km

directement à la Chine et à l'Inde. Comme l'Espagnol avant eux, ils découvrent un monde nouveau.

Dans cette partie septentrionale du continent américain, correspondant aux États-Unis et au Canada d'aujourd'hui, vivent depuis des millénaires des peuples divers. Aucun d'entre eux n'a formé de grand empire comme ceux des Aztèques et des Incas. Tous ont développé des civilisations originales, très différentes les unes des autres. Au sud-ouest de cet ensemble, on trouve par exemple les Indiens que les Espagnols ont appelés Pueblos – le « village », en espagnol – parce que les hommes y vivent sédentaires, dans des communautés qui cultivent le maïs, les haricots, les courges, tissent le coton, fabriquent des poteries. Du côté du nord-ouest, où la longueur des hivers rend difficile l'agriculture, les hommes sont des cueilleurs-pêcheurs. Ils ont développé une économie autour du saumon qui abonde dans les rivières ou des cétacés et des phoques du Pacifique. Au centre, dans la prairie, l'immense steppe nord-américaine, les tribus des plaines chassent le bison, qui fournit tout, la viande pour manger, la peau pour se couvrir ou faire les tipis. Du côté de la côte est, enfin, dans les grandes forêts giboyeuses, au bord des lacs et des rivières, des tribus pratiquent la chasse, qui donne la viande et la fourrure, la pêche, un peu d'agriculture, et sont tantôt nomades, tantôt sédentarisées dans des villages regroupant de grandes maisons de bois servant à loger de nombreuses familles, les *long houses*. L'arrivée des Européens va bouleverser cet univers.

De Mexico, dont ils ont fait leur capitale, les conquistadors ont lancé des expéditions vers le nord. Elles leur permettent de revendiquer un territoire considérable. De la Floride à la Californie actuelle, toute la moitié sud des États-Unis d'aujourd'hui appartient nominalement à la Nouvelle-Espagne. Dans les faits, les Espagnols disposent de peu d'hommes et encore moins de colons pour la contrôler.

Quelques décennies après l'avoir longée pour la première fois, les Anglais cherchent à s'implanter sur la côte atlantique, en y établissant des colonies de peuplement. Les premiers essais, effectués à la fin du XVIe siècle, tournent à la catastrophe : la rigueur du climat, l'impréparation, le manque de nourriture ont raison de tous les malheureux qui ont tenté l'expérience. Leurs successeurs sont plus chanceux. En 1607, ils fondent Jamestown, première ville d'une région baptisée la « Virginie », en hommage à Élisabeth Ire, la Reine vierge. D'autres vont suivre. Malgré les périls, les candidats au voyage ne manquent pas. Les villes anglaises grouillent alors de paysans que la mainmise des grands propriétaires sur les terres a chassés de leur campagne[1]. Le pouvoir royal en vient

1. On appelle ce mouvement les *enclosures*, c'est-à-dire la privatisation des champs qui appartenaient à tous pour y faire paître les moutons qui fourniront la laine à l'industrie textile naissante. Privés des terrains communaux dont ils tiraient une part de leur subsistance, les petits paysans sont contraints de partir. Thomas More, homme d'État et auteur de l'*Utopie* (1516) y écrit par ironie que l'Angleterre est le seul pays où les moutons dévorent les hommes.

à encourager l'émigration, considérée comme un bon moyen de résorber cette misère. Quelques compagnies privées, auxquelles la couronne délègue la mise en valeur des nouvelles terres, inventent le système de l'*engagement*[1]. Pour prix de leur voyage, les engagés acceptent de travailler gratuitement pendant cinq ou sept ans, dans une forme d'esclavage temporaire au terme duquel ceux qui y ont survécu se voient remettre un lopin de terre leur permettant enfin d'accéder à la vie de rêve qu'on leur a fait miroiter.

S'ajoutent à cela les problèmes religieux, toujours si ardents au XVIIe siècle. L'émigration, là encore, apparaît pour tout le monde comme la solution idoine pour les résorber. Elle permet au pouvoir de se débarrasser d'indésirables tout en peuplant des terres qu'il veut exploiter. Elle permet aux exilés d'aller fonder les sociétés idéales qu'on leur interdit dans le Vieux Monde. Le plus célèbre des voyages transatlantiques de ce type est le premier. Il a lieu en 1620, quand un groupe de puritains qui s'était d'abord réfugié aux Provinces-Unies obtient du roi d'Angleterre la permission d'embarquer pour la Virginie. Leur bateau, le *Mayflower*, dérouté à cause d'une tempête, débarque les passagers plus au nord, à Cape Cod. La région est poissonneuse, les Indiens sont accueillants. Les émigrants s'y installent et fondent la colonie de Plymouth, du nom du port anglais d'où ils sont partis. Ils l'administrent selon les stricts préceptes qui sont les leurs, le respect scrupuleux des commandements bibliques, la lutte obsé-

1. Les engagés s'appellent en anglais les *indentured servants*.

dante contre ce qu'ils considèrent comme le péché, l'alcoolisme, la paresse ou l'adultère. Ils lui donnent aussi une base démocratique. Cette combinaison de ferveur religieuse et d'égalitarisme représente l'idéal des futurs États-Unis. Pour cette raison, les Américains ont donné aux voyageurs du *Mayflower* le nom de « Pères pèlerins » (*Pilgrim Fathers*).

On peut mentionner aussi l'aventure de William Penn (1644-1718). L'homme appartient à la secte des *quakers*, un mouvement humaniste d'une grande tolérance qui rêve de paix universelle, et interdit à ses membres de porter des armes ou même de prêter serment[1]. Cette hardiesse leur vaut de dures persécutions. Penn trouve un moyen d'y échapper lorsqu'il hérite de son père l'énorme créance que le roi avait contractée auprès de lui. Il propose à Charles II d'échanger sa dette contre des terres du Nouveau Monde. En hommage aux forêts qui la couvrent et à son fondateur, la nouvelle colonie prend le nom de « Pennsylvanie ». Sa capitale est baptisée Philadelphie, « amour fraternel », en grec. En conformité avec les idéaux de ses membres, elle s'ouvre à tous les gens chassés de divers pays d'Europe en raison de leurs opinions religieuses.

Poussés par les mêmes vents, mêlant les rêves de fortune et l'espérance de mondes meilleurs, des Hollandais et quelques Suédois ont réussi, eux aussi, à s'implanter au centre de la côte atlantique dans des petites communautés fichées au milieu des posses-

1. Quakers : du verbe *to quake*, « trembler », c'est-à-dire, dans leur cas, trembler devant Dieu.

sions britanniques. Les Anglais réussissent à les en chasser pour unifier leurs domaines. Ainsi la ville de la Nouvelle-Amsterdam, fondée sur l'île de Manhattan achetée aux Indiens, devient-elle New York, nommée en l'honneur du duc d'York, frère du roi.

Au XVIIIe siècle dépendent de Londres treize colonies, qui forment un long ruban descendant de la rive sud du Saint-Laurent jusqu'au nord de la Floride, possession de l'Espagne. Toutes sont différentes. Celles du Nord, où sont les puritains, vivent de la pêche, du commerce maritime et fonctionnent sur des bases très égalitaires. Celles du Sud reposent sur une économie de plantation – indigo, riz, tabac – et appartiennent à une aristocratie de riches planteurs qui règne sur une armée toujours plus grande d'esclaves arrachés à l'Afrique. Celles du centre, enfin, de New York, de Pennsylvanie, fondées sur l'agriculture et le commerce, accueillent des populations venues de divers pays d'Europe. La seule chose qui réussit parfois à les unir est une commune hostilité aux rivaux qui les menacent…

L'arrivée des Français outre-Atlantique ressemble, au départ, à celle des Anglais. En plantant le drapeau à fleur de lys sur les bords du Saint-Laurent, Jacques Cartier a revendiqué pour son roi une vaste région qu'il a baptisée Canada (1534). Il n'y a toutefois laissé rien d'autre qu'une série de petits comptoirs qui ne fonctionnent que quelques mois dans l'année, pour les besoins du commerce de la fourrure ou de la pêche. Il faut attendre Samuel de Champlain (vers 1570-1635) pour que soit fondée la ville de Québec, et Richelieu pour que soient lancées les premières tentatives de colonisation. Elles sont modestes, par rapport à l'immensité de l'espace à remplir. La « Nouvelle-France », comme on appelle les possessions royales en Amérique, compte d'abord deux provinces, celle du Canada, centrée sur Québec, et celle d'Acadie, située plus à l'est[1]. À la fin de ce même siècle, l'explorateur Cavelier de La Salle en ajoute une troisième. En 1682, aidé par des Indiens, il descend le Mississippi jusqu'au golfe du Mexique et déclare français l'immense territoire qui s'étend de part et d'autre du long fleuve.

Ce géant est fragile, presque personne ne l'habite. Contrairement aux Anglais, les Français rechignent à s'expatrier. Les paysans, mêmes pauvres, sont souvent propriétaires et refusent d'abandonner leur lopin. Aucune minorité religieuse ne peut tenter le voyage. Les autorités ont interdit les colonies aux protestants – et également aux Juifs – pour éviter que l'« hérésie » ne s'y répande. Il a fallu trouver d'autres moyens pour tenter de peupler le Nouveau Monde. Dans les années 1660, on envoie en Nouvelle-France un millier de « filles du roi » : ces jeunes femmes, parrainées par le souverain lui-même, sont destinées à se marier avec les cultivateurs célibataires du Canada. Au début du XVIIIe siècle, faute de volontaires pour la Louisiane, on a même recours à la déportation de prostituées. Toutes ces tentatives sont des échecs. Gigantesque et sous-peuplé, le territoire de la Nouvelle-France a

1. Correspondant, sur la carte du Canada actuel, à une partie du Nouveau-Brunswick et à l'Île-du-Prince-Édouard.

peu de chance de résister à la convoitise des colonies anglaises, où, au contraire, la pression démographique se fait de plus en plus forte.

Les questions de frontières, la concurrence économique dans le commerce des fourrures, créent, dès le début du XVIIe siècle, d'incessantes frictions entre les deux colonisateurs. Et les luttes qui opposent les deux pays finissent toujours par déborder outre-Atlantique. La longue guerre de Succession d'Espagne, par exemple[1], se joue aussi sur le théâtre américain. Son issue y a des conséquences : les traités d'Utrecht de 1713 donnent l'Acadie aux Anglais[2]. Parfois même, les choses s'enchaînent dans l'autre sens. Une des causes de la guerre de Sept Ans (1756-1763) est l'offensive lancée en Amérique par les Anglais pour venir à bout des fortins français qui encerclent leurs colonies. Entraînées par le jeu d'alliances qui les lie les unes aux autres, toutes les grandes puissances européennes entrent tour à tour dans le conflit, France, Autriche, Russie, Espagne d'un côté ; Prusse, Angleterre, Portugal de l'autre. Comme certaines d'entre elles ont des empires coloniaux, la guerre s'étend à la planète. On se bat aux Antilles, on se bat en Inde, on se bat en Afrique, mais aussi, donc, sur les Grands Lacs, à Montréal, à Québec. Les conséquences pour la France sont dramatiques. Elle perd presque tout son domaine outre-

1. Voir chapitre précédent.

2. Dans les décennies qui suivent, une partie des Acadiens, refusant l'allégeance au roi d'Angleterre, sont déportés en Louisiane, où leurs descendants, les cadiens ou cajuns, vivent encore.

mer. La Grande-Bretagne triomphe. Le Canada est désormais à elle, et aussi la Floride, prise à l'Espagne. Seule la Louisiane lui échappe, parce que les Français, en 1762, l'ont vendue aux Espagnols pour ne pas avoir à leur céder. À cause de la forme particulière qu'elle a prise dans le Nouveau Monde, l'histoire anglo-saxonne appelle la guerre de Sept Ans « the French and Indian War ». Les peuples natifs, rangés d'un côté ou de l'autre, ont joué en effet un rôle essentiel dans le conflit. Il est temps de parler d'eux.

Dans les représentations collectives, l'histoire des Indiens d'Amérique du Nord est écrasée par la grande mythologie du XIXe, le far west, les cow-boys et tout autant par l'affreuse réalité de leur extermination presque totale. On y reviendra. Il est bon, toutefois, de ne pas oublier l'histoire des trois siècles qui précèdent, et qui n'est pas celle-là. Bien sûr le choc microbien et l'effondrement démographique qui en résulte sont aussi violents qu'en Amérique latine. Mais, contrairement à ce qui s'est passé chez les Aztèques et les Incas, la colonisation de l'Amérique du Nord, relativement à l'étendue du territoire, est lente, partielle et permet donc, dans un premier temps, une certaine coexistence.

Dans leur vaste territoire si compliqué à contrôler, les Espagnols, en général, se contentent de tenter d'envoyer des missionnaires pour obtenir des conversions, ce qui ne se traduit pas toujours par une grande réussite. En 1680, par exemple, dans l'actuel État du Nouveau-Mexique, les Pueblos, excédés par les exactions des franciscains, se révoltent contre leurs maîtres et arrivent à recouvrer leur liberté pendant une dizaine d'années.

On l'a vu avec l'arrivée du *Mayflower*, dans un premier temps, les Indiens de la côte est ont plutôt bien accueilli ces drôles d'êtres si curieusement vêtus qu'ils voyaient débarquer un beau jour sur leurs rivages. En leur montrant comment planter le maïs, comment pêcher, comment chasser, ils ont souvent sauvé des colons parfaitement inadaptés à cet univers qui, sans cette aide, n'auraient jamais survécu[1]. Les choses se sont gâtées rapidement, quand les arrivants ont commencé à s'approprier des territoires, pris en toute bonne conscience sur les terres de gens qui, jusqu'à eux, ignoraient la notion de propriété. Seuls William Penn et quelques rares autres, considérant les Indiens comme des égaux, eurent à cœur de signer des traités avec eux. Ni les grands propriétaires du Sud, ni les puritains du Nord n'eurent ces scrupules. La Bible dit que la terre appartient à qui la travaille. Elle était donc à eux, par droit divin.

Les Blancs ont amené avec eux d'autres fléaux que les maladies. L'alcool, auquel les organismes des Indiens ne sont pas préparés, fait des ravages, tout comme les armes à feu, ou encore le commerce, inconnu jusqu'alors, qui met à terre les relations tra-

1. En 1621, pour remercier Dieu de leur avoir donné leur première récolte, et les Indiens de leur avoir montré comment y arriver, les puritains de Plymouth organisent une cérémonie d'action de grâce. La fête américaine annuelle de Thanksgiving commémore cet événement. On y mange des dindes en souvenir de celles données par les Indiens.

ditionnelles entre les peuples. Avant les Européens, la guerre était fréquente, elle pouvait être très violente et cruelle, mais elle était réglée par des codes qui en limitaient l'ampleur. L'arrivée des Européens la décuple, en particulier à cause de la concurrence féroce créée par leur demande toujours accrue de fourrures. Les marchands veulent de plus en plus de peaux. La plus recherchée est celle du castor, qui sert à faire le feutre des chapeaux, et rapporte des fortunes. Les Indiens, convertis à l'appât du gain, doivent aller les chercher toujours plus loin, et violer pour cela les territoires de chasse de plus en plus d'autres tribus avec lesquelles les conflits deviennent inévitables.

Comme les Espagnols l'ont fait lors de leur *conquista* des Empires aztèque et inca, les conquérants d'Amérique du Nord ont noué dès leur arrivée des alliances avec tel ou tel peuple pour s'imposer aux autres. Quand ces Blancs se font la guerre entre eux, ils y font entrer aussitôt leurs alliés. Ainsi les Hurons, qui se sont unis aux Français, ont-ils à se battre pendant des décennies contre les Iroquois parce que ceux-ci se sont mis au service des Britanniques. Les deux y gagnent leur perte.

À la marge, d'autres relations sont pourtant possibles. Tous les ans, après la saison de la chasse, des trappeurs français qu'on appelle les « coureurs des bois » descendent les rivières sur leurs canots chargés de verroteries, de petits barils de rhum, de ferblanterie pour aller les échanger contre les fourrures, dans les villages indiens. Nombre d'entre eux y ont des femmes, des enfants et, devenus vieux, viennent finir leur vie dans ce monde qui est désormais le leur. D'autres mélanges encore surviennent. Au XVIIIe siècle apparaît en Floride la tribu des Séminoles. Elle est formée d'Indiens qui, refoulés par les Blancs, ont dû fuir les régions plus au nord, et de Noirs ayant échappé à l'esclavage.

25

Les traites négrières et le martyre de l'Afrique

Pendant des siècles, l'Afrique est saignée par les négriers qui s'y fournissent en esclaves. À la traite arabe, du VIIe au XIXe siècle qui passe par l'est et le nord du continent, s'ajoute, à partir du XVe la traite atlantique, opérée par les Européens.

L'esclavage n'est pas un mal inhérent à la condition humaine. Il est resté inconnu de nombreuses sociétés. Il est un fait, toutefois, que toutes les grandes civilisations de l'Antiquité, tous les empires dont nous avons parlé jusqu'ici, romain, perse, maya, aztèque, inca, africains, chinois, en ont usé à grande échelle. Les voies qui mènent à la servitude sont diverses. En Grèce, jusqu'à Solon[1], ainsi qu'en Chine, on pratique l'esclavage pour dettes. Parfois la misère est telle qu'elle conduit des individus à s'asservir d'eux-mêmes, ou à vendre un ou plusieurs de leurs enfants. Le plus souvent, la masse servile est composée des

1. Voir chapitre 1.

prisonniers faits pendant les guerres menées par l'empire à ses frontières ou, en temps de paix, achetés à des marchands spécialisés qui procèdent à des razzias dans des régions éloignées où les populations ont du mal à se défendre. Les Romains ramènent des milliers de captifs de leurs nombreuses expéditions militaires. Ils aiment aussi s'approvisionner dans les Balkans, ou plus au nord, dans le monde germanique.

L'Empire byzantin et l'Occident médiéval, où l'esclavage, moins massif que dans l'Antiquité, subsiste, se fournissent hors du monde chrétien, chez les Slaves, qui sont restés païens. Nombre de langues européennes ont gardé la trace de cette tradition qui dura des siècles. Le mot français « esclave » (tout comme *slave*, en anglais, *esclavo*, en espagnol, *schiavo*, en italien…) vient de *slave*, c'est-à-dire du nom du peuple qui fournissait cette main-d'œuvre. Le mot arabe *saqaliba* utilisé en particulier en Espagne musulmane, dans le Maghreb et dans le Proche-Orient méditerranéen, a la même racine et signifie la même chose pour la même raison : on achetait fort cher ces blonds à peau claire aux Byzantins ou aux marchands européens qui les faisaient transiter par Verdun, où se tenait un des plus grands marchés de traite du Moyen Âge.

Le monde arabo-musulman, aussi gros consommateur que Rome, avait bien d'autres sources d'approvisionnement. On a parlé déjà des Turcs, achetés au départ par les califes de Bagdad pour servir dans leurs armées. On a parlé aussi des Ottomans, qui allaient « récolter » des enfants chrétiens dans les provinces européennes de l'Empire ou au nord de la mer Noire pour en faire les soldats et les fonctionnaires de l'Empire.

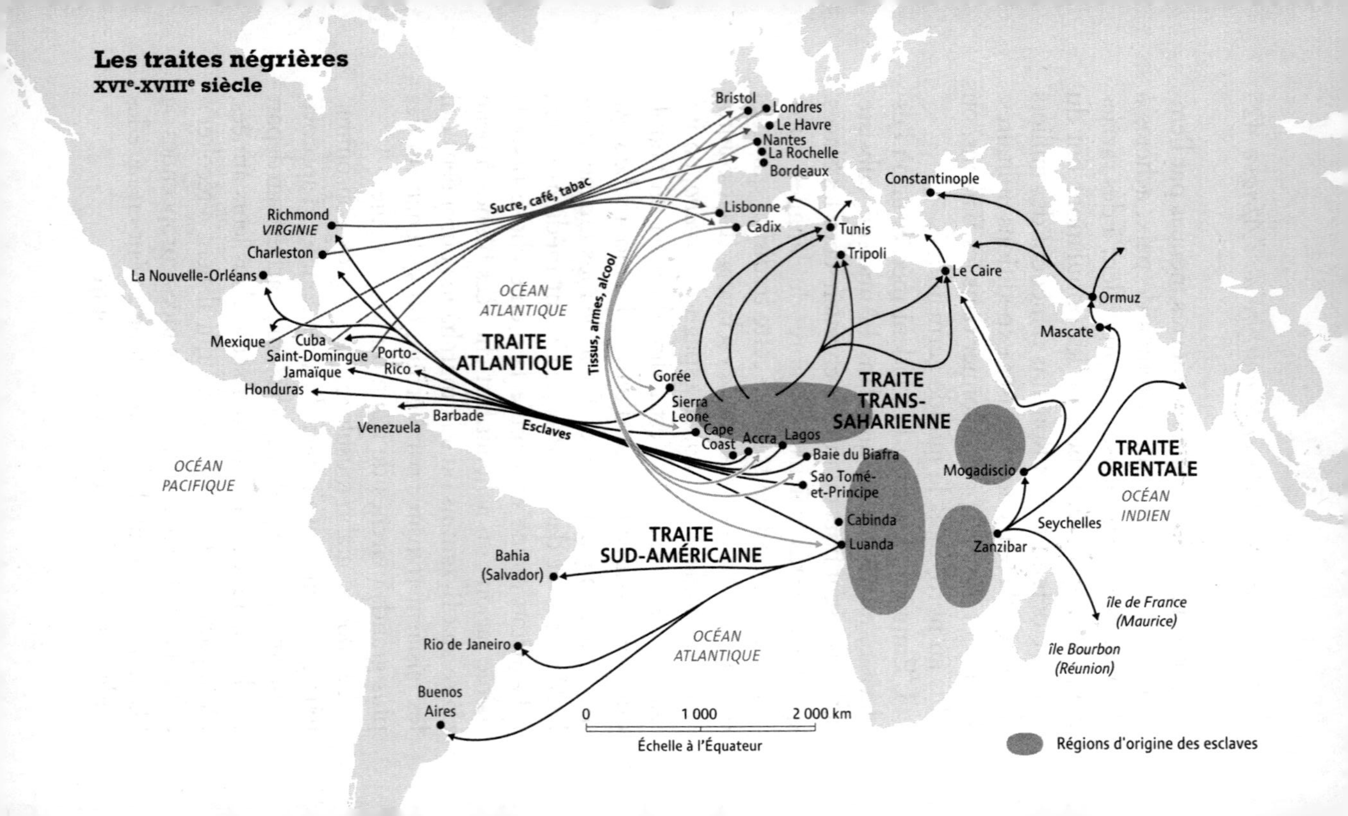
Les traites négrières
XVIe-XVIIIe siècle
Bristol
Londres
Le Havre
Nantes
La Rochelle
Bordeaux
Constantinople
Lisbonne
Cadix
Tunis
Tripoli
Le Caire
Ormuz
Mascate
Richmond
VIRGINIE
Charleston
La Nouvelle-Orléans
Sucre, café, tabac
Tissus, armes, alcool
OCÉAN ATLANTIQUE
TRAITE ATLANTIQUE
Mexique
Cuba
Saint-Domingue
Jamaïque
Porto-Rico
Honduras
Barbade
Venezuela
Esclaves
Gorée
Sierra Leone
Cape Coast
Accra
Lagos
Baie du Biafra
Sao Tomé-et-Principe
Cabinda
Luanda
TRAITE TRANS-SAHARIENNE
Mogadiscio
Zanzibar
Seychelles
TRAITE ORIENTALE
OCÉAN INDIEN
OCÉAN PACIFIQUE
TRAITE SUD-AMÉRICAINE
Bahia (Salvador)
Rio de Janeiro
Buenos Aires
OCÉAN ATLANTIQUE
île de France (Maurice)
île Bourbon (Réunion)
0
1 000
2 000 km
Échelle à l'Équateur
Régions d'origine des esclaves

Pendant des siècles, toutefois, un continent aura plus que tous les autres à souffrir des ravages du trafic d'êtres humains. De l'Antiquité jusqu'au XIXe siècle, l'Afrique subsaharienne est saignée par ce qu'on appelle la « traite négrière », c'est-à-dire le commerce opéré par les négriers, les marchands qui font profession d'acheter les Noirs et de les acheminer vers les divers lieux du monde où on utilise leur force de travail. Les spécialistes la partagent en trois branches. La traite intra-africaine, qui concerne les trafics de populations d'un royaume à un autre du continent ; la traite orientale, qui est, après les conquêtes musulmanes des VIIe et XVIIIe siècles, aux mains des Arabes ; et la traite occidentale, appelée aussi la traite atlantique.

La première, interne au continent, a existé de façon très importante, ne serait-ce que pour fournir en prisonniers les deux autres commerces, mais elle est encore fort peu connue à cause du manque de documents laissés par cet univers qui n'a pas pratiqué l'écrit.

La traite orientale suit deux directions possibles. Soit on conduit les captifs vers la Méditerranée, jusqu'aux grands marchés aux esclaves qui font la richesse des ports d'Afrique du Nord, du Maroc à Alexandrie, en passant par Alger, Tunis et Tripoli. Pour y arriver, on peut utiliser le Nil ou, le plus souvent, acheminer les troupeaux humains par longues caravanes à travers le Sahara. Les grands empires africains du Sahel dont nous avons parlé[1] doivent

1. Voir chapitre 15.

une partie de leur fortune à leur rôle d'intermédiaire dans ce négoce. Soit on utilise les ports et comptoirs de l'océan Indien, comme la célèbre île de Zanzibar, d'où les esclaves partent pour la péninsule Arabique ou l'Inde.

La traite occidentale, enfin, est conduite par les Européens, qui viennent acheter aux roitelets de la côte africaine la main-d'œuvre forcée destinée aux colonies du Nouveau Monde.

En termes d'inhumanité, en termes de souffrances infligées aux malheureux qu'on a arrachés à leurs familles et à leur terre pour les ravaler au rang d'objet, tous ces modes opératoires se valent. Il serait stupide de chercher à établir entre eux un bilan comparatif. La traversée de l'Atlantique, appelée par les Anglo-Saxons le *middle passage*, se fait dans des conditions d'épouvante : les hommes et les femmes sont tassés dans les cales, enchaînés, sans possibilité de faire un mouvement, laissés dans leurs besoins. Les équipages, tétanisés par la possibilité de révoltes, font preuve d'une imagination sadique pour maintenir les captifs en état d'hébétude et de terreur. Le passage du Sahara, ces milliers de kilomètres à effectuer à pied, sous un soleil harassant et les coups de fouet des gardiens, avec un peu de maïs et un peu d'eau pour viatique, ne vaut pas mieux.

Les soubassements idéologiques et moraux des traites musulmane et chrétienne ne sont pas si éloignés. Des deux côtés, on trouve la supériorité des deux grandes civilisations monothéistes envers un monde animiste jugé barbare dans lequel il est licite d'aller puiser la force de travail qui assurera sa prospérité. Quoiqu'il ne soit pas facile à établir avec précision, le chiffrage de chacun des systèmes, enfin, donne des ordres de grandeur accablants pour chacun. À cause de la très longue période durant laquelle elle a existé, le bilan de la traite orientale est le plus flou. L'historienne de l'Afrique Catherine Coquery-Vidrovitch[1] estime qu'entre 5 et 10 millions d'humains furent acheminés vers la Méditerranée et autant vers l'océan Indien. En un peu plus de trois siècles, la traite atlantique a fait de 11 à 12 millions de victimes[2]. Les deux conjuguées, écrit Olivier Pétré-Grenouilleau, un des premiers grands historiens à considérer le problème de façon globale, ont abouti à « la plus grande déportation de l'histoire mondiale[3] ».

Reste que l'un et l'autre commerce ont leurs caractéristiques.

Texte social, le Coran a rappelé l'égalité de tous les hommes devant Dieu, quelle que soit leur condition, et amélioré le statut de l'esclave. Tous les musulmans savent que Bilal, un des premiers convertis à l'islam et le premier muezzin de l'histoire, est un ancien captif noir racheté et libéré sur ordre de Mahomet, qui estimait par ailleurs qu'affranchir le plus d'hommes possible était un des devoirs du croyant[4]. Pour

---

1. Catherine Coquery-Vidrovitch, *Petite histoire de l'Afrique*, La Découverte, 2011.

2. Chiffres de l'historien Frédéric Régent, cités dans l'ouvrage de l'auteur *Nos ancêtres les Gaulois et autres fadaises*, *op. cit.*

3. Olivier Pétré-Grenouilleau, *Les Traites négrières. Essai d'histoire globale*, Gallimard, 2004.

4. Malek Chebel, *L'Esclavage en terre d'islam*, Fayard, 2007.

autant, l'islam n'a jamais spécifiquement condamné l'esclavage et toutes les sociétés musulmanes en ont fait un grand usage. Leurs structures sociales particulières et les mentalités ont pu toutefois donner à l'esclave des rôles qu'il n'a jamais eus dans le monde occidental. Dans l'Empire ottoman, nous l'avons mentionné, toute l'armée et l'administration, jusqu'aux postes les plus hauts, étaient tenus par les janissaires, enlevés enfants et convertis de force puis affranchis. L'Égypte connaît un système comparable avec ses mamelouks, troupes d'élite formées d'anciens enfants achetés ou capturés dans le Caucase ou la Russie méridionale. De même, une « dynastie des esclaves » (1206-1290), d'origine turque, a régné sur le sultanat de Delhi, au nord de l'Inde. Ces positions de pouvoir, toutefois, ne concernent que rarement les Noirs, victimes, comme dans le monde occidental, de préjugés visant à les inférioriser. On les utilise plutôt pour les rudes travaux agricoles. On peut aussi en faire les eunuques qui serviront à garder les sérails. La castration étant interdite par la religion musulmane, elle est en général pratiquée par des chrétiens, dans des conditions d'ailleurs épouvantables, qui causent des pertes énormes[1]. On peut aussi faire des Africains des soldats, comme ceux qui forment la « garde noire » de Moulay Ismaïl, le grand sultan marocain du XVIIe siècle.

La demande la plus forte concerne les femmes, destinées à être domestiques ou à peupler les harems pour devenir concubines ou épouses des plus

1. *Ibid.*

puissants. Nombre de dirigeants musulmans, des princes, des califes, ont pour mère une esclave, ce qui est jugé sans importance, dans un système patriarcal où seule compte l'origine du père. Le même phénomène se produit à tous les niveaux de la société. Cela crée en quelques générations dans les pays de tradition musulmane, des populations très métissées où les différences de couleur de peau sont estompées.

Les premiers Européens à utiliser des Africains sont les Portugais, au XVe siècle. Ils les font venir à Madère, où ils ont implanté la canne à sucre. Les Espagnols leur emboîtent le pas au début du XVIe siècle pour exploiter les mines et les champs du Nouveau Monde. Les Indiens sont affaiblis, décimés par les épidémies et potentiellement sujets à la rébellion. Les Africains sont réputés plus robustes. Le déracinement, la séparation méthodiquement organisée entre les membres d'une même famille, ou d'un même village d'origine permettent de briser chez les individus toute velléité de révolte. Tous les Européens suivent. On retrouve des esclaves dans toutes les colonies qui vivent de l'économie de plantation, celles des Antilles, d'Amérique centrale et du Sud, ou de Virginie. L'Atlantique est parcouru de vaisseaux qui pratiquent ce que, par dérision, ou par euphémisme, on appelle le « commerce de bois d'ébène », qui bat son plein aux XVIIe et XVIIIe siècles. Les Portugais le font en ligne directe entre Sao Tomé, une île du golfe de Guinée, et le Brésil. Les Espagnols, à qui le traité de partage du monde de Tordesillas[1] a interdit la côte africaine, cèdent à d'autres le monopole du trafic, l'*asiento*, si juteux que Français, Hollandais, Anglais se battent pour l'avoir. En règle générale, tous les Occidentaux pratiquent le « commerce triangulaire ». De Nantes, de Bordeaux, de Liverpool, partent les bateaux chargés de textiles, de rhum, de produits manufacturés qui servent à acheter les esclaves sur la côte africaine, d'où ils vont les livrer aux possessions américaines, pour en revenir avec le sucre, la mélasse, le tabac, le café qui seront revendus en Europe. En quelques générations cet immense transfert forcé de populations donne un visage nouveau au continent américain. Dans les îles des Antilles, par exemple, où les Indiens ont pratiquement disparu, les Noirs forment l'immense majorité de la population et sont tenus en soumission par des groupes de Blancs que leur petit nombre rend paranoïaques, et donc prêts à tous les moyens de coercition imaginables – punitions, humiliations, etc. – pour prévenir les révoltes. À la fin du XVIIIe siècle, par exemple, Saint-Domingue, la « perle des Antilles », la plus prospère des colonies caribéennes françaises, qui fournit le sucre et le café, compte 400 000 esclaves pour 27 000 Blancs et 21 000 « libres de couleur ». Les chiffres à la Jamaïque, plaque tournante du commerce servile britannique, sont du même ordre.

Pas plus que l'islam, pendant des siècles, le christianisme ne s'est opposé frontalement au système

1. Voir chapitre 17.

servile. Au début du XVIe siècle, un pape[1] condamne formellement la mise en esclavage des Indiens. Cela permettra de laisser croire que les Africains n'étaient pas concernés par le texte. La traite s'impose évidemment d'abord pour des raisons économiques. Elle est appuyée par la religion. Les esclaves sont systématiquement convertis, ce qui, dans les schémas mentaux de l'époque, suffit à justifier le système : en allant chercher ces hommes et ces femmes en Afrique, on les sort des ténèbres pour leur offrir la lumière.

Les premiers à lutter contre l'esclavage ont été, de tout temps, les esclaves eux-mêmes. Malgré la surveillance féroce exercée sur eux, des captifs arrivent toujours à s'échapper : on les appelle les « marrons », un mot dérivé d'une langue indienne, via l'espagnol *cimarron*, désignant les animaux domestiques redevenus sauvages. À La Réunion, aux Antilles, en Amérique centrale, au Brésil, ils réussissent à former dans les montagnes ou les terres éloignées des communautés libres et indépendantes qui peuvent survivre longtemps. L'exaspération, la souffrance conduisent aussi à la révolte. Une des graves crises que doit affronter le califat abbasside, à la fin du IXe siècle, est la révolte des *zanj*, ces milliers d'esclaves africains de Basse-Mésopotamie soulevés par un prédicateur. La plupart de ces rébellions sont écrasées sans ménagement. L'une d'entre elles réussit. À la fin du XVIIIe siècle, le soulèvement des Noirs de Saint-Domingue (1791), conduit par leur chef Toussaint Louverture, abou-

1. Paul III, en 1537, par la bulle *Sublimis Deus*.

tit à l'indépendance de cette partie française de l'île (1804) qui devient, sous le nom d'Haïti, la première « république noire » de l'histoire, comme le pays aime alors à s'appeler.

Entre-temps, la révolte aura poussé la France révolutionnaire à abolir l'esclavage, en 1794. Bonaparte, sur pression du lobby des planteurs, le rétablit en 1802, mais l'idéologie esclavagiste est alors, en Europe, en déclin. Depuis le dernier tiers du XVIIIe siècle, l'esprit des Lumières, d'une part, et de l'autre l'évolution des milieux chrétiens, en particulier de certains protestants anglo-saxons, ont renversé les mentalités. L'Angleterre décide de mener la lutte en commençant par s'en prendre au commerce servile. Elle interdit la traite en 1807 et réussit à imposer la mesure à l'ensemble de ses alliés, qui viennent de vaincre Napoléon, et sont réunis au congrès de Vienne (1815). L'idée britannique est qu'en interdisant de vendre des esclaves, on finira par faire disparaître l'esclavage lui-même. C'est compter sans les effets de la contrebande et les habiles pressions des groupes coloniaux, qui réussissent à retarder sans cesse l'échéance : l'abolition n'arrive enfin que dans les années 1830 dans les colonies britanniques, en 1848 pour les françaises, en 1865 aux États-Unis, en 1888 au Brésil. Sur pression occidentale, la traite arabe s'éteint peu à peu mais dure jusqu'au XXe siècle.

Cet interminable supplice aura laissé l'Afrique exsangue. Le continent noir est le seul de la planète à ne pas avoir vu sa population augmenter entre les XVIe et XIXe siècles. La fin du système y aboutit à un paradoxe, souligné par l'historienne Catherine Coquery-

Vidrovitch : puisqu'ils ne peuvent plus vendre leurs captifs aux Européens, les marchands africains les vendent aux autres Africains, augmentant dans de grandes proportions la traite interne au continent. À la fin du XIXe siècle, la lutte contre ce commerce sera le principal argument des Européens pour justifier l'occupation de l'Afrique et sa colonisation.

Le XVIIIe siècle

REPÈRES

– 1703 : fondation de Saint-Pétersbourg.
– 1736-1796 : règne de Qianlong.
– 1757 : Victoire britannique de Plassey (Bengale).
– 1762 : publication du *Contrat social* de Jean-Jacques Rousseau.
– 1770 : James Cook débarque à Botany Bay.
– 1776 : déclaration d'indépendance des treize colonies américaines.
– 1789 : début de la Révolution française.

26

La science, les Lumières, le libéralisme

Vers le XII*e siècle, le Moyen Âge occidental, dopé par le savoir transmis par les Arabes, a connu un grand moment d'effervescence intellectuelle*[1]*. La scolastique – la théologie et la philosophie comme on les enseignait dans les universités, alors naissantes – ouvrait les esprits. Trois siècles plus tard, sclérosée, répétitive, elle les ferme. Elle n'apprend plus à réfléchir, elle se contente d'enseigner le respect aveugle aux maîtres. Tout raisonnement ne doit servir qu'à prouver que le dogme, élaboré par la Bible, les Pères et docteurs de l'Église, ou Aristote est juste : c'est ce qu'on appelle une pensée dogmatique. À partir de la Renaissance, quelques grands esprits vont rompre avec ce fonctionnement mental et conduire l'Europe occidentale vers d'autres voies.*

Le contexte favorise cette rupture. Les « grandes découvertes » stimulent la curiosité pour le monde

1. Voir chapitre 13.

et la prospérité qu'elles apportent au Vieux Continent entraîne un optimisme propice à une évolution des mentalités. La grande coupure religieuse de la Réforme joue son rôle. L'Église catholique n'a plus le monopole de la Vérité. Peu à peu évolue la conception que les hommes pouvaient se faire du rôle de Dieu. On le pensait présent derrière tous les actes humains. On en vient à le considérer comme le grand ordonnateur du monde dont il appartient aux hommes de découvrir les lois et les principes. L'esprit scientifique, qui apparaît au XVIIe siècle, la philosophie des Lumières, au XVIIIe siècle, puis les débuts de l'économie politique découlent de là. Présentons-les successivement.

La révolution scientifique

Parmi tous les domaines dans lesquels progresse le savoir au XVIe siècle, l'astronomie est le plus important. En plaçant le soleil au centre de l'univers, le polonais Copernic[1] a mis à bas le système de Ptolémée et d'Aristote, et opéré une révolution intellectuelle, mais il meurt sans avoir osé la défendre publiquement de peur d'une condamnation par les autorités religieuses. Quelques décennies après lui, l'Italien Giordano Bruno s'y risque. Il pousse même le raisonnement jusqu'à concevoir un univers infini, éternel, qui peut, dès lors, se passer de Dieu. Accusé d'hérésie, il est livré à l'Inquisition. Sept ans d'inter-

1. Voir chapitre 17.

rogatoires et de tortures n'ayant pas réussi à le faire se dédire, il est brûlé (1600).

Au début du XVIIe siècle, l'Italien Galilée (1564-1642) avance d'un pas décisif sur le chemin tracé. S'inspirant d'instruments d'optique mis au point en Hollande, il construit, en 1609, la première lunette astronomique. Elle lui permet d'observer les astres, et tout particulièrement les satellites de Jupiter. Ses observations, corroborées par ses calculs, vérifient par le fait ce qui, chez Copernic, n'était qu'hypothétique. Jugé à son tour par la redoutable Inquisition, Galilée préfère se rétracter publiquement (1633)[1]. Sa façon de procéder est pratiquée, au même moment, par bien d'autres savants, dans d'autres domaines, en médecine, en physique. Elle ouvre la voie à une nouvelle façon de penser. Désormais, une vérité ne se déduit plus d'un dogme préétabli, mais se fonde sur des observations qui ont pu être faites par l'homme et des calculs mathématiques qui les corroborent : c'est la base de la pensée scientifique moderne.

Divers penseurs, vers cette époque, donnent à cette révolution mentale son armature intellectuelle. Homme d'État, philosophe, l'Anglais Francis Bacon (1561-1626) élabore la méthode expérimentale, qui veut que toute vérité ne puisse être tirée que de l'expérience observée, vérifiée, doublée du principe de l'induction, consistant à partir des cas particuliers étudiés pour en induire les lois générales

1. C'est lors de cette rétractation contrainte qu'il aurait prononcée, entre ses dents, la fameuse phrase : « Et pourtant, elle tourne. »

qu'on cherche. Mathématicien, physicien, philosophe lui aussi, le Français René Descartes (1596-1650) défend le *rationalisme*, l'idée qu'on ne puisse arriver à la connaissance, tout au moins pour tous les domaines qui ne sont pas de l'ordre de la foi, qu'à la lueur de sa raison. Il présente les principes pour y parvenir dans son *Discours de la méthode*, publié en Hollande (1637), où il vit alors. Frontalement opposé à la scolastique, le cartésianisme met au centre de tout raisonnement le doute méthodique, c'est-à-dire la nécessité de ne tenir aucune vérité supposée pour acquise. Le principe servira autant aux penseurs qu'aux savants.

Plus que tout autre, l'Anglais Isaac Newton (1642-1727), enfin, à la fin du XVIIe siècle, personnifie le bouleversement de la pensée qui s'est opéré. Grâce aux travaux qui l'ont précédé, en particulier ceux de l'astronome allemand Kepler (1571-1630), qui a démontré, grâce à des calculs mathématiques, la trajectoire elliptique des planètes, il réussit à comprendre et décrire une des lois générales régissant l'univers. Selon la tradition, rapportée plus tard par un de ses disciples, le savant, en voyant un jour une pomme tomber d'un arbre devant lequel il médite, se demande pourquoi la lune, elle, ne tombe pas. Grâce à des calculs dans lesquels il excelle, aidé par sa prodigieuse capacité d'abstraction et de synthèse, il en vient à comprendre la raison : tous les astres tiennent grâce à l'attraction qu'ils exercent les uns sur les autres. C'est la loi de la gravitation universelle. Newton a posé les fondations de toute la physique moderne, jusqu'à Einstein.

La publication de ses travaux (1687) est reçue avec passion par le public et bientôt traduite dans de nombreuses langues européennes. L'élite cultivée a pris le goût des savoirs nouveaux. Elle se pique même, à l'occasion, d'en débattre, comme lorsqu'une dispute, pourtant fort absconse, survient entre le savant anglais et l'Allemand Leibniz, à propos de la création du calcul infinitésimal. À la fin du XVIIe siècle, la science n'est plus taboue. Elle est encouragée par les souverains, qui créent des « académies », pour encourager les travaux en cours. La passion de comprendre le monde est au cœur du siècle nouveau, celui des Lumières.

★
★ ★

Les Lumières

Dans les années 1680, l'Angleterre a connu sa « Glorieuse Révolution » qui, en établissant la première monarchie constitutionnelle moderne, en limitant le pouvoir royal et en garantissant aux sujets du royaume des droits inaliénables, a refondé la façon de gouverner les hommes. Dans son *Traité du gouvernement civil*, publié un an plus tard (1690), John Locke s'en fait le chantre. Aux conceptions austères et pessimistes qui prévalaient dans le christianisme, le philosophe oppose une pensée confiante et optimiste. La nature est bonne, puisqu'elle est ordonnée par un Dieu bon, une Providence bienveillante qui la régit selon des lois qu'il suffit de comprendre et de suivre. Il pose ainsi la philosophie du « droit naturel » dont le respect aboutit au meilleur système de gouvernement possible. Pour lui, ces droits sont la liberté, l'égalité et la propriété.

Les principes de la révolution scientifique du XVIIe siècle, couplés à cette philosophie, engendrent le mouvement des Lumières, qui domine la pensée du XVIIIe siècle[1]. Un de ses plus grands noms, le philosophe allemand Emmanuel Kant, le résume ainsi : « Qu'est-ce que les Lumières ? La sortie de l'homme de sa minorité, dont il est lui-même responsable[2]. » Ses principes cardinaux sont la tolérance, la croyance dans le *progrès*, qui pose que la connaissance permettra d'aller vers un monde toujours meilleur, le cosmopolitisme, qui pose l'unité de tous les humains, quelle que soit leur origine géographique, et l'universalisme. Il s'agit surtout d'en finir avec la superstition, les idées préconçues, et de tout remettre en question pour enfin penser par soi-même. Venue d'Angleterre, cette révolution intellectuelle s'étend à toute l'Europe. La France en est le centre.

Citons quelques-uns des plus célèbres philosophes, comme on les appelle simplement. Les grands aînés sont Montesquieu (1689-1755) et Voltaire (1694-1778). Le premier, influencé par l'Angle-

---

1. Le mouvement est européen, le mot se décline dans tous les langues : en allemand, *Aufklärung* ; en anglais, *Enlightenment* ; en espagnol, *Illustración* ; en italien, *Illuminismo*.

2. Dans son texte « Qu'est-ce que les Lumières ? » (1784).

terre, théorise dans *L'esprit des lois* la séparation des pouvoirs – le législatif, l'exécutif, le judiciaire –, seule garantie, selon lui, contre la tyrannie. Le second est un esprit universel, curieux de tout. Dans ses contes, dans ses pièces, dans son *Dictionnaire philosophique*, autrement intitulé « La raison par l'alphabet », il use de l'arme redoutable de son ironie pour pourfendre ce qu'il appelle l'« infâme », c'est-à-dire le corset étouffant des préjugés soutenus par l'Église de son temps. Quoique mondain et ne dédaignant pas la compagnie des puissants, il n'hésite pas à descendre avec courage dans l'arène publique pour défendre toutes les victimes de l'obscurantisme, comme le Toulousain Calas, accusé à tort de parricide, simplement parce qu'il était protestant, ou le jeune chevalier de La Barre, décapité après avoir été convaincu de blasphème, parce qu'il n'avait pas retiré son chapeau devant une procession. Cadet de Voltaire de dix-huit ans, Jean-Jacques Rousseau (1712-1778), Genevois installé en France, est d'une sensibilité très différente. Au règne de l'ironie mordante, il fait succéder celui de la sensibilité, de l'émotion, des mouvements du cœur, qui plaisent à la fin du XVIIIe siècle. Le *Contrat social* (1762), défendant la souveraineté du peuple, est un texte politique fondateur, qui fera de son auteur un des pères de la Révolution française. Citons enfin Diderot (1713-1784) et D'Alembert (1717-1783), son ami spécialiste des sciences, qui concrétisent le grand rêve d'embrasser et de classer tout le savoir du temps, dans tous les domaines, des plus abstraits aux plus pratiques, avec *L'Encyclopédie*, grand œuvre auquel ont collaboré tous les grands noms des Lumières. Dominante dans les élites, la pensée *éclairée* ne se défend pas sans risque. Ni le pouvoir politique, ni l'Église n'entendent abdiquer si vite. Voltaire, dans sa maturité, s'installe à Ferney, petit village qui a l'avantage de se trouver à côté de la frontière suisse, qu'il pourra franchir en cas de danger. Diderot connaît la prison pour avoir fait état de conceptions jugées matérialistes et athées. Son *Encyclopédie* ne doit d'être publiée qu'à la protection de la Pompadour, favorite du roi Louis XV, qui cherche à asseoir sa postérité en se posant en amie des écrivains. Et le grand naturaliste Buffon, un des pères du classement ordonné des espèces animales, est obligé de se rétracter après avoir avancé des hypothèses sur l'origine du vivant non conformes aux certitudes religieuses.

Pour autant, les Lumières connaissent, dès le XVIIIe siècle, une traduction politique. À l'instar de Frédéric II de Prusse, le protecteur de Voltaire, qui se fait appeler le « roi-philosophe », de Catherine II de Russie, l'amie de Diderot, de l'empereur et archiduc d'Autriche Joseph II, de nombreux princes régnants affectent d'en appliquer les principes, même si leurs réformes tiennent plus de la cosmétique que du changement profond : ils sont les « despotes éclairés ».

★
★ ★

La naissance du libéralisme

Cette philosophie, enfin, va de pair avec les conceptions économiques qui voient le jour dans la seconde moitié du XVIIIe siècle. À partir de la Renaissance, le pouvoir des souverains et de l'État se renforce. Dans le même temps, l'expansion mondiale de l'Europe augmente considérablement les flux commerciaux, stimulés par l'abondance des métaux précieux pillés en Amérique. La doctrine économique dominante aux XVIe et XVIIe siècles épouse ce contexte. Le mercantilisme suppose que la possession d'or et d'argent est la seule source de richesse d'un pays et que le rôle de l'État est de tout mettre en œuvre pour l'augmenter le plus possible. L'idéal mercantiliste est donc de faire grossir les réserves monétaires en exportant beaucoup et en important peu. Pour y parvenir, l'État peut ériger de fortes barrières douanières, ou mettre en place des systèmes prohibitifs, en interdisant aux sujets du royaume d'acheter tel bien qui vient d'ailleurs et en favorisant la fabrication locale du même bien. Le système est, par nature, interventionniste et protectionniste. Il ne fait pas que des heureux. « Que peut-on faire pour vous aider ? » demande un jour Colbert, le très dirigiste ministre de Louis XIV, à un marchand. « Monseigneur, répond celui-ci, laissez faire, laissez passer ! » L'anecdote, apparaissant pour la première fois dans un livre publié bien après la mort du ministre, n'est sans doute pas authentique mais tout le XVIIIe siècle la cite. « Laissez faire, laissez passer », est devenu l'adage du temps.

Les conceptions de Locke, là encore, ont sur cette nouvelle pensée économique une énorme influence. Au siècle des Lumières, partout en Europe, les marchands, les industriels, représentant la classe montante de la bourgeoisie, ont le sentiment d'étouffer dans le corset des règlements, des corporations, des barrières qui entravent le commerce, et supportent de plus en plus mal les interventions de l'État. La philosophie des droits naturels et le goût de la liberté en toutes choses servent de levier pour renverser ce système : pourquoi toutes ces contraintes ? Il suffit de laisser faire le mouvement naturel de l'économie, de laisser libres ses acteurs et tout ira pour le mieux. Dans les années 1750, Quesnay (1694-1774) un ancien médecin de Louis XV qui s'est retiré dans sa propriété à la campagne, veut en finir avec la base du mercantilisme. Pour lui, la richesse n'est pas l'or, qui n'en est que le signe, mais la terre. Il faut laisser chaque propriétaire travailler la sienne, laisser libre le commerce des fruits qu'il en tire, et la prospérité viendra. L'école qu'il fonde est celle des physiocrates[1]. Homme de son siècle, Quesnay entend étudier les flux de l'économie de façon rationnelle, avec des chiffres et des modèles. Sa représentation, sous la forme d'un « tableau économique », en fait un des précurseurs de l'économie politique.

L'homme qui, aujourd'hui encore, en est considéré comme le père fondateur est l'Écossais Adam Smith (1723-1790). Il connaît Quesnay, qu'il apprécie, et

1. Littéralement le gouvernement – *cratos* – de la nature – *physis*.

est influencé par les physiocrates, mais il va plus loin qu'eux. Pour lui, ce n'est pas seulement la terre, mais le travail en général qui est source de richesse. Smith vit dans la seconde moitié du siècle, à une époque où de grands changements se produisent en Grande-Bretagne. L'utilisation du coke, et non plus du bois, pour chauffer les hauts-fourneaux qui servent à produire l'acier ; les premières machines apparaissant dans les ateliers textiles ; les premières utilisations de la force de la vapeur, enfin, annoncent la révolution industrielle. Avec son maître-livre, *Recherche sur la nature et les causes de la richesse des nations* (publié en 1776), Smith parfait ce qui sera sa doctrine dominante, le libéralisme. Fondé sur l'idée que la liberté est une valeur supérieure à toutes les autres, il forme un système qui concerne tous les domaines. Il est opposé à toute intervention de l'État, qui doit se cantonner à ses missions essentielles et à quelques grands travaux collectifs. Il défend au contraire l'idée qu'il faut laisser chaque acteur libre de produire, d'acheter et de vendre comme il l'entend. Chacun agira dans le seul but de satisfaire son intérêt égoïste, et les lois naturelles de l'offre et de la demande, le marché, réguleront le système de sorte qu'il concourra à l'enrichissement de tous. C'est le célèbre principe de la « main invisible », cette providence du système économique prônée par Smith, dont la magie est censée permettre à la somme des intérêts individuels d'aboutir à l'intérêt général.

27

L'émergence de la Prusse et de la Russie

Au tournant des XVIIe et XVIIIe siècles, l'Europe compte des puissances établies, comme la France, des puisssances montantes, comme la Grande-Bretagne, et des puissances déclinantes, comme l'Espagne, qui a vécu son « siècle d'or » grâce aux richesses faramineuses des colonies américaines, et s'est endormie sur cette rente. Elle voit également apparaître deux acteurs avec qui il faudra compter : la Prusse et la Russie.

La Prusse

Au commencement étaient les Hohenzollern, riche famille de Souabe et de Franconie. Au XVe siècle, ils reçoivent en paiement de dettes une province située tout à l'est du Saint Empire : la marche de Brandebourg. La région, dont la ville principale est Berlin, est pauvre, constituée principalement de lande et de marais mais elle donne à qui la possède le privilège d'être un des électeurs qui participent au choix de l'empereur. Au tout début du XVIIe siècle, nos Hohenzollern, devenus donc princes-électeurs de Brandebourg, agrandissent encore leur patrimoine en acquérant coup sur coup, par héritage, deux nouveaux domaines. D'une part des terres disparates situées non loin du Rhin, de l'autre le duché de Prusse, cette région bordée par la mer Baltique qui avait été conquise par les chevaliers Teutoniques, au Moyen Âge, du temps de la grande expansion allemande dans le monde balte.

La grande ambition des Hohenzollern sera désormais d'unifier, si faire se peut, cet ensemble trop dispersé. Une façon d'y parvenir est de l'unir sous une même couronne royale. À la toute fin du XVIIe siècle, l'électeur Frédéric III a assez d'argent pour en acheter une et l'empereur Léopold a de trop gros besoins financiers pour lui refuser. Il demande seulement que le titre porte sur une terre se trouvant hors du Saint Empire, qui ne connaît que des princes. C'est ainsi qu'en 1701, à Königsberg[1], Frédéric est couronné « Frédéric Ier, roi *en* Prusse[2] », titre ambigu qui lui permet de régner sur toutes ces possessions, formant désormais le tout nouveau « royaume *de* Prusse ».

---

1. La capitale historique du duché de Prusse porte aujourd'hui le nom de Kaliningrad et se trouve dans une petite enclave russe située entre la Pologne et la Lituanie.

2. Dans les faits, tout le monde l'appelle rapidement roi *de* Prusse.

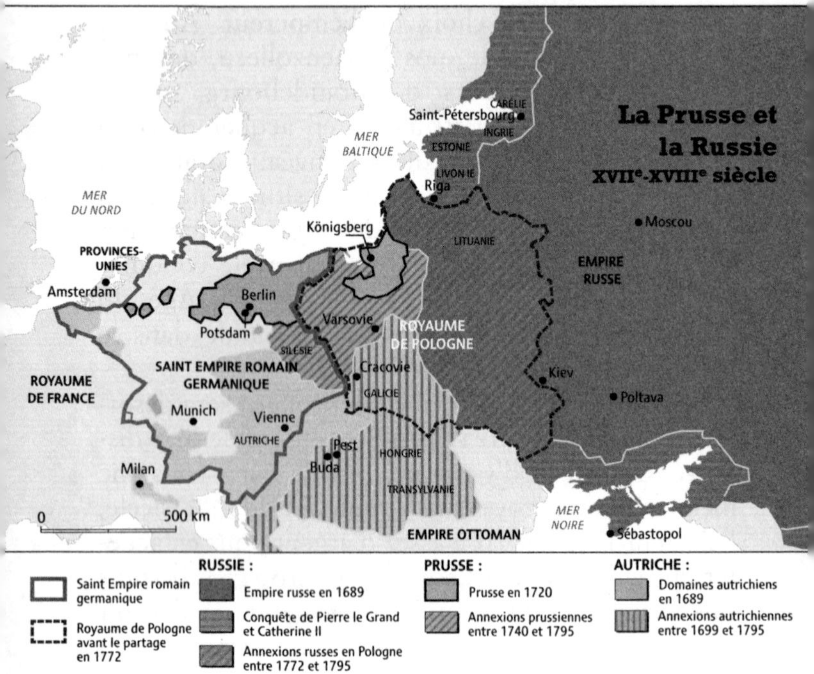

Le roi-sergent et le roi-philosophe

Le nouveau monarque réside d'ailleurs le plus souvent dans son château de Berlin, ville brandebourgeoise qui devient sa nouvelle capitale. Il l'a fait rénover et embellir pour y tenir ce qu'il estime être désormais son rang, avec cour, bals et fêtes somptueuses. Mais son fils, Frédéric-Guillaume Ier (règne : 1713-1740) rompt avec cet apparat et engage le royaume dans une autre direction.

Sitôt sur le trône, il congédie cour et domesticité et réduit les dépenses somptuaires à moins que le strict minimum. « Sa table était si mal servie, écrit l'historien Seignobos au début du XXe siècle, que les enfants ne mangeaient pas à leur faim. » Il pense que la puissance d'un roi tient plus à la qualité de ses troupes qu'au nombre de ses laquais. Développer l'armée est la grande obsession de son règne, la fréquenter son seul loisir. Rien ne lui plaît plus que de fumer la pipe ou chanter des chansons de marche avec la garde de géants qu'il s'est constituée. C'est ce qui lui vaut le surnom de « roi-sergent ». Gaillard avec ses soldats, il peut être, à l'égard des siens, d'une implacable brutalité. Étouffé par une éducation trop rigide, son fils, âgé de dix-huit ans, nourrit le projet de s'enfuir en Angleterre avec von Katte, un officier de huit ans son aîné dont il est fou amoureux. Une indiscrétion les trahit. Les évadés sont rattrapés. Frédéric-Guillaume les punit avec une cruauté sadique. En 1730, il fait décapiter von Katte sous les yeux du prince dont on tient la tête pour être sûr qu'il ne la détourne pas.

Dix ans plus tard, le jeune homme devient, sous le nom de Frédéric II (1712-règne : 1740-1786) un des grands rois du XVIIIe siècle. Son inclination personnelle le porte aux arts, à la musique, à la poésie. Il compose, écrit des vers, directement en français, sa langue de prédilection. C'est pour les corriger, aimera-t-il à dire, qu'il fait venir Voltaire dans son château de Sans-Souci à Potsdam, construit sur les plans du Trianon, à Versailles. Il n'y tient pas de cour. On n'y voit jamais de femmes, dont il ne goûte guère la compagnie, mais uniquement des officiers ou des savants avec qui il s'entretient d'art, ou des questions de l'État, qu'il tient à gérer en propre. « Roi-philosophe » se voulant en phase avec les idées des Lumières, il est plutôt tolérant en matière religieuse et prend des mesures de progrès, comme l'abolition de la torture, mais maintient le cap fixé par ses prédécesseurs : la grandeur de la Prusse passe avant tout. « Le souverain est le premier serviteur de l'État », est une phrase qu'il aime à dire et dont ses successeurs feront un adage. Comme son père, il bâtit toute la puissance de son pays sur l'armée. Devenue une des plus puissantes d'Europe, elle est fameuse dans tout le continent pour ses manœuvres, sa discipline, son « exercice à la prussienne ». « La Prusse n'est pas un État qui a une armée, écrira le Français Mirabeau, mais une armée qui a conquis une nation. » Elle sert souvent.

Frédéric II a trouvé, à son arrivée sur le trône, un royaume puissant. Comme il cherche sans cesse à le renforcer, à l'agrandir encore, en rassemblant les trois parties éparses de son patrimoine ou en en acquérant de nouvelles, il est de toutes les guerres du XVIIIe siècle. Le plus souvent, elles l'opposent à l'Autriche des Habsbourg, la grande rivale, qui défend âprement ses possessions. Il faut ainsi au Prussien vingt-trois ans (1740-1763) et trois conflits pour réussir à arracher à Vienne la riche Silésie[1], province prospère et densément peuplée qui lui permet de multiplier par deux la population de son royaume.

1. Située aujourd'hui majoritairement en Pologne. La ville principale est Wroklaw, anciennement Breslau.

★
★ ★

La Russie

Nous avons laissé le monde russe au Moyen Âge, au temps où il était composé de diverses principautés dominées par les Mongols de la Horde d'Or[1]. Celle de Moscou, bâtie au pied de la citadelle du Kremlin, a pour rôle de collecter le tribut que les Russes doivent payer aux maîtres, et cette charge lui permet, peu à peu, de s'enrichir et de prendre de l'importance. À la fin du XVe siècle, Ivan III, un prince de cette ville, réussit à fédérer d'autres cités dans un petit État, bientôt assez fort pour secouer le « joug tatar[2] » et se déclarer indépendant.

Son petit-fils Ivan IV, dit le Terrible, est le premier grand personnage de la saga historique qui s'ouvre. En 1547, à Moscou, il se fait couronner du titre de « tsar de toutes les Russies[3] ». Le mot *tsar* est la version slave de César, le titre que se donnaient les empereurs romains. Il nous indique le destin que le pays s'assigne désormais à lui-même. L'idée est qu'après la chute aux mains des Turcs de Constantinople, la

---

1. Voir chapitre 14.

2. Tatar, on s'en souvient, est le nom que les Russes donnent aux Mongols.

3. La géographie traditionnelle distingue en effet trois Russies : la « grande », recouvrant la Russie centrale européenne ; la « petite », correspondant à une partie de l'Ukraine ; et la « blanche », à la Biélorussie.

deuxième capitale romaine, Moscou est appelée à être la Troisième Rome, seule à même de maintenir vivante la flamme du christianisme orthodoxe.

Ivan le Terrible mérite son surnom. Il est paranoïaque, pris de délires mystiques, prétend parler à Dieu. Type même de l'autocrate, qui sera un des titres dont se pareront ses successeurs, il ne tire que de lui-même un pouvoir que rien ne limite. Il considère ses sujets comme des esclaves sur qui on règne par le knout – le terrible fouet aux lanières de cuir pourvues de griffes – et les oukases, ces décrets que nul ne peut discuter. L'Église est dirigée par un patriarche, qui règne sur le clergé noir, les moines qui vivent célibataires dans les couvents, et le clergé blanc, les popes mariés, mais elle est, comme le reste du pays, totalement soumise aux volontés du souverain.

Ivan le Terrible préside aussi à la première grande expansion de son territoire. En prenant Kazan puis Astrakhan, il ouvre la voie à la Caspienne. Sous son règne, les marchands de fourrure s'aventurent toujours plus loin vers l'est, protégés à l'occasion par des Cosaques, ces cavaliers slaves et tatars venus des confins caucasiens qui offrent leurs services aux tsars. Autour des petits postes fortifiés qu'édifient ceux-ci s'agrègent des villages, bientôt des bourgs, et c'est ainsi que commence la colonisation de l'immense Sibérie.

Désireux d'embellir sa ville, Ivan y fait venir des artisans étrangers, des Allemands surtout, qui peuplent un quartier de Moscou. Pour autant, son pays, pour le siècle à venir, reste profondément asiatique et les mœurs ont gardé des traits des temps mongols. Les hommes, aux longues barbes, portent la tunique. Les femmes, voilées, sortent peu. Et le commerce, de fourrure, de miel, de bois, est tourné vers l'Empire ottoman.

Un peu plus d'un siècle plus tard, en trente-six ans de règne (1689-1725), un tsar donne un coup de barre qui révolutionne, littéralement, l'orientation du pays. Il était tourné vers l'est. Il regardera vers l'ouest. Pierre Ier le Grand, de la dynastie des Romanov[1], est le second grand nom de notre récit. Laissé à lui-même dans son enfance, alors que règne sa demi-sœur, le prince héritier a deux passions : réparer des bateaux et fréquenter les étrangers de Moscou, qui l'ouvrent sur un autre monde et, au passage, lui apprennent l'art de la guerre. Avec leur aide, alors qu'il est à peine âgé de dix-sept ans, il prend le pouvoir (1689) et commence son grand œuvre : faire de la Russie un pays moderne, résolument tourné vers l'Europe. En 1697-1698, il entreprend un long voyage qui lui permet d'aller étudier de près les chantiers navals d'Amsterdam, d'aller visiter les musées et académies de Londres, et admirer les villes allemandes ou les beautés de Vienne. Dès son retour, il engage ses réformes, dont certaines sont spectaculaires.

Pour effacer ce qui lui apparaît comme le symbole des mœurs anciennes, il rase lui-même la barbe de certains de ses proches et impose que tous les Russes fassent de même. Il oblige les fonctionnaires à porter le costume à l'européenne, pour faire disparaître pro-

1. Arrivée au pouvoir, à la faveur de troubles, en 1613.

gressivement le caftan, la tunique traditionnelle. Plus tard, il obligera aussi les grands à ouvrir des salons, comme à Paris ou à Londres, pour que les hommes y prennent l'habitude de fréquenter les femmes. Il décide aussi de changer le centre de gravité de son empire en lui donnant une autre capitale que Moscou, trop arriérée, trop asiatique, et choisit pour ce faire un emplacement à l'embouchure de la Neva : Saint-Pétersbourg, au fond du golfe de Finlande, sera une « fenêtre ouverte » sur l'Europe.

Saint-Pétersbourg

Un grand rival encombre alors le paysage qu'il voudrait y découvrir. Depuis le milieu du XVIIe siècle, la Suède est la véritable puissance des deux rives de la Baltique, grâce à des terres au nord du monde germanique, et contrôle les détroits qui permettent d'accéder à la mer du Nord. Depuis 1697, elle a pour roi l'intransigeant et fougueux Charles XII, protestant farouche, chef de guerre hors pair, qui entend bien ne laisser aucun intrus menacer ses possessions. La Suède et la Russie, alliées chacune à d'autres puissances régionales, s'affrontent pendant vingt et une interminables années dans la guerre du Nord (1700-1721), mais, dès 1709, le sort du roi Charles est scellé par la défaite que les troupes russes lui font subir à Poltava, une ville d'Ukraine.

Dès lors Pierre le Grand a les mains libres pour faire de Saint-Pétersbourg une capitale à l'image de la Russie comme il veut la modeler. La ville, construite sur des marais dans des conditions terribles par des moujiks, l'équivalent russe des serfs, et des prisonniers de guerre suédois, suit les plans d'architectes italiens ou suisses. Les maisons sont de style anglais ou hollandais. Et toute la noblesse et la bourgeoisie marchande sont fortement invitées à quitter Moscou pour y bâtir des palais.

Ivan le Terrible était mystique. Pierre le Grand règne au nom d'un nouveau dieu, l'État. Pour assurer sa puissance, il développe et modernise l'armée, dont tous les hauts postes sont confiés à des officiers allemands. Il se dote d'une flotte nombreuse, qui doit développer le commerce. Pour donner à la Russie les nouveaux cadres dont elle a besoin, il accorde une place égale à la noblesse de fonction et à la vieille noblesse de sang, qui se voit ainsi implicitement rabaissée. Les deux entrent désormais dans une même hiérarchie, fixée par le tsar lui-même dans la table des Rangs, détaillant les privilèges et grades de chacun en fonction des emplois occupés dans l'administration ou l'armée.

Cette transition du vieux monde vers le nouveau est conduite à un rythme effréné et assurée d'une poigne de fer. La police secrète, aux méthodes dictatoriales, veille à ce que le tsar soit obéi. Toute opposition est écrasée, d'où qu'elle vienne. Lorsque l'autocrate apprend qu'Alexis, son propre fils, s'est mis à la tête de ceux qui complotent pour un retour à la vieille Russie, il est impitoyable : ramené par ruse de l'étranger, où il s'était enfui, le prince est enfermé et meurt sous les tortures ordonnées par son père.

Toutes les Russies

Pierre le Grand était tsar. Le titre lui-même, trop peu européen, ne lui convenait plus. En 1721, quatre ans avant sa mort, il se fait couronner « empereur de toutes les Russies ». Durant le reste du siècle, par les hasards des successions ou des complots, quatre de ses successeurs sont des impératrices[1]. La plus célèbre est Catherine II la Grande. Petite princesse allemande, elle a épousé un prince russe qui devient, sous le nom de Pierre III, un des tsars les plus immatures et incompétents que connut le pays. Après l'avoir écarté du pouvoir, et probablement assassiné, elle s'assoit sur le trône, où elle siège trente-quatre ans (1762-1796). Admiratrice des philosophes, comme son contemporain Frédéric de Prusse, elle aime, elle aussi, se faire dépeindre en despote éclairé, ce qui ne la pousse pourtant pas aux réformes sociales.

En s'appuyant sur la noblesse, elle ouvre au contraire un peu plus la fracture qui déchire son pays. Deux mondes s'y côtoient. L'aristocratie européanisée, vivant à l'occidentale, parlant français ou allemand, n'est qu'un élégant paravent. Il cache une réalité sociale plus brutale, celle des masses de paysans analphabètes abruties par un clergé inculte et fanatique, écrasées par la misère, qui n'arrivent à exprimer leur détresse que lors de ces explosions de violence mystique suivies de répressions féroces qui

---

1. Catherine Ire, règne : 1725-1727 ; Anne Ire : 1730-1740 ; Élisabeth Ire : 1741-1762 ; Catherine II : 1762-1796.

scandent l'histoire russe[1]. Comment traiter autrement ces moujiks dont la condition n'est pas si différente de celle d'esclave ? Ils sont attachés à des maîtres qui peuvent en faire ce que bon leur semble, y compris les envoyer mourir dans les confins glaciaux de l'immense Sibérie.

En deux siècles, la petite Moscovie d'Ivan le Terrible est devenue le pays le plus étendu du monde. Pierre le Grand a voulu l'occidentaliser jusque dans les livres de géographie. Depuis très longtemps, la frontière orientale de l'Europe est marquée par le Don. Le tsar a demandé à l'un de ses cartographes de la reculer jusqu'à l'Oural, où, par convention, on la place encore aujourd'hui. Pour autant, son empire court bien plus loin à l'est. Au XVIIe siècle, en se mettant dans les traces des marchands de fourrure, les colons ont atteint le Pacifique. Au début du XVIIIe siècle, Behring, un explorateur danois travaillant pour Pierre le Grand, a reconnu le détroit séparant l'Asie de l'Amérique, qui depuis porte son nom. Des Cosaques ont pris possession du Kamtchatka, dont ils ont au passage massacré la moitié de la population. Et des caravanes peuvent commercer avec la Chine.

Catherine poursuit cette politique d'expansion dans toutes les directions. Au sud, elle mène la

---

1. La révolte la plus célèbre du règne de Catherine II est celle de Pougatchev, un Cosaque illettré qui, comme cela arrive régulièrement en Russie, prétend être le « vrai tsar » miraculeusement ressuscité, en l'occurrence le mari assassiné de l'impératrice.

guerre à l'Empire ottoman, qui entame son long déclin. Elle ne va pas au bout de son rêve, celui de conquérir Constantinople pour en faire sa nouvelle capitale, mais ses soldats réussissent à prendre la Crimée, dont elle offre le gouvernement à son favori, Grigori Potemkine. Au nord-ouest, elle s'attaque à la Pologne, que deux autres puissances convoitent.

★
★ ★

La disparition de la Pologne

Uni avec la Lituanie depuis le XVIe siècle, ce grand royaume a été, on l'a mentionné, un des plus ouverts et tolérants d'Europe[1]. Au XVIIIe siècle, son étonnant système de gouvernement, allié à l'arrogance d'une aristocratie inapte à se remettre en question, aboutit à la paralysie du pays. La monarchie y est élective : le roi est désigné par les nobles, accrochés à leurs privilèges et incapables de s'entendre sur rien, alors que le système du *liberum veto* permet à un seul de s'opposer à n'importe quelle décision. Chaque succession suscite d'interminables intrigues, dirigées en sous-main par les puissants États voisins qui y voient l'occasion de faire avancer leurs intérêts. La Suède est rapidement mise hors jeu. Reste le trio fatal, l'Autriche, la Prusse, la Russie, qui, dans la seconde moitié du XVIIIe siècle, réussissent à s'entendre pour

---

1. Voir chapitres 13 et 20.

dépecer leur proie. En 1772 un « premier partage de la Pologne » ampute le vieux royaume de ses principales provinces et transforme son cœur historique en protectorat russe. Vingt et un ans plus tard, un « deuxième partage » (1793) déclenche un sursaut d'honneur patriotique. En 1794, Kosciuszko, héros national, réussit à soulever le peuple contre les occupants, mais la rébellion s'achève par un massacre et le dépècement total du royaume. Varsovie devient prussienne, Cracovie autrichienne, et tout l'Est du pays est intégré à l'Empire russe. La Pologne a été rayée de la carte.

28

La conquête anglaise de l'Inde

XVIIe – XIXe siècle

De la colonisation, la plupart des lecteurs ont sans doute une image marquée par la conquête européenne de l'Afrique au XIXe siècle. Ils s'en font une idée d'expéditions militaires lancées par des États puissants sur des peuples incapables de se défendre. L'Inde, une des terres les plus riches du monde, est devenue la colonie d'un pays vingt fois plus petit qu'elle au cours d'un long processus qui a été, pendant deux siècles et demi, le fait de marchands travaillant pour une entreprise privée[1]*. Replantons les jalons de cette histoire.*

Les premiers Européens à s'installer sur les côtes indiennes sont les Portugais, débarqués dans le sillage de Vasco de Gama[2]. Les Hollandais, quelques décen-

1. À son apogée, dans les années 1930, l'Empire britannique des Indes couvre près de 5 millions de km^2, étendus, à peu près, sur quatre États actuels : la République indienne, le Pakistan, le Bangladesh et la Birmanie.

2. Voir chapitre 19.

nies plus tard, viennent leur faire concurrence, tout comme les Danois qui ouvrent des postes commerciaux. Les Anglais n'arrivent qu'ensuite. Ils sont attirés par les épices, bien sûr, mais aussi par tant d'autres produits dont regorge ce pays si riche. Pour assurer ce commerce fort lointain, qui n'est pas simple à pratiquer et demande de gros investissements, la reine Élisabeth Ire en concède le monopole à une firme dont le capital est formé par une centaine d'actionnaires : la Compagnie des Indes orientales, l'East India Company (1600)[1]. Elle sera l'instrument de la conquête.

Ses débuts sont modestes. Dans la première décennie du XVIIe siècle, elle s'installe à Surat, un petit comptoir situé au milieu de la côte occidentale. En 1668, elle transfère ses quartiers généraux dans celui de Bombay, une ancienne place portugaise que le roi d'Angleterre a reçue en héritage. Bientôt, elle prend place aussi sur l'autre côte, autour d'un fort, à Madras, puis d'un autre, à Calcutta, dont elle fonde la ville, dans la région du Bengale, dans le nord-est du sous-continent. Cela fait quatre points d'appui bien disposés pour tisser les réseaux et commercer dans ce vaste et riche ensemble. Les Anglais achètent du salpêtre, de l'indigo – une plante qui sert à la teinture –, des épices et du poivre, mais surtout les « indiennes », magnifiques cotonnades d'une qualité ignorée à l'époque en Europe, où l'on en est fou. En retour, l'Inde, alors dominée par les Grands Moghols au plus haut de leur puissance, ne leur achète que peu de choses.

---

1. Elle est donc l'aînée de deux ans de sa rivale hollandaise, la fameuse VOC (voir chapitre 23).

La conquête de l'Inde

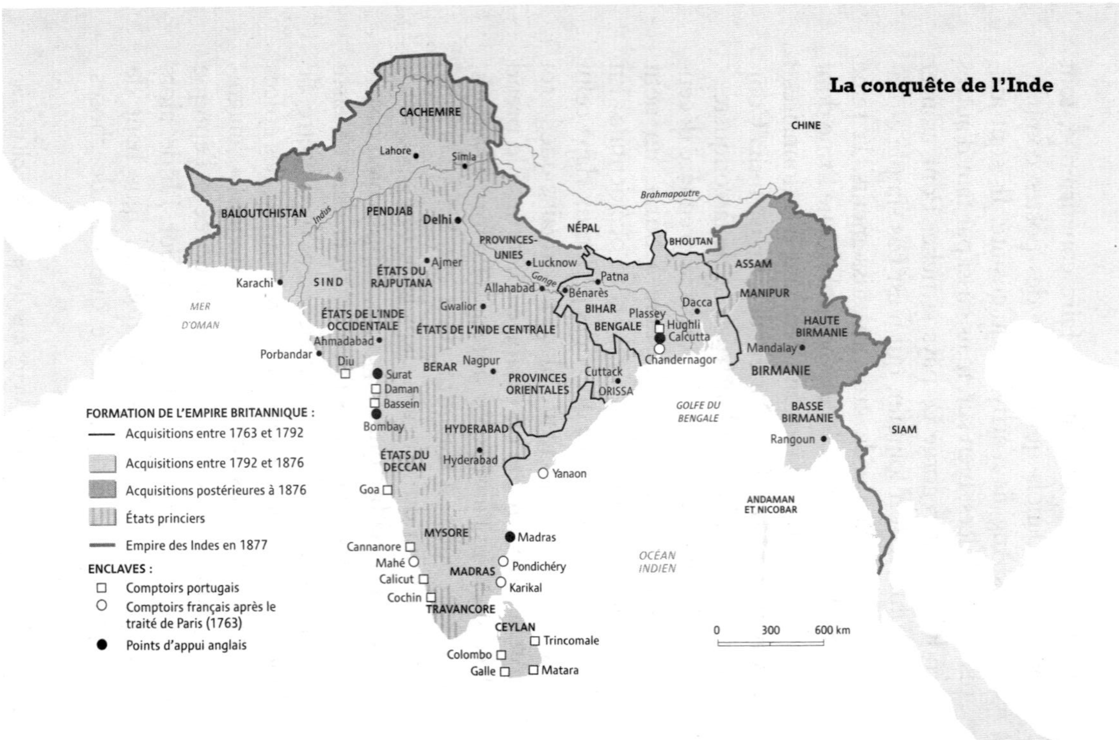

L'Europe, aux yeux de souverains qui se savent parmi les plus riches du monde, est un univers lointain et grossier. Ses biens n'intéressent guère. Jusqu'à la fin du XVIIe siècle, le rapport de puissance est clairement du côté des Indiens. En 1689 encore, nous fait remarquer Piers Brendon, historien de l'Empire britannique, quand les Anglais ont l'idée folle d'arraisonner des navires indiens, le Moghol envoie ses troupes et ses canons sur Bombay et les insolents étrangers doivent se repentir platement et payer une lourde somme pour se faire pardonner[1]. Un demi-siècle plus tard, ils sont les maîtres.

Après la mort d'Aurangzeb (1707), l'Empire moghol est sur le déclin[2]. Hier, il contrôlait la majeure partie du sous-continent. Désormais, il n'arrive plus à se défendre contre les nombreux ennemis qui surgissent. Sur le plateau du Deccan, des princes hindous ont formé l'Empire marathe, qui cherche à défaire les musulmans du Nord et attaque Delhi, mise à sac en 1737. Deux ans plus tard, la vieille capitale est à nouveau ravagée par les troupes de Nadir Shah, un aventurier devenu souverain de Perse, qui repart avec le précieux trône du paon, orgueil des Moghols, du temps de leur splendeur. Puis déferlent les Afghans. Partout, les petites principautés qui s'étaient déclarées vassales des Grands Moghols se détachent de ce protecteur devenu si faible. Partout, la Compagnie des Indes orientales joue habilement

1. Piers Brendon, *The Decline and Fall of the British Empire*, Vintage, 2008.

2. Voir chapitre 14.

de ces dissensions pour s'attirer des alliés et accroître son territoire.

★
★ ★

Dupleix et le rêve d'Inde française

Durant cette première moitié du XVIIIe siècle, la Compagnie est concurrencée sur le terrain par un autre grand rival venu d'Europe. Les Français sont entrés un peu plus tard que les autres dans la course aux richesses de l'Orient. Au XVIIe siècle, ils ont pris possession de ports à Madagascar, et des grandes îles des Mascareignes[1], dans l'océan Indien, qui sont des relais précieux sur la route de l'Asie. En 1664, pour donner un cadre à l'aventure, Colbert à son tour crée une Compagnie des Indes orientales qui fonde bien vite ses propres comptoirs, à Chandernagor, au Bengale, à Mahé ou à Pondichéry, sur la côte de Coromandel[2], qui devient sa capitale. C'est là que Dupleix (1697-1763), ambitieux gouverneur aidé par sa femme, une métisse franco-indienne, et par l'immense fortune qu'il a accumulée dans ses postes précédents au service de la Compagnie, forme le projet d'offrir à ses commanditaires, mais surtout à son pays et à son roi, un vaste empire indien. Pour donner

1. Mascareignes : principalement l'île de France, actuelle île Maurice, et l'île Bourbon, actuelle île de La Réunion.
2. Le sud de la côte orientale de l'Inde.

corps à son entreprise, et impressionner ceux qu'il voudrait y faire entrer, il a, le premier, l'idée de se constituer une véritable armée. Il recrute des mercenaires indiens, les cipayes[1], qu'il fait instruire et armer à l'européenne afin de les envoyer au combat sous la direction d'officiers français. Par la négociation, ou au besoin par la force, il réussit bientôt à vassaliser nombre de petits États. En quelques années, il règne en souverain féodal sur toute la partie est de l'Inde.

L'entreprise n'est évidemment pas du goût des Anglais, qui mettent tout en œuvre pour la briser. Ils forment à leur tour leurs troupes indigènes, qui engagent des affrontements. Elles n'ont pas à combattre trop longtemps. La chute du grand chef qui leur fait si peur est provoquée par son propre camp. Les actionnaires de la Compagnie sont des marchands, pas des guerriers, et ne veulent plus soutenir la dispendieuse politique de conquête engagée par leur gouverneur. Louis XV n'a nulle envie de s'y lancer. Dupleix est rappelé en France (1754). Le rêve d'une Inde française vacille.

Deux ans plus tard, la guerre de Sept Ans (1756-1763), qui place la France et l'Angleterre dans les camps opposés, s'exporte dans tous leurs territoires d'outre-mer, ce qui en fait véritablement le premier conflit mondial. Comme on s'est battu en Amérique[2], on se bat en Inde. En quelques

1. Cipayes ou *sepoys*, dérivé du persan *sipahi*, le soldat, qu'on retrouve aussi dans *spahis*, les troupes coloniales françaises d'Afrique du Nord.

2. Voir chapitre 24.

batailles, les Anglais réussissent à écraser les Français partout où ils se trouvent. La défaite est écrasante. Par le traité de Paris (1763), la France fait une croix sur tout son premier empire colonial, et ne garde dans le sous-continent que cinq comptoirs, que les écoliers français durent longtemps apprendre par cœur, en souvenir d'un rêve indien désormais enterré[1].

★
★ ★

Les Anglais s'installent

Du point de vue anglais, la bataille la plus célèbre et la plus importante de ce moment d'histoire a lieu en 1757, à Plassey, un village situé à 150 kilomètres au nord de Calcutta. Elle oppose les troupes du *nawab*[2] du Bengale, allié des Français, aux Britanniques, commandés par Robert Clive, un ancien employé de la Compagnie, opiomane et charismatique, métamorphosé en chef de guerre. Les historiens d'aujourd'hui ont établi qu'il n'a pas eu trop à combattre ce jour-là : il avait payé les troupes adverses pour qu'elles ne sortent pas leurs armes. Il n'empêche. La victoire, dès qu'elle est connue à Londres, fait de lui le premier grand héros de l'épo-

1. Citons-les pour mémoire : Pondichéry, Chandernagor, Karikal, Yanaon, Mahé.
2. Un *nawab*, ou nabab, est un prince indien.

pée anglaise aux Indes, et marque le début d'un nouveau monde[1].

Débarrassés du *nawab*, qu'ils remplacent par une marionnette, les vainqueurs contrôlent désormais le Bengale tout entier, une des plus riches provinces indiennes. Quelques années plus tard, l'empereur moghol, toujours officiellement souverain, leur donne le droit d'y lever l'impôt et de rendre la justice civile. Avec son armée et de telles prérogatives, la Compagnie est presque un État. C'est le début de l'Inde britannique.

Le contrôle indirect

Sa conquête sera progressive. Il reste, en cette seconde moitié du XVIIIe siècle, quelques princes assez puissants pour en entraver la marche triomphale. Il y a encore de longues guerres à mener, ainsi celle faite au sultan de Mysore, un petit royaume du sud, puis à son fils, Tippu Sultan, ou Tippu Sahib, (1749-règne : 1782-1799) qui réussit à résister près de vingt ans en cherchant toutes les alliances qui puissent l'aider, y compris celle des Français de l'époque révolutionnaire, qu'il espère en vain. Le personnage est resté célèbre, car la propagande britannique a fait de lui le type du despote fourbe et cruel, le « Tigre de

1. Une des causes de cette bataille était, pour les Britanniques de venger l'affaire du « trou noir de Calcutta », un horrible cachot dans lequel le souverain du Bengale avait jeté une centaine de soldats anglais, dont la plupart étaient morts étouffés. La réalité de l'épisode, un des plus célèbres de la mythologie coloniale britannique, est sujette à caution.

Mysore » que les braves soldats de Sa Majesté sont obligés de venir abattre dans son repaire (1799) pour en venir à bout. Il était aussi un homme d'une grande culture.

Les conquérants doivent également lancer d'épuisantes campagnes contre les Marathes du Deccan, qui ne se terminent qu'en 1817. À cette date, le système est posé. Depuis le somptueux palais de son gouverneur général, à Calcutta, l'East India Company gère plus d'un tiers de l'immense territoire indien, de l'Himalaya au cap Comorin, sa pointe sud. Les deux tiers restants sont divisés pratiquement entièrement entre des centaines d'États princiers totalement vassalisés, petits territoires sur lesquels règnent des maharadjahs aussi fastueux qu'impuissants. Les Anglais tirent en sous-main toutes les ficelles. C'est le système de l'*indirect rule*, le contrôle indirect, fort commode, puisqu'il permet d'avoir le pouvoir, sans avoir à supporter les charges de son administration.

L'Inde est riche. Ceux qui y viennent sont là avant tout pour s'y servir copieusement. À la fin du XVIIIe siècle, le mot « nabab » entre dans le vocabulaire anglais selon un sens qui nous est resté depuis : le viveur, le flambeur. Il désigne les employés de la Compagnie revenant en Angleterre pour y jouir, dans l'excès, des fortunes colossales amassées outre-mer, dépassant de très loin les plus modestes bénéfices versés aux actionnaires de l'entreprise qu'ils étaient censés servir. Cela crée quelques scandales retentissants. Dans les années 1780, pour tenter d'y mettre fin, le gouvernement anglais fait passer plusieurs lois qui placent la Compagnie des Indes sous un contrôle plus étroit de la puissance publique. Ainsi le gouverneur qui règne à Calcutta, par exemple, est-il nommé par le pouvoir britannique. Nominalement, c'est pourtant toujours une entreprise privée qui gère le pays gigantesque dont elle a pris possession. C'est elle qui y lève l'impôt, qui contrôle l'armée, qui garantit l'ordre, elle qui met en place les outils de la domination que les Britanniques exerceront sur ces terres jusqu'au milieu du XXe siècle. Quoique les processus de colonisation, on le verra, aient pris des formes différentes selon les pays, les mécanismes mis en place alors nous donnent une idée de l'impérialisme européen qui sera à son apogée à la fin du XIXe siècle. Il est donc intéressant de les exposer d'ores et déjà brièvement.

Le mécanisme colonial aux Indes

Sur le plan économique, le propre de la colonisation est de sortir du cadre d'un échange d'égal à égal entre deux partenaires pour passer à l'exploitation pure et simple du pays colonisé au profit d'une métropole. Dans le cas de l'Inde – comme dans bien d'autres que nous retrouverons plus tard –, cela consiste à détourner au profit des Anglais les richesses du pays, celles des mines, celles de la production agricole, ponctionnées par l'impôt, mais aussi à briser toute production locale qui pourrait nuire aux intérêts de la métropole. L'exemple le plus célèbre de ce mécanisme est celui du secteur textile. Jusqu'au XVIIIe siècle, on l'a dit, l'Inde tirait une grande partie de sa fortune de l'excellence de son artisanat qui permettait de vendre les cotonnades au monde entier. À partir de la fin du XVIIIe, la Grande-Bretagne, entrée dans l'ère de la révolution industrielle[1] se met, elle aussi, à produire du textile en grande quantité. Par des lois protectionnistes, qui empêchent les Indiens d'acheter les machines qui font merveille à Liverpool ou à Manchester, ou en inondant le marché intérieur indien de toiles vite produites à très bas prix, elle casse l'outil productif indien.

La domination économique va de pair avec une domination politique qui, bientôt, se marque de façon quotidienne. À partir de la fin du XVIIIe siècle, tous les postes de pouvoir sont peu à peu captés par les Britanniques, tandis que les Indiens n'ont plus droit qu'à des postes subalternes. L'administration encourage le voyage de jeunes filles venues d'Europe pour éviter les unions avec les femmes locales, fort courantes au début de la présence européenne, et de plus en plus déconsidérées. Les colons peuvent ainsi vivre en famille la vie de maître qu'ils estiment devoir être la leur. Le fait ne pose guère de problème de conscience à des gens de plus en plus convaincus, comme l'ensemble des Européens l'est à leur époque, de la supériorité intrinsèque de leur civilisation. Au début du XIXe siècle, un débat qui fait rage en Grande-Bretagne témoigne de l'évolution dans ce sens des mentalités. Le cahier des charges de la Compagnie prévoit qu'elle consacre une part de son budget à l'éducation. Faut-il la

1. Voir chapitre 32.

dispenser dans les grandes langues de culture utilisées en Inde, le sanscrit, le perse, ou encore l'arabe, comme le pense le camp des « orientalistes » ? Quelle idée stupide, répondent leurs ennemis les « anglicistes ». Si l'on veut aider les Indiens à progresser, il faut leur inculquer à toute force la langue de la plus haute civilisation qui ait jamais existé, l'anglais. Thomas Babington Macaulay (1800-1859), homme politique libéral – c'est-à-dire, dans notre terminologie actuelle, plutôt à gauche – appelé à devenir un des plus grands historiens de son pays, est le héraut de cette position[1]. Dans son fameux « Rapport sur l'éducation en Inde » qu'il écrit alors qu'il est en poste là-bas, il affirme : « Je n'ai encore jamais trouvé un orientaliste qui pourrait nier qu'une seule étagère d'une bonne bibliothèque européenne vaut toute la littérature écrite en Inde et en Arabie[2]. »

Cette supériorité très assumée, portée, on le voit, par un camp qui se revendique du progrès, est censée aller de pair avec l'idée du devoir qu'ont les nouveaux maîtres de l'Inde d'aider un peuple qui ne saurait s'en sortir sans eux. Elle s'accompagne pourtant d'une grande indifférence à ses souffrances. À cause de la fragilité de son agriculture face à un climat de moussons et de tempêtes qui

1. Aujourd'hui encore, en Inde, le terme de *macaulayism* est employé, de manière négative, pour désigner la tendance d'un individu à adopter la culture occidentale, au détriment de celle du pays.

2. « Minute on Indian Education », 1835.

peut être très destructeur, l'Inde, depuis toujours, connaît des famines récurrentes et terriblement meurtrières. Toutes celles qui ont lieu à la période coloniale tuent des millions d'Indiens, sans que cela n'émeuve beaucoup le pouvoir britannique. Il les considère liées à la fatalité locale, et elles ne l'empêchent jamais de continuer à ponctionner la part de grains réclamée par la métropole. Il faut attendre la fin du XIXe siècle pour que quelques humanistes lancent les premiers mouvements de secours humanitaires.

Notons enfin, dernière caractéristique de l'ordre colonial mis en place, l'importance de l'appareil militaire, terrestre et maritime. Comme la colonie rapporte beaucoup, il faut être sûr de pouvoir acheminer les biens qu'on en importe. La sécurisation de la route des Indes, qui sera une constante de la politique étrangère britannique durant tout le XIXe siècle, se met en place dès la fin du XVIIIe. L'Angleterre profite des guerres révolutionnaires pour ravir aux Hollandais, alliés de son ennemi français, Le Cap, au sud de l'Afrique, et Ceylan.

La conquête amenant la conquête, l'histoire impériale indienne est aussi celle d'une expansion continue pour dévorer peu à peu un territoire toujours plus grand, qui s'étend bientôt de la Birmanie, à l'est, aux frontières de l'Afghanistan, à l'ouest.

★
★ ★

La révolte des cipayes et le début du Raj

Cette puissance militaire est le fait d'une armée composée très majoritairement d'indigènes. Ce sont eux qui, en 1857, en se retournant contre leurs maîtres, donnent à l'implantation britannique en Inde sa secousse la plus rude. Dès le début des années 1850, les cipayes sont nerveux à cause de rumeurs affirmant qu'ils vont bientôt devoir se convertir au christianisme. Une affaire de munition met, si l'on ose écrire, le feu aux poudres : pour charger les nouveaux fusils fournis par les Anglais, il faut d'abord déchirer avec les dents les cartouches, or celles-ci sont enduites de graisse de porc ou de bœuf. Les musulmans n'ont pas le droit de toucher la première, les hindous la seconde. Par foi ou par dégoût, de nombreux militaires se cabrent. Les actes d'insoumission se multiplient, si durement réprimés qu'ils entraînent par solidarité des mutineries, qui dégénèrent bientôt en une gigantesque rébellion anti-anglaise. Elle est sanglante. Les massacres de colons se succèdent. Le vieil empereur moghol, que les révoltés sont allés chercher dans son fort de Delhi, pense son heure enfin revenue et prend la tête de la lutte contre les occupants. L'empire vacille. Il faut des mois et des mois de combat suivis d'une vague de répression d'une brutalité inouïe pour que les Anglais réussissent à le remettre debout mais ils décident, dans la foulée, de le réformer de fond en comble. Le dernier Moghol est exilé. L'East India Company, qui n'a su prévenir cette catastrophe, est écartée du pouvoir. Désormais l'Inde passe sous gestion directe de la couronne, grâce à un secrétaire d'État dédié. Commence la période de ce qu'on appelle le Raj britannique, un mot hindi qui veut dire « empire » ou « pouvoir ». En 1876, Disraeli, premier ministre britannique, offre en cadeau à sa reine Victoria les terres qu'il présente comme le « joyau de la couronne ». Elle devient officiellement « impératrice des Indes ».

29

L'exploration du Pacifique

Le XVIe siècle occidental a été celui des conquistadors. Le XVIIIe est celui des Lumières. Il a, en apparence, moins soif d'or et de conquêtes que de connaissance. Il marque la grande époque des « explorations scientifiques », celles qui voient les savants remplacer les mousquets pour s'aventurer dans les dernières terra incognita *des planisphères. Les explorateurs parviennent fort bien à réduire les zones blanches de la carte. Vers 1600, nous précise l'Atlas historique Kinder-Hilgemann, 49 % des terres de la planète ont été reconnues. En 1800, le chiffre monte à 83 %*[1].

Tous les grands pays européens prennent part à cette expansion. On a parlé déjà des voyages commencés, au début du siècle, par le tsar de Russie Pierre le Grand, vers le Grand Est et le Grand Nord,

1. Hermann Kinder et Werner Hilgemann, *Atlas historique. De l'apparition de l'homme sur la terre au troisième millénaire*, Perrin, 2006.

le Kamtchatka, l'Arctique. On peut citer ceux que le merveilleux Alexandre de Humboldt (1769-1859) effectua durant quatre ans en Amérique du Sud. Par la chronologie, l'expédition (1799-1804) nous place déjà au début du siècle suivant. Pour autant, ce fils d'un aristocrate prussien franc-maçon, diplômé de géologie, passionné par toutes les formes de sciences, est un authentique enfant des Lumières. Admirateur de Bonaparte, il rêve, avec son cher ami le naturaliste français Bonpland, de rejoindre l'expédition d'Égypte mais le bateau ne part finalement pas. Les compagnons se rendent donc en Espagne, d'où ils embarquent pour l'Amérique du Sud. Circulant dans de frêles pirogues sur le bassin de l'Orénoque, où ils bravent les moustiques, les serpents et les fièvres ; gravissant les hautes montagnes du Pérou à pied pour ne pas se faire porter à dos d'Indiens comme les riches colons ; franchissant toutes les jungles, ils étudient tout, les peuples, les animaux, les volcans, les rivières, les pierres ou les courants, pour renvoyer en Europe une moisson d'informations précieuses et des centaines de caisses emplies de spécimens de plantes et d'animaux. Et jamais ils ne se départent de leurs idéaux éclairés. Jusqu'à la fin de ses jours, Humboldt se montrera l'ennemi farouche de l'esclavage et l'ami des Indiens.

La conquête du Pacifique

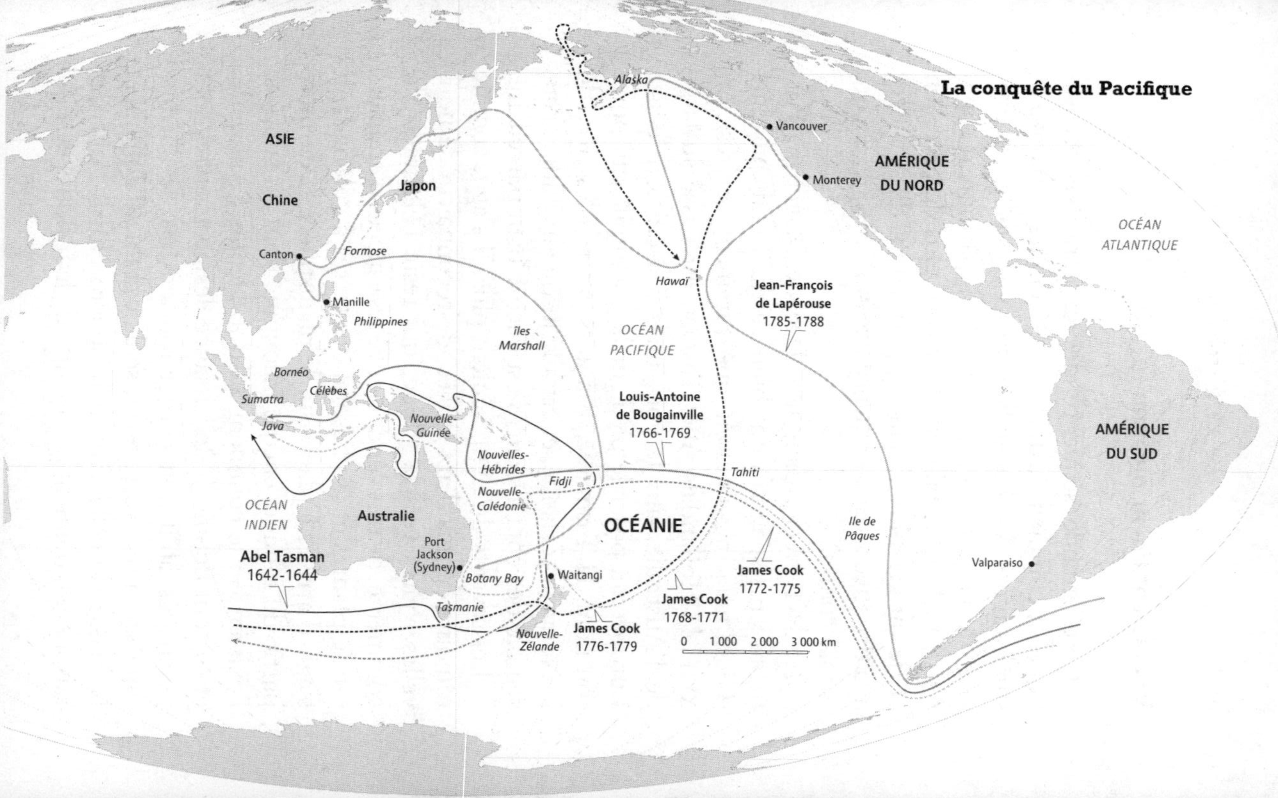

Vers le continent inconnu

Cette grande séquence des explorations scientifiques a commencé, quelques décennies auparavant, sur les mers. Vers le milieu du XVIIIe siècle, les progrès de la technologie marine, l'apparition d'appareils capables de faire le point avec plus de précision et de diriger plus sûrement, permettent de se lancer à la découverte de l'immense océan Pacifique, encore si mal connu.

Au XVIe siècle, dans le sillage de Magellan, Portugais ou Espagnols ont bien vu qu'il était parsemé d'îles, mais ne s'y sont que rarement arrêtés. Au XVIIe, le Hollandais Abel Tasman est passé au large de l'Australie sans la voir, mais il a été le premier Européen à poser le pied sur la grande île qui porte son nom, la Tasmanie. Il a aussi aperçu les rives de la Nouvelle-Zélande, et est allé jusqu'aux Fidji. L'ensemble des connaissances est encore bien parcellaire.

Les savants du XVIIIe veulent plus. Il s'agit, comme toujours depuis deux siècles, de reconnaître de nouvelles routes vers la Chine, qui reste l'eldorado du commerce, de trouver de nouvelles espèces d'animaux ou de plantes et, au besoin, des terres à coloniser. Il s'agit d'arriver à placer sur le planisphère la dernière partie du monde, encore inconnue, dont on suppose l'existence : le continent austral. Depuis l'Antiquité, et surtout depuis la Renaissance, les géographes sont persuadés qu'il doit exister tout en bas de l'hémisphère Sud une vaste terre, seule capable d'équilibrer la masse de celles de l'hémisphère Nord. Pour des raisons qui tiennent à la qualité de leur flotte, et aussi à la rivalité qui les stimule, Anglais et Français sont les principaux acteurs de cette grande conquête des mers du Sud. Citons les trois plus célèbres représentants de cette épopée.

Le passage à Cythère

En 1766-1769, Louis Antoine de Bougainville (1729-1811), commandant les voiliers la *Boudeuse* et l'*Étoile*, est le premier à faire faire le tour du monde à un équipage français[1]. L'épreuve a été rude. Les conditions à bord furent si spartiates qu'on dut se résoudre à manger du rat. Le scorbut fit des ravages. Il fallut affronter ici et là l'hostilité des « sauvages ». Et plus d'une fois, des avanies ont failli interrompre l'aventure, comme lorsque les bateaux ont manqué se fracasser sur la Grande Barrière de corail australienne. Pourtant, dans les récits que fait, au retour, le capitaine, c'est une courte escale qui déclenche en Europe une fascination et une émotion extraordinaires.

Lors de sa route au milieu du Pacifique, Bougainville s'est arrêté, durant neuf jours d'avril 1768, à Tahiti. Seul l'Anglais Samuel Wallis y avait accosté, un an auparavant, et cela ne s'était pas bien passé. Les « naturels » avaient exaspéré les marins par leurs

1. C'est aussi la première circumnavigation effectuée par une femme, mais contre le gré du capitaine. Pour ne pas quitter Commerson, le naturaliste du bord, sa jeune servante et maîtresse Jeanne Barré avait réussi à s'embarquer, déguisée en matelot. La supercherie n'a été découverte qu'à Tahiti.

constants chapardages, les relations s'étaient tendues et il avait fallu donner le canon. La visite du Français, moins d'un an plus tard, est d'une autre teinte. Tout concourut, raconte-t-il, à en faire une parenthèse idyllique : la splendeur du site, la fraîcheur des cascades tombant des montagnes, la douceur du climat, l'abondance de la nourriture composée d'eau fraîche, de fruits goûteux et de poisson grillé, et surtout l'amitié des habitants, dont le sens de l'accueil est sans pareil. Les femmes, ces « nymphes » belles et nues comme un premier matin du monde, ne poussent-elles pas l'hospitalité jusqu'à s'offrir à tous les étrangers qui se présentent à elles ? Elles sont si simples et naturelles, explique le capitaine, qu'il ne faut leur offrir que quelques clous, inconnus dans ces lieux, pour recevoir leur consentement.

Grâce aux quelques chapitres consacrés à l'escale à l'« île de Cythère », comme il la nomme, le *Voyage autour du monde* de M. de Bougainville vaut au capitaine une célébrité immédiate et devient le best-seller de l'Europe du temps. Il semble confirmer la philosophie du « bon sauvage » développée par Rousseau : c'est bien la société qui corrompt les hommes alors qu'à l'« état de nature », dans lequel ils sont manifestement restés dans cette île lointaine de Tahiti, ils vivent dans le bonheur. Il inspire à l'encyclopédiste Diderot son *Supplément au voyage de Bougainville*, un livre magistral qui utilise comme un levier ce modèle de monde simple et bon pour l'opposer à la « civilisation » engoncée dans ses préjugés et ses carcans mentaux. Et il fait croire au Vieux Monde que le paradis terrestre existe.

Comment ceux qui étaient censés l'habiter vécurent-ils ce moment crucial de leur histoire ? Que se passa-t-il dans l'esprit d'un peuple soudainement confronté à l'arrivée de représentants d'un monde dont ils n'avaient sans doute aucune notion de l'existence et qui allaient changer à jamais leur destin ? On ne le saura probablement jamais avec précision. Bougainville a repris le bateau avec Aotourou, un Polynésien monté à bord de son plein gré, qui l'a accompagné jusqu'à Paris, où il fut d'ailleurs reçu avec de grands égards, mais on ne connaît pas son témoignage, car il n'arriva jamais à prononcer plus de quelques mots en français. On ne peut même pas trouver trace du récit qu'il aurait pu faire de son voyage à ses compatriotes, car il mourut de maladie avant d'avoir pu regagner sa terre natale.

Beaucoup plus récemment, un anthropologue français spécialiste de l'Océanie[1] a conduit un travail qui nous aide au moins à relativiser certains aspects de la version française de l'épisode. Selon lui, l'amour parfaitement libre, sans honte et sans tabou vanté par Bougainville est un pur phantasme occidental. La réalité est plus prosaïque. Les Tahitiens avaient été tellement traumatisés par les canons du bateau de Wallis qu'ils mirent tout en œuvre pour se concilier les bonnes grâces des nouveaux démons qu'ils virent débarquer quelques mois après lui, allant jusqu'à leur offrir leurs filles. Les « nymphes » ne se donnaient

1. Serge Tcherkézoff, *Tahiti 1768. Jeunes filles en pleurs*, Éditions Au vent des îles, 2005.

pas d'elles-mêmes, elles n'étaient qu'un cadeau de bienvenue fait par des hommes, en signe de soumission. Ajoutons, détail sinistre, un don en retour fait par les Français dont Tahiti se serait sans doute bien passée. Les marins ont quitté l'île enchanteresse avec des souvenirs sensuels plein la tête. Ils y ont laissé la syphilis et la blennorragie, qui n'y existaient pas.

Les voyages de M. Cook

Le Français Bougainville est devenu célèbre grâce à son voyage autour du monde. Le Britannique James Cook, son quasi-contemporain (1728-1779) en fit trois, qui le consacrent comme l'un des plus grands navigateurs de tous les temps. Marin hors pair, il réussit à s'aventurer sous toutes les latitudes, aussi habile à la manœuvre dans le grand froid de l'Antarctique ou de l'Alaska que sous les écrasantes chaleurs des tropiques. Meneur d'homme, parfois raide et colérique, il est soucieux de l'état sanitaire des équipages : ses biographies mentionnent toujours le chou fermenté qu'il rend obligatoire sur toutes les tables du bord, malgré le dégoût qu'il pouvait inspirer aux palais sensibles, parce qu'il avait compris ses excellentes propriétés antiscorbutiques. Ses trois expéditions font progresser de façon considérable les connaissances géographiques de l'Europe de son époque. La première l'envoie à Tahiti, où il doit être en juin 1769 car les astronomes britanniques ont pensé que l'emplacement était idéal pour observer le passage de Vénus qui eut lieu à cette date.

Le but scientifique est aussi un excellent prétexte pour continuer de trouver des terres qui pourraient être colonisées par l'Angleterre. Sitôt l'étape polynésienne terminée, Cook trace la route jusqu'aux deux îles qui forment la Nouvelle-Zélande, dont il effectue une reconnaissance complète des côtes, puis pose le pied en Australie, au creux d'un golfe qu'il baptise Botany Bay, en hommage à la richesse de sa flore.

Le deuxième voyage, qui le conduit très au sud, non loin de l'Antarctique, lui permet de confirmer ce qu'il supposait dès le premier, et de mettre à bas de façon définitive la dimension légendaire du continent austral.

Le troisième le lance le long de la côte ouest de l'Amérique du Nord, à la recherche du fameux passage censé relier le Pacifique à l'Atlantique. Ses pérégrinations lui font découvrir Hawaï. Il y meurt, tué par les indigènes qui, la première fois qu'il y était venu, l'avaient pris pour un dieu.

La disparition de Lapérouse

Le Français Lapérouse, troisième et dernier grand nom de notre galerie de navigateurs du XVIIIe siècle, a-t-il connu un sort semblable ? Il est parti en 1785, sur l'*Astrolabe*, à la recherche du passage vers la Chine que tant d'autres ont pisté avant lui, et reste célèbre pour n'être jamais revenu. On sait qu'il a exploré les côtes de l'Alaska, est passé à Manille, au Japon, a sillonné la mer de Chine, et a été aperçu, pour la dernière fois, en 1788, à Botany Bay, où il a fait une courte escale, à la grande surprise des Britanniques qui s'y installaient à peine. Après, sa trace est perdue et le sera longtemps. « A-t-on des nouvelles de M. de Lapérouse ? » s'inquiétait encore Louis XVI, dit-on, dans la prison où il se préparait à l'échafaud. Seule une expédition des années 1820 retrouvera enfin les débris de l'*Astrolabe* sur des rochers des Nouvelles-Hébrides (aujourd'hui Vanuatu), où il a sans doute fait naufrage.

★
★ ★

Après l'exploration, la conquête

L'Europe a mis longtemps à s'aventurer dans cette partie du monde que le géographe français Malte-Brun baptise en 1812 « Océanie ». Que doit penser l'Océanie de ce surgissement de l'Europe ? Toutes les expéditions, on l'a vu, ont été commanditées et conduites avec les meilleures intentions du monde. Les conséquences pour les terres découvertes ont-elles été si différentes qu'au temps où les sentiments étaient moins purs ?

Dès les premiers passages des Européens, les Polynésiens ont fait connaissance avec la poudre à canon. Leur destin est scellé quand survient l'autre grand acteur du progrès, tel qu'on le conçoit alors : le missionnaire. Le 5 mars 1797, date toujours fêtée à Tahiti, débarquent les premiers pasteurs de la London Missionary Society. Comme ailleurs, le surgissement des armes à feu et de la Bible dans un monde qui ne les connaissait pas change tout. Les premières permettent à une dynastie de roitelets locaux, les Pomaré, appuyés dans un premier temps par les Anglais, de prendre le pouvoir sur l'île, puis d'étendre leur domination à tout l'archipel. La seconde autorise en toute bonne conscience à mener une chasse impitoyable aux dieux anciens, à éradiquer tous les cultes qu'on leur rendait, à interdire la nudité, les chants et les tatouages, c'est-à-dire à mettre à bas une civilisation millénaire pour en imposer une autre. Dans les années 1830, les catholiques débarquent à leur tour, bien décidés à montrer à ceux qui venaient de se convertir au dieu unique qu'il n'était pas tout à fait celui en qui il fallait croire. Aux concurrences religieuses s'ajoutent les rivalités entre puissances. Anglais et Français se disputent un temps le contrôle de la zone. À l'issue de rivalités assez folkloriques entre consuls, la France réussit, dans les années 1840, à faire admettre son autorité. Les Anglais peuvent bien abandonner la Polynésie, ils ont assez à faire avec les immenses possessions que leurs marins leur ont offertes.

La Nouvelle-Zélande et l'Australie britanniques

Les premiers contacts de Cook avec les Maoris, les indigènes de Nouvelle-Zélande, ont été rudes. Arrivés de Polynésie sur de grandes pirogues vers les XIIe-XIIIe siècles, ces premiers habitants du lieu sont des guerriers redoutables, et ils n'ont guère l'intention de laisser des intrus s'emparer de leur terre. Dans un premier temps, ceux-ci n'en veulent pas. À la fin du

XVIIIe et au début du XIXe siècle, l'endroit n'intéresse guère que les chasseurs de baleine, qui viennent y relâcher, et les missionnaires, qui viennent y pêcher des âmes, et finissent parfois au menu. Les Maoris pratiquent le cannibalisme. Peu à peu, tout de même, des colons commencent à tenter l'aventure sur ces rivages dont le climat est sain et les paysages verdoyants. En 1840, la Grande-Bretagne entend enfin faire valoir officiellement sa souveraineté sur les deux grandes îles qui forment le pays, mais en accord avec les premiers occupants : un représentant de Victoria signe avec divers chefs le traité de Waitangi (1840), considéré aujourd'hui encore comme le texte fondateur du pays. L'encre n'en est pas sèche qu'il est déjà menacé. Les colons, au départ si rares, sont désormais nombreux, et tous s'attribuent des terres sans tenir compte des promesses écrites qui ont été faites à ceux qui estiment qu'elles leur appartiennent. Les autochtones prennent les armes. Durant la seconde moitié du XIXe siècle se succèdent des décennies de guerres maories, très dures, très longues, et, *in fine*, ravageuses pour la population indigène.

Chasseurs-cueilleurs vivant éclatés en des centaines de petits groupes, les aborigènes d'Australie n'avaient pas, pour se défendre, les capacités guerrières des premiers habitants de Nouvelle-Zélande. Sans cesse pourchassés, repoussés, ils ne doivent leur survie qu'à l'immensité de leur île-continent[1]. Et les

1. Les malheureux 5 000 à 7 000 habitants de Tasmanie ont connu un sort encore pire : le choc bactérien, les affrontements avec les colons ont eu raison de l'ensemble de cette commu-

Britanniques, dès l'époque où ils débarquent, sont bien décidés à s'y installer pour longtemps. Dans les années 1770-1780, la perte des colonies américaines, devenues indépendantes, a traumatisé la Grande-Bretagne. Le cadeau que Cook a apporté à la couronne apparaît comme une consolation à ce malheur impérial. Londres décide d'un moyen qui semble ingénieux pour peupler cette terre de l'autre bout du monde : on va y envoyer les délinquants qui encombrent les prisons surpeuplées de la métropole. Dès 1788, les déportés qui ont survécu au voyage sur la « première flotte[1] » débarquent à Botany Bay, où rien d'autre qu'un univers hostile ne les attend. La mortalité, due essentiellement à la pauvreté de la nourriture, est énorme durant les premières années, ce qui n'empêche pas que cette pratique de la relégation dure jusqu'à la seconde moitié du XIXe siècle. D'autres immigrants rejoignent peu à peu les condamnés. Les espaces immenses à disposition attirent d'abord ceux qui veulent tenter leur chance en élevant des moutons. Un nouvel élément précipite le peuplement dans les années 1850. On découvre de l'or. C'est la ruée.

---

nauté humaine. Sa dernière représentante a disparu à la fin du XIXe siècle.

1. En anglais, *first fleet*, ainsi que l'appelle l'histoire australienne.

30

La Chine au XVIIIe siècle

Dans les premières décennies du XVIIe siècle, suivant en cela un schéma qu'on a vu à l'œuvre nombre de fois dans l'histoire chinoise, la dynastie Ming, au pouvoir depuis le XVe siècle, montre des signes de sclérose. La corruption, les délétères jeux d'influence à la cour, les mauvais empereurs minent sa puissance. Des soulèvements paysans se succèdent. Les puissants Mandchous, peuple d'une région située au nord-est du pays, profitent des troubles pour passer la Muraille, prendre Pékin (1644) et ravir le trône impérial. Ils fondent une nouvelle dynastie, les Qing[1] *(1644-1911), deuxième de l'histoire, après celle des Yuan mongols, à être d'origine étrangère, et dernière à régner sur l'empire du Milieu.*

Dans un premier temps, les Qing se comportent avec les Han, l'ethnie majoritaire, comme on le fait avec un peuple qu'on entend assujettir. Les mariages interethniques sont proscrits. La Mandchourie, pays

---

1. En français, on prononce *Tching.*

d'origine des vainqueurs, devient une région interdite aux vaincus. Dans toutes les villes de l'empire, les Chinois doivent laisser les plus beaux quartiers aux Mandchous, comme à Pékin, où ceux-ci prennent possession du centre, autour de la Cité interdite, dans cette zone que, depuis les Mongols, l'Occident appelle la « ville tartare ». Les terres sont confisquées, et les paysans qui les cultivent asservis aux nouveaux maîtres. Le décret le plus spectaculaire pris par le nouvel empereur oblige tous ses sujets masculins, sous peine de mort, à porter la longue natte mandchoue, en signe de soumission. La mesure, vécue comme une humiliation par les Han, soulève des révoltes. Elles sont écrasées dans le sang.

L'âge d'or de Kangxi à Qianlong

En quelques décennies, pourtant, après que les Mandchous ont terminé la conquête de tout l'immense territoire de l'empire, les tensions s'apaisent, et les nouveaux venus finissent par se siniser, prouvant par le fait, une fois de plus, la force d'attraction de la puissante civilisation chinoise. Le mandchou continue à être parlé par l'aristocratie et utilisé dans les documents administratifs comme une des langues officielles, mais les empereurs adoptent largement la culture, le protocole, les rituels de ceux qui les ont précédés sur le trône du fils du Ciel. Et les temps des premiers Qing, ceux qui se succèdent jusqu'à la toute fin du XVIIIe siècle, restent, dans la mémoire historique chinoise, une page glorieuse de l'histoire de la Chine.

Deux empereurs, aux très longs règnes, la caractérisent. Kangxi, né en 1654, monte sur le trône en 1662, ce qui en fait un contemporain de Louis XIV. Il y reste jusqu'à sa mort, en 1722, soit soixante et un ans, le record de longévité de l'histoire chinoise. Son petit-fils Qianlong, né en 1711, reçoit le mandat céleste en 1736, et décide de son propre chef d'abdiquer au début de l'année 1796, pour ne pas régner plus longtemps que son vénéré grand-père. En réalité, il tient les rênes de l'empire en sous-main jusqu'à sa mort en 1799. Les deux souverains forment les bornes d'une période qui a laissé un souvenir de puissance et de prospérité. L'historiographie traditionnelle l'appelle *Kang Qian sheng shi*, l'âge d'or de Kangxi à Qianlong.

Le point est important. La plupart des Occidentaux aujourd'hui savent que la Chine a été un pays puissant où sont apparues quelques-unes des grandes inventions humaines, comme la poudre à canon[1], mais ils pensent que cette splendeur remonte à un passé très lointain qui a été suivi, depuis fort longtemps, d'un interminable déclin. Tous les Chinois, aidés au passage par nombre d'ouvrages, de films ou encore de grandes séries vues et revues à la télé[2], ont

1. Voir chapitre 9.

2. Diffusée en 1997, la série intitulée en anglais *Yongzhen Dynasty*, qui raconte l'histoire de l'empereur Yongzhen, fils et successeur de Kangxi et père et prédécesseur de Qianlong, a été l'une des plus vues et primées de l'histoire de la télévision

la claire conscience que la réalité historique est autre. Leur pays constituait toujours, au XVIIIe siècle, la première puissance mondiale. Quelques chiffres simples montrent même qu'il fut alors plus puissant qu'il ne l'avait jamais été.

Apogée territorial

Grâce aux nombreuses conquêtes engagées par les Qing qui, en un siècle, prennent Formose, établissent un protectorat sur la Mongolie et le Tibet, et étendent le territoire vers l'Asie centrale, l'empire atteint, au XVIIIe siècle, son apogée territorial. Il dépasse 12 millions de kilomètres carrés, contre 9,6 aujourd'hui. À cause de ces multiples campagnes, la guerre est continuelle à la périphérie, mais Kangxi a l'intelligence de signer un traité avec la Russie en pleine expansion, ce qui stabilise la frontière nord, du côté du fleuve Amour. À l'intérieur du royaume, les longs règnes des empereurs assurent une grande période de stabilité et de paix. Elle favorise un bond démographique vertigineux : 177 millions d'habitants en 1749 ; 303 en 1791 ; 357 en 1811[1].

Voulant se concilier les campagnes et assurer la subsistance de la population, Kangxi a l'intelligence d'alléger plus qu'aucun autre avant lui les impôts pesant sur le paysannat. La mesure stimule la pro-

---

chinoise. Elle a été suivie par deux autres, *Kangxi Dynasty* (2001) et *Qianlong Dynasty* (2002).

1. Selon le Weatherhead East Asian Institute de l'université de Columbia : http://afe.easia.columbia.edu

duction agricole. Les rendements sont excellents. On voit par ailleurs, au XVIIIe siècle, apparaître de nouvelles cultures venues des Amériques, le maïs, l'arachide, la patate douce. L'artisanat et la production minière sont au plus haut. La circulation des biens augmente, stimulée par la disparition du troc, au profit des échanges en monnaie. Ces pièces sont de cuivre ou encore d'argent, qui vient lui aussi des Amériques, et que l'empire accumule grâce aux biens vendus à l'extérieur, le thé, les porcelaines, les laques, les soieries, exportés dans le reste de l'Asie, aux Philippines, ou en Europe.

Le rayonnement culturel accompagne le rebond économique. Les empereurs y travaillent personnellement. Au début du XVIIIe siècle, Kangxi lui-même supervise l'établissement d'un dictionnaire qui recense plus de 47 000 caractères et fixe un moyen de les classer, à partir d'éléments graphiques appelés les « clés ». Ce système est toujours en usage aujourd'hui.

Son petit-fils Qianlong aime la guerre. S'il ne se rend pas lui-même sur le champ de bataille, il supervise les conquêtes qu'il ordonne. Elles peuvent être d'une grande brutalité. La guerre menée contre les Djoungars, musulmans turcophones, permet à la Chine d'acquérir la région rebaptisée Xinjiang, la « nouvelle frontière », mais elle se solde par des centaines de milliers de morts et un quasi-anéantissement de ce peuple. L'empereur, par ailleurs, tient son pouvoir d'une main de fer. Il déclenche dans les années 1770 une véritable chasse aux livres. Tous ceux qui sont jugés hostiles à la domination mandchoue sont détruits. Un seul caractère, dès lors qu'un censeur estime qu'il pourrait apparaître irrévérencieux à l'égard du trône, peut valoir à son auteur une peine de prison.

Mais Qianlong sait montrer d'autres visages. Il aime l'art, la peinture, l'architecture. Il est à l'initiative de nombreux chantiers de restauration et de construction partout dans le pays. À Pékin, entre 1750 et 1764, il fait agrandir les jardins du palais d'été et y dispose quelques bâtiments de styles han, tibétain, mongol, ouïgour et même européen. Ces derniers sont conçus par un Italien qui séjourne à la cour. Une cinquantaine de sites pittoresques permettent d'admirer les collines arborées, un lac ponctué d'îles artificielles, les pavillons rafraîchis de fontaines et de jets d'eau, des halls présentant des antiquités, des temples, des tours et des monastères. Cette merveille de l'art chinois, cinq fois plus vaste que la Cité interdite, est considérée comme le « palais des palais ». Chaque jour ou presque, Qianlong compose lui-même des poèmes. Il aime les livres. Alors même qu'il déclenche l'« inquisition littéraire », il lance une gigantesque collecte de manuscrits. Des centaines de ses mandarins recueillent les textes embrassant tous les champs du savoir, littérature, sciences, astronomie, philosophie, et réussissent, en quelques décennies, à constituer ce qui reste la plus grande bibliothèque de la Chine impériale.

Nul lettré, enfin, n'ignore que *Le Rêve dans le pavillon rouge*, classé comme l'un des Quatre Livres extraordinaires de la littérature chinoise, fut écrit sous ce règne. Ce long roman narre, dans une profusion d'intrigues et de personnages, la splendeur et le déclin de deux familles aristocratiques à partir de la fin du XVIIe siècle, fixant l'image d'un monde raffiné, aussi regretté et fascinant pour ses lecteurs que la haute société parisienne de la Belle Époque pour ceux de Marcel Proust[1].

★

★ ★

Matteo Ricci et les jésuites en Chine

Depuis sa première expansion au XVIe siècle, l'Europe cherche les moyens d'entrer en contact avec cette puissance qui ne cesse de la fasciner. Certains rêvent même de la faire basculer tout entière dans le christianisme. François Xavier, un des fondateurs de la Compagnie de Jésus et « apôtre des Indes », s'était fixé cette mission, mais sa mort, sur une île devant Canton, l'a empêché de la mener à bien[2].

Matteo Ricci (1552-1610), un autre jésuite, d'origine italienne, prend le relais. La tâche est rude, le vieil empire ne s'ouvre pas facilement. Le missionnaire séjourne dix-neuf ans en Chine, à Macao, puis à Nankin, avant d'être autorisé à se rendre à Pékin. Il n'a pas l'honneur de rencontrer l'empereur, mais

---

1. *Le Rêve dans le pavillon rouge* est si admiré qu'il a suscité une branche spécialisée des études littéraires, appelée en français la « rougeologie ».

2. Voir chapitre 19.

celui-ci entend parler de lui avec chaleur par nombre de ses conseillers. L'étranger les a si favorablement impressionnés que certains d'entre eux sont devenus chrétiens. Ricci a mis à profit ses années d'attente pour apprendre le chinois, pour traduire Confucius, pour se pénétrer de la vieille culture chinoise, pour réfléchir aux correspondances qu'on peut établir entre elle et le dogme chrétien. Il tient aussi à montrer à ses hôtes l'étendue des connaissances du monde d'où il vient. Ainsi éblouit-il la cour en présentant une mappemonde, première représentation totale de la terre jamais vue en Chine. À sa mort à Pékin, en 1610, Ricci n'a réussi à convertir que quelques mandarins et quelques centaines de sujets, mais, premier médiateur entre deux mondes qui se connaissent si peu, il a fondé en quelque sorte la sinologie et, surtout, il a posé les bases de la méthode d'évangélisation que pourront suivre pas à pas les membres de la Compagnie de Jésus. Comme lui, ils vont chercher la conversion du pays non par la base, mais par la tête ; comme lui, ils vont tenter d'éblouir leurs hôtes avec la puissance de la science occidentale, pour leur montrer que le monde chrétien n'est pas aussi barbare qu'ils l'imaginent ; comme lui, ils vont s'imprégner de la grande civilisation chinoise pour tenter d'y apporter l'Évangile avec tact et douceur, en réussissant presque à le fondre dans les schémas de pensée locaux. Ils vont pratiquer ce qu'on appelle parfois la théologie de l'« inculturation ».

Ainsi, à la fin du XVIIe siècle, peut-on croiser à la cour de Kangxi, parmi les dignes mandarins confucéens, une poignée de jésuites, souvent français, habillés, tout comme eux, de riches robes de soie, qui ont réussi à se faire admettre en tenant les fonctions de mathématiciens, d'astronomes, et même, à l'occasion, de médecins ou de diplomates. Quelques coups d'éclat ont assuré leur réputation. L'un d'entre eux a ébloui le palais en prédisant avec exactitude les dates si importantes des rites à venir, liés au passage de planètes, contre l'avis de l'astronome officiel qui s'était trompé. Un autre est dans les bonnes grâces du souverain qu'il a soulagé d'une atteinte de malaria en lui donnant de la quinine. Peu à peu, les pères réussissent à multiplier les conversions, toujours obtenues dans le strict respect de la prudente méthode qui était la leur. Auraient-ils pu aller au bout de leur stratégie et réussir, grâce à elle, à faire basculer l'empereur lui-même du côté de la foi du Christ ? On ne le saura jamais. Le mouvement qu'ils ont lancé est stoppé dans son élan par leur propre hiérarchie.

La querelle des rites

Depuis le début du siècle, les progrès missionnaires de la Compagnie de Jésus suscitent des jalousies. Franciscains, dominicains vont se plaindre à Rome de l'étrange théologie pratiquée par les disciples d'Ignace de Loyola : n'osent-ils pas permettre aux nouveaux chrétiens de Chine de continuer à pratiquer le culte des ancêtres et à adorer Confucius ? N'est-ce pas accepter l'idolâtrie ? La polémique part des milieux pontificaux et s'étend rapidement. À la fin du XVIIe siècle, toute l'Europe cultivée se passionne pour ce qu'on appelle alors la « querelle des rites » consistant à se demander jusqu'où aller dans le strict respect du dogme pour propager la Parole auprès des peuples lointains. Après avoir hésité longtemps, le pape tranche. Au début du XVIIIe siècle, il désavoue ses missionnaires, interdit formellement aux convertis de continuer à pratiquer leurs rites anciens et sonne, de fait, la fin de la partie. Mécontent de l'attitude occidentale, et irrité par l'arrogance du légat qui est venu annoncer les mesures, Kangxi, en 1717, interdit en retour toute prédication chrétienne dans l'empire. Moins d'une décennie plus tard, son fils Yongzheng expulse les jésuites. Et les seuls que Qianlong autorise à ses côtés ne le doivent pas à la qualité de leur prêche : ce sont quelques pères doués pour le pinceau, dont il fait ses peintres de cour.

L'ambassade Macartney

S'arrêtant net en Chine, l'aventure jésuite continue pourtant à avoir d'intenses répercussions en Occident. Durant toutes leurs années dans l'empire du Milieu, les missionnaires n'ont cessé d'envoyer des lettres en Europe pour rendre compte de leurs travaux, mais aussi pour décrire le fascinant pays dans lequel ils se trouvaient. Ces écrits, publiés en volumes, ont eu un tel succès qu'ils ont, les premiers, donné à l'Europe le goût de la Chine. Durant la première moitié du XVIIIe siècle, cet engouement ne cesse de croître. Nombre de philosophes des Lumières naissantes, comme Voltaire ou Leibniz, portent une grande admiration au monde décrit par les jésuites qui, avec son système d'examens, son goût des lettrés, semble être le paradis du despotisme éclairé qu'ils appellent de leurs vœux. Tout semble si raffiné, dans cet univers lointain qu'on veut s'imprégner de son esthétique. Les « chinoiseries » sont à la mode. Partout en Europe, on achète à grand prix porcelaines et laques fabriquées là-bas, et le thé s'impose si bien que, après avoir été un plaisir de riche, il devient dans la seconde moitié du XVIIIe siècle la boisson nationale de la Grande-Bretagne.

Tout cela pousse l'Occident à renouer avec sa vieille obsession d'ouvrir ce monde au commerce en le rendant un peu plus réciproque : puisqu'on achète tant de choses aux Chinois, pourquoi ne leur en vendrait-on pas en retour ? C'est difficile. L'empire, encore fermé sur lui-même, limite considérablement les échanges. Hormis les Portugais qui ont, depuis le XVIe siècle, leur comptoir à Macao[1], les étrangers ne peuvent traiter qu'avec quelques rares importateurs installés à Canton. Cherchant à briser cette grande muraille économique, la Grande-Bretagne envoie, à la toute fin du XVIIIe siècle, un ambassadeur faire des propositions d'ouverture à Qianlong. L'entrevue n'est pas simple à mettre en place. Lord Macartney, l'envoyé britannique, au nom de la grandeur de son roi, refuse catégoriquement l'éventualité du *kowtow*, cette prosternation front contre terre exigée de tout mortel quand il se présente devant le fils du Ciel. Un tour de passe-passe protocolaire permet quand même la rencontre, mais elle aboutit à une fin de non-recevoir. Dans la lettre à George III transmise

1. Voir chapitre 19.

par l'ambassadeur (1793), Qianlong écrit : « Notre empire céleste possède toutes choses en abondance et ne manque de rien dans ses frontières. Il n'y a donc nulle nécessité d'échanger les produits des barbares étrangers contre les nôtres. »

Le vieil empereur péchait par orgueil. Cette fin de siècle marque aussi, en Chine, la fin de l'âge d'or. La corruption fait des ravages. Son favori Heshen en est le symbole. L'ancien garde du corps, beau comme une concubine, dont le souverain s'est toqué et dont il a fait l'un de ses principaux ministres, est devenu, grâce à la concussion, un des hommes les plus riches du pays. Il est aussi parmi les plus haïs. Le reste de l'empire est moins flambant que lui. Les guerres de conquête l'ont considérablement endetté. Le géant a les pieds d'argile. La réponse hautaine de Qianlong à l'ambassadeur est restée célèbre, car elle marque le dernier moment de la grandeur impériale chinoise. Moins de cinquante ans plus tard commence le temps des humiliations.

31

Le temps des révolutions

Alors que la Chine, du haut de sa gloire impériale, vit ses derniers moments de première puissance mondiale, deux événements renversent le cours de l'histoire. Le premier est la guerre d'Indépendance menée par les colons américains contre la Grande-Bretagne dans les années 1770-1780, qui aboutit à établir la première démocratie moderne. Le second est la Révolution française.

La révolution américaine

La guerre de Sept Ans (1756-1763) a permis aux Anglais d'évincer les Français d'Amérique du Nord, mais, là comme ailleurs, elle a coûté cher. Le roi George III (1738-règne : 1760-1820) pense que les colons doivent contribuer aux dépenses engagées dans leur intérêt et pour leur défense. Pour commencer, Londres décide de mener une lutte accrue contre la contrebande qui fait perdre beaucoup d'argent à la métropole. Le Parlement vote des textes[1] qui imposent lourdement des produits d'usage courant et créent une taxe sur tous les actes officiels. Ces lois semblent d'autant plus injustes outre-Atlantique qu'elles sont adoptées par une assemblée dont les colons sont absents : *No taxation without representation !* devient le grand slogan des frondeurs[2]. Boycott de produits anglais, altercations avec les représentants du roi, la tension ne cesse de monter. Au début des années 1770, elle atteint son comble quand le gouvernement britannique décide d'aider la Compagnie des Indes orientales, dont les finances sont mauvaises, en lui permettant de vendre son thé à prix exorbitant aux colonies sans payer de taxes. En décembre 1773, des Bostoniens déguisés en Indiens montent sur trois bateaux de la Compagnie et jettent leur cargaison par-dessus bord : c'est la Boston Tea Party[3]. L'épisode est considéré comme fondateur dans l'histoire américaine, car il enclenche de nouvelles représailles législatives de Londres, qui ne réussissent qu'à renforcer l'unité et la détermination des rebelles. En 1774, à Philadelphie, des représentants de toutes les provinces se retrouvent dans un premier congrès continental. Il est censé chercher une voie d'apaisement en faisant appel à l'arbitrage du roi d'Angleterre. Il ne fait qu'élargir un peu plus le fossé qui sépare le monde d'ici de celui de là-bas.

---

1. Respectivement le Sugar Act (1763) et le Stamp Act (1765) – littéralement « loi sur le timbre ».

2. « Pas d'imposition sans représentation. »

3. Le mouvement Tea Party, créé dans les années 2000 pour regrouper la droite anti-impôt du parti républicain des États-Unis, porte ce nom en souvenir de cet épisode.

Les accrochages violents se multiplient un peu partout sur le territoire. Les échanges de coups de feu entre les soldats anglais et les milices d'habitants qui se déroulent en 1775 à Lexington et Concord, deux petites villes du Massachusetts, marquent conventionnellement l'entrée dans la guerre. Un an plus tard, le camp des rebelles montre sa détermination à la poursuivre coûte que coûte : le 4 juillet 1776, sous l'égide de leur deuxième Congrès continental, les délégués des treize colonies adoptent une déclaration d'Indépendance qui signe la rupture définitive avec la mère patrie[1].

Le cœur du texte a pour but d'énoncer avec solennité les fautes dont le roi George se serait rendu coupable et qui justifient le divorce. Il est resté célèbre pour son préambule, rédigé par Thomas Jefferson, qui expose avec lyrisme les principes guidant les signataires : « Nous tenons pour évidentes pour elles-mêmes les vérités suivantes : tous les hommes sont créés égaux ; ils sont doués par le Créateur de certains droits inaliénables ; parmi ces droits se trouvent la vie, la liberté, et la recherche du bonheur. » Pour la première fois, les Lumières éclairent un combat politique. C'est une révolution.

1. Le 4 juillet est devenu pour cette raison la fête nationale des États-Unis, et les treize bandes qui constituent son drapeau représentent les treize colonies fondatrices du pays.

Vers l'indépendance

Les deux camps opposent des troupes disparates. Celles envoyés par l'Angleterre sont composées pour l'essentiel de mercenaires venus de Hesse et du Brunswick, deux régions de l'Empire germanique. Elles sont soutenues par les loyalistes, colons fidèles à leur roi, et aussi par des tribus indiennes qui espèrent d'une victoire anglaise qu'elle fera cesser le lent grignotage de leurs terres. Face à eux, l'armée des patriotes, ou *insurgents*, est mal équipée, mal fagotée, mais elle est conduite par l'énergique George Washington, un riche planteur de Virginie, ancien de la guerre de Sept Ans, qui se révèle un grand général. Elle est vite appuyée par des volontaires, accourus d'Europe par idéal, comme le Polonais Kosciuszko, ou le Français La Fayette, qui a engagé sa fortune pour armer une petite troupe qu'il jette dans la bataille. Le jeune marquis a fait le voyage malgré l'interdiction de son roi, qui voulait rester neutre dans cette histoire. L'habile Benjamin Franklin, homme de science très populaire devenu ambassadeur américain, réussit à emporter l'opinion française, et Louis XVI accepte finalement d'envoyer de l'autre côté de l'océan un corps expéditionnaire commandé par Rochambeau.

En 1783, enfin, la guerre est gagnée et le traité de Versailles consacre l'indépendance des États-Unis d'Amérique. Les Anglais doivent se replier au Canada, où affluent les loyalistes qui les avaient soutenus. Les colonies exultent, elles sont libres désormais et affrontent une nouvelle question. Quelle forme doit prendre le nouveau pays qu'elles veulent constituer ? Alors que les treize territoires, devenus chacun État, se dotent de constitutions, à l'instar de la Virginie, qui a adopté la sienne dès 1776, le débat fait rage. Il oppose les fédéralistes, admirateurs du système oligarchique anglais, représentants des intérêts de la bourgeoisie marchande, partisans d'un État central fort, et les républicains démocrates, qui défendent la liberté des petits propriétaires. À la suite de longues discussions, les délégués des États réussissent à élaborer une constitution qui s'impose à tous. Fille de Locke et de Montesquieu, elle pose une stricte séparation entre le pouvoir législatif, dépendant de deux chambres : l'une représentant le peuple, l'autre les États ; le pouvoir judiciaire, chapeauté par une Cour suprême ; et le pouvoir exécutif, mis dans les mains d'un président garant de l'unité du pays et conduisant sa politique. Les dix premiers amendements au texte, votés très rapidement après son adoption, forment une sorte de charte garantissant les droits individuels, tels que le droit de propriété, celui de porter une arme, ou encore la liberté de parole, de religion ou de réunion. Le texte commence par ces mots : « *We, the people of the United States* ». Pour la première fois dans l'histoire occidentale moderne, un peuple s'est constitué en entité pour prendre son destin en main et a réussi à transformer celui-ci sans bain de sang ni guerre civile.

La composition de ce « peuple » repose toutefois sur une conception très exclusive de l'humanité. Les premiers habitants du lieu, les Indiens, c'est-à-dire, dans l'esprit du temps, des « sauvages », sont totalement hors champ. Les femmes, toujours considérées comme mineures, n'ont pas eu voix au chapitre, et les innombrables esclaves présents sur le territoire américain sont tout simplement ignorés. Comme cela a été le cas lors de la rédaction du préambule de la déclaration d'Indépendance de 1776, malgré les tentatives des premiers abolitionnistes, toute allusion au sujet épineux de l'esclavage a été gommée, pour ne pas fâcher les États du Sud.

La Constitution américaine est ratifiée en 1787. Elle entre en application en 1789. George Washington est le premier président du pays. Il prend ses fonctions le 30 avril. Quelques semaines plus tard, une autre révolution commence de l'autre côté de l'Atlantique.

★
★★

La Révolution française

Dans la seconde moitié du XVIIIe siècle, les Français ont bien des raisons de ne plus supporter ce vieillard arthritique qu'on appellera bientôt l'Ancien Régime. La philosophie des Lumières a développé un goût des libertés incompatible avec la pesanteur de la monarchie absolue, la censure et la tutelle tatillonne de l'Église. La bourgeoisie, classe montante qui rêve de développement économique, étouffe dans le carcan de règlements archaïques qui brime l'esprit d'entreprise et souffre d'être écartée du pouvoir. Une majorité de la population, enfin, ne supporte plus l'inégalité fondamentale d'une société qui classe les sujets en trois ordres. Pourquoi le troisième et dernier, le tiers état, porte-t-il à lui seul toutes les charges du royaume quand les deux premiers, le clergé et la noblesse, disposent de tous les honneurs et ont le privilège de ne pas payer d'impôt ?

Les états généraux

Une question très matérielle est à l'origine de l'enchaînement qui conduit à l'explosion du système. La guerre d'Amérique a coûté fort cher. Les caisses de l'État sont vides. À partir des années 1770, le roi Louis XVI (1754-règne : 1774-1792-mort : 1793), inexpérimenté mais plein de bonne volonté, nomme au gouvernement des hommes dont la mission est de les renflouer. Certains sont de grands ministres, comme Turgot ou Necker, un banquier suisse, mais leurs efforts sont vains. Dès qu'ils envisagent de s'attaquer aux privilèges et de demander une contribution aux plus riches, ils voient se dresser contre eux des frondes terribles. Elles peuvent venir des parlements, ces cours de justice dont les membres appartiennent à la noblesse de robe, formée d'anciens bourgeois qui ont acheté très cher leur charge, ou encore de la cour, où réside l'ancienne aristocratie, dont les cabales sont presque toujours relayées par la reine Marie-Antoinette. Toutes ont raison des réformateurs. Le roi se résout à la seule voie qui permette de sortir de l'impasse. Il convoque les états généraux, une assemblée réunissant l'ensemble des sujets, habilitée à aider le monarque à traiter une crise.

À partir du 5 mai 1789, jour de leur inauguration, à Versailles, une question se pose. Comment va-t-on voter ? Sera-ce par ordre, ce qui permettra à l'alliance du clergé et de la noblesse de bloquer toute réforme venue du tiers état ? Sera-ce par tête, ce qui donnera la primeur à ce dernier, ultramajoritaire ? Faute d'accord, les députés du troisième ordre, rejoints par des membres de la petite noblesse et du clergé, jouent le coup de force. Le 17 juin, ils se déclarent « Assemblée nationale ». Le 20, réunis dans la salle du Jeu de paume[1], ses membres font le serment de ne pas se séparer avant d'avoir donné une constitution à la France. Le 23, alors qu'un émissaire du roi transmet l'ordre d'évacuer le lieu, Bailly, qui préside, répond : « Il me semble que la nation assemblée n'a d'ordre à recevoir de personne. » La phrase est d'importance. Jusqu'alors, tout pouvoir émanait du monarque qui, au nom de Dieu, régnait sur des sujets, liés chacun au souverain par un lien personnel, et formant donc un ensemble sans unité. Dans sa lettre de convocation des états généraux, Louis XVI s'adressait encore à eux en les appelant « mes peuples ». Désormais il n'y en a plus qu'un, formant une nation, cet acteur nouveau qui vient de se déclarer souverain et qui entend produire collectivement un texte qui encadrera le pouvoir royal. Le 25 juin, le roi cède et reconnaît

1. Le roi avait fait fermer la salle de réunion habituelle, le tiers s'était replié sur cette salle, servant au jeu de paume, ancêtre du tennis.

cette assemblée. C'est un renversement. La Révolution commence.

Durant ce même été 1789, trois événements symbolisent la fin de l'ancien monde. Le 14 juillet, alarmée par des rumeurs faisant état d'une attaque de la ville par les troupes du roi, la population parisienne cherche des armes, et en vient à prendre la Bastille, une prison qui était un symbole de l'arbitraire royal. Dans la nuit du 4 août, l'Assemblée nationale vote dans l'euphorie l'abolition des privilèges. Le 26, elle proclame la Déclaration des droits de l'homme et du citoyen qui commence par ces mots : « Tous les hommes naissent libres et égaux en droit. » En trois mois, un millénaire de féodalité, d'inégalité fondée sur le sang, de trône appuyé sur l'autel, ont été jetés à bas. Un nouveau monde est à construire.

Dès ces premières semaines, les discussions sont âpres pour savoir la forme à lui donner, pour savoir à quel point il faut porter la révolution en cours. Les partis se forment. À l'Assemblée, les plus avancés prennent l'habitude de se ranger à gauche du président, les plus modérés à droite, c'est là l'origine de notre répartition politique actuelle. Dans Paris, au cours des mois suivants, les factions se retrouvent dans d'anciens couvents dont elles prennent le nom : les feuillants sont les modérés, les cordeliers et les jacobins les plus radicaux. La lutte entre ces diverses tendances et l'interaction des autres puissances européennes sur la vie politique de la France sont les deux forces qui influent sur le cours des événements. Contentons-nous d'en rappeler brièvement les grandes étapes.

La Constituante (1789-1791)

La première Assemblée nationale, issue du Jeu de paume, doit donner une constitution au royaume, on l'appelle donc la Constituante (1789-1791). Elle abat le grand travail de rationalisation dont le pays avait besoin : division du territoire en départements, premiers pas du système métrique, égalisation fiscale, etc. Elle s'aventure aussi, dès l'automne 1789, sur le terrain de la religion, qui s'avérera miné. L'Église ayant perdu ses privilèges, il faut la réorganiser pour la faire entrer dans le cadre national. Après avoir vendu ses biens, terres, abbayes, monastères, pour dégager des finances, la Constituante crée un nouveau statut pour les ecclésiastiques, une Constitution civile du clergé, à laquelle ils devront prêter serment. De nombreux prêtres et la majorité des évêques refusent de le faire. Au printemps 1791, le pape jette son sceptre dans la balance en leur donnant raison et en condamnant, par là même, la Révolution.

Troublé, le Très Chrétien Louis XVI se résout à commettre un acte grave auquel il songeait sans doute depuis plus longtemps. En juin 1791, accompagné de sa femme et de ses deux enfants, tous quatre déguisés en bourgeois, il s'enfuit de Paris dans l'espoir de rejoindre, à l'est du royaume, des troupes qui lui sont restées fidèles. Démasqué à Varennes, une bourgade de la Meuse, il est reconduit à Paris avec sa famille. L'Assemblée le remet sur le trône, car il est le pivot de la nouvelle Constitution qui doit entrer en vigueur à l'automne, mais la confiance est rompue.

La guerre, la République,
la Terreur (1792-1794)

Hors des frontières, la Révolution attire la sympathie des esprits éclairés, comme le philosophe Kant, ou le poète anglais Wordsworth, mais suscite l'aversion des rois, chauffés par les émigrés, ces nobles qui ont fui la France et rêvent de la reconquérir. L'empereur qui règne à Vienne est en première ligne, car Marie-Antoinette est de sa famille. En France, le pouvoir est aux girondins[1], un parti de gauche, majoritaire à la Législative, la nouvelle Assemblée issue de la première Constitution. Pour tirer au clair l'attitude de Louis XVI et aussi, sans doute, avec l'espoir d'étendre la révolution à l'Europe, ils poussent à la rupture. Le petit groupe de fidèles qui entoure le monarque défend cette politique pour des raisons inverses : un conflit permettra peut-être enfin la défaite de la Révolution. Le 20 avril, la France déclare la guerre à l'Autriche, bientôt alliée à la Prusse. Le conflit qui commence dure vingt-trois ans et change le cours de l'histoire.

Le péril imminent d'une invasion crée, dès l'été 1792, à Paris, un climat de paranoïa et accélère les

1. Ainsi nommés car une part de leurs députés viennent de la région de Bordeaux, en Gironde.

événements. Le 10 août, des sans-culottes[1] qui ont formé dans la capitale une Commune insurrectionnelle pour doubler le gouvernement qu'ils jugent trop mou, se rendent aux Tuileries et arrêtent la famille royale, sur le soupçon qu'elle complote avec les envahisseurs. Il s'agit aussi d'empêcher le roi d'user de son veto pour bloquer les décisions de la Législative. Deux semaines plus tard, poussée par la même crainte de l'invasion, une foule se rue dans les prisons et, dans un sommet glaçant de violence, assassine tous les religieux ou aristocrates qu'elle y trouve. Ce sont les massacres de septembre, première page sanglante de la Révolution.

Dans le même temps, galvanisés par la fougue patriotique du ministre Danton[2], les volontaires qui composent l'armée révolutionnaire se battent aux frontières. Le 20 septembre, sous le moulin du petit village de Valmy, ils réussissent, de façon inespérée, à stopper la progression austro-prussienne. Le lendemain, dans l'euphorie de cette victoire et des transports lyriques, l'Assemblée décide de l'abolition de la monarchie. La Première République commence.

Il lui faut donc une nouvelle constitution. L'assemblée qui a la charge de la préparer tout en représentant le pays se nomme la Convention. Le premier grand événement qu'elle a à gérer est le procès du

---

1. Les agitateurs parisiens issus du petit peuple d'artisans, de commerçants et d'ouvriers portent d'amples pantalons, et non la culotte et les bas de la bourgeoisie et de la noblesse, d'où leur nom. Ils sont épris d'égalité plus que de liberté et se tutoient.

2. « De l'audace, encore de l'audace, toujours de l'audace et la France est sauvée », s'écrie-t-il.

roi Louis XVI. Son exécution le 21 janvier 1793 précipite encore le cours des choses. L'Angleterre entre dans la guerre contre le pays régicide. La Vendée catholique se soulève au nom de Dieu et du roi. D'autres provinces se révoltent. Pour faire face à ces circonstances dramatiques, un gouvernement ramassé de quelques membres est mis en place, le Comité de salut public, qui s'arroge des pouvoirs quasi dictatoriaux. À la Convention, les factions se déchirent. Poussé au besoin par des coups de main de groupes radicaux qui entendent régner dans Paris par la violence, le pouvoir dérive de plus en plus vers un radicalisme révolutionnaire. Les girondins, jugés trop modérés, sont chassés par la force en juin 1793 pour laisser la place à la Montagne, ainsi nommée parce que ses députés siègent dans les bancs du haut de l'Assemblée. Danton est le premier chef de ces montagnards. Il est l'homme fort du premier Comité de salut public, mais il est bientôt remplacé par Robespierre. Soutenu par une partie des députés et aiguillonné par les sans-culottes et les ultras qu'on appelle les « enragés », cet ancien avocat d'Arras applique une politique impitoyable et sanglante, la Terreur. Elle a pour but officiel de châtier les traîtres qui menacent la survie de la patrie en danger, mais est censée aussi « régénérer » le peuple, et établir une unité sans faille autour du pouvoir.

La guillotine tourne à plein régime. Par charrettes entières se succèdent sur l'échafaud tous les « suspects », c'est-à-dire tous ceux dont le pouvoir soupçonne qu'ils sont « ennemis de la liberté », partisans de l'Ancien Régime, prêtres, anciens aristocrates, mais aussi tous les républicains qui ont le tort d'être opposés aux jacobins, autre nom de la faction qui dirige le pays. En octobre 1793, les girondins sont exécutés. En avril 1794 suivent les amis de Danton. Une répression aveugle s'abat sur la Vendée, où les massacres font des milliers de victimes. Robespierre mène une politique impitoyable contre l'Église et rêve de substituer au catholicisme le culte de l'Être suprême, héritier du déisme du temps des Lumières. En plafonnant le prix des produits de première nécessité, en distribuant aux plus pauvres les biens des condamnés, il pose aussi les bases d'une politique sociale destinée à soulager la misère des classes populaires, négligées jusque-là. Et les armées, malgré ce redoutable climat intérieur, accumulent les victoires. Celle de Fleurus (juin 1794), dans les Pays-Bas autrichiens (actuelle Belgique), ouvre aux Français la rive gauche du Rhin et éloigne toute crainte d'invasion de la France. Pourtant, en juin et juillet, la Terreur sévit de plus belle. Effrayée par cette dérive et craignant pour elle-même, une majorité de députés de la Convention réussit à mettre Robespierre en minorité et à le faire arrêter. Il est exécuté le lendemain avec ses partisans. La Terreur a pris fin. La phase la plus radicale de la Révolution aussi.

Convention thermidorienne et Directoire

Robespierre a chuté au mois de juillet, appelé « thermidor » dans le calendrier révolutionnaire. La dernière période de la Convention est dite « thermidorienne » (1794-1795). Elle consiste d'abord à pouvoir souffler après le cauchemar de la Terreur et à préparer enfin cette constitution qui doit asseoir la république. Pour éviter au pays une nouvelle dictature, le texte adopté est fondé sur le savant partage des pouvoirs : le législatif dépend de plusieurs conseils, l'exécutif de nombreux ministres mis à égalité, appelés les « directeurs ». Le régime s'appelle donc le Directoire (1795-1799). Il est peu aimé, instable, scandé de coups d'État ratés, et célèbre pour la corruption de ses dirigeants. À l'extérieur, toutefois, ses armées font merveille. La France réussit à établir tout autour de ses frontières, de la Hollande à l'Italie du Nord, un chapelet de républiques sœurs, petits États-tampons qui la protègent. Et elle poursuit ses conquêtes, qui rapportent beaucoup de butin à la république et une gloire certaine à ses généraux. Grâce à la brillante campagne d'Italie, un certain Bonaparte, petit officier corse sans fortune, se fait un nom. Il devient vite si populaire que le Directoire juge prudent de l'envoyer fort loin, dans une expédition d'Égypte (1798) qui doit permettre par ailleurs de couper la route des Indes aux Anglais. Les premières victoires sont faciles. La défaite des mamelouks permet de conquérir le pays. Très vite, les Ottomans, grâce à l'appui des Anglais, se ressaisissent et réussissent à repousser les Français. L'expédition d'Égypte est, *in fine*, un désastre militaire, mais son chef a un tel sens de la propagande que ses agents tournent sa campagne en exploit. À son retour en France, il est accueilli en héros et apparaît comme l'homme fort dont le pays a besoin pour se redresser. En novembre 1799 – 18 brumaire an VIII dans le calendrier révolutionnaire –, il fomente un coup d'État qui fait tomber le Directoire et se nomme Premier consul. La première proclamation officielle du nouveau régime, le Consulat, se termine par ces mots : « Citoyens, la Révolution est fixée aux principes qui l'ont commencée ; elle est finie. »

★
★★

Le Consulat et l'Empire
1799 – 1815

Sans doute le héros de l'histoire de France le plus connu et le plus étudié au monde, Napoléon Bonaparte est-il un personnage complexe et contradictoire. Aimant à se présenter comme un héritier de la Révolution, il en méprise les idéaux. Après s'être nommé consul à vie (1802), il se sacre empereur des Français (1804), en présence du pape, reforme une cour et recrée une noblesse héréditaire. Son régime étouffe toute liberté. Il ne tolère aucune opposition. La police et la censure veillent à interdire la moindre atteinte à sa gloire ou à celle de ses armées, dont on fait lire les bulletins de victoire dans les écoles et les églises. Dans le même temps, grâce au concordat signé avec le pape (1801), il apaise les tensions religieuses. Il dote le pays d'institutions solides, comme les lycées, les préfets, chargés de l'administration, le franc germinal, appelé à durer plus d'un siècle, ou les codes de lois, dont le Code civil, familièrement appelé le « Code Napoléon », si bien fait qu'il sera copié dans de nombreux autres pays.

S'il a réussi à pacifier la France, il est aussi l'homme qui a mis le feu à l'Europe. Sûr de son indéniable génie militaire, doté d'une ambition démesurée, Napoléon est avant tout un conquérant. Il entend refaire le continent à sa main et n'hésite pas, dans ce but, à affronter successivement ou le plus souvent en même temps les autres puissances européennes. Toutes vaincues les unes après les autres – sauf l'Angleterre –, elles auront besoin de cinq coalitions successives pour en venir à bout[1].

Du côté continental, l'Aigle s'attaque au monde germanique, qu'il veut reconfigurer pour y créer des petits royaumes favorables à la France. Il doit affronter François II, le dernier empereur du Saint Empire[2], qui vient de changer de couronne pour se proclamer empereur d'Autriche (1804)[3]. Le 2 décembre 1805, à Austerlitz, petite ville de Moravie[4], les troupes françaises remportent une éclatante victoire sur les Autrichiens, alliés aux Russes. En 1806, grâce à celle d'Iéna, elles vainquent les Prussiens. En 1807, après avoir remporté la victoire de Friedland sur les Russes, l'empereur signe avec le tsar les traités de Tilsit, qui organisent entre les deux un partage de l'Europe.

---

1. Il y eut en tout sept coalitions formées par diverses monarchies européennes contre la France. Les deux premières étaient dirigées contre la France révolutionnaire.

2. Devenu une coquille vide, le Saint Empire romain germanique est officiellement dissous en 1806.

3. Sous le nom de François Ier.

4. Actuelle République tchèque.

Alors que toutes les vieilles monarchies continentales se sont couchées devant le conquérant, un pays entend lutter jusqu'à la mort contre l'homme qu'il voit comme le tyran qui menace la paix du monde, et qui a également l'audace de remettre en cause son hégémonie maritime : l'Angleterre. Napoléon a rêvé de l'envahir mais la destruction de la flotte française par celle de l'amiral Nelson, à Trafalgar (1805), au sud de l'Espagne, l'a contraint à abandonner ce projet. Il décide donc de lutter contre les Anglais en les étouffant économiquement : par le Blocus continental, il interdit à tous les pays européens de commercer avec eux. Prenant prétexte de la contrebande intense qui se pratique sur ses côtes et rend ce blocus inopérant, il décide d'envahir le Portugal. Au passage, il en profite pour occuper l'Espagne (1808), dont il donne le trône à l'un de ses frères. L'opération déclenche une réaction des Espagnols, attachés à leur clergé et à leur roi, qui, pour résister, inventent une guerre larvée, une « guérilla[1] », très meurtrière et coûteuse en hommes pour les Français.

La fièvre conquérante de l'Aigle insatiable ne se calme pas pour autant. En 1810, il est au plus haut. Après une nouvelle victoire sur l'Autriche, il a épousé Marie-Louise, fille de l'empereur, et donc, ironie de l'histoire, la nièce de Marie-Antoinette. La France compte plus de 130 départements, elle est flanquée de sept royaumes vassaux dont il est le maître ou dont il a distribué les couronnes à sa famille. Il lui faut

1. Le mot apparaît à ce moment-là.

plus. En 1812, il lance sa Grande Armée à l'assaut de l'immense Russie. Les Russes n'affrontent presque jamais les envahisseurs, mais les laissent avancer dans un pays qu'ils ont vidé de ses habitants et de toute nourriture. Après avoir pris Moscou, que les Russes ont incendiée, la Grande Armée doit rebrousser chemin, dans le froid glacial et la faim. C'est la retraite de Russie, un désastre qui, selon le mot de Talleyrand, marque le « commencement de la fin ». En 1813, les ennemis de Napoléon, qu'on appelle les Alliés, remportent contre lui la victoire de Leipzig. En 1814, ils font leur entrée triomphale dans Paris, où ils remettent au pouvoir Louis XVIII, un des deux frères de Louis XVI, tandis que Napoléon doit se contenter de la couronne du minuscule royaume de l'île d'Elbe, en face de l'Italie. En mars 1815, il réussit à s'en échapper pour débarquer sur la côte sud de la France et faire une remontée triomphale vers Paris. L'histoire bégaie. Ce sont les Cents-Jours, son ultime tour de piste. Les Alliés reforment à la hâte les armées qui doivent en finir. L'empereur, de son côté, lance ses troupes. La rencontre a lieu en Belgique, à Waterloo (18 juin 1815), plus célèbre défaite de l'histoire de France, plus glorieuse victoire de Wellington, qui devient dès lors un des plus grands héros de l'histoire britannique. Quelques jours plus tard, Napoléon monte sur un bateau qui le conduit à Sainte-Hélène. Pour la deuxième fois en dix-huit mois, le Bourbon Louis XVIII est remis sur le trône de France.

Troisième partie

UN MONDE DOMINÉ

Le siècle de l'Europe

REPÈRES

– 1814-1815 : congrès de Vienne.
– 1826 : échec du congrès panaméricain après les indépendances en Amérique latine.
– 1830 : déportation des Indiens vivant à l'est du Mississippi.
– 1848 : printemps des peuples.
– 1868-1912 : ère Meiji.
– 1884-1885 : conférence de Berlin sur l'Afrique.
– 1896 : institutionnalisation de la ségrégation raciale par la Cour suprême américaine.
– 1908 : révolution jeune-turque.
– 1912 : naissance de la république de Chine.

Au XIXe siècle, dotée de la puissance technologique que lui confère la révolution industrielle, imbue du sentiment de représenter la « civilisation », l'Europe peut conquérir la planète. Le vieil Empire chinois doit céder à toutes les demandes des barbares de l'Ouest ; la majeure partie de l'Asie, puis, dans le dernier tiers du siècle, l'Afrique sont partagées entre les quelques nations qui, désormais, dominent le monde. Seul le Japon, grâce à une incroyable métamorphose réussit à devenir une puissance. De leur côté, les États-Unis, qui ont achevé leur formation territoriale et politique, sont, au début du XXe siècle, un géant en devenir.

32

L'Europe domine le monde

1815 – 1914

En 1815, la Chine est une grande puissance, comme l'Empire ottoman, dont le territoire court des frontières de la Hongrie à celles du Maroc ; l'Afrique une gigantesque tache blanche sur les cartes occidentales ; le Japon un archipel fermé, qui protège jalousement ses côtes afin que nul étranger ne s'en approche, et l'Europe un univers meurtri qui se relève de la tourmente napoléonienne.

Regardons cette même planète en 1914. Tout le Nouveau Monde, des États-Unis à l'Argentine, est indépendant, mais il est partout gouverné par des descendants de colons venus de l'Ancien[1]. En Afrique, seul le Liberia, État créé récemment par des Américains pour accueillir des esclaves libérés, et la vieille Éthiopie ont échappé à l'impérialisme. Toutes les autres terres africaines sont des colonies européennes. Toutes les possessions européennes de

---

1. Le Canada est toujours officiellement lié à la couronne anglaise, mais il jouit, depuis 1867, du statut de *dominion*, qui lui confère une grande autonomie.

l'Empire ottoman sont devenues des nouveaux pays, soutenus par les puissances européennes. Les vieilles monarchies de Perse, d'Afghanistan, de Siam et de Chine ne sont libres qu'en apparence. En fait, elles sont des jouets dans la main des nouveaux maîtres de la planète. Seul le Japon est devenu une puissance à part entière parce qu'il est le seul à avoir compris comment copier la force des Occidentaux. Qu'est-ce qui ne vient pas d'eux, désormais ? Partout règne le costume européen, le chemin de fer européen, les armes européennes, le calendrier européen. Le XVIe siècle a vu partir l'Europe à l'assaut du monde. Au XIXe, elle l'a écrasé.

La révolution industrielle

Ne reculons pas devant une évidence : si l'Europe est parvenue à dominer le reste du monde, c'est avant tout parce qu'elle a réussi à devenir plus puissante que lui. Pour comprendre comment cela fut possible, il faut d'abord revenir au XVIIIe siècle et se rendre en Grande-Bretagne. Par un concours de circonstances qui mêle l'ingéniosité de quelques découvreurs et la capacité de la société dans laquelle ils vivent de faire prospérer leurs découvertes, une série d'innovations modifient du tout au tout, alors, la production des biens.

La première arrive au début du siècle dans le secteur de la métallurgie. Alors que le charbon de bois qui sert à la fonte du minerai commence à manquer à cause de la déforestation, on se met à utiliser le

« charbon de terre », la houille, dont on tire le coke. On s'aperçoit très vite que ce nouveau combustible, peu cher car on le trouve en abondance dans le sous-sol, permet d'augmenter la production de métal de façon spectaculaire.

La deuxième survient dans les années 1770, grâce à l'ingéniosité de l'ingénieur écossais James Watt (1736-1819), associé à un petit industriel de Birmingham. La force de la vapeur était connue depuis longtemps, Watt est le premier à réussir à perfectionner la façon de la transformer en une formidable source d'énergie directement utilisable dans l'industrie.

La troisième, à cette même période, survient dans le textile, où apparaissent les premières machines à filer puis à tisser, qui augmentent de façon faramineuse les rendements.

Ces trois changements se sont produits dans trois secteurs différents. Ils se conjuguent pour engendrer une vertigineuse spirale ascendante. Très vite on utilise la vapeur pour faire tourner les machines apparues dans le textile. La généralisation de cette nouvelle force crée une forte demande de houille, ce qui augmente l'activité des mines, où l'on a bientôt l'idée d'utiliser cette même énergie pour faire rouler les chariots sur rails qui servent à transporter le charbon. C'est ainsi que naît le chemin de fer, qui se développe à grande vitesse, et augmente d'autant la demande d'acier et bien sûr de charbon…

Dès les premières décennies du XIXe siècle, la production, le travail, la vie même sont chamboulés. Depuis le néolithique, le labeur était lié à l'agriculture, qui règle la vie au rythme des jours et des saisons, ou à l'artisanat, pratiqué en tout petits groupes, et le plus souvent à domicile. Le monde nouveau est celui des immenses manufactures, où des milliers d'hommes ne sont plus que des fourmis au service de machines qui ont aboli le temps pour produire toujours plus. Dans les années 1830, l'économiste français Adolphe Blanqui[1] lui donne un nom : la « révolution industrielle ». Initiée en Grande-Bretagne au XVIIIe siècle, elle s'étend progressivement de l'autre côté de la Manche. D'abord en Belgique, dans le nord de la France, puis le bassin du Rhin, là où l'on trouve les ingrédients qui lui sont nécessaires, la présence de charbon, une tradition d'industrie textile et de commerce. La révolution des transports qui l'accompagne, l'appétit de ses promoteurs, cherchant sans cesse à développer leurs affaires et à en créer de nouvelles, poussent à son extension. À la fin du siècle, presque toute l'Europe s'est *industrialisée*.

Ce grand bouleversement va de pair avec bien d'autres.

Mettre en place et faire fonctionner les compagnies minières, les aciéries, les compagnies de chemin de fer exige des fonds sans commune mesure avec ceux qui étaient nécessaires au temps de l'artisanat. Désormais les moyens de production – l'usine, la mine,

1. Économiste libéral, à ne pas confondre avec son frère, le socialiste Auguste Blanqui.

etc. – n'appartiennent plus à ceux qui les mettent en œuvre, mais à ceux qui en détiennent le capital, que des banquiers, des financiers ont réuni en le partageant en actions, détenues par des propriétaires gros ou petits, et échangées à la bourse des valeurs. D'où le nom de *capitalisme* donné à un système qui existait depuis longtemps, mais que ce siècle porte à son apogée.

Grâce à l'apparition dans les champs des premières machines à vapeur, grâce à de meilleures techniques de culture, la révolution industrielle se double d'une révolution agricole qui, elle aussi, dope les rendements, stagnants depuis des siècles. Les progrès de la chimie, qui ont permis de découvrir de nouveaux engrais, y ont leur part : le XIXe est le grand siècle de la science. La méthode scientifique mise au point aux XVIe et XVIIe siècles[1], les premières découvertes du temps des Lumières sont autant de graines semées qui permettent une récolte vertigineuse. Songeons aux inventions qui bouleversent la vie quotidienne, le télégramme, la photographie, la machine à coudre, et bientôt le téléphone, la lampe électrique, le gramophone, le cinéma, l'automobile, l'aviation. Songeons aussi aux découvertes qui font vaciller les certitudes établies depuis toujours, comme l'exhumation des premiers squelettes d'animaux préhistoriques, ou les recherches de Darwin montrant que l'homme n'a rien d'une créature à part, mais n'est que le simple maillon d'une chaîne de la vie. Que dire de l'évolution de

1. Voir chapitre 26.

la médecine ? Au milieu du XVIIIe siècle, on en est encore à examiner le malade avec des techniques qui remontent à Hippocrate et à Galien. En 1900, après la découverte des rayons X par le physicien allemand Röntgen, on arrive à voir à travers les corps. En cent ans, les grands savants, personnages auxquels l'époque voue un véritable culte, ont vaincu les uns après les autres quelques fléaux qui décimaient l'humanité depuis des millénaires. Jenner (1749-1823), père de la vaccination[1], c'est-à-dire l'inoculation d'une forme atténuée de la maladie, a terrassé la variole. Louis Pasteur (1822-1895) a vaincu la rage et découvert le rôle, dans l'apparition des maladies, d'organismes minuscules qu'on appelle bientôt des microbes. Ce progrès permet au chirurgien anglais Joseph Lister (1827-1912) de développer l'antisepsie dans les hôpitaux.

Ces évolutions ne sont pas pour rien dans cette autre révolution que les spécialistes nomment la « transition démographique ». Depuis la nuit des temps, la population suivait un cycle dit « naturel » : une forte fécondité cherchant à compenser une énorme mortalité. À partir du XVIIIe siècle, l'Europe connaît une baisse de cette mortalité. Comme la forte fécondité perdure, le mécanisme débouche sur un accroissement démographique vertigineux. En 1800, les Européens sont 190 millions[2]. En 1900, 420, sans

---

1. Au départ, on utilisait, pour ce faire, le pus des vaches infectées par la forme animale de la variole, la vaccine – d'où le nom.

2. Russie comprise. Chiffre issu de l'*Histoire de l'Europe*, Frédéric Delouche (dir.), Hachette Éducation, 1994.

compter les millions d'émigrés qui sont allés tenter leur chance ailleurs. Durant ce siècle, le continent déborde d'âmes et d'énergie.

★
★ ★

Libéralisme, socialisme, positivisme

Comment réagir face à ces bouleversements ? Faut-il les accepter, les contrer, en déjouer les contradictions ? L'Europe du XIXe siècle est le creuset d'un extraordinaire bouillonnement d'idées.

Le libéralisme

La grande idéologie du siècle est le libéralisme, porté par la partie de la bourgeoisie qui se veut entreprenante et éclairée. Héritier des Lumières, il prône la défense de la liberté sous toutes ses formes, que cela touche l'individu – liberté de conscience –, la société – liberté de la presse, liberté des peuples à devenir leurs propres souverains – ou le fonctionnement de l'économie. Comme l'ont enseigné les économistes du XVIIIe siècle, les libéraux du XIXe pensent qu'il faut, pour faire tourner le système, le faire sortir des carcans réglementaires qui l'étouffent, de l'interventionnisme de l'État qui le brime, et donner toute sa place à l'initiative individuelle et au marché. À partir des années 1810-1820, en se battant contre les Corn Laws, des lois restreignant fortement les importations de blé pouvant concurrencer la production britannique, des Anglais ajoutent à cet éventail la liberté du commerce entre les nations, c'est-à-dire la lutte contre les protections douanières. Pour ses promoteurs, dont le plus célèbre est l'industriel Richard Cobden (1804-1865), le libre-échange va permettre à chaque pays de se spécialiser dans la production où il excelle[1] et, en resserrant entre tous les peuples les liens fructueux du commerce, va aboutir à la paix universelle. D'autres grands économistes, comme l'allemand Friedrich List (1789-1846), arrivent à démontrer qu'un pays qui n'a pas encore atteint un stade élevé de développement industriel, comme l'a fait l'Angleterre, n'a aucun intérêt à abaisser ses barrières douanières. Pour lui, ce jeu ne consiste qu'à donner un avantage au plus fort. Dans les faits, à l'exception de la France qui tente, en 1860, un traité de commerce avec le Royaume-Uni, la plupart des grands pays européens restent protectionnistes. Il n'en demeure pas moins que le libre-échangisme apparaît à beaucoup comme l'un des idéaux du temps.

Bien qu'il semble accompagner naturellement la marche de l'économie et l'évolution des mentalités, le libéralisme ne s'impose pas si facilement. Deux camps s'affrontent à lui.

1. L'économiste classique Ricardo (1772-1823), disciple d'Adam Smith, nomme cela l'« avantage comparatif ».

Le camp réactionnaire

Le premier est celui des réactionnaires, qui s'est formé par *réaction* à la Révolution française, d'où le nom, et rêve de revenir à l'ordre qu'elle a mis à bas, celui des prêtres et des rois. La plupart des gouvernements de l'Europe postnapoléonienne sont de cette tendance. L'Église catholique est leur grande alliée. L'autorité romaine, suivie par la hiérarchie, reste inflexible. Horrifiés de voir la science ébranler les certitudes consignées par la Bible, détestant les odieux principes des droits de l'homme qui, selon eux, ne servent qu'à faire oublier les devoirs envers Dieu, les papes pourfendent toutes les idées nouvelles. En 1864, Pie IX publie une encyclique qui a pour but de s'opposer aux supposées dérives du monde moderne. Elle est accompagnée du *Syllabus*, le catalogue de ce que le Saint-Siège estime être les « erreurs de notre temps ». Sont condamnés, entre autres égarements, la liberté de conscience, le droit de l'État d'agir hors du contrôle de l'Église, le fait que la science peut établir des vérités contraires au dogme, l'enseignement laïque, c'est-à-dire à peu près toutes les valeurs qui, de nos jours, forment le socle idéologique des démocraties.

Le mouvement ouvrier

À l'opposé du spectre politique, d'autres s'alarment de l'évolution économique, non pas au nom d'un passé mythifié, mais au regard des désastres humains qu'elle produit. Avec ses règlements, ses jours fériés, ses fêtes, le système des corporations qui régentait le petit artisanat des villes étouffait peut-être l'esprit d'entreprise, mais il offrait de vraies protections aux travailleurs. Le monde nouveau ne leur en fournit plus aucune. Jetés par milliers dans les mines ou les immenses usines de la révolution industrielle qui tournent jour et nuit, dans des cadences infernales, les ouvriers du XIXe siècle ne sont que des prolétaires, comme on dit alors[1]. Ils n'ont plus d'autre destin que d'offrir leurs bras en échange de payes misérables. D'abord négligée, la « question ouvrière » ne cesse de grandir, au cours du siècle. Certains penseurs en font même le cœur de leur philosophie, ou de leur action politique, qui peut prendre des formes différentes selon les nations.

Dans les années 1830, les ouvriers du Royaume-Uni se battent avant tout pour obtenir le droit de vote et déposent dans ce but une pétition au Parlement, une charte : on parle du « chartisme » britannique. En France, les philosophes Saint-Simon, Fourier, Proudhon estiment nécessaire de faire une réforme sociale pour réorganiser les moyens de production, et donner plus de pouvoir aux travailleurs : on parle de *socialisme*.

Éclaté en d'innombrables groupuscules durant la première moitié du siècle, le mouvement cherche, dans la seconde, à s'unir. En 1864, est fondée à Londres, sous l'influence de l'allemand Karl Marx,

1. Le mot, emprunté à l'époque romaine, désigne à l'origine ceux qui n'ont pour richesse que leurs enfants – de *proles*, la lignée.

une première « association internationale des travailleurs » qui doit fédérer tous les combats. Elle implose en quelques années, minée par les rivalités, et tout particulièrement celle qui oppose Marx et le russe Bakounine. Le premier défend une philosophie autoritaire de la révolution, estimant qu'elle ne pourra se faire qu'en s'appuyant, dans un premier temps, sur un État fort. Le second rejette toute idée d'autorité, quelle qu'elle soit, et penche vers l'anarchisme. En 1889, un congrès à Paris accouche donc d'une IIe Internationale, qui fédère des mouvements bien plus puissants.

Dans ce dernier quart de siècle, le paysage social européen a en effet changé. Les prolétaires ont réussi, partout, à constituer des syndicats forts qui parviennent, souvent grâce à l'arme de la grève, à arracher au patronat des salaires un peu moins misérables et de meilleures conditions de travail. Les partis liés au mouvement ouvrier obtiennent partout des scores électoraux importants et représentent une force avec laquelle les gouvernants doivent compter.

La religion du progrès

Rêvant d'une nouvelle révolution qui mettra à bas le système capitaliste, les socialistes s'opposent aux libéraux, qui le défendent. Toutefois ils partagent avec eux un trait commun de leur siècle : l'assurance que l'avenir sera forcément meilleur que le présent. Qui douterait du futur, à une époque que tout semble pousser de l'avant ? Auguste Comte (1798-1857), un philosophe français, invente le positivisme qui théorise cette représentation : l'humanité, selon lui, a connu des âges divers. Après celui de la religion, puis celui de la philosophie, des idées abstraites, arrive enfin l'âge positif, celui de la science, des faits. Le penseur est tellement investi par sa théorie qu'il finit par créer une Église positiviste. Sans aller jusqu'à le suivre dans ce délire mystique, tout le XIXe siècle partage peu ou prou cette vision des choses : ce siècle est celui du progrès. L'Europe estime en avoir le monopole et pense qu'il lui revient d'imposer la façon dont elle le conçoit à la planète entière.

★
★ ★

La domination du monde

L'Europe réussit donc à dominer la planète grâce à la puissance acquise par la révolution industrielle. Que ce soit par la force de ses banques, qui financent le monde ; de sa technologie, qui surclasse toutes les autres ; par la supériorité de son armement, associée à sa maîtrise des transports et des routes maritimes, qui lui permet de projeter ses soldats et ses canons sur tous les points du globe, le petit continent peut régner partout où il l'entend.

Par ailleurs, les mécanismes induits par la révolution industrielle elle-même poussent à cet expansionnisme. L'augmentation pharamineuse de la production de biens rend nécessaire d'ouvrir des marchés toujours plus grands et d'y éliminer toute concurrence. L'évolution technologique permet de le faire facilement. En 1850, nous apprend l'historien de l'impérialisme Henri Wesseling, l'ouvrier anglais, grâce à ses machines, produit de 350 à 400 fois plus de fil que l'artisan indien avec son rouet[1]. Parallèlement, pour alimenter ses usines, pour nourrir sa population toujours plus nombreuse, l'Europe a un besoin croissant de matières premières, de produits agricoles et c'est une des raisons qui la poussent à aller conquérir les terres qui en possèdent.

La « mission civilisatrice »

Il ne faut pas oublier enfin le carburant idéologique puissant qui donne son énergie à cette entreprise. Il s'agit d'une vision nouvelle du monde. On l'a vu à maintes reprises dans les chapitres précédents, le regard des Occidentaux sur les autres grandes civilisations du monde a longtemps été admiratif. Depuis Marco Polo, les Européens rêvaient de Chine ou d'Inde, parce qu'ils voyaient en elles des pays riches, fabuleux, attirants. Au XVIIIe siècle, de grands philosophes comme Voltaire et Leibniz font encore de l'empire du Milieu un modèle[2]. Au XIXe, aucun Européen n'en voit plus nulle part ailleurs qu'en Europe. Le monde, à leurs yeux, n'est plus composé de diverses civilisations. Il est partagé entre *la civilisation*, c'est-à-dire la leur, celle du progrès,

1. Henri Wesseling, *Les Empires coloniaux européens, 1815-1919*, Gallimard, collection « Folio histoire », 2009.

2. Voir chapitre 30.

de la science, des bateaux à vapeur, de la puissance moderne, et le reste du monde. Tout juste admet-on une subdivision en deux univers : celui des sociétés qui ont été brillantes et glorieuses mais ne le sont plus, comme la Chine, l'Inde, la Perse, le monde arabe, et celui des *sauvages*, les Noirs d'Afrique, les Peaux-Rouges qui peuplent les plaines de l'Ouest américain dont on estime alors qu'ils sont à un stade « primitif ».

L'*impérialisme*, c'est-à-dire la volonté des puissances européennes de créer des empires loin de chez eux, découle de ce sentiment de supériorité. Il peut s'appuyer sur des conceptions très agressives. Il est toujours vendu dans le discours public sur le thème du devoir moral. Puisque l'Occident est « en avance », puisqu'il a réussi à produire la meilleure société qui puisse être au monde, il a pour devoir de sortir les « sauvages » de leur « sauvagerie », et les mondes en léthargie de leur sommeil. À l'époque, on parle de la « mission civilisatrice » de l'Occident. À la fin du siècle, l'écrivain britannique Rudyard Kipling, chantre de la grandeur anglaise, la résume en un titre de poème resté célèbre : « le fardeau de l'Homme blanc ». Dans l'esprit de ses promoteurs, ce raisonnement ne s'embarrasse d'aucune contradiction. Il n'en manque pourtant pas. La plus évidente est le double standard, le système de « deux poids deux mesures » qui est alors mis en place. L'Occident entend dominer le monde pour lui transmettre ses valeurs. Dans les faits leur mise en pratique s'arrête toujours aux frontières de l'Occident. On pourrait ici reprendre tous les progrès accomplis par l'Europe tels que nous les avons présentés dans la première partie de ce chapitre et regarder comment ils sont appliqués, dès lors qu'ils concernent le monde extra-européen.

L'universalisme

Au nom de l'héritage des Lumières, de la philosophie anglaise de la liberté, des droits de l'homme défendus par la Révolution française, le XIXe siècle se revendique de l'égalité de tous les humains. Même chez les plus grands esprits, cet universalisme aboutit toujours à théoriser la supériorité de certains sur d'autres. En 1879, lors d'un banquet commémorant l'abolition de l'esclavage, Victor Hugo, par ailleurs l'admirable défenseur des nobles causes et des pauvres gens s'écrie : « Au XIXe siècle, le Blanc a fait du Noir un homme. » Ernest Renan, grand philosophe rationaliste, devenu l'un des pères de la Troisième République française, exprime en 1871 les rôles selon lui dévolus aux différents peuples de la Terre : la « race chinoise » est une « race d'ouvriers », à la « dextérité de main merveilleuse » mais qui n'a « presque aucun sentiment d'honneur ». Le « nègre » appartient à la « race de travailleurs de la terre » tandis que la « race européenne », est celle des « maîtres et des soldats ». « Que chacun fasse ce pour quoi il est fait et tout ira bien », conclut-il benoîtement[1]. Tous les gens de son temps pensent ainsi, y compris ceux qui sont censés faire l'usage le plus rationnel de leur cerveau. Le XIXe siècle, on l'a vu, se targue d'être celui de la

1. Ernest Renan, *La Réforme intellectuelle et morale*, 1871.

science. Elle permet des progrès remarquables. Elle permet tout autant de théoriser le racisme. Dans son *Essai sur l'inégalité des races humaines* (1853-1855), l'essayiste Arthur de Gobineau prétend ainsi les étudier et les trier avec le même souci méthodologique que Buffon un siècle plus tôt, classait les mammifères ou les invertébrés.

On a parlé de l'importance des idées de liberté, portées par le libéralisme politique : il faut croire qu'elles supportent mal les voyages en mer. Dans sa réalité quotidienne, la colonisation se traduira toujours par une restriction des droits pour les populations soumises, à qui l'on dénie systématiquement toutes les avancées politiques et sociales, à l'heure même où elles ne cessent de s'étendre en Europe. Que dire enfin des théories économiques en vogue ? La colonisation est censée étendre au monde les bienfaits du développement de l'Europe. Elle commence par le pillage systématique des ressources des pays conquis. Le libre-échangisme est censé conduire à la paix entre les peuples. Tel est le point de vue développé par la Grande-Bretagne, du haut de sa supériorité industrielle. Le reste du monde apprendra à regarder les choses différemment. On le verra dans les chapitres qui suivent, l'ouverture de ses marchés, forcée par la puissance des canons européens, se traduira presque toujours par sa ruine.

33

L'Europe au temps des nations

De 1815 au tournant du XXe siècle

Après la fin des guerres napoléoniennes, les vainqueurs veulent un retour à l'ordre ancien des vieilles monarchies. Un peu plus d'un demi-siècle plus tard, la passion nationale a remodelé le continent. L'Allemagne et l'Italie, morcelées depuis des siècles en petites entités, ont fait leur unité. Quatre ou cinq puissances dominent l'Europe et sont prêtes à se partager le monde.

La tourmente révolutionnaire, le sort fait par les jacobins de Paris aux aristocrates, puis l'invasion du continent par les soldats de Napoléon ont causé aux souverains européens la plus grande frayeur. Leur obsession est de ne jamais revoir tout cela. Au congrès de Vienne (1814-1815), les Alliés qui viennent de triompher de l'Empire français – la Russie, le royaume de Prusse, l'empire d'Autriche et le Royaume-Uni – redessinent le continent[1].

---

1. L'acte d'Union de 1801 entre la Grande-Bretagne et l'Irlande a créé le Royaume uni de Grande-Bretagne et d'Irlande, appelé le Royaume-Uni.

Ils placent au-dessus de la France un grand royaume uni des Pays-Bas, englobant tout l'actuel Bénélux, avec Amsterdam et Bruxelles pour capitales. Sur les décombres de feu le Saint Empire romain, ils créent une Confédération germanique qui regroupe une trentaine de petites entités, royaumes, duchés et villes libres. Deux puissances s'y taillent la part du lion, la Prusse et l'Autriche. Celle-ci, en plus du reste, se voit adjoindre un royaume « lombardo-vénitien » situé dans le nord de la péninsule italienne, et elle contrôle les duchés qui en forment le centre. La pauvre Pologne enfin, qui avait retrouvé une certaine existence à travers le « Grand-Duché de Varsovie » créé par Napoléon, le voit entièrement placé sous la coupe russe.

Ce savant découpage doit beaucoup à Metternich (1773-1859), le puissant ministre des Affaires étrangères d'Autriche, et obéit au principe diplomatique qu'il a édicté : le meilleur moyen de garantir la paix entre tous les pays européens est qu'aucun ne soit plus puissant qu'un autre afin que tous s'équilibrent. C'est ce qu'on appelle le « concert européen », ou encore le « système Metternich ». Le tsar Alexandre Ier, touché par le mysticisme, y ajoute une coloration religieuse. Il propose que les souverains chrétiens se fassent la promesse mutuelle d'intervenir partout où le trône ou l'autel seront à nouveau menacés. C'est la Sainte-Alliance. Le roi de Prusse, l'empereur d'Autriche, puis à partir de 1818, la France des Bourbons, l'acceptent. Seule l'Angleterre refuse d'y entrer car elle entend prendre ses distances avec la vie de l'Europe pour se consacrer à son destin maritime. Au congrès de Vienne, elle n'a voulu récupérer que Malte et les îles Ioniennes, jalons posés sur une des routes des Indes.

Le principe des nationalités

La Révolution française a fait naître en Europe un autre principe, parfaitement contradictoire avec les options réactionnaires du tsar et de ses amis : l'idée *nationale*. Le concept de nation semble si naturel à tant d'esprits du XXIe siècle qu'il leur paraît dater de toute éternité. Il ne fait alors qu'émerger. Depuis des siècles, les frontières des royaumes et des empires ont été fixées au gré des conquêtes et des héritages. Les populations vivant au sein de ces limites n'avaient d'autre droit que de subir le pouvoir des princes, que ceux-ci prétendaient tenir de la volonté de Dieu. Les révolutions américaine et française ont renversé ce principe. À Philadelphie et au Jeu de paume, elles ont décrété que désormais la souveraineté n'émanerait plus du sommet de la pyramide sociale, mais de sa base, de l'ensemble du peuple habitant le pays, de la nation[1].

Apparu lui aussi à la fin du XVIIIe siècle, le grand mouvement littéraire du romantisme donne une assise culturelle à ce nouvel acteur de l'histoire. L'âge classique, les Lumières étaient cosmopolites et admiraient l'Antiquité. La génération

1. Le mot, dérivé du latin *natus*, « né », désigne étymologiquement la communauté de ceux qui sont nés à un même endroit.

romantique balaye cet univers. Elle délaisse Rome et les Grecs pour se plonger dans le Moyen Âge et y trouver les racines oubliées de chaque peuple. Des historiens entreprennent d'écrire (ou parfois d'inventer) les histoires de ces peuples avec leurs grands héros et ses nobles batailles. Des linguistes choisissent de remettre en valeur ou de recréer leurs langues, hier encore méprisées par les élites qui leur préféraient le latin ou le français. Tous contribuent à construire pour chacun une nouvelle identité. Jusque-là les individus se définissaient par leur lignée familiale, leur appartenance religieuse ou leur statut social. Ils se découvrent appartenant à une nation.

Partout où Napoléon est arrivé avec ses troupes, à Madrid, à Iéna ou Berlin, le choc de la conquête a fouetté cette passion nouvelle. Comme les Espagnols, les Allemands se sont unis pour mener contre les envahisseurs ce qu'ils appellent les « guerres de libération », et c'est au moment de l'occupation napoléonienne que le philosophe Fichte a donné à l'université de Berlin ses *Discours à la nation allemande* (1807).

Mais qu'est-ce qu'une nation ? Tous les peuples ne se font pas la même idée de la réponse à cette question. La conception française, on l'a vu, est fille des états généraux et du Jeu de paume : la « nation française », c'est toute la population du royaume de France qui, un beau jour de 1789, a décidé de prendre son destin en main. De cet acte de naissance découle un principe qui sera théorisé, dans le dernier tiers du XIXe siècle, par le philosophe Renan :

être français repose certes sur un héritage commun, mais surtout sur la volonté commune, le « désir de vivre ensemble[1] ». Avec Fichte et ses prédécesseurs, les Allemands avaient posé une notion différente : être allemand ne se choisit pas, mais se reçoit. On l'est par la langue, la culture ou, dira-t-on plus tard, la race.

Cette nouvelle passion dépend aussi du contexte historique dans lequel elle se déploie, et celui-ci varie beaucoup. Le peuple français s'est constitué dans un cadre qui préexistait, un État longuement construit par les rois. La plupart des autres Européens ne sont pas dans ce cas. Certains peuples souffrent d'être des minorités maltraitées dans de vastes ensembles dont ils aspirent à se détacher : ainsi les Belges, au sein du grand royaume des Pays-Bas, les Tchèques ou les Hongrois dans l'empire d'Autriche, les Irlandais écrasés par la Grande-Bretagne. D'autres, au contraire, comme les Allemands ou les Italiens, sont dispersés en de nombreux petits États qu'ils voudraient regrouper pour faire leur unité. Quelles que soient ces circonstances, le « principe des nationalités », comme on l'appelle alors, est la grande force motrice du XIXe siècle européen, celle qui peut servir à expliquer presque toute son histoire. Divisons-la en trois époques.

★

★★

1. Il le fait lors d'une conférence en Sorbonne prononcée en 1882, intitulée « Qu'est-ce qu'une nation ? ».

Le temps de la réaction
1815 – 1848

La première manche, pourrait-on écrire, est rude pour les « patriotes », comme commencent à s'appeler ceux qui luttent pour leur émancipation nationale. Dans tout le monde allemand et l'empire d'Autriche, Metternich et sa redoutable police veillent à ce que rien ne dérange l'ordre ancien. Dans tout le monde contrôlé par les Russes, le tsar est aussi impitoyable. Seuls quelques peuples dépendant de l'Empire ottoman arrivent à secouer la tutelle qui les écrase : en 1815, les Serbes obtiennent une relative autonomie ; en 1830, les Grecs sont indépendants[1]. Pour ce qui est du reste de l'Europe, il faut attendre une secousse venue à nouveau de Paris pour que se lézarde enfin ce glacis. En juillet 1830, les Français, excédés par les dérives ultraréactionnaires de Charles X, font une révolution qui porte sur le trône Louis-Philippe, un roi plus modéré. Il abandonne le titre de roi de France pour celui, plus dans l'air du temps, de « roi des Français » et oriente le pays vers une forme de monarchie constitutionnelle à l'anglaise. Échauffés par l'exemple parisien, les Belges, ayant réussi à faire l'alliance entre les deux grandes tendances qui les divisent, catholique et libérale, se révoltent contre les Néerlandais. Ils réussissent rapidement à fonder un royaume de Belgique (1830) dont l'Angleterre garantit la neutralité. Les Polonais ont moins de chance. L'insurrection déclenchée à Varsovie est écrasée dans

---

1. Voir chapitre 39.

le sang par les Russes. En 1831-1832 commence la « grande émigration », l'exil des patriotes pourchassés qui, en masse, se réfugient à Paris.

Le printemps des peuples

Il faut attendre plus de quinze ans pour que le chaudron, qui ne cesse jamais de bouillonner, explose à nouveau. Une succession de mauvaises récoltes crée, à partir de 1846, une situation tendue dans tout le vieux continent. En janvier 1848, une insurrection éclate à Palerme, en Sicile, contre les rois Bourbons de Naples, qui gouvernent de façon absolutiste. En février, à Paris, les Français, alliant les forces des républicains et des socialistes, chassent Louis-Philippe et proclament la Deuxième République. En mars, Vienne est dans la rue, le détesté Metternich est obligé de fuir le pays et le feu se propage en Hongrie, à Berlin, dans la Confédération germanique, dans les différents États de la péninsule italienne et jusqu'à Rome, ville du pape. L'Europe vit le « printemps des peuples », un moment d'effervescence qui, dans un climat de liesse et de fraternité, entend faire triompher les libertés et surtout le droit des nations à être elles-mêmes.

Cette année-là, hélas pour ceux qui l'ont fait naître, le printemps est court. À Paris, les socialistes qui participaient au gouvernement ont créé des « ateliers nationaux » pour donner du travail aux ouvriers au chômage. Mal organisés, ils deviennent vite onéreux et ingérables. Leur fermeture, en juin, déclenche une émeute. Elle est réprimée dans le sang, fait des milliers de victimes parmi les ouvriers parisiens et tétanise le reste du pays. À l'élection présidentielle de décembre 1848, la peur des « rouges » porte au pouvoir Bonaparte, neveu de l'empereur, partisan de l'ordre.

À Vienne, l'armée est intervenue pour ramener le calme et les Russes ont prêté main-forte aux Autrichiens pour faire de même à Budapest. Les patriotes allemands ont voulu jouer une carte monarchique : les élus du parlement qui s'est constitué à Francfort ont proposé la couronne d'empereur d'Allemagne au roi de Prusse Frédéric-Guillaume IV. Celui-ci l'a refusée. Il ne voulait pas la prendre « dans le caniveau », c'est-à-dire la devoir à un mouvement issu du peuple révolutionnaire. Puis il a continué d'écraser les fauteurs de trouble.

Une partie des Italiens a misé sur un prince moins dédaigneux, le roi du petit royaume de Piémont-Sardaigne, qui rêve de rassembler l'Italie sous son drapeau. Sentant le moment venu, il a lancé son armée à l'assaut du royaume lombardo-vénitien pour en chasser les Autrichiens. D'abord sonnés par la surprise, les Autrichiens ont repris le dessus et repoussé le Sarde dans ses frontières. À Rome enfin a été proclamée une république en 1849. Elle subit un sort aussi funeste, grâce une alliance qu'on aurait crue impensable un an auparavant. Pour reprendre sa ville et son pouvoir, le pape a appelé à l'aide l'armée française, envoyée par le président Louis Napoléon Bonaparte, trop content d'asseoir son pouvoir à Paris en flattant le parti catholique.

À la fin de 1849, les patriotes sont désespérés, leurs rêves nationaux semblent enterrés, aussi chimériques et lointains que trente ans plus tôt. Deux rois ambitieux, secondés par leurs habiles Premiers ministres, vont réussir à former des États que les insurrections populaires avaient échoué à créer : la grande affaire des deux décennies qui suivent est l'achèvement de l'unité italienne et de l'unité allemande.

★

★ ★

Les unités italienne et allemande
1849 – 1871

Depuis la fin de l'Empire romain, la péninsule italienne a toujours été morcelée. Après les guerres napoléoniennes, elle a été partagée en une dizaine d'entités. Au nord, le royaume de Piémont-Sardaigne dont on vient de parler, et le royaume lombardo-vénitien, dépendant de Vienne. Au centre, des duchés sous influence autrichienne[1], et les États pontificaux. Au sud, le royaume des Deux-Siciles, dirigé depuis Naples par une branche de la famille Bourbon. « L'Italie, dit dédaigneusement Metternich, n'est qu'une expression géographique. » De nombreux patriotes, souvent des écrivains, des poètes, des historiens, pensent au contraire qu'elle est un idéal politique. Ils rêvent d'une renaissance, d'une résurrection de l'Italie, d'où le nom de *Risorgimento*,

1. Parme, Modène, Florence et Lucques.

associé à cette page d'histoire. Mazzini (1805-1872) est la figure la plus célèbre de la première phase du mouvement. Révolutionnaire lyrique et exalté, il est de toutes les sociétés secrètes, de tous les complots, de toutes les insurrections qui se tentent dans la première moitié du siècle. Elles échouent toujours.

Cavour, Premier ministre de Victor-Emmanuel II (1820-règne : 1849-1878), le nouveau roi de Piémont-Sardaigne, conçoit une méthode plus réaliste pour parvenir aux mêmes fins. Au lieu de s'appuyer sur des révolutionnaires, il noue une alliance avec une grande puissance. En échange de la cession à la France de Nice et de la Savoie, Napoléon III accepte de faire la guerre aux côtés des Piémontais. Deux batailles, Magenta et Solferino (1859), permettent aux alliés de chasser les Autrichiens de Lombardie. Tenant le Nord, Cavour appuie alors une opération qui libère le Sud. En 1860, il soutient l'expédition du patriote Giuseppe Garibaldi (1807-1882) qui, avec ses troupes de « Chemises rouges », part à l'assaut de la Sicile. En 1861, les duchés du centre se sont ralliés et Victor-Emmanuel peut, à Turin, être proclamé roi d'Italie. Il ne manque que Rome à son trophée, car des volontaires catholiques français la défendent ardemment. En 1870, la guerre de leur pays contre la Prusse les rappelle. Les partisans italiens peuvent prendre la ville éternelle. Le pape est contraint de se réfugier dans son palais du Vatican où il se déclare prisonnier mais, en juin 1871, l'unité est faite. Victor-Emmanuel II est roi d'Italie, Rome est sa capitale.

Les unités italienne et allemande

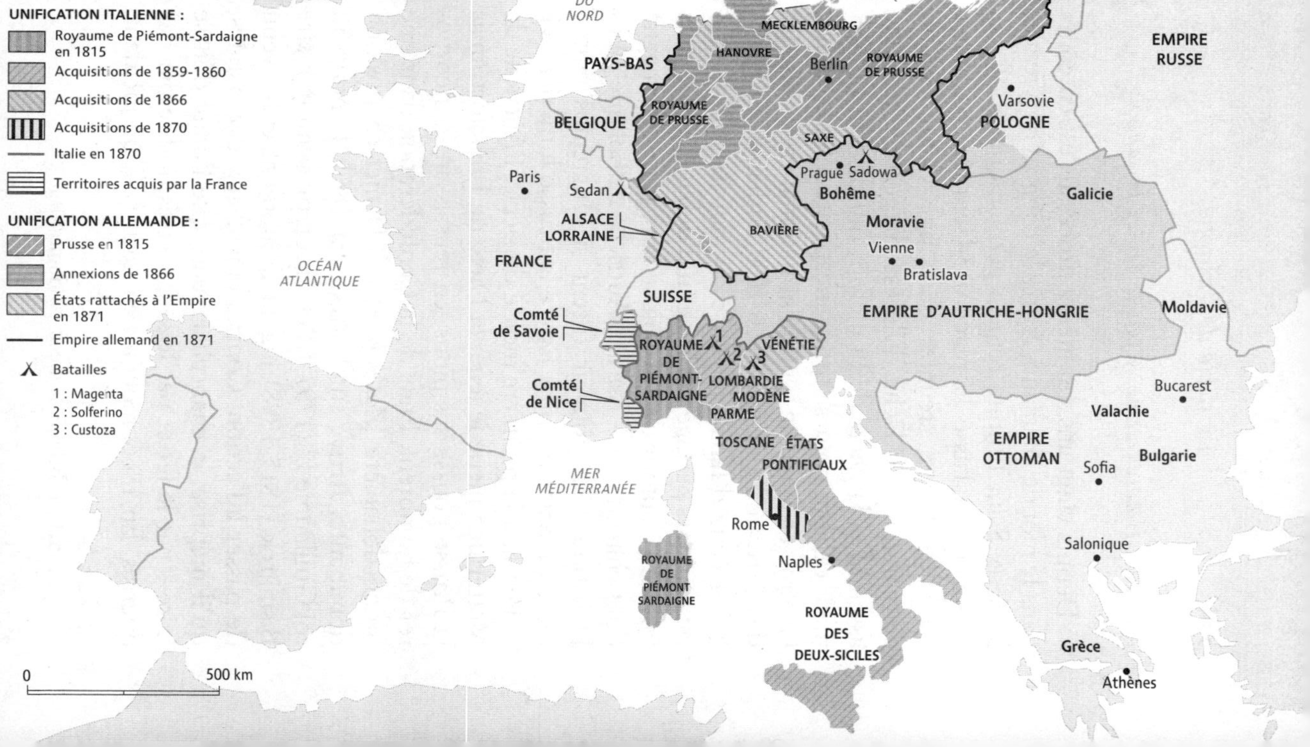

L'unité bismarckienne, « par le fer et le sang »

Depuis vingt ans, un même processus est en cours dans le monde allemand. Après le congrès de Vienne, le vieux Saint Empire romain germanique, aboli par Napoléon, a laissé la place à 34 entités, royaumes ou villes libres[1], réunies dans une Confédération germanique très lâche. Elle est chapeautée par une assemblée, la Diète de Francfort, qui devient rapidement célèbre pour sa totale incapacité à fonctionner. Comme en Italie, le sentiment national est exalté par des écrivains, des militants, des étudiants, en particulier ceux d'Iéna, épicentre du mouvement, mais il est toujours partagé par un grand débat : quelle est la puissance autour de qui doit se faire cette Allemagne dont chacun rêve ? Est-ce l'Autriche catholique ? Les Habsbourg au pouvoir furent si longtemps empereurs du Saint Empire. Est-ce la Prusse luthérienne ?

Pendant la première moitié du siècle, l'Autriche de Metternich mène le jeu à la Diète de Francfort, mais la Prusse pousse ses pions, en réussissant à incorporer de nombreux États de la Confédération dans une union douanière (*Zollverein*) qui la met en position dominante. Arrivé sur le trône en 1861, le nouveau roi Guillaume Ier (1797-1888) et son puissant ministre Bismarck (1815-1898) jugent le moment enfin venu de passer à l'action. Contrairement aux démocrates, qu'il méprise, le chancelier pense que l'unité doit se faire « par le fer et par le sang », c'est-à-dire par des guerres. En 1866, montant en *casus belli* un incident,

1. Francfort, Brême, Lübeck et Hambourg.

il lance ses troupes contre celles de Vienne, qui sont vaincues en une seule bataille, à Sadowa, un petit village de Bohême.

Les Habsbourg, qui n'ont nulle envie d'une guerre à outrance, sortent de la course et renoncent à leur idéal germanique pour se tourner vers l'est. De ce côté de leur empire aussi, les nationalités grondent depuis des décennies. En 1848, Budapest n'a-t-elle pas fait sa révolution ? Pour tenter d'apaiser cette colère, Vienne, en 1867, signe avec les Hongrois un « compromis » qui crée un nouveau système de pouvoir leur laissant une plus grande autonomie. Désormais, François-Joseph ne tiendra plus toutes ses possessions sous une même couronne. Il en aura deux. Il sera à la fois empereur d'Autriche et roi de Hongrie, souverain bicéphale d'un nouveau pays, la double monarchie d'Autriche-Hongrie.

Le rêve allemand, lui, sera donc prussien. Il ne manque, pour le réaliser, qu'à rallier à Berlin les grands royaumes du Sud, Bade, Wurtemberg, Bavière, et Bismarck sait que le meilleur moyen d'y parvenir serait de trouver un ennemi commun à tous. Habile manœuvrier, il utilise les prétextes qu'offre la scène diplomatique européenne pour jouer avec les nerfs de Napoléon III. Celui-ci tombe dans le piège. Il déclare la guerre à la Prusse à l'été 1870. Pour le « chancelier de fer », cette fois, c'est la bonne. L'ensemble des princes allemands entrent dans une coalition contre ce qui est vu comme une agression française. Le 1er septembre, à Sedan, leurs armées écrasent celles de Napoléon III, qui est capturé et fait tomber son régime avec lui. Le 4 septembre, la république est proclamée à Paris et ceux qui l'acclament rêvent, comme aux temps glorieux de la Révolution française, de redresser la situation militaire. Malgré l'énergie de Léon Gambetta (1838-1882), chef du gouvernement provisoire, les Français ne parviennent pas à stopper l'invasion de leur pays. Fin janvier 1871, vaincus, ils signent un armistice. Le 18 de ce même mois, Guillaume Ier de Prusse avait choisi la galerie des Glaces du château de Versailles pour recevoir de tous les souverains des petits États germaniques, la nouvelle couronne d'« empereur d'Allemagne » les fédérant tous[1]. La défaite française mettait dans la corbeille l'Alsace et la Lorraine, deux provinces annexées. L'unité allemande était faite.

★
★ ★

Le temps du nationalisme
1871 – 1914

Nous voici dans le dernier tiers du siècle. Avec ses deux nouveaux États unifiés, la carte de l'Europe a changé une fois de plus. Les passions aussi. Dans la foulée de la Révolution française, les idées nationales se voulaient émancipatrices, elles étaient plutôt por-

1. En règle générale, cette entité s'appelle en français l'« Empire allemand » et en allemand *Deutsches Kaiserreich*. Pour signifier qu'il succède au Saint Empire romain – *Heiliges Römisches Reich* – on parle aussi du « Deuxième Reich ».

tées par la gauche. Focalisée sur la question ouvrière, penchant vers le socialisme, la gauche de la fin du XIXe siècle, rêvant de l'union des « prolétaires de tous les pays[1] » devient *internationaliste*. Un glissement s'opère aussi à droite. Opposée à la nation cinquante ans plus tôt au nom de la défense de l'ordre monarchique de l'Ancien Régime, elle se convertit au *nationalisme*, qui récupère l'idéal national, mais en change la nature, pour en faire une idéologie fermée et xénophobe. Le patriotisme, dit-on parfois pour expliquer ce changement, c'est l'amour des siens. Le nationalisme, c'est la haine des autres.

La rivalité entre puissances européennes peut se jouer au sein du continent. À l'heure où l'Europe achève sa conquête du monde, elle se joue surtout en dehors. Voyons, à grands traits, comment les quatre États principaux se positionnent dans cette course.

Le Royaume-Uni

Sous quelque angle qu'on le considère, le XIXe siècle est le siècle de l'Angleterre. En 1860, les deux tiers de la production mondiale de charbon, le tiers de celle de vapeur, et le tiers de l'ensemble des produits vendus sur la planète sont britanniques. Grâce à la puissance de son industrie, en particulier textile, le pays est l'« atelier du monde », grâce à celle de ses banques et de la livre sterling, il est le « financier

1. « Prolétaires de tous les pays, unissez-vous ! » est le plus célèbre slogan issu du *Manifeste du parti communiste* de Marx et Engels.

du monde », et grâce à sa marine, commerciale et militaire, surpassant de loin toutes les autres flottes, il peut étendre cette puissance jusqu'aux confins de l'univers.

À l'intérieur, la vie politique est agitée de deux grandes questions. La première est celle de la réforme électorale, sans cesse bloquée par les conservateurs, parce qu'elle doit ouvrir aux couches populaires un suffrage réservé à un nombre infime de riches électeurs. La seconde est la « question irlandaise ». Comment stabiliser ce pays, peuplé de millions de catholiques qui ne supporteront pas jusqu'à la fin des âges d'être exploités sur leurs propres terres par de riches protestants ? Une calamité retarde un temps toute velléité de révolte : une maladie de la pomme de terre apparue vers 1845 détruit les révoltes et crée une des pires famines de l'histoire. Plus de 1 million d'Irlandais en sont victimes, tandis qu'un autre million ne trouve le salut qu'en émigrant aux États-Unis. Ceux qui restent sur place nourrissent un ressentiment encore plus terrible à l'égard de Londres, qui a littéralement laissé mourir leur peuple sans intervenir. À la fin du siècle, la « question irlandaise » est à nouveau plus brûlante que jamais.

Pour autant, l'interminable règne de Victoria (1819-règne : 1837-1901) et la pacifique alternance au gouvernement des deux grands partis, conservateurs et libéraux, incarnés respectivement par les deux grandes figures de Benjamin Disraeli (1804-1881) et de William Ewart Gladstone (1809-1898) représentent une stabilité peu fréquente ailleurs. Dès le lendemain du congrès de Vienne, le Royaume-Uni s'est détaché des affaires de l'Europe, qui ne l'intéressent guère. « L'Angleterre, dit même Disraeli en 1866, n'est plus vraiment une puissance européenne. Métropole d'un empire maritime, elle s'occupe de l'Asie, car elle est plutôt une puissance asiatique. » Le drapeau britannique flotte sur bien des parties du monde. Assis dans ses « colonies blanches », Canada, Australie, Nouvelle-Zélande, attiré par l'Afrique, intéressé par l'Amérique du Sud[1], le Royaume-Uni veut régner partout au monde. Mais le « joyau » de son empire reste l'Inde, fabuleuse et riche, et c'est de là que part le destin asiatique dont parle le Premier ministre. Une autre puissance partage le même rêve...

L'Empire russe

Avec Pierre le Grand, la Russie s'est tournée vers l'Europe. Devenue une grande puissance mondiale, elle réalise son expansion vers l'Asie. La rivalité qui l'oppose, dans ce continent, aux ambitions britanniques est en effet un des plus grands enjeux des relations internationales du XIXe siècle.

Sur le plan de la politique intérieure, le pays est figé dans son glacis autocratique. Tout espoir de transformation du régime par des voies légales étant vain, ceux qui en sont partisans sont contraints d'agir de façon clandestine dans des sociétés secrètes, mais leurs complots sont le plus souvent déjoués par l'impitoyable police du tsar. Seul Alexandre II

---

1. Voir les chapitres suivants.

(1818-règne : 1855-1881) tente des réformes, dont la plus spectaculaire est la suppression du servage, mais son assassinat par des terroristes révolutionnaires relance la répression et bloque tout, de nouveau. Sur la carte, au contraire, le pays ne cesse de s'étendre de façon impressionnante. Depuis le XVIe siècle, les Européens ont commencé leur expansion en se transportant dans des points du globe souvent très éloignés de chez eux. La seule terre outre-mer que possède l'Empire des tsars est l'Alaska[1], mais Alexandre II le vend en 1867 aux Américains, par crainte de ne pouvoir le défendre face à la progression des Britanniques au Canada. Pour le reste, la Russie s'étend, pourrait-on dire, par contiguïté. Dans les années 1840, elle finit la conquête du Caucase en écrasant l'imam et chef de guerre Chamil, qui avait réussi à fédérer contre l'envahisseur une armée de plus de 30 000 hommes. Dans les années 1860, elle se tourne vers l'Asie centrale, où subsistaient les khanats musulmans, lointains reliquats de l'ère mongole, et crée des protectorats comme à Boukhara (1868) ou Khiva (1873). Au sud-est se trouve l'Afghanistan, que l'Angleterre ne cesse de vouloir conquérir, sans jamais y parvenir. C'est dans cette zone que la rivalité entre les deux puissances est le plus à vif. Un diplomate a baptisé le « Grand Jeu » les manœuvres auxquelles chacune se livre auprès des pouvoirs locaux pour asseoir son influence. Les Russes, par ailleurs, rêvent de « far-east », comme les Améri-

1. Conquis à la fin du XVIIIe siècle.

cains de far west. L'immense Sibérie est à peupler, des paysans s'y implantent en masse. La construction du Transsibérien (commencé en 1891 et mis en service en 1904) permet de l'atteindre.

La France

Contrairement à l'Angleterre, la France a mis longtemps à se trouver un régime politique qui lui convienne. Passons en revue tous ceux qui se sont succédé depuis Napoléon : monarchie tendant vers l'absolutisme lors de la Restauration (1814-1830) ; monarchie parlementaire avec Louis-Philippe (1830-1848) ; république après la révolution de 1848 ; empire sous Napoléon III (1852-1870). La défaite de 1870 crée un flottement. Des élections, organisées début 1871, envoient à l'Assemblée une majorité très conservatrice. Une partie des Parisiens opte pour la voie inverse. En mars, ils forment un pouvoir révolutionnaire appelé la Commune. En moins de deux mois, elle est écrasée dans le sang par les troupes envoyées par Thiers, le chef du gouvernement qui s'était replié à Versailles. Celui-ci rêve d'un retour à la monarchie, mais le prétendant au trône[1] répugne à passer le pas. La république, troisième du nom, réussit à s'imposer de justesse dans les années 1870 et ne se stabilise que dans les années 1880, l'époque des grandes lois instaurant les libertés publiques ou encore l'enseignement laïque et obligatoire. Dans le même temps, chacun de ces régimes

1. Henri, comte de Chambord, petit-fils de Charles X.

successifs a fait grossir le patrimoine colonial, qui avait été réduit à presque rien avec la guerre de Sept Ans[1]. Charles X a fait conquérir l'Algérie ; la monarchie de Juillet Mayotte et Tahiti ; Napoléon III la Nouvelle-Calédonie, le Sénégal, la Cochinchine et le Cambodge.

La défaite de 1870 laisse le pays humilié et rêvant de la « revanche », qui permettra de récupérer l'Alsace et la Moselle, les « provinces perdues ». À partir des années 1880, le camp républicain pense qu'il est possible d'ouvrir d'autres horizons. Appuyé sur l'idéologie de la « mission civilisatrice[2] », il lance le pays dans l'aventure coloniale, à la fois en Indochine et en Afrique.

L'Empire allemand

Bismarck, ministre de Guillaume Ier, voit d'abord l'expansion française outre-mer d'un bon œil. Tout ce qui détourne le vaincu de 1870 de la « ligne bleue des Vosges », c'est-à-dire de la question d'Alsace-Lorraine, lui paraît aller dans le sens des intérêts allemands. Comme Metternich qu'il admire, le chancelier est un adepte de la *Realpolitik*, il veut maintenir la paix européenne en jouant un jeu savant d'équilibre entre les puissances dont il serait le pivot. On verra

1. Voir chapitres 24 et 28.

2. Le ministre républicain Jules Ferry donne la plus claire expression de cette manière de voir lors d'un discours tenu à la Chambre des députés, en 1885, pour défendre sa politique de conquête du Tonkin. Il y explique que « les races supérieures ont le devoir de civiliser les races inférieures ».

à diverses reprises qu'il n'aime rien tant que d'organiser à Berlin de grandes conférences pensées pour résoudre entre gentlemen les questions de politique mondiale[1]. Il est renvoyé par Guillaume II[2] qui passe à la *Weltpolitik*, l'expansion mondiale. Quoiqu'arrivée un peu tard dans la course coloniale, l'Allemagne réussit en peu de temps à se tailler un petit empire, en Afrique, mais aussi dans le Pacifique, où elle conquiert des îles.

Pensé par un ministre conservateur au service d'un souverain réactionnaire, le régime politique allemand n'a rien, au départ, de très démocratique. Le pouvoir du Parlement est restreint, puisque le gouvernement n'est responsable que devant l'empereur. Peu à peu se met pourtant en place une vie intellectuelle et politique intense, stimulée par une presse en plein développement. L'importance de la classe ouvrière favorise l'implantation du socialisme, via le SPD (parti social-démocrate) qui devient rapidement un parti de masses. Acharné à en combattre les progrès politiques, Bismarck accorde, par compensation, de grands avantages sociaux – assurances maladies, prévoyance vieillesse – qui placent son pays très en avance sur ce plan. Il est en passe de l'être sur un autre. En quelques décennies, le décollage économique a fait du Reich une des plus grandes puissances industrielles du monde. Les aciéries allemandes, la chimie

1. Voir chapitres 38 et 39.

2. Né en 1859-règne : 1888-abdication : 1918-mort en 1941. Petit-fils de Guillaume Ier, dont le fils Frédéric III, gravement malade, n'a régné que trois mois (1888).

allemande, et bientôt la marine allemande montent si haut qu'elles s'approchent du sommet du podium. Le Royaume-Uni, qui s'y tient, est bien décidé à ne pas se laisser voler la place.

34

Les États-Unis en cinq idées-forces

Dans la galerie des puissances dont nous venons de faire le tour, il en manquait une. Par la géographie, les États-Unis ne sont pas européens. Par son histoire d'ancienne colonie anglaise, par son peuplement, par les valeurs qui le fondent, le pays peut être considéré comme une extension de l'Europe. Grâce à sa croissance vertigineuse, il devient, au cours du XIXe *siècle, une nation industrialisée de premier plan.*

1 L'expansion territoriale

Au moment de leur indépendance, les treize colonies qui constituent les États-Unis d'Amérique couvrent 692 000 kilomètres carrés, formant une bande serrée le long de la côte atlantique. En 1912, quand l'Arizona devient le 48e État de l'Union, le pays, avec ses 7,8 millions de kilomètres carrés, s'étend sur une superficie onze fois plus étendue et ressemble à ce long rectangle borné par les deux océans que chacun a en tête[1]. L'histoire américaine au XIXe siècle est avant tout celle d'une gigantesque expansion vers l'ouest. Le mouvement est dû, pour une part, à la pression des colons qui, dès la fin du XVIIIe siècle, dépassent les Appalaches pour occuper des terres qu'ils estiment vacantes, en en refoulant les Indiens qui y vivaient depuis des siècles, on y reviendra.

L'extension est aussi le fruit de tractations commerciales. En 1803, la vente de l'énorme Louisiane par la France de Bonaparte permet de multiplier par deux la superficie du territoire et d'envisager un nouvel agrandissement. Sitôt l'acquisition faite, le gouvernement envoie Lewis et Clark, deux explorateurs, reconnaître les terres alors mystérieuses qui s'étendent au-delà des Rocheuses pour voir s'il est possible de s'y installer (1804). En 1819, c'est encore par achat, à Madrid cette fois, que la Floride devient étatsunienne.

Dans les années 1820, les indépendances latino-américaines donnent aux États-Unis un nouveau voisin méridional, le Mexique. Les relations avec lui ne sont pas faciles. Dans les années 1830, les tensions se focalisent sur le Texas, un État toujours mexicain, mais peuplé de colons anglo-saxons. Soutenus en sous-main par les États-Unis, menés par leur chef Samuel Houston, ils réussissent à arracher leur indépendance (1836). La république du Texas qu'ils

---

1. Cet ensemble forme ce que les géographes américains appellent les États contigus – *contiguous states*. L'Alaska et Hawaï, non contigus, ont été intégrés à la Fédération en 1959, constituant les deux derniers des 50 États actuels.

fondent est rapidement rattachée aux États-Unis (1845). Les tensions américano-mexicaines sont alors à leur comble. Les deux pays vident leur querelle dans une guerre (1846-1848). La victoire éclatante de Washington lui permet d'obtenir de son adversaire l'énorme « cession mexicaine », qui correspond aux actuels États de Californie, de l'Utah, du Nevada, et à une partie de quatre autres. Elle établit aussi la frontière sud du pays.

Celle du Nord, avec le Canada, a été fixée avec le Royaume-Uni par un traité de 1846. Au milieu du siècle, les États-Unis sont devenus ce gigantesque espace qui n'attend que d'être peuplé pour faire naître de nouveaux membres de l'Union : à l'indépendance, il a été prévu qu'il suffirait que 60 000 habitants d'un territoire demandent leur rattachement pour que celui-ci soit étudié par la Fédération.

Dès les années 1830, la grande poussée vers l'occident lointain, le far west, a commencé. La destination qui fait alors rêver les immigrants est l'Oregon, vaste territoire situé sur la côte Pacifique, au nord de la Californie, qu'on dit bien arrosé et très fertile. La piste qui y conduit passe par d'immenses plaines où personne ne songe à s'arrêter parce qu'on les croit impropres à la culture. Dans les années 1840, des rapports d'experts prouvent le contraire : elles sont très fertiles. La « conquête de l'Ouest » prend son essor. Elle forge les représentations mythiques du pionnier et sa famille, sortant du chariot pour planter les poteaux qui marqueront les limites de son champ. Au début des années 1850, un éditorialiste a donné au processus un slogan resté légendaire :

« Mets le cap à l'ouest, jeune homme, et grandis avec ce pays[1]. » En 1862, le Homestead Act lui a fourni un cadre juridique : toute famille qui réside depuis cinq ans sur un terrain peut en revendiquer la propriété.

Les causes de ce flux migratoire sont évidemment économiques. Il connaît des poussées spectaculaires. En 1848-1850 la découverte de l'or dans une Californie qui vient juste d'être arrachée au Mexique crée une *ruée* qui, en à peine un ou deux ans, attire dans cette région plusieurs centaines de milliers de chercheurs de fortune. Partout ailleurs, les colons affluent vers les terres nouvelles dans l'espoir d'une vie meilleure que celle qu'ils ont laissée derrière eux.

Le mouvement est également porté par un fort sentiment religieux. Dès les temps des Pères pèlerins, l'Amérique apparaissait comme la Terre promise par Dieu aux chrétiens fuyant les persécutions religieuses[2]. L'expansion du XIXe siècle, se place sous les mêmes auspices. Au moment où un débat opposait les Américains pour savoir s'il fallait ou non annexer le Texas, dans les années 1840, le journaliste John O'Sullivan écrit : « C'est notre destinée manifeste de nous étendre sur un continent qui nous a été donné par la Providence. » L'expression de « destinée manifeste[3] » fait florès, elle résume le messianisme américain, cette idée que tout ce qu'entreprend le peuple des États-Unis est l'expression d'une volonté divine. On la retrouvera à l'œuvre longtemps.

1. « Go west young man, and grow up with the country. »
2. Voir chapitre 24.
3. En anglais, *manifest destiny*.

Les États-Unis pendant la guerre de Sécession

2 La guerre de Sécession et la question noire

On s'en souvient, les rédacteurs de la Constitution avaient cru prudent de mettre sous le tapis l'épineuse question de l'esclavage pour ne pas fâcher les États sudistes le pratiquant[1]. L'évolution économique du XIXe siècle creuse le fossé qui sépare en deux la jeune république. Le Nord ne cesse de s'industrialiser et n'a nul besoin de main-d'œuvre servile. Le Sud vit de la vente du coton, dont le boom de l'industrie textile anglaise a fait exploser la demande. Il a plus besoin que jamais de ce qu'on appelle par euphémisme l'« institution particulière ». Quatre millions d'esclaves, au milieu du siècle, font tourner les plantations.

L'opinion publique nordiste bascule peu à peu vers l'abolitionnisme. Le Sud, en retour, fourbit ses arguments pour empêcher ce qui, aux yeux de l'aristocratie des planteurs, causerait sa ruine : pourquoi interdire l'esclavage, puisqu'il existe même dans la Bible ? Que feraient les Noirs si on ne s'occupait pas d'eux ? Il est vrai que les maîtres sont prêts à beaucoup pour les maintenir dans cette dépendance : les lois qu'ils ont introduites interdisent formellement d'enseigner à lire et à écrire à un esclave.

Dans la première moitié du siècle, la grande expansion du pays remet la question sur le gril et déclenche des batailles passionnées entre les deux camps à chaque fois qu'un nouvel État demande

1. Voir chapitre 24.

son intégration dans l'Union. Le fait qu'il soit ou non esclavagiste est essentiel, en effet, car cela peut faire basculer les majorités politiques à Washington. D'autres fois, les querelles prennent des formes juridiques : quel est le statut des esclaves qui ont réussi à fuir pour gagner les États libres ? Une loi fédérale votée en 1850 oblige ces États à les arrêter pour les renvoyer à leurs propriétaires, et suscite la colère des militants abolitionnistes qui, en retour, organisent le « chemin de fer clandestin », un réseau permettant aux fuyards de gagner le Canada.

De sensible, le problème devient brûlant. Le succès mondial de *La Case de l'oncle Tom* (1852), roman qui décrit la dureté de la vie dans les plantations, jette une énorme pierre dans le jardin des esclavagistes. Durant ces mêmes années est fondé, au Nord, le parti républicain qui promet d'en finir avec une institution désormais insupportable à un grand nombre d'Américains. La victoire à l'élection présidentielle de 1860, à l'issue d'une campagne électorale survoltée, d'Abraham Lincoln (1809-1865), membre de ce parti, est le choc qui crée la rupture. Avant même son investiture, sept États du Sud se séparent de l'Union. Bientôt suivis de quatre autres, ils forment un nouveau pays, les États confédérés d'Amérique (d'où le nom de Confédération qu'on lui donne en général), qui choisit la ville de Richmond (Virginie) pour capitale. Commence un conflit terrible. Les non-anglophones le nomment la « guerre de Sécession ». Les Américains : *the Civil War*, la « guerre civile ».

Le conflit est âpre, coûteux en hommes et très long malgré une forte dissymétrie de départ entre les belligérants. Le Nord a pour lui la puissance de son industrie, des chemins de fer, une marine. Le camp confédéré, même s'il est reconnu par la France et l'Angleterre, est en position d'infériorité mais ses armées, conduites par le général Lee, se battent avec une énergie exceptionnelle. Il faut trois ans de combats acharnés avant que la bataille de Gettysburg (1863) ne donne l'avantage au Nord. Deux ans plus tard, le Sud est vaincu. La guerre a fait plus de 600 000 victimes[1].

Quelques jours à peine après la fin du conflit, Lincoln meurt assassiné par un sudiste fanatique, mais la victoire de son camp est totale. Le Sud est ruiné. La période de l'après-guerre est appelée la Reconstruction. Elle permet surtout aux hommes d'affaires du Nord de se bâtir des fortunes vertigineuses en prenant un contrôle quasi total de l'économie des États vaincus. L'abolition de l'esclavage, proclamée par le président au lendemain de Gettysburg, est actée dans le 13e amendement à la Constitution (1865), mais le sort des anciens esclaves n'est pas réglé clairement. Ils sont libérés, mais pas intégrés à la communauté nationale. Les promesses qui avaient été faites de leur fournir des petits lopins de terre pour leur permettre de s'installer à leur compte ne sont pas tenues. Comme Lincoln lui-même, la plupart des Blancs du Nord, même farouchement abolitionnistes, ne considèrent nullement les Noirs

1. À ce jour, le nombre de morts de ce conflit est supérieur à l'ensemble des morts de toutes les guerres menées par les États-Unis.

comme devant être leurs égaux. Nombre d'entre eux, au Sud, sont prêts aux pires méthodes pour les maintenir en état d'infériorité. En 1866, apparaît une société secrète, le Ku Klux Klan, dont les membres organisent des campagnes massives d'assassinats qui ont pour but de répandre la terreur parmi les gens de couleur et de les empêcher de s'inscrire sur les listes électorales ou d'envoyer leurs enfants à l'école. La confrérie aux trois K disparaît en 1871[1]. Le racisme demeure et trouve bientôt le moyen de s'institutionnaliser. En 1876, la Cour suprême autorise chaque membre de l'Union à organiser à sa guise le « cadre des relations interraciales ». Tous les États du Sud mettent en place des législations baptisées les lois Jim Crow[2] qui organisent, à tous les niveaux de la vie sociale, une stricte séparation fondée sur la couleur de peau. Interrogée sur la licéité de ces lois au regard de l'égalité promise par la Constitution, la Cour suprême les avalise en 1896 au nom du principe suivant : les citoyens doivent être « séparés mais égaux ». C'est le système dit de « ségrégation » qui partage les États le pratiquant en deux mondes que tout distingue, du confort des banquettes dans les autobus aux entrées d'immeubles, de la taille des toilettes aux subventions accordées aux écoles des uns et des autres. Il s'agit, à chaque instant de la vie, de rappeler qu'entre les deux « races égales », l'une l'est plus que l'autre.

1. Et réapparaît dans les années 1920.
2. D'après les paroles d'une chanson à la mode, *Jump Jim Crow* interprétée par un Blanc grimé en Noir.

3 Les Indiens

Comme l'exprime la théorie de la destinée manifeste, Dieu a donné pour mission aux chrétiens blancs de faire prospérer la vaste Amérique. N'est-il donc pas dans le plan divin d'en chasser les « sauvages » qui l'occupent indûment ? L'histoire des Indiens d'Amérique ressemble à la longue chronique d'une mort annoncée. Le même mécanisme, qui s'est mis en place à l'arrivée des Européens au XVIIe siècle, se répète durant tout le XIXe, en se déplaçant toujours plus à l'ouest. La poussée des colons sur les territoires indiens aboutit rapidement à des vols de terres, qui déclenchent des violences, débouchant souvent sur l'assassinat de ces colons par les tribus lésées, ce qui provoque l'intervention de l'armée fédérale. Supérieure en armes, elle réussit toujours, après de courtes guerres, à écraser les Indiens, puis à les refouler dans des territoires plus lointains, que de magnifiques traités garantissent jusqu'à ce que des nouveaux colons les violent.

Certains épisodes de cette triste saga sont restés célèbres. Dès l'indépendance, il a été convenu que les Indiens ont le droit de résider à l'est du Mississippi à condition qu'ils apprennent à lire et à écrire, et, parfois qu'ils se convertissent, pour former ce qu'on appelle les « tribus civilisées ». À partir des années 1820, les Blancs convoitent leurs territoires. La découverte de minerais dans les sous-sols décuple leur appétit. En 1830, le président Jackson s'assoit sur les belles promesses faites aux « civilisés » et ordonne, par l'Indian Removal Act, la déportation et la réinstallation de toutes les tribus à des milliers de kilomètres de là. Entre 1831 et 1838, des dizaines de milliers de malheureux, hommes, femmes, vieillards, enfants, entreprennent le voyage à pied, dans des conditions tellement effroyables que la route qu'ils ont suivie, jonchée de morts, recevra le nom de « piste des Larmes ».

La conquête de l'Ouest et la colonisation des grandes plaines entraînent, au milieu du XIXe siècle, une nouvelle série de guerres indiennes dont certaines sont toujours présentes dans la mythologie américaine. Dans les années 1870, les Indiens prennent les armes pour défendre leurs terres sacrées des Black Hills[1] menacées par la découverte d'or. Sitting Bull, un *holy man* sioux, ayant des pouvoirs à la fois spirituel et temporel, est leur chef charismatique. Sous ses ordres, Crazy Horse réussit, à Little Big Horn en 1876, à infliger une cuisante défaite au général Custer mais il est vaincu à son tour quatre mois plus tard. Comme Cochise dont il se réclamait, le chef apache Geronimo est devenu l'un des autres grands héros amérindiens pour avoir mené, durant vingt ans, sur la frontière entre les États-Unis et le Mexique, une guérilla qui rendaient fous les soldats des deux pays.

La politique menée durant plus d'un siècle par les forces américaines à l'égard des peuples autochtones peut-elle être qualifiée de génocide ? La plupart des historiens récusent le terme, car il suppose une intention d'extermination délibérée de la part du

1. Dans l'actuel Dakota du Sud.

gouvernement américain qui ne peut être prouvée. Si le pouvoir central n'a pas eu cette volonté, il est toutefois indéniable que ses employés n'ont négligé aucune barbarie pour régler la « question indienne » sur le terrain. Pour toutes les activités de la vie, nourriture, vêtement, habitat, les Indiens des Plaines dépendent du bison. Au moment de la construction du chemin de fer transcontinental, des fonctionnaires et militaires ont l'idée d'une ingénieuse technique pour débarrasser ces espaces des « sauvages » qui les rendent si peu sûrs : ils organisent des campagnes de chasse ayant pour but délibéré de supprimer tous les bisons. Un des apôtres de cette technique est le général Sheridan, militaire resté célèbre à cause de la formule qu'on lui prête : « Un bon Indien est un Indien mort. » André Kaspi, grand spécialiste des États-Unis, affirme qu'il ne l'a jamais prononcée. « En revanche, ajoute l'historien, il a dit : "Plus nous en tuons cette année, moins nous devrons en tuer l'année prochaine[1]." »

L'espace laissé aux Américains indigènes se réduit comme peau de chagrin. Placé à côté de l'Oklahoma, le vaste « territoire indien » où ont abouti les tribus déplacées était censé leur offrir un asile éternel[2]. En 1889, il est ouvert à la colonisation blanche par un spectaculaire *land run*, une course à cheval qui per-

1. André Kaspi, *Les Américains. Les États-Unis de 1607 à nos jours*, Le Seuil, collection « Points histoire », 2014.

2. Selon un traité ultérieur, les terres devaient appartenir aux Indiens « aussi longtemps que poussera l'herbe et que courra l'eau ». La formule est restée, aux États-Unis, l'archétype de la fausse promesse.

met au premier arrivé sur un terrain de s'en déclarer propriétaire. Un peu plus tard, la décision de couper en deux une réserve dans le Dakota entraîne une nouvelle rébellion. La répression culmine avec l'assassinat, par les Tuniques bleues de l'armée fédérale, de plusieurs centaines d'Amérindiens encerclés et désarmés auprès de la petite rivière de Wounded Knee. Ce massacre, qui a lieu en septembre 1890, marque traditionnellement la fin des guerres indiennes. La population autochtone est estimée à 850 000 individus à l'arrivée des Européens, elle tombe alors à 50 000, tous parqués dans des réserves[1].

4 Naissance d'une puissance économique

Pour peupler leur immense territoire et le mettre en valeur, les États-Unis disposent d'un carburant essentiel : l'immigration. Entre 1830 et 1860, 4,6 millions d'Européens ont tenté le voyage. Ils viennent d'Angleterre, mais aussi d'Allemagne, ou encore d'Irlande, ravagée par la famine[2]. Cette arrivée massive de catholiques provoque des tensions dans un pays fondé par des protestants. Entre 1860 et 1914, la vague migratoire atteint des proportions énormes. Les nouveaux arrivants sont 22 millions[3]. Il s'agit encore d'Allemands, mais aussi de Polonais, d'Ita-

1. Philippe Jacquin, *La Terre des Peaux-Rouges*, Gallimard, 2000.
2. Voir chapitre 33.
3. Selon l'Atlas historique Kinder-Hilgemann, *op. cit.*

liens et de très nombreux Juifs d'Europe orientale qui fuient l'antisémitisme et les pogroms. Sur la côte Pacifique, débarquent de semblables candidats à un monde meilleur, originaires de Chine et du Japon. Ceux-là ne sont pas bienvenus. Le rêve américain, pour l'Amérique d'alors, doit rester un rêve blanc. Dès les années 1880, des lois ou des accords avec les pays de départ restreignent l'immigration asiatique de façon drastique. Une partie de ces masses humaines forme le peuple de la conquête de l'Ouest mentionnée plus haut, celui des pionniers en chariot. Ils ne sont pas la majorité. Pour la plupart, les arrivants s'arrêtent dans les grandes villes de la côte Est et grossissent le prolétariat des usines qui s'y développent. Les États-Unis, au XIXe siècle, deviennent en effet l'une des toutes premières puissances industrielles mondiales.

La nécessité de reconstruire le pays après la guerre de Sécession dope l'économie. Le besoin de doter ce gigantesque espace de bonnes infrastructures aussi. Il faut aménager les fleuves pour les rendre navigables, creuser des canaux qui les relient entre eux, tracer des routes pour faire circuler les hommes et les biens. La construction du premier chemin de fer permettant de relier l'Atlantique au Pacifique devient un des symboles de l'unification réussie du pays-continent : en 1869, la jonction de la ligne venant de l'est et de celle de l'ouest est un événement célébré dans tout le pays.

Ce dernier tiers du siècle, surnommé par les Américains *The Gilded Age* – l'âge d'or, parfois traduit par l'âge en toc –, permet aux plus entreprenants d'accumuler des fortunes considérables. C'est l'époque reine du *self-made man*, l'homme issu de rien devenu milliardaire grâce à son ingéniosité et son esprit d'entreprise. Rockefeller, roi du pétrole ; Carnegie, de l'acier ; Vanderbilt, des chemins de fer, en sont les plus célèbres représentants. Dans la grande tradition protestante, tous sont très fiers de la fortune, et tous ont également à cœur d'en prélever une partie pour créer des fondations philanthropiques qui portent leur nom. Doutant des moyens qu'ils ont utilisés réellement pour devenir riches, la presse, elle aussi en plein essor, les appelle les « barons voleurs[1] ».

À l'autre bout de l'échelle sociale, les ouvriers apprennent à s'organiser, comme le font leurs cousins d'Europe. Contrairement à ce qui se passe dans le Vieux Monde, peu d'entre eux défendent le socialisme. Le capitalisme et ses promesses d'enrichissement sont trop liés au « rêve américain » qui a attiré les immigrants pour être remis en cause. Néanmoins, le mouvement syndical, puissant, réussit à fédérer des luttes visant à améliorer les salaires ou les conditions de travail. Elles peuvent être d'une grande âpreté. Au printemps 1886, les syndicats de Chicago, dont une partie des membres sont liés au mouvement anarchiste, organisent grèves et manifestations en faveur de la journée de huit heures. Les interventions policières sont violentes et la lutte contre cette répression dégénère. Lors d'un rassemblement sur Haymarket Square, alors que la police charge les ouvriers, une

1. En anglais, *robber barons*.

bombe est lâchée contre les forces de l'ordre. On ignore qui l'a lancée, mais, après un procès bâclé et inique, huit militants ouvriers, tous de la mouvance anarchiste, sont condamnés à mort et quatre effectivement pendus. Les événements avaient commencé le 1er mai. C'est en leur mémoire que cette journée est devenue, dans le monde entier, la fête du travail et des ouvriers.

Comme l'Europe, enfin, les États-Unis deviennent une patrie de la science. Ils multiplient les inventions et découvertes spectaculaires qui révolutionnent le quotidien et dopent la production industrielle. En 1807, Robert Fulton fait voguer sur l'Hudson le premier bateau à vapeur. En 1831, apparaissent les premières moissonneuses. Puis vient le revolver de Colt (1835), le télégraphe de Samuel Morse (1837), la machine à écrire, le téléphone de Graham Bell (1876), le phonographe d'Edison (1877) et, au début du XXe siècle, le premier vol motorisé, réussi par les frères Wright (1903). La révolution des transports se joue aussi sur l'asphalte. En 1914, les États-Unis sont déjà le premier producteur d'automobiles au monde, avec 400 000 véhicules annuels.

5 L'intérêt pour les affaires du monde

L'indépendance de 1776 a été portée par la volonté de couper les ponts avec l'Ancien Monde. L'émancipation de l'Amérique latine dans les années 1810-1820 renforce l'idée que les États-Unis ont un rôle de leader à prendre dans le Nouveau[1]. En 1823, le président Monroe défend une doctrine qui porte son nom : personne d'autre que les Américains n'a le droit de s'occuper des intérêts du continent américain. La fin du siècle permet de la mettre en pratique. En 1898, Cuba est encore une colonie espagnole. Des Cubains luttent pour l'indépendance, aidés par des volontaires étatsuniens. L'attaque, devant La Havane, d'un navire portant son pavillon permet à Washington d'entrer officiellement dans le conflit, en déclarant la guerre à Madrid. Quelques batailles suffisent pour que l'île obtienne son indépendance mais l'intervention permet de la transformer aussitôt en un protectorat américain. Durant cette même fin de siècle, les États-Unis rachètent à l'ingénieur français Ferdinand de Lesseps, l'homme du canal de Suez, le projet de percement de l'isthme de Panama. Pour être sûr d'en contrôler le trafic, ils fomentent de toutes pièces, en 1903, une révolution qui a pour but de détacher de la Colombie la zone entourant le canal. Elle devient la république de Panama, autre protectorat de fait de Washington. Pour défendre cette politique d'influence dans la région caraïbe, le président Theodore Roosevelt (au pouvoir de 1901 à 1909) avait cité, un jour, cette phrase présentée comme un proverbe africain : « Parle doucement et porte un gros bâton[2]. » La « politique du gros bâton » devient la marque de fabrique de l'interventionnisme des États-Unis.

---

1. Voir chapitre suivant.
2. « Speak softly and carry a big stick. »

Au tournant du siècle, les États-Unis entendent la pratiquer bien au-delà de l'Amérique centrale. Dès le milieu du XIXe siècle, le pays est entré dans la grande course entamée par les Européens vers l'Extrême-Orient[1]. En 1898, Cuba n'était pas la seule des vieilles colonies espagnoles à se battre pour son indépendance. Les Philippines se sont elles aussi lancées dans la lutte. Dans le cadre de leur guerre avec l'Espagne, les États-Unis y envoient une flotte au secours des rebelles. L'intervention leur permet de prendre pied dans un pays riche en cultures tropicales, en minerais, et idéalement situé sur la route de la Chine. L'année suivante (1899), les Philippins se soulèvent contre ces nouveaux maîtres qui se sont imposés alors qu'ils n'étaient censés apporter qu'une aide ponctuelle. Selon l'historien français Farid Ameur, l'impitoyable répression engagée alors par les marines pour maintenir leur tutelle sur le pays marque les débuts de l'impérialisme américain[2]. En 1907, le président Theodore Roosevelt envoie une magnifique flotte faire le premier tour du monde jamais opéré par la marine de guerre américaine. Les États-Unis estiment qu'ils sont prêts à entrer sur la scène planétaire. Ils entendent montrer qu'ils ont désormais les moyens d'y tenir leur rôle.

1. Voir chapitres 36 et 37.
2. « Les collections de *L'Histoire* », n° 56, juillet 2012.

35

L'Amérique latine

De Bolivar à Zapata

Les idéaux des révolutions américaine et française ont atteint le sud du continent américain. Dans les années 1810, des libertadors, comme Bolivar ou San Martin, libèrent les colonies espagnoles de la tutelle de Madrid, mais ils échouent à bâtir la grande fédération dont ils rêvent. L'Amérique latine se fracture en de multiples États dont la vie politique, scandée par les coups d'État, est aux mains des caudillos.

L'Amérique espagnole s'est faite au nom de la Croix. Au XVIIIe siècle, les loges maçonniques s'y sont développées comme en Europe et y ont diffusé l'esprit des Lumières. La Révolution américaine, puis la Révolution française font rêver les créoles, ces descendants d'Espagnols ou, au Brésil, de Portugais qui forment la bourgeoisie. Ils aspirent à secouer la tutelle de Madrid, au moins pour se débarrasser de l'exclusif colonial, principe qui les lèse en donnant le monopole du commerce à la métropole. Ils en ont également assez de voir tous les postes de pouvoir détenus par des fonctionnaires venus du Vieux Monde.

Un accident de l'histoire européenne allume ce feu qui couvait. En 1808, Napoléon conquiert l'Espagne et chasse du trône le Bourbon Ferdinand VII pour y placer son frère Joseph[1]. Le premier mouvement des colonies est légitimiste. Elles cherchent d'abord à manifester leur soutien au roi déchu et à rejeter l'usurpateur, mais rapidement les actes de défiance à l'égard de celui-ci se transforment en désir de couper les liens, quels qu'ils soient, avec le Vieux Continent. Dans les années 1810, dans toutes les grandes villes des vice-royautés et autres capitaineries générales qui partagent administrativement l'empire, de Mexico à Buenos Aires, se lèvent des juntes, des congrès, des gouvernements provisoires qui proclament leur liberté et appellent à la lutte contre les Espagnols et leurs affidés. C'est la première phase des guerres d'indépendance d'Amérique latine. Le retour de Ferdinand VII, remis en selle en 1814, au moment de la chute de Napoléon, y met un terme. Sitôt son trône retrouvé, le roi Bourbon entend reconstituer l'entièreté de son patrimoine outre-mer : dans les années 1815 et suivantes, ses soldats mènent partout une impitoyable guerre de reconquête. L'étendue du territoire à reprendre, et surtout l'acharnement des patriotes latino-américains à se défendre, rendent la tâche impossible.

Entre 1816 et 1821, se déroule la deuxième phase de cette épopée. Toutes les anciennes colonies obtiennent leur indépendance de façon définitive.

1. Voir chapitre 31.

Dans le détail, tous ces événements sont complexes. Contentons-nous de les résumer à très grands traits en les regroupant par zones.

Le temps des indépendances

Naissance du Mexique

Au nord se trouve la vice-royauté de Nouvelle-Espagne. Du début à la fin de cet épisode, elle joue, par rapport aux autres, une partition atypique. Partout, les créoles sont le fer de lance de la lutte. Ici, l'homme qui, le premier, en 1810, sonne l'heure de la révolte contre le « mauvais gouvernement », c'est-à-dire celui de Joseph Bonaparte, est un curé de village nommé Michel Hidalgo, qui réussit à entraîner dans son sillage des milliers d'Indiens et de métis. La perspective d'une révolution dirigée par de telles foules terrifie la bourgeoisie de Mexico qui encourage les Espagnols à les en débarrasser. Hidalgo est exécuté en 1811. Morelos, un autre religieux qui tente à nouveau l'expérience, subit un sort comparable en 1815. Il faut qu'un ex-général des forces espagnoles, Iturbide, se rallie un peu plus tard à la cause de l'indépendance pour que celle-ci prenne enfin une teinte qui rassure les possédants. En 1821, le militaire, conservateur dans l'âme, décrète l'indépendance du Mexique tout en rêvant d'en confier les rênes à un monarque européen. Faute d'en trouver, il se fait couronner lui-même empereur en 1822. Quelques mois plus tard, il est renversé par Santa Anna, un officier qui proclame la république.

L'épopée de Bolivar

En Amérique du Sud, les luttes prennent également naissance dans le cadre des frontières administratives tracées par les Espagnols.

Commençons le voyage dans la capitainerie générale du Venezuela. Une première république a été proclamée à Caracas en 1810. La lutte contre les armées de Madrid est menée par un des premiers héros de cette épopée, Miranda (1750-1816), militaire chevronné qui a participé à la révolution américaine et, admirateur de la Révolution française, a même combattu à Valmy. En 1812, battu, il signe un armistice. Alors qu'il cherche à quitter le pays, il est capturé et donné par les siens aux Espagnols, qui l'envoient en prison à Cadix, où il mourra. L'homme qui l'a livré est son intransigeant rival, qui avait considéré la fuite de Miranda comme un acte de traîtrise inadmissible. Il se nomme Simon Bolivar (1783-1830). Il est la plus célèbre icône de cette histoire.

Fils de l'aristocratie créole de Caracas, empreint d'admiration pour les idéaux éclairés de l'Europe, où il a beaucoup voyagé, il fait le serment de libérer l'Amérique latine des chaînes qui, selon lui, l'asservissent. Il mettra du temps à y parvenir. Après l'échec de l'éphémère Première République du Venezuela, puis de la Seconde, celui qui a reçu le titre de *Libertador* auquel son nom est attaché est contraint, en 1815, à l'exil dans les Caraïbes. Il en revient, en 1816, aidé par les Anglais, et porté par un grand projet. Plutôt que de se concentrer sur le seul Venezuela, il faut inclure dans la lutte toute la vice-royauté de Nouvelle-Grenade pour former une république bien plus vaste, un nouveau pays qui s'appellera la Colombie. Nouvelle épopée militaire, nouvelles âpres batailles, nouvelles pages glorieuses, dont la plus fameuse est le passage des Andes, un coup fort risqué à cause de l'altitude et des conditions météorologiques, qui lui permet en 1819 de libérer Bogotà. Il en fait sa capitale. De là, il peut poursuivre la reconquête du Venezuela, puis celle de l'actuel Équateur. En 1822, tout le nord de l'Amérique du Sud et une partie de l'Amérique centrale (jusqu'au Panama actuel) sont rassemblés dans une grande Colombie indépendante.

San Martin, du Rio de La Plata au Pérou

Durant toutes ces années où le Nord a vécu au rythme des échecs et des succès de son *Libertador*, le Sud connaît le sien. San Martin (1778-1850) est de retour en 1812 dans son Argentine natale après avoir fait une partie de sa carrière militaire dans les armées espagnoles en Espagne et, aussitôt, il est de tous les combats qui conduisent en 1816 la grande vice-royauté du Rio de La Plata à se déclarer indépendante. Buenos Aires lui confie la mission de poursuivre la libération de tout le sous-continent. Autre épopée, autres pages glorieuses qui comportent, elles aussi, un très périlleux et mythique passage des Andes : celui que San Martin effectue avec toute son armée pour aller libérer le Chili. Sitôt proclamé « directeur suprême » de ce nouveau pays, il rétrocède son pouvoir pour poursuivre sa route. D'autres combats, d'autres lauriers l'attendent. Transporté avec ses hommes sur une flotte affrétée par un généreux mécène anglais, il débarque bientôt dans le port de Pisco, conquiert le Pérou dont il devient le « protecteur ». La dernière des quatre grandes vice-royautés espagnoles d'Amérique est indépendante.

Nous sommes en 1821. Au nord de ce dernier pays, nous retrouvons l'histoire racontée plus haut : les troupes de Bolivar, menées par le général Sucre, sont en pleine campagne pour libérer l'Équateur. San Martin y envoie ses propres soldats faire la jonction avec elles. En 1822, enfin, dans un grand port équatorien nommé Guayacil, le *Libertador* du Sud rencontre le *Libertador* du Nord. Que se sont-ils dits, lors de cette entrevue capitale ? Jusqu'à nos jours, cela reste un fascinant mystère. Tout ce qu'on sait est qu'aussitôt après San Martin a tout abandonné pour retrouver Buenos Aires. Dégoûté par l'atmosphère délétère qu'il y découvre, refusant de se laisser entraîner dans la guerre civile larvée qui a suivi l'indépendance, il prend le chemin de l'exil.

Bolivar reste seul maître. Son fidèle Sucre continue à lui tracer une voie royale. En 1824, il écrase le dernier bastion loyaliste, ce qui marque officiellement la fin de la présence espagnole sur le continent. En 1825, il prend possession de la province du Haut-Pérou et en fait la *Bolivie*[1]. Bolivar, qui donne donc son nom au pays, en reçoit aussi la présidence. Quelle couronne n'a-t-il pas sur le front ? Toutes les provinces, tous les pays qu'il a libérés, lui ont, sous

1. Sa capitale, Sucre, a pris le nom du général.

les vivats, donné tous les titres et tous les pouvoirs. Les Espagnols sont désormais vaincus. Il est temps pour le héros de se consacrer à son rêve ultime : faire l'unité de tous, pour créer une immense république fédérale d'Amérique du Sud, une sorte de pendant hispanophone des États-Unis anglo-saxons du Nord.

En 1826, le *Libertador* convoque à Panama un grand congrès panaméricain. C'est un échec. L'Angleterre et les États-Unis n'ont nulle envie de voir apparaître une telle puissance sur le planisphère. Les nouveaux pouvoirs qui se sont constitués dans toutes les provinces n'ont nulle envie de se fondre dans un pouvoir plus grand. Le poison du séparatisme et de la division est déjà à l'œuvre partout. En cette même année 1826, des manifestations débutent au Venezuela pour demander une sécession avec la Grande-Colombie. En 1828-1829, le Pérou et l'Équateur se font la guerre à propos d'un port sur le Pacifique. À peine sorti de ce premier conflit, le Pérou en déclenche un autre, avec la Bolivie. Partout, les frères s'entretuent. Bolivar, dont les statues ornent déjà tant de grand-places, est tombé de son piédestal. Amer, rejeté par son Venezuela natal, comprenant que l'unité est impossible, il se résout à l'exil et, avant d'avoir pu s'embarquer, meurt à Carthagène en 1830 chez un vieil ami, dont l'ironie du sort a voulu qu'il fût espagnol.

★ ★
★

Les indépendances latino-américaines

Ancien domaine portugais

Ancien domaine espagnol

L'ÉVOLUTION DES FRONTIÈRES ET LA NAISSANCE DES ÉTATS INDÉPENDANTS :

Frontières actuelles

Territoires contestés au XIXe siècle

Grande Colombie (1819-1830)

1830 Date d'indépendance

L'AFFIRMATION DES ÉTATS-UNIS EN AMÉRIQUE CENTRALE ET AUX CARAÏBES :

Territoires cédés aux États-Unis par le Mexique au XIXe siècle

États placés sous la dépendance économique et militaire des États-Unis (fin XIXe - début XXe)

LES PRINCIPAUX CONFLITS :

Soulèvement de 1810-1830

Campagne de San Martin (1817-1822)

Campagne de Bolivar (1821-1824)

Conflits majeurs entre 1830 et 1914

Troubles intérieurs et guerres civiles

Mouvements révolutionnaires (fin XIXe - début XXe)

Le siècle de la division et des caudillos

Cette histoire, on vient de le voir, est riche en militaires héroïques et en pages glorieuses qui, aujourd'hui encore, sont l'objet d'un culte patriotique dans tous les pays qui s'en réclament. Elle est faite aussi d'amertume et de désillusions. San Martin est mort en exil. Bolivar a passé à la veille d'en prendre le chemin et l'unité dont il rêvait s'est perdue dans des luttes fratricides. Voyons maintenant comment ce départ boiteux et contradictoire peut éclairer la marche de tout le XIXe siècle latino-américain.

L'éclatement territorial

Bolivar est mort au moment où, avec la sécession du Venezuela, meurt son rêve d'une très grande Colombie. Deux ans plus tard, le département de Quito s'en sépare à son tour et forme un nouveau pays, l'Équateur. Après d'autres avatars qu'on épargne au lecteur, seule la partie restante va finir par former la Colombie actuelle[1]. Le mécanisme n'avait rien d'unique. Il s'est reproduit partout, du Rio Grande à la Terre de Feu, pour des raisons souvent comparables : l'incapacité des gouvernements locaux à lâcher le pouvoir au profit d'un pouvoir central, l'habitude des frontières administratives héritées de l'époque coloniale, ou simplement les difficultés liées

1. Qui connaîtra plus tard (1903) une nouvelle sécession : la formation de la petite république du Panama, sur pression des États-Unis (voir chapitre précédent).

aux distances. Dès 1823, deux districts se séparent du tout récent Mexique, pour former le Honduras et le Guatemala, qui vont rejoindre une éphémère « république fédérale d'Amérique centrale », qui elle-même se disloque une décennie plus tard en cinq pays[1]. On a cité déjà la partition entre le Pérou et la Bolivie. On peut mentionner ce qui se passe tout au sud, où les Provinces-Unies du Rio de La Plata, indépendantes en 1816, se désunissent très vite. L'Uruguay obtient son indépendance en 1830, non sans avoir affronté une guerre avec le Brésil qui voulait l'absorber. La partie restante devient l'Argentine, elle aussi en proie à une interminable guerre civile qui oppose deux factions à propos de la nature du régime à mettre en place.

Pronunciamentos et caudillos

C'est la grande question, dès l'indépendance : quelle forme doit prendre l'État qui est en train d'être bâti ? Dans de nombreux endroits, le Rio de La Plata, dont on vient de parler, ou le Mexique, la grande opposition se joue entre les fédéralistes, qui veulent donner une grande autonomie aux provinces, et les unitaires ou centralisateurs. Cette fracture se double d'une seconde qui, comme de l'autre côté de l'Atlantique, sépare les conservateurs, attachés à l'ordre et au pouvoir de l'Église, et les libéraux, promoteurs des grandes libertés publiques. Seulement tous ces débats ne concernent qu'une partie infime

1. Guatemala, Honduras, Salvador, Costa Rica et Nicaragua.

de la population, l'élite des créoles qui a fait ses révolutions pour prendre le pouvoir et n'a nulle envie d'y associer ceux qui en ont toujours été éloignés, les masses indiennes, métisses, noires.

Partout en Europe, une des grandes causes du XIXe siècle est l'élargissement progressif du suffrage à des couches de plus en plus étendues d'électeurs. Comment réussir cette progression démocratique quand la base du peuple est éclatée entre des groupes aux intérêts aussi divergents ? Les seuls qui arrivent à résoudre cette contradiction sont les leaders populistes qui flattent les masses en jouant sans complexe sur les ressorts du patriotisme le plus outrancier et, dans le même temps, apaisent les possédants en promettant des régimes d'ordre et en garantissant leurs privilèges. Dans des pays vibrant au souvenir des *libertadors*, les personnages les mieux taillés pour cette tâche sont des militaires ou, tout au moins, des hommes à poigne. On les appelle en Amérique latine les « caudillos ». La plupart d'entre eux arrivent au pouvoir grâce à des coups d'État, des *pronunciamientos*. Ils sont invariablement renversés par d'autres coups d'État. L'instabilité politique devient une des sinistres spécialités du sous-continent. Des historiens ont dénombré 75 présidents au Mexique en 55 ans[1] et décomptent au Pérou 60 soulèvements, 10 constitutions et 6 assassinats de présidents pour la période 1820-1858, et à peu près autant en Bolivie[2].

1. Encyclopédie Universalis, article « Mexique ».
2. Pierre Chaunu, *Histoire de l'Amérique latine*, PUF, 2003.

Certains de ces caudillos ont une pratique du pouvoir si extravagante que leurs aventures, à peine romancées, donneront naissance au XXe siècle à un genre de la littérature locale, le caudillisme. Le général mexicain Santa Anna (1794-1876) offre un type assez parfait du grand démagogue latino-américain. Il réussit à se faire réélire onze fois président du Mexique en menant systématiquement, après chaque élection, la politique inverse de celle préconisée pendant sa campagne. Le culte organisé autour de sa propre personne atteint des sommets : « Pendant un de ses mandats, raconte José del Pozo[1], il fit construire une urne pour exhiber la jambe amputée au cours d'une bataille, à laquelle ses partisans devaient rendre hommage. » Au pouvoir pendant la désastreuse guerre contre les États-Unis de 1846-1848, il doit céder la moitié du territoire de son pays, et est contraint à l'exil. À peine quelques années après, comme si de rien n'était, il parvient à se faire réélire, prêt à recommencer les dépenses excessives et la démagogie.

D'interminables guerres

Faute de pouvoir offrir à leur population des projets sociaux qui améliorent sa condition, les caudillos ne reculent jamais devant les pires dérivatifs. L'exaltation des sentiments xénophobes est le plus courant. Le tracé des frontières très flou hérité du temps de l'administration coloniale donne des prétextes tout

1. José del Pozo, *Histoire de l'Amérique latine et des Caraïbes, de 1825 à nos jours*, Septentrion, 2005.

trouvés pour haïr ses voisins. Dans de nombreux cas, la haine dégénère en guerre ouverte.

Un des conflits les plus importants du siècle est la guerre du Pacifique (1879-1883) qui met face à face le Chili et la Bolivie alliée au Pérou. On l'appelle aussi la « guerre du salpêtre » ou la « guerre du guano », car elle porte sur la possession d'une province qui recèle en grande quantité ces deux matières premières très rentables. Elle se termine par une victoire chilienne qui ampute le Pérou de la pointe sud de son territoire, et la Bolivie de sa province maritime, en faisant le pays enclavé qu'il est toujours.

La guerre la plus dramatique et absurde avait eu lieu quelques années auparavant (1865-1870). Pour de semblables problèmes de frontières qui se sont rapidement envenimés, le petit Paraguay se retrouve à combattre ses trois voisins, Brésil, Uruguay et Argentine, ligués contre lui. Il suffit de regarder une carte pour comprendre qu'un tel match était joué d'avance : le Paraguay n'avait aucune chance. L'obstination du dictateur fou qui y régnait alors et la volonté impitoyable de la Triple-Alliance dressée contre lui de l'écraser aboutissent à un bilan jamais atteint dans l'histoire des guerres. Selon la plupart des estimations, les deux tiers de la population paraguayenne ont péri. Il s'agissait surtout de combattants hommes. Pour repeupler le pays, écrit Pierre Chaunu, il a fallu autoriser la polygamie.

★
★ ★

Brève histoire des trois puissances latino-américaines

Entre la Bolivie, très pauvre au départ, et affaiblie un peu plus par sa guerre avec son voisin du Sud, et le Chili, qui réussit à s'industrialiser dès la fin du siècle, entre le Venezuela, qui va de guerre civile en guerre civile, ou encore les petits pays d'Amérique centrale que les États-Unis mettent sous leur coupe économique[1], l'immense espace latino-américain connaît durant le premier siècle de son indépendance une progression hétérogène. Contentons-nous d'esquisser l'évolution des trois pays les plus importants.

L'Argentine

L'Argentine est longtemps paralysée par les guerres entre fédéralistes et unitaires, et le statut à donner à Buenos Aires, dont l'importance fait peur à ceux qui n'y vivent pas. La question est réglée dans le dernier quart du siècle. Le pays devient une fédération dont Buenos Aires est la capitale. Il a une particularité par rapport à la plupart des autres États latino-américains. Sa population est constituée presque uniquement de descendants d'Européens. La « question indienne », si cruciale ailleurs, a été résolue de façon radicale et dramatique : les quelques tribus autochtones qui vivaient encore dans les déserts du pays ont été purement et simplement exterminées. Comme les États-Unis, l'Argentine réussit à la fin du siècle à mettre

1. Voir chapitre précédent.

en valeur son immense territoire grâce à une immigration massive venue d'Europe, et particulièrement d'Italie. Ses immenses fermes produisent en quantité de la viande et des céréales qui sont d'excellents produits d'exportation. Avant la guerre de 14, l'ancienne colonie est devenue la prospère dixième économie mondiale.

Le Mexique

Reprenons son histoire où nous l'avions laissée. Même le clan conservateur, qui l'a toujours soutenu jusqu'alors, s'est lassé des foucades de Santa Anna, et le pouvoir bascule de l'autre côté. Il est bientôt entre les mains de Benito Juárez (1806-1872), un ancien gouverneur d'État, et surtout le premier homme politique d'importance qui soit d'origine indienne. Dans un climat de guerre civile entretenu par la hiérarchie catholique et ses alliés des classes aisées, il réussit à imposer des mesures sociales, à développer l'éducation et aussi les lois dites de la « réforme » qui organisent la séparation de l'Église et de l'État, instaurent le mariage civil, laïcisent les hôpitaux et nationalisent les biens du clergé[1]. La déplorable situation financière du pays le conduit à suspendre le remboursement de la dette publique, ce qui cause en retour une intervention militaire de divers pays européens créanciers. L'empereur Napoléon III en

1. Benito Juárez est toujours célébré aujourd'hui au Mexique. L'aéroport de Mexico porte son nom, et la principale avenue de la ville s'appelle Reforma.

profite pour jouer un coup de poker : il ordonne à ses troupes d'aller jusqu'à Mexico pour faire du pays un empire ami de la France. Maximilien, un Habsbourg, est placé sur le trône. Nous sommes en 1864, les États-Unis voisins, en pleine guerre de Sécession, n'ont pas les moyens de réagir. Dès qu'ils les ont retrouvés, ils passent à l'action. Grâce à leur soutien, Juárez reprend le pouvoir en 1867 tandis que le malheureux Maximilien finit fusillé[1].

Après lui vient l'interminable règne d'un nouveau chef de l'État populiste, Porfirio Diaz. Arrivé à la présidence en 1876 sur des promesses de transparence et de démocratie, il réussit à s'y maintenir pendant trente-cinq ans en truquant tous les scrutins et en faisant taire tous ses opposants, mais le « porfiriat », comme on appelle son gouvernement, offre au pays une longue période de paix et de prospérité. Le boom économique transforme les villes et permet aux plus audacieux de bâtir des fortunes, mais rien n'est fait pour combler les disparités sociales. Écrasés de labeur par les riches propriétaires terriens, les *peones*, les ouvriers agricoles, souffrent. En 1910 enfin, le pays, lassé du vieux dictateur, entre en insurrection et renverse Diaz, qui part en exil. En 1911, Madero, un démocrate, prend le pouvoir. Deux ans plus tard, il est assassiné. Le cauchemar des coups d'État et de l'instabilité reprend de plus belle. Deux personnages, tous deux devenus des mythes du XXe siècle, animent cette période dite de la « révolution mexicaine » (1910-1920). Dans le nord du pays,

1. Une célèbre toile de Manet a immortalisé cette scène.

Pancho Villa (1878-1923), un ancien voleur de bétail qui aime à se faire photographier avec ses grands chapeaux et ses cartouchières, réussit à devenir général et à constituer une armée révolutionnaire. Au sud, Emiliano Zapata (1879-1919) dirige une révolte à but social : il aide les paysans sans terre à lutter contre la tyrannie des grands propriétaires. Les deux meurent assassinés. Cette page d'histoire est sanglante. En 1920, le Mexique compte 1 million d'habitants de moins qu'en 1910.

Le Brésil

Terminons ce panorama avec un géant dont on n'a pas encore parlé car il tient une place à part. Le Brésil est une colonie portugaise. Au début du XIXe siècle, comme le reste du sous-continent, il suit de près ce qui se passe dans l'Europe postrévolutionnaire et en subit les contrecoups, mais les choses se déroulent de façon très différente que dans les colonies espagnoles. Alors que leur petit royaume est envahi par les troupes napoléoniennes, en 1807, la famille royale portugaise n'attend pas d'être déposée, comme le sont les Bourbons de Madrid, mais traverse l'Atlantique. Rio de Janeiro devient la capitale de leur empire. Le roi s'y sent si bien qu'après la défaite de Napoléon, il faut quelques années pour qu'il accepte de regagner l'Europe. Il laisse derrière lui son fils Dom Pedro, avec le titre de régent. Au début des années 1820, les Cortès de Lisbonne veulent en finir avec une situation qui leur paraît bancale. Elles exigent que les territoires américains retrouvent leur statut de simple colonie, et demandent au prince de les quitter pour revenir dans son pays. Dom Pedro refuse catégoriquement l'un et l'autre. Sa véritable patrie se trouve à Rio. En 1822, il rompt avec la métropole et, *libertador* de ses propres sujets, si l'on peut dire, il fonde l'empire du Brésil. Un peu moins de dix ans plus tard, il laisse le trône à son fils Pierre II, un enfant de cinq ans.

À cause de la longueur de son règne (1831-1889), mais aussi de sa personnalité attachante, celui-ci va devenir le grand homme de la période. Il est ouvert aux sciences et ses idées de progrès en font par exemple un défenseur constant de la liberté d'expression, ce qui n'est pas si fréquent dans la région. Il réussit à défendre les intérêts de son empire contre l'Angleterre, qui a tendance à le considérer comme une de ses colonies économiques. Il se laisse entraîner dans la guerre contre le Paraguay (voir page 595), coûteuse en hommes et en argent, mais son pays en sort finalement vainqueur. Il forme surtout le grand rêve d'en finir avec l'esclavage qu'il réprouve, mais auquel la riche aristocratie foncière, qui vit des plantations, s'accroche avec force. En 1888, enfin, alors que le vieil empereur est en voyage en Europe, sa chère fille Isabelle, qu'il a nommée régente, signe la « loi d'or », c'est-à-dire l'abolition. Les planteurs ne le pardonnent pas au régime. En 1889, des militaires soutenus par une partie d'entre eux font un coup d'État, contraignent Pierre II et sa fille à l'exil, et établissent une république autoritaire. Une de plus.

36

La Chine humiliée

Remettons-nous en tête la dédaigneuse réponse de l'empereur de Chine au premier ambassadeur britannique venu jusqu'à lui dans l'espoir de placer quelques contrats commerciaux : « Qu'est-ce qu'un pays qui a tout pourrait bien acheter à des barbares ? » C'était en 1793. En 1900, soit à peine plus d'un siècle plus tard, les troupes des « diables étrangers » entrent de nouveau à Pékin qu'ils vont mettre à sac. Dans les grandes villes, les Occidentaux disposent de quartiers où ils imposent leur police, leurs juges, leurs mœurs. Le vieil empire, incapable de se défendre, est à terre, ruiné, humilié, dévoré par des puissances qui se partagent ses dépouilles.

Quelles sont les raisons de cette chute spectaculaire ? Comment expliquer ce phénomène que l'universitaire américain Kenneth Pomeranz a baptisé la « grande divergence[1] », c'est-à-dire l'écart vertigineux

1. Kenneth Pomeranz, *The Great Divergence*, Princeton University Press, 2001.

qui s'est creusé au XIXe siècle entre l'Europe – plus particulièrement l'Angleterre – et la Chine ? On l'a vu, la révolution industrielle a donné à l'Occident une puissance qui l'a rendu, pendant un temps, invincible[1]. Pourquoi la Chine n'a-t-elle pas accompli ce même saut, alors qu'elle aussi disposait de charbon, de main-d'œuvre, et avait accumulé depuis fort longtemps un impressionnant savoir technologique ?

Les historiens avancent des réponses très différentes à cette question. Citons par exemple celle proposée par l'Australien Mark Evin. Au XVIIIe siècle, note-t-il, l'économie chinoise était prospère et se suffisait à elle-même grâce à une main-d'œuvre abondante et peu chère, et un gigantesque marché intérieur. Et si le pays n'avait pas pris la voie de l'industrialisation tout simplement parce que sa prospérité lui suffisait et qu'il n'avait donc nul besoin de transformer un système qui fonctionnait ? Le spécialiste appelle cela le « piège de l'équilibre de haut niveau ». On peut aussi, ce qui est plus traditionnel, chercher dans les structures culturelles et mentales du pays les raisons de son effondrement. Au XIXe siècle, tout ce qui a fait sa puissance millénaire semble se retourner contre lui. L'empire s'est toujours pensé au centre du monde, et aucun concurrent sérieux n'était capable de lui disputer cette prétention. Au XIXe siècle, ce sentiment de supériorité cause un aveuglement fatal : tournée sur elle-même, bouffie d'ethnocentrisme, la Chine ne voit pas venir le péril européen. Sûre d'avoir tout inventé, elle n'a pas compris l'avance

1. Voir chapitre 32.

vertigineuse acquise par les barbares. Pendant des siècles, le confucianisme a servi à pacifier les rapports sociaux et à former la solide administration mandarinale. Il ne réussit plus qu'à scléroser les esprits, à les empêcher de réagir face au choc de la rencontre avec l'Occident. De quelle aide peut être une élite formée par l'étude de livres vieux de 2 500 ans quand il s'agit de faire face à des ennemis qui disposent de bateaux à vapeur et de canons surpuissants ?

Faut-il se satisfaire de cette explication ? Pourquoi, alors, le Japon, lui aussi coupé du monde, lui aussi engoncé dans les mêmes cadres confucianistes et le même ethnocentrisme, a-t-il réussi ce que la Chine a raté[1] ?

Gardons-nous de trancher de façon péremptoire cette question complexe. Contentons-nous de rappeler brièvement cette histoire. Peu d'Occidentaux l'ont clairement en tête. Tous les Chinois la connaissent jusque dans ses détails. L'effondrement de l'empire durant ce siècle terrible représente, pour eux, un traumatisme dont ils ne sont toujours pas guéris. L'opiniâtreté de la Chine du XXIe siècle à retrouver un leadership international, à conquérir la première place en économie, est encore et toujours soutenue par la volonté forcenée d'effacer la honte de cette chute. Abordons-la donc de deux points de vue. Regardons d'abord celui des Européens. Puis nous verrons comment ces mêmes événements ont été vécus par les Chinois.

1. Voir chapitre suivant.

Les puissances occidentales à l'assaut du « gâteau chinois »

Les voies du commerce peuvent prendre des détours surprenants. Au début du XIXe siècle, les Anglais, dont la demande est dopée par l'essor économique, achètent toujours plus des biens qui font, depuis toujours, la richesse de la Chine, le thé, les porcelaines, la soie. En retour, la Chine n'achète que très peu de choses, et tout ce qui entre dans le pays doit transiter par Canton, le seul port qui accueille les comptoirs étrangers. Le Royaume-Uni est confronté à un problème de déficit commercial de plus en plus périlleux. Un seul produit intéresse de nombreux Chinois : l'opium. Il est moralement peu recommandable et d'ailleurs interdit dans l'empire, mais les marchands anglais en passent de grandes quantités en contrebande. La Compagnie des Indes orientales, qui gouverne toujours le sous-continent, décide de tout miser sur ce poison fort rentable. Le pavot est bientôt cultivé à grande échelle dans le Bengale et le Bihar, ce qui permet de fournir aux consommateurs chinois des quantités de drogue toujours plus importantes.

Après d'interminables discussions entre les clans qui se disputent le pouvoir à Pékin, l'empereur se décide à engager une politique d'éradication de ce fléau. Le gouverneur de Canton l'applique. Il fait fermer les fumeries, mène la chasse aux trafiquants, brûle l'opium et ordonne la fouille des bateaux étrangers qui pourraient en faire le trafic. Fouiller un navire anglais ! C'est une offense au drapeau que le gouvernement de Sa Majesté ne saurait tolérer.

Après un débat parlementaire assez bref, Londres s'en remet à ce qu'on appellera la « diplomatie de la canonnière[1] » : elle dépêche en mer de Chine une flotte militaire, dont son premier cuirassé en métal, qui bombarde les côtes. Nous sommes en 1839, la guerre de l'Opium vient de commencer.

Il faut peu de temps au Céleste Empire pour se rendre compte que ses jonques ne font pas le poids face à un monstre de fer. En 1842, mis à genoux, l'empire signe le traité de Nankin, le premier des textes auxquels on a donné le nom très explicite de « traités inégaux ». L'Angleterre obtient ce qu'elle veut : la cession de l'île de Hong Kong, qui lui servira de comptoir, et l'ouverture de cinq ports au commerce. Le texte prévoit aussi l'extraterritorialité des légations, c'est-à-dire le fait que les Anglais en Chine pourront échapper à la justice chinoise pour être jugés par leurs propres consuls. C'est une humiliation supplémentaire pour le vaincu. Ce n'est pas la dernière qu'il aura à subir.

Dès les années 1850, la machine infernale se remet en marche. Les Chinois ont osé arraisonner un navire qui faisait de la contrebande, mais portait le pavillon britannique. Comment cette nouvelle offense à l'honneur national pourrait-elle rester impunie ? Londres, cette fois, n'est plus la seule à se fâcher. Depuis quelque temps, les Français rêvent aussi de profiter du grand festin commercial qui s'annonce dans ce pays immense devenu si fragile. Ils tiennent aussi leur prétexte : un de leurs missionnaires a été tué.

1. En anglais, *gunboat diplomacy*. En français, on parle aussi de « politique de la canonnière ».

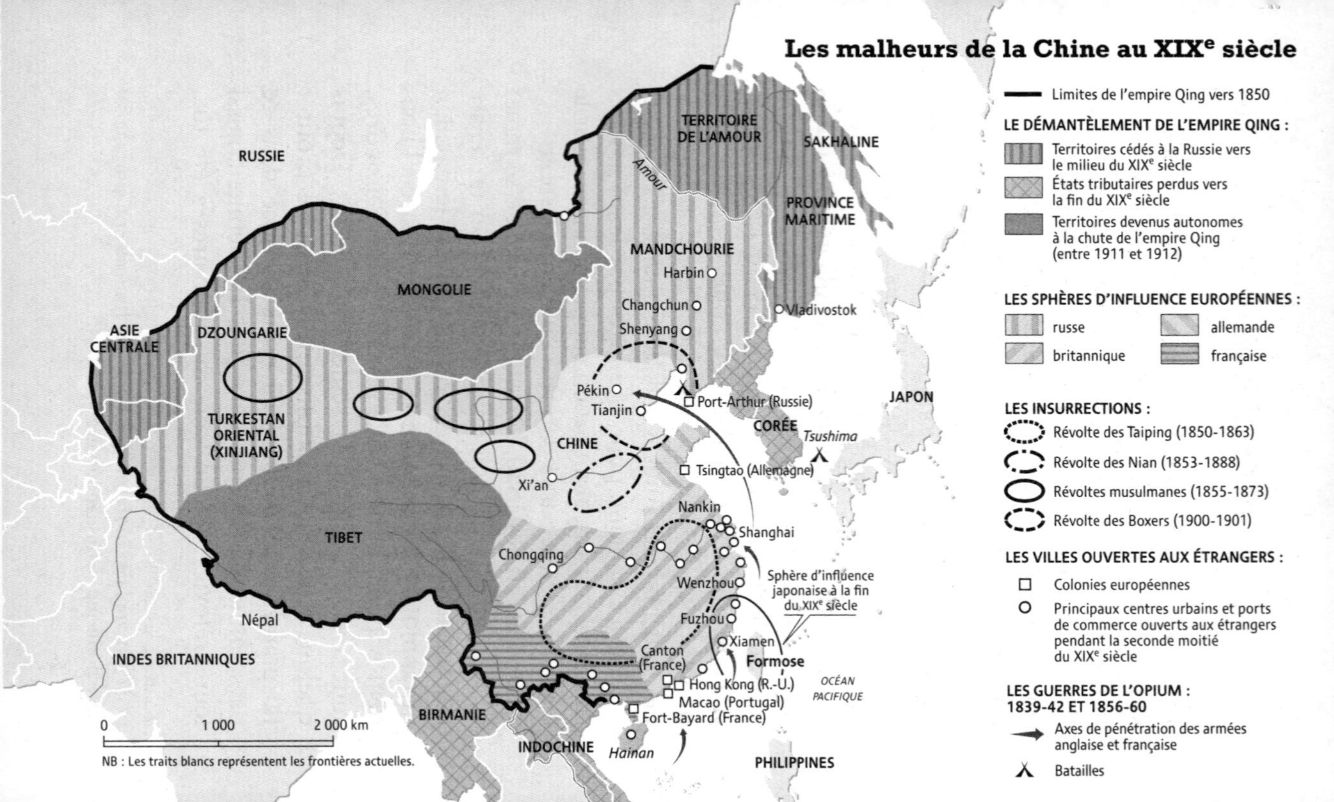
Les malheurs de la Chine au XIXe siècle
Limites de l'empire Qing vers 1850
LE DÉMANTÈLEMENT DE L'EMPIRE QING :
Territoires cédés à la Russie vers le milieu du XIXe siècle
États tributaires perdus vers la fin du XIXe siècle
Territoires devenus autonomes à la chute de l'empire Qing (entre 1911 et 1912)
LES SPHÈRES D'INFLUENCE EUROPÉENNES :
russe
allemande
britannique
française
LES INSURRECTIONS :
Révolte des Taiping (1850-1863)
Révolte des Nian (1853-1888)
Révoltes musulmanes (1855-1873)
Révolte des Boxers (1900-1901)
LES VILLES OUVERTES AUX ÉTRANGERS :
Colonies européennes
Principaux centres urbains et ports de commerce ouverts aux étrangers pendant la seconde moitié du XIXe siècle
LES GUERRES DE L'OPIUM : 1839-42 ET 1856-60
Axes de pénétration des armées anglaise et française
Batailles
RUSSIE
TERRITOIRE DE L'AMOUR
SAKHALINE
Amour
PROVINCE MARITIME
MANDCHOURIE
Harbin
Changchun
Shenyang
Vladivostok
MONGOLIE
ASIE CENTRALE
DZOUNGARIE
TURKESTAN ORIENTAL (XINJIANG)
Pékin
Tianjin
Port-Arthur (Russie)
JAPON
CORÉE
Tsushima
CHINE
Tsingtao (Allemagne)
Xi'an
TIBET
Nankin
Shanghai
Chongqing
Wenzhou
Sphère d'influence japonaise à la fin du XIXe siècle
Népal
Fuzhou
Xiamen
Canton (France)
Formose
INDES BRITANNIQUES
Hong Kong (R.-U.)
Macao (Portugal)
OCÉAN PACIFIQUE
Fort-Bayard (France)
BIRMANIE
INDOCHINE
Hainan
PHILIPPINES
0
1 000
2 000 km
NB : Les traits blancs représentent les frontières actuelles.

Un nouveau bombardement de Canton déclenche la seconde guerre de l'Opium (1856-1860), conduite par les deux puissances alliées. La supériorité de leur armement leur permet d'imposer au vieil empire un nouveau traité aussi inégal que les précédents. Il est signé en 1858 à Tientsin et prévoit, entre autres projets, l'ouverture prochaine d'ambassades dans la capitale impériale.

Quelques mois plus tard, dans un sursaut d'orgueil, les Chinois se ravisent. Ils refusent de ratifier le texte et repoussent les ambassadeurs quand ils se présentent. Français et Anglais décident d'utiliser les grands moyens pour laver cette nouvelle insulte inacceptable. Ils envoient en Chine près de 20 000 soldats. Juste avant qu'ils arrivent à Pékin, la famille impériale a jugé prudent de s'enfuir. Les assaillants se vengent donc sur les magnifiques bâtiments qui témoignaient de sa grandeur. C'est le sac du palais d'Été (1860), trois jours de flammes et d'horreur, avec massacre du personnel et pillage méthodique de toutes les richesses trouvées sur place qui sont envoyées décorer les châteaux de la reine Victoria d'Angleterre et de l'impératrice Eugénie de France. À cause de son côté symbolique, l'événement reste, pour les Chinois, une des pires blessures de leur histoire[1]. Il a, à l'époque même, un retentissement tel qu'il

---

1. De nos jours le palais d'Été a été transformé en un magnifique jardin public où les Pékinois vont se promener le dimanche, mais les ruines ont été laissées en l'état pour, dit un écriteau, « garder vivant le souvenir de l'humiliation nationale ».

émeut quelques grandes consciences européennes. Victor Hugo, dans une lettre, écrit : « Un jour deux bandits sont entrés dans le palais d'Été [...]. Devant l'Histoire, l'un de ces bandits s'appellera la France, l'autre s'appellera l'Angleterre. » La plupart des Européens ne pensent pas du tout de cette façon. Ils sont du même avis que celui qu'avait exprimé, quelques années plus tôt, lord Palmerston, ministre des Affaires étrangères britanniques. Pour se faire respecter de par le monde, les grandes puissances ne doivent jamais hésiter à donner « les corrections les plus exemplaires ».

Le temps des concessions

La Chine plie de nouveau le genou. Par la convention de Pékin (1860), elle accepte de nouvelles concessions commerciales, de nouveaux privilèges d'extraterritorialité, l'ouverture de la capitale aux étrangers. Elle est obligée de décréter la liberté de culte, qui consiste en fait à donner toute licence aux missionnaires de prêcher le christianisme et de construire des églises. Pendant des décennies, la partie continue ainsi, attirant toujours plus de nouveaux joueurs, avides de prendre leur part dans les gains faramineux qu'il y a à faire. Il suffit de regarder une carte pour comprendre comment, en quelques décennies, la Chine se trouve littéralement crucifiée par des puissances en plein expansionnisme.

Les Russes sont au nord. Ils n'ont pas participé à l'expédition franco-anglaise de 1859-1860 mais, tout à leur conquête de l'Est[1], ils en ont profité pour prendre possession d'un petit morceau de côte situé juste au-dessus de la Chine et y fonder le port de Vladivostok[2], ce qui leur permet de lorgner la riche Mandchourie. Les Anglais, qui n'ont cessé d'étendre leur empire des Indes, sont au sud-ouest, de l'Himalaya à la Birmanie et, grâce à la Malaisie où ils sont installés, contrôlent les routes maritimes. Les Français, depuis le Second Empire, ont pris pied en Cochinchine après avoir conquis Saigon (1859), et au Cambodge, devenu un protectorat (1863). Leur idée de départ était de s'installer dans cette région pour pénétrer en Chine par les grands fleuves, comme le Mékong. Dans les années 1880, ils élargissent leur assise en procédant à la conquête du Tonkin (le nord du Vietnam actuel) et en imposant un protectorat sur l'empire d'Annam (le centre du Vietnam actuel). Les deux régions étaient, depuis des siècles, vassales de Pékin. Nouvelle humiliation pour l'empire du Milieu, qui se lance dans une guerre contre la France (1883-1885). Nouvelle défaite chinoise. Le pays perd sa suzeraineté sur l'Annam et le Tonkin, désormais totalement contrôlés par la France, qui peut rassembler toutes ces provinces pour former l'Indochine française[3]. Une décennie plus tard, Paris réussit même à se faire céder à bail un petit territoire

1. Voir chapitre 33.
2. Littéralement le « seigneur de l'Orient ».
3. L'Indochine française comprenait les colonies du Tonkin, de la Cochinchine et le protectorat d'Annam, qui forment l'actuel Vietnam, ainsi que les protectorats du Cambodge et du Laos.

chinois, situé en face de la grande île d'Hainan, dont les Français veulent faire leur Hong Kong[1]. Il servira surtout à entreposer un produit décidément central dans cette histoire, l'opium.

Les Anglais, les Français ont chacun leurs propres ports ? Dès qu'elle entre dans la course au monde, avec sa *Weltpolitik*, l'Allemagne veut le sien : elle obtient des terrains dans le Shandong, où elle fonde Tsingtao (1898)[2]. Parmi tous ceux qui s'invitent ainsi au grand festin, il en est un que personne n'aurait attendu quelques décennies plus tôt. Jusqu'au milieu du XIXe siècle, le Japon est coupé du monde. Pour la Chine, il n'est qu'un pays secondaire qui lui est inférieur puisqu'il n'a jamais fait que copier son système de valeurs et sa culture. Dans les années 1890, l'humble valet montre de quoi il est capable en s'implantant en Corée, un royaume vassal de l'empire du Milieu qui se voit contraint à une nouvelle guerre. Elle a lieu en 1894-1895 et se solde par une nouvelle défaite humiliante pour Pékin. Tokyo annexe Formose (actuelle Taiwan), prend pied sur le continent et commence à grignoter la Corée[3].

C'est le temps où, pour reprendre la métaphore d'une célèbre caricature française de la fin du siècle, les souverains occidentaux se partagent le « gâteau chinois[4] ». C'est le temps où une dizaine de villes

---

1. Le territoire de Kouang-Tchéou-Wan dont le port principal se nommait Fort-Bayard.

2. Elle y ouvre une première brasserie, qui permet à la ville d'être, aujourd'hui encore, réputée pour sa bière.

3. Voir chapitre suivant.

4. Caricature d'Henri Meyer dans *Le Petit Journal*, 1898.

chinoises, comme Tientsin, comme Shanghai, petit port qui prend son envol dans cette période, sont divisées en « concessions », en quartiers où chaque puissance étrangère règne en souverain. C'est le temps où toutes ces puissances, par ailleurs rivales, sont prêtes à afficher un front uni dès lors que leurs intérêts communs sont menacés.

En 1900, les Boxers, membres d'une société secrète xénophobe, lancent l'insurrection contre les « diables d'étrangers ». Ils investissent Pékin, y assassinent un diplomate allemand et assiègent les légations où les Européens de la ville se sont réfugiés. Encore un camouflet à l'honneur des civilisés qui mérite un châtiment. Le Royaume-Uni, la France, l'Allemagne, la Russie, les États-Unis, le Japon – auxquels se sont jointes l'Italie et l'Autriche-Hongrie qui s'en seraient sans doute voulu de manquer à l'appel – mettent leurs forces en commun. L'« Alliance des huit nations » monte un corps expéditionnaire chargé de délivrer ses ressortissants et de châtier ceux qui ont osé s'en prendre à eux. Dans le discours écrit à l'occasion du départ du contingent de son pays, l'empereur Guillaume II demande que le « nom des Allemands acquière en Chine la même réputation que celui des Huns ». Le traitement que les troupes alliées infligent à Pékin, à partir d'août 1900, montre que ses paroles ont été entendues.

★
★★

Le siècle terrible vu par les Chinois

On peut reprocher aux empereurs qui se sont succédé au XIXe siècle leur incapacité à endiguer le décrochage de leur pays. Il est juste de ne pas oublier l'ampleur des défis qu'ils avaient à relever. Au choc occidental s'ajoutent des secousses internes d'une stupéfiante brutalité.

Vers le milieu du siècle, alors même que la désastreuse première guerre de l'Opium vient de s'achever et qu'une seconde se prépare, les Qing doivent affronter la plus grave rébellion populaire qu'ait connue la Chine où, pourtant, le phénomène n'est pas rare. À la fin des années 1830, un certain Hong Xiuquan (1813-1864), jeune homme appartenant à une ethnie du sud, est touché par d'étranges manifestations psychologiques. Malade, plongé dans le désespoir à cause d'échecs successifs aux examens mandarinaux, il a des visions dont il finit par comprendre le sens en les associant aux brochures que lui avait remises un missionnaire protestant : il est le frère de Jésus-Christ, le second fils de Dieu, et celui-ci lui demande de relever le pays sur de nouvelles bases et d'en chasser les Qing, ces êtres malfaisants incapables de protéger le peuple des diables étrangers. Des foules de plus en plus nombreuses le suivent pour former sous sa gouverne le paradis qu'il promet, le *Taiping Tian Guo* – le royaume céleste de la grande paix[1] –, qui donne son nom à cette page d'histoire : la rébellion

1. On retrouve les mots *tai*, « grand » ; *ping*, « paix » ; *tian*, « ciel » ; *guo*, « pays ».

Taiping (1850-1864). Hong Xiuquan prône un mode de vie très puritain, très ascétique, mais aussi un rejet total des principes confucéens de hiérarchie au nom d'un égalitarisme absolu, y compris entre les hommes et les femmes[1]. Son mouvement, mâtinant un christianisme dénaturé et un vieux fond chinois, tient de la secte. Il réussit aussi à cristalliser les espoirs des campagnes en proie à la famine, du petit peuple des villes, et obtient le soutien de nombreuses sociétés secrètes ennemies des Mandchous. Il se répand comme une traînée de poudre en Chine centrale. L'armée Taiping atteint une telle puissance qu'elle conquiert Nankin en 1853. Il faut plus de dix ans au pouvoir central et une succession de campagnes militaires d'une violence aussi épouvantable que celle dont peuvent faire preuve les rebelles pour venir à bout de l'insurrection (1864). Cet épisode reste, à ce jour, la guerre civile la plus meurtrière de l'histoire : certaines estimations avancent le chiffre de 30 millions de morts.

À dater de ces années 1860 entre sur la grande scène de l'empire une des personnalités les plus célèbres et les plus détestées de l'histoire chinoise : Cixi (1835-1908) ou Ts'eu-Hi, comme on écrivait autrefois en France. Réputée pour sa beauté, elle a été admise au palais comme concubine. Dotée également d'une grande intelligence et d'une ambition à faire tomber les montagnes, elle a réussi à don-

1. Cela lui vaudra au XXe siècle, une grande admiration des maoïstes, qui voient en lui un ancêtre du communisme.

ner un héritier à l'empereur. À la mort de celui-ci (1861), elle devient impératrice douairière et peut, de sa main de fer, tenir les rênes du pays à la place de son fils, encore enfant. Elle a trouvé son grand rôle et sera prête à toutes les intrigues pour le tenir pendant des décennies. Ainsi, quand son fils meurt (1875), elle parvient à imposer comme successeur un obscur neveu. Il est âgé de quatre ans, ce qui lui permet une nouvelle longue régence. De fait le personnage est fascinant. Viscéralement conservatrice, attachée jusqu'au bout de ses longs ongles aux plus tatillonnes traditions impériales, elle semble vivre hors du monde et du temps à une époque où l'un et l'autre frappent à la porte de la manière la plus impérieuse. Quelle représentation des réalités du XIXe siècle pouvait-elle avoir, servie par ses armées de domestiques, entourée de ses régiments d'eunuques, perdue au fond de « cités interdites » dont le protocole l'empêchait de sortir ?

Dans les années 1860, bien conscients de la nécessité d'agir, des ministres lancent une vague de réformes, fondées sur le principe dit d'« autorenforcement » (1860-1885), consistant à utiliser les « outils occidentaux » sans remettre en cause le génie et la tradition chinois. Début d'industrialisation, construction d'arsenaux sur le modèle européen et équipement du pays en chemins de fer, mais aucune remise en cause du fonctionnement de l'empire, de l'autocratie et de son administration sclérosée et corrompue. Le mouvement est louable, mais bien trop timide. Les défaites s'enchaînent. Celle contre le Japon, en 1895, cause le traumatisme de trop. Être vaincu par des barbares est humiliant. L'être par ce petit voisin qui fut jadis vassal de l'empire est insoutenable. Tout le monde sait qu'il faut, pour éviter le précipice, prendre une nouvelle direction. Plusieurs sont possibles.

Guanxu (1871-1908), le neveu que Cixi a placé sur le trône, est maintenant presque adulte. Il veut s'émanciper. Il décide de suivre le premier chemin envisageable : une réforme tentant une vraie synthèse entre les valeurs qui réussissent à l'Occident et celles qui ont fait le succès de la Chine. Le grand théoricien de ce syncrétisme se nomme Kang Youwei (1858-1927). Admirateur de Pierre le Grand et du Japon de la modernisation Meiji[1], il a écrit des ouvrages remarqués qui cherchent par exemple à relire Confucius en le tirant vers la modernité, et non en voyant en lui un pur amoureux du passé, comme le prétend la vieille école. En 1898, l'empereur l'appelle à ses côtés. Aussitôt, Kang Youwei et son entourage lancent des plans de lutte contre la corruption, ils cherchent à moderniser le système des examens et préparent le seul grand saut en avant qui, à leurs yeux, sauvera l'empire : le faire évoluer vers la monarchie constitutionnelle. Pour Cixi et les mandarins qui l'entourent, cette perspective tient du sacrilège. Le clan conservateur agite ses puissants réseaux pour l'empêcher à tout prix. Il y arrive très vite. Le ministère réformateur garde, dans l'histoire chinoise, le nom de « mouvement des Cent Jours ». À peine trois mois après qu'il a commencé, en effet, un véri-

1. Voir chapitre suivant.

table coup d'État ourdi par l'impératrice douairière met fin à l'expérience. Le jeune empereur est placé en résidence surveillée. Kang Youwei réussit à s'exiler au Japon. Six de ses ministres, moins chanceux que lui, sont exécutés.

Pour faire pièce à la menace occidentale, on peut choisir un autre chemin, qu'on qualifierait en Europe de *réactionnaire* : le refus radical de toutes les valeurs nouvelles et la volonté d'en revenir à la pure tradition. En cette fin du siècle, nombreux sont les Chinois qui haïssent les étrangers. Aidés par les traités inégaux, les produits occidentaux qui déferlent sur le marché ont mis à bas l'artisanat traditionnel des bourgs et des villages et fait affluer dans les grandes villes un prolétariat misérable, le petit peuple des *coolies*, les porteurs, les manutentionnaires des ports, qui tentent comme ils peuvent de survivre. La détestation des Européens porte sur tout ce qu'ils ont apporté. On voit s'organiser des manifestations contre le chemin de fer, accusé de déranger les dragons qui dorment dans le sol. Les pires rumeurs courent contre les missionnaires catholiques ou protestants, qui arrivent de plus en plus nombreux. Ils sont accusés de faire du tort aux enfants. La haine s'étend généralement à tous ceux qu'ils ont convertis, supposés être leurs alliés.

Dans les années 1890, cette xénophobie commence à être savamment entretenue et exploitée par une société secrète nommée « les poings de la justice et de la concorde », que les Occidentaux appellent les « Boxers », à cause du poing qui orne leur bannière. Partis de province, ils marchent vers Pékin, tout en multipliant les exactions contre les chrétiens. Au départ, la haine que les Boxers vouent aux étrangers joue aussi contre les Qing au pouvoir, qui sont mandchous. L'impératrice décide pourtant de s'appuyer sur eux, pensant qu'ils l'aideront à se débarrasser des Européens. Erreur fatale. En 1900, les révoltés investissent la capitale grâce au soutien officieux du pouvoir, mais, comme on l'a vu plus haut, les crimes dont ils se rendent coupables provoquent l'intervention des « huit nations » qui aboutit à une nouvelle catastrophe.

Fin de l'empire

L'empire glisse encore un peu plus sur la pente de la décadence et de l'humiliation. Pour les punir de ce que les Chinois ont osé faire aux maîtres du monde, les vainqueurs leur ont imposé une indemnité colossale, qui grève un peu plus un budget dont les recettes fondent. L'industrialisation ne donne pas les bénéfices espérés. Les ventes traditionnelles sont ruinées. La soie est désormais produite à meilleur prix par les Japonais, la porcelaine se fabrique en Europe et les Anglais ont trouvé le moyen de faire pousser le thé en Inde. Cixi est en bout de course. Elle tente encore quelques ultimes réformes, comme la suppression du système des examens en 1905. Vieille, usée, elle meurt en 1908, quelques jours après l'empereur qu'elle avait elle-même écarté du pouvoir. Juste avant de disparaître, elle réussit à imposer comme successeur le petit Pu Yi, âgé de deux ans. Un empire de 2 000 ans repose tout entier sur les épaules d'un enfant qui ne sait pas encore parler. Est-il raisonnable de parier sur son avenir ?

Depuis la fin du siècle, en effet, certains s'étaient résolus à envisager un troisième chemin pour sortir la Chine de l'impasse. Sun Yat-sen (1866-1925) est un médecin, converti au protestantisme, qui a fait ses études à Hawaï. Après la défaite contre le Japon, il se convainc qu'il est temps d'agir de façon radicale. Il faut en finir avec le système impérial et, par la même occasion, débarrasser à jamais la Chine des Mandchous qui, à ses yeux, ne sont que des étrangers par qui les malheurs du pays sont arrivés. Il élabore une théorie politique qui mêle les principes socialisants et nationalistes et cherche à la mettre en pratique en fomentant un coup d'État. Ses tentatives sont déjouées et lui valent de nombreuses années d'exil. Il les passe avec d'autres révolutionnaires en Amérique du Nord, en Europe, ou au Japon, où vivent de nombreux proscrits chinois. Il se trouve aux États-Unis en octobre 1911 quand éclate l'insurrection qui va précipiter la mise à mort d'un vieil empire depuis si longtemps moribond. Dès le mois de décembre, Sun Yat-sen débarque à Shanghai. À la fin du mois, il accepte de prendre la tête du nouveau régime qui doit assurer la résurrection de son vieux pays. Le 1er janvier 1912, à Nankin, il proclame la naissance de la république de Chine.

37

Le Japon dans le club des puissances

1853 – 1914

En 1853, l'apparition de navires de guerre américains dans la baie d'Edo change le destin du Japon. L'archipel était fermé au monde depuis deux siècles. Sous la menace de leurs canons, les États-Unis l'obligent à s'ouvrir au commerce. Le pays engage alors une métamorphose vertigineuse qui, en un demi-siècle, réussit à le transformer en une puissance mondiale.

Le 8 juillet 1853, quatre puissants bateaux de guerre de facture occidentale apparaissent dans la baie d'Edo, au Japon. Ils sont bientôt entourés de jonques japonaises, minuscules pucerons d'eau qui semblent bien fragiles à côté de ces monstres. Ils portent le pavillon américain. Leur commandant, le commodore Perry, est porteur d'une lettre de son gouvernement destinée au shogun : les États-Unis demandent formellement à l'Empire nippon de s'ouvrir au commerce. Le commodore précise qu'il reviendra chercher la réponse japonaise. Depuis

212 ans[1], le pays est fermé sur lui-même et interdit aux étrangers. Comment maintenir cette politique, quand elle est mise en péril par des forces d'une telle puissance ? Le shogun hésite, convoque les *daimyos*, s'interroge et décide de s'incliner. En 1854, il signe la convention voulue par les États-Unis. Les « navires noirs[2] », comme on les appelle encore au Japon, ont changé, en une apparition, le destin du pays.

Le Japon pouvait-il longtemps rester à l'écart du monde ? Considéré comme trop pauvre, le pays était demeuré longtemps hors du viseur occidental. Les choses avaient changé au début du XIXe siècle. Les Anglais s'y étaient intéressés mais aussi les Russes, qui l'observaient depuis leur côte Pacifique, puis les Américains, dont les baleiniers s'aventuraient jusque-là. De son côté, le gouvernement d'Edo avait suivi, non sans crainte, les premières humiliations infligées par les barbares à l'empire de Chine. La volonté d'éviter à l'archipel l'équivalent d'une guerre de l'Opium (1839-1842)[3] a pesé dans la décision de céder.

À partir de 1858, quatre ans après l'accord signé avec les Américains, les Européens s'engouffrent dans la brèche et obtiennent tous à la suite des textes qui leur sont très favorables. Edo a échappé aux canonnades mais, comme Pékin, elle entre dans la valse

---

1. Voir chapitre 22.
2. L'expression désigne le plus souvent la flotte de Perry, mais elle s'appliquait à tous les navires étrangers depuis le XVIe siècle. Elle vient sans doute du fait que les premières caraques portugaises étaient couvertes de poix et de goudron.
3. Voir chapitre précédent.

infernale des « traités inégaux », avec leurs clauses exorbitantes, leurs privilèges d'extraterritorialité et tout le reste. Pourtant, rien ne se passe comme en Chine. Bien au contraire. Mis à genoux par quatre bateaux au milieu du siècle, le Japon se redresse en quelques décennies pour devenir une puissance de premier plan, et réussit tout ce que l'empire du Milieu a raté durant cette même période. Voyons comment s'est déroulée cette mue stupéfiante.

Fin du shogunat, début de l'ère Meiji

Les étrangers ont réussi à remporter la partie grâce à la supériorité de leur force. L'obsession première et immédiate du *bakufu*, le gouvernement shogunal, composé de militaires, est de réussir à rattraper le plus vite possible les Occidentaux sur ce terrain. Immédiatement est mis en place un « Office d'investigation des ouvrages barbares » destiné à l'acquisition de la technologie occidentale, en particulier en matière d'armements. Dès 1860, on passe par les Hollandais, toujours présents dans leur petite île en rade de Nagasaki[1] pour aider au développement d'arsenaux. Puis on songe à l'industrie en général. Le pays, si longtemps fermé, fait venir de tous les pays économiquement avancés d'innombrables ingénieurs et experts, souvent payés à prix d'or, afin qu'ils enseignent leur savoir. En même temps, les premières délégations japonaises s'aventurent à la découverte

1. Voir chapitre 22.

du vaste monde, univers mystérieux qui leur était interdit. Une ambassade est ouverte aux États-Unis en 1860. En 1862, un groupe d'une quarantaine de délégués, vêtus de leurs tenues traditionnelles, sabre au côté et chignon sur le crâne, entreprend un long voyage en Europe qui leur permet de visiter la Prusse, la Russie, la France, les Pays-Bas, le Portugal et d'admirer au passage l'Exposition universelle qui se tenait cette fois-là à Londres. Ils sont tout à la fois curieux et craintifs. Ils ont beaucoup de mal avec la nourriture qu'on leur sert, bien trop grasse pour leur estomac, mais n'ont aucune difficulté à absorber tout ce qu'ils voient des techniques et du savoir-faire occidental.

Aucune société ne peut recevoir un choc aussi considérable sans en être ébranlée. L'arrivée des Américains entraîne des troubles politiques. Une partie de la classe dirigeante se dresse tout à la fois contre les étrangers qui humilient le pays, et contre les shoguns si faibles qui ont été incapables de leur résister. Il existe dans le pays un autre pouvoir que celui d'Edo. Il est, depuis des siècles, purement symbolique et représente néanmoins la plus ancienne tradition nationale. De jeunes samouraïs et de vieux seigneurs songent à se tourner vers le *tenno*, l'éternel souverain, l'empereur qui ne gouverne pas, mais règne toujours dans ses palais de Kyoto. Une circonstance accélère la transition qu'ils espèrent.

Au début de 1867, le vieil empereur meurt, laissant le trône à un nouveau souverain très jeune et très ambitieux, portant le nom de naissance de Mutsuhito (1852-1912). Il accepte d'être l'homme de la situation et de restaurer un pouvoir qui n'est plus exercé depuis des générations. Le shogun ne résiste pas et abdique. Seuls quelques-uns de ses partisans refusent cette révolution de fait et engagent la lutte, mais il suffit d'une courte guerre pour les réduire. Après plus de deux siècles et demi de pouvoir absolu, la dynastie Tokugawa s'efface. Pour que chacun comprenne le rôle central qu'il entend jouer désormais, l'empereur quitte sa vieille capitale poussiéreuse et surannée de Kyoto pour s'installer à Edo, la ville la plus importante de son empire, qui prend dès lors le nom que nous lui connaissons de *Tokyo*, la « capitale de l'Est ». Nous sommes en 1868, le jeune souverain inaugure une nouvelle période, l'ère Meiji, celle du « gouvernement éclairé » (1868-1912).

Le tourbillon des réformes

Peut-être ses premiers partisans ont-ils pensé que l'empereur allait renouer avec l'ordre ancien. Sitôt aux commandes, il met tout en œuvre pour pousser encore plus avant la carte de l'occidentalisation. Le grand travail de décalquage continue. Il s'agit d'emprunter à chacun des différents peuples barbares ce qu'il sait faire de mieux : la marine est copiée sur celle des Anglais, les techniques militaires et la médecine sur l'Allemagne, le droit trouve son inspiration en France, le système commercial aux États-Unis.

La métamorphose du vieux Japon féodal en une nation moderne, tout au moins selon les critères européens du mot, se fait à un train d'enfer. Dans les années 1870, une véritable pluie de réformes en tout genre s'abat sur le pays. 1871 : début des réformes fiscales et des réformes de la propriété foncière et de l'organisation judiciaire. 1872 : enseignement obligatoire pour garçons et filles. 1873 : organisation de la conscription, naissance du yen, passage du calendrier lunaire traditionnel au calendrier grégorien, etc. Chaque année, de nouvelles lois transforment tout, dans tous les domaines, de l'organisation administrative du pays à la vie quotidienne. Les fiefs seigneuriaux deviennent des provinces supervisées par des préfets. Les gens du peuple sont désormais dans l'obligation de porter des noms de famille et dans le même temps ils gagnent le droit de monter à cheval et ne sont plus obligés de se prosterner le front dans la poussière au passage des grands. Certaines mesures sont symboliques, mais spectaculaires : en 1872, l'empereur lui-même demande à son barbier de couper le petit chignon qui orne le sommet de son crâne et de le raser à l'occidentale. Les hommes se mettent au costume noir européen, les femmes de la bonne société portent des robes victoriennes, même si l'organisation de la maison japonaise les contraint de revenir au kimono traditionnel une fois rentrées chez elles. La robe à panier est impraticable sur un tatami.

En 1876, un édit interdit aux samouraïs de porter les sabres qui font leur fierté et leur honneur depuis des siècles. Il est aussi prévu de leur retirer la rente héréditaire qui leur était versée pour la remplacer par un misérable petit salaire. Avec la vieille classe aristocratique, privée de toute influence depuis que les shoguns sont sortis de la scène, les guerriers sont les grands perdants de la grande course modernisatrice. Pour une partie d'entre eux, c'en est trop. En 1877, retranchés dans une province du sud, ils déclenchent une dernière révolte. Elle est vite réprimée et tient du baroud d'honneur. Après environ sept cents ans d'existence, l'orgueilleuse caste disparaît. Ses derniers membres, ruinés, sont obligés de se tourner vers les plus humbles petits métiers. Si l'on en croit une des salles du magnifique musée de l'histoire d'Edo à Tokyo, c'est à des samouraïs en recherche de reconversion qu'on doit l'invention du *rickshaw*[1], le fameux pousse-pousse qui allait se répandre dans toute l'Asie.

Nationalisme et sens du sacrifice

Le pari, qui eût semblé insensé cinquante ans plus tôt, réussit. Dès la fin du XIXe siège et le début du XXe, le Japon est devenu une puissance qu'on pourrait dire « occidentale », si cette appellation n'était incongrue sur le plan géographique. Son économie est en croissance, tout comme l'est sa démographie. Il a réussi à sortir de tous les traités inégaux qui lui avaient été imposés pour les remplacer par d'autres qui lui sont bien plus favorables. Il parvient à égaler les nations qui se pensaient les plus « civilisées » du globe dans bien des domaines, y compris celui de la recherche scientifique. À cause du prisme ethnocentré avec lequel l'Europe regarde l'histoire, la mémoire euro-

1. Le mot nous vient, via l'anglais, du japonais *jinrikisha* – de *jin*, « homme » ; *riki*, « force » ; *sha*, « véhicule ».

péenne a gardé peu de souvenirs des savants nippons de cette époque. Il y en eut de considérables. Citons le bactériologiste Kitasato Shibasaburo (1853-1931), qui fut élève de l'allemand Koch. Il est resté célèbre pour avoir découvert le bacille de la peste au même moment que le franco-suisse Alexandre Yersin : les deux étaient allés l'étudier sur les malades frappés par l'épidémie qui sévit à Hong Kong en 1894. Citons aussi Hideyo Noguchi (1876-1928), qui isola l'agent pathogène responsable de la syphilis (1911) et mourut à la tâche, frappé, au Ghana, par la fièvre jaune qu'il essayait de combattre. Son nom est peu connu en Occident. Tous les Japonais se souviennent au moins de son visage, qui illustrait, dans les années 2000, les billets de 1 000 yens.

Plusieurs facteurs expliquent le succès de cette saisissante mutation. Le Japon de l'époque Edo était un pays fermé, assez pauvre, mais il avait su développer ses mines et son artisanat était excellent. L'industrialisation peut se faire à pas rapides car elle s'installe dans le cadre d'une société qui était, de fait, pré-industrielle. Elle s'impose et se fortifie car elle dispose d'un atout de grand poids face à la concurrence internationale : une main-d'œuvre abondante et sous-payée. Le bas niveau des salaires est l'élément décisif qui permet à l'archipel d'inonder le marché mondial de produits à prix cassés. Cette politique a évidemment un coût. Le Japon occidentalisé « fin de siècle » des élégantes à ombrelles et des diplomates en redingote qu'on retrouve sur les photos jaunies de l'époque a une autre face, moins délicate : les taudis des grandes villes où sévit la tuberculose, les cadences infernales des usines et, en règle générale, la misère effroyable de populations acceptant de travailler dans des conditions que n'acceptaient plus les ouvriers européens.

Là encore, les structures préexistantes ont joué leur rôle. La tradition confucéenne, les siècles de féodalisme et de soumission aux seigneurs prédisposaient à la docilité sociale et au sens du sacrifice dont la population a eu besoin pour franchir cette marche. Les deux sont vigoureusement entretenus par un nationalisme que l'empereur réussit à cristalliser sur sa personne. En 1889, désireux de couronner la première étape de l'ère Meiji par un grand geste, le souverain instaure un régime de monarchie constitutionnelle. Pour la première fois de son histoire, le Japon dispose d'un parlement élu, avec partis politiques à l'occidentale et de grandes libertés publiques. Dans les faits, celles-ci, et tout particulièrement la liberté de la presse, sont soigneusement bornées. Il y a des lignes rouges à ne pas franchir, surtout celles qui tournent autour de la personne impériale, décrétée « sacrée et inviolable ».

Durant ces mêmes années, le shintoïsme, religion traditionnelle, est réformé de fond en comble pour servir de ciment social à cet ensemble. Cette religion traditionnelle, très antérieure au bouddhisme, était celle des dévotions populaires, de l'invocation aux esprits. Elle est transformée en véritable culte national dont, là encore, l'empereur est le chef suprême. Dès l'école, les enfants apprennent le respect qui lui est dû, l'orgueil d'être japonais et la défiance à l'égard des étrangers.

Le « péril jaune »

Nationaliste à l'extrême, doté d'une industrie et d'une force militaire et navale qui en font l'égal des puissances occidentales, le Japon est prêt à se mesurer à elles dans la conquête du monde. Il devient à son tour expansionniste. La zone qui l'intéresse est celle qui l'entoure. Deux guerres réussissent à lui en assurer le contrôle.

La première l'oppose à la Chine. La Corée est indépendante dans les faits, mais, depuis des siècles, est placée sous la suzeraineté, donc sous la protection, au moins symbolique, de l'empire du Milieu. En 1894, une puissante révolte paysanne menace le gouvernement de Séoul, qui demande le secours de l'armée de Pékin. C'est le prétexte choisi par Tokyo pour envoyer à son tour un contingent. Chargé officiellement de « défendre les intérêts japonais », il ne tarde pas à engager le fer avec les Sino-Coréens. En 1895, le vieil empire des Qing est humilié par une défaite à plate couture. On a vu, dans le chapitre précédent, le traumatisme qu'elle a causé en Chine. De fait, la victoire japonaise est éclatante. Grâce à un traité de paix léonin, le vainqueur obtient que la Corée sorte de la vassalité chinoise, ce qui revient à préparer la place pour sa propre suzeraineté, et il rafle à l'empire des Qing une impressionnante série de territoires : Formose (actuel Taiwan), les îles Pescadores, un archipel situé non loin de Formose, et enfin la petite péninsule de Liaodong, avec sa ville de Port-Arthur, base stratégique idéalement située au nord du golfe de Corée. Pour la première fois de l'histoire, le Japon prend, en Extrême-Orient, la place dominante qu'occupait la Chine depuis des millénaires.

Cette puissance nouvelle commence à inquiéter les Européens. Russes, Français et Allemands, rivaux par ailleurs, réussissent à s'entendre pour faire pression sur Tokyo et l'obliger à rendre Liaodong à la Chine. En 1898, celle-ci la rétrocède à l'empire des Tsars qui, lui aussi, tout à son expansion vers le Grand Est, rêve de mettre la main sur la Mandchourie et la Corée. Cela fait deux fauves pour une même proie. Autant dire un de trop. Oublions les détails complexes de la montée des tensions entre Tokyo et Saint-Pétersbourg. Elle dure près d'une décennie. Retenons que le Japon, très au fait des jeux diplomatiques du temps, prend soin d'assurer ses arrières en se rapprochant du grand rival de son adversaire. En 1902, il signe une alliance avec le Royaume-Uni. Dès lors, il peut jouer un gros coup.

En 1904, les Japonais attaquent la base russe de Port-Arthur. C'est la guerre. La première phase est terrestre, âpre, longue. Grâce au Transsibérien, la Russie peut acheminer des troupes en masse. La proximité de leur archipel permet aux Japonais de faire de même. On parle de 2 millions de combattants engagés dans le conflit. Ils se retrouvent face à face dans la boue, à tenir des fronts qui demeurent immobiles, préfigurant d'une certaine façon la Première Guerre mondiale. Pour dégager Port-Arthur et sortir leur infanterie du bourbier où elle est engluée, les Russes décident d'engager leur prestigieuse et puissante marine. La flotte se trouve dans la Baltique.

Qu'à cela ne tienne. L'état-major lui fait faire le tour du monde pour venir jusqu'en mer de Chine châtier les misérables mangeurs de riz qui osent se frotter au plus grand empire du monde. La rencontre a lieu en 1905, dans le détroit de Tsushima, qui sépare la Corée du Japon, et aboutit à un résultat qui stupéfie le monde. Grâce à un génie tactique hors du commun, et aussi, il est vrai, à un armement très supérieur à celui de son adversaire sur le plan technologique, l'amiral japonais réussit à envoyer par le fond, en quelques heures, la quasi-totalité de l'orgueilleuse flotte russe. Fin presque immédiate de l'interminable guerre. Le tsar n'a plus la moindre carte dans son jeu. Il est contraint à signer une paix piteuse. Une nouvelle fois, l'empire du Soleil-Levant triomphe.

On a peu idée aujourd'hui du retentissement qu'eut l'annonce de l'issue de Tsushima, première victoire d'une armée asiatique sur des Blancs. La défaite de son camp fait vaciller l'Empire russe. Depuis quelque temps déjà, le pays est le théâtre de troubles et de manifestations. Le camouflet infligé par ceux que Nicolas II appelait des « macaques » redouble la colère du peuple et débouche sur la révolution de 1905, réprimée dans le sang. L'Europe occidentale est prise d'une angoisse qui la saisit de temps en temps, depuis les débuts de l'ascension japonaise : la peur du « péril jaune », le grand phantasme d'une invasion du continent par les masses asiatiques.

De leur côté, tous les peuples opprimés par les Occidentaux, et en particulier ceux du continent asiatique, sont transportés de joie : les Blancs ne sont donc pas ces maîtres invincibles qu'ils prétendent être ? De Bombay à Saigon, de la Perse à l'Indonésie, tous les hommes qui rêvent de restaurer leur dignité et leur indépendance voient dans cette lueur d'espoir inattendue la preuve que leur combat a un sens. Les réformateurs chinois redoublent d'admiration pour Tokyo. Auprès de tous ceux-là, le Japon jouit désormais d'un prestige inouï. Seuls quelques petits groupes humains sont sans doute d'un avis différent. Depuis leur victoire contre la Chine, les Japonais occupent Formose. En 1910, quinze ans après l'avoir vaincue, ils annexent la Corée. Dans les deux pays, ils mènent une politique d'une brutalité et d'un racisme qui n'ont rien à envier à celle pratiquée ailleurs par les impérialistes occidentaux.

38

La ruée vers l'Afrique

Quelles images viennent à n'importe quel Occidental du XXIe siècle quand on lui parle de la colonisation ? Un Blanc transporté en chaise à porteurs par des Noirs en pagne ? Une ferme au Kenya ? Un explorateur téméraire s'enfonçant dans de sombres forêts tropicales où résonnent les tam-tams ? Toutes sont africaines. Dans la psyché occidentale, aucune partie du monde n'est aussi spontanément associée à la mainmise de l'Europe que le continent noir. Il fut pourtant le dernier à la subir. Il est vrai aussi que le mouvement a été d'une ampleur et d'une rapidité stupéfiantes. Jusqu'à la fin des années 1870, la majeure partie du continent est indépendante. En 1914, moins d'un demi-siècle plus tard, donc, d'Alger au Cap et du Sénégal à Djibouti, seul le petit Liberia et le vieux royaume d'Éthiopie sont toujours libres. Retraçons les grandes lignes de cette histoire.

Prélude

Jusqu'au dernier tiers du siècle, l'Afrique échappe à l'expansion européenne, à deux exceptions près. Celle, au nord, de l'Algérie, dont la partie côtière a été conquise par les Français en 1830[1]. Celle, tout au sud, de la région du Cap, où se sont implantés les Hollandais au début du XVIIe siècle, rejoints, à la fin de ce siècle, par des huguenots chassés de France au moment des persécutions contre les protestants. Ils se sont installés dans ce qui est, au départ, un simple petit port de relâche pour les navires qui se rendent en Asie. Ils étendent peu à peu leur territoire, en repoussant les populations autochtones formées de deux grands groupes humains qui partagent le même système linguistique de « langues à clics[2] », mais se différencient par le mode de vie. Les *Khoïkhoï*, que les Hollandais appellent « Hottentots », sont des pasteurs, qui suivent leurs troupeaux de bovins, et les *Sans*, nommés « Bochimans », des chasseurs-cueilleurs.

Pendant les guerres napoléoniennes, arguant du fait que la Hollande, alliée de la France, est devenue leur ennemie, les Anglais conquièrent la place, ce qui déclenche rapidement de nouveaux mouvements de population. Les descendants de colons hollandais haïssent les Britanniques qui font venir des Indiens et

1. Voir chapitre suivant.

2. L'appellation vient du fait que certains sons sont composés en faisant claquer la langue ou les lèvres sans utiliser les poumons.

ont décrété la fin de l'esclavage. Ils décident de quitter Le Cap. Animés d'un esprit pionnier et religieux, très comparable à celui des Anglo-Saxons d'Amérique du Nord, les Boers[1], avec leurs chariots et leur bétail, entreprennent le Grand Trek (1834-1838), une migration vers le nord à la recherche de la Terre promise que Dieu, forcément, a prévue quelque part pour eux sur le sol d'Afrique. Après avoir affronté et vaincu les Zoulous[2], un peuple d'origine bantoue qui a constitué au début du XIXe siècle un puissant royaume situé le long de l'océan Indien, ils réussissent à fonder deux pays, l'État libre d'Orange et la république du Transvaal. L'un et l'autre sont reconnus par les Anglais dans les années 1850.

★ ★
★

À la conquête du « continent mystérieux »

Ailleurs, les Européens ne possèdent que quelques côtes ou de simples comptoirs qui servaient au trafic esclavagiste et continuent, après la fin de la traite, à faire

1. Du néerlandais *boer*, le paysan.

2. Le 16 décembre 1838, quelques centaines de Boers et leurs métis, repliés derrière le cercle formé par leurs chars à bœufs réussissent à vaincre plusieurs milliers de Zoulous, dont le sang coule dans la rivière située non loin de là. Cette bataille de Blood River devient aussitôt, pour les vainqueurs, l'événement mythique qui prouve l'élection divine de leur peuple.

un peu de commerce. Les Portugais en ont en Angola et au Mozambique, vestiges de leur ancien empire. Les Espagnols en Guinée. Ils possèdent aussi les îles Canaries et quelques places sur la côte du Maroc. Les Anglais sont en Gambie et tiennent la Côte-de-l'Or[1]. À la fin du XVIIIe siècle, ils ont fondé Freetown[2]. La ville leur sert à installer les esclaves libérés lors des opérations menées pour lutter contre la traite, qu'ils ont interdite. Non loin de là, une association américaine aux motivations clairement racistes a acheté des terres pour les donner aux esclaves libérés aux États-Unis qu'ils rêvent de voir repartir en Afrique. Elles forment le Liberia, qui proclame son indépendance en 1847. Les Français, enfin, sont implantés en Guinée, au Gabon et au Sénégal, où ils développent leur territoire sous la houlette du gouverneur Faidherbe (1854-1865), qui fonde le port de Dakar.

Le reste de l'Afrique vit son histoire. Contrairement à un préjugé dont on a déjà parlé[3], elle n'a rien d'immobile. Le continent compte de puissants royaumes, comme celui d'Abomey[4], formé au XVIIe siècle et dirigé par un roi puissant, entouré d'une impressionnante armée de guerrières. On y pratique l'esclavage et les sacrifices humains mais aussi le commerce. Situé en arrière de la Côte-de-l'Or britannique, l'État ashanti est célèbre pour le faste de ses rois, qui règnent assis sur un trône d'or. Il vit, entre autres richesses,

1. Qui correspond à la côte de l'actuel Ghana.
2. Aujourd'hui la capitale de la Sierra Leone.
3. Voir chapitre 15.
4. Au sud-ouest de l'actuel Bénin.

de la vente de noix de kola. À partir du début du XIXe siècle, le Sahel, où seules quelques élites étaient musulmanes depuis des siècles, est parcouru d'un immense mouvement d'islamisation, un *djihad* qui touche les masses. Il est animé par des prédicateurs, dont certains forment de nouveaux empires. Celui des Toucouleurs est en guerre avec Faidherbe. La partie orientale de l'Afrique est sous l'influence de Zanzibar, dont les sultans d'origine arabe vivent du commerce d'esclaves que des marchands vont chercher de plus en plus loin à l'intérieur des terres.

Le reste de l'histoire africaine, forgée par des peuples sans écriture, est encore mal connue, et le monde blanc, à l'époque, en ignore absolument tout. Précisément. Depuis la fin du XVIIIe siècle, l'Europe entend percer les secrets du « continent mystérieux », comme l'appellent encore parfois les Britanniques[1]. Sous l'impulsion de sociétés de géographie, des explorateurs entreprennent des expéditions qui, dans la tradition des Lumières, se parent de buts scientifiques. Le premier est l'Écossais Mungo Park (1771-1806). Il cherche à reconnaître le fleuve Niger, dont on ne savait même pas dans quel sens il coule, et, après d'incroyables aventures, y meurt noyé. Le Français René Caillié (1799-1838) est un des premiers Européens à atteindre la mythique Tombouctou (1828) et, après un périple à travers le Sahara qui tient du calvaire, le premier à en revenir. La localisation des sources du

1. L'expression a été popularisée par le titre d'un livre de l'explorateur Stanley *Through the Dark Continent*, publié en 1878.

Nil est une autre grande énigme qui intrigue depuis l'Antiquité. Le XIXe siècle, du haut de sa science, entend la percer. Dans les années 1850, Richard Burton et John Speke, deux Britanniques, parviennent ensemble dans la région des Grands Lacs mais se disputent, et reconnaissent chacun, comme point d'origine du grand fleuve, deux endroits différents. L'incertitude déclenche, à leur retour, un débat houleux entre les partisans de l'un et de l'autre, qui passionne et divise l'Angleterre. Dans les années 1860, David Livingstone (1813-1873), déjà fort célèbre à ce moment-là pour avoir sillonné en tous sens l'Afrique australe, monte quelques nouvelles équipées dans la partie orientale du continent pour essayer de trancher la question. Il en profitera pour tenter au passage de faire entrer de nouvelles brebis dans son troupeau. L'homme n'a pas pour seul but de faire progresser la géographie. Il n'est pas seulement explorateur. Il est aussi missionnaire.

The scramble for Africa

Suivant un processus qu'on a vu à l'œuvre après les voyages dans le Pacifique[1], les explorateurs ont étudié les peuples et les lieux, tracé des cartes et, dans les faits, préparé le terrain aux phases suivantes, la conversion et la conquête. Les deux arrivent donc fort tard. Pendant longtemps, l'entreprise intéressait peu et était, par ailleurs, rendue presque impossible pour des raisons sanitaires. Les fièvres, les parasites,

1. Voir chapitre 29.

les maladies tropicales dressaient autour de l'Afrique une barrière infranchissable pour la plupart des Blancs. À partir du milieu du XIXe siècle, les progrès de la médecine, et en particulier le développement de la production de quinine en Amérique du Sud, changent la donne. En quelques décennies, l'histoire subit une vertigineuse accélération.

Derrière la vague impérialiste qui va submerger le continent, on retrouve les forces à l'œuvre ailleurs. Le développement industriel de l'Europe lui impose d'ouvrir sans cesse de nouveaux marchés et crée aussi un besoin en matières premières. Tout indique que l'Afrique en regorge. La « mission civilisatrice » dont s'est investi l'Occident joue son rôle à plein. Dans la vision hiérarchisée du monde que se font ceux qui s'en croient les maîtres, le continent noir tient une place particulière : il est tout en bas. Il n'est pas « en retard », comme le sont les vieilles civilisations d'Asie, il est tout simplement resté au stade du monde « primitif », c'est-à-dire situé quelque part entre la « sauvagerie » et l'âge de pierre. Il est donc impératif de l'en tirer au plus vite pour extirper les pratiques barbares qui s'y appliquent encore, en particulier l'esclavage. Presque toutes les interventions coloniales, on l'a oublié, sont justifiées au départ par des motifs humanitaires.

Il se trouve enfin que, durant ce dernier tiers du XIXe siècle, les pays candidats à ce « devoir civilisateur » sont pléthore, et au faîte de leur puissance. D'où cette fièvre soudaine et incroyable que les Britanniques nomment la « ruée vers l'Afrique[1] » et les

1. En anglais, *the scramble for Africa.*

Français, reprenant une métaphore utilisée par Jules Ferry, la « course au clocher », du nom du jeu de village traditionnel consistant à atteindre le plus vite possible la tour de l'église. La tour est cette fois un continent et tout le monde y fonce tête baissée. Sur la ligne de départ, certains sont mieux placés que d'autres. L'Angleterre et la France ont une ancienne tradition coloniale et des possessions sur les côtes qui leur servent de bases arrière et de points d'appui. C'est la raison pour laquelle ces deux pays se taillent, dans le festin qui s'ouvre, la part du lion. Les autres veulent quand même la leur. L'Allemagne et l'Italie, deux pays qui viennent de faire leur unité, se découvrent des ambitions mondiales. Le petit Portugal ou l'Espagne y vont pour se rappeler qu'ils en ont eues. Et quand les peuples n'ont nul penchant à l'expansionnisme, il arrive même que leur propre souverain leur force la main.

Léopold II, roi de Belgique, est le personnage le plus improbable et le plus fascinant de cette étrange épopée. Le Parlement de son royaume ne veut entendre parler de colonisation à aucun prix. Le pays ne dispose pas d'une marine assez forte pour appuyer une entreprise qui, par ailleurs, pourrait mettre en péril sa sacro-sainte neutralité. Alors qu'il était encore simplement prince, Léopold en rêvait pourtant déjà. L'historien néerlandais Henri Wesseling raconte comment, pendant des années, il ne pouvait pas rencontrer un officier de marine sans lui demander : « Vous n'auriez pas une île quelque part pour moi ? » Il trouve enfin l'homme qu'il lui faut en la personne du Gallois Stanley, un aventurier devenu mondialement célèbre depuis qu'un journal américain l'a envoyé à la recherche de Livingstone, perdu dans la brousse[1]. Il le mandate pour lui dénicher un petit territoire quelque part là-bas dans ce continent mystérieux où, de toute évidence, tout est à prendre. À coup de canons et de traités plus ou moins extorqués avec les petits rois locaux, Stanley remonte le fleuve Congo et, au début des années 1880, rapporte à son commanditaire un butin conséquent : un territoire qui représente une superficie de quatre-vingts fois celle de la Belgique. Baptisé « État indépendant du Congo » il devient une propriété personnelle du roi Léopold.

Bismarck ne s'est pas encore décidé à lancer tout à fait son propre pays dans la compétition, mais il se voit comme l'arbitre de l'Europe. En 1884-1885, il préside à Berlin une conférence réunissant une dizaine de pays européens chargée de mettre un peu d'ordre dans le bouillonnement des affaires africaines. Contrairement à ce qu'on lit parfois, elle n'a pas servi à tracer les frontières du découpage colonial en cours. Seules celles du Congo de Léopold ont été délimitées alors, et cela s'est passé en marge des discussions officielles. Elle se contente de poser de grands principes, comme la liberté du commerce sur les fleuves Congo et Niger, ou encore la nécessité pour une puissance d'avertir les autres avant de

1. C'est en le retrouvant, en 1871, seul Blanc au milieu d'un village non loin du lac Victoria, qu'il aurait prononcé les mots fameux : « Dr Livingstone, I presume… »

commencer une conquête. Dans les faits, elle donne une représentation parfaite de ce qu'est devenue l'Afrique : un plat mangé par d'autres. À Berlin, aucun des peuples africains n'a été associé aux discussions menées par des diplomates européens et aucun d'entre eux n'a jamais de sa vie mis les pieds sur le continent dont ils viennent de sceller le sort.

La conquête

La conquête peut se faire de façon étonnamment pacifique. Grâce à Pierre Savorgnan de Brazza, un militaire humaniste qui réussit à obtenir des traités par la seule force de la persuasion, la France gagne sa colonie du Congo[1] « sans tirer un coup de fusil », ce dont elle se fait gloire. La chose tient pourtant de l'exception. La plupart des peuples ne se laissent pas soumettre sans résistance et les Européens usent de beaucoup de violence pour en venir à bout. Ne cessant d'étendre leurs possessions en Afrique du Sud, les Anglais s'affrontent aux Zoulous, comme l'ont fait les Boers avant eux. Ils ne réussissent à les écraser, en 1879, que grâce à la mitrailleuse, une nouvelle arme de mort redoutable. En Afrique de l'Ouest, il leur faut une longue guerre pour dominer les Ashantis. Les Français, de leur côté, ont le plus grand mal face à quelques puissants chefs de guerre, toujours célébrés dans l'Afrique actuelle pour cette raison : Behan-

1. Appelé le Congo français ou Congo-Brazzaville, du nom de sa future capitale, pour le distinguer du Congo belge ou Congo-Léopoldville.

zin, roi du Dahomey, contre qui ils luttent de 1890 à 1894, ou Samory, originaire de l'actuelle Guinée, qui réussit à rassembler en Afrique de l'Ouest une armée de plusieurs dizaines de milliers d'hommes.

In fine, les Blancs, grâce à leur avance en armement et en technologie, gagnent toujours. Ou presque. Dans les années 1880, les Italiens se sont implantés sur la côte de la mer Rouge, et réussissent à entrer en possession de la grande province d'Érythrée. Ils ont en ligne de mire une proie plus prestigieuse. Ils rêvent de prendre l'Éthiopie – alors appelée aussi Abyssinie –, antique empire majoritairement chrétien orthodoxe, dirigé par un *négus* – c'est son titre – nommé Ménélik II. En 1896, après des années de montée en tension, a lieu, non loin de la ville d'Adoua, le grand affrontement des deux armées. En une journée les Italiens sont écrasés. Cette fatalité qui désespérait tant toute résistance africaine est enfin démentie. Non, les Noirs ne sont pas voués à être écrasés par les Européens. Pour cette raison, la bataille d'Adoua a un retentissement mondial. L'Éthiopie gagne un prestige immense auprès de tous les peuples du continent et aussi dans le monde afro-américain. Pour autant, elle reste une exception. Au début du XXe siècle, à part elle et le Liberia, on l'a dit, l'Afrique n'appartient plus aux Africains. Elle est partagée entre six puissances, l'Angleterre, la France, l'Allemagne, l'Italie, le Portugal, l'Espagne et un individu, le roi des Belges.

★
★★

Le temps des colonies

Dans le détail, chacun de ces pays a sa manière propre de gérer son domaine colonial. Les Anglais, comme ils le font partiellement en Inde, n'aiment rien tant que l'*indirect rule*[1], la délégation du pouvoir à des chefs locaux. Les Français, par tradition jacobine, veulent au contraire une administration directe, gérée par un gouverneur aux ordres de Paris. Fils de 1789, ils ont par ailleurs une haute idée de leur « mission civilisatrice ». Les Allemands ne cherchent guère à s'encombrer de ce genre de faux-semblants, pas plus que de fonctionnaires en surnombre. Ils en envoient un minimum. Presque tout ce qui concerne leurs colonies doit être géré par le privé et ne viser que la rentabilité économique. Néanmoins, même si la colonisation en Afrique peut se décliner selon ces variantes nationales, elle possède aussi des traits communs.

Les expéditions se sont toutes parées du masque de l'humanité. Il ne s'agissait jamais de conquérir, mais toujours de libérer les populations du joug de ceux qui les opprimaient, les roitelets cruels, les marchands d'esclaves arabes, les terribles anthropophages. On venait faire le bien. Il serait d'ailleurs injuste de négliger le fait que nombre de missionnaires, de médecins, d'infirmiers, d'instituteurs ont participé à l'entreprise coloniale parce qu'ils voyaient en elle un outil du progrès, et, à titre individuel, chacun dans leur branche, en éduquant, en

1. Voir chapitre 28.

soignant, ont fait ce qu'ils ont pu pour la rendre telle. Pour autant, prise dans son ensemble, cette histoire a toujours été d'une grande violence. On garde trop peu idée, aujourd'hui, du degré qu'elle a pu atteindre.

Les mains coupées du Congo

Stanley a offert au roi des Belges son immense « État indépendant du Congo », mais Léopold, faute de disposer d'une administration, en rétrocède la gestion à des sociétés concessionnaires, c'est-à-dire des firmes privées auxquelles sont confiés des territoires en concession. Le Congo a pour première richesse l'ivoire. Dans les années 1890, grâce à l'invention du pneumatique par un Américain nommé Dunlop, on lui en découvre une deuxième : le caoutchouc, dont ses forêts regorgent. Il n'est pas exagéré d'écrire que l'exploitation de l'une et de l'autre s'est faite dans un fleuve de sang. Les concessionnaires veulent du rendement. Ils provoquent la terreur pour l'obtenir. Une des techniques les plus couramment utilisées par les sbires des exploitants pour forcer les réfractaires à se soumettre au travail forcé est de leur couper une main, puis l'autre. Bientôt, sur toute l'étendue du gigantesque État léopoldien, les mutilés se comptent par milliers. Pour échapper à cette horreur, les populations fuient leurs villages sans savoir où aller. On les retrouve errant dans les forêts, où elles sont victimes de famines et d'épidémies. Une telle politique se solde par un bilan vertigineux. Faute d'outil statistique fiable, il est évidemment invérifiable avec précision, mais on peut garder à l'esprit un ordre de grandeur. En 1880, au moment de la conquête, la population congolaise est estimée à 20 millions. Vingt ans plus tard, c'est-à-dire le temps d'une génération, on n'en compte plus que 10.

Le génocide de Namibie

Au tournant du siècle, les Allemands ont jeté leur dévolu sur le pays situé dans le sud-ouest du continent, que nous appelons aujourd'hui la Namibie. En 1904, lassés d'être spoliés des terres qui sont leurs depuis toujours, les Hereros et les Namas, populations autochtones, se révoltent. Pour en finir avec les troubles, les Allemands optent pour une solution radicale : l'anéantissement. Dépêché par Berlin, le général von Trotha débarque avec 15 000 soldats et applique sans états d'âme cette politique. Il ordonne de tuer tous les indigènes, y compris ceux qui se rendent, armés ou désarmés. Une grande partie d'entre eux n'ont d'autre solution que de s'enfuir à travers un immense désert. Les points d'eau sont gardés par des hommes en armes. Les rares survivants sont placés dans des camps où ils meurent par centaines, victimes de la malnutrition et des travaux exténuants auxquels ils sont soumis. 80 % de la population herero disparaît ainsi en quelques années, au cours d'une page d'histoire officiellement qualifiée par l'Allemagne, depuis 2015, de génocide.

Les camps de concentration de la guerre des Boers

Notons enfin que les exactions peuvent porter sur des Blancs. En Afrique du Sud, les rapports se tendent entre les Britanniques et les États fondés par les descendants des Hollandais, surtout depuis qu'on y a découvert de l'or et des mines de diamants. Deux guerres – 1880-1881, puis 1899-1902 – opposent les Anglais aux Boers. La seconde inaugure un procédé dont le XXe siècle se souviendra. Depuis les temps immémoriaux, les armées font des prisonniers dans les armées ennemies pour les affaiblir. Les Britanniques emprisonnent non seulement des hommes, mais aussi des civils, donnant ainsi naissance à ce qu'ils appellent des « camps de concentration ». Les conditions de détention y sont telles que les morts s'y comptent par milliers.

Ajoutons aux trois moments que nous venons de présenter un codicille important. Dès l'époque, toutes ces horreurs ont été très clairement dénoncées en Europe même. Grâce au travail d'enquête mené par Edmund Morel, un journaliste britannique, et Roger Casement, un consul britannique d'origine irlandaise, les atrocités du Congo deviennent un objet de scandale public très souvent abordé dans les journaux. Léopold, devenu immensément riche grâce à l'Afrique, a beau corrompre la presse à prix d'or pour lui faire écrire le contraire de la vérité, il est finalement obligé de reculer et de rétrocéder sa colonie à la Belgique (1908), qui de son côté ne peut plus la refuser. Le génocide des Hereros suscite de vifs remous du côté de la gauche allemande. Et les exactions de la guerre des Boers font les choux gras de toute la presse internationale, en particulier, il est vrai, de celle des pays qui sont des ennemis du Royaume-Uni. Pour autant, aucun commentateur de l'époque n'a estimé que cette barbarie révélait quelque chose du système mis en place par les Européens. Il est pourtant, dans son essence même, d'une grande violence.

La plus évidente est la violence raciale, constante, quotidienne, institutionnalisée. Même animé des meilleures intentions, le Blanc ne considère le Noir que comme un enfant à qui il faut tout apprendre, selon une pédagogie qui n'exclut ni la condescendance, ni le fouet, appelé, dans certaines colonies, la « chicotte ». La loi entérine cet état de fait. Tous les Africains, sauf de rares exceptions, sont soumis à un équivalent de ce que les Français nomment le Code de l'indigénat, qui fait des sujets de l'empire des inférieurs et leur dénie tous les droits politiques et syndicaux des citoyens de la métropole.

La violence économique n'est pas moindre. Sitôt arrivés dans le pays, les Blancs entreprennent de le doter d'infrastructures, mais ils estiment que c'est aux habitants d'en prendre en charge la construction et trouvent légitime de les contraindre à le faire. Quelque temps à peine après avoir aboli l'esclavage, ils établissent donc partout le travail forcé. Pratiqué le plus souvent dans des conditions terribles, il fait de nombreuses victimes. La plupart des routes, des chemins de fer et des ports ainsi construits sont tournés vers la métropole et servent au colonisateur à s'approprier plus facilement les richesses du pays conquis. L'économie coloniale est d'abord une économie de prédation, cela n'a rien de propre à l'Afrique. On a vu le même processus à l'œuvre dans bien d'autres continents.

★
★ ★

Les Européens se feront-ils la guerre pour l'Afrique ?

À Berlin, les nations « civilisées » ont voulu montrer qu'elles l'étaient. Le partage de l'Afrique devait être une affaire de gentlemen. Sur le terrain, les rivalités entre puissances européennes sont plus âpres et toujours au bord de dégénérer.

Anglais et Français, on l'a dit, sont les grands gagnants de la « course au clocher » mais l'opposition est rude, surtout depuis que les premiers ont mis la main sur l'Égypte, convoitée par Paris depuis longtemps[1]. Et les deux pays nourrissent des rêves africains trop contradictoires pour qu'ils n'enveniment pas un peu plus leurs relations.

Depuis leur colonie d'Afrique du Sud, les Britanniques ne cessent de progresser vers le nord, sous l'impulsion de Cecil Rhodes (1853-1902). Ce businessman, fondateur de la compagnie diamantaire De Beers, est intimement convaincu de la prédestination de la « race anglo-saxonne » à diriger le monde et devient le chantre de l'impérialisme britannique en Afrique.

---

1. Voir chapitre suivant.

Le grand partage de l'Afrique

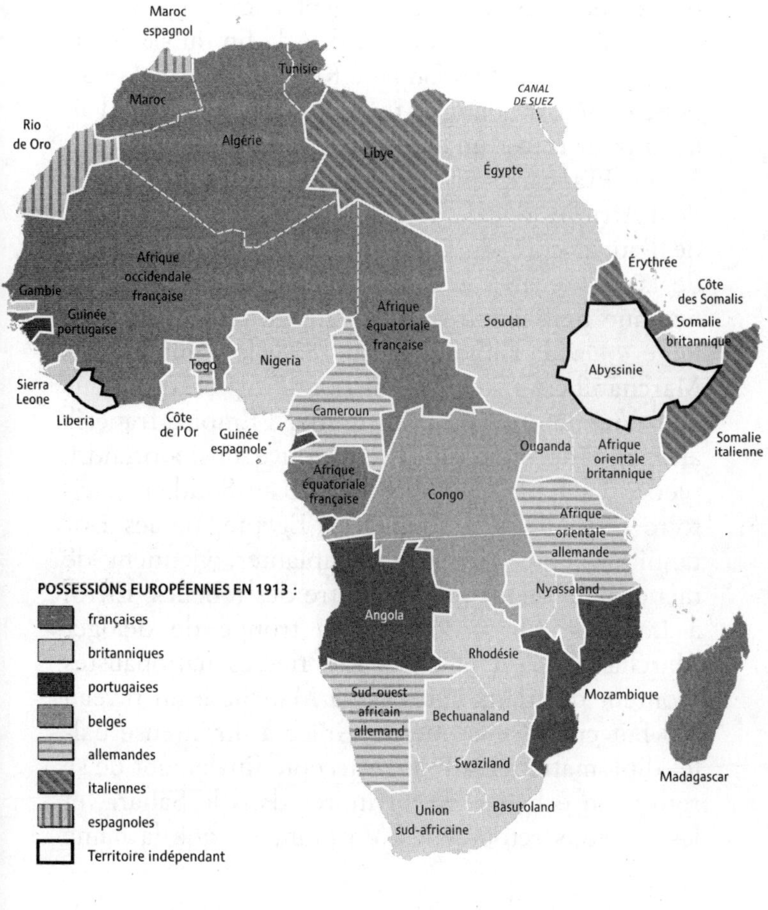

De son propre chef, il monte les expéditions qui permettent de conquérir de gigantesques territoires en Afrique australe, comme le Bechuanaland ou encore les deux Rhodésies qui portent son nom[1]. Depuis qu'ils ont le contrôle de l'Égypte, les Anglais sont implantés en Afrique du Nord. À la fin du siècle, ils lorgnent aussi le Soudan et le Kenya. Leur rêve serait donc de réussir à unifier toutes leurs terres du sud au nord pour tracer un axe « du Cap au Caire ».

Les Français, qui ont acquis la majeure partie de l'Afrique occidentale, ont également pris pied de l'autre côté du continent, sur une petite côte de la Corne africaine. Ils se mettent eux à imaginer une unification de leur empire en suivant une ligne « Dakar-Djibouti ». En 1898, le commandant Marchand est envoyé en mission d'exploration pour voir comment on pourrait unifier l'Empire français africain d'ouest en est. Il se retrouve ainsi à prendre pied à Fachoda, petit poste situé au Soudan, territoire officiellement soumis à l'Égypte, où les Britanniques, qui veulent s'y implanter, viennent de mener une longue guerre contre des rebelles. Effroi à Londres. On ordonne à la troupe de déloger Marchand. C'est la crise. Les fièvres nationalistes montent des deux côtés de la Manche à un niveau qui fait craindre la guerre. Grâce à un intense ballet diplomatique, la France accepte finalement de se retirer en échange de territoires dans le Sahara, et les passions retombent à un point tel que la haine

---

1. Bechuanaland : actuel Botswana. Les deux Rhodésies : celle du Nord, actuelle Zambie, et celle du Sud, actuel Zimbabwe.

se mue en amour. Six ans après Fachoda, les deux pays signent l'Entente cordiale, une série de textes qui règle tous les différends. Anglais et Français ne se tueront donc pas en Europe pour le Soudan. Les seconds se battront-ils contre les Allemands pour le Maroc ?

Crise de Tanger, crise d'Agadir

Installés en Algérie depuis 1830, les Français ont réussi à établir leur protectorat sur la Tunisie dans les années 1880. Ils espèrent faire tomber dans leur escarcelle le sultanat marocain, dernier pays indépendant du nord du continent. Guillaume II en rêve aussi. En 1905, alors que les Français, depuis la frontière algérienne, mènent des opérations de « pacification » pour pénétrer le pays petit à petit, le Kaiser se rend par surprise à Tanger pour assurer le sultan de son « soutien ». Ébranlement dans les chancelleries. Il faut une conférence internationale, tenue à Algésiras, pour calmer les passions et assurer la France – et l'Espagne – de leurs droits à « aider » le Maroc. Rebelote en 1911. Alors que Paris est au bord d'obtenir son protectorat, Berlin envoie une canonnière dans la baie d'Agadir. Nouvelle effervescence, qui n'est calmée que par un de ces trocs dont l'époque a le secret. France et Espagne se partagent le Maroc, l'Allemagne reçoit en compensation de vastes territoires en Afrique équatoriale qui vont grossir sa colonie du Cameroun. Français et Allemands ne se feront pas non plus la guerre pour l'Afrique.

39

Le déclin de l'Empire ottoman

À la fin du XVIIIe siècle, l'Empire ottoman est toujours une puissance. La Russie lui a pris des terres sur la mer Noire et dans le Caucase, mais le vieux géant a encore de la ressource. Il s'étend sur trois continents, règne sur un conglomérat impressionnant de peuples et de religions, et ses frontières s'étendent de celles de l'Autriche à celles du Maroc. En 1914, il est agonisant. Toutes ses provinces européennes sont devenues des pays indépendants. Toutes ses terres d'Afrique du Nord sont entre les mains des Européens. Le XIXe siècle n'aura été pour lui qu'une interminable succession d'amputations.

L'Égypte et l'électrochoc occidental

Commençons, pour comprendre comment ce processus s'est mis en place, par présenter trois épisodes survenus dans le premier tiers du siècle.

La première péripétie nous ramène en 1798, au moment où le gouvernement révolutionnaire français envoie le jeune général Bonaparte à la conquête de l'Égypte. On a évoqué déjà cette expédition du point de vue occidental[1]. Il faut souligner son importance pour l'histoire arabo-musulmane. Sur un plan militaire, elle représente un nouvel avertissement pour Constantinople. Après avoir dû céder des provinces aux Russes[2], l'empire a failli perdre une de ses grandes possessions africaines et les armées ottomanes n'ont réussi, *in fine*, à vaincre les Français que grâce à l'appui de la puissante marine anglaise. Sur un plan symbolique, l'arrivée des Français fait l'effet, pour le monde de l'islam tout entier, d'un véritable électrochoc. Peu au courant de l'évolution du monde chrétien, qu'ils méprisent, les Égyptiens, comme l'ensemble des musulmans, sommeillaient toujours dans l'illusion douillette de la supériorité de leur civilisation sur toutes les autres. N'avait-on pas repoussé les Francs une fois pour toutes, lors des croisades ? L'effondrement-éclair des mamelouks face aux infidèles, la découverte de leur avancement technologique et culturel causent un réveil brutal. Le choc fait naître, au moins chez certains, la conviction qu'une réforme profonde est nécessaire.

Mehmet Ali (1769-1849), un aventurier d'origine albanaise, est soldat dans un bataillon ottoman qui se trouve en Égypte lors de l'épisode napoléonien. Profitant des troubles politiques créés par le départ des derniers occupants français, il réussit à prendre le pouvoir et à se faire nommer vice-roi par le sul-

1. Voir chapitre 31.
2. Voir chapitre 27.

tan. Certain que le redressement de son nouveau pays doit passer par les méthodes qui ont fait la force des Occidentaux, il lui impose une modernisation à marche forcée. En quelques années, il réussit à imposer une réforme fiscale drastique, il crée une puissante armée de conscription, comme celle des Français qui viennent de partir, lance des travaux d'infrastructures et ouvre le pays aux capitaux européens.

Le début des indépendances balkaniques

La grande passion nationale qui saisit l'Europe après la Révolution française ne s'arrête pas aux frontières de l'empire d'Autriche. Comme tant d'autres Européens au début du XIXe siècle, les chrétiens des Balkans se découvrent une identité. En ressuscitant des langues qu'on ne parlait souvent plus depuis longtemps, en faisant renaître une histoire, des héros oubliés, des poètes, des linguistes, des historiens apprennent à des gens qui se définissaient depuis toujours par leur appartenance religieuse, sociale, familiale, qu'ils sont aussi roumains, grecs, bulgares, et cela change du tout au tout le rapport politique. Alors que la domination ottomane était acceptée depuis des siècles, elle devient tout à coup insupportable. Les premiers à le montrer dans les faits sont les Serbes. En 1804, ils sonnent la révolte contre les Turcs et ils le font avec d'autant plus de témérité qu'ils sont poussés dans le dos par les Russes, trop contents d'étendre leur influence dans la région, tout en aidant des frères slaves et orthodoxes. Seulement les Russes, en cette époque napoléonienne, ont bien vite d'autres préoccupations. Ils lâchent les Serbes qui retrouvent des maîtres dont il faudra du temps pour se débarrasser : ce n'est qu'en 1830 que le sultan accepte de donner à Belgrade rien de plus qu'une autonomie.

Vient le tour des Grecs. En 1821, l'évêque de Patras appelle à l'insurrection. Elle déclenche un cycle infernal qu'on verra se reproduire de nombreuses fois : massacre de musulmans par des chrétiens entraînant une répression féroce qui se solde par des massacres de chrétiens par des musulmans. L'Europe est en paix, et le pays qui s'est révolté lui apparaît comme très symbolique. Au nom du philhellénisme, au nom de Socrate et de Périclès, au nom d'une civilisation qu'ils voient comme la mère de la leur, de grands poètes comme Victor Hugo, Shelley ou Lord Byron, mais aussi des princes et des citoyens, très souvent allemands, appellent l'Europe à délivrer la Grèce des oppresseurs turcs et du despote qui leur sert de maître. Sur le terrain, le combat des révoltés est difficile, car le sultan a appelé à la rescousse Mehmet Ali, qui a envoyé dans le Péloponnèse sa nouvelle et puissante armée égyptienne. Chauffées par leur opinion publique, les puissances européennes décident de se lancer dans la bataille. En 1827, les forces conjointes anglo-françaises coulent la flotte turco-égyptienne à Navarin. En 1828, les Russes jettent leur poids dans la balance : ils déclarent la guerre à Constantinople. Deux ans plus tard, le sultan cède. En 1830, la Grèce devient indépendante. Au départ, les insurgés voulaient une république. La solution ne plaît guère aux puissances fort conservatrices qui les ont appuyés. Elles décident de faire du pays un royaume, auquel on donne comme souverain un prince bavarois.

Les Français en Algérie

Depuis le XVIe siècle, la régence d'Alger – c'est-à-dire, dans les faits, pas grand-chose d'autre que le port lui-même et une large bande côtière – est, elle aussi, une province ottomane. Dans les années 1820, son gouverneur, qu'on appelle le *dey*, s'énerve contre la France à cause d'une vieille livraison de blé, faite dans les années 1790 et toujours pas réglée. En 1827, il convoque une fois de plus le consul, qui est par ailleurs un affairiste assez douteux, et, exaspéré par ses atermoiements, lui donne une petite tape avec son chasse-mouches. Qui pouvait se douter qu'une pichenette provoquerait un séisme ? Charles X, le roi très réactionnaire qui règne à Paris, est au sommet de son impopularité. Il cherche à raffermir son pouvoir. Quel meilleur moyen d'y parvenir qu'une bonne petite expédition extérieure ? Le coup du chasse-mouches devient un attentat sacrilège contre l'honneur national qui appelle une sévère correction. À la mi-juin 1830, 50 000 soldats et marins français débarquent à Sidi-Ferruch et, moins d'un mois plus tard, entrent dans Alger. La victoire est brillante, mais elle n'a pas suffi à sauver le trône de Charles X, que la révolution de Juillet fait tomber. Elle offre à la France un nouveau territoire. L'Empire ottoman en a perdu un de plus.

Voilà donc l'histoire. Au XIXe siècle, l'Empire des sultans de Constantinople, hier si étendu, se défait. Partout où cela se passe, que ce soit pour attiser les velléités d'indépendance des peuples balkaniques, pour prendre possession de ses terres africaines, ou pour pousser aux réformes et placer des capitaux, l'Europe est à la manœuvre. En 1853, devant l'ambassadeur d'Angleterre, le tsar de Russie a eu cette formule : « L'Empire ottoman est l'homme malade de l'Europe. » Avant même de l'achever, les nouvelles puissances du siècle se disputent son héritage. L'agonie dure un siècle. Les diplomates du temps appellent la succession d'imbroglios qui l'accompagne la « question d'Orient ». On peut la diviser en trois phases.

Rivalités entre les puissances, guerre de Crimée, ère des réformes
1830 – 1875

Aurait-elle été gérée par une seule puissance européenne, cette « question d'Orient » aurait sans doute été réglée très vite. Or elles sont plusieurs à s'y intéresser de près, et leurs intérêts divergents les neutralisent.

L'Autriche est le plus vieil adversaire du monde ottoman et sa voisine dans les Balkans, mais, durant cette première période, elle préfère le soutenir plutôt que d'aider les petits peuples qui luttent contre lui. Metternich fait tout pour étouffer les revendications des minorités qui se trouvent en deçà de ses frontières, il n'a aucune envie d'encourager celles qui grondent au-delà.

On l'a vu, la Russie mène une politique inverse. Dès que des chrétiens se rebellent, elle est toujours là pour les appuyer, arguant soit d'une solidarité religieuse, comme avec les Grecs, orthodoxes, ou encore religieuse *et* ethnique, comme avec les Serbes, qui sont orthodoxes et également slaves. De fait, les tsars ont d'autres motifs de vouloir l'effondrement de l'Empire ottoman. Comme la grande Catherine en son temps, ils ont toujours en tête le « rêve byzantin », ce vieux phantasme de reprendre Constantinople pour en faire la capitale d'un nouvel empire chrétien orthodoxe dont ils seraient les Césars. Ils sont également poussés par une nécessité géopolitique, qui est l'accès aux mers chaudes, c'est-à-dire la prise de contrôle du Bosphore et des Dardanelles, les deux Détroits qui permettent le passage de la mer Noire à la Méditerranée.

Précisément, de ce côté-là veille le Royaume-Uni, troisième grand joueur de cette partie de billard. Déjà rivaux des Russes en Asie centrale[1], les Britanniques ne veulent pas les retrouver dans une zone stratégique pour eux : l'Orient est sur la route des Indes. Pour cette raison, pendant les trois premiers quarts du XIXe siècle, Londres se fait le grand protecteur de l'Empire ottoman qu'elle considère comme un rempart. L'Angleterre reste prête à tout pour le défendre dès qu'il est attaqué.

1. Voir chapitre 33.

Cela arrive souvent. Il arrive même que les coups contre la Sublime Porte viennent de ses propres vassaux. Lors de la guerre de l'indépendance grecque, dans les années 1820, Mehmet Ali a accepté d'envoyer sa belle armée moderne secourir les troupes du sultan. Il estime avoir droit à une récompense, et demande le contrôle des provinces de Syrie et de Palestine. Constantinople refuse. Il envoie ses soldats. Par deux fois (1831-1833, puis 1839-1841), l'Empire ottoman et l'Égypte se font la guerre. Lors du second conflit, l'armée égyptienne réussit une telle percée qu'elle menace Constantinople. La France, autre puissance européenne qu'on n'a pas encore mentionnée dans la partie qui se joue, est alors la grande amie du Caire, où elle place ses conseillers et ses capitaux. Elle veut soutenir le vice-roi. Mais l'Angleterre l'en empêche, et se montre si acharnée à défendre l'intégrité ottomane qu'elle réussit à contraindre Mehmet Ali de retirer ses troupes. Il reçoit en échange le vieux titre prestigieux de khédive et l'assurance qu'il sera héréditaire.

L'affaire suivante commence au début des années 1850 à Jérusalem. Une vieille querelle y renaît entre moines catholiques et orthodoxes pour savoir à laquelle des deux communautés revient la garde des Lieux saints. Comme la France s'estime protectrice de la première, tandis que la Russie soutient la seconde, l'affaire locale vire au drame diplomatique. Pour faire pression sur Constantinople, dont dépend la Ville sainte, le tsar envoie ses hommes occuper deux provinces ottomanes, voisines de ses terres ukrainiennes, la Moldavie et la Valachie. Quand, en réponse, le sultan se sent obligé de déclarer la guerre aux Russes, il reçoit immédiatement l'appui armé de l'Angleterre, suivie cette fois par Paris. Une importante armée franco-britannique est dépêchée sur les rives de la mer Noire pour se battre avec les Turcs contre les Russes. C'est la guerre de Crimée (1854-1856), une épouvantable boucherie qui fait plusieurs centaines de milliers de victimes. Elle se solde par la défaite des Russes mais aussi par une nouvelle amputation pour les Ottomans : les provinces moldo-valaques obtiennent une autonomie. Elles formeront un nouveau pays, la Roumanie.

Nahda et Tanzimat

Durant toutes ces années, cet Orient attaqué de toutes parts cherche aussi en lui-même les moyens de se redresser. Le monde ottoman du XIXe siècle n'est pas, en effet, qu'un vieillard à l'agonie. Il est aussi un grand corps qui bouillonne d'une fièvre réformatrice. Elle prend deux formes.

La première est celle qui concerne le monde arabe, et en premier lieu l'Égypte, où Mehmet Ali a fait souffler un vent de modernité. En parallèle aux bouleversements politiques et économiques que connaît le pays et au grand choc de la confrontation avec l'Occident, des imams, des penseurs, des écrivains osent des questions nouvelles : n'est-il pas temps de réformer l'islam ? Comment adapter à notre religion les principes qui semblent avoir fait la supériorité des chrétiens, comme les élections, les parlements ou encore la plus grande place accordée aux femmes ? On a donné à ce grand réveil intellectuel le nom arabe de *Nahda*, « Renaissance[1] ». Elle se déploie bientôt dans les autres provinces arabes de l'empire. Ainsi par exemple la Tunisie, où règne un *bey* qui admire la modernisation égyptienne, est-elle le premier pays du monde musulman, en 1861, à adopter une constitution.

L'autre souffle du changement a atteint le cœur même de l'empire. À la toute fin du XVIIIe siècle, un premier sultan avait créé une armée modernisée, mais les janissaires, fous de rage de perdre un pouvoir qu'ils détiennent depuis des siècles, l'ont déposé et assassiné. Un autre sultan, un peu plus tard, a compris la leçon. En 1826, il ordonne le massacre des janissaires. Fin du problème. Il peut reprendre la marche de l'évolution en lançant, dans les années 1830, un train de réformes qu'on rassemble sous le nom turc de *Tanzimat*, « Restructuration ». Elle va s'étendre sur deux décennies et vise tous les domaines de la vie publique, éducation, impôts, administration et même, comme souvent, le vêtement : le *fez* ou tarbouche, ce couvre-chef rouge et conique si caractéristique de l'univers oriental du XIXe siècle, apparaît alors pour remplacer le turban. Il est aussi un outil d'uniformisation. L'élément central du dispositif consiste en effet à sortir du vieux système communautaire qui classait chacun selon sa

1. Pour un récit plus détaillé de la *Nahda* et des *Tanzimat*, on pourra se référer au précédent ouvrage de l'auteur, *L'Orient mystérieux et autres fadaises*, *op. cit.*

religion, pour tenter d'établir une égalité totale entre tous les sujets de l'empire.

Ce changement vertigineux ne se passe pas sans remous. De nombreux musulmans sont d'autant plus furieux de perdre leur prééminence qu'ils ont le sentiment que les minorités sont déjà honteusement favorisées par les étrangers. Comme on l'a vu avec les Russes pour les orthodoxes et les Français pour les catholiques, chaque puissance européenne, en effet, a misé sur une minorité qu'elle prétend défendre, tout en s'en faisant des alliés intérieurs. Et toutes abusent du système des capitulations, qui permet à une puissance étrangère de faire juger ses ressortissants par ses consuls, et non par la justice ottomane. Nombreux sont ceux, parmi les minorités, qui jouent cette carte en tentant d'obtenir des passeports européens, mais le jeu est risqué. Ils peuvent facilement apparaître comme des traîtres à la solde des ennemis de l'empire et de l'islam. En 1860, dans la province de Syrie, les rivalités interconfessionnelles dérapent dans la folie meurtrière. Des milliers de chrétiens sont massacrés par les druzes – une minorité musulmane hétérodoxe – sur le mont Liban, puis d'autres chrétiens le sont par des musulmans à Damas. Constantinople est incapable de faire face à ce déchaînement et la France envoie un corps expéditionnaire pour tenter de protéger les maronites, mais des milliers choisissent l'exil.

Quand l'Europe n'envoie pas ses soldats, elle mandate ses financiers. La modernisation coûte fort cher et creuse une dette considérable et dangereuse puisqu'elle met l'empire dans la main des étrangers. Vaille que vaille, le train de la réforme poursuit pourtant son chemin. Il aboutit même à ce qui doit être une apothéose. En 1876, Abdul Hamid II (né en 1842-règne : 1876-abdication : 1909-mort en 1918), le jeune et nouveau sultan qui apparaît à tous comme un libéral, met fin à des siècles de pouvoir absolu. Il promulgue l'entrée en vigueur de la première Constitution ottomane.

★ ★
★

Nouvelles indépendances,
nouvelles colonisations
1875 – 1908

Nous voici en 1875-1876. La Grèce est indépendante. La Serbie et la Roumanie ne le sont pas en titre, mais ont acquis une véritable autonomie. L'aspiration à la liberté fait gronder de nouvelles provinces. Des révoltes éclatent en Bosnie, en Herzégovine et en Bulgarie, enclenchant le cycle infernal des massacres et de la répression. Cette fois, l'histoire s'accélère car les lignes de force qui maintenaient le système ont changé. Les sinistres bachi-bouzouks, mercenaires ottomans chargés de rétablir l'ordre en Bulgarie, se rendent coupables d'exactions de grande ampleur. Les « atrocités bulgares », que la presse européenne répercute largement, créent un scandale international qui fait sauter un grand verrou. Poussée par son opinion publique et les discours sonores de Gladstone, le grand leader de l'opposition libérale, l'Angleterre décide de lâcher son allié ottoman. Pour une fois, elle ne cherche pas à le défendre. Au même moment, d'autres sont déjà occupés à se partager ses dépouilles. L'Autriche, devenue l'Autriche-Hongrie, n'a plus non plus les mêmes préventions qu'au temps de Metternich. Détournée de son destin allemand par Bismarck[1], elle estime désormais que son avenir est à l'est. Elle occupe la Bosnie et l'Herzégovine. La Russie, comme toujours, est prête à tout. Après avoir soutenu la guerre que, dans la tourmente, les Serbes et le petit Monténégro viennent de déclarer à Constantinople, elle la déclare elle-même et se lance dans la bataille pour aider les Bulgares. Accumulant les victoires, ses troupes se trouvent bientôt aux portes de Constantinople. En mars 1878, le sultan, à genoux, demande la paix et, à San Stefano, une banlieue chic de sa capitale, signe un traité incroyablement favorable au tsar et à ses alliés. Il cède toutes ses terres européennes et crée un énorme royaume de Bulgarie dont Saint-Pétersbourg sera la protectrice.

Onde de choc dans les chancelleries. Le Royaume-Uni et l'Autriche-Hongrie se réveillent et déclarent inacceptable un tel cadeau fait à la Russie. La tension diplomatique est à son comble. Bismarck, chancelier du nouvel Empire allemand, qui, rappelons-le, se veut alors l'arbitre du jeu européen, propose une conférence internationale dans sa capitale. Quatre mois

1. Voir chapitre 33.

Le démembrement de l'Empire ottoman

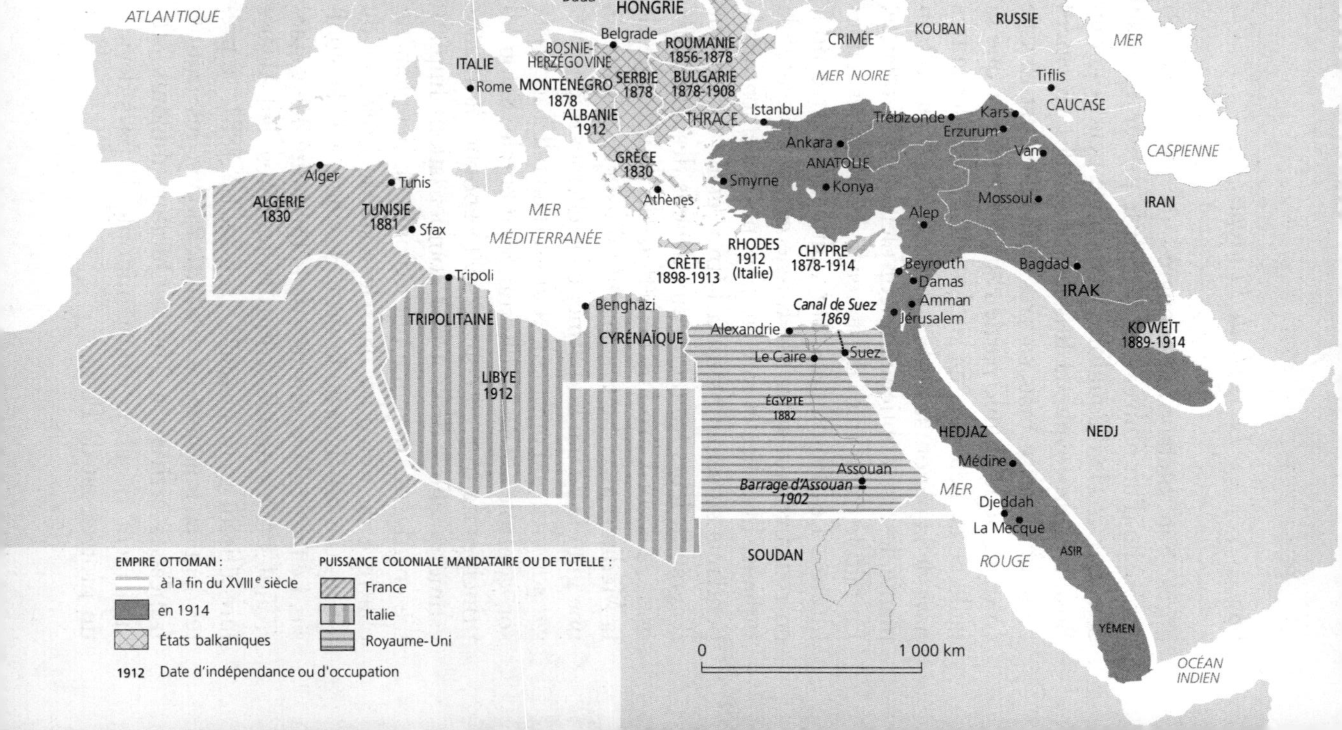

après San Stefano, le congrès de Berlin (1878) accouche d'un nouveau texte. Sur le papier, il paraît être un miracle d'équilibre : l'Autriche peut rester en Bosnie-Herzégovine, la Russie obtient des provinces dans le Caucase mais sa grosse Bulgarie est divisée en deux pour qu'une partie reste ottomane et que sa taille ne la mette pas en situation d'écraser les autres pays de la région, la Serbie, le Monténégro et la Roumanie, lesquels obtiennent leur pleine indépendance. En fait, le traité vient de semer les graines des haines futures. Les Bosniaques ont quitté un maître pour en retrouver un autre ; la Russie est mécontente ; la Bulgarie humiliée et tous les pays nouvellement indépendants se sentent déjà à l'étroit et ne rêvent que d'agrandir leurs frontières aux dépens des autres. En outre, l'accord produit des effets de l'autre côté de la Méditerranée. Le Royaume-Uni y a gagné Chypre, une grande île qui lui permet officiellement de protéger son vieil ami ottoman, et qui sert en fait à accroître son contrôle sur la Méditerranée orientale. Selon les principes de troc en cours à cette époque, la France estime qu'elle a droit à une compensation. Implantée en Algérie, devenue une colonie de peuplement, elle rêve de s'étendre dans le reste de l'Afrique du Nord. On lui accorde le droit de conquérir la Tunisie. Le faire relève, ensuite, de la formalité. De vagues troubles créés par des tribus frontalières de l'Algérie lui suffisent pour passer à l'action. En 1881, se prétendant en mission de « pacification », les troupes françaises arrivent à Tunis. Quoique toujours officiellement vassal de Constantinople, le pays devient un protectorat de Paris.

Et cette même chanson ne cesse de se répéter, sur tous les maillons faibles de l'empire.

Panislamisme

La modernisation enclenchée en Égypte au début du siècle a produit de grands résultats. Le Caire est devenu une ville moderne. Le pays s'est doté d'infrastructures, dont la plus spectaculaire est le canal de Suez, inauguré en 1869. Mais tout cela a coûté très cher et, à la fin des années 1870, le khédive est dans la main des banquiers qui lui imposent des mesures d'austérité humiliantes pour les Égyptiens. Dans un sursaut d'orgueil patriotique, un officier prend le pouvoir pour s'opposer à cette politique ; il entend débarrasser le pays des créanciers qui le mettent à genoux. Les Britanniques passent à la manière forte. En 1882, leurs soldats débarquent à Alexandrie, occupent le pays et remettent aux commandes un gouvernement d'une totale docilité envers les Européens. L'Égypte, toujours officiellement vassale de la Porte, devient dans les faits un protectorat de Londres.

Depuis son palais de la Corne d'Or, le sultan Abdul Hamid II, qu'on croyait ouvert, a une idée de ce qui cause cette longue descente aux enfers : les réformes. Il en est convaincu, ce stupide esprit moderniste, ces folies de faire des élections, de diluer le pouvoir, ont affaibli l'empire. En 1878, il suspend la Constitution qu'il a promulguée deux ans auparavant, réinstaure le pouvoir absolu et revient sur toutes les avancées qui ont été faites. À la place de l'*ottomanisme*, qui posait l'égalité de tous les sujets de l'empire, il ressort le titre inusité depuis longtemps de « calife », chef des croyants, et joue sur le *panislamisme*, l'union des musulmans contre tous les autres. Il n'hésite jamais, d'ailleurs, à attiser la haine la plus brutale contre les minorités. Dans les années 1890 ont lieu les premiers massacres massifs d'Arméniens. Ils sont commis par des bandes de soudards kurdes dont il a fait ses hommes de main. Abdul Hamid II y gagne dans les journaux français le surnom de « Grand Saigneur ». Traqués par sa redoutable police politique, la plupart des penseurs et écrivains qui osent un discours critique prennent le chemin de l'exil.

★ ★
★

Révolution jeune-turque
et « poudrière balkanique »
1908 – 1914

Nombreux, en ces années de plomb, sont ceux qui cherchent dans l'ombre les moyens de sortir leur pays de l'ornière. Ainsi des militaires, au départ très francophiles et très inspirés par les principes de la Révolution française, ont-ils fondé les Jeunes-Turcs, une société secrète destinée à relever le pays. La plupart d'entre eux sont en poste en Macédoine, la grande province située entre la Grèce et la Bulgarie qui demeure le dernier bastion ottoman en Europe. C'est de sa capitale de Salonique, en 1908, qu'ils lancent l'insurrection. En quelques semaines à peine, la révolution jeune-turque atteint Constantinople. Le vieux sultan tyrannique est contraint à restaurer la Constitution et les libertés publiques. Les foules sont euphoriques, les haines interreligieuses semblent oubliées. On s'embrasse, on fraternise entre membres de toutes les communautés, on est sûr que tous les Ottomans, enfin réunis, vont sauver le pauvre empire malade.

Fausse joie. Les troubles donnent aussi l'occasion à tous les fauves qui rôdent d'arracher un peu plus de chair à leur vieille proie. L'hallali recommence, déclenchant, comme à chaque fois, d'interminables réactions en chaîne. Sitôt l'annonce de la révolution, la Bulgarie proclame son indépendance totale et l'Autriche-Hongrie, qui ne fait qu'occuper la Bosnie-Herzégovine depuis trente ans, en profite pour l'annexer. La mesure déclenche la fureur des Serbes qui estiment que ces provinces, peuplées en partie de Slaves, doivent leur revenir. Ils se préparent à la guerre, soutenus comme toujours par les Russes, plus opposés que jamais à l'Autriche, mais réconciliés depuis peu avec le vieil ennemi britannique. En 1907, Saint-Pétersbourg et Londres ont signé une convention qui règle leurs différends en Asie centrale, en découpant les principaux pays qui s'y trouvent, comme la Perse, en zones d'influence. Vienne, elle, est devenue la grande alliée de Berlin. Durant cette crise de 1908, l'Allemagne calme les choses. Une guerre avec Belgrade maintenant ? Ce sera donc pour une autre fois. Les occasions ne manquent pas dans une région que les diplomates appellent désormais la « poudrière balkanique ».

Arrive sur la scène un acteur qu'on n'avait guère vu jusqu'alors. L'Italie voudrait bien, elle aussi, sa part du « gâteau ottoman » où tous les autres n'arrêtent pas de se servir. Un temps, elle a rêvé de la Tunisie, si proche de ses côtes, mais la France lui a ravi la politesse. En 1911, elle lance ses troupes sur la Tripolitaine et la Cyrénaïque, dont elle veut faire la colonie de Libye. Constantinople dépêche donc ce qu'elle peut d'armée pour défendre les dernières possessions qui lui restent en Afrique. C'est le bon moment pour l'achever en Europe.

Depuis la fin du XIXe siècle, toutes les nouvelles nations qui sont apparues sur la carte ont, elles aussi, leurs rêves expansionnistes, toutes estiment injustes les délimitations qui leur ont été imposées et qui laissent à l'extérieur des minorités qu'elles revendiquent. La Serbie, on l'a dit, regarde du côté des Slaves des provinces voisines. La Bulgarie rêve d'accès à la mer. La Grèce veut rassembler toutes les provinces parlant grec, comme la Crète, et songe même parfois à ce qu'on appelle la « grande idée » (*megali idea*), qui consiste à reconquérir Constantinople. Toutes les trois regardent surtout du côté de la Macédoine, ultime vestige du monde ottoman d'Europe. Dans cette vaste bande qui s'étend de la Thrace au sud de la Serbie, tous les peuples, toutes les religions sont mélangés, et les nationalistes de tous bords, en particulier grecs et bulgares, ne cessent d'agiter leurs minorités et de terroriser les autres à coup de bombes, faisant de la province une poudrière dans la poudrière. En 1912, pour en finir, la Serbie, la Bulgarie, la Grèce et même le petit Monténégro unissent leurs forces et attaquent l'Empire ottoman. C'est la première guerre balkanique. Elle est remportée haut la main et très vite par les agresseurs, mais il leur faut encore moins de temps pour se disputer entre eux à propos du butin. Pour couronner le tout, un ultime nationalisme s'est réveillé. Pour Istanbul, les Albanais, majoritairement musulmans, étaient à jamais les fidèles des fidèles. Ils veulent aussi leur indépendance, et l'obtiennent grâce à l'appui de l'Italie et de l'Autriche, mais à la fureur des Serbes qui perdent une possibilité de façade maritime. Les Bulgares sont encore plus mécontents : ils ne pardonnent pas aux Grecs d'avoir pris Salonique et toute la côte macédonienne, les privant ainsi d'un accès à la mer. Ils attaquent leurs anciens alliés. Nous sommes en 1913. Voilà déjà la deuxième guerre balkanique.

À Istanbul, l'euphorie de 1908 est loin. En 1909, Abdul Hamid II a tenté une contre-révolution. Il a fallu le déposer et le remplacer par son frère. Le climat ne cesse de s'obscurcir dans un pays attaqué de toutes parts, qui affronte guerre sur guerre et les perd toujours. L'Asie Mineure est pleine des millions de réfugiés, majoritairement des musulmans chassés d'Europe ou des provinces du Caucase prises par les Russes. Le comité Union et Progrès, le parti jeune-turc au gouvernement, montre un visage moins ouvert qu'au temps de la révolution. La politique menée tend vers la dictature. L'idéologie sur laquelle il s'appuie tient maintenant du nationalisme le plus fermé :

on ne parle plus de fraternisation entre Ottomans. Seuls comptent les Turcs. Eux seuls doivent dominer et, avant cela, se défendre par tous les moyens. Les autres n'ont qu'à bien se tenir.

Le XXᵉ siècle

REPÈRES

– 1914-1918 : Première Guerre mondiale.
– 1915-1916 : génocide arménien.
– 1917 : révolutions russes (février et octobre).
– 1929 : krach boursier à Wall-Street.
– 1936 : grande révolte arabe en Palestine.
– 1937 : le Japon déclare la guerre à la Chine.
– 23 août 1939 : pacte germano-soviétique entre l'Allemagne nazie et l'URSS.
– 4-11 février 1945 : conférence de Yalta.
– 1948 : création de l'État d'Israël.
– 1949 : Mao Tsé-toung proclame la République populaire de Chine.
– 1957 : traité de Rome, instituant la Communauté économique européenne.
– 1960 : année de l'Afrique, dix-sept pays deviennent indépendants.
– 1979 : révolution iranienne. L'ayatollah Khomeiny prend le pouvoir.
– décembre 1991 : effondrement de l'URSS.

En 1914, l'Europe domine le monde mais le petit continent est miné par les passions nationalistes. Un coup de revolver tiré à Sarajevo déclenche la Première Guerre mondiale. Sur les ruines qu'elle laisse derrière elle naissent les totalitarismes. Ils entraînent le monde dans l'abîme d'une nouvelle guerre mondiale encore plus folle et destructrice que la précédente. Après 1945, le temps de l'Europe est passé. Tous les pays qu'elle a dominés s'émancipent les uns après les autres. Le monde appartient à deux géants qui se le partagent, les États-Unis et l'URSS.

40

Une vision mondiale de la Première Guerre

En 1914, le nationalisme est au plus haut. Pour se protéger des États qu'elles craignent le plus, les puissances européennes ont noué des alliances avec ceux qu'elles craignent le moins. Un coup de revolver tiré à Sarajevo déclenche le mécanisme fatal. En un peu plus d'un mois, toute l'Europe se bat et, bientôt, entraîne le monde entier dans la guerre.

Au début du XXe siècle, en Europe, les passions nationalistes sont incandescentes. Chacune des quelques puissances qui dominent estime être seule à porter au plus haut la civilisation et le progrès et se sent prête à affronter celles qui l'entourent. Toutes savent aussi que le meilleur moyen de se prémunir des rivales qu'elles détestent le plus est de nouer des alliances avec celles qui les gênent le moins. Contrairement à l'idée rétrospective qu'on en a, ces alliances ont été extrêmement mouvantes et complexes à mettre en œuvre.

Dans les années 1870, le très réactionnaire Bismarck rêvait de réaliser l'entente des trois empereurs, celui d'Allemagne, celui de Russie et celui d'Autriche-Hongrie. Les rivalités ardentes des deux derniers dans les Balkans rendent le mariage impossible[1]. Le Prussien choisit donc Vienne et renonce à Saint-Pétersbourg, qui trouve un autre appui, politiquement inattendu. À cause de sa défaite lors de la guerre de 1870, la France voit en l'Allemagne son ennemi principal. Elle est donc ravie de nouer une alliance franco-russe (1893), précieuse sur un plan stratégique – elle permet de prendre le Reich en tenailles –, mais douteuse sur un plan moral. La république, qui se prévaut des idéaux de la Révolution française, se retrouve alliée avec une autocratie. L'Italie ne pardonne pas à la France de lui avoir ravi la Tunisie, qu'elle convoitait ; elle se rapproche donc de l'Allemagne et de l'Autriche, contre qui elle a pourtant lutté âprement pour faire son unité. Enfin, l'Angleterre, durant toute son expansion coloniale, n'a cessé de se confronter à deux rivaux : la France en Afrique et la Russie en Asie. Elle signe pourtant avec la première l'accord dit d'« Entente cordiale » (1904) et avec la seconde une convention qui apaise les différends (1907).

Ainsi, dans les années 1910 se sont formés deux camps : celui de l'Allemagne, de l'Autriche-Hongrie et de l'Italie, appelé la « Triplice » ; et celui de la France, de la Russie et du Royaume-Uni, qui ne sont,

1. Voir chapitre précédent.

de fait, alliés que deux par deux, mais qu'on nomme la « Triple Entente ». Dans la plupart de ces pays existe un fort courant pacifiste, porté surtout par les socialistes, déterminé à empêcher à tout prix la guerre que ce système semble préparer. Les nationalistes, eux, l'espèrent et les états-majors l'attendent sans crainte, car tous sont assurés de la gagner très vite ou, mieux encore, que l'adversaire reculera devant la perspective du combat. La grande question est de savoir d'où le feu va partir. Pendant un temps, les tensions se sont concentrées en Afrique[1]. L'étincelle viendra des Balkans.

L'engrenage

La Serbie ne pardonne pas à Vienne d'avoir, en 1908, procédé à l'annexion de la Bosnie-Herzégovine, peuplée en partie de Serbes. L'annonce de la visite de cette province par François-Ferdinand, l'archiduc héritier d'Autriche-Hongrie, agit comme un chiffon rouge secoué à la face des ultranationalistes slaves. Les coups de feu, tirés à bout portant le 28 juin 1914 sur le coupé du prince par Gavrilo Princip, un jeune Bosniaque exalté armé probablement par l'extrême droite de Belgrade, allument l'incendie. Attisé par le jeu infernal des alliances, il se propage dans toute l'Europe.

Aurait-il pu être stoppé ? Qui est responsable de l'ampleur qu'il a prise ? Les Allemands, qui n'ont cessé de pousser Vienne parce qu'ils voulaient la

1. Voir chapitre 38.

guerre ? Les Russes, qui ont joué dans l'affaire un rôle non moins important, en soutenant le camp d'en face ? L'ensemble des états-majors ? Depuis plus d'un siècle maintenant, on n'en finit pas de poser ces questions auxquelles on ne pourra sans doute jamais répondre avec certitude.

Au départ, l'Autriche-Hongrie hésite sur la conduite à tenir mais, en effet, l'Allemagne la presse d'agir, en l'assurant d'un soutien sans faille. Ne serait-ce pas là une bonne occasion d'en finir enfin avec l'arrogance serbe et de marquer son territoire de façon claire et définitive ? Le 23 juillet, Vienne lance à Belgrade un ultimatum rédigé de telle sorte qu'il soit inacceptable pour le gouvernement serbe. D'abord parce que celui-ci, dans la réalité, n'a rien à voir avec l'attentat, ensuite parce que le texte comporte une clause insultante pour tout État souverain : les Autrichiens exigent que leur propre police vienne enquêter sur l'assassinat en Serbie. Belgrade refuse et le fait avec d'autant plus d'assurance que les Russes, de leur côté, lui ont assuré leur soutien inconditionnel.

Le 28 juillet, les Autrichiens bombardent Belgrade. L'engrenage se met en marche. Par solidarité avec les Serbes, les Russes mobilisent contre l'Autriche, que l'Allemagne soutient en mobilisant contre les Russes, puis en déclarant la guerre à la France, qui a déclaré soutenir les Russes. Nous sommes le 2 août. Dans aucun de ces pays les pacifistes n'ont réussi à empêcher l'irréparable, et l'immense majorité des socialistes, même dans les pays où ils sont nombreux, comme en Allemagne ou en France, ont voté les crédits de guerre. Seule l'Italie reste à l'écart – pour l'instant –, ainsi que l'Angleterre, qui a fait ce qu'elle a pu pour prévenir le pire, et n'a aucune envie d'être entraînée dans l'abîme qu'elle voit s'ouvrir. Elle y plonge bien vite. Le 4 août, en application d'un plan prévu de longue date, les troupes allemandes pénètrent en Belgique dans le but de contourner l'armée française par le nord. Pour Londres, la violation de la neutralité belge est un *casus belli.* Le Royaume-Uni déclare la guerre à l'Allemagne. Le premier conflit mondial vient de commencer.

Par sa longueur, par le nombre de victimes qu'elle cause, par le fait qu'elle implique non seulement des militaires s'affrontant dans des batailles ponctuelles, comme lors de tous les conflits qui ont précédé, mais mobilise aussi l'arrière, l'industrie, la culture, cette guerre n'est semblable à aucune autre. Elle est, avant tout, celle du suicide de l'Europe. Elle est ce paroxysme, cette apocalypse où toutes les valeurs, les certitudes qui, depuis un siècle, ont fait la puissance du petit continent se retournent contre lui.

Le XIXe siècle a été celui où tous les pays européens sont devenus des nations[1], un système pensé au départ pour assurer à chaque peuple sa liberté. Défiguré par le nationalisme, ce beau principe aboutit à les faire se jeter les uns contre les autres dans une

1. Voir chapitre 33.

folle lutte à la mort. Ce XIXe siècle européen s'était enorgueilli d'être celui de la science, du progrès, de la « civilisation ». Entre 1914 et 1918, la science sert à inventer les chars et les gaz ; la « civilisation » dont l'un et l'autre camp se prévalent n'est qu'une machine à produire de la haine et le progrès se solde en millions de morts.

Les Européens, qui avaient réussi à dominer le monde au XIXe siècle, entraînent la planète tout entière dans leur folie. Commençons par exposer brièvement la façon dont cette guerre est racontée par l'Europe pour ensuite observer l'impact qu'elle a eu sur le monde.

La vision européenne traditionnelle de la guerre

De quelque bord qu'ils soient, les experts militaires sont d'accord sur un point : la guerre sera très courte. Les états-majors ont préparé des plans qui ne peuvent que leur assurer une victoire-éclair. Les Français ont prévu de foncer droit sur l'Alsace-Lorraine pour emboutir l'ennemi et tracer jusqu'à Berlin. Les Allemands sont obsédés par le spectre du « rouleau compresseur » russe, les millions d'hommes que peut fournir cet immense empire, mais rassurés sur un point : le pays est tellement désorganisé qu'il faudra des mois pour acheminer les troupes sur le front. Il est donc impératif de faire plier au plus vite l'autre ennemi, la France, ce maillon faible qui cédera au premier choc si on le prend par la ruse. D'où l'idée de passer par la Belgique. C'est le *plan Schlieffen.*

Dès le mois d'août, alors que les Français tentent quelques offensives vers l'est en application de leur stratégie, les Allemands doivent prendre en compte un paramètre imprévu : la résistance héroïque de la petite armée belge. Ils réussissent enfin à la forcer et, grâce à leur mouvement tournant, se retrouvent, début septembre, à quelques dizaines de kilomètres de Paris, que le gouvernement a déjà quittée. Dans un sursaut, les Français réussissent à les stopper : c'est le « miracle de la Marne » (septembre 1914).

Bloqués dans leur progression, les généraux allemands obliquent vers le nord en tentant de contourner l'armée française par l'ouest, pour l'empêcher de rejoindre la Manche, où les Anglais commencent de débarquer. C'est la « course à la mer », un jeu où l'on avance, où l'on s'attaque, où l'on se bloque, tout en faisant tout pour conserver le terrain gagné la veille, en particulier en creusant des fossés dans le sol pour s'y enterrer. C'est ainsi qu'à la fin de l'automne 1914 est tricoté un front de plus de 700 kilomètres, s'étendant du littoral belge au Jura. Il change la nature des hostilités : de la *guerre de mouvement*, on passe à la *guerre de position*, un face-à-face bientôt interminable.

Du côté est, les stratèges connaissent pareilles déconvenues. Contre toute attente, les Russes réussissent d'abord une progression rapide et envahissent la Prusse orientale. Les Allemands accomplissent leur propre « miracle » en une écrasante victoire qui fait des milliers de prisonniers[1]. Mais leurs alliés autrichiens subissent des défaites. Aucun des deux camps n'a réussi à jouer un coup décisif.

Comment sortir du bourbier sanglant où cette guerre qui devait être si brève piétine ? C'est la grande obsession des années 1915-1916. À l'Est, on joue sur les grandes offensives, on lance toutes les armées sur l'adversaire pour tenter de le bousculer. Les Austro-Allemands s'y essaient en 1915, ils gagnent du terrain mais ne vainquent pas. Les Russes font de même en 1916, réussissent à enfoncer les lignes autrichiennes, progressent très fortement, et finissent par s'arrêter, épuisés, sans avoir vaincu.

À l'Ouest, l'objectif de chacun des camps est de réussir à rompre le front adverse, ces maudites tranchées où l'adversaire est terré. C'est l'obsession de la percée. Elle se décline en ces batailles dantesques qui consistent à noyer l'ennemi sous une pluie d'obus avant de lancer sur lui des milliers de fantassins, offerts aux tirs des mitrailleuses ennemies. Artois, Champagne, Verdun, Somme. Toutes ces tentatives sont des boucheries sur le plan humain et des échecs sur le plan militaire.

Au début de 1917, la situation est bloquée. Les civils désespèrent. Le moral des soldats est au plus bas. Des mutineries éclatent. Les généraux n'ont pas de plans de rechange. L'un et l'autre camp sont deux titans d'une force égale, deux Molochs qui semblent

1. La bataille a lieu fin août à Tannenberg, aujourd'hui Stębark en Pologne.

décidés à dévorer leurs enfants jusqu'à la fin des temps. Deux événements, qui surviennent en 1917, année cruciale, modifient cet équilibre mortifère. La révolution russe, qui éclate en février et aboutit un an plus tard au retrait d'un protagoniste de poids ; et l'entrée en guerre des États-Unis, qui vont apporter une aide décisive aux alliés franco-anglais.

La révolution russe

Depuis 1914, tous les peuples souffrent. Les Russes peut-être encore plus que les autres. Des dizaines de milliers de soldats ont été faits prisonniers. Les conditions de vie de ceux qui sont sur le front sont effroyables et la désorganisation de l'arrière est telle qu'on y manque de tout et que les seules denrées qu'on trouve sont hors de prix. Les grèves se succèdent dans l'empire. Début mars 1917, des femmes, étudiantes et ouvrières, manifestent à Petrograd[1] pour demander du pain. Nicolas II répond de la seule façon qu'il semble connaître : il envoie l'armée. Pour la première fois, les soldats, même les Cosaques, d'ordinaire si fidèles au pouvoir, refusent d'obéir et fraternisent avec les foules sur lesquelles ils sont censés tirer. Commence ainsi la première des révolutions russes de 1917, appelée, à cause du décalage du calendrier orthodoxe, la « révolution de février ». Au bout de quelques jours, le tsar abdique en faveur de son frère, qui refuse le trône. Le pou-

1. Au début de la guerre, le nom de Saint-Pétersbourg, trop allemand, a été russifié.

voir passe à la Douma, l'assemblée de notables à laquelle le régime avait consenti après les émeutes de 1905. Mais elle est concurrencée par une autre, le soviet de Petrograd, un conseil qui se veut l'organe des ouvriers et des soldats. La nouvelle Russie a, de fait, deux maîtres.

Le gouvernement issu de la Douma est très influencé par les idéaux de 1789. Il promet qu'on élira une assemblée constituante qui s'occupera des réformes de fond dont le pays a besoin, et, en attendant, prend un train de mesures d'inspiration démocratique et libérale, dont l'abolition de la peine de mort, la liberté de conscience, la liberté de la presse. De son côté, le soviet est de plus en plus marqué par l'influence de révolutionnaires radicaux, en particulier les *bolcheviks*, dirigés par Lénine, leur chef. Il est revenu de son exil en Suisse dans un train spécialement affrété par les Allemands, qui ont compris le parti qu'ils pouvaient tirer de la désorganisation de leur ennemi.

Les deux courants deviennent bientôt irréconciliables. Le gouvernement issu de février, et surtout son chef, Kerenski, un avocat socialiste et démocrate, mais aussi un jusqu'au-boutiste opposé à toute solution négociée avec l'ennemi, veulent continuer la guerre. Les bolcheviks s'y refusent. En suivant la ligne définie à son retour par Lénine dans un article de la *Pravda* – les célèbres « Thèses d'avril » –, ils proposent un mot d'ordre plus populaire auprès des conscrits et des paysans : la paix et la réforme agraire.

En quelques mois, la décomposition du pouvoir aide les léninistes à passer à l'action. Après s'être assurés de contrôler le soviet de Petrograd, ils font, début novembre, un coup de main pour se saisir de tous les organes du gouvernement : c'est la révolution d'octobre (toujours selon le décalage des calendriers). Elle va changer le cours du conflit. En décembre, les nouveaux maîtres de feu l'empire des tsars obtiennent un armistice avec les empires centraux. Puis, en mars 1918, après une courte reprise des hostilités par les Allemands, ils signent le traité de Brest-Litovsk[1]. Les clauses sont dramatiques pour les vaincus. La Russie perd des territoires immenses. Lénine n'en a cure. La révolution s'étendra bientôt à toute la terre. À quoi bon pleurer quelques provinces ? Les Austro-Allemands peuvent se réjouir. L'ennemi de l'Est qui leur faisait si peur au début de la guerre en est sorti vaincu.

L'entrée en guerre des Américains

Un mois après la défection de son allié de l'Est, l'Entente, de son côté, peut se consoler avec l'arrivée d'un nouveau partenaire, venu de l'Ouest. Lorsque le conflit avait éclaté, en 1914, les États-Unis s'étaient déclarés neutres. Leur population, issue d'immigrants venus de toute l'Europe, dont les pays germaniques, était partagée entre les deux camps. Deux éléments font basculer l'opinion. Le

1. Ville située dans l'actuelle Biélorussie.

premier est un télégramme diplomatique envoyé par Berlin à Mexico que les Anglais ont intercepté et qu'ils se font un plaisir de transmettre à Washington. Les Américains découvrent ainsi une manœuvre qui leur apparaît comme un coup de poignard : l'Allemagne propose une alliance au Mexique, le vieil ennemi du Sud, et le pousse à attaquer les États-Unis. Il y a surtout – c'est le second élément – la sécurité de l'Atlantique : en espérant asphyxier l'Angleterre, les sous-marins allemands torpillent tous les bateaux de commerce qui traversent l'océan, même les neutres. En avril 1917, le président Wilson décide de faire entrer son pays dans le conflit aux côtés de la France et du Royaume-Uni. En janvier 1918, ce dirigeant profondément religieux et idéaliste résume en « quatorze points » le sens et les buts qu'il fixe à cet engagement : il sera celui de la justice, ne débouchera sur aucune annexion, assurera le règne du libre commerce, de la démocratie et du droit des peuples à disposer d'eux-mêmes.

Vers la fin

Au début de 1918, les deux camps ont donc chacun un nouvel atout dans leur jeu. Celui des Alliés peut être décisif, mais il est lent à mettre en œuvre : les États-Unis n'ont pas d'armée de conscription, et leurs soldats ne seront opérationnels que progressivement. Les Allemands savent qu'ils doivent jouer leur carte très vite. Grâce à l'appui des troupes rapatriées de l'Est, ils lancent toutes leurs forces sur le front occidental. En mai, ils réussissent une percée dans l'Aisne. Nouveau « miracle », les Français et les Anglais, placés sous le commandement unifié de Foch, réussissent *in extremis* à les repousser. Cela sauve la partie pour les Alliés. Deux millions d'Américains débarquent bientôt pour les soutenir. À l'été 1918, les généraux allemands savent que la messe est dite.

★
★ ★

La guerre, vue mondiale

La Première Guerre mondiale a été européenne et va changer du tout au tout le destin de cette partie du monde. Elle est aussi une affaire mondiale qui bouleverse le destin de différentes zones de la planète.

La guerre aux colonies, les coloniaux à la guerre

La plupart des belligérants sont des puissances coloniales. Dès l'été 1914, on se bat en Afrique : Français et Anglais cherchent à mettre la main sur les possessions allemandes. Ils y arrivent assez vite au Togo, au Cameroun, dans le Sud-Est africain. Seul le Tanganyika résiste pendant quatre ans. Un fascinant général allemand, à la tête d'une petite armée composée principalement d'Africains, réussit à repousser les forces énormes que les Britanniques lancent contre lui en menant une guérilla depuis la jungle, où il survit avec ses hommes en apprenant les techniques traditionnelles africaines[1].

Après avoir hésité, le Japon est entré dans le conflit en août 1914, aux côtés de son allié anglais, dans le secret espoir de mettre enfin la main sur la Chine. Il commence les opérations en menant le siège de Tsingtao, comptoir allemand, et s'empare de quelques-unes des îles que le Reich possédait dans le Pacifique.

De la même manière que l'Europe exporte sa guerre dans les colonies, elle fait venir ses coloniaux dans celle qu'elle mène sur son sol. Le général français Mangin a théorisé avant-guerre l'avantage que le pays aurait à utiliser les indigènes de l'empire : cette « force noire » pourrait soulager les troupes et « épargner le sang français ». Par milliers, des Africains, puis des Indochinois sont enrôlés, parfois de force, puis envoyés dans la boue et les tranchées des Flandres ou de la Somme, ou dans les usines de l'arrière, pour armer et défendre une « mère patrie » dont ils ignorent tout.

Il leur arrive sans doute d'y croiser les troupes de l'Empire britannique. Les Indiens, poussés par une forte propagande, se sont engagés en masse, et on les envoie sur divers fronts, principalement ceux du Moyen-Orient. Londres a aussi fait appel à ses vieilles « colonies blanches », ses dominions. Australiens et Néo-Zélandais forment ainsi le gros

1. Paul von Lettow-Vorbeck (1870-1964) ne se rendit finalement que quelques jours après l'armistice, et eut droit à une parade à son retour à Berlin en 1919.

des troupes lors de la terrible bataille des Dardanelles, sur la presqu'île de Gallipoli (1915-1916), en Turquie actuelle. Les Canadiens s'illustrent par leur héroïsme dans le nord de la France à Vimy (1917). Pour chacun de ces pays, ces noms marquent leur entrée dans le monde et sont considérés aujourd'hui encore comme fondateurs de l'identité nationale.

Les nouveaux fronts

Durant toute la guerre, les belligérants cherchent de nouveaux alliés pour ouvrir d'autres fronts, dont ils espèrent qu'ils réussiront à affaiblir l'adversaire en le contraignant à disperser ses forces. L'Italie se laisse séduire par les promesses franco-anglaises : elle pourra s'agrandir en prenant possession de l'autre rive de l'Adriatique, alors austro-hongroise. Hier unie avec les empires centraux, elle leur déclare la guerre en 1915 et mène contre les Autrichiens de terribles combats dans les Alpes. À la fin de cette même année, la Bulgarie s'engage aux côtés de Vienne et de Berlin, et se bat contre les Serbes, puis se retrouve à faire face, dans les montagnes des Balkans, à l'armée de l'Entente, qui débarque à Salonique. La Roumanie voisine opte, en 1916, pour Paris et Londres, mais elle est rapidement battue et occupée par les troupes allemandes. La Grèce est partagée entre les sympathies germaniques du roi Constantin et les préférences opposées du Premier ministre Venizélos. Il faut l'exil du premier pour que le pays s'engage, en 1917, du côté franco-anglais.

Cette année 1917, même la Chine s'est décidée à se mêler des affaires du lointain Occident. À dire vrai, elle recherche plutôt la protection de Londres pour contrer les menaces de l'expansionnisme japonais. Elle n'envoie pas de combattants sur le front français, mais des ouvriers, chargés entre autres travaux du nettoyage des tranchées du nord de la France.

Parmi tous les fronts que les livres européens, ne traduisant sans doute pas le sentiment de ceux qui s'y sont battus, appellent dédaigneusement « secondaires », il en est un auquel il faut faire une place particulière. Les bouleversements que la Première Guerre mondiale entraîne au Moyen-Orient sont d'une telle violence que leurs conséquences s'y font encore sentir un siècle plus tard.

La guerre dans l'Empire ottoman

Lentement dévoré durant tout le XIXe siècle par les puissances européennes, le vieil empire des sultans aurait pu sagement les laisser se déchirer entre elles. Les Trois Pachas[1], le trio ultranationaliste au pouvoir à Istanbul, choisissent un autre parti. Pariant sur une victoire rapide de l'Allemagne, ils entrent dans une guerre qui va faire disparaître le monde qui est le leur. Elle se joue pendant des années aux quatre coins de cet immense empire.

1. Talaat Pacha (1872-1921), grand vizir et ministre de l'Intérieur ; Enver Pacha (1881-1922), ministre de la Guerre ; Djemal Pacha (1872-1922), ministre de la Marine.

À cause de cette alliance, les Ottomans retrouvent face à eux le vieil ennemi russe. Dès l'automne 1914, juste après leur déclaration de guerre, ils engagent une campagne contre lui dans le Caucase. Mal préparés, devant affronter le froid sans équipement, les soldats turcs subissent bientôt défaite sur défaite, et ce climat d'effondrement favorise l'un des épisodes les plus abominables de tout le conflit, une tragédie dans la tragédie. Dans l'est de l'Anatolie, en territoire ottoman, vit, dans ses terres historiques, une grosse partie du peuple arménien. Une autre réside du côté des Russes, et se bat donc avec eux. Un horrible soupçon naît du côté turc : les Arméniens ottomans sont-ils fiables ? Ne sont-ils pas alliés secrètement avec l'ennemi ? L'ultranationalisme fait le reste. Les pachas au pouvoir sont panturquistes. Ils pensent que les minorités, en particulier chrétiennes, ont provoqué le malheur de l'empire ; elles n'ont réussi qu'à le démembrer, il faut en finir avec elles, de sorte que l'Anatolie n'appartienne plus qu'aux Turcs. Leur délire paranoïaque les pousse à commettre l'irréparable. En avril 1915, des notables arméniens sont arrêtés à Istanbul. C'est le signal de l'hallali. Bientôt, tous les Arméniens de l'est de l'empire sont arrêtés, regroupés. Le plus souvent, les hommes sont tués sur place. Les femmes, les vieillards, les enfants, sous le prétexte de les éloigner des zones de combat, sont déportés vers des camps situés en Syrie[1] et lancés sur les routes sans vivres,

1. Le plus célèbre est celui de Deir ez-zor. Son nom reste un symbole du martyre arménien.

sans eau. Entre 800 000 et 1,5 million de personnes – selon les sources – disparaissent dans ce que la majorité des démocraties occidentales, sauf la Turquie, reconnaît comme un génocide.

De leur côté, les états-majors français et anglais cherchent à monter des opérations contre cet ennemi qu'ils ont une forte tendance à sous-estimer. À la fin de 1914, les Britanniques, présents au Koweït et désireux de sécuriser les précieux champs pétrolifères d'Iran qui sont sous leur contrôle, attaquent la Mésopotamie. Ils pensent l'envahir rapidement. Il leur faut trois ans, et quelques défaites cuisantes, pour prendre Bagdad (mars 1917). En 1915, Churchill, lord de l'amirauté britannique[1], pensant frapper l'« homme malade » à la tête, avait monté une attaque sur le détroit des Dardanelles pour atteindre Istanbul. Aidés par des officiers allemands, les Turcs, postés sur les hautes falaises qui surplombent le Détroit, se défendent comme des lions pendant des mois et l'opération tourne au désastre pour l'Entente.

Reste l'idée de s'en prendre à cette vaste zone que les Occidentaux nomment alors la « Syrie-Palestine », ou le « Levant ». Les Ottomans y ont joué leur carte en attaquant le canal de Suez, et ont échoué. Les Britanniques, depuis leur protectorat d'Égypte, ont eux aussi un plan. Depuis le début du siècle, les Turcs, prenant leur virage nationaliste, ont développé une politique de « turquisation » (par la langue, entre autres) qui, par réaction, a fait monter dans les populations un sentiment d'appartenance à une identité

1. L'équivalent du ministère de la Marine.

arabe inconnu jusque-là[1]. L'objectif est de réussir à soulever les Arabes contre les Turcs.

Aidés par leur agent de liaison Thomas Edward Lawrence, qui y gagne son surnom de Lawrence d'Arabie, ils réussissent à persuader Hussein, personnage éminent puisqu'il est chérif de La Mecque, c'est-à-dire le protecteur de cette ville sainte, de prendre la tête de l'insurrection. En échange, ils lui font la promesse formelle qu'en cas de victoire, ils appuieront la formation d'un grand royaume arabe allant d'Alep à Aden, dont la couronne reviendra à l'un de ses fils. En avril 1916, confiant, Hussein décrète la grande révolte arabe, et son fils Fayçal, secondé par son ami Lawrence, commence un travail de sape des arrières ottomans en faisant sauter des trains, en harcelant les troupes. Les trois ignorent que les Britanniques, tout à leur obsession de gagner, ont fait, ou vont faire, deux autres promesses parfaitement contradictoires avec celle en laquelle ils ont eu la faiblesse de croire.

Le Foreign Office a aussi un allié français qui entend bien, en cas de victoire, jouer son rôle dans la réorganisation du monde. En mai 1916, un mois après le déclenchement de la grande révolte arabe, dans la plus pure tradition coloniale, deux diplomates, l'un, anglais,

1. Jusqu'au début du XIXe, au Proche-Orient ou au Maghreb, on se définit par son appartenance religieuse ou par son ascendance familiale ou clanique. Un « Arabe » est un Bédouin d'Arabie ou un descendant d'une des familles des conquérants du VIIe siècle. Sous l'influence de ce qui se passe en Europe, des intellectuels de la fin du XIXe, chrétiens et musulmans, le plus souvent syriens, développent l'idée d'une identité arabe formée autour de la langue arabe et de sa culture.

Mark Sykes, et l'autre, français, François Georges-Picot, ont, sur une carte du Moyen-Orient, tracé une ligne partageant entre leurs deux pays les dépouilles d'un ennemi qui n'est même pas encore vaincu[1].

Londres, enfin, entend tenir un rôle dans un problème au départ strictement européen. Depuis la fin du XIXe siècle, lassés des persécutions qu'ils subissent depuis des siècles, de nombreux Juifs d'Europe, derrière le Viennois Theodore Herzl (1860-1904), ont formé le rêve d'avoir enfin un État à eux dans lequel ils se sentent en sécurité. Ils pensent qu'il doit se former autour des collines de Sion – c'est-à-dire de Jérusalem –, d'où le nom de *sionisme* donné au mouvement. Un peu par sympathie pour cette cause, un peu par messianisme religieux[2], un peu, enfin, pour éviter que les Juifs américains ne basculent du côté allemand, le gouvernement britannique, en 1917, par la voix de lord Balfour, son ministre des Affaires étrangères, promet qu'il appuiera après la guerre la création d'un « foyer national juif » dans une Palestine dont on vient de voir qu'il l'avait déjà promise à d'autres.

La fin de la guerre

Appuyé par les petites troupes arabes de Fayçal, le fils du chérif Hussein, les Britanniques réus-

1. Prévoyant aussi une zone pour les Russes, que leur sortie de la guerre après la révolution d'octobre rend caduque.

2. Il existe dans le protestantisme, en particulier depuis le XIXe siècle, un courant qui pense que la « restauration » de la Palestine aux Juifs, comme on dit alors, hâtera le retour sur terre de Jésus-Christ.

sissent peu à peu à remonter le Proche-Orient. En décembre 1917, ils sont à Jérusalem. À la fin de l'été 1918, à Damas. Istanbul voit approcher la fin. L'empire d'Autriche-Hongrie vacille depuis longtemps. Le vieil empereur François-Joseph, sur le trône depuis 1848, est mort en 1916. Son successeur, Charles Ier, fait des tentatives pour arrêter le carnage, mais ses propositions de paix restent lettre morte. Dès l'été 1918, on l'a vu, les généraux allemands n'ont plus d'illusions sur l'issue de la guerre. Alors qu'ils avaient réussi à prendre le contrôle du gouvernement du Reich, leur seule obsession est désormais de réussir à l'abandonner aux civils pour leur faire porter la responsabilité d'une défaite qui pourtant leur incombe. Le 29 septembre, la Bulgarie a cessé de se battre. Fin octobre, la révolution éclate à Vienne, alors que la patiente construction séculaire des Habsbourg vole en éclats : Tchèques et Slovaques proclament leur indépendance, suivis par les Hongrois. Une mutinerie de marins conduit à un soulèvement à Berlin. Partout en Allemagne se forment des conseils, semblables aux soviets de Russie, animés par les spartakistes, la faction révolutionnaire du socialisme allemand. Le 30 octobre, l'Empire ottoman signe l'armistice sur la petite île grecque de Moudros. Le 9 novembre, Guillaume II abdique et s'exile aux Pays-Bas, un des rares pays restés neutres depuis 1914. Le 11, l'empereur Charles renonce à son tour au trône, scellant la fin de la dynastie des Habsbourg. Le même jour, à 11 heures du matin, les clairons sonnent l'armistice qui met fin à la Première Guerre mondiale.

Première Guerre mondiale :
les forces en présence
Triple-Entente et alliés
Empires centraux
États neutres
Principales batailles entre 1914 et 1918
NORVÈGE
SUÈDE
Jutland
DANEMARK
ROYAUME-UNI
PAYS-BAS
EMPIRE D'ALLEMAGNE
Tannenberg
RUSSIE
Artois
BELGIQUE
Somme
LUXEMBOURG
Marne
Verdun
FRANCE
SUISSE
EMPIRE D'AUTRICHE-HONGRIE
Vittorio Veneto
ROUMANIE
ESPAGNE
ITALIE
SERBIE
BULGARIE
MONTÉNÉGRO
ALBANIE
Dardanelles
GRÈCE
EMPIRE OTTOMAN
MAROC
ALGÉRIE
TUNISIE
0
500
1 000 km
LIBYE
ÉGYPTE

L'Europe et le Proche-Orient en 1923

41

La recomposition du monde au sortir de la guerre

Quatre empires qui se croyaient éternels, le russe, l'austro-hongrois, l'allemand et l'ottoman, ont disparu. Des pays nouveaux apparaissent sur la carte d'Europe mais aussi sur celle du Moyen-Orient. La déflagration causée par la guerre a été telle que ses répercussions se font sentir jusqu'en Chine.

Les traités imposés aux vaincus devaient assurer au monde une paix perpétuelle ; ils contiennent en germe des guerres à venir.

Deux mois après l'armistice, en janvier 1919, en présence des délégués de vingt-sept pays (les vainqueurs de la guerre, même ceux qui n'y ont pris qu'une part minime), mais en l'absence des vaincus, s'ouvre à Paris la conférence de la paix, le grand symposium qui veut rebâtir le monde.

L'Europe est un cimetière. Le conflit a fait 10 millions de morts et 20 millions de blessés. Une terrible épidémie mondiale de grippe, dite grippe espagnole, est venue ajouter quelques millions de victimes à ce bilan[1]. Des régions entières ont été détruites. La carte de l'Europe est en miettes, le continent aussi. Dans les semaines qui ont précédé ou suivi l'armistice, des pays nouveaux se sont édifiés à la hâte sur les ruines des empires vaincus. Il faut leur donner des frontières, leur assurer une structure stable. Il faut écrire les traités qui régleront le sort des vaincus. Il faut aussi protéger l'Europe de l'Est de la contagion révolutionnaire partie de Russie, où la guerre continue[2], et régler le sort de toutes les possessions des empires défunts en Afrique, en Asie et au Moyen-Orient.

La Société des Nations

La conférence de Paris entend rebâtir un univers qui évitera à jamais au monde de revivre ce qu'il vient de traverser. En avril 1919, elle ratifie le projet d'une institution voulue par le président américain Wilson et inspirée de l'idéalisme des « quatorze points » sur la base desquels son pays est entré dans la guerre. La Société des Nations (la SDN) doit être une sorte de parlement des peuples, une assemblée qui mettra fin à la diplomatie secrète, au cynisme qui a été la cause du malheur des hommes, en permettant de régler les différends par l'arbitrage, dans le respect du droit

1. Le mal, originaire d'Asie, est arrivé pendant la Première Guerre mondiale. Dans les pays belligérants, la censure interdisait d'en parler pour ne pas que l'ennemi croie l'armée affaiblie. Seule la presse espagnole, pays neutre, abordait le sujet librement. D'où la fausse origine attribuée à la maladie.

2. Voir chapitre suivant.

international, comme la délibération publique permet de résoudre les conflits à l'intérieur des démocraties.

Inaugurée en 1920, elle commence, depuis son siège de Genève, un travail qui n'a rien de négligeable. Elle s'occupe du sort des centaines de milliers de prisonniers et de réfugiés que compte alors le continent. Elle crée l'Organisation internationale du travail, qui vise à améliorer le sort des travailleurs. Elle souffre toutefois d'une faiblesse qu'on pourrait dire congénitale. Alors même qu'elle a été pensée par un Américain, le Sénat de Washington, qui penche vers l'isolationnisme (le retrait des affaires tumultueuses du monde), refuse que les États-Unis en fassent partie.

Lors de cette conférence de la paix, les vingt-sept pays ont accepté de déléguer leurs pouvoirs à un Conseil des dix, qui ne sert pas à grand-chose. Dans les faits, toutes les décisions importantes sont prises par les quatre grands, les chefs des puissances victorieuses : le Français Clemenceau, le Britannique Lloyd George, l'Américain Wilson et l'Italien Orlando. Leurs désaccords sautent vite aux yeux.

L'Italie a accepté d'entrer dans le conflit en échange de promesses de territoires dans les Alpes, de l'Istrie, de la côte dalmate, ou encore des terres qu'elle appelle « irrédentes[1] », comme la ville de Fiume[2]. Mais Wilson

1. Les Italiens les estiment italiennes mais pas encore « délivrées » – en italien, *redente*.

2. Aujourd'hui Rijeka, en Croatie.

refuse la majorité de ces demandes au nom du principe des nationalités : la plupart de ces territoires sont peuplés de Slaves, qui doivent donc être rattachés à la fédération des Serbes, des Croates et des Slovènes. Avant même la fin de la conférence, Orlando, furieux, claque la porte, et les nationalistes italiens exploitent le thème de la « victoire mutilée » de leur pays.

Pour l'essentiel, il incombe donc à trois hommes de remettre le monde d'aplomb et de garantir la paix. Celui qu'ils conçoivent est boiteux à la naissance. Parcourons-le tel qu'il se dessine dans les années 1920.

L'Allemagne, de Versailles à Weimar

Dans la galerie des vaincus, l'Allemagne fait figure de pièce maîtresse. Français et Anglais divergent sur la façon dont il faut la traiter. La France a vu le quart nord de son territoire transformé en un champ de ruines par un ennemi qui, un demi-siècle plus tôt, l'avait déjà envahie. Clemenceau entend le mettre à terre pour briser à jamais sa puissance et, aussi, obtenir de lui des indemnités qui serviront à réparer les dommages subis. Les deux perspectives déplaisent souverainement à Lloyd George : la première mettrait la France dans une dangereuse situation d'hégémonie sur le continent, la seconde risquerait de priver l'économie de la Grande-Bretagne d'un marché extérieur précieux. Les deux se retrouvent toutefois sur un point. Obnubilés par leurs propres visions des choses, ils ne cherchent nullement à appréhender la façon dont l'Allemagne elle-même considère la situation. Les Allemands ont bien compris qu'ils avaient perdu la guerre. Ils n'ont pas le sentiment d'avoir perdu l'honneur : ne se sont-ils pas battus héroïquement alors qu'ils étaient encerclés par le monde entier ? N'ont-ils pas réussi à éviter qu'aucune troupe étrangère ne foule leur sol ? Ils se sentent bafoués par le traitement qui leur est réservé.

Fait rarissime dans l'histoire diplomatique, le vaincu n'est convié à participer à aucune des discussions qui le concernent. Quand ils découvrent, *in extremis*, le sort brutal réservé à leur pays par les vainqueurs, les diplomates allemands refusent d'abord de s'y résoudre. Ils ne consentent à signer le traité que sous la menace d'une reprise imminente de la guerre. Ils le font le 28 juin 1919, cinq ans jour pour jour après Sarajevo, dans un silence de mort, dans la galerie des Glaces du château de Versailles, là où Guillaume Ier avait été couronné empereur en 1871.

Entre autres clauses, le texte prévoit de nombreuses amputations de territoire. L'Alsace-Moselle redevient française. La Pologne, qui renaît, retrouve les provinces avalées jadis par la Prusse et obtient, au milieu de la partie orientale de l'Allemagne d'alors, un large corridor qui aboutit à Dantzig[1], érigée en ville libre. Toutes les colonies allemandes sont confiées à la SDN qui, officiellement, délègue le « mandat » de s'en occuper aux vainqueurs. Hier encore force mili-

1. Aujourd'hui Gdansk, en Pologne.

taire, le pays est désarmé. Il n'a plus droit, pour seule armée, qu'à un contingent de 100 000 hommes, et la Rhénanie, frontalière de la France et de la Belgique, doit être totalement démilitarisée. Enfin, un article attribue à l'Allemagne et à ses alliés la responsabilité du conflit, ce qui permet d'exiger qu'elle paie des réparations, dont le montant n'est pas fixé, mais dont tous les protagonistes savent bien qu'il sera très lourd.

C'est beaucoup. Les Français ont pesé de tout leur poids pour imposer cette sévérité. Au moment même de la signature du traité, John Maynard Keynes, futur grand économiste, alors jeune expert auprès de la délégation britannique, dénonce dans un petit pamphlet[1] une politique qui, selon lui, conduira l'Allemagne à la ruine et ne résoudra rien. Son livre devient un best-seller, et une partie de ses prédictions se réalisent.

L'Allemagne vit en effet des années difficiles. En janvier 1919, les spartakistes ont tenté, à Berlin et dans d'autres grandes villes du pays, une insurrection de type bolchevique. Le gouvernement provisoire, alors social-démocrate, n'a réussi à en venir à bout qu'en se faisant aider par les corps francs, des groupes paramilitaires d'extrême droite qui ont assassiné les leaders spartakistes Rosa Luxemburg et Karl Liebknecht. Soucieuse d'en finir avec les démons militaristes du Reich qui vient de disparaître, une nouvelle assemblée, où dominent la gauche et

---

1. John M. Keynes, *Les conséquences économiques de la paix*, 1919.

les centristes chrétiens, concocte une constitution libérale et démocratique. La capitale étant en pleine insurrection, elle est votée à Weimar, la ville où vécurent Goethe et Schiller, le symbole de cette Allemagne humaniste et éclairée que les constituants rêvent de faire renaître. La ville laisse son nom à cette première république, dont le socialiste Ebert devient président.

Le traité de Versailles n'aide pas à la stabiliser. L'extrême droite nationaliste, qui recrute surtout dans le milieu des anciens combattants désœuvrés, maintient la pression contre un traité qu'elle appelle le *diktat*[1] et entretient une légende que les généraux ont forgée dès l'été 1918 : si la guerre a été perdue, ce n'est pas à cause de l'armée, héroïque, mais des civils, qui lui ont donné un « coup de poignard dans le dos » en poussant à la paix ces politiciens démocrates dont il faut se venger. La vie politique est rythmée par les assassinats de ministres[2] et les tentatives de coups d'État. Parmi ces années sombres, 1923 est la plus noire. Accablée par le poids de sa dette, l'Allemagne n'arrive plus à payer les réparations. En représailles, la France envoie une troupe occuper la Ruhr, où elle compte se servir en nature en faisant tourner les usines à son profit. Le mark s'effondre. Une hyperinflation ruine l'économie : la livre de pain

1. Littéralement la « dictée », donc un texte imposé sans concertation.

2. Le plus emblématique est celui de Walther Rathenau, l'un des dirigeants les plus brillants de la république de Weimar, assassiné par les corps francs, qui le haïssent parce qu'il est d'origine juive et lui reprochent d'avoir traité avec l'URSS.

est à 3 milliards de marks, et les prix augmentent si vite qu'ils ne sont pas les mêmes, dit-on, entre le début et la fin d'un repas. Il faut l'énergie du chancelier Gustav Stresemann (1878-1929) pour réussir à tirer le pays d'un tel abîme, en stabilisant la monnaie et en relançant la production. Devenu ministre des Affaires étrangères, il parvient aussi à sortir l'Allemagne de son isolement diplomatique et à entamer une réconciliation avec la France, grâce aux liens qu'il tisse avec son *alter ego*, le ministre français Aristide Briand. Cela leur vaut à tous deux le prix Nobel de la paix en 1926. La voie du redressement semble enfin se dessiner.

★
★ ★

L'Europe centrale

Comme celui de l'Allemagne l'a été à Versailles, le sort des autres vaincus est réglé par des traités signés dans des petites villes de la région parisienne ; ainsi celui de l'Autriche, à Saint-Germain-en Laye (1919), de la Hongrie, à Trianon (1920), de la Bulgarie, à Neuilly (novembre 1919). Comme l'Allemagne, les trois pays se sentent humiliés par des textes qui, de fait, dans les trois cas, les dépècent.

Les Bulgares doivent céder des provinces à la Roumanie et à la Grèce.

La puissante Autriche des Habsbourg, qui régnait sur la moitié de l'Europe depuis des siècles, devient une petite république de 6,5 millions d'habitants, dont le tiers habite Vienne, devenue, selon une expression de l'époque, une « tête sans corps ». Le déséquilibre se joue à tous les niveaux. La capitale est majoritairement socialiste. Le pays, autour, attaché au centre catholique. Les deux partis se vouent une haine féroce, qui s'exprime dans la plus grande violence : les milices paramilitaires dont chacun d'eux est doté s'opposent souvent dans des heurts. Pour de nombreux Autrichiens, la solution raisonnable consisterait à se retrouver englobé dans le monde germanique, mais une clause du traité de Versailles interdit toute union avec l'Allemagne.

La Hongrie est elle aussi drastiquement réduite. Elle perd deux tiers de sa superficie au profit de ses voisins, la Roumanie et la Tchécoslovaquie, qui se retrouvent par là même à devoir gérer de nombreuses minorités magyares très mécontentes de leur sort. Profitant des troubles que la défaite entraîne à Budapest, Béla Kun (1886-1937), un révolutionnaire, y proclame une république des conseils sur le modèle soviétique, et cherche à l'imposer par la terreur. Moins de six mois plus tard, il est chassé du pouvoir par une intervention militaire conjointe de Serbes et de Roumains, aidés par les Français, qui placent le pays dans les mains d'un ex-officier de la flotte austro-hongroise, l'amiral Horthy. Espérant sans doute la restauration hypothétique d'un roi, il prend le titre de régent. Après avoir laissé s'installer une « terreur blanche » non moins sanguinaire que celle qui précédait, il instaure une dictature antisémite d'extrême droite.

Notons que les nouveaux pays qui se trouvent dans le camp des vainqueurs naissent sur des bases qui ne sont guère plus stables.

La Serbie, dont le sort fut à l'origine du conflit, réalise enfin son vieux rêve. Avec le petit Monténégro, elle fédère sous sa coupe les provinces slaves qui dépendaient de l'Empire des Habsbourg pour former le royaume des Serbes, des Croates et des Slovènes. Contrairement à ce qu'elle espère, cet assemblage est vécu comme une domination par de nombreux nationalistes de ces provinces, surtout les Croates. La vie politique est d'une grande violence. Le Parlement est souvent le théâtre d'attaques et d'assassinats. Devant la menace d'une sécession de Zagreb, le roi Alexandre établit en 1929 une dictature, et règne en maître sur un pays qu'il renomme le royaume de Yougoslavie. Ses opposants ne le lui pardonnent pas. En 1934, alors qu'il est en visite à Marseille, il est assassiné par un oustachi, un extrémiste nationaliste croate.

Dépecée au XVIIIe siècle par ses trois partages[1], la Pologne renaît enfin en 1918 sous la forme d'une Deuxième République[2]. Joseph Pilsudski, un militaire, est son grand homme. C'est lui qui conduit le pays dans une guerre qui l'oppose à la Russie bolchevique (1919-1921) et, aidé par les Français, le sauve *in extremis* de l'invasion[3]. La nation, dès le départ, a

1. Voir chapitre 27.

2. À la fin du XVIIIe siècle, il exista une éphémère Première République polonaise.

3. Après une progression fulgurante en Ukraine, les Polonais sont bousculés par une contre-attaque russe qui progresse

du mal à faire toute leur place à ses fortes minorités, lituaniennes, allemandes, ruthènes, ukrainiennes ou encore juives. Nombre de Polonais, dont l'identité s'est forgée autour du catholicisme, ne considèrent pas les Juifs, par exemple, comme faisant partie de la communauté nationale, alors que ceux-ci vivent dans le pays depuis des siècles[1]. Une partie de la classe politique joue constamment sur cet antisémitisme et, plus généralement, sur le rejet de toutes les minorités. Pilsudski cherche une voie qui les intègre, mais la démocratie lui semble une impasse pour redresser le pays. En 1926, il fait un coup d'État et, s'appuyant sur l'armée, instaure un régime autoritaire.

Dans cette galerie, la Tchécoslovaquie fait figure d'exception. Le pays n'est pourtant pas bâti de façon beaucoup plus stable que les autres. Issu du mariage de la Bohême-Moravie, ancienne province autrichienne industrialisée et riche, et de la Slovaquie, anciennement hongroise, pauvre et agricole, il comporte lui aussi des minorités issues des découpages de frontières, des Hongrois, et surtout des Allemands. Pourtant, durant l'entre-deux-guerres, il demeure une démocratie parlementaire. Les grands noms en sont Tomas Masaryk (1850-1937), un philosophe humaniste, devenu le premier président de la République, et Edvard Benes (1884-1948), ministre des Affaires étrangères, puis successeur du premier (en 1935).

---

jusqu'au cœur du pays. Varsovie n'est sauvée que par une bataille appelée, dans la mythologie nationale, le « miracle de la Vistule ».

1. Voir chapitre 20.

★
★ ★

L'impact en Afrique et en Asie

Les tractations de Paris ont un écho jusqu'au bout du monde. Toutes les anciennes colonies allemandes d'Afrique sont partagées sans la moindre consultation des populations, dans la plus pure tradition coloniale : le Rwanda-Urundi[1] devient belge, le Tanganyika[2] et la Namibie[3], britanniques, tandis que le Togo et la majeure partie du Cameroun passent à la France. Par ailleurs, de nombreuses possessions germaniques d'Asie doivent revenir au Japon, ce qui, sur place, n'est pas simple.

L'Empire nippon est un des grands gagnants du conflit. Ses victoires ont été rapides et les énormes besoins de l'économie de guerre des Alliés ont dopé ses exportations. Son vieux rival chinois est en moins vaillante posture. Le pays, depuis la révolution de 1911, traverse une période chaotique. Sun Yat-sen, éphémère président de la jeune république, a été chassé du pouvoir très vite et s'est exilé. Le militaire qui lui succède[4] ose se proclamer empereur mais il meurt avant d'être intronisé. Le

---

1. Séparé en 1960 en Rwanda et Burundi.
2. Réuni après la décolonisation avec l'île de Zanzibar pour former l'actuelle Tanzanie.
3 - Le mandat de la Namibie, alors appelée Sud-Ouest africain, est confié au dominion d'Afrique du Sud.
4. Yuan Shikai (1859-1916).

pays du Milieu se disloque. La plupart des provinces sont aux mains de chefs locaux, appelés « seigneurs de la guerre », qui n'obéissent plus au pouvoir central. Quand la Chine apprend qu'à la conférence de la paix, le Japon a obtenu le droit d'annexer définitivement les anciennes concessions allemandes en territoire chinois, une vague d'indignation secoue le pays. Le 4 mai 1919, des étudiants manifestent dans Pékin contre l'ennemi japonais, mais aussi contre la situation coloniale dans laquelle se trouve leur pays. Ils déclenchent un mouvement considéré comme majeur dans l'histoire asiatique du XXe siècle car il est à l'origine du nationalisme chinois moderne.

★
★ ★

La création du Moyen-Orient et la métamorphose du monde arabe

Dernier des grands textes de l'après-guerre, le traité signé à Sèvres en août 1920 n'est pas moins essentiel. En réglant le sort de l'Empire ottoman, il commence à réécrire la carte du Moyen-Orient. La succession d'événements qu'il précipite concerne à la fois le monde arabe et le monde turc. Pour des raisons de clarté, évoquons-les tour à tour.

Les Britanniques, pendant la guerre, ont fait beaucoup de promesses. Ceux à qui elles ont été adressées espèrent que la paix va permettre aux vainqueurs de les concrétiser. À la conférence de Paris, parmi les centaines de délégations venues plaider la cause de leurs peuples, on peut croiser à la fois le grand leader sioniste anglais, Chaïm Weizmann, qui espère pour les Juifs le foyer national promis par Balfour, et Fayçal, accompagné de son ami Lawrence d'Arabie, qui attend toujours le grand royaume arabe promis à son père, le chérif Hussein. L'un et l'autre seront déçus[1]. La logique qui l'emporte est celle des puissances coloniales. Toutes les anciennes provinces ottomanes deviennent ce qu'on appelle alors des « mandats » de la SDN, des territoires dont les « peuples ne sont pas encore capables de se diriger eux-mêmes ». Leur administration est donc confiée à des puissances, ce qui revient, dans les faits, à en faire des protectorats. Une conférence diplomatique tenue à San Remo en fixe les frontières, qui suivent à peu près ce que les diplomates Sykes et Picot avaient prévu dès 1916.

Les Français obtiennent le nord d'une vaste zone centrée sur Damas. Las d'attendre, Fayçal, qui s'y trouvait, s'est fait couronner roi. Sans la moindre considération pour un ancien allié, les Français envoient une armée le chasser et prennent possession d'une région dont, après des hésitations, ils font deux pays. La création du premier est demandée par leurs alliés traditionnels, les chrétiens maronites, qui sont

---

1. Les deux avaient même signé un accord, qui prévoyait que les Arabes, s'ils disposaient de leur royaume, coopéreraient à l'établissement d'un foyer juif en Palestine. L'échec du royaume arabe le rend caduc.

majoritaires autour du mont Liban. Le problème est que leur petite région est trop pauvre pour former un État viable. Paris accepte donc de lui adjoindre la riche plaine de la Bekaa et les ports de la côte, comme Beyrouth ou Tripoli, autant d'endroits habités par d'autres populations, druze, chiite ou sunnite. Dans cette nouvelle configuration, les maronites sont à peine majoritaires, mais le pays peut vivre. Le Grand Liban (fondé en 1920) est à l'origine du Liban actuel. Il existe également de nombreuses minorités dans le reste du mandat. Après avoir songé à le diviser en petits États pour y régner plus facilement, les Français décident de n'en plus faire qu'un seul, la Syrie[1].

Les Anglais prennent possession de la Mésopotamie. À l'époque ottomane, elle était formée de plusieurs provinces, celle de Bassora, majoritairement chiite, celle de Bagdad, sunnite, et celle de Mossoul, peuplée de Kurdes, récupérée un peu plus tard. Les trois, quoique fort mal assorties, sont pourtant réunies pour former un nouveau pays un peu bancal, l'Irak, dont Londres fait une monarchie constitutionnelle, qui est donnée, comme lot de compensation, à un roi qui vient d'ailleurs, Fayçal.

1. Dans la géographie arabe, la région qui va d'Alep au Sinaï, s'appelle *bilad el-cham*, le « pays de cham » – dérivé du mot *sha'm*, « maléfique » –, c'est-à-dire le pays à main gauche. Quand on est dans le Hedjaz, vers Médine et La Mecque, et qu'on regarde l'Orient, le pays se trouve en effet de ce côté-là. De l'autre se trouve le Yémen, de *yaman* – « bénéfique », c'est-à-dire à droite.

Restent les terres entourant le Jourdain. Celles situées sur la rive gauche deviennent le royaume de Transjordanie, donné à Abdallah, l'autre fils du chérif Hussein. Entre la rive droite et la mer, la Palestine, dite « Palestine mandataire », à cause de son statut d'alors. De nombreux immigrants juifs venus d'Europe commencent à y affluer, puisqu'il était entendu qu'on y installerait leur foyer national. Mais comment contenir la colère des populations arabes, qui commence à gronder ? Dès le début des années 1920, les Britanniques se retrouvent face à un casse-tête qu'ils ont eux-mêmes créé.

Ajoutons enfin, même si elle n'a qu'un rapport indirect avec ce chapitre d'histoire, une pièce importante qui complète la carte de cette région du monde. Hormis le chérif Hussein, le monde arabe du début du XXe siècle comptait un autre personnage important. Ibn Séoud (1887-1953) est un chef de tribu issu du Nejd, les plateaux situés dans le désert d'Arabie. Sa famille a un rêve politico-religieux qui remonte à loin. Au XVIIIe siècle, un premier Ibn Séoud, son ancêtre, a fait une alliance avec Abdelwahhab, un réformateur religieux fondamentaliste, père de la doctrine la plus puritaine de l'islam, le *wahhabisme*. Les deux ont lancé des conquêtes pour former un royaume où pourrait régner cette foi intransigeante et glaciale mais, après quelques victoires, ils ont été vaincus par les Ottomans. Au XIXe siècle, d'autres Séoud ont essayé de reformer ce projet, sans plus de succès. Celui du XXe y parvient. En 1902, le nouvel Ibn Séoud, appuyé par ses *ikhwan*, une milice religieuse impitoyable, relance la guerre et ne cesse d'étendre son territoire. En 1924, il est maître des villes saintes de La Mecque et Médine, d'où il chasse Hussein, le hachémite, qui ira mourir en exil en Transjordanie chez son fil Abdallah. En 1932, le conquérant transforme son sultanat en un royaume auquel il donne le nom de sa famille, l'Arabie saoudite.

★
★ ★

Naissance de la Turquie

L'armistice de Moudros a laissé l'« homme malade » à l'agonie : les troupes alliées, anglaises, françaises, italiennes, occupent des provinces entières, les armées étrangères paradent à Istanbul. Le traité de Sèvres semble vouloir l'achever. L'Empire ottoman est livré aux appétits de ses vainqueurs. Les Arméniens, si durement atteints pendant la guerre, ont obtenu de pouvoir constituer une république qui s'étend largement sur leurs régions traditionnelles de l'est de l'Anatolie. Les Kurdes ont un État autonome. Les Occidentaux se taillent des zones d'influence et la Grèce pense que son heure est venue. Elle va pouvoir annexer des parties de l'Asie Mineure où vivent de nombreux Grecs, prendre pied à Smyrne, et se voit en passe de réaliser la *megali idea*, une Grèce appuyée sur les deux côtés de la mer Égée avec Constantinople pour capitale.

Alors que les trois pachas qui gouvernaient ont fui le pays et que le vieux sultan, tétanisé, se montre incapable de la moindre réaction, un homme se dresse : Mustapha Kemal, un militaire qui s'est distingué lors de la bataille de Gallipoli[1]. Il devient un héros national en réussissant, en quelques mois, à sauver une situation désespérée. Ayant pris la tête d'une grande assemblée patriotique, réunie à Ankara, dont il fera sa capitale, il lance toutes les forces à sa disposition contre les ennemis qui assaillent son pays. En quelques mois, il réussit à les vaincre tous. Les Arméniens sont renvoyés à un petit État qui tombe bientôt sous la coupe de l'Union soviétique. Les druzes perdent le leur. Et, après une guerre scandée de massacres épouvantables commis par les deux camps, les Grecs, laissant derrière eux Smyrne en flammes, sont rejetés à la mer. Pour eux, c'est la « grande catastrophe », un traumatisme national que le pays mettra longtemps à surmonter. Pour Kemal, c'est une grande victoire. Sûr de sa force nouvelle, il réussit à obtenir des Alliés l'abrogation du traité de Sèvres et son remplacement par un autre, beaucoup plus favorable, signé à Lausanne, en 1923. Il constitue l'acte de naissance d'un pays nouveau, la Turquie. Contrairement au vieil empire auquel il succède, il sera ethniquement homogène. Le texte prévoit un gigantesque transfert forcé de populations. Les Turcs de Grèce doivent s'exiler en Anatolie, d'où sont chassés un million et demi de Grecs. C'est la fin d'une présence remontant à l'Antiquité.

1. Voir chapitre précédent.

Kemal, qui a reçu le titre d'Atatürk – c'est-à-dire le « Turc père », le « Turc originel » –, a aboli le sultanat en 1922 et fait de son état une république, dont il devient le premier président. Il la place, d'une main de fer, sur la voie de l'« occidentalisation ». Tout ce qui rappelle les temps ottomans est aboli : le califat – c'est-à-dire la suprématie religieuse – est supprimé en 1924 ; le fez, le petit chapeau conique, interdit en 1925. Le pays sera laïque, il défendra l'égalité entre les hommes et les femmes, à qui le port du voile est fortement déconseillé, les tribunaux seront civils, on écrira en alphabet romain, et non plus arabe. La Turquie devient aussi, sous la poigne du président, une dictature nationaliste.

Le kémalisme, cette voie nouvelle dans le monde musulman, mélange d'autorité et de modernisation, fait rapidement des émules. La Perse n'a pas participé à la guerre, mais a été très déstabilisée par la révolution russe voisine. Au début des années 1920, Riza Khan (1878-1944), un officier cosaque, profite de la faiblesse du pouvoir pour bousculer le shah de la vieille dynastie Kadjar, au pouvoir depuis deux siècles, et devenir l'homme fort du pays. En 1925, il se fait à son tour couronner shah et fonde une dynastie qu'il nomme Pahlevi. Grand admirateur de son voisin turc, il lance son pays, rebaptisé de son nom ancien d'Iran[1], dans la voie de l'occidentalisation, en faisant interdire aux femmes de porter le voile, en modernisant l'armée, en ouvrant une université. Dans le même temps, il cherche à mieux protéger

1. À partir de 1935.

les intérêts nationaux, en négociant par exemple des conditions moins inégales avec l'Anglo-Persian Oil Company, la compagnie britannique qui exploite le pétrole du pays. Comme Mustapha Kemal, il gouverne en dictateur.

42

Les débuts de l'URSS et les tentatives d'expansion mondiale du communisme

1917 – 1941

Sitôt sortis vainqueurs d'une guerre civile meurtrière, les bolcheviks fondent un nouveau pays, l'URSS. Staline, qui réussit à prendre la succession de Lénine, le transforme en un État totalitaire. Par ailleurs, à travers le Komintern, l'organisation de l'Internationale communiste, les Russes essaient d'exporter leur révolution. Ils échouent en Europe, mais changent l'histoire de la Chine.

Les bolcheviks ont fait leur révolution d'octobre en promettant la paix. À peine est-elle signée avec les empires centraux[1] que la guerre reprend. La faction léniniste qui a conquis le pouvoir a de nombreux ennemis intérieurs : d'autres révolutionnaires, ceux du parti SR (socialiste-révolutionnaire), les anarchistes ou encore les mencheviks, des démocrates, ou les partisans du régime tsariste, qu'on appelle les « blancs ».

---

1. Voir chapitre 40.

Elle se découvre des ennemis à l'extérieur. Les Alliés ne pardonnent pas le traité de Brest-Litovsk avec Berlin, qu'ils considèrent comme une trahison. Ils envoient des troupes pour tenter d'écraser la révolution et venir au secours de ceux qui luttent contre elle : des soldats anglais arrivent au nord, par la mer Blanche, les Français par la mer Noire, et les Américains et les Japonais occupent l'Extrême-Orient russe, où se déploie aussi l'étonnante légion tchécoslovaque, un corps d'armée composé de soldats qui se battaient contre les Austro-Hongrois et, se retrouvant coincé en Sibérie alors qu'il devait regagner le front ouest par le port de Vladivostok, se retourne contre les rouges.

Ainsi le pays se trouve-t-il plongé dans la guerre civile (1918-1921). Sur le papier, les bolcheviks ont peu de chance de l'emporter. Ils ne tiennent qu'une partie de l'ancien empire, essentiellement une zone qui comprend Petrograd, et surtout Moscou, qui redevient la capitale car sa position est plus centrale et donc moins exposée. Ils ont un avantage : ils sont groupés. Leurs ennemis, éparpillés sous les bannières de généraux rivaux, sont incapables de présenter un front uni. Seul le tsar déchu pourrait servir de force de ralliement. Pour éviter une telle éventualité, les « rouges » le font assassiner, lui et toute sa famille, dans le sous-sol de la villa d'Iekaterinbourg où ils étaient tenus prisonniers. Les Alliés eux-mêmes, après la défaite allemande qui a signé la fin de la Grande Guerre, sont incapables de trouver un objectif commun à leur combat en Russie. Ils rembarquent leurs forces début 1919.

À la fin de l'été de cette même année, les contre-révolutionnaires sont néanmoins près de gagner.

Moscou et Petrograd sont menacées. L'Armée rouge réussit une contre-offensive éclair qui retourne la situation. Organisée par Trotski, elle est forte désormais de plus de 3 millions d'hommes pour affronter la nouvelle phase du conflit : la guerre contre la Pologne[1]. En 1921, la paix revient, sur un champ de ruines. Les combats, les massacres ou la famine, due à l'impossibilité de faire les récoltes dans des provinces entières, ont fait au moins 8 millions de victimes.

Même s'il est anémique, le régime est stabilisé. La Finlande, les trois pays baltes – Estonie, Lettonie, Lituanie – ont profité des événements pour prendre leur indépendance. Avec d'autres territoires gagnés pendant le conflit, qui deviennent des républiques officiellement autonomes (au départ, la Russie blanche, l'Ukraine et divers pays du Caucase), la nouvelle Russie peut former un État fédéral, l'URSS – l'Union des républiques socialistes soviétiques (1922). Elle sera, dit le préambule de sa première Constitution, la patrie de la « confiance mutuelle et [de] la paix », de la « liberté et de l'égalité des nationalités ».

Communisme de guerre

La réalité vécue par ses habitants n'est pas celle-là. La découverte des *goulags*[2] et de la nature répressive

1. Voir chapitre précédent.

2. Le mot est à l'origine un acronyme administratif russe pour « direction générale des camps ». Il sert plus globalement à dési-

d'un régime qui prétendait affranchir l'humanité a suscité, au XXe siècle, une longue controverse : à quel moment le régime soviétique s'est-il transformé en dictature ? Est-ce arrivé avec Staline ? Avec Lénine ? Le serpent était-il dans l'œuf, le programme même des bolcheviks ne pouvant aboutir qu'à étouffer toute liberté ?

Durant ses premiers mois, la révolution a connu un bref moment émancipateur. Elle a promu des réformes sociales (journée de 8 heures, limitation du travail des femmes et des enfants) ou liées aux mœurs (défense de l'égalité entre hommes et femmes, institution du divorce, légalisation de la contraception). Cette parenthèse est vite refermée. Les menaces qui pèsent sur le régime l'obligent à passer à la phase dite du « communisme de guerre », qui organise la nationalisation brutale de l'économie, autorise le travail forcé, ordonne la réquisition des productions agricoles, le rationnement de la nourriture et, au nom de la lutte contre les ennemis de la révolution, laisse s'instaurer un État policier. Toutes les opérations de conquête de territoires par les bolcheviks sont accompagnées de massacres, justifiés au nom de la « terreur révolutionnaire ». Il est vrai qu'ils répondent aux massacres non moins abominables commis par leurs ennemis : en Ukraine, par exemple, les blancs ont eu recours aux pires exactions, dont des pogroms contre les Juifs, assimilés aux bolcheviks. Pour les défenseurs de la révolution russe, tout le mal vient

---

gner les camps de travail où les communistes déportaient leurs prisonniers, dont les détenus politiques.

donc des circonstances. Il fallait bien protéger le régime, c'est la guerre qui a contraint les dirigeants à ces mesures d'exception[1]. Quelques faits remettent en cause cette explication.

D'abord, la dérive liberticide n'a pas commencé avec la guerre. Alors que la plupart des bolcheviks avaient été victimes de l'Okhrana, la sinistre police politique du tsar, le Parti, dès le mois de décembre 1917, en institue une nouvelle, la Tcheka, dont les méthodes sont exactement les mêmes. Le grand reproche fait au gouvernement provisoire issu de la révolution de février est qu'il remettait sans cesse les élections visant à former l'assemblée constituante appelée à rebâtir le pays. Sitôt qu'ils sont au pouvoir, les bolcheviks ne peuvent pas faire autrement que les organiser. Or elles donnent une écrasante majorité à leurs rivaux « socialistes révolutionnaires », dont le programme est plus conforme aux aspirations paysannes, et les mettent en minorité. Cette assemblée se réunit en janvier 1918. Le lendemain, elle est dissoute. Il n'y aura plus d'élections libres en Russie avant la fin du communisme, près de soixante-quinze ans plus tard.

Ensuite, les méthodes du communisme de guerre ne disparaissent nullement avec la paix. Les marins de Kronstadt, une importante ville de garnison située non loin de Petrograd, se sont battus fidèlement pour les rouges. À la fin du conflit, en 1921, ils entrent

1. On notera que les défenseurs de la Terreur de 1793-1794 en France usent de la même argumentation, appelée « théorie des circonstances ».

en insurrection pour obtenir ce que la révolution avait promis et qu'ils attendent depuis quatre ans : la liberté d'expression, le droit pour les paysans et les artisans de travailler, la fin de la dictature. Ces factieux osent s'insurger contre le gouvernement ? C'est la preuve qu'ils sont manœuvrés par les blancs. Une répression impitoyable est ordonnée contre eux. Elle est menée par l'Armée rouge, sous les ordres de Trotski, et fait des milliers de victimes.

La NEP

Après sept années de guerre quasi ininterrompue, mondiale puis civile, l'économie est effondrée. Le pays ne peut se relever de la famine qu'avec le secours d'une aide internationale. Lénine pense qu'il faut, sur le chemin du communisme, faire une pause, tenter un repli stratégique, c'est-à-dire oublier la doctrine marxiste pour un temps et relancer le pays en empruntant quelques-unes de ses techniques au capitalisme. Il lance la Nouvelle Politique économique (la NEP, en acronyme russe), qui ré-autorise la propriété privée, encourage le petit commerce, permet aux paysans de vendre leur production et garantit certains avantages aux ouvriers, comme des horaires plus courts et des congés payés. Les « NEPmen », petits entrepreneurs ou commerçants nouvellement enrichis, font leur apparition dans les grandes villes, au grand scandale des communistes orthodoxes, mais la méthode fonctionne. Elle aura été le dernier acte politique de Lénine. Il est malade depuis longtemps. Une attaque cérébrale qui le frappe en 1922 l'écarte du pouvoir. Il meurt le 21 janvier 1924. Les funérailles grandioses qui lui sont faites, l'exposition au public de sa momie embaumée placée dans un mausolée ne sont pas sans rappeler les pompes du tsarisme. Elles signent le début du « culte de la personnalité[1] », une dévotion dont le régime, se prétendant par ailleurs rationaliste et athée, va devenir un spécialiste.

Pour beaucoup, il est évident que le successeur du père de la révolution d'octobre sera Trotski, prestigieux vainqueur de la guerre civile, chef charismatique, expert dans l'art d'enflammer les foules et décidé à continuer le combat commencé. Il est l'apôtre de la « révolution permanente », il pense qu'il faut la propager sans relâche car elle ne sera pas achevée tant qu'elle n'aura pas conquis le monde. Peu de gens parieraient alors sur celui qui devient bientôt son principal rival. Staline (1879-1953), un Géorgien qui fut séminariste avant de devenir révolutionnaire, n'a rien d'un intellectuel. Il est terne, mal à l'aise en public, il a tout de l'homme d'appareil. Lénine, qui ne l'aimait guère, a eu le temps, avant de mourir, de laisser un testament politique mettant en garde contre un homme qu'il jugeait « trop brutal » et dont il mettait en doute la loyauté. Comment le déloger du poste que ce redoutable tacticien a eu le flair d'accepter ? Staline est en effet le secrétaire général du Parti, une place administrative mais qui lui permet d'être au centre de toutes les manigances.

---

1. L'expression, apparue en 1956 dans le célèbre discours de Khrouchtchev au vingtième congrès du Parti communiste de l'Union soviétique, vise alors le stalinisme.

Contre Trotski, il s'allie avec des grandes figures de la révolution, Kamenev, Zinoviev. Puis joue la division entre eux pour ramasser la mise. En 1927, Trotski est évincé, exilé dans une lointaine république d'Asie centrale, avant d'être expulsé d'URSS deux ans plus tard[1]. En 1928, Joseph Staline – un pseudonyme qui signifie l'« homme d'acier » – a réussi son pari. Il est le seul maître à bord du grand vaisseau soviétique.

Le stalinisme

Idolâtré de son vivant, Staline est considéré aujourd'hui comme l'un des plus grands criminels du XXe siècle, un homme capable de sacrifier des millions d'êtres humains aux caprices de son idéologie ou de sa folie paranoïaque. Il en a donné les preuves rapidement.

Sitôt au pouvoir, il opte pour ce qu'il appelle le « grand tournant ». Désireux de mettre enfin le pays sur la voie du communisme, il interdit l'initiative individuelle et revient à l'économie dirigée. Il lance ce qui va devenir une institution soviétique, un plan quinquennal : désormais, toute la machine de production, les usines, les campagnes, travaillera pour remplir des objectifs obligatoires fixés à l'avance dans les bureaux des planificateurs. Le premier (1928-1933) a

1. Après avoir erré dans divers pays d'Europe, Trotski se fixe au Mexique, à l'invitation du président de ce pays. Un agent de Staline l'y assassine en 1940.

pour objet de transformer en cinq ans ce vieux pays agricole en une nation industrielle.

Pour que le pays y adhère tout entier, il lui paraît nécessaire de le débarrasser de la mauvaise graine qui a poussé pendant la NEP, tous ces mauvais citoyens qui sont des « bourgeois », des capitalistes dans l'âme. Il lance donc la « dékoulakisation », la chasse aux « koulaks », terme péjoratif qui désigne les paysans qui se sont enrichis grâce au retour temporaire à la propriété privée. La notion de richesse, pour un stalinien de stricte obédience, est relative : il peut suffire de posséder une vache pour faire partie d'une classe désormais maudite. Par millions, les malheureux sont expulsés ou déportés dans les camps de travail. Par centaine de milliers, les récalcitrants sont fusillés. Dans le même temps, alors que les villes doivent faire face à l'afflux de paysans qui viennent travailler dans les nouvelles usines, les campagnes sont totalement désorganisées par la collectivisation forcée, qui impose à chacun de travailler dans les kolkhozes, les fermes collectives. Partout, les céréales sont réquisitionnées ; le pouvoir, qui veut à tout prix financer l'essor industriel, a prévu de les réserver à l'exportation. Entre 1931 et 1933, il résulte de ce chaos des famines qui auraient, selon les estimations, fait entre 6 et 8 millions de morts. L'Ukraine, historiquement le grenier à blé du monde slave, est la plus touchée par cet épisode effroyable qui voit renaître le cannibalisme et pendant lequel, au nom de la « loi des épis », la soldatesque exécute des paysans pour avoir caché un dernier bol de grain. L'historiographie officielle actuelle de Kiev considère cette famine comme le résultat d'une politique délibérée de Moscou visant à éliminer le peuple ukrainien, trop rebelle, donc un génocide, auquel a été donné le nom d'*holodomor* (le « meurtre par la faim »).

Alors que ces événements sont étouffés par une censure d'une efficacité redoutable, cinéastes, journalistes, écrivains, de leur plein gré ou sous la contrainte, dessinent une image du régime tout à sa gloire. Au moment même où le capitalisme entre dans la grande dépression consécutive à l'effondrement boursier de 1929[1], le système soviétique doit montrer la supériorité de ses choix et l'efficacité du Plan, suivi à la page près grâce à la collaboration enthousiaste des masses laborieuses. Un certain Stakhanov, un mineur du bassin houiller du Donbass (Ukraine), aurait mis tant d'ardeur à la tâche, lors d'une nuit d'été de 1935, qu'il aurait multiplié par quatorze, à lui seul, le quota demandés à chaque travailleur. Une campagne de propagande en fait une gloire nationale, le type même de l'« homme nouveau » que le régime veut voir naître. Le « stakhanovisme » devient le nom d'une méthode utilisée pour augmenter la productivité dans les usines.

Les grandes purges

En 1936, l'homme qu'on surnomme le « petit père des peuples », comme les tsars, fait voter une nouvelle constitution. Sur le papier, elle garantit aux citoyens toutes les libertés. Dans les faits, les Soviétiques n'en

1. Voir chapitre suivant.

ont plus aucune. Le régime est *totalitaire*[1] : l'État agit comme une totalité qui écrase l'individu en supprimant son espace privé, sa liberté d'être, de vivre et de penser, pour le fondre dans une masse encadrée par le parti et soumise au chef.

Paranoïaque jusqu'au délire et désireux d'éliminer tous ceux qui pourraient lui faire de l'ombre, Staline a commencé à liquider ses rivaux dès son arrivée au pouvoir. L'assassinat, en 1934, à Leningrad – le nom de Saint-Pétersbourg/Petrograd depuis 1924 – de Kirov, un membre éminent du bureau politique du Parti, marque le passage à une étape supérieure. On ignore toujours qui est derrière un meurtre peut-être commandité par le maître du Kremlin lui-même. On sait que Staline en a fait un prétexte pour déclencher ce que l'histoire appelle les « grandes purges ». Les uns après les autres, tous ceux qui furent les héros des premiers temps de la révolution sont arrêtés sous les accusations les plus fantaisistes de traîtrise ou de complot, et traduits devant ce qui sert de justice à cette dictature. Lors des « procès » de Moscou, publics, et rythmés par les réquisitoires haineux du procureur Vychinski, le monde peut ainsi voir tous les grands noms des premiers temps de l'URSS s'accuser eux-mêmes de tous les crimes, lors d'interminables séances d'autocritiques, évidemment extorquées par

1. Le mot, dérivé de « totalité », est apparu durant l'entre-deux-guerres dans les milieux antifascistes italiens, où il sert à décrire les dictatures fascistes, nazies ou communistes. Les livres de la philosophe Hannah Arendt, écrits après la Seconde Guerre mondiale, l'ont conceptualisé et fait connaître.

la contrainte. En même temps que les anciens hiérarques du Parti, toute la génération de cadres, de militants qui a participé à la révolution est éliminée pour être remplacée par une génération plus jeune, moins politisée, devant tout à Staline. La purge, enfin, touche tous les éléments « antisociaux » qui entravent la marche vers le paradis promis. Il s'agit en fait de s'assurer de la soumission de la population en établissant un climat de terreur. La police politique – devenue le NKVD – arrête par fournées entières, sur une simple dénonciation, un soupçon ou seulement pour respecter les quotas fixés par le pouvoir. Des centaines de milliers d'« ennemis du peuple » sont soit exécutés, soit déportés dans les goulags. La glorieuse Armée rouge elle-même n'échappe pas à l'implacable machine de mort. Ses cadres sont décimés dans des proportions qui donnent le vertige : 90 % des généraux, 80 % des colonels sont passés par les armes à la fin des années 1930. Alors que de nouveaux périls menacent le monde, le tyran a décapité la défense de son propre pays.

L'exportation de la révolution

Puisqu'ils baptisent le monde dont rêvent les travailleurs depuis toujours, les bolcheviks songent rapidement à la façon de le répandre sur terre. En 1919, Lénine invite tous les révolutionnaires de la planète à venir participer à la fondation d'une nouvelle Internationale ouvrière. La première avait été créée au temps de Marx, dans les années 1860. La deuxième lui a succédé en 1889[1], mais de nombreux militants lui reprochent de n'avoir pas su empêcher la boucherie de la Grande Guerre alors qu'elle avait fait du pacifisme son principe. Celle des bolcheviks est donc la IIIe Internationale, dite « Internationale communiste », appelée aussi, à cause de l'abréviation russe, le Komintern. Son principe directeur est en rupture avec les précédentes. Au sein des anciennes Internationales, tous les socialistes étaient à égalité pour inventer la voie qui conduirait à la révolution. Désormais, il ne s'agit plus que de défendre celle qui a eu lieu et donc de s'aligner sur les positions d'un pays qui se définit comme la « patrie des travailleurs ». Lors du deuxième congrès du Komintern, Zinoviev, qui le préside, édicte, en vingt et un points, les conditions drastiques imposées aux partis qui adhéreront. Il faudra tout accepter, y compris se fondre dans la clandestinité, et suivre aveuglément les ordres venus de Moscou. Partout en Europe, comme en France lors du congrès de Tours (1920), les socialistes se déchirent : une partie rallie les bolcheviks. Ils formeront les partis communistes. Une autre préfère garder son indépendance et rester fidèle aux vieux idéaux de liberté et de démocratie. Ils forment les partis socialistes, comme, en France, la SFIO[2]. Dans un premier temps, Moscou ordonne que ses affidés mènent une guerre impitoyable à leurs anciens frères, désormais

1. Voir chapitre 32.

2. Section française de l'Internationale ouvrière – c'est-à-dire la deuxième. À l'origine, le PC s'appelait SFIC (Section française de l'Internationale communiste).

vus comme des « sociaux-traîtres », au nom de la défense de la classe ouvrière, qu'ils estiment être les seuls à représenter. Cette tactique dite « classe contre classe » est, pour Moscou, la seule apte à mener à la révolution. Seulement, dans les années 1930, considérant qu'elle a surtout permis aux nazis de rafler le pouvoir[1], la direction soviétique vire à 180 degrés et ordonne l'alliance, dans des « fronts populaires », avec ceux qu'il fallait hier éliminer.

« Cordon sanitaire »

Pour l'ensemble des militants, des hommes formés par la lecture de l'Allemand Marx, qui lui-même avait forgé ses théories en auscultant la révolution industrielle anglaise, il va de soi que la contagion révolutionnaire touchera d'abord l'Europe. Mais où ? Juste après sa défaite, l'Allemagne était au bord de basculer, mais l'écrasement des spartakistes a fait échouer leur tentative. En Hongrie, on l'a vu[2], a existé une éphémère république des conseils, en 1919, stoppée par la force au bout de six mois. Dès 1920, pour contenir la fièvre révolutionnaire, les Alliés, principalement français et anglais, ont mis en place un « cordon sanitaire » en Europe orientale, en soutenant, tout au long de la frontière soviétique un chapelet de pays – Finlande, États baltes, Pologne, Hongrie, Roumanie –, où l'on favorise les régimes autoritaires fortement anticommunistes.

1. Voir chapitre 44.
2. Voir chapitre précédent.

Au cours des années 1920, l'URSS entre peu à peu dans le jeu diplomatique, en traitant avec l'Allemagne, qui a besoin d'alliés (1922), en étant reconnue par la France et le Royaume-Uni (1924), mais la perspective d'une révolution en Europe s'éloigne. Dans le même temps, le Komintern tente d'étendre son influence au reste du monde et en particulier aux peuples colonisés. Des leaders vont parfaire leur éducation politique à Moscou, comme l'Indochinois Ho Chi Minh, futur père du Vietnam, qui quitte la France où il vivait. De fait, l'influence principale se fait sentir sur le plus grand pays asiatique, la Chine.

L'influence du communisme en Chine

Après le mouvement du 4 mai 1919[1], la Chine est en pleine effervescence intellectuelle et s'intéresse à toutes les doctrines qui pourraient la mettre sur la voie de la modernité et du redressement national. Quelques intellectuels fondent ainsi un parti communiste chinois, d'abord minuscule : son premier congrès, en 1921, se tient secrètement dans une maison de la concession française de Shanghai, en présence d'une dizaine de délégués tout au plus, dont un aide bibliothécaire de l'université totalement inconnu, un certain Mao Tsé-toung (1893-1976). En revanche, l'URSS jouit d'un prestige qui dépasse largement ce petit cénacle.

Sun Yat-sen, le grand leader de la révolution de 1911, revenu d'exil en 1917, dirige un gouvernement

1. Voir chapitre précédent.

à Canton qui aspire à réunifier la Chine dépecée par les seigneurs de la guerre. Il pousse de plus en plus son parti, le Kuomintang, dans une voie socialisante, au nom de ce qu'il appelle les « trois principes du peuple », une doctrine mélangeant démocratie, nationalisme et justice sociale. Pour faire pièce à un Occident honni pour son impérialisme, il se rapproche de Moscou, qui lui envoie des conseillers politiques, mais aussi militaires, destinés à encadrer l'armée qui lui servira à reconquérir le pays. Les communistes, dont les effectifs ne cessent de grossir, font alliance avec lui. La mort de Sun Yat-sen en 1925 rend le mariage bancal. L'homme qui lui succède est Tchang Kai-chek (1886-1975), un général plutôt marqué à droite, qui éprouve la plus grande méfiance envers les révolutionnaires. Alors même qu'il lance son armée dans la grande expédition du Nord, qui a pour but de reprendre les provinces rebelles les unes après les autres, il rompt brutalement avec un allié dont il ne veut plus. En 1927, à Shanghai, les membres du Kuomintang, aidés par les sociétés mafieuses chinoises, et soutenus par les Occidentaux, arrêtent les communistes et en massacrent plusieurs milliers[1]. Le sanglant événement marque le début de la guerre civile chinoise, qui opposera nationalistes et communistes pendant plus de vingt ans. Alors que Tchang Kai-chek continue sa campagne victorieuse, prend Pékin, unifie le pays et installe à Nankin la capitale de la république de Chine, dont il devient le

1. Épisode au cœur de *La Condition humaine*, le chef-d'œuvre d'André Malraux.

président, Mao, désormais chef des communistes, se réfugie avec ses partisans dans une province du sud-est du pays, le Jiangxi, où il proclame une république soviétique chinoise (1931). Décidé à en déloger ceux qui sont désormais ses ennemis, le général-président envoie une armée de 750 000 hommes. Les fidèles de Mao doivent fuir. Dans des difficultés et des souffrances terribles, ils entament, à pied, un périple de 12 000 kilomètres qui les amène dans le Shanxi, une région montagneuse où ils se sentent à l'abri. Entre 20 000 et 30 000 survivants, dont Mao, arrivent au bout d'une épreuve qui a coûté la vie à près de 100 000 personnes. L'épisode, devenu mythique dans l'histoire du maoïsme, s'appelle la Longue Marche.

43

Le Royaume-Uni, la France, les États-Unis entre les deux guerres

Le déclin des empires, la violence de la crise

Les vieux empires ont sombré. Le camp des démocraties sort vainqueur de la guerre. Son triomphe est éphémère. Le Royaume-Uni et la France croient retrouver leur place de maîtres du monde. La révolte qui monte dans nombre de leurs colonies prouve que ce sentiment relève de l'illusion. Les États-Unis connaissent dans les années 1920 une croissance vertigineuse. Tout s'effondre avec la crise de 1929, qui plonge le monde dans le marasme.

Le Royaume-Uni et les craquellements de l'empire

Après les sacrifices consentis pendant la guerre, le peuple a besoin de reconnaissance. L'extension du droit de vote à tous est une vieille revendication de la gauche britannique[1]. En instaurant enfin le suffrage universel, le Royaume-Uni devient une vraie démocratie : à partir de 1928, tous les hommes et les femmes âgés de plus de vingt et un ans peuvent voter[2]. Comme dans de nombreux autres pays européens, le retour à la paix est aussi marqué par des grèves, des revendications salariales, une agitation sociale que la crainte d'une contagion bolchevique exacerbe[3].

Par ailleurs, l'obsession des classes dirigeantes d'après-guerre est de rendre au pays la puissance qui fut la sienne avant le conflit. Cela peut pousser à des décisions à l'efficacité douteuse. En 1925, pour de simples raisons de prestige international, Winston Churchill, alors lord de l'Échiquier[4], rétablit la parité or de la livre sterling à son cours d'avant-guerre, pour lui redonner le lustre qu'elle avait quand elle régnait sur le monde. Le résultat est excellent pour les financiers et catastrophique pour l'industrie nationale : la surévaluation de la devise

---

1. Voir chapitre 32.

2. Après une première étape, en 1918, qui avait donné le droit de vote aux hommes de plus de vingt et un ans et aux femmes de plus de trente ans.

3. En 1924 une partie de la campagne aux élections générales se joue sur l'exploitation par les conservateurs d'une lettre attribuée à Zinoviev, le patron du Komintern, appelant à la révolution en Grande-Bretagne. On sait aujourd'hui que le document est une supercherie. L'affaire du faux Zinoviev est l'exemple le plus fameux de la « peur rouge » qui s'empare de l'Angleterre comme de nombreux autres pays du monde.

4. L'équivalent de ministre des Finances.

rend les exportations bien trop chères et plombe la balance commerciale.

Sur le plan diplomatique, l'Angleterre, échaudée par les quatre années qu'elle vient de vivre, est d'une grande prudence à l'égard de tout ce qui pourrait l'inciter à intervenir de nouveau sur le continent. Elle a tendance à se recentrer sur son immense empire, auquel elle donne un nouveau cadre, qu'elle veut plus souple, plus respectueux des identités diverses : à partir de 1931, toutes les diverses possessions britanniques, les dominions, les protectorats, les colonies, etc., entrent dans le « Commonwealth of nations », une association qui implique simplement que chacun des membres soit lié par une commune allégeance à la couronne britannique. Dans les faits, malgré ce visage nouveau, le vieil empire ne cesse de se lézarder.

L'Irlande

Plus vieille colonie anglaise, l'Irlande, espère une amélioration de son statut. Depuis la seconde moitié du XIXe siècle[1], l'île attend son Home Rule, une législation qui lui donnerait l'autonomie. Toujours promis, il n'arrive jamais. En 1914 encore, alors qu'il a été voté, il est reporté *in extremis* par la Chambre des lords. Ces atermoiements fragilisent les modérés et favorisent les radicaux, qui estiment qu'il n'y a rien à attendre des Anglais. Les seconds font exploser la situation en pleine guerre. Fin avril 1916, un

1. Voir chapitre 33.

millier d'indépendantistes lancent à Dublin l'insurrection de Pâques, en prenant par les armes divers bâtiments publics. Malgré des promesses d'aide de l'Allemagne[1], l'opération, suicidaire dès le départ, avait peu de chances d'aboutir. Elle est rapidement écrasée dans le sang, mais marque une étape décisive. La mort de ceux qui sont dès lors considérés comme des martyrs stimule le combat nationaliste. Aux élections de 1918, le Sinn Féin, parti indépendantiste, obtient l'écrasante majorité des sièges de l'île et décide, un an plus tard, de défier la métropole : les députés élus refusent d'aller siéger à Westminster, sur les bords de la Tamise, et installent leur propre parlement à Dublin. Pour Londres, c'est un *casus belli*. Commence la guerre d'indépendance irlandaise (1919-1921), qui oppose les indépendantistes de l'Armée républicaine irlandaise (en anglais, IRA), dirigés par le charismatique Michael Collins, et l'armée et la police britanniques, secondées par une milice formée d'anciens combattants de la Première Guerre mondiale, les redoutables Black and Tans (« noirs et fauves »), qui deviennent bientôt célèbres pour leurs exactions. Sans doute les Anglais sont-ils las de faire la guerre. Assez rapidement, ils se montrent prêts à donner sa liberté à l'Irlande, mais laquelle ?

Au nord de l'île, dans la province de l'Ulster, vit une majorité de protestants qui ne souhaitent pas se retrouver noyés dans un pays catholique ; ils sont « unionistes », c'est-à-dire partisans d'un maintien de

1. Un cargo chargé de fusils est envoyé par Berlin mais il est arraisonné par les Anglais sur le chemin.

l'union avec la couronne anglaise. Londres accepte de mettre leur cas à part et, en 1921, signe avec les envoyés de Dublin un traité qui donne à toute l'île, sauf l'Ulster, un statut équivalent à celui de dominion[1]. Il prévoit également que les députés irlandais continueront à faire allégeance à la couronne britannique. La partition de leur île et l'obligation de prêter serment à un roi détesté sont deux points inacceptables pour une minorité d'indépendantistes, qui se retournent contre leurs frères d'armes d'hier. Il faut en passer par une courte guerre civile irlandaise (1922-1923)[2] pour que la situation se stabilise enfin et que l'État libre d'Irlande suive sa longue voie vers une indépendance complète[3].

L'Inde

L'Inde estime, à raison, avoir été fidèle à la Grande-Bretagne pendant la Grande Guerre. Plus de 1 million d'Indiens ont combattu à ses côtés (principalement au Moyen-Orient[4]) et près de 75 000 sont morts. Après la victoire, nombreux sont ceux qui espèrent que la métropole saura faire preuve de gratitude en accordant au pays le statut de dominion

1. Le statut donne le droit de gérer sa politique intérieure, ses finances et d'avoir une petite armée. Seule la politique étrangère reste entre les mains de la métropole.

2. Dont une des plus fameuses victimes est Michael Collins, tué dans une escarmouche.

3. Effective en 1949, lors de la création de la république d'Irlande.

4. Voir chapitre 40.

dont bénéficient depuis longtemps les « colonies blanches » du Canada (1867), de l'Australie (1901), de la Nouvelle-Zélande (1907) ou de l'Afrique du Sud (1910). Londres promet et tergiverse. En 1919, la situation, tendue, explose. Des manifestations violentes ont lieu dans les grandes villes. À Amritsar, le général anglais Dyer fait tirer sur la foule et laisse sur le pavé un millier de victimes. Il noie ainsi dans le sang toute idée de négociation raisonnable. Les nationalistes indiens savent qu'il faudra prendre par eux-mêmes ce qui ne sera jamais donné par la puissance coloniale.

Mohandas Gandhi (1869-1948) devient l'âme de ce combat. Fils d'une famille bourgeoise, il a étudié le droit en Angleterre, à Londres, puis, devenu avocat, a passé près de vingt ans en Afrique du Sud à défendre ses nombreux compatriotes vivant là-bas. En 1915, déjà célèbre, il revient dans son pays natal. En 1921, il y est élu chef du puissant parti du Congrès, fondé en 1885, qui rassemble la plupart des nationalistes indiens. Révulsé par le massacre d'Amritsar, pariant aussi sur l'impasse que constitue la brutalité, il met au point une nouvelle méthode de lutte qu'il baptise *satyagraha*[1]. Elle se fonde sur la non-violence, le contrôle absolu de soi et de toutes ses pulsions dans le but de faire triompher la cause qu'on sait juste par la seule arme d'une infaillible détermination. Ayant quitté ses habits occidentaux, symbole du colonialisme dont il ne veut plus, il

1. Mot sanscrit signifiant littéralement l'« étreinte de la vérité ».

n'apparaît plus qu'enroulé dans la traditionnelle *dhoti* – la large pièce de coton indien qu'il tisse lui-même afin de marquer la nécessité qu'a l'Inde de se réapproprier son artisanat détruit, selon lui, par l'industrie textile anglaise[1]. C'est dans cette tenue que l'homme que ses partisans appellent désormais *Mahatma*, la « grande âme », ou *Bapu*, le « père », s'oppose aux coups de l'oppresseur. À partir des années 1920, il lance de nombreuses campagnes visant à pousser les fonctionnaires indigènes à quitter leur travail ou ses compatriotes à boycotter les magasins britanniques. La plus célèbre est la marche du Sel (1930). Pour protester contre cette taxe que les Anglais imposent sur un produit nécessaire à tous, même aux plus misérables, Gandhi quitte l'ashram où il vit et, suivi d'une foule qui ne cesse de grossir en route, entame une longue marche de plus de 300 kilomètres, pour aller, à la mer, recueillir dans sa main un peu d'eau contenant le précieux bien. Comme cela lui est déjà arrivé à plusieurs reprises, cette insolence lui vaut d'être emprisonné. Comme les autres fois, son immense popularité lui vaut d'être libéré. Il est même bientôt appelé à Londres pour une conférence sur la question indienne (1931). Celui que Churchill, qui le méprise, appelle le « fakir à demi-nu » y est accueilli par des foules enthousiastes mais n'obtient pas ce qu'il recherche. Une fois de plus, les classes dirigeantes britanniques, attachées à l'empire, atermoient, promettent de vagues réformes et refusent

1. Voir chapitre 28.

d'envisager clairement la seule décision qu'attendent les nationalistes : la séparation.

Le monde arabe

Depuis 1882, l'Égypte était contrôlée par les Anglais, en restant toujours, nominalement, une province vassale du sultan d'Istanbul. La guerre rend ce statut inconcevable. En 1914, Londres fait de l'Égypte un sultanat, qui devient illico un protectorat. Comme le reste des possessions de la couronne, il se montre loyal pendant la guerre. Comme on vient de le voir avec l'Inde, le retour de la paix attise les revendications : les Égyptiens ne veulent plus du sort humiliant qui leur est fait. En 1919, d'immenses manifestations ont lieu dans les grandes villes du pays pour demander l'indépendance. Les Anglais ne savent pas sur quel pied danser. Ils adoptent d'abord une politique répressive, lancent la troupe contre les manifestants, font arrêter ceux qu'ils considèrent comme des meneurs, dont Saad Zaghloul (1859-1927), le chef des nationalistes et le grand homme de la période, puis le font libérer et acceptent de signer, en 1922, un traité.

Il est assez ambigu. Sur le papier, il donne l'indépendance au pays, transformé en monarchie parlementaire, dont le sultan Fouad Ier devient le roi. Dans les faits, la métropole conserve un nombre considérable de privilèges : les Britanniques contrôlent toujours les affaires de l'Égypte et sa défense, grâce aux nombreuses troupes britanniques autorisées à stationner sur son sol. S'ensuit un assemblage politique complexe, où le pouvoir repose sur trois pôles en perpétuelle rivalité : le roi et ses fidèles, forts de la légitimité de la couronne ; les nationalistes du parti de Zaghloul, le Wafd[1], forts de leur légitimité populaire et de leurs succès électoraux ; et enfin, les Anglais, forts de leur pouvoir tout court. Un système aussi partagé ne présente pas que des désavantages. Les trois pouvoirs tiennent tellement chacun à tout contrôler qu'ils se neutralisent. L'Égypte n'a jamais connu une telle liberté de parole et une presse aussi florissante que durant ces années que les Anglo-Saxons nomment parfois son « âge libéral ». Reste la question de l'indépendance réelle, qui tourne au serpent de mer. Désireux de la régler, les Anglais, en 1936, proposent au jeune roi Farouk, qui vient de succéder à Fouad, un nouveau traité qui, encore une fois, ne règle rien. Ils gardent des bases militaires un peu partout, un contrôle strict du très stratégique canal de Suez et une partie du pouvoir au Soudan, transformé en un condominium anglo-égyptien.

Sans doute les Britanniques ont-ils assez à faire avec leurs anciennes possessions pour ne pas compliquer les choses avec celles qu'ils viennent d'obtenir. L'Irak, royaume de Fayçal, est indépendant en 1930 et entre à la SDN deux ans plus tard. La seule chose qui importe à la Grande-Bretagne est d'y garder des

---

1. En arabe, la « délégation », en référence à celle partie demander l'indépendance en Europe en 1919, dans le cadre de la conférence de Paris.

bases militaires et des intérêts dans la compagnie qui exploite les énormes ressources en pétrole découvertes à la fin des années 1920. La Transjordanie se révèle une alliée d'une grande fidélité. La Palestine, en revanche, est de plus en plus explosive. Voulant gagner la terre promise dont ils rêvent depuis si longtemps, les colons juifs venus d'Europe s'installent sur les terrains achetés progressivement par l'Agence juive pour la Palestine, organisme créé à la fin des années 1920 par l'Organisation sioniste mondiale. La tension augmente avec la population locale, qui se sent dépossédée. En 1936 éclate la grande révolte arabe de Palestine, d'une violence extrême, dont de nombreux Juifs sont victimes, avant que des Arabes ne soient tués à leur tour par les groupes d'autodéfense juifs, dont l'Irgoun, formé par des activistes de droite, est le plus radical. Londres, dans un premier temps, choisit la voie de la répression brutale contre les Arabes, et ses troupes ne reculent ni devant les détentions arbitraires, ni devant la torture. Puis, en 1939, les Britanniques cherchent à calmer les choses en promulguant un Livre blanc – une série de lois et de mesures – qui promet, « dans les dix ans », un état unitaire garantissant les droits des deux communautés et restreint drastiquement l'immigration juive. Les nombreux exilés fuyant les persécutions qui, à ce moment même, redoublent en Europe, sont obligés de recourir à l'immigration clandestine.

★
★ ★

La France et les illusions coloniales

Sur le plan culturel, sur le plan des mœurs, la France de l'après-guerre est celle de la grande explosion. Les Années folles, comme on surnomme la décennie qui va de 1919 à 1929, remettent en cause les dogmes et les habitudes dans les domaines les plus divers. Les femmes rejettent l'étouffant corset et se rêvent en « garçonne[1] », la jeune fille émancipée qui porte les cheveux courts et entend vivre librement. Les surréalistes, derrière André Breton, torpillent les convenances littéraires. « Paris est une fête », décrète l'Américain Hemingway, qui, comme ses amis de la « génération perdue », celle qui a survécu à la guerre, viennent profiter, à Montmartre et à Montparnasse, de la belle vie que permet le roi dollar.

Sur le plan de la représentation que le pays se fait de lui-même, l'entre-deux-guerres est une période de grande illusion. Comme le Royaume-Uni, la France, dopée par la victoire, ne doute pas un instant qu'elle est redevenue l'une des premières puissances mondiales. La défaite de l'ennemi allemand la met en situation d'hégémonie sur le continent et lui fait croire qu'elle se relèvera facilement. Au début des années 1920, le seul programme que propose la droite nationaliste pour remonter le pays ruiné par le conflit

1. D'après le titre d'un roman de Victor Margueritte, publié en 1922, qui raconte les aventures d'une jeune femme se vengeant de l'infidélité de son fiancé en multipliant les aventures sexuelles, masculines et féminines. Il déclencha un scandale retentissant et fut un succès colossal.

se résume à un slogan : « L'Allemagne paiera ». La gauche, brièvement au pouvoir[1], n'est guère plus constructive. Elle se montre incapable de mener à bien les réformes pouvant assurer le redressement du pays. Personne, d'un bout à l'autre du spectre politique, ne doute du rayonnement mondial de la nation. Ne règne-t-elle pas sur tous les continents, grâce à son puissant et immuable empire ?

Quelques signes divers indiquent pourtant que le temps de celui-ci est compté, mais personne ne les perçoit. Dans les années 1920 éclate dans la zone espagnole du Nord du Maroc une insurrection conduite par Abdelkrim, un chef charismatique. Elle menace de s'étendre, et il faut l'intervention massive de l'armée française, qui ne recule devant rien, pas même l'emploi des gaz, pour réussir à en venir à bout. L'installation du mandat en Syrie, où les Français croient être accueillis en bienfaiteurs, est ponctuée de rébellions violentes. La plus importante est la révolte druze de 1925-1927, appelée aussi révolution syrienne. En 1930 a lieu, en Indochine, dans le Nord de l'actuel Vietnam, une mutinerie des soldats indigènes[2]. Bien que bénéficiant de l'appui des soulèvements simultanés d'étudiants et de civils, elle ne parvient pas à se transformer en guerre générale contre la colonisation, comme l'avait prévu le parti

1. Entre 1924 et 1926, le gouvernement est dirigé par les radicaux, soutenus par les socialistes de la SFIO, auxquels ils sont alliés dans le Cartel des gauches.

2. On l'appelle la mutinerie de Yen Bai, du nom de la province où elle a eu lieu.

nationaliste vietnamien qui l'a organisée, mais il faut, là aussi, une répression très violente pour en venir à bout. Enfin, dans presque toutes les possessions d'outre-mer, en Afrique subsaharienne ou en Afrique du Nord, apparaissent de jeunes leaders qui commencent à structurer un discours remettant en cause la légitimité de la domination coloniale, comme le Tunisien Habib Bourguiba, fondateur du parti Néo-Destour[1], Messali Hadj, fondateur du parti algérien de l'Étoile nord-africaine en 1927, ou Ferhat Abbas, un pharmacien de Sétif (en Algérie) pourtant fort modéré, qui se contente alors de demander l'intégration pleine et entière de tous dans la République française. Ils deviendront les acteurs de la décolonisation qui s'annonce et que personne ne voit venir : la seule réponse de la métropole à leurs demandes est la répression. Seul le parti communiste, lié au Komintern, qui pousse les peuples soumis à se soulever, prône la fin de la colonisation. Il fait figure d'exception. L'ensemble de la classe politique la croit éternelle, comme l'immense majorité de la population, qui se presse, en 1931, à l'Exposition coloniale, installée dans le bois de Vincennes, à Paris, pour chanter la gloire immuable de la « plus grande France ».

Il faut attendre le gouvernement du Front populaire (voir plus bas) pour que soient tentées quelques réformes de justice à l'égard des peuples d'outre-mer, mais il échoue à les mettre en œuvre. Des traités sont

1. Ainsi nommé car issu d'une scission du *Destour* (la « constitution »), parti de notables fondé en 1920 qui réclamait déjà la fin du protectorat.

signés avec la Syrie et le Liban, qui prévoient formellement l'indépendance des deux pays, mais ils ne sont pas exécutés car le Parlement en bloque la ratification. Un projet de loi est pensé pour permettre à un nombre, restreint, de musulmans d'Algérie de sortir du statut d'« indigènes » et leur permettre d'accéder à la pleine citoyenneté française. Une levée de boucliers des colons, scandalisés par un tel sacrilège, le fait capoter.

★ ★
★

Les États-Unis
Des « roaring twenties » à la grande crise

Pour le président Woodrow Wilson, l'entrée de son pays dans la guerre permettrait de le mettre à la tête d'une sorte de croisade du bien qui répandrait la démocratie sur la terre. Une fois la paix revenue, la majorité des élus américains ne veut à aucun prix de ce scénario. Le Congrès vote contre l'adhésion à la SDN, comme il refuse de ratifier le traité de Versailles. En 1920, le pays revient à son isolationnisme. En quoi a-t-il encore besoin de perdre son énergie dans de vaines entreprises outre-mer ? La guerre a dopé l'industrie et le commerce, les États-Unis sont en pleine prospérité, ils entrent dans une décennie baptisée chez eux les *roaring twenties*, les « rugissantes années 1920 ».

En politique, il arrive au rugissement de résonner de façon très puritaine. À partir de 1919, un amendement à la Constitution interdit toute production et vente d'alcool sur le territoire américain, c'est la Prohibition, qui va évidemment de pair avec une explosion de la pègre, enrichie par le marché noir et les bars clandestins. Plus violent que jamais, toujours adepte des lynchages et de la terreur, le Ku Klux Klan a été relancé en 1915 ; il s'étend hors du seul Sud et devient une organisation de masse qui ne s'en prend plus seulement aux Noirs, mais aussi à tous ceux qui sont jugés étrangers, les catholiques, les Juifs, les immigrés récents. La crainte de la révolution russe et des attentats anarchistes crée dans toute la nation une psychose antirévolutionnaire, le *red scare* (littéralement la « peur rouge »)[1].

L'économie explose. Les États-Unis entrent dans ce qu'on appellera la « société de consommation ». Inventée trente ans plus tôt, l'automobile – entre autres modèles la célèbre Ford T – devient un produit de masse, comme tant d'autres produits (la radio, l'électroménager) qui font leur apparition et bouleversent la vie quotidienne. Leur production est stimulée par des ventes en constante hausse, elles-mêmes aidées par la généralisation du crédit. *Buy now, pay later* (« Achetez aujourd'hui, payez plus tard ») est le grand slogan des années 1920.

1. L'exemple emblématique est l'affaire Sacco et Vanzetti, du nom de deux immigrés italiens accusés d'un braquage qu'ils n'ont sans doute pas commis et qui sont condamnés sans preuve parce qu'ils sont des militants anarchistes.

On emprunte pour tout, y compris pour jouer à la bourse. Pourquoi se priver ? Dans ce système que la prospérité rend euphorique, le cours des actions monte sans cesse et semble ne jamais rencontrer d'obstacle. Il suffit donc de les vendre avec un petit bénéfice, qui servira à acheter de nouvelles actions, pour en faire un plus gros. Tout le monde spécule. Des histoires courent à propos de vendeurs de rue de New York devenus millionnaires en quelques mois après avoir joué quelques dollars. Seuls les plus avisés se méfient. « Quand un cireur de chaussures vous donne des conseils boursiers, aurait dit l'homme d'affaires Joseph Kennedy, il est temps de vendre[1]... » Personne ne prête alors l'oreille à ce genre d'oiseaux de mauvais augure. Pourquoi s'inquiéter, puisque cela monte toujours. C'est la folie d'un système qui forme ce que la finance nomme une « bulle », une hypertrophie irrationnelle qui tient jusqu'à ce que quelqu'un ait un doute sur la viabilité du système. La bulle dégonfle alors, entraînant d'autres à douter, à vendre à leur tour et à faire s'écrouler le château de cartes.

La grande dépression

Le jeudi 24 octobre 1929 est resté dans l'histoire sous le nom de « jeudi noir ». L'impensable se produit à la Bourse de New York : les actions qu'on a vues toujours monter flanchent. L'indice chute. Une première panique s'ensuit. Pour tenter de l'arrêter

1. Joseph Kennedy, le père du président.

et ne pas voir leurs propres actions s'effondrer avec les autres, quelques gros banquiers se réunissent à la hâte le vendredi et engagent, de façon très visible, des sommes massives pour acheter le plus d'actions et ainsi rassurer le marché : tout va bien puisque nous achetons. Cela suscite un répit. Il est temporaire. Le lundi, nouveau fléchissement. Le mardi, plus personne n'arrive à retenir la catastrophe, tout s'écroule, dans un climat d'hystérie et de panique. C'est le *krach*, qui déclenche l'épisode le plus célèbre de l'histoire économique du XXe siècle, la grande dépression. L'effondrement est à la mesure de la hausse vertigineuse qui a précédé et s'étend comme un feu de paille à toute l'économie. Les petits porteurs, ruinés, ne peuvent plus rembourser les banques qui, par centaines, font faillite. Faute d'argent, l'industrie ne peut plus investir, voit sa production chuter, doit licencier et faire autant de chômeurs qui ne peuvent plus acheter, contribuant un peu plus à l'effondrement de la production. Les prix agricoles touchent le fond. Les paysans, réduits à la misère, quittent leurs fermes et prennent la route, en quête d'un maigre travail qu'ils ne trouveront sans doute pas. C'est le cycle infernal de la récession, sorte de figure inversée et maléfique de la spirale haussière de la décennie précédente. En 1929, il y a 600 faillites bancaires ; plus de 2 000 en 1931. En 1932, le revenu national a chuté de moitié, un quart de la population active est au chômage, la production industrielle a chuté de 30 %, la production agricole de 60 % !

Dans un premier temps, le président Hoover entend remédier au fléau qui frappe le pays en appliquant simplement la vieille règle du libéralisme le plus orthodoxe : ne rien faire. L'idée est qu'une crise est un mal nécessaire qui doit purger le système des entreprises les plus faibles et permettre ainsi à l'économie de repartir sur des bases saines. Il n'a pas compris l'ampleur du désastre. Le pays est ruiné. Les villes se couvrent de bidonvilles qu'on appelle, par amertume ou dérision, les « hoovervilles ». Il faut l'élection du démocrate Franklin Delano Roosevelt (1882-1945) en 1933, qui promet un New Deal, une « nouvelle donne », pour sortir le pays du chaos. Il rompt avec les vieilles pratiques orthodoxes pour appliquer des théories nouvelles qui seront formalisées par l'économiste britannique Keynes un peu plus tard[1]. À l'inverse de ce qui se faisait, le président pousse à une intervention massive de l'État dans tous les domaines possibles : il régule la finance pour assainir le secteur bancaire (Glass-Steagall Act) ; il fait donner des primes aux agriculteurs qui acceptent de diminuer la production, ce qui doit aboutir à faire remonter les cours ; il engage de grands travaux publics[2] pour donner du travail aux chômeurs et « amorcer la pompe », c'est-à-dire faire repartir la machine économique.

1. John Maynard Keynes (1883-1946), qu'on a déjà rencontré à la conférence de la paix, élabore ses principes depuis longtemps, mais les formalise en 1936 dans son maître livre *Théorie générale de l'emploi, de l'intérêt et de la monnaie*.

2. Les plus célèbres visent à construire des barrages dans la vallée du Tennessee.

Une crise mondiale

À cause de la puissance de l'économie américaine, l'incendie déclenché par le krach d'octobre 1929 s'est rapidement propagé au monde entier. Dans les années 1920, au moment où il fallait remonter les pays plombés par la défaite, les financiers de Wall-Street avaient investi massivement en Allemagne et en Autriche. Ruinés, ils retirent leurs fonds, provoquant de retentissantes faillites bancaires qui ne tardent pas à mettre au sol deux économies encore bien fragiles. La chute de la consommation américaine d'abord, européenne ensuite est une catastrophe pour les très nombreux pays d'Afrique, d'Asie ou d'Amérique latine qui dépendent presque entièrement de la production de quelques matières premières. Le cours mondial du café est tombé si bas qu'au Brésil, faute de pouvoir le vendre, il arrive qu'on le brûle dans les chaudières des locomotives. La misère s'étend. Le Royaume-Uni est le seul État qui, depuis l'avant-guerre, a instauré une petite allocation pour les sans-emploi. Ailleurs, quand on se retrouve au chômage, on doit vivre sur les économies qu'on a pu faire, ou aller grossir les files d'attente aux soupes populaires. Dans un premier temps, la plupart des gouvernements réagissent de façon catastrophique : obsédés par l'idée de rétablir l'équilibre de leur budget mis à mal par la chute de l'économie, ils pratiquent des politiques dites de « déflation » consistant à restreindre les dépenses publiques, au besoin en baissant les salaires des fonctionnaires, ce qui contribue à accroître les difficultés en contractant encore plus l'économie.

L'énergique politique inverse menée à Washington ne donne pas tous les fruits escomptés, mais elle est suffisamment positive pour que Roosevelt soit réélu en 1936. Dans les autres démocraties, seul le gouvernement du Front populaire, qui arrive au pouvoir à Paris en mai-juin 1936, va dans le même sens. Issu d'une alliance électorale entre les radicaux – un parti centriste –, les socialistes et les communistes dirigée par le socialiste Léon Blum, il se risque à une politique qui cherche, elle aussi, la *relance* : pression sur le patronat pour augmenter les salaires, soutien du cours du blé. Ses effets bénéfiques pour le moral de la population et la consommation intérieure ne durent pas. La dévaluation du franc à l'automne 1936 rend les biens d'importation plus chers et effacc de fait les augmentations salariales de l'été.

Où qu'ils soient, les pays cherchent dans la panique à protéger leur production nationale et prennent des mesures protectionnistes en haussant leurs barrières douanières, en se repliant derrière leur empire – quand ils en ont, comme la France ou la Grande-Bretagne. Cela a pour conséquence d'affaiblir un peu plus un commerce international déjà à terre et d'accélérer la ruine de tout le monde.

44

Les régimes autoritaires et la montée à la guerre

Italie, Allemagne, Japon

Les dictatures sont nombreuses dans le monde de l'entre-deux-guerres. Trois d'entre elles, l'Italie fasciste, l'Allemagne nazie, le Japon militariste, sont d'une nature particulière. Leur expansionnisme précipite le monde dans la guerre.

Les régimes autoritaires ne sont pas une exception dans le monde de l'entre-deux-guerres. Dans les années 1920, la peur d'une contagion de la révolution russe ou la volonté de sortir de l'instabilité politique ont poussé de nombreux pays européens vers la dictature. La crise de 1929 accentue la tendance.

Depuis le début du XXe siècle, la démocratie semblait s'être enfin installée dans quelques grands pays d'Amérique latine. L'effondrement brutal de l'économie et le marasme qui s'ensuit sont fatals. En Amérique centrale, des dictateurs se saisissent du pouvoir et s'y installent pour longtemps[1]. Le parti radical, au pouvoir à Buenos Aires, est renversé en 1930 par un coup d'État qui met le régime parlementaire sous la coupe de l'armée et fait entrer l'Argentine dans ce que le pays nomme la « décennie infâme », marquée par la fraude électorale, la corruption et une dépendance accrue aux intérêts commerciaux britanniques. Le Brésil, ruiné par l'effondrement de son économie, élit en 1930 Getúlio Vargas. En 1937, ce dernier fait basculer le pays dans l'Estado Novo, un régime autoritaire à la fois social et conservateur qui s'inspire de la dictature installée au Portugal.

Dans cet ensemble, trois pays tiennent une place à part, à cause de la nature particulière des systèmes qu'ils mettent en place, et aussi à cause de leur politique expansionniste qui conduit, en Extrême-Orient, puis en Europe à la Seconde Guerre mondiale. Étudions-les tour à tour.

L'Italie fasciste

Benito Mussolini (1883-1945), fils d'un forgeron de Romagne anarchisant, est, au début du XXe siècle, un instituteur socialiste et pacifiste, engagé dans l'action syndicale et le journalisme militant. La guerre qui éclate le transforme. Fervent partisan de l'entrée de son pays dans le conflit, il devient une

1. Citons Batista à Cuba (de 1934 à 1959), Trujillo en République dominicaine (contrôle le pays de 1930 à 1961) ou Somoza au Nicaragua (de 1936 à son assassinat en 1956).

figure du bellicisme et du nationalisme. La situation terrible de l'Italie après 1918 lui offre un contexte dont il sait tirer parti. Le royaume ne digère pas sa « victoire mutilée », les terres promises de l'autre côté de l'Adriatique qu'on lui refuse, il a le sentiment amer que plus de 1 million d'Italiens sont morts pour rien[1]. Le pays, en ruine, est secoué par des grèves et des mouvements révolutionnaires qui effraient la bourgeoisie et les classes moyennes. Le régime parlementaire semble incapable de trouver une voie pour sortir de ce marasme. Mussolini en a une à proposer. Il a développé une idéologie qui se prétend à mi-chemin entre le capitalisme et le socialisme et qui se veut à l'exact opposé de toutes les valeurs d'humanisme que cultive l'Europe depuis la Renaissance. Il exalte le surhomme, la violence, la nécessité de la guerre et la supériorité sur tous les autres du glorieux peuple italien, qui se remettra à marcher droit s'il est sous le contrôle d'un chef omnipotent. Le discours plaît à la fois aux possédants, ravis de voir un homme faire barrage à la contagion révolutionnaire, et à de nombreux anciens combattants, qui trouvent dans le culte du drapeau et dans la mystique de la force et de la violence une sorte de religion donnant un sens à leur souffrance et à leurs frustrations[2]. Ils entrent bientôt en

---

1. Victimes militaires et civiles.
2. L'historien américain d'origine allemande George Mosse (1918-1999) voit la matrice de la fascination des sociétés fascistes et surtout nazies pour la violence et la mort dans le traumatisme de la guerre. C'est ce qu'il nomme la « brutalisation » des sociétés.

masse dans les groupes créés par le leader, les « faisceaux » (*fasci italiani di combattimento*), un nom qui fait référence au bâton qui servait d'emblème de l'autorité sous l'Empire romain. Ils deviennent, en 1921, le parti national fasciste. L'exaltation de la violence n'a rien d'une figure de style. Les militants, organisés en milices paramilitaires, font le coup de poing partout où ils peuvent, brisent les grèves, tabassent leurs opposants ou les soumettent à des séances d'humiliation publique[1], et font régner une terreur qui a pour but de réduire au silence tous ceux qui ne pensent pas comme eux, syndicalistes, communistes, démocrates. En 1922, Mussolini est décidé à frapper un grand coup. Avec ses partisans, les Chemises noires, il organise une gigantesque manifestation destinée à faire plier le faible pouvoir parlementaire qu'il méprise : c'est la marche sur Rome. Le roi Victor-Emmanuel III lui offre le poste de président du Conseil[2]. Deux ans à la tête du gouvernement lui permettent de noyauter tous les postes de pouvoir et de préparer des élections taillées sur-mesure qui donnent une majorité à son parti et à ses alliés. Ont-elles été régulières ? Le courageux député socialiste Matteotti ose douter de la légalité du pouvoir fasciste dans un virulent discours public. Il est enlevé et assassiné peu de temps après

1. Une des célèbres techniques des fascistes consistait à faire avaler de force à leurs victimes de l'huile de ricin. Absorbée à haute dose, elle provoque des diarrhées violentes, qui peuvent, dans les cas extrêmes, être mortelles.

2. L'équivalent de Premier ministre.

par les sicaires du pouvoir. Deux ans plus tard, en 1926, les partis d'opposition sont interdits. De nombreux militants des partis de gauche, des intellectuels sont obligés de s'exiler et cherchent le plus souvent refuge en France, où vit depuis la fin du XIXe siècle une importante communauté italienne. Leur patrie est devenue une dictature.

Le Duce et l'« homme nouveau »

Mussolini ne tolère qu'un autre pouvoir que le sien. Il ménage l'Église. Il réussit même à effacer la vieille pomme de discorde qui l'opposait au pays. Depuis que Rome était devenue la capitale de l'Italie unifiée, en 1870[1], le pape, réfugié dans son palais, s'y considérait comme « prisonnier ». En 1929, Mussolini signe avec le Saint-Siège les accords du Latran, qui créent le minuscule État du Vatican, dont Pie XI devient le chef[2]. Pour le reste, l'Italie se transforme peu à peu en un régime totalitaire. Tous les pouvoirs sont dans les mains du *Duce*, le « guide », qui, selon un célèbre slogan du régime, « a toujours raison[3] » et règne sur tous grâce à un parti unique incontournable : du berceau à la tombe, de l'organisation de jeunesse à l'association de quartier, un Italien, qui doit devenir un « homme nouveau », ne peut qu'être un fasciste. Le monde du travail est encadré par des corporations,

1. Voir chapitre 33.

2. Les accords du Latran restent valables aujourd'hui pour régler les questions liées à la qualité d'État du Vatican.

3. *Il Duce ha sempre ragione.*

qui sont censées abolir la lutte des classes en faisant entrer dans la même association patrons et ouvriers. À son accession au pouvoir, le régime, appuyé par la bourgeoisie d'affaires, prône un système économique libéral mais, pour se concilier la classe ouvrière, a accordé aussi des réformes sociales. Peu à peu, l'État devient dirigiste. Il engage de grands travaux prestigieux qui doivent stimuler l'économie et servent à sa propagande : construction d'autoroutes, de stades, de nouveaux quartiers dans la capitale, assèchement des marais pontins, situés non loin de Rome, foyers de malaria. À grand renfort de slogans, d'interminables discours et de campagnes d'affichage, le Duce lance aussi de grandes « batailles », comme la bataille du blé, en 1925, pour augmenter les rendements, ou la bataille des naissances, en 1927, pour doper la natalité. Avec la crise des années 1930, Mussolini, désireux de montrer que la glorieuse patrie du fascisme peut échapper au marasme mondial, pousse son pays vers un nouveau système, l'autarcie, la sortie du commerce international, visant à ne dépendre que de sa propre production. Le besoin de matières premières et d'élargissement du marché qu'elle provoque a pour conséquences évidentes la conquête et la guerre. Au nord des Alpes, un autre chef, qui fut l'un de ses admirateurs, y songe à peu près en même temps…

★
★ ★

L'Allemagne nazie

La période de Weimar est, pour l'Allemagne, un moment d'intense bouillonnement intellectuel, celui du Bauhaus, cette école qui révolutionne l'architecture ou encore celui du cinéma expressionniste, dont Fritz Lang est le maître. La fragile république a aussi beaucoup d'ennemis : les communistes, qui ne lui ont jamais pardonné l'écrasement de la révolution spartakiste ; une partie de l'armée, accrochée au mythe du coup de poignard dans le dos[1], et d'innombrables factieux d'extrême droite.

Adolf Hitler (1889-1945) est l'un d'entre eux. Autrichien sans le sou, désespéré de ne pouvoir mener la carrière de peintre dont il rêvait, il s'est engagé dans l'armée allemande durant la Première Guerre mondiale et, avec le groupuscule auquel il appartient dorénavant, trempe dans de nombreux complots. Un putsch raté, né dans une brasserie à Munich en 1923, lui a valu quelques mois de prison. Ils lui ont permis d'augmenter sa popularité et de rédiger *Mein Kampf* – « mon combat » –, un livre programmatique. Dans la seconde moitié des années 1920, le parti dont il a pris la tête, appelé « national-socialiste » (nazi, en abrégé) ne cesse de croître et se fait connaître par sa pratique de la violence de rue et de l'intimidation physique de ses opposants. Dans le même temps, en Allemagne, l'économie se redresse, la République se stabilise et le pays retrouve sa place en Europe. Si les choses avaient continué dans cette voie, l'ex-caporal

1. Voir chapitre 41.

serait sans doute resté à jamais cantonné à la fonction de petit agitateur haineux qui était alors la sienne. En jetant le pays à terre en quelques mois, la crise de 1929 crée le contexte qui lui permet de forcer son destin. Les faillites s'enchaînent, les chômeurs se comptent par millions, le fléau de la misère frappe et personne dans la classe politique ne semble en mesure de trouver une issue à ce cauchemar. La droite centriste au pouvoir pratique une politique de déflation qui accentue le mal en croyant l'apaiser[1]. Le parti communiste, le plus important d'Europe occidentale, d'une fidélité aveugle aux ordres de Staline, se bat contre celui que Moscou a désigné comme l'ennemi principal : le social-démocrate, « social-fasciste », censé être bien plus dangereux que l'extrême droite. Il est vrai que le SPD n'a nulle envie de s'allier avec des révolutionnaires qu'il rejette violemment. Les nazis ont donc tout loisir de ramasser la mise. Aux élections législatives de janvier 1933, le parti, sans avoir la majorité absolue, devient le premier au Parlement. Le président Hindenburg[2], à contrecœur, dit-on, offre à Hitler le poste de chancelier. Le vieux maréchal signe ainsi la mort de la république. Celui qui en devient le fossoyeur ne met que quelques mois à l'enterrer.

En février, un incendie éclate au Reichstag, la Chambre des députés, peut-être allumé par un com-

1. Voir chapitre précédent.

2. Né en 1847, ce militaire prussien qui a participé à la guerre de 1870 devient un héros en 1914 en remportant la bataille de Tannenberg contre les Russes. Avec Ludendorff, de 1916 à 1918, il est chef de l'état-major allemand. En 1925, il est élu président de la République, et succède à Ebert.

muniste néerlandais simple d'esprit. Pour le nouveau pouvoir, le prétexte est tout trouvé : puisque le parlement a brûlé, il n'y aura plus de parlement. Les partis d'opposition et les syndicats sont bientôt interdits. Les opposants connaissent les premiers camps de concentration, ouverts dès 1933. Par milliers, les intellectuels, les artistes, les scientifiques, menacés parce qu'ils sont d'origine juive ou pour leurs idées, prennent le chemin de l'exil. Pour leurs pays d'accueil, le plus souvent les États-Unis, l'apport est extraordinaire : l'arrivée de nombreux savants de renommée internationale contraints à fuir le nazisme, dont le plus célèbre est Albert Einstein, permet à la science américaine de progresser considérablement. L'extraordinaire créativité de l'époque de Weimar s'envole en fumée dans le grand bûcher que les hommes en chemises brunes allument en mai 1933, à Berlin, pour brûler tous les livres qui propagent un « esprit non allemand », c'est-à-dire ceux qui ont été écrits par des écrivains juifs, marxistes ou pacifistes.

En juin 1934, même les anciens alliés d'Hitler sont éliminés. Lors d'un épisode appelé la Nuit des longs couteaux[1], les fidèles du chancelier liquident froidement au revolver plus de 200 membres et chefs des sections d'assaut, les SA[2], utilisés hier pour leur goût

1. Par les historiens français et anglais, peut-être par référence à une chanson des SA. Les Allemands parlent de « Röhm-Putsch », du nom d'Ernst Röhm, le chef de cette faction.

2. La Sturmabteilung, « section d'assaut », abrégée SA, est l'organisation paramilitaire du parti nazi.

de la violence et considérés désormais comme indésirables. Ils représentent l'aile « révolutionnaire » du nazisme, prétendent toujours s'en prendre au capitalisme, ce qui n'est plus de mise à un moment où Hitler cherche à rallier les milieux économiques et l'armée.

Le Troisième Reich

En août 1934, à la mort du vieil Hindenburg, Hitler supprime le poste de président de la République et devient le *Führer* (le « guide ») d'un régime qu'il baptise le Troisième Reich[1]. Comme l'URSS de Staline et l'Italie de Mussolini, l'Allemagne d'Hitler est un État totalitaire, structuré par le parti et ses diverses organisations, dont la sinistre SS, chargée de faire régner l'ordre[2]. L'individu n'existe plus. Il n'est plus qu'une particule dans ces masses que le régime aime manipuler lors de grandioses cérémonies comme celles organisées à Nuremberg, qui exaltent la grandeur du peuple, du Reich, appelé à durer mille ans, et de son chef. À la différence de Staline, qui pratique la terreur tout en faisant croire à ceux qui se réclament de lui qu'il est un humaniste,

1. Le Troisième Empire, après le Premier, le Saint Empire, fondé par Otton en 911 (voir chapitre 10), puis le Deuxième celui de Guillaume Ier et de Bismarck, commencé en 1871, disparu en 1918 (voir chapitre 33).

2. La Schutzstaffel, « escadron de protection », abrégée SS, fait régner l'ordre ; elle est aussi en charge des renseignements, de la protection des dignitaires nazis et de la surveillance des camps.

mais à l'égal de Mussolini, Hitler place au cœur de sa doctrine l'exaltation de la force, de la violence, et le culte de la virilité et du surhomme. À ces caractéristiques, le Führer ajoute une dimension essentielle : le racisme.

Comme il l'a expliqué dans *Mein Kampf*, sa vision du monde repose sur la supériorité de la « race germanique » sur toutes les autres, jugées inférieures, et la nécessité pour elle de lutter contre ses nombreux ennemis extérieurs, les peuples qui l'entourent, mais surtout l'ennemi intérieur, qu'il compare à des « bacilles » qui rongent la société, les Juifs. Sur divers points, en économie, par exemple, le nazisme peut se montrer changeant et plus opportuniste que ne le prétend sa doxa. L'obsession antisémite est le point sur lequel il n'a jamais dévié, une boussole dont il ne perd jamais le cap. Le Juif, selon l'expression du grand historien français de l'antisémitisme Léon Poliakov, est la « causalité diabolique », la figure du mal qui, selon les besoins du moment et de façon parfaitement contradictoire, sert à tout expliquer. La propagande peut en faire le républicain traître de Weimar, ce régime dégénéré qui acceptait l'affaiblissement de l'Allemagne, ou le « ploutocrate », le riche à cigare servant les intérêts du capitalisme anglo-saxon qui a mis le pays par terre, ou encore le dirigeant soviétique, le « judéo-bolchevique », maître d'un empire ennemi. Dès avril 1933, les SA s'en prennent aux magasins juifs et pratiquent des humiliations publiques. En 1935, les lois de Nuremberg, prétendant veiller à la « pureté de la race », interdisent le « mélange » (c'est-à-dire les mariages mixtes) et font des Juifs allemands des citoyens de seconde zone qui sont peu à peu exclus d'un grand nombre de professions. En novembre 1938, les nazis prennent prétexte de l'assassinat à Paris d'un diplomate allemand par un jeune homme d'origine juive pour déclencher la Nuit de cristal, deux jours de violence, de terreur et de saccage de magasins. Ils n'hésitent pas, ensuite, à demander à la communauté juive allemande de payer une énorme indemnité en réparation des dommages qu'ils ont eux-mêmes causés. En parallèle, d'autres cibles apparaissent, les Tziganes, les « asociaux », parmi lesquels les homosexuels, ou encore les malades mentaux, tous considérés comme des indésirables dont il faut purger la société.

Sur le plan économique, Hitler est, dès son accession au pouvoir, dirigiste. Il veut donner de l'emploi aux chômeurs et renforcer le pays pour en faire la puissance dont il rêve et qui doit se suffire à elle-même. Il met en œuvre de grands chantiers comme la construction d'autoroutes, stimule la production industrielle (c'est lui qui incite à la fabrication de la célèbre Volkswagen) et, surtout, relance l'industrie d'armement. Une telle politique coûte cher et le marché intérieur est étroit. Il faut conquérir pour avancer. Au bout d'un ou deux ans de pouvoir, la guerre, ici aussi, apparaît comme la fille naturelle du système mis en place.

★
★★

La montée à la guerre en Europe

Il existe de nombreuses thèses pour savoir si, oui ou non, fascisme et nazisme sont de même nature. Les deux sont totalitaires et liberticides, diront les historiens, mais le premier ne s'est pas rendu coupable de crimes de masse d'une échelle comparable à ceux du second et n'a pas, dans un premier temps, eu recours au racisme. L'Italie n'a adopté une politique raciale qu'en 1938, sous l'influence de l'Allemagne. Les deux régimes ont en commun, on vient de le voir, le besoin de recourir à la guerre. Pour autant, ils n'ont pas toujours été alliés. Lorsque, en 1934, les nazis de Vienne assassinent Dollfuss, le chancelier autrichien, et qu'il paraît évident qu'Hitler va intervenir pour les soutenir, Mussolini masse ses troupes à la frontière pour garantir l'indépendance du petit pays. À ce moment-là encore, les démocraties ont la faiblesse de croire que le Duce est un allié précieux pour contrer le Führer. À partir de 1935-1936, un tournant les rapproche. Devenus alliés, ils vont, en moins de quatre ans, conduire l'Europe à la guerre.

Le rêve de Mussolini est de refaire l'Empire romain. À défaut d'accomplir immédiatement le tour de la Méditerranée comme le firent les légions, il commence par une conquête coloniale. L'Éthiopie, on s'en souvient, est le seul grand pays africain qui a échappé à la mainmise européenne, en réussissant même à infliger une défaite cuisante aux Italiens[1].

1. Voir chapitre 38.

Pour « venger » Adoua, le nom de cette bataille, et montrer toute sa puissance, le Duce lance, depuis l'Érythrée italienne, une armée gigantesque dotée de moyens énormes à l'assaut du vieux royaume du négus. Face au déluge de bombes, à l'emploi de gaz, à la supériorité en nombre de leurs assaillants, les soldats d'Haïlé Sélassié[1] ne peuvent résister longtemps. En 1936, Addis-Abeba tombe, mais la SDN, où le souverain est venu plaider la cause désespérée de son pays, condamne l'agression. La sentence, accompagnée de sanctions économiques très légères, apparaît comme symbolique mais les démocraties, France et Grande-Bretagne, se détournent du dictateur fasciste. Celui-ci se retourne donc vers une puissance qui est trop contente de l'accueillir. En novembre, Rome et Berlin scellent une alliance, à laquelle Mussolini donne son nom, l'Axe.

Durant cette même année de 1936, elle trouve déjà une occasion de prouver son efficacité. L'Espagne, vieille monarchie, a connu une dictature dans les années 1920[2], puis, en 1931, après que le roi restauré a été chassé du pouvoir, est devenue une république. Le climat y est tendu, il y a des assassinats, des manifestations réprimées dans le sang. En 1936, les élections mènent au pouvoir le Frente popular, une coalition de gauche qui procède à des confiscations de terre pour faire une réforme agraire et mène

---

1. Né en 1892, *ras* – c'est-à-dire « chef » –, Tafari Makkonen devient régent en 1917. Il est couronné empereur, *négus*, en 1930 sous le nom d'Haïlé Sélassié Ier.

2. Sous Miguel Primo de Rivera (1870-1930).

une politique d'opposition frontale à l'Église, bastion du conservatisme. Une partie de l'opinion publique en est scandalisée et terrifiée. En juillet, depuis le Maroc espagnol, où sont stationnées de nombreuses troupes, quelques militaires, bientôt dirigés par le général Franco, appellent au soulèvement contre cette république impie et promettent le retour à ce qui leur semble l'ordre. Ce *pronunciamento* déclenche une guerre civile, entre républicains – partisans du gouvernement légal – et nationalistes ou franquistes – qui soutiennent le coup d'État militaire.

La France, dirigée elle aussi par un gouvernement de front populaire, songe à venir au secours d'une république en péril, mais l'Angleterre est hostile à ce qu'elle voit comme un engrenage. Les démocraties optent donc pour la non-intervention, une politique que les pays totalitaires prétendent suivre eux aussi, tout en entrant en fait massivement dans le conflit. L'URSS vend des armes, à prix d'or, aux républicains ; encourage la constitution des Brigades internationales, formées d'engagés volontaires de tous les pays occidentaux ; et envoie des commissaires politiques qui n'hésitent jamais, au passage, à mener des purges dans le camp qu'ils sont censés soutenir pour en éliminer les militants opposés à Staline[1]. L'Allemagne et l'Italie font leurs griffes en envoyant sur place soldats et armements. Le fait d'armes allemand

1. L'illustration la plus connue de cette politique est la guerre que les communistes, en 1937, à Barcelone, mènent contre le POUM, un parti révolutionnaire qui dénonçait la dérive totalitaire de l'URSS.

le plus célèbre de la guerre civile est le bombardement, en 1937, de la petite ville basque de Guernica par les avions de la légion Condor. En 1939, les derniers républicains, battus, sont obligés de se réfugier en masse en France. Franco instaure une nouvelle dictature en Europe.

L'Anschluss et l'annexion des Sudètes

La politique étrangère d'Hitler repose sur trois obsessions. Effacer le traité de Versailles, ce *diktat* qui a humilié l'Allemagne ; réaliser le pangermanisme, c'est-à-dire l'union de tous les Allemands, où qu'ils vivent, sous la coupe de Berlin ; et enfin assurer à la race aryenne son « espace vital » par l'expansion à l'est, là où vivent des populations slaves dont le Führer estime qu'elles ne méritent que d'être vaincues et asservies. Il est clair, dès le départ, que ces trois objectifs ne peuvent déboucher que sur la guerre. Pendant plus de trois ans, le camp des démocraties est impuissant à enrayer cette marche fatale. Nombreux sont pourtant ceux qui en comprennent l'enjeu. En France, par exemple, la coalition électorale du Front populaire s'est formée sur un programme de réformes sociales, mais aussi sur l'antifascisme. Mais le poids des opinions publiques, le souvenir traumatisant de la Grande Guerre, la crise économique, l'instabilité politique poussent à l'inaction.

Voulant en finir avec le militarisme allemand, le traité de Versailles stipulait le désarmement du pays et la neutralisation d'une région devenant zone tampon, située sur la rive droite du Rhin, la Rhénanie[1]. Sitôt au pouvoir, en se cachant à peine, Hitler réarme et, en mars 1936, envoie ses soldats reprendre possession de la Rhénanie. L'Angleterre ne bouge pas. La France, en pleine campagne électorale, regarde ailleurs.

En mars 1938, l'Allemagne réussit ce qu'elle a raté quatre ans plus tôt. Aidée par la pression exercée par les nazis locaux sur le gouvernement de Vienne, elle procède à l'Anschluss, l'annexion de l'Autriche, là encore prohibée par les traités. Toujours pas de réaction.

Quelques mois plus tard, le regard d'Hitler se tourne vers d'autres Allemands, ces minorités qui vivent dans les Sudètes, un ensemble de régions formant une couronne autour de la partie tchèque de la Tchécoslovaquie. Il en réclame l'annexion. Prague, capitale démocratique, se tourne vers les démocraties avec lesquelles elle est alliée. La France mobilise. Mussolini, étrangement transformé en colombe, a une meilleure idée : il propose une conférence pour éviter la guerre. Elle a lieu en septembre et réunit à Munich l'Allemand Hitler, l'Italien Mussolini, le Français Daladier et l'Anglais Chamberlain, mais pas Benes, le président du petit pays qui va être sacrifié. Le Premier ministre anglais est fidèle à la politique qu'il a définie, l'*appeasement*, l'« apaisement », consistant à tout passer aux dictateurs car il est sûr qu'ils n'iront pas jusqu'à la guerre. Le Français sait qu'elle aura lieu, mais estime que son pays a besoin

---

1. Voir chapitre 41.

d'encore un peu de temps pour s'y préparer. Les deux cèdent donc sur tout. Les Sudètes sont annexés. Quelques mois plus tard, en mars 1939, ce qui reste de la République praguoise est liquidé : la Bohême et la Moravie sont occupées par les chars de Berlin, et la Slovaquie transformée en protectorat du Reich. En avril, Mussolini, qui ne veut pas être en reste, annexe l'Albanie.

La guerre approche. Hitler, habile joueur qui a tout raflé jusqu'ici, sort de sa poche un atout que nul n'attendait. Le 23 août, le monde, stupéfait, apprend la signature du « pacte germano-soviétique », l'alliance entre le nazi et le soviétique. Une des clauses, gardée soigneusement secrète, du traité prévoit un partage de l'Europe orientale entre les deux hommes. Le Führer a les mains libres. Il peut foncer. Depuis le printemps, il réclame le rattachement de Dantzig à l'Allemagne. Le 1er septembre, un incident de frontière monté de toutes pièces lui suffit. Il donne l'ordre d'envahir la Pologne. Le 3, la France et l'Angleterre viennent au secours de leur allié et déclarent la guerre à l'Allemagne. La guerre à l'Ouest a commencé.

★
★ ★

Le militarisme japonais

Depuis le début du XXe siècle, le Japon a une face claire : il s'est transformé en un pays moderne, industrialisé, doté d'une monarchie constitutionnelle. Il a aussi une face sombre, xénophobe, nationaliste, militariste. Elle ne cesse de se renforcer dans les années 1920, sous l'influence de l'armée ou tout au moins de ses factions les plus radicales, qui prennent de plus en plus de place dans le système politique et réussissent à imposer leurs conceptions.

Juste après la Première Guerre mondiale, prétendant vouloir limiter les armements, les Américains ont réussi à faire signer au pays, comme aux puissances européennes, le traité de Washington (1922), qui bride les capacités navales de l'Empire nippon. Il blesse la fierté nationale de nombre de Japonais et donne raison à ceux qui soutiennent que la volonté de l'Occident est de maintenir l'empire en situation d'infériorité. En 1923, un tremblement de terre terrible détruit presque entièrement Tokyo, et crée un climat d'angoisse qui favorise le repli identitaire et le désir d'ordre. En 1926, le nouvel empereur, monté sur le trône sous le nom d'Hirohito, va dans ce sens. Il s'entoure d'officiers, qui ont tout pouvoir d'influence sur lui. Le militarisme croît, servi par le discrédit de la classe politique parlementaire, engluée dans de nombreux scandales de corruption. Comme dans tant d'autres nations, la crise de 1929 et le désastre économique qui s'ensuit accélèrent le processus. À cause des barrières protectionnistes qui se sont montées partout dans le monde, les Japonais ne peuvent plus écouler leur production. Ici aussi, la seule solution pour s'en sortir semble l'expansionnisme, que la démographie a rendu d'autant plus nécessaire : l'archipel est désormais surpeuplé. Les factions ultranationalistes poussent à l'aventure.

En 1931, il suffit d'un prétexte, un attentat contre un chemin de fer nippon, sans doute fomenté par les militaires japonais eux-mêmes, pour que l'armée, présente en Corée depuis le début du siècle, occupe la riche Mandchourie[1]. Un an plus tard, l'ex-province chinoise est transformée en Mandchoukouo, un État fantoche à la tête duquel les Japonais, sinistre ironie de l'histoire, ont placé Pu Yi, l'enfant qui fut le dernier empereur de Chine. Il devient une marionnette entre leurs mains. Horrifiée par cette violation caractérisée du droit, la Chine fait ce qu'elle peut pour l'empêcher, tentant de faire intervenir la SDN. Le Japon quitte la SDN et garde la Mandchourie.

À Tokyo, le climat politique ne cesse de se dégrader. Les nationalistes optent pour une violente stratégie de tension. Les assassinats de personnalités publiques sont fréquents, y compris ceux de Premiers ministres. Le parlementarisme n'est plus que de façade. Les coups d'État se succèdent. Même s'ils échouent, ils ont réussi à tuer la démocratie. L'empereur ne nomme plus que des cabinets contrôlés par l'armée qui poussent à plus d'interventions extérieures, au nom du droit, affirmé clairement, de la « race » japonaise à dominer l'Asie. Pour qu'elle y parvienne, il faut assurer ses arrières. En 1936, afin de contrer une éventuelle menace venue de l'URSS – située de l'autre côté de la frontière mandchoue –, Tokyo signe avec Berlin un pacte anti-Komintern. L'Italie, le troisième larron, y adhère quelques mois plus tard. En 1937, l'Empire nippon est prêt à passer

1. Voir chapitre 37.

à la vitesse supérieure. Début juillet, un banal accrochage entre l'armée chinoise et les troupes japonaises qui manœuvrent sur le pont Marco Polo[1], situé à une quinzaine de kilomètres de Pékin, suffit à produire l'étincelle. Le Japon lance ses armées à l'assaut de l'empire du Milieu. C'est à partir de ce moment qu'on peut dater le commencement de la Seconde Guerre mondiale.

1. Les Chinois le nomment pont de Lugou. Les Occidentaux lui donnent le nom du voyageur vénitien, car il en fit une description admirative.

45

La Seconde Guerre mondiale en quatre temps forts

1937 – 1945

La Première Guerre mondiale était un conflit entre nations cherchant à assurer leur hégémonie sur l'Europe. La suivante voit s'affronter de grandes idéologies qui veulent l'anéantissement de leurs adversaires et rêvent de dominer le monde. Par son étendue, par la force de la machine de mort mise en place par les puissances de l'Axe, par son bilan démesuré, la Seconde Guerre mondiale est l'événement le plus important du XXe siècle.

Ceux qui l'avaient vécue se représentaient la Première Guerre mondiale comme l'enfer. Elle n'en était que l'antichambre. Contrairement à ce que pensaient nombre d'Européens en reprenant les fusils en 1939, la Seconde Guerre mondiale n'a rien d'une répétition de la précédente. Les deux conflits sont de nature différente. La guerre de 14-18 oppose des nations qui ont pour but de vaincre leurs rivales pour agrandir leur territoire à leurs dépens, ou simplement pour assurer leur prééminence. La guerre suivante confronte des idéologies mortifères dont la folie destructrice frappe du Grand Nord à l'Asie du Sud-Est, de l'Atlantique aux atolls perdus du Pacifique. Tâchons simplement d'en dessiner le schéma général en quatre grandes lignes.

1 Les triomphes de la guerre éclair à l'Ouest
1939 – mi-1942

Comme son ami Mussolini, Hitler, qui méprise les molles démocraties, est certain de la supériorité de son régime, de son peuple, de sa force et aussi de la stratégie mise au point par ses généraux. Quand les états-majors alliés, qui se croient encore en 1914, pensent la guerre comme un face-à-face entre deux infanteries, l'armée allemande choisit d'assommer l'ennemi en lançant sur lui des marées de chars appuyés par les avions. Cela permet d'être rapide et mobile ; c'est la *Blitzkrieg*, la « guerre éclair ». Elle fait des étincelles. Jusqu'à la moitié de 1942, grâce à elle, la Wehrmacht collectionne les victoires et se taille une réputation d'invincibilité.

En septembre 1939, l'armée allemande se fait les dents sur sa première victime. En moins d'un mois, la Pologne tombe. Conformément aux clauses secrètes du pacte germano-soviétique, Hitler et Staline, qui a lancé l'Armée rouge sur l'Est du pays, peuvent se la partager. Londres et Paris n'ont pas fait grand-chose. Tétanisées par le souvenir des boucheries de la Première Guerre mondiale, elles optent pour une stratégie défensive et attendent derrière leurs lignes.

Comme les Allemands n'attaquent pas, elles font la guerre sans combattre, c'est la « drôle de guerre ».

La première confrontation entre les adversaires se produit enfin, en avril 1940. Les Allemands, voulant assurer leur approvisionnement en fer suédois, ont envahi la Norvège, en occupant le Danemark au passage ; les Alliés sont venus à la rescousse, mais, vaincus, ils ont dû rembarquer.

Le grand moment arrive un mois plus tard, le 10 mai. Hitler lance l'assaut sur le front ouest et réussit un coup de maître. Comme en 1914, les Allemands commencent par entrer en Belgique, en violant au passage sa neutralité – ce que Français et Anglais attendaient –, mais ils lancent en même temps les panzers sur le massif des Ardennes. Il n'était pas protégé car les généraux de Paris le croyaient infranchissable. En quelques jours, il est franchi. C'est le « coup de faucille », une manœuvre spectaculaire et payante. Elle permet aux Allemands de couper l'armée française en deux. Une partie d'entre elle, bousculée, ne réussit que par miracle à bloquer l'ennemi pour permettre aux alliés britanniques, acculés sur la plage de Dunkerque, de rembarquer à la hâte, sous le feu des avions ennemis. Trois cent cinquante mille soldats arrivent à repasser la Manche. Ils seront précieux. La France, elle, est perdue. Le 16 juin, le gouvernement, réfugié à Bordeaux, est confié au maréchal Pétain, le « vainqueur de Verdun ». Il demande l'armistice, signé le 22 juin, en forêt de Compiègne, dans ce même wagon où, vingt-deux ans plus tôt, les Allemands vaincus avaient signé le leur. La France est partagée en deux zones, l'une occupée, l'autre confiée à un gouvernement fantoche installé dans la petite ville d'eau de Vichy. Elle sort de l'histoire. Le pays vainqueur de la Première Guerre ne jouera qu'un rôle secondaire dans la suivante.

Il ne reste plus à Hitler qu'à écraser le Royaume-Uni soit en l'envahissant, soit, à défaut, en l'obligeant à signer la paix. Pour l'y contraindre, il écrase les villes anglaises sous des pluies de bombes : c'est le « Blitz ». Contre toute attente, l'Angleterre tient. Une incroyable poignée de pilotes de la Royal Air Force (RAF) réussit même à retourner la situation en reprenant le contrôle du ciel et à mettre ainsi l'agresseur en échec. « Jamais dans l'histoire un si grand nombre d'hommes n'eurent une dette aussi grande envers une si petite poignée de leurs semblables », résume Churchill. Si cette bataille d'Angleterre avait été perdue, Hitler n'aurait plus eu personne face à lui. À l'été 1940, il reste donc les Anglais. Lors de son premier discours à la Chambre des communes, le 13 mai, le nouveau Premier ministre leur avait promis « du sang, du labeur, des larmes et de la sueur[1] ». Il en faudra.

Afrikakorps

Hitler se voit en maître de l'Europe. Dans le partage du monde qu'il a fait avec son allié, il a laissé la Méditerranée à Mussolini, qui se prend pour l'empereur Auguste. Alors que la France était à terre, le Duce lui a déclaré la guerre (10 juin) et s'est taillé une petite zone d'occupation, dans les Alpes et sur la côte sud. En septembre, pariant sur une défaite anglaise,

1. « I have nothing to offer but blood, toil, tears and sweat. »

il attaque l'Égypte, où sont toujours les Britanniques, depuis sa colonie de Libye. En octobre, depuis l'Albanie, déjà conquise, il attaque la Grèce. Les plans et les discours du matamore de Rome sont théâtraux et grandioses. Les performances de son armée sont calamiteuses. En décembre les Anglais ont contre-attaqué en Libye, pris la Cyrénaïque et fait des milliers de prisonniers. L'armée grecque, elle aussi, a réussi une prouesse contre l'agresseur. Soutenue par le débarquement d'un corps expéditionnaire britannique en Crète puis au Pirée, elle a réussi à repousser les Italiens et occupe les trois quarts de l'Albanie.

Pour pallier l'effondrement de son ami fasciste, ce qui serait désastreux pour son propre prestige et pour l'Axe, Hitler est obligé de venir à son secours. Début 1941, il envoie en Libye son Afrikakorps, une armée d'élite commandée par Rommel. Au printemps de la même année, il lance une offensive sur les Balkans, à travers la Bulgarie. Nouvelle Blitzkrieg. La Yougoslavie est entièrement occupée. La Grèce, épuisée par sa campagne contre les Italiens, cède. Les Anglais rembarquent.

La seule bonne nouvelle du moment est qu'ils ont évité une catastrophe au Moyen-Orient. En Irak, un coup d'État avait porté au pouvoir un gouvernement proallemand : des troupes britanniques débarquées à Bassora réussissent à l'éjecter (avril-mai 1941). Les mandats français de Damas et de Beyrouth devenaient menaçants eux aussi : les gouverneurs, proches de Vichy et donc des Allemands, étaient en passe d'en faire des bases pour l'Axe. Appuyés par des Français libres, l'armée que le général de Gaulle reconstitue peu à peu pour la faire lutter aux côtés des Alliés, les Anglais récupèrent la Syrie et le Liban.

Pour le reste, à la fin du printemps 1941, vu des *war rooms* de Churchill à Londres, le ciel est sombre. Vu du Berghof, la résidence bavaroise d'Hitler, il est au beau fixe. Le Führer peut se concentrer sur le but ultime : écraser l'ennemi bolchevique et rejouer ce qu'il voit comme la lutte millénaire qui opposa les Slaves aux chevaliers Teutoniques.

Opération Barbarossa

Depuis 1939, l'URSS s'est agrandie. Après avoir dévoré la moitié de la Pologne, l'ogre Staline a réussi à arracher un morceau de la Finlande. Cela n'a pas été sans mal, avec ses neuf divisions, elle a résisté héroïquement plusieurs mois aux quarante-cinq envoyées par les Soviétiques. Puis il a avalé les pays baltes. Depuis, il se repose, et ne s'attend pas à un retournement si prompt de son allié d'hier. Sans prévenir, le 21 juin 1941, Hitler déclenche l'opération « Barbarossa[1] ». Il envoie sur l'URSS sa gigantesque armée, secondée par des Hongrois, des Roumains, des Slovaques, des Italiens, et même des Finlandais qui se sont alliés avec les Allemands pour se venger des Russes. Les cent cinquante divisions se partagent les directions, Leningrad au nord, Moscou au centre, Kiev au sud. Quatre

1. Du nom de Frédéric Barberousse, empereur du Moyen Âge mort pendant les croisades (voir chapitre 13), dont le retour, selon une vieille croyance, doit assurer la grandeur de l'Allemagne.

mois après le déclenchement de l'opération, la Wehrmacht est à 1 000 kilomètres de son point de départ : Leningrad subit les premiers effets d'un siège terrible, Moscou est à portée de canon et Kiev, conquise.

2 La guerre en Asie
1937 – 1942

En Asie, le Japon connaît lui aussi des succès rapides et fait montre dès le début du conflit d'une brutalité sans nom. Pékin est prise en juillet 1937, puis Shanghai, et, à la fin de l'année, Nankin, la capitale de la république. Sa conquête est suivie d'exactions d'une violence inouïe : les massacres qui s'y déroulent, font, selon les estimations officielles chinoises, 300 000 morts en quelques jours. À partir de 1938, les armées nippones contrôlent le nord-est de la Chine, son littoral et ses villes les plus riches mais, contrairement à ce qu'espérait Tokyo, le vieux pays tient toujours. Tchang Kai-chek s'est replié vers Chongqing, une ville du Sichuan, au centre du pays, qui, malgré des campagnes de bombardements menées à une cadence infernale, ne plie pas. Face au péril, les nationalistes se sont réconciliés avec leurs frères ennemis communistes qui, depuis leur zone, harcèlent l'envahisseur. Les échos de la guerre en Europe modifient la donne en Asie. La sympathie des nationalistes japonais pour l'Allemagne nazie était une évidence depuis longtemps. Les liens sont formalisés en octobre 1940 : Tokyo intègre l'Axe qui veut refaire le monde. À Berlin, l'Europe. À Mussolini, la Méditerranée. Au glorieux Japon, l'Asie. Pour s'y déployer sans menace arrière, il signe également un pacte de neutralité avec l'URSS, trop contente d'éviter un double front, en cas de guerre européenne.

Dès octobre 1940, les Japonais ont tiré un premier parti des péripéties occidentales : la France vaincue n'a plus les moyens de s'opposer à eux. Ils peuvent s'installer dans sa colonie d'Indochine, place stratégique de première importance pour ouvrir un autre front contre la Chine. Ils songent aussi à mettre en œuvre leur plan ultime, qui consiste à conquérir tout le Sud-Est du continent. Tokyo entend en faire ce que la propagande nomme la « sphère de coprospérité de la grande Asie », en clair, un vaste protectorat qui lui assurera les débouchés dont le Japon rêve et l'espace et les matières premières dont il manque. En ligne de mire, il y a les nombreuses possessions des Anglais, les Indes néerlandaises et les Philippines, sous l'influence des États-Unis, seule grande puissance pour l'instant hors du jeu.

Le seront-ils longtemps ? Depuis les débuts de la guerre sino-japonaise, Roosevelt penche clairement du côté de la Chine de Tchang Kai-chek, à qui il fait livrer des armes. Depuis les débuts de la guerre en Europe, le président américain n'a pas caché sa sympathie pour les Anglais, à qui il fait accorder des prêts très intéressants qui leur permettent d'obtenir tout ce dont ils ont cruellement besoin, des armes, du matériel, de la nourriture. Que fera-t-il en Asie du Sud-Est ? Tout ce que cherche Tokyo est de l'en écarter pour y avoir les mains libres. L'état-major prépare donc un coup qui doit les neutraliser pour longtemps.

Pearl Harbor

Le 7 décembre 1941 a lieu le raid aérien le plus célèbre de l'histoire : des avions japonais, après avoir décollé de six porte-avions arrivés par surprise, réussissent à couler une grosse partie de la flotte américaine de la base de Pearl Harbor, sur une des îles de l'archipel d'Hawaï. L'opération a duré quelques heures. Elle change radicalement le cours de l'histoire. Dès le lendemain, les États-Unis déclarent la guerre au Japon, tandis que l'Allemagne et l'Italie déclarent la guerre aux États-Unis. Sans tarder, les Japonais tirent profit de leur coup de poker. En six mois, ils raflent tout ce qu'ils espéraient. La Malaisie est tombée, comme Hong Kong et Singapour, à la consternation des Britanniques, qui pensaient en avoir fait une citadelle inexpugnable[1]. Les Américains ont été chassés des Philippines. Le drapeau au soleil rouge flotte sur l'Indonésie. Des raids de l'aviation nippone sont menés jusque dans le nord de l'Australie.

3 Vie et mort dans le monde occupé

Jusqu'à la moitié de 1942, les puissances de l'Axe triomphent. Suspendons le déroulé des événements militaires pour souligner quelques caractéristiques du monde nouveau qu'elles entendent mettre en place.

1. Churchill qualifiera la chute de Singapour de « pire désastre » de l'histoire militaire britannique.

Dès ses premières victoires, le militarisme japonais a montré la sauvagerie dont il était capable : l'épisode terrifiant appelé le « sac de Nankin », ou le « viol de Nankin », survenu en 1937, en reste le symbole. Bien d'autres suivent. Les crimes de guerre dont l'armée se rend coupable ne constituent pas des dérapages, ils sont au cœur d'une stratégie d'annihilation de l'adversaire. À partir de la fin de 1941, pour tenter de venir à bout de la Chine, qui résiste toujours, les généraux optent pour la politique dite des « trois tout », qui se résume ainsi : « Tue tout ; brûle tout ; pille tout. » La destruction des villages et des cultures provoque des famines et des épidémies qui font des millions de morts. Dans l'éducation militaire qu'ils ont reçue, les officiers japonais ont appris à ne jamais se rendre et à considérer un prisonnier comme un lâche qui n'a pas su se battre. Les centaines de milliers de prisonniers capturés en Malaisie ou à Singapour servent à construire dans la jungle la « voie ferrée de la mort », qui relie le royaume de Siam, allié des Japonais, à la Birmanie, qu'ils ont conquise. D'autres prisonniers sont envoyés dans des camps de travail où ils meurent de faim, d'épuisement ou sous la torture. En Mandchourie, des milliers d'entre eux, Chinois, Coréens, servent de cobayes à des expérimentations que les médecins prétendent conduire au service de la science et qui reviennent à opérer des amputations à vif ou à inoculer des bacilles pour tester leur virulence. L'armée, enfin, se rend coupable d'un crime particulier qui, par tabou, fut longtemps tu : des milliers de jeunes filles, en particulier coréennes, sont transformées en « femmes de réconfort », c'est-à-dire livrées, sous la contrainte, aux soldats.

Holocauste

Le programme de mort mis en œuvre par les Allemands trouve ses racines dans la vision de l'humanité développée par Hitler : sa subdivision en « races » hiérarchisées implique un traitement particulier pour chacune. Tout en bas de cette échelle figurent les Juifs et les Tziganes. La haine antisémite, on l'a vu, est le point central de la doctrine nazie. Jusqu'en 1939, il s'agit avant tout de « purifier » l'Allemagne en poussant les Juifs allemands à l'exil. La conquête de territoires où vivent depuis des siècles de très nombreuses communautés hébraïques conduit les occupants à une nouvelle politique. En Pologne, puis dans les autres terres conquises, les Juifs, raflés partout où on les trouve, sont entassés dans des ghettos, des quartiers murés volontairement surpeuplés et sous-approvisionnés d'où il est interdit de sortir. La machine de mort est en marche. Elle est déclenchée sous une première forme, à l'automne 1941, après l'invasion de l'Ukraine : à Babi Yar, un ravin situé non loin de Kiev, 30 000 Juifs sont tués en quelques jours par armes à feu lors d'un massacre bientôt suivi par d'autres ; de Juifs, mais aussi de Tziganes, de nationalistes ukrainiens, de responsables communistes. L'épisode n'est que le début de ce qu'on appelle la « Shoah par balles », qui s'étend à d'autres terres, comme les pays baltes. En janvier 1942, une dizaine de dignitaires nazis, réunis à Wannsee, une banlieue huppée de Berlin, décident la « solution finale de la question juive », qui doit dépasser ce premier stade, jugé insuffisant et artisanal. Les Juifs sont raflés dans toute l'Europe soumise ou alliée à l'Allemagne pour être envoyés dans des camps d'extermination et de concentration, dont le camp d'Auschwitz, situé non loin de Cracovie, en Pologne, est le sinistre symbole. Six millions, c'est-à-dire deux tiers des 9 millions de Juifs qui vivaient en Europe avant 1933, ont été mis à mort. Deux cents vingt mille Tziganes, sur 1 million, ont été victimes de la même folie[1].

Dans l'organisation de l'humanité, juste au-dessus des Juifs et des Tziganes, figurent les Slaves : Hitler a prévu d'en déporter la plupart loin vers l'est, pour garantir l'« espace vital » réservé aux futurs colons allemands. Les autres y seront maintenus pour leur servir d'esclaves. La plupart des Européens de l'Ouest n'ont qu'une faible idée du traitement infligé à l'Est par les conquérants nazis. L'Occupation en France, en Belgique, aux Pays-Bas, a été dure ; les Juifs, les résistants y ont été persécutés. Cette horreur est sans comparaison avec la sauvagerie dont ont été victimes l'ensemble des populations de l'autre côté de l'Europe.

Dès 1939 commence le martyre de la Pologne. Elle le subit des deux maîtres qui se la sont partagée. Il ne s'agit pas seulement, pour Staline et Hitler, d'occuper le pays, mais de l'anéantir, de supprimer son élite, sa culture, de l'éradiquer en

---

1. Pour les lecteurs qui désireraient une information simple, fiable et très facilement accessible sur la machine de mort nazie, signalons le remarquable site du Musée Mémorial de l'Holocauste, à Washington : ushmm.org.

tant que nation. Côté allemand, outre la politique antisémite dont on vient de parler, cela se traduit par une politique de terreur envers l'ensemble de la population ; par l'interdiction de tout enseignement (à l'exception de l'enseignement primaire), par la fermeture des théâtres, des bibliothèques ; par l'arrestation des intellectuels ; par des fusillades de masse de professeurs, de prêtres, de cadres et par des déportations massives. La politique menée par les Soviétiques n'est pas très éloignée. Par centaines de milliers, des Polonais sont déportés. Staline veut lui aussi littéralement décapiter le pays, et commence par l'armée. Quinze mille de ses cadres, officiers et sous-officiers, disparaissent. Au printemps 1940, 4 000 d'entre eux sont amenés dans la forêt de Katyn, agenouillés, les mains nouées dans le dos, et exécutés d'une balle dans la nuque. Par la suite, l'URSS ajoutera le mensonge à cette ignominie en attribuant le crime aux nazis. Staline en commettra d'autres : tous les peuples jugés « non fiables », après l'invasion hitlérienne, les Allemands installés sur la Volga depuis Catherine II, les Tatars de Crimée, tant d'autres, seront déportés jusqu'à la lointaine Sibérie. Nombreux sont ceux qui en mourront.

Après le déclenchement de l'offensive allemande contre l'URSS, l'œuvre de destruction du monde slave s'étend. La progression de la Wehrmacht est ponctuée d'exactions, de destructions, de massacres qui touchent civils et militaires. S'abritant derrière le fait que l'URSS n'a pas signé les conventions internationales sur les prisonniers de guerre, les Allemands organisent l'élimination de ceux qu'ils font en les enfermant dans des camps sans les nourrir ou en les tuant à la tâche. Sur les 5,7 millions de Soviétiques capturés, 60 % sont morts à la fin de la guerre, ce qui en fait, nous dit le Musée Mémorial de l'Holocauste de Washington, le plus grand groupe de victimes de la persécution nazie après les Juifs.

Pour maintenir leur poigne de fer sur autant de peuples, les nouveaux maîtres du monde ont besoin d'auxiliaires : ils mettent en place partout où ils le peuvent des gouvernements de collaboration. Les Japonais ont le leur dans la partie de la Chine qu'ils occupent. Dans les pays qu'ils viennent de prendre aux Européens, ils tentent de jouer sur le sentiment anticolonialiste de la population et de favoriser de jeunes leaders nationalistes[1]. En Europe, les configurations sont diverses. Le maréchal Pétain et son ministre Laval, installés à Vichy, ont mis en place, dans une France occupée, un régime d'extrême droite antisémite, antirépublicain qui cède à toutes les demandes de l'occupant, mais qui se prétend libre et neutre. D'autres collaborateurs se montrent des pronazis zélés, comme Quisling, qui a pris le pouvoir en Norvège, et dont le nom, en anglais, devient synonyme de traître. À la palme de la cruauté, le vainqueur est peut-être l'oustachi Ante Pavelic, devenu le chef du petit État croate que les Allemands ont détaché de la Yougoslavie. Il se surpasse dans les massacres d'opposants et de Juifs.

---

1. Ainsi dans les Indes néerlandaises, Sukarno, futur président d'Indonésie.

Résistance

Partout, des hommes et des femmes se dressent contre cette barbarie et s'organisent en mouvements de résistance. Certains sont en contact avec les souverains ou les gouvernements légitimes de leur pays qui ont réussi à fuir au moment de la défaite et sont réfugiés, pour la plupart, à Londres : ainsi le roi de Norvège ; la reine des Pays-Bas ; le Premier ministre belge, mais non son roi, resté à Bruxelles ; ou tout le gouvernement polonais, dirigé, jusqu'à sa mort en 1943 dans un accident d'avion non élucidé, par le général Sikorski[1].

Dès l'effondrement de 1940, nombreux sont les Français qui refusent d'abandonner le combat[2]. Le général de Gaulle est l'un d'entre eux. Fort de son petit portefeuille ministériel de sous-secrétaire d'État à la Guerre et surtout de sa formidable énergie, il a rallié Londres en juin 1940, d'où il enjoint aux Français de refuser l'armistice. Soutenu à bout de bras

1. Depuis plus de soixante-dix ans, toutes les hypothèses ont fleuri. Un coup des Allemands ? des Soviétiques ? ou des Anglais, comme l'ont dit alors les Allemands ? Tout ce qu'on sait est que l'accident a eu lieu au moment où le général voulait révéler la vérité sur Katyn, ne pardonnant pas aux Anglais d'accepter la fable d'un crime nazi au nom de l'alliance avec Moscou.

2. Ainsi les courageux parlementaires, dont Pierre Mendès France, futur homme d'État de la Quatrième République, qui, en juin 1940, embarquent sur le *Massilia*, un bateau qui doit les conduire au Maroc, où ils veulent reprendre la lutte. Laval, qui a pris le pouvoir entre-temps, les fait arrêter à leur arrivée.

par Churchill, il réussit peu à peu à faire valoir sa légitimité de représentant de la République française, à recréer une armée – dite de la « France libre » – et à fédérer sous son nom les divers mouvements de la résistance intérieure.

Dans tous les pays où ils sont présents, les communistes, qui avaient été désorientés par le pacte germano-soviétique, entrent massivement dans le combat dès le lendemain de l'invasion de l'URSS par les Allemands. Dans nombre des pays occupés, ils ont du mal, toutefois, à faire alliance avec les résistants déjà établis. À la guerre contre l'occupant s'ajoutent parfois les guerres fratricides, comme en Yougoslavie, où les tchetniks, les combattants nationalistes serbes du colonel Mihailovic, combattent les maquisards communistes de Tito, que Churchill choisira finalement de soutenir.

4 La lente montée vers la victoire des Alliés

Les puissances de l'Axe ont à leur service des forces extraordinaires, une pugnacité et des stratégies qui font merveille : la Blitzkrieg allemande, l'efficacité des Japonais, qui fonctionnent en petits groupes déterminés, capables de se mouvoir avec une incroyable rapidité d'île en île ou à travers des jungles jugées impénétrables. Leurs adversaires ont, eux aussi, des atouts dans leur jeu. Les Britanniques, la ténacité dont ils font preuve depuis 1940 ; les Américains, la prodigieuse efficacité de leur machine de guerre, la sophistication et la puissance de leur matériel et la discipline de leurs troupes ; les Russes en ont plusieurs. Ils ont pour eux la géographie : les chars allemands se noient, littéralement, dans les torrents de boue créés par les pluies d'automne ou le dégel du printemps ; les soldats meurent de l'hiver ; et l'immensité du territoire crée un front si grand qu'il ne peut être maîtrisé par l'envahisseur. Ensuite, les Soviétiques font preuve d'un héroïsme qu'Hitler n'avait pas imaginé. Staline, d'abord ébranlé par une attaque qu'il n'avait pas vu venir, réagit très vite et mobilise toutes les forces de la nation, y compris les officiers qu'il avait mis au goulag et le clergé orthodoxe qu'il persécutait, pour les faire entrer dans ce qu'il appelle la « grande guerre patriotique ». La sauvagerie de l'ennemi nazi est aussi un argument de poids : si on ne vainc pas, on meurt.

Bissectrice

1942, écrit-on parfois, est la « bissectrice de la guerre ». Durant la première moitié de l'année, l'Axe atteint son apogée. Durant la seconde apparaissent les premiers signes de son déclin. Plusieurs batailles, chacune éloignée de milliers de kilomètres, redonnent aux vaincus d'hier l'espoir qui manquait.

Début juin, autour de l'atoll de Midway, les États-Unis infligent une cuisante défaite navale aux Japonais. Début novembre à El-Alamein, en Égypte, le général anglais Montgomery réussit à repousser les troupes italiennes et celles de l'Afrikakorps. Durant ce même mois, les Américains débarquent en Afrique du Nord française, dont ils vont se servir comme base arrière de la reconquête de l'Europe. Les Allemands répliquent en occupant la France entière, pour avancer jusqu'au littoral méditerranéen, et envoient des troupes en Tunisie. La campagne qui s'engage dans ce petit pays est lourde, coûteuse en hommes, mais elle se termine en mai 1943 par une victoire alliée. Les derniers Allemands, repliés sur le cap Bon, non loin de Tunis, se rendent : il n'y a plus, dès lors, de soldats de l'Axe sur le sol d'Afrique.

Peu de temps auparavant s'était déroulé un événement crucial sur le front russe. Après leurs premières offensives, les Allemands ont décidé de viser le Caucase, pour aller y chercher le pétrole qui leur manque. Il leur faut prendre la ville de Stalingrad, située sur la Volga, voie de communication stratégique. En juillet 1942 commence cette bataille homérique et légendaire, qui voit les soldats se battre au corps à corps pour tenir un immeuble ou un bout de mur. Héroïques, les Russes ont réussi à tenir jusqu'à ce qu'une armée de secours encercle leurs assaillants. À leur tour, les Allemands se battent comme des damnés, au-delà des limites de la faim, de la douleur, de l'épuisement. En février 1943, à bout de forces, le maréchal von Paulus se rend avec ce qui lui reste de troupes. Pour les Soviétiques, c'est une immense victoire. Pour l'Allemagne, une catastrophe : le mythe de son invincibilité s'effondre.

La Seconde Guerre mondiale

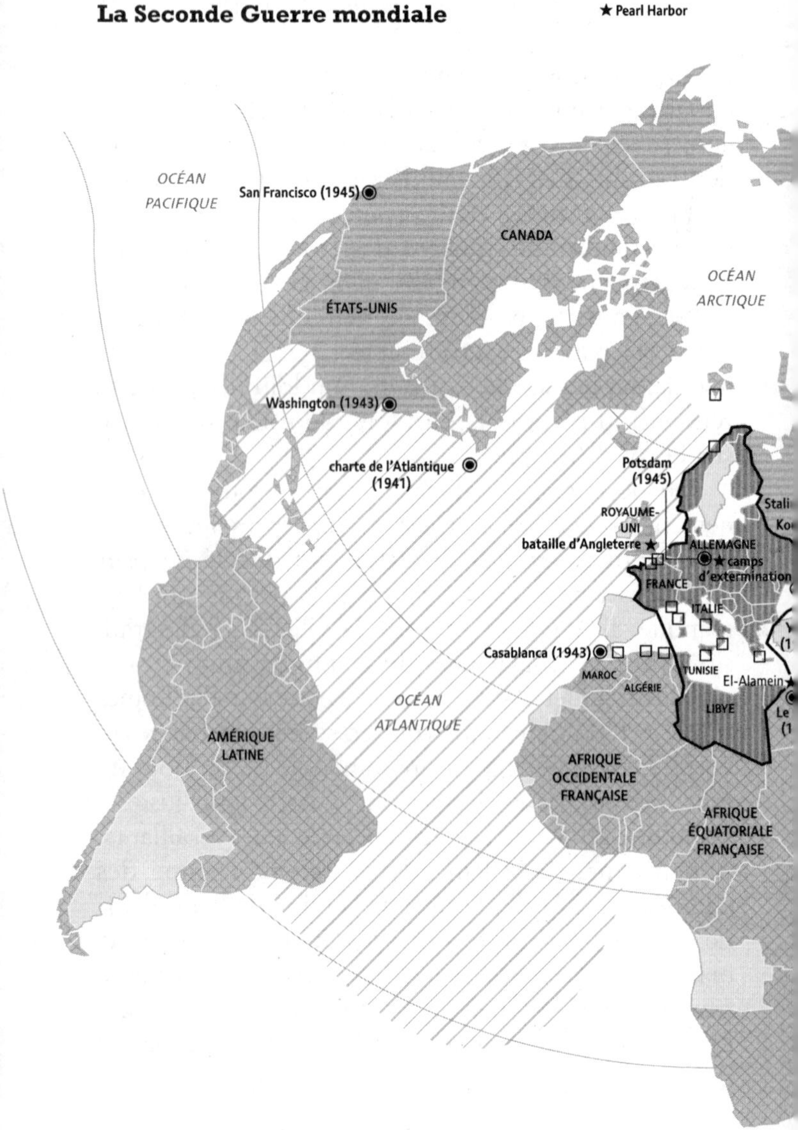

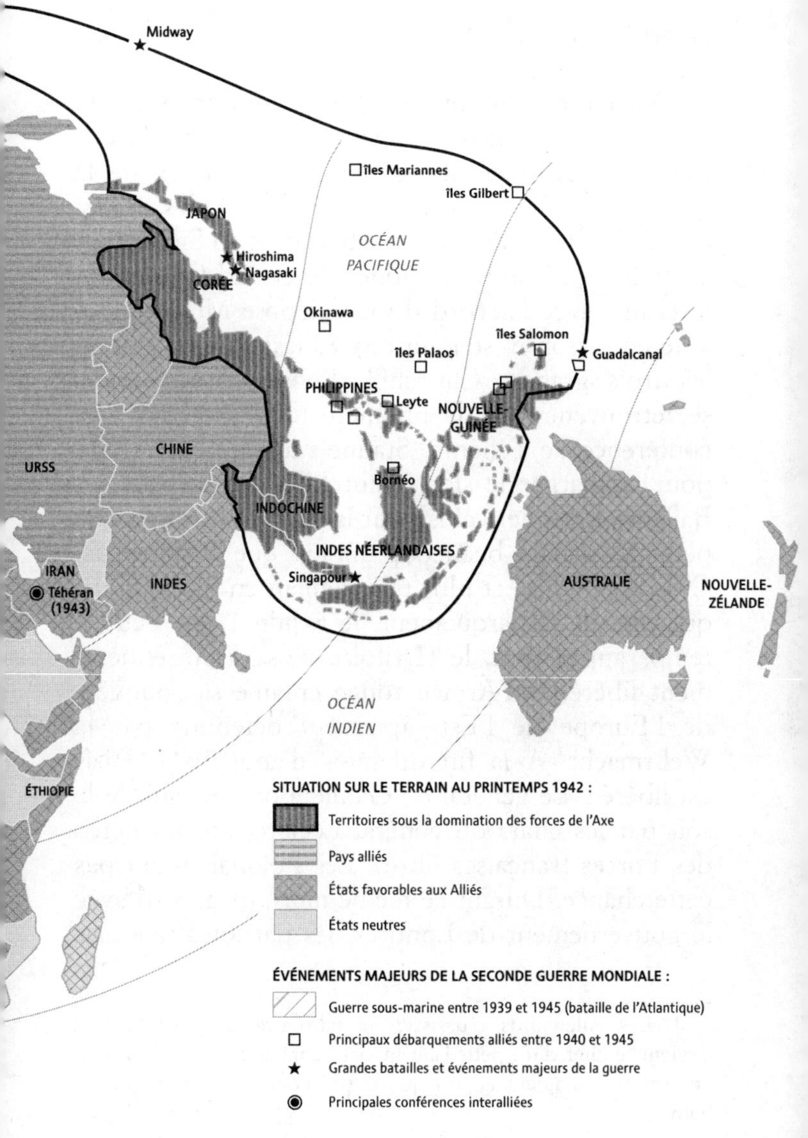
Midway
îles Mariannes
îles Gilbert
JAPON
OCÉAN
PACIFIQUE
Hiroshima
Nagasaki
CORÉE
Okinawa
îles Salomon
Guadalcanal
îles Palaos
PHILIPPINES
Leyte
NOUVELLE-
GUINÉE
CHINE
URSS
Bornéo
INDOCHINE
INDES NÉERLANDAISES
IRAN
Téhéran
(1943)
INDES
Singapour
AUSTRALIE
NOUVELLE-
ZÉLANDE
OCÉAN
INDIEN
ÉTHIOPIE
SITUATION SUR LE TERRAIN AU PRINTEMPS 1942 :
Territoires sous la domination des forces de l'Axe
Pays alliés
États favorables aux Alliés
États neutres
ÉVÉNEMENTS MAJEURS DE LA SECONDE GUERRE MONDIALE :
Guerre sous-marine entre 1939 et 1945 (bataille de l'Atlantique)
Principaux débarquements alliés entre 1940 et 1945
Grandes batailles et événements majeurs de la guerre
Principales conférences interalliées

Débarquement

Rien n'est pourtant gagné. Il faudra encore bien des combats et bien des morts pour assurer la victoire espérée, mais il semble que les dieux de la guerre se sont retournés. À l'été 1943, les Alliés, depuis l'Afrique du Nord, débarquent en Sicile, puis en Italie, qui tourne casaque : le Grand Conseil du fascisme, avec l'accord du roi, dépose Mussolini, le jette en prison et se joint aux Alliés[1]. En novembre, les trois grands, Churchill, Roosevelt et Staline, se retrouvent pour la première fois ensemble, à la conférence de Téhéran. Staline veut un autre front, pour décharger le sien. Churchill penche pour les Balkans, les Américains pour la France. L'Angleterre pèse désormais beaucoup moins que l'Amérique. C'est en France, et plus précisément en Normandie, qu'a lieu le débarquement, le 6 juin 1944. Peu de temps auparavant, le territoire russe a été entièrement libéré, et l'Armée rouge entame sa conquête de l'Europe de l'Est, âprement défendue par la Wehrmacht. À la fin du mois d'août 1944, Paris est libérée. Le général de Gaulle a obtenu qu'elle le soit par les chars du général Leclerc, un des héros des Forces françaises libres. Les Polonais n'ont pas cette chance. Durant ce même mois, en accord avec le gouvernement de Londres, les patriotes polonais

1. Les Allemands réussissent à faire évader le Duce, qui devient le chef d'un petit État fasciste dans le nord de la Botte, encore plus sanglant et fou que le précédent, la république de Salo.

ont déclenché une insurrection à Varsovie. Les Allemands la répriment avec férocité. L'Armée rouge, toute proche, n'intervient pas. Deux mois plus tard, peut-être contente que d'autres aient fait le travail à sa place, elle entre dans une ville qui a été rasée au sol. Elle a dans ses bagages un gouvernement tout prêt à prendre la direction du pays.

Début février 1945, les presque-vainqueurs, Staline, Churchill, Roosevelt, se retrouvent une fois encore, à Yalta, sur la mer Noire, pour préparer un avenir qu'on espère meilleur[1]. Le présent est encore dantesque. Les belligérants jettent dans la bataille leurs dernières armes, les plus lourdes. Les Allemands espèrent avoir trouvé la carte magique, avec les V1, puis les V2, les premiers missiles aéroportés, qu'ils lancent sur Londres. L'aviation anglo-saxonne multiplie les raids meurtriers pour briser l'appareil économique allemand et la résistance de la population. Le plus terrible bombardement a lieu en février 1944 : il détruit Dresde presque entièrement et fait, selon les estimations, entre 25 000 et 35 000 victimes. Le 25 avril, Américains et Russes font leur jonction sur l'Elbe. Le 30, Hitler se suicide dans son bunker. Les généraux allemands signent la capitulation sans condition du Reich le 7 mai à Reims – QG du général américain Eisenhower –, à Berlin le lendemain, car Staline voulait que la signature ait lieu

1. Contrairement à une légende tenace, ils n'y partagent pas le monde, mais règlent des questions liées à l'Europe, comme les nouvelles frontières de la Pologne ou la répartition des zones d'occupation en Allemagne.

en présence de l'Armée rouge[1]. En juillet, les Alliés s'entendent à Potsdam pour en finir avec leur dernier grand ennemi. Le 8 août, les Russes déclarent la guerre au Japon et envahissent des îles du nord de l'archipel et la Mandchourie. Le 6, les Américains lui avaient asséné un premier coup fatal : la première bombe atomique, larguée sur Hiroshima, important centre industriel, fait 75 000 morts et 90 000 blessés en quelques heures. La seconde touche Nagasaki le 9. Le 14, les Japonais entendent à la radio une voix qu'ils ne connaissent pas et qui leur dit dans une langue étrange et surannée que le pays s'avoue vaincu. L'empereur Hirohito a pris la parole publiquement pour la première fois de sa vie, pour annoncer la capitulation du Japon. Elle est signée le 2 septembre, sur le *Missouri*, un porte-avions rescapé de Pearl Harbor. La Seconde Guerre mondiale est terminée.

★
★ ★

Elle a fait environ 55 millions de morts. Trente à 40 millions étaient des civils, dont 7 millions de Russes, 5,4 millions de Chinois, 4,2 millions de Polonais – le plus grand nombre de victimes en pourcentage de la population –, 3,8 millions d'Allemands[2]. Les deux tiers des Juifs d'Europe ont été exterminés.

---

1. Signé vers minuit le 8 mai, l'acte tombe le 9 pour les Russes, à cause du décalage horaire. C'est toujours à cette date qu'on commémore là-bas la victoire.
2. Selon l'Atlas historique Kinder-Hilgemann, *op. cit.*

Quarante millions de personnes déplacées errent sur les routes, victimes de l'établissement de nouvelles frontières, à l'intérieur desquelles les minorités ne sont plus tolérées. Plus de 10 millions d'Allemands fuient l'Armée rouge, folle de vengeance après ce qu'elle a subi. L'Allemagne et le Japon sont à leur année zéro, vaincus, en poussière. Le Royaume-Uni est victorieux mais ruiné. La Chine est exsangue. L'URSS est détruite, elle a perdu plus de 13 millions de soldats, mais son prestige est immense. Les pertes américaines sont de 300 000 hommes, le pays lui-même est intact, et son industrie, qui a contribué à la victoire, tourne à plein.

46

Le monde en deux blocs

1947 – 1991

Les grands alliés de la guerre ne le restent pas longtemps. À partir de 1947, les États-Unis et l'URSS entrent dans un face-à-face tendu, scandé de crises : c'est la guerre froide. Le monde est partagé en deux blocs.

L'ampleur des destructions, la découverte de l'horreur des camps de la mort, la conscience que la bombe atomique donne à l'humanité la capacité de s'autodétruire obsèdent le monde au sortir de la guerre. Il faut trouver un système pour empêcher tout cela à jamais et ne pas reproduire les erreurs d'après l'autre guerre qui ont conduit à cette catastrophe.

Dès l'été 1941, avant son entrée en guerre, Roosevelt avait proclamé avec Churchill la Charte de l'Atlantique, défendant les libertés et le droit des peuples à vivre en paix, qui sera adoptée par tous les alliés successifs des Anglo-Américains. Elle est à la base de la création, lors de la conférence de San Francisco de 1945, de l'Organisation des Nations unies (ONU). Cinquante et un États y participent. Pour éviter la paralysie de la SDN[1], le pouvoir essentiel de l'organisation – le maintien de la paix – n'appartient pas à l'assemblée de leurs représentants, mais est confié à un directoire, le Conseil de sécurité, dont les membres permanents sont les cinq grands vainqueurs de la guerre : les États-Unis, l'URSS, la Chine, le Royaume-Uni et la France. Le quintette reflète mal la réalité géopolitique du moment. La France, vaincue en 1940, n'a dû son entrée dans le club de 1945 qu'à l'insistance de Churchill, qui voulait y renforcer le poids de la vieille Europe. Roosevelt – mort d'hémorragie cérébrale en avril 1945 – tenait à ce que la Chine fût un des « gendarmes du monde », mais Tchang Kai-chek a bien du mal à faire la police dans son propre pays, où les tensions reprennent avec les communistes. Le Royaume-Uni est victorieux mais à terre. Restent les deux vrais grands, le géant américain, le géant russe. Le procès de Nuremberg (novembre 1945-octobre 1946), tenu dans la ville symbole du nazisme[2] pour juger des crimes de ce régime, est considéré comme la dernière manifestation de leur unité. En réalité, il n'a fallu, après la victoire finale, que quelques mois pour qu'elle vole en éclat.

---

1. Voir chapitre 41.
2. C'est dans cette veille ville historique de Bavière que le parti organise, jusqu'en 1938, les gigantesques rassemblements à la gloire du Troisième Reich.

Rideau de fer

À Yalta, Staline a promis qu'il y aurait des élections libres dans les pays qui ont été libérés et occupés par l'Armée rouge. La Bulgarie, la Roumanie, la Hongrie, la Pologne ou encore l'Albanie comprennent vite ce qu'il faut penser des promesses d'un dictateur : les gouvernements d'union qui s'y forment ne sont que de façade ; tous les scrutins sont truqués pour favoriser les communistes ; les opposants sont intimidés, torturés, liquidés ; la terreur commence. Donnant une conférence à l'université américaine de Fulton, en 1946, le vieux Churchill, qu'une défaite électorale a chassé du pouvoir, résume la situation d'une formule restée proverbiale : « De Stettin sur la Baltique à Trieste sur l'Adriatique, un rideau de fer est descendu sur le continent. » Il arrive même que des points de tensions apparaissent de l'autre côté de cette nouvelle barrière. Les Russes ont occupé le Nord de l'Iran pendant la guerre, en accord avec les Anglais, qui prenaient le Sud. Ils devaient se retirer avec la paix. Ils ne se retirent pas. Au temps de la lutte contre l'occupant, les résistants de Grèce étaient partagés entre communistes et monarchistes. Dès le retour de la paix, les frères ennemis entrent dans une guerre civile si terrible qu'elle tuera plus de Grecs que les armées italienne et allemande.

Tout indique que le monde a changé. Les Anglais cherchent à retrouver la place qui était la leur et n'y arrivent pas. Après avoir tenté vainement de régler en Iran le différend avec les Russes et envoyé un contingent en Grèce qu'ils sont obligés, faute de moyens, de rapatrier, ils se tournent vers les États-Unis, le nouveau champion de l'Occident. En mars 1947, le président Truman formalise cet état des choses dans un discours qui définit sa doctrine : le communisme est le nouveau danger qui menace les peuples libres et c'est aux États-Unis qu'il incombe, partout au monde, de le « contenir ». C'est ce qu'on appelle la politique de l'*endiguement*[1]. Marshall, secrétaire d'État[2], lui donne immédiatement son volet économique. Il propose à l'Europe un plan d'aide de grande ampleur, en matériel, en subventions, en crédits, qui doit permettre au Vieux Continent de se relever de ses ruines et de faire reculer la misère, terreau de la révolution. La manne est proposée à toute l'Europe, même l'Europe de l'Est. Certains, comme la Pologne, où l'on manque de tout, sont tentés. Moscou l'interdit. Il est hors de question que les Américains arrivent avec leurs dollars dans la sphère rouge. À la doctrine Truman de mars, l'URSS répond par la doctrine Jdanov[3]. Ce proche de Staline l'expose en septembre lors d'une réunion des représentants des grands partis communistes : le monde est partagé en deux, « le camp impérialiste et antidémocratique et le camp anti-impérialiste et démocratique ».

En deux discours prononcés la même année, un nouvel épisode de l'histoire vient de commencer. Dans une série d'articles qu'il publie cette année-là,

1. En anglais, *containment*.
2. L'équivalent de ministre des Affaires étrangères.
3. Du nom du secrétaire général du Kominform, la structure qui a remplacé le Komintern après la guerre.

le journaliste américain Walter Lippmann popularise le nom qu'on a lui donné, la « guerre froide ».

Blocus

En 1948, elle vit sa première grande crise. Parmi les pays soumis aux Soviétiques, la Tchécoslovaquie fait figure d'exception. Les élections y ont été régulières et le gouvernement est démocratique. En février, le parti décide d'en finir avec cette anomalie. À coup de manifestations populaires parfaitement manipulées, les communistes prennent le pouvoir et éliminent ceux qui s'opposent à eux. C'est le « coup de Prague », qui horrifie l'Occident. De son côté, l'Occident suit lui aussi une politique qui scandalise Moscou. Au printemps, Français, Américains, Anglais unifient leurs zones d'occupation en Allemagne et prévoient de faire renaître ce pays, avec une économie solide, une monnaie et une constitution, dans le but d'en faire un allié. Pour les Russes, obsédés par le spectre de la renaissance du bellicisme germanique, c'est une rupture des promesses de la fin de la guerre. L'Allemagne devait être abaissée, son industrie démantelée ; un plan prévoyait même d'en faire une nation agricole. Face à ce qu'il voit comme une menace, Staline trouve un moyen de pression pour amener les Alliés à reculer. Il ordonne le blocus de Berlin, occupée par les quatre puissances, mais constituant une enclave dans sa zone. Les Américains répondent par une opération spectaculaire. Puisque les routes sont coupées, ils envoient la nourriture, le matériel, et même le charbon, par un gigantesque pont aérien. En mai 1949, l'URSS cède et lève le blocus. Dans la foulée, les Alliés annoncent la naissance d'un nouveau pays, la République fédérale d'Allemagne. Sa sœur communiste, la République démocratique allemande, naît quelques mois plus tard. Quatre ans après l'effondrement du Reich, il y a deux Allemagnes, comme il y a deux mondes, celui de l'Ouest et celui de l'Est.

Les grandes crises de la guerre froide

Pendant quarante-quatre ans, chacun des deux blocs, certain de la supériorité de son système, va rivaliser à tous les niveaux, dans tous les domaines, celui de la propagande, celui de l'économie, celui des prouesses spatiales[1], celui des compétitions sportives ou, bien sûr, celui de l'espionnage. Ce climat tendu aboutit souvent à de grandes fièvres paranoïaques, comme celle que vivent les États-Unis à l'époque du maccarthysme[2]. Mais il est habité par une peur réelle :

---

1. Rappelons-en les trois grandes dates. 1957, le *Spoutnik* soviétique est le premier satellite ; 1961, le Russe Youri Gagarine est le premier homme dans l'espace ; 1969, l'Américain Neil Armstrong est le premier homme sur la Lune.

2. À partir du milieu des années 1940, diverses commissions parlementaires sont chargées de traquer les fonctionnaires suspectés de sympathies communistes ou de débusquer les « activités antiaméricaines » chez les intellectuels, les acteurs, les artistes. Le sénateur McCarthy, qui préside l'une d'entre elles en 1953-1954, s'y illustre par ses outrances et ses délires complotistes, d'où le nom.

les deux monstres s'affronteront-ils ? En tout cas, ils se préparent, comme le montrent leurs alliances militaires régionales[1] ou leurs dépenses colossales en armement. Les Américains, avec la bombe atomique, croyaient détenir l'arme ultime. Les Soviétiques la possèdent en 1949. L'un et l'autre s'en serviront-ils ou, au contraire, le fait que chacun possède le moyen de détruire l'autre empêche-t-il de passer à l'acte ? C'est le principe de la *dissuasion nucléaire*. Sera-t-il imparable ? Pendant des décennies, la planète se le demande. La guerre froide est aussi une guerre des nerfs, scandée par des poussées de fièvre, rythmée par des affrontements qui voient les deux géants lutter par procuration. Rappelons brièvement les trois moments les plus saillants de cette histoire.

La guerre de Corée

En 1949, le monde bouge du côté de l'Asie. La victoire de Mao, qui prend le pouvoir en Chine, est un succès du camp communiste. Cela pousse la Corée. Comme l'Allemagne, le pays a été libéré des Japonais par l'action conjointe des Soviétiques et des Américains et il est, depuis 1945, coupé en deux zones, délimitées par le 38e parallèle. Celle du

1. Du côté américain, l'Organisation du traité de l'Atlantique nord (OTAN) créée en 1949 pour protéger l'Europe de l'Ouest, puis l'Organisation du traité de l'Asie du Sud-Est (OTASE) (1954), qui regroupe les pro-Occidentaux de l'Asie du Sud-Est, ou le pacte de Bagdad (1955), ceux du Moyen-Orient. Du côté russe, le pacte de Varsovie (1955), une alliance qui intègre tous les satellites européens.

Nord est devenue une dictature communiste, celle du Sud une dictature pro-occidentale. En 1950, Kim Il-sung, le tyran du Nord, pariant sur l'absence de réaction américaine, envahit le Sud. Ses chars font merveille sur le terrain, mais son hypothèse diplomatique se révèle fausse. Les États-Unis réagissent avec vigueur et réussissent même à entraîner de nombreux alliés avec eux, grâce à une bêtise soviétique : pour protester contre le refus de l'ONU de donner le siège de la Chine aux maoïstes, Moscou pratique la « chaise vide » et ne vient pas aux réunions. L'absence des Soviétiques permet aux Américains d'obtenir du Conseil de sécurité l'envoi vers Séoul d'une force multinationale sous leur commandement. La contre-attaque est fulgurante. La Corée du Sud est reprise. Les troupes pro-occidentales pénètrent même en Corée du Nord. Inacceptable pour les Chinois, qui lancent à leur rencontre des centaines de milliers de « volontaires » – c'est-à-dire leurs soldats. Voilà donc une autre grande puissance dans la mêlée. La guerre de Corée va-t-elle dégénérer ? MacArthur, général américain, annonce qu'il a un moyen radical de remporter la bataille. Il va utiliser la bombe atomique. Effroi mondial… Truman ne joue pas avec l'apocalypse. Il rappelle son général et décide d'en rester à un affrontement classique. Il aboutit en 1953 à un armistice et au retour des deux adversaires de part et d'autre de la ligne de partage de 1945. Une nouvelle guerre mondiale a été évitée. Mais le conflit a fait 2 millions de morts et la Corée est toujours divisée.

Les deux blocs au temps de la guerre froide*

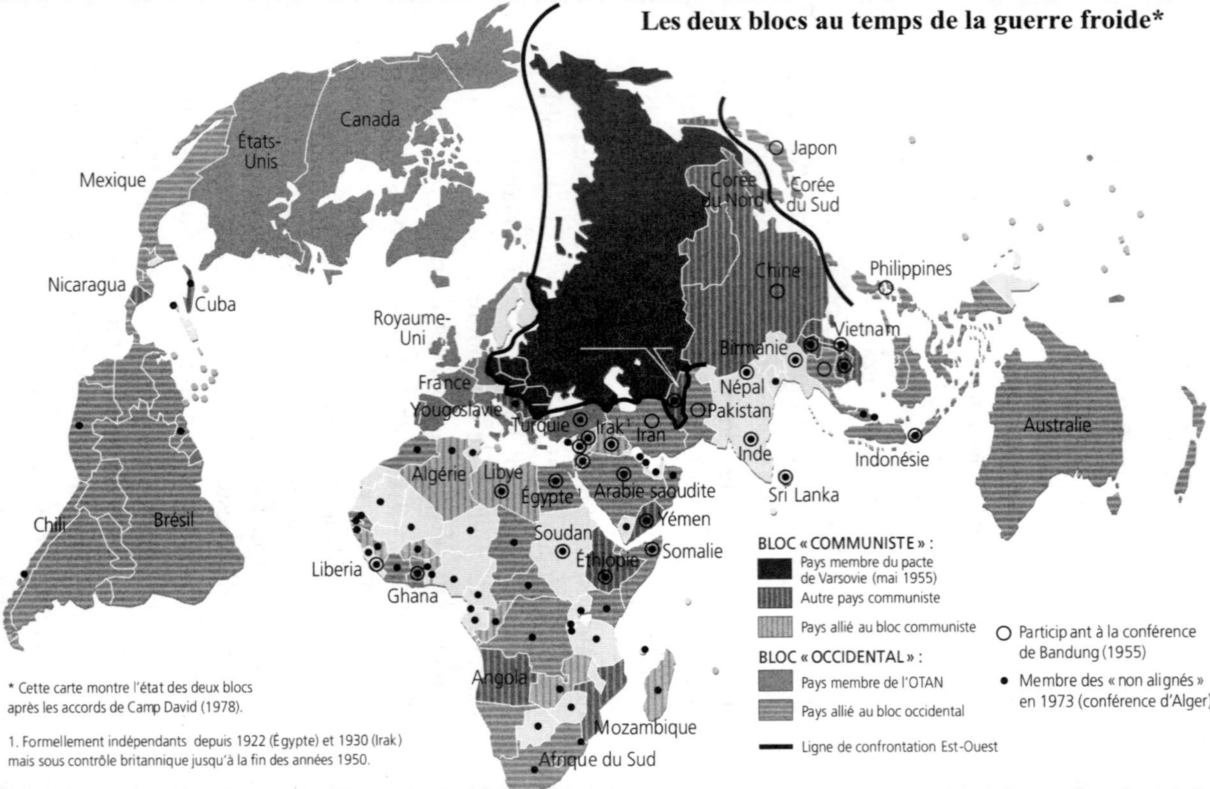

* Cette carte montre l'état des deux blocs après les accords de Camp David (1978).

1. Formellement indépendants depuis 1922 (Égypte) et 1930 (Irak) mais sous contrôle britannique jusqu'à la fin des années 1950.

La crise des missiles de Cuba

L'incendie général partira-t-il des Caraïbes ? À la fin des années 1950, Fidel Castro, alors avocat humaniste, renverse le dictateur inféodé aux Américains qui régnait sur Cuba depuis des décennies et s'installe à La Havane. Il est nationaliste, pas communiste. Il a aussi besoin de faire tourner l'économie de son île, c'est-à-dire de vendre le sucre qu'elle produit et d'acheter le pétrole dont elle manque. Il espère que les États-Unis l'aideront, mais les milieux économiques américains se méfient de cet homme dont les réformes pourraient menacer leurs intérêts. Castro se tourne donc vers les Russes. Cela a pour effet de convaincre les Américains que l'homme est décidément infréquentable et qu'il faut s'en débarrasser. En 1961, grâce à l'actif soutien de la CIA, et avec l'aval du président Kennedy, des exilés cubains débarquent dans un endroit au nom curieux de « baie des Cochons », pour marcher sur La Havane. Lâchés au dernier moment par les Américains, ils dépassent à peine la plage. L'opération est un camouflet pour Washington et encourage Castro à renforcer ses liens avec Moscou, trop contente de disposer d'un allié au cœur même du continent américain et bien décidée à se servir au mieux de sa position stratégique.

En octobre 1962, grâce aux photos prises par un avion espion, le Pentagone découvre que les Soviétiques ont placé des missiles sur l'île de Castro, et qu'ils sont évidemment pointés en direction des États-Unis. Comment tolérer pareille menace ? Jamais le monde n'a été aussi proche du cataclysme redouté. Kennedy hésite et réussit à trouver une voie de compromis qui l'évite : en échange du retrait de missiles américains en Turquie et de la promesse formelle de ne jamais attaquer Cuba[1], Moscou accepte de retirer ses fusées.

La crise a été si grave, la tension si extrême que les deux parties s'entendent pour la faire retomber. Après l'épisode cubain, la guerre froide entre dans une phase moins ardente, une période que les Russes appellent la « coexistence pacifique », et les Occidentaux la « détente ». Elle voit se multiplier les rencontres au sommet et aboutit aux grands traités de désarmement des années 1970 ou aux gestes réconciliateurs, comme ceux du chancelier allemand Willy Brandt, qui pratique l'*Ostpolitik*, la main tendue vers les Allemands de l'Est.

La guerre du Vietnam

Dans les faits, le conflit entre les deux camps continue de façon plus brutale que jamais, mais l'affrontement n'est jamais direct.

En 1954, la guerre d'Indochine s'achève. Elle avait commencé un pied dans la tradition coloniale du XIXe siècle : les Français avaient envoyé la troupe pour maintenir leur domination sur le pays. Elle se termine l'autre pied dans la guerre froide : les Français se retirent en laissant le pays, comme l'Allemagne, comme la Corée, partagé en deux. Au Nord, les communistes d'Ho Chi Minh, alliés de Moscou.

1. À ce jour, elle a été tenue.

Au Sud, un État dirigé par Ngo Dinh Diem, un politicien corrompu doublé d'un chrétien fanatique, mais fervent pro-occidental. Son régime va-t-il tenir ? Il est instable, détesté et miné de l'intérieur par la reprise des hostilités par des maquis communistes[1], armés et soutenus par les frères du Nord. Une chute du Sud-Vietnam serait une catastrophe, au regard de ce que les stratèges de Washington appellent la « théorie des dominos » : si un pion tombe, tous ceux alentour vont tomber les uns après les autres. Au début des années 1960, les Américains mettent donc le doigt dans l'engrenage : les premiers conseillers militaires débarquent. Vers 1968, au plus fort de la guerre, 500 000 Américains se battent par tous les moyens, même les pires – dont les bombardements au napalm, qui brûle tout –, pour tenter de faire plier l'armée communiste vietnamienne qui résiste à tout. En 1973, financièrement épuisés par un conflit qui leur a coûté une fortune, désavoués par la majorité de leur opinion publique qui ne veut plus voir mourir les *boys* au bout du monde, les États-Unis se retirent. Deux ans plus tard, en 1975, les communistes entrent à Saigon ; les deux pays voisins, le Laos et le Cambodge, que les incursions vietnamiennes et les bombardements américains avaient entraînés dans la guerre, tombent eux aussi. Trois dominos de perdus.

★
★ ★

1. Le Front national de libération du Sud-Vietnam, appelé péjorativement Vietcong.

Le monde occidental au temps de la guerre froide

Pendant quatre décennies, deux univers se confrontent, se structurent et se développent d'une façon qui leur est propre.

Les États-Unis sont la locomotive du monde occidental, à tous les égards. Les énormes commandes de guerre ont fait tourner l'industrie à plein régime et effacé les derniers stigmates de la grande crise des années 1930. À partir de 1945, l'économie américaine entame une ère de prospérité qui dure de façon continue jusqu'à la crise du pétrole du milieu des années 1970[1]. Elle est tirée par les besoins du marché intérieur. Elle règne sur le monde grâce à l'hégémonie du dollar et à la puissance des exportations. Les aides généreusement distribuées aux pays alliés, comme celles prévues par le plan Marshall, ont aussi pour but d'ouvrir des marchés aux biens américains, qui s'imposent partout. Culturellement, la patrie d'Hollywood et du Coca-Cola étend son empire en vendant l'*American way of life*, censé être celui de l'abondance et de la liberté. Sur tous les sujets, l'Amérique donne le ton, y compris en matière de protestation : la vague contestataire et la révolution des mœurs que connaît l'Europe à la fin des années 1960 est un écho à celles qui agitent les campus des grandes universités américaines.

1. Les Français parlent des « Trente Glorieuses », une expression forgée par l'essayiste Jean Fourastié, par référence aux Trois Glorieuses, les trois journées qui, à Paris, ont fait la révolution de 1830.

Sur le plan politique, enfin, l'Amérique se vit en championne du « monde libre ». L'expression mérite nuance. Selon les endroits du monde, la liberté promue est à géométrie variable.

Le miracle économique japonais

Certains pays, c'est indéniable, sont de grands bénéficiaires de la nouvelle configuration du monde. Les deux premiers étant, paradoxalement, les deux grands ennemis de la guerre précédente.

Après sa capitulation, le Japon est devenu un véritable protectorat américain. Le général MacArthur, le bouillonnant vainqueur de la guerre du Pacifique, y agit en proconsul, comme ces gouverneurs romains dotés de tous les pouvoirs. Pour éviter un effondrement total du pays et lui garder un symbole fédérateur, il décide de maintenir sur le trône l'empereur Hirohito, pourtant largement responsable de la dérive criminelle de son pays. Il engage une profonde réforme agraire qui redistribue en petits lots aux paysans sans terre les immenses domaines des grands féodaux d'avant-guerre, ce qui a pour effet de stabiliser les campagnes. Le pays a été doté d'une constitution qui, pour tuer à jamais le militarisme, lui interdit tout recours aux armes et lui assure un régime politique démocratique et stable. La guerre de Corée, durant laquelle l'archipel a servi de base arrière aux Américains, a relancé l'économie. Dès lors peut survenir le « miracle économique japonais » : le pays, anéanti en 1945, devient à la fin des années 1960 la deuxième puissance économique mondiale.

La formation de l'unité européenne

L'Allemagne de l'Ouest connaît, sur le plan économique, un destin similaire. La nécessité de l'amarrer au bloc occidental, sa position en première ligne face à l'ennemi soviétique conduisent aussi à bousculer le jeu d'alliances traditionnel du continent et poussent à l'une des transformations les plus importantes de son histoire : la construction de l'unité européenne. L'idée germait dans certaines têtes après le suicide de la Première Guerre mondiale. Elle s'avère plus nécessaire que jamais après la seconde qui vient d'avoir lieu et qui a entraîné le monde entier dans l'abîme. Les raisons qui y poussent sont multiples. Il faut sceller la réconciliation définitive entre les ennemis d'hier, en particulier la France et l'Allemagne, qui se sont entre-tuées trois fois en soixante-quinze ans. Il faut unir les efforts pour reconstruire un univers en ruine. Il faut se protéger contre le nouvel ennemi, si proche.

Obsédé, à raison, par la menace soviétique, Churchill propose dès 1946 que les puissances occidentales du continent forment un véritable État fédéral, les États-Unis d'Europe. Estimant l'union politique irréalisable dans l'immédiat, quelques hommes politiques visionnaires, les Français Jean Monnet et Robert Schuman, l'Italien De Gasperi, l'Allemand Adenauer et le Belge Spaak pensent qu'il faut y arriver de façon graduelle, en unissant les pays secteur par secteur. Ainsi, en 1952, débute la Communauté européenne du charbon et de l'acier (CECA), dont font partie six pays, la France, l'Italie, la République fédérale d'Allemagne et les trois du Benelux. Ardemment soutenus par les États-Unis, ils décident de créer une armée commune, une Communauté européenne de défense. Les peuples étaient-ils prêts à voir défiler côte à côte, moins de dix ans après la guerre, des soldats allemands et français ? En 1954, l'Assemblée française rejette le projet. L'Europe en revient donc à l'économie : en 1957, le traité de Rome prévoit un marché commun qui crée la Communauté économique européenne (CEE). Elle est constamment pilonnée par les partis nationalistes, qui ont du mal à accepter la mise en commun d'éléments de souveraineté des États, et évidemment par les communistes, qui y voient une création américaine. Pour autant, elle séduit : à partir des années 1970, le club européen, commencé à six, ne cesse de s'élargir[1].

Les dictatures latino-américaines

Au Japon, en Europe occidentale, les Américains peuvent être satisfaits d'avoir touché aux buts qu'ils avaient proclamés : ils ont contribué à reconstruire la démocratie et la paix. D'autres peuples n'ont pas cette chance. La peur du communisme, caractéristique de la guerre froide, peut conduire aussi à soutenir ou à créer des régimes liberticides.

Après 1945, il reste des dictatures dans le Vieux Continent, ou il s'en instaure de nouvelles. Franco,

1. 1973 : Royaume-Uni, Irlande, Danemark. 1981 : Grèce. 1986 : Espagne, Portugal.

arrivé au pouvoir grâce à Hitler et Mussolini, ou son voisin le dictateur portugais Salazar, de la même tendance idéologique, auraient dû, en toute logique, être balayés avec eux. La peur que leur disparition ne mène au pouvoir de trop dangereux révolutionnaires conduit les Américains à les maintenir en place. La guerre civile grecque (1946-1949) a ravagé le pays et créé des traumatismes qui plombent la vie politique. Un coup d'État militaire conduit en 1967 à la sinistre dictature des colonels, qui ouvrent des camps de concentration pour leurs opposants et sont pourtant soutenus par les États-Unis, qui les voient comme des alliés dans la région stratégique des Balkans.

On l'observera dans le chapitre suivant, de tels exemples abondent en Asie et en Afrique. Ils deviennent la règle en Amérique latine. La guerre a eu des retombées économiques positives pour le continent, qui a bénéficié du boom des commandes et de la hausse du prix des matières premières. Elle change aussi la donne géopolitique. Depuis le XIXe siècle, le continent était, selon les pays, la chasse gardée des intérêts économiques américains ou anglais. L'effacement britannique laisse le champ libre aux États-Unis. Leur obsession constante, au temps de la guerre froide, est qu'il est hors de question de voir des gouvernements prosoviétiques, ou soupçonnés de le devenir, dans une zone qu'ils considèrent comme leur arrière-cour. Il suffit qu'un président du Guatemala régulièrement élu tente une réforme agraire pour que la CIA, aidée par la puissante United Fruit Company, qui possède en particulier les plantations de bananes[1], fomente en 1954 un coup d'État qui l'éjecte du pouvoir. De l'Amérique centrale à la Terre de Feu, les oligarchies locales, la haute hiérarchie catholique, qui voient dans le communisme la doctrine du diable, sont les alliées des Américains. De nombreux militaires latino-américains, durant toute la période, sont formés à l'école des Amériques, ouverte par les États-Unis en 1946 à Panama, où ils apprennent les méthodes de la guerre contre-révolutionnaire, qui ne recule pas devant grand-chose, pas même la torture. Pour tous, le basculement de Cuba du côté de Moscou au début des années 1960 est un traumatisme d'autant plus fort que La Havane entend semer la révolution partout où elle peut : c'est en espérant provoquer une insurrection paysanne en Bolivie que Che Guevara y est tué en 1967. D'où la véritable épidémie de dictatures militaires qui s'abat sur le sous-continent dans les années 1960. Citons les trois principales.

Après la fin du dernier passage au pouvoir de Getúlio Vargas en 1954[2], le Brésil est redevenu une démocratie mais, au début des années 1960, le président élu tente une politique de réformes sociales. C'est assez pour susciter un coup d'État, en 1964, qui porte au pouvoir une junte militaire, reconnue immédiatement par Washington. Elle est célèbre pour les « escadrons de la mort » qu'elle envoie afin

1. D'où le nom de « républiques bananières » appliqué depuis le début du XXe siècle aux pays d'Amérique centrale sous la coupe de l'United Fruit.

2. Voir chapitre 44.

d'anéantir les tentatives de résistance de la gauche, durant cette période restée dans la mémoire nationale comme les « années de plomb ».

Le Chili est un des rares pays de la région à avoir une vieille tradition de démocratie parlementaire. En 1970, grâce à l'alliance électorale formée par les partis de gauche, arrive au pouvoir le président Salvador Allende, un socialiste, de philosophie marxiste, qui espère faire sortir le pays du capitalisme par la voie de la réforme. L'extrême droite, mais aussi les médias, activement soutenus par les États-Unis, le harcèlent. Diverses grèves ourdies par l'opposition, en particulier celle des camionneurs, contribuent à ravager l'économie et à semer le chaos. Le 11 septembre 1973, les militaires déclenchent un coup d'État, dirigé par Pinochet, le chef d'état-major, que les républicains croyaient fidèles. Les opposants sont rassemblés dans des stades et torturés. Beaucoup seront éliminés en étant jetés à la mer depuis des hélicoptères. Contrairement à ce qui se passe dans les autres dictatures, plutôt dirigistes, le général-président fait venir des États-Unis les *Chicago boys*[1], de jeunes conseillers économiques qui font du Chili le laboratoire de l'ultralibéralisme.

L'Argentine a une histoire politique récente plus mouvementée. Elle a fait après-guerre l'expérience de l'homme fort, Juan Perón, un colonel admirateur de Mussolini qui se fait élire triomphalement

1. On les nomme ainsi en référence à l'École de Chicago, de tendance libérale, dont le maître à penser est l'économiste Milton Friedman.

président en 1946. Avec sa femme, la très populaire Eva, il promeut le « justicialisme », un mélange de réformes économiques hardies (nationalisation des chemins de fer, hausse des salaires), d'autoritarisme, de nationalisme et de démagogie. Un tournant anticlérical (divorce, arrêt de l'enseignement religieux dans les écoles) l'ayant mis en difficulté avec l'Église, il est lâché par l'armée en 1955 et s'exile en Espagne. Il réussit à revenir et à se faire réélire en 1973, mais le péronisme est une doctrine complexe. Le pays est partagé entre péronistes de droite et péronistes révolutionnaires, et la vie politique déstabilisée par la violence qui oppose tous ces groupes. Après la mort de Perón et un bref passage à la présidence de sa dernière femme, Isabelle, un coup d'État, en 1976, met fin à la vie démocratique et ouvre sur un paysage tristement connu ailleurs : junte de généraux à lunettes noires, centres de torture, disparition d'opposants par milliers.

★
★ ★

Le bloc de l'Est au temps de la guerre froide

En 1945, la situation du grand rival soviétique est incomparable avec celle de l'Amérique. Le pays, qui a enterré 20 à 25 millions de morts, est ruiné. L'orthodoxie économique stalinienne n'aide pas à le relever. La désorganisation de l'agriculture aboutit à de nouvelles famines en 1946, et la primauté donnée à l'armement dans l'industrie accentue les pénuries de biens de consommation. La situation politique va en s'aggravant : le vieux tyran est plus paranoïaque que jamais[1]. Sa mort, en 1953, fait croire à une respiration du système. En 1956, au vingtième congrès du parti communiste, Nikita Khrouchtchev (1894-1971), son successeur, lit un discours qui fait l'effet d'une bombe : il y dénonce une partie des crimes d'un homme qui était présenté au moment de sa mort, trois ans plus tôt, comme un phare de l'humanité. Dans les faits, les choses changent peu. Le passage de Khrouchtchev n'est qu'une parenthèse. Avec Brejnev (1906-1982), premier secrétaire du Parti à partir de 1964, revient l'ordre gris et oppressant qui caractérise le monde soviétique. Les hiérarques du régime continuent à être persuadés de la supériorité de leur modèle et du caractère inéluctable de l'effondrement du capitalisme, puisqu'il a été prévu par Marx. Les rares voix qui osent défier la censure et affronter les manœuvres du KGB, la police politique, sont celles des courageux dissidents, des intellectuels qui cherchent à dénoncer la réalité du système. Ils sont déportés en Sibérie, réduits au silence, envoyés dans les hôpitaux psychiatriques, où l'on prétend que leur désir de vérité est une maladie mentale, ou encore expulsés, après des campagnes les présentant comme des traîtres vendus

1. Au début des années 1950, il débusque une prétendue machination médicale contre lui, le « complot des blouses blanches », qui ne fait que prouver son antisémitisme. La plupart des médecins mis en cause sont juifs.

à la CIA. Le plus célèbre est Alexandre Soljenitsyne (1918-2008), l'auteur de *L'Archipel du goulag*, un chef-d'œuvre publié à Paris et interdit en URSS qui décrit le système concentrationnaire soviétique, que l'auteur a expérimenté lui-même.

L'Ouest, on vient de le voir, est partagé entre des pays libres et des dictatures. Tous les « pays frères » de l'URSS sont des dictatures. Toutes les tentatives des peuples qui y vivent de se libérer du joug qui les opprime sont écrasées dans le sang. Citons les principales.

En 1953, une grève commencée par les ouvriers de Berlin-Est pour protester contre une hausse des cadences dégénère en de larges cortèges protestataires dans toute la République démocratique allemande. Ils sont écrasés dans le sang par la police et l'Armée rouge.

Le 23 octobre 1956[1] ont lieu à Budapest des manifestations d'étudiants réclamant plus de liberté et le départ des Soviétiques. Elles se transforment en une insurrection armée qui, dans un premier temps, réussit à repousser les troupes. Imre Nagy, un communiste réformateur, accède au gouvernement, décrète la fin du parti unique et annonce la neutralité de la Hongrie, et donc son retrait du pacte de Varsovie. Pour Moscou, c'est un *casus belli*. On envoie à nouveau les chars. Budapest est écrasée, Nagy pendu, près de 200 000 Hongrois fuient leur pays et la propagande soviétique, relayée par la presse communiste

1. Cette date est aujourd'hui une fête nationale en Hongrie.

du monde entier, claironne qu'elle a mis fin à « un soulèvement fasciste ».

C'est encore pour protéger la valeureuse démocratie populaire allemande contre une « agression fasciste » que, quatre ans plus tard, en 1961, les Soviétiques font édifier à Berlin un mur qui devient le symbole de la période. Dans la réalité, il sert à endiguer une hémorragie. Depuis 1949, plus de 3 millions d'Allemands de l'Est avaient fui par la capitale. Toujours partiellement occupée par les Occidentaux, elle était le seul et dernier canal pour passer à l'Ouest.

Même les tentatives de réformes sont interdites. Dubcek, qui arrive au pouvoir en Tchécoslovaquie en janvier 1968, ne veut pas faire basculer son pays vers le capitalisme. Il veut promouvoir un « socialisme à visage humain ». Pour cela, il autorise la liberté d'expression et cherche à décentraliser l'économie. C'en est trop pour le Kremlin. Fin août, l'arrivée des chars des armées du pacte de Varsovie dans la capitale met fin au bref « printemps de Prague ».

Les schismes communistes

Univers immobile, congelé dans son dogme, le monde communiste est couramment appelé un « glacis ». De fait, des fissures n'ont pas tardé à y apparaître. Si Moscou peut facilement mettre au pas les pays qui ont été occupés par l'Armée rouge, elle a plus de mal à le faire avec ceux qui ont fait leur révolution tout seuls. Dès la fin de la guerre, Tito, qui a réussi à libérer la Yougoslavie avec l'aide des Anglais, mais sans celle des Russes, montre des signes d'indépendance à l'égard de l'orthodoxie stalinienne. C'est impensable pour le tyran rouge. En 1948, la Yougoslavie est mise au ban du monde des « pays frères », Tito est excommunié, et « titiste » devient une insulte ou une accusation qui sert à condamner ceux qu'on veut exclure.

En 1949, la victoire de Mao en Chine peut apparaître comme un triomphe pour le camp communiste[1], mais le nouveau leader est lui aussi indépendant, et défend une politique qui n'est pas forcément celle du Kremlin. À la fin des années 1950, le climat se dégrade entre les deux grands voisins, jusqu'à aboutir à des échanges armés sur leur frontière commune, en 1969. La tension est si forte qu'on craint, durant quelque temps, qu'elle ne débouche sur une guerre. Finalement, Pékin et Moscou ne la font pas directement, mais il leur arrive de s'affronter par procuration.

En 1975, le régime des Khmers rouges qui a pris le pouvoir au Cambodge est prochinois. Le Vietnam, qui retrouve son unité la même année, est prorusse. Les deux sont communistes, mais ennemis. Fin 1978, les troupes d'Hanoï en viennent à envahir le voisin, qui multipliait les provocations à son endroit depuis trois ans. Par mesure de rétorsion, en 1979, la Chine envahit brièvement le Nord du Vietnam, avant d'être repoussée. Dans cette région du monde, plusieurs années après le départ des Occidentaux, on continue donc à se faire la guerre, mais on se la fait entre communistes[2].

---

1. Voir le détail de l'histoire de la Chine contemporaine dans le chapitre 49.

2. Voir chapitre 49.

★
★ ★

Les années 1970 – mauvaise passe économique, fin du Vietnam – ne sont pas une bonne décennie pour les États-Unis. En 1979, une nouvelle épreuve les attend : une révolution à Téhéran chasse le shah, leur plus fidèle allié au Moyen-Orient. Pour une fois, les Russes n'ont pas à se réjouir d'un malheur américain : l'ayatollah Khomeiny, qui prend le pouvoir à Téhéran au nom de l'islam, déteste les communistes autant que le « satan d'Amérique[1] ». À la fin de cette même année 1979, officiellement pour venir en aide au gouvernement communiste qui a pris le pouvoir à Kaboul, l'Armée rouge envahit l'Afghanistan et éprouve bien vite la pugnacité des combattants d'Allah qui résistent à cette occupation. Pendant dix ans, face aux redoutables moudjahidin, alors formés et armés par les Américains, l'URSS s'enfonce dans un bourbier qui l'épuise. À tous égards, les années 1980 sont sa décennie noire.

À Moscou, le pouvoir s'étouffe dans sa sclérose. À Brejnev, mort aux commandes en 1982, succède Andropov, un ancien patron du KGB, puis Tchernenko, un vieillard cacochyme. En 1985 arrive Gorbatchev (né en 1931), un homme jeune décidé à réformer un système qui ne fonctionne pas. Il lance la *perestroïka*, la « restructuration » de l'administration et de l'économie, et la *glasnost*, la « transparence », qui autorise un peu plus de liberté. Sans doute est-il trop tard pour sauver le navire.

---

1. Voir chapitre 48.

Durant cette même décennie, les périphéries de l'empire se craquellent. L'élection au trône de Saint-Pierre, en 1978, de Jean-Paul II, ancien archevêque de Cracovie, a donné du courage à tous les Polonais, qui croient plus en leur Église qu'en leur parti. La création du premier syndicat libre, Solidarnosc, en 1980, dirigé par Lech Walesa, est un signal. Le pouvoir a beau proclamer l'état de siège en 1981 et enfermer tous les opposants, la liberté est en marche. En juin 1989 ont lieu enfin, en Pologne, les premières élections libres du monde soviétique. Tout s'enchaîne. Durant l'été, la Hongrie ouvre sa frontière, par laquelle des milliers de gens se ruent vers l'Ouest. À quoi bon chercher à les retenir ? En octobre 1989, le mur de Berlin s'effondre. Un an plus tard, les deux Allemagnes sont réunies. Et la maison mère soviétique tangue. De vieux briscards du parti tentent un dernier coup d'éclat à l'été 1991, en lançant un putsch contre Gorbatchev, secrétaire général du Parti. Boris Eltsine, qui vient d'être élu président de la Fédération de Russie, harangue les foules à Moscou et le fait échouer. Il est le nouvel homme fort. En décembre 1991, l'Ukraine, le Kazakhstan ont proclamé leur indépendance ; il décrète que l'URSS est morte.

47

Les moments-clés de la décolonisation

La Seconde Guerre mondiale a pour conséquence de mettre un terme à la colonisation. Toutes les colonies aspirent à une liberté que les vieilles puissances européennes n'ont plus les moyens de leur contester. Une Asie et une Afrique nouvelles se dessinent.

En affaiblissant les puissances impérialistes européennes, la Première Guerre mondiale a miné le système colonial. La Seconde lui donne le coup de grâce. La défaite de la France, des Pays-Bas, de la Belgique en 1940, puis l'effondrement des Britanniques devant les Japonais ont puissamment ébranlé, aux yeux des peuples soumis, le mythe de l'invincibilité des Blancs. Malgré les illusions des métropoles, le retour de la paix n'assurera pas le retour du colonialisme. Les deux nouveaux maîtres du monde s'y opposent. L'URSS, au nom de ses idéaux révolutionnaires ; les États-Unis, au nom de la liberté des peuples garantie par la charte de l'Atlantique pour laquelle ils ont combattu[1]. Les deux grands entendent contrôler la planète et sont surtout ravis d'évincer les vieilles puissances européennes afin de déployer leur propre impérialisme. Pour toutes ces raisons, le ton général de l'après-guerre est à la décolonisation. L'Assemblée générale de l'ONU, où entrent tous les ans les pays nouvellement indépendants, en est la chambre d'écho.

Un temps, ces nouveaux venus dans le concert des nations espèrent s'unir pour peser ensemble sur la marche du monde. En 1955, Sukarno, le président d'une Indonésie indépendante des Pays-Bas depuis 1949, accueille à Bandung, sur l'île de Java, une trentaine de pays d'Asie et d'Afrique pour réfléchir à ce projet. Des grandes voix s'y font entendre, comme celle de l'Indien Nehru, de l'Égyptien Nasser, un jeune officier qu'une révolution a placé au pouvoir au Caire, ou encore du Chinois Zhou Enlai, le Premier ministre et ministre des Affaires étrangères de Mao. De la conférence découle le projet de former un rassemblement des pays « non alignés », ceux qui ne se reconnaissent ni dans le projet capitaliste, ni dans le soviétique. Tito en sera un des leaders. Dans les faits, c'est une position difficile à tenir au sein d'un monde bipolaire, et la plupart des participants sont fortement arrimés à l'un ou à l'autre bloc. Mais la réunion a suscité un grand espoir. De la conférence de Bandung, le Sénégalais Senghor écrit qu'elle est l'« événement le plus important depuis la Renaissance ».

1. Voir chapitre précédent.

La phrase, parfois considérée comme emphatique, n'est pas si fausse. La Renaissance, on l'a vu dans cet ouvrage, a marqué les premiers pas de la domination du monde par l'Europe. La décolonisation, dont la réunion de 1955 reste un symbole, marque la sortie de la scène des vieilles puissances, désormais sous-dimensionnées. Elle referme cette parenthèse de l'histoire du monde.

La majorité des indépendances s'échelonnent de 1945 à la fin des années 1960. La façon la plus traditionnelle d'en raconter l'histoire est d'adopter le point de vue des colonisateurs. Chacun a ses spécificités. Le Royaume-Uni est considéré comme le pays qui a le plus facilement quitté ses anciennes possessions, mais parfois de manière si abrupte qu'il a laissé le chaos derrière lui – on le verra pour l'Inde et la Palestine. La France s'est épuisée dans deux longues guerres avant de renoncer à son empire. La Belgique n'a pas voulu voir qu'elle le perdrait si vite : à la veille de l'indépendance, qui a eu lieu en 1960, les plans officiels la prévoyaient à l'horizon des années 1980. Et la dictature portugaise a continué, obstinément, à mener ses guerres coloniales en Afrique jusqu'au milieu des années 1970.

Ce point de vue n'est pas inintéressant. Il a le défaut d'être très européen. Tâchons plutôt de regarder les événements depuis l'endroit où ils se sont passés, en les évoquant par grandes zones géographiques.

Les grandes étapes de la décoloniation

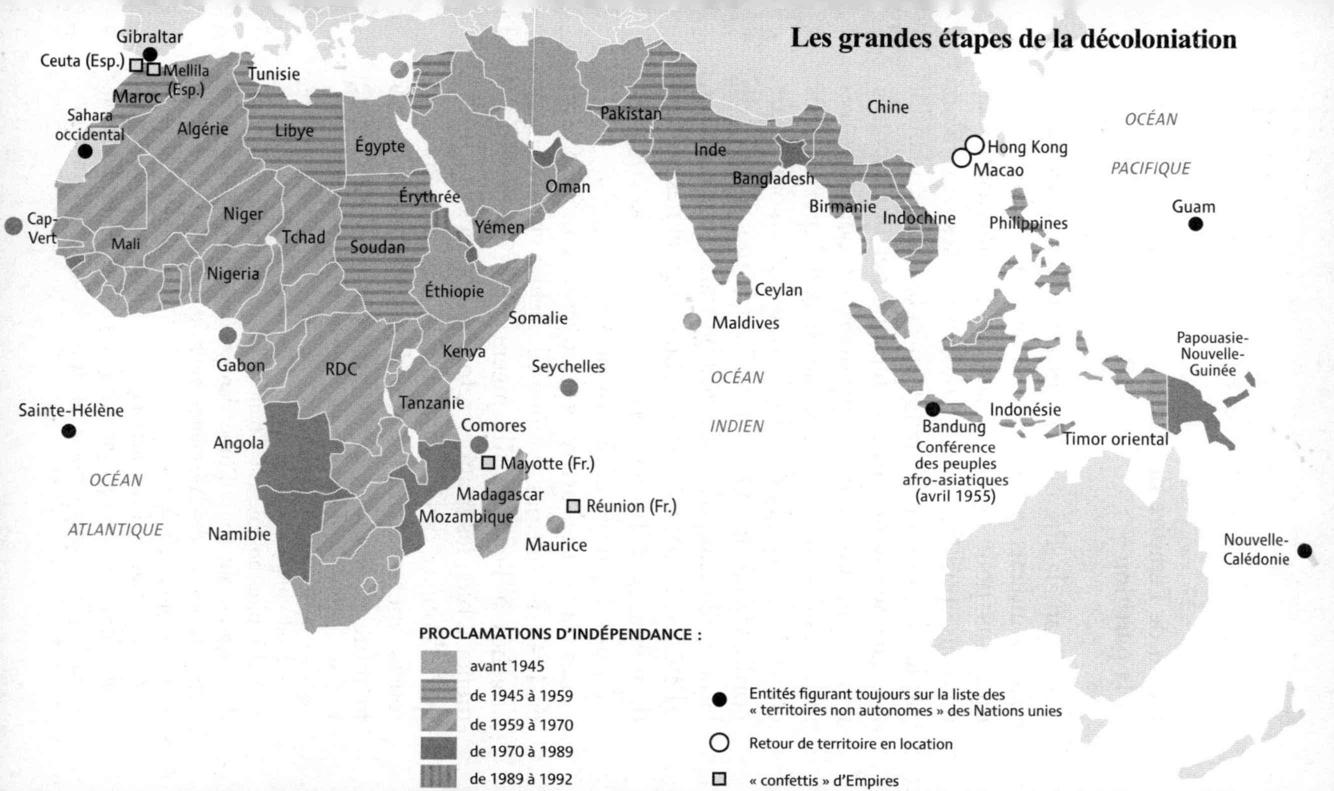

La fin de l'empire des Indes et la partition

Pendant la Première Guerre mondiale, les nationalistes indiens ont accepté de faire taire leurs revendications pour venir en aide à une métropole en mauvaise posture. Aucune des promesses faites alors par les Anglais n'a été tenue après le conflit[1]. Gandhi n'a aucune intention de se faire berner une seconde fois. Contrairement à quelques nationalistes très minoritaires[2], il n'envisage pas de collaborer avec les ennemis des Anglais, mais il intime aux colonisateurs l'ordre de partir : *Quit India !*[3] est le mot d'ordre de la nouvelle campagne de désobéissance civile lancée à l'été 1942. Elle vaut à Gandhi, Nehru et des milliers de militants d'être jetés en prison, mais le cri qui a été poussé semble enfin entendu.

Les travaillistes arrivés au gouvernement à Londres en 1945 ne sont pas, comme Churchill, viscéralement attachés à l'empire. Ils jugent plus important de mener à bien les grandes réformes sociales promises[4] que d'épuiser des finances déjà à plat avec de coûteuses opérations outre-mer. Lord Mountbatten, un membre prestigieux de la famille royale, est envoyé

---

1. Voir chapitre 41.
2. Le plus notable est Chandra Bose, un militant du parti du Congrès, qui quitte l'Inde clandestinement en 1941 pour se mettre au service des Allemands, puis des Japonais.
3. « Quittez l'Inde ! »
4. Le Royaume-Uni met alors en place le *welfare state*, l'« État-providence », qui garantit à tous les premières allocations familiales, l'assurance retraite ou encore la médecine gratuite.

en Inde avec pour mission de mettre un terme à deux siècles de présence britannique et d'accorder l'indépendance au pays. Mais quel pays ? Le camp nationaliste est éclaté en deux tendances. Au parti du Congrès[1], le mouvement de Gandhi, qui rêve d'une Inde unie dépassant les clivages religieux, s'oppose à la Ligue musulmane (fondée en 1906), dirigée par Ali Jinnah. Elle entend faire valoir les droits d'une population minoritaire mais qui a, pendant des siècles, dominé politiquement le sous-continent. Au nom de la vieille méthode du *divide for rule*, « diviser pour régner », les Britanniques ont longtemps savamment entretenu la rivalité entre les deux. Désormais, elle les embarrasse. L'espoir de Londres serait de transformer le Raj en une puissante fédération unie et alliée à son ancienne métropole. Jinnah n'en veut pas. Il veut une confédération, un regroupement plus souple d'États autonomes, dont certains exclusivement musulmans, ce qui donnerait un poids considérable à sa communauté. La querelle des partis tourne à la haine, les émeutes interconfessionnelles tournent à la guerre civile. Durant les derniers mois de l'Inde anglaise, dans une ambiance apocalyptique, des foules de musulmans fuyant les viols, les meurtres commis par des hindous croisent des hordes d'hindous fuyant ceux dont les musulmans se rendent coupables. Lord Mountbatten, dépassé, abaisse l'Union Jack et rembarque les dernières troupes anglaises à la mi-août 1947, laissant derrière lui non pas un pays, mais deux. C'est ce qu'on appelle la « partition de

1. Voir chapitre 43.

l'Inde ». Au Nord, le Pakistan, le « pays des purs », en ourdou, devient la patrie des musulmans. Il est composé de deux parties, l'une située au-delà de l'Indus, l'autre, à l'est du Bengale. Le reste du Raj est l'Union indienne, un pays majoritairement hindou où demeurent néanmoins de nombreux musulmans et d'autres minorités. La haine ne diminue pas après le divorce. Le bilan des événements tragiques qui précèdent l'indépendance et lui succèdent fait état de 10 millions de déplacés et de 1 million de morts, assassinés, oubliés sur les routes de l'exil, affamés dans des camps où l'on ne peut les secourir. La plus célèbre victime du fanatisme qui a embrasé le sous-continent est l'homme qui a tout fait pour le contenir. En janvier 1948, Gandhi tombe alors qu'il allait à la prière, victime de trois coups de revolver tirés par un hindou qui le voyait comme un traître. Il était l'homme de la paix. Elle devient introuvable.

Cachemire

Fiché tout au nord, sur un versant de l'Himalaya, le riche Cachemire, un de ces vieux États princiers qui avaient subsisté pendant la colonisation, se trouve être une pomme de discorde entre les deux nouveaux frères ennemis. La majorité de la population de la province est musulmane et veut son rattachement au Pakistan. Le maharadjah est hindou et se déclare pour l'Inde[1]. Il en résulte une première

1. Notons que l'Hyderabad, un autre État princier, très vaste, situé au centre du sous-continent, connaît la situation inverse. La

guerre indo-pakistanaise, qui aboutit à un partage de la province sur une ligne de cessez-le-feu où l'incendie couve. Il se rallume en 1965, pour une deuxième guerre. Il y en a une troisième, en 1971, quand le Pakistan oriental, las d'être le parent pauvre de la partie occidentale, appelle à l'aide l'armée indienne pour faire sécession et former un troisième pays, le Bangladesh.

Le Pakistan s'est fondé comme le pays des musulmans. Sur le plan géopolitique, il se range du côté des États-Unis, trop contents d'avoir un allié aussi stratégiquement placé[1]. À cause de la permanence des conflits, l'armée devient une des plus importantes du monde, et constitue un État dans l'État qui pèse sur la vie politique : toutes les tentatives de démocratisation sont systématiquement enrayées par des coups d'État militaires.

L'Inde joue une autre partition. En 1950, dotée d'une constitution, elle devient une république fédérale parlementaire qui insiste sur la laïcité, l'abolition du système des castes et garantit les libertés publiques. Après la mort de Gandhi, le grand homme est Nehru qui, dans le monde de la guerre

---

population, hindoue, veut être rattachée à l'Union indienne. Le prince, un *nizam* musulman, n'en veut pas et décrète l'indépendance. Elle ne dure que quelques mois. En 1948, l'État est envahi par l'armée indienne et annexé.

1. À partir des années 1960, Islamabad se rapproche aussi de la Chine communiste. Le pays joue un rôle important d'intermédiaire au moment du rapprochement entre Pékin et Washington, dans les années 1970.

froide, se tient à l'écart de l'un et l'autre blocs, pour être le héros du neutralisme. Après sa mort, en 1964, son successeur s'attelle à la révolution verte, un programme qui modernise l'agriculture grâce à de nouvelles semences et de nouvelles techniques, et vise à assurer l'autosuffisance alimentaire de son vaste pays pour en finir avec la malédiction séculaire des famines.

★ ★
★

La guerre d'Indochine
et les autres décolonisations asiatiques

De la guerre d'Indochine, nous n'avons pas encore cité le moment le plus symbolique. Après huit ans d'un conflit où elle est embourbée, l'armée française, au début de 1954, se laisse prendre dans un piège terrible. Rassemblée dans une plaine du Tonkin, elle y est écrasée, pendant des semaines, par le feu imprévu de l'ennemi : l'armée vietminh a réussi, de façon extraordinaire, à positionner sur toutes les hauteurs avoisinantes des canons, acheminés en pièces détachées, à dos d'homme, à travers la jungle, sans se faire repérer. Cette bataille de Dien Bien Phu est une défaite humiliante pour la France et une victoire immense pour ses adversaires : ceux que les colons nommaient il n'y a pas si longtemps les « indigènes » ont défait à plate couture les anciens maîtres. Les orgueilleux Français quittent l'Indochine. Le Laos et le Cambodge retrouvent leur indépendance. Ho Chi Minh gagne la première manche de la mission qu'il s'est fixée : la moitié nord du Vietnam est libérée. Il peut donc y appliquer, dans un premier temps, toute la rigueur du dogmatisme communiste : une réforme agraire brutale et un régime de terreur politique qui provoquent l'exode vers le sud de milliers de personnes. Quelques années plus tard commence la deuxième manche : la lutte pour la réunification du pays sous le drapeau rouge, qui entraîne la guerre contre les Américains[1].

Asie du Sud-Est

Pour le reste, on a parlé déjà du mouvement historique typique de l'après-guerre qui s'est joué durant ces conflits. Commencés comme des affaires coloniales, ils se terminent en affrontement de la guerre froide, opposant Occidentaux et communistes. Dans de nombreux pays d'Asie, la configuration est à peu près la même. La Birmanie, possession anglaise, est elle aussi déchirée par la lutte entre maquis communistes et nationalistes auxquels s'ajoutent les tendances sécessionnistes des régions habitées par des minorités, chrétiennes ou musulmanes. Ayant obtenu son indépendance en 1948, elle devient une république autoritaire, dirigée par U Nu, un bouddhiste dévot qui en fait un pays socialiste mais neutre.

1. Voir chapitre précédent.

La Malaisie, colonie britannique composée de plusieurs territoires de part et d'autre de la mer de Chine méridionale, et plaque tournante du commerce maritime depuis des siècles, est un patchwork de peuples divers : les Malais, majoritairement musulmans, cohabitent avec les Indiens et la diaspora chinoise, dont le poids est essentiel dans l'industrie et le commerce. Les Anglais tardent à en partir parce qu'ils veulent combattre l'insurrection que les communistes ont déclenchée dans le nord de la péninsule. Ils accordent finalement l'indépendance, en 1957, à un pays formant alors une fédération complexe. Singapour, majoritairement peuplée de Chinois, qui s'y est agrégée, s'en sépare en 1965 pour former une cité-État indépendante.

On a mentionné déjà le nom de Sukarno (1901-1970), l'organisateur de la conférence de Bandung. Jeune ingénieur, il est depuis la fin des années 1920 un des chantres de la lutte contre les Hollandais, qui l'ont mis en prison. Les Japonais le libère. En 1945, il proclame l'indépendance du grand archipel qu'on appelait depuis le XVIIe siècle les « Indes néerlandaises » et qu'il baptise la république d'Indonésie. Comme les Français tentent de le faire en Indochine au même moment, les Pays-Bas croient pouvoir arrêter l'histoire et envoient l'armée, pour mener à bien une « opération de police » qui ressemble fort à une reconquête. Les temps ont changé et le monde ne l'accepte plus. En 1949, sur pression du Conseil de sécurité de l'ONU, le petit pays du Nord est obligé d'accorder l'indépendance à ce grand pays du Sud dont Sukarno devient le président. Officiellement neutraliste, autoritaire et très populaire, il se voit en leader révolutionnaire et s'appuie de plus en plus sur le puissant parti communiste. Cela effraie et mécontente les milieux conservateurs musulmans et l'armée, travaillée par les États-Unis. En 1965, un coup d'État réussit à mettre le président sur la touche et à liquider pour longtemps la menace communiste. La troupe, aidée par les milices musulmanes, lance contre tous ceux qui sont membres ou sympathisants du parti une répression d'une violence inouïe. Elle fait 500 000 morts et jette en prison 2 millions de personnes. Le nouvel homme fort est Suharto, général, dictateur et corrompu. Il promeut une économie libérale et, avec la Malaisie, les Philippines[1] et la Thaïlande, entre dans une alliance inébranlable avec les États-Unis.

★

★ ★

La décolonisation du monde arabe et la guerre d'Algérie

Les Anglais ont accordé l'indépendance à l'Irak en 1930 ; à l'Égypte, tout en gardant des bases, en 1936 ; à la Transjordanie, en 1946 ; et, encore très influents dans la région, ils poussent les Français à se retirer, en 1945, de leurs mandats de Syrie et du

1. Auxquelles les Américains ont donné l'indépendance en 1946.

Liban. La Libye, ancienne colonie italienne occupée par les Alliés, devient en 1951 une monarchie indépendante[1]. À quelques exceptions près[2], et si l'on met de côté la question de la Palestine[3], la plupart des pays arabes se sont séparés des Européens dans les cinq ou six années qui suivent la fin de la Seconde Guerre mondiale. Dans ce mouvement, seules les possessions françaises d'Afrique du Nord sont à la traîne. Sonnée par la défaite en Indochine, Paris accepte enfin, au milieu des années 1950, de mettre fin au système du protectorat qui régit le Maroc et la Tunisie[4]. L'Algérie reste un cas à part. Son statut administratif est particulier : depuis 1848, le territoire est divisé en plusieurs départements, comme ceux qui existent en métropole. Son statut démographique est singulier. Un million de colons européens, qu'on appellera les pieds-noirs[5], et les Juifs d'Algérie, qu'un décret de 1870 (le décret Crémieux), a rendus français, sont citoyens de plein exercice et vivent à la française à côté de 8 millions d'Arabes et de Ber-

---

1. Idris, émir de Cyrénaïque et chef de la puissante confédération religieuse des Senoussis devient, sous le nom d'Idris Ier, son premier et unique roi.

2. Le Soudan, devenu un condominium anglo-égyptien, devient indépendant en 1956. Les émirats du Golfe, qu'on appelle alors les États de la « côte de la Trêve », sont des protectorats britanniques jusqu'en 1971.

3. On en parlera au chapitre suivant.

4. Les deux pays acquièrent l'indépendance complète en 1956.

5. L'expression n'apparaît qu'à la fin des années 1950. Son étymologie est incertaine.

bères musulmans à qui tous les droits sont déniés et qui n'en peuvent plus de vivre en inférieurs sur leur propre terre.

Née de la lutte contre l'oppression nazie, la Quatrième République a promis l'égalité à tous les peuples qu'elle contrôle. Elle a du mal à tenir parole. Les premières émeutes arabes éclatent à Guelma et Sétif le 8 mai 1945, le jour même de l'armistice. Elles ont été violentes, mais sont réprimées par l'armée avec une férocité démesurée. En 1948, les premières élections d'une assemblée algérienne doivent permettre aux musulmans de faire entendre leur voix – même si, selon un système complexe de collèges séparés, elle ne pèse pas du même poids que celle des Européens. Les résultats réels sont trop favorables aux nationalistes. Ils sont donc truqués par l'administration.

Les unes après les autres, toutes les propositions de réformes faites par des modérés sont rejetées. Les solutions violentes peuvent donc prendre toute la place. En novembre 1954, une série d'assassinats et d'attentats à la bombe organisés par le Front de libération nationale (FLN), constitué par des indépendantistes radicaux, signe le début de ce qu'on appelle aujourd'hui la « guerre d'Algérie[1] ». Les Français répondent aux actions des nationalistes par une répression brutale et ciblée. Celle-ci jette ainsi une partie de plus en plus importante de la population musulmane du côté du FLN. C'est la spirale

1. À l'époque, la presse parlait par euphémisme des « événements d'Algérie ».

infernale. En 1956, Paris, débordée par l'ampleur des événements, envoie le contingent. Les méthodes utilisées par un camp font écho à celles utilisées par l'autre. L'armée française ne recule ni devant la torture ni devant les bombardements de civils pour arriver à ses fins. Le FLN multiplie les attentats aveugles et organise la liquidation méthodique, y compris sur le territoire métropolitain, des militants des partis rivaux[1]. Et les colons, arc-boutés sur l'idée folle que l'Algérie sera française jusqu'à la fin des temps, soumettent le pouvoir à une telle pression qu'ils le font tomber. En 1958, une manifestation monstre à Alger réussit à faire revenir au pouvoir le général de Gaulle, considéré comme le sauveur de la situation. Il ne met pas longtemps à l'estimer désespérée. En 1962, à la suite des accords d'Évian signés entre son gouvernement et le FLN, l'Algérie devient indépendante. Près de 1 million de pieds-noirs sont « rapatriés », c'est-à-dire qu'ils débarquent dans un pays qu'ils ne connaissent pas et doivent fuir celui qu'ils considéraient comme le leur. La jeune Algérie indépendante fait la fête, et déchante. Le FLN était le parti des résistants et des vainqueurs. Il devient celui des clans qui tiennent le pays en coupe réglée.

★
★ ★

1. Le principal est le Mouvement national algérien de Messali Hadj.

L'Afrique noire

Il reste dans la mémoire commune l'idée que la décolonisation de l'Afrique noire s'est faite en douceur. Cela aurait pu ne pas être. Une des premières insurrections africaines éclate en 1947, à Madagascar ; elle est vite étouffée, mais a été très violente. Aux massacres de fonctionnaires et de colons, l'administration coloniale répond par une répression d'ampleur, qui fait peut-être 50 000 morts. De 1952 à 1960, le Kenya est ensanglanté par la révolte des Mau-Mau, des guerriers membres d'une société secrète qui se battent, au nom du peuple kikuyu, contre les fermiers blancs qui ont accaparé les meilleures terres. En 1955, des émeutes violentes ont lieu au Cameroun. Ces cas, pourtant, font plutôt figure d'exceptions. Les puissances coloniales majeures ne se battront pas pour conserver l'Afrique.

En 1957, la Gold Coast anglaise ouvre le bal et, sous la direction de la grande figure de Nkrumah, devient un pays indépendant qui prend le nom de Ghana. Les autres possessions britanniques suivent, les unes après les autres, dix années durant, avec leurs particularités et leurs « pères de la nation » charismatiques, Nyerere au Tanganyika[1], Jomo Kenyatta au Kenya. Les colonies françaises disparaissent presque d'un coup. Quand il a fondé la Cinquième République, le général de Gaulle a

1. Qui devient la Tanzanie après son union avec Zanzibar en 1964.

proposé à tout l'outre-mer d'entrer dans une sorte de Commonwealth francophone, la Communauté française. Seule la Guinée de Sékou Touré a voté contre cette option et s'est donc retrouvée exclue du jour au lendemain. Elle aurait dû patienter. Deux ans plus tard, en 1960, année souvent appelée, pour cette raison, l'« année de l'Afrique », dix-sept pays, dont l'ensemble des colonies françaises, obtiennent leur indépendance. Elle est accordée d'autant plus facilement par l'ancien colonisateur qu'il garde un pouvoir indirect. Pendant les décennies qui suivent, rien d'important ne se passe sans que Paris y ait mis son nez : c'est ce qu'on appelle la « Françafrique ».

Au moins, avant l'indépendance, la France a-t-elle fait un effort pour former ceux qui allaient lui succéder. Nombre de nouveaux leaders africains comme l'Ivoirien Houphouët-Boigny ou le Sénégalais Senghor ont pu faire leur apprentissage du pouvoir aux postes de député ou de ministre qu'ils ont détenus à Paris, sous la Quatrième République. La Belgique n'a rien prévu de tel pour le Congo. Les émeutes qui y éclatent en 1959 surprennent un pouvoir qui n'a rien vu venir. C'est en catastrophe que le roi Baudouin vient proclamer, à Léopoldville, en juin 1960, la fin des liens qui unissent son petit royaume et ce si grand pays. La séparation ouvre la page de la crise congolaise. Le pouvoir colonial n'a formé aucun cadre capable de gérer le nouvel État que tente alors de prendre en charge le Premier ministre Patrice

Lumumba[1]. L'armée, toujours dirigée par un général belge faute d'officiers supérieurs congolais, est secouée par des mutineries. Deux provinces, dont le Katanga, riche de son cuivre et de son cobalt, font sécession, avec l'aide intéressée des milieux miniers belges et occidentaux. Lumumba cherche de l'aide, mais les États-Unis, qui se méfient de cette personnalité raide et parfois dogmatique, refusent. Le Premier ministre se tourne donc vers les Russes, ce qui signe son arrêt de mort. En septembre 1960, il est destitué et réussit à s'enfuir. Rattrapé, il est assassiné début 1961. Le pays, toujours miné par la sécession katangaise, doit faire appel aux Casques bleus pour tenter de contenir la violence. En 1965, Mobutu, un ancien sous-officier devenu journaliste, qui fut le commanditaire de l'assassinat de Lumumba, fait un coup d'État et prend le pouvoir sur un pays qu'il baptisera Zaïre. Il devient un archétype sinistre du dictateur africain. Trente-deux ans de règne et de pillage (1965-1997) font de lui l'un des hommes les plus riches du monde et de son peuple l'un des plus appauvris.

La tentation autoritaire

Le cas n'est pas isolé. Quelques tyrans spectaculaires défraient la chronique de l'Afrique des années

1. Les Belges, dans une tradition paternaliste, avaient fortement investi dans l'éducation primaire mais jugeaient l'éducation supérieure inadaptée. Au moment de l'indépendance, on ne comptait, sur l'ensemble de la population congolaise, qu'une dizaine de diplômés de l'université.

1960-1970. Idi Amin Dada, ancien soldat britannique analphabète, réussit, grâce à sa carrière dans l'armée, à prendre la tête de l'Ouganda. De 1971 à 1979, il ruine le pays et y fait régner une terreur ubuesque qui s'abat sur les catégories de la population les plus diverses : la malheureuse communauté indienne, implantée dans le commerce et violemment expulsée, n'est que l'une d'entre elles. Il est enfin chassé de son trône par l'intervention armée de la Tanzanie voisine, qu'il avait imprudemment cherché à envahir.

En 1966, Jean-Bedel Bokassa, ancien militaire français, devient président de la république de Centrafrique avec l'appui de la France. Après dix ans d'un pouvoir absolu entaché d'innombrables exactions, la tragédie prend un air de farce sinistre. Le 4 décembre 1977, le dictateur, qui se prend pour Napoléon, se fait sacrer empereur au cours d'une cérémonie fastueuse et délirante où on le voit parader en calèche et en manteau d'hermine sous un soleil tropical. Paris l'ayant enfin lâché, il est déposé en 1979.

L'Occident n'a toutefois pas le monopole du soutien aux tyrans. Mengistu, arrivé au pouvoir en Éthiopie après la révolution qui a chassé du trône le vieil empereur Haïlé Sélassié, est un marxiste-léniniste pur et dur et un ami inconditionnel de l'URSS. Gouvernant le pays entre 1977 et 1991, il y applique des méthodes que n'aurait pas reniées Staline. Les famines organisées, la terreur rouge font des centaines de milliers de victimes.

Tous les chefs d'État africains n'ont heureusement pas atteint ce niveau de barbarie. Rares sont ceux qui ont résisté à la tentation autoritaire, au parti unique, au musellement de l'opposition. De façon générale, l'Afrique postcoloniale se débat dans des problèmes qui sont communs à tous. L'héritage colonial est lourd à porter. Les économies, fondées sur l'exploitation des richesses minières ou la monoculture, qui étaient pensées dans le seul intérêt de la métropole, rendent un pays entier dépendant des cours d'un produit ou d'une matière première. Les nouveaux États doivent entrer dans le tracé artificiel de frontières dessinées par les hasards de la conquête qui ne correspond pas aux limites des langues, des cultures, et crée des problèmes ethniques complexes. Le fait est que, malgré les grandes voix qui ont tenté de promouvoir le panafricanisme, c'est-à-dire la réunion de toute l'Afrique dans une même entité, aucun nouveau leader ne s'est beaucoup battu pour défendre un projet qui aurait risqué de rogner sur son propre pouvoir. Y aurait-il donc une malédiction africaine, qui vouerait le continent à la dictature et au sous-développement ? Il est faux de le dire, puisque certains en sortent. Le Sénégal, le Ghana sont, au XXIe siècle, des démocraties.

★
★★

Le cas de l'Afrique australe

Dans ce panorama, la partie australe du continent tient une place à part. Alors que toutes les autres métropoles ont refermé la parenthèse coloniale, la dictature au pouvoir au Portugal s'épuise à envoyer des générations de conscrits se faire tuer dans la forêt tropicale pour garder sous sa coupe l'Angola et le Mozambique. Il faut une révolution à Lisbonne rétablissant la démocratie pour en finir avec cet anachronisme. Mais la guerre d'indépendance menée contre les Portugais dans les deux pays s'est doublée d'une autre, qui se poursuit après leur départ : sitôt l'indépendance acquise (1975), les combats reprennent entre les mouvements procommunistes et les pro-occidentaux.

Plus au sud encore, en Rhodésie, au temps des Anglais, les fermiers blancs, qui se sont installés sur les plus belles terres et qui contrôlent l'économie, ont réussi à capter tout le pouvoir dans les organes politiques de la colonie sans en laisser la moindre miette à la nombreuse population noire. Pour être sûrs de ne pas le perdre, ils proclament, en 1965, de façon unilatérale, sous la houlette de leur chef, Ian Smith, une indépendance non reconnue par Londres. Il faut des années de tractations pour que la minorité blanche cède à la pression internationale. En 1980, la Rhodésie devient le Zimbabwe. Robert Mugabe, ancien chef de la guérilla, en devient le président. En quelques années, il le transforme en dictature.

Avec le Portugal de Salazar, la république d'Afrique du Sud était un des rares pays à soutenir le régime de Ian Smith. La politique pratiquée par Pretoria était de même nature. En 1948, le Parti national, qui défend les intérêts des Afrikaners, les descendants des premiers colons hollandais, remporte les élections dans le dominion. Ne cachant pas son admiration pour le nazisme, il est clairement raciste et met en place l'*apartheid*, un système qui établit de façon légale et précise la ségrégation raciale. Aux Blancs, les meilleurs quartiers, les meilleures terres, les meilleurs emplois. Aux Noirs, qui représentent les deux tiers de la population, et, par extension, aux Indiens et aux métis, les métiers les moins valorisés, les banlieues misérables des grandes villes, appelées les *townships*, ou encore quelques régions du pays, déguisées en États autonomes, les bantoustans. Faute de pouvoir combattre ce système inique par les moyens légaux, les mouvements noirs recourent à la violence, ce qui vaut à Nelson Mandela, le leader du Congrès national africain (ANC), le plus important de ces partis, d'être emprisonné en 1962. La situation, qui ne fait qu'empirer, explose en 1976, quand le régime, pour renforcer le contrôle de la minorité sur le pays, tente d'imposer sa langue, l'afrikaans, dans tout le système scolaire. Des manifestations éclatent, dont les plus importantes ont lieu à Soweto, le vaste township de Johannesburg. Elles sont réprimées dans le sang. Le régime tient toujours, grâce au soutien des États-Unis, qui voit en lui un rempart contre l'ennemi communiste. Seule la fin de la guerre froide permet donc de sortir de cette impasse. Le président blanc Frederik De Klerk se décide à faire évoluer la situation. Mandela est libéré en 1990. Un an plus tard, l'apartheid est aboli. Grâce à la sagesse du vieux leader, qui cherche la conciliation et refuse tout appel à la vengeance, l'Afrique du Sud devient une démocratie pluraliste et, malgré d'importants problèmes sociaux, un des grands pôles de stabilité de l'Afrique du XXIe siècle.

48

Le Moyen-Orient depuis 1945

*« Quand on vous explique le Moyen-Orient et que vous croyez enfin avoir compris, dit une blague chère aux spécialistes de cette région, c'est qu'on vous l'a mal expliqué. » De l'interminable conflit israélo-palestinien à la question pétrolière, des différentes guerres du Golfe à l'explosion du fanatisme islamiste, la région concentre un nombre impressionnant des grands problèmes de la seconde moitié du XX*e *siècle. Tous sont enchevêtrés et la plus petite traction sur un des fils de la pelote fait bouger tous les autres. Se risquer à énumérer tous ces mouvements est un excellent moyen de perdre le lecteur le plus attentif. Tâchons plutôt de sérier les dossiers. Évoquons d'abord l'histoire d'Israël et de ses voisins. Voyons ensuite comment, de l'Égypte triomphante de Nasser à la montée en puissance de l'Arabie saoudite et de l'Iran, le monde arabo-musulman a été dominé successivement par deux grandes idéologies, le nationalisme arabe et l'islamisme.*

Israël et les Arabes

La question de la situation en Palestine posée après la Première Guerre mondiale se cristallise après la Seconde. Pour de nombreux Juifs, le sionisme était un espoir. Il est devenu une nécessité vitale. Pour les 650 000 personnes qui se sont installées sur place, comme pour tous ceux qui fuient une Europe où ils ont connu les persécutions, le monde n'a plus le droit de refuser au peuple juif un pays qui lui permette enfin de maîtriser son destin et où chacun de ses membres se sente en sécurité. Tous les pays arabes qui entourent la Palestine mandataire voient les choses d'un autre œil. Pour eux qui viennent à peine de sortir de l'humiliation coloniale, la création à cet endroit d'un État peuplé d'Européens et soutenu par l'Occident n'est qu'une nouvelle manifestation d'un impérialisme dont ils ne veulent plus. Les deux logiques débouchent sur un face-à-face délétère qui prend d'abord un tour international. Les Anglais, qui n'ont plus les moyens de résoudre un problème qu'ils ont contribué à créer, ont transmis le dossier à l'ONU.

En novembre 1947, en partie grâce au puissant travail de lobbying des États-Unis, très favorables au projet sioniste, l'Assemblée générale vote un plan de partage de la Palestine entre Juifs et Arabes. C'est une victoire pour les premiers : il y aura donc un État juif sur la vieille terre des Hébreux. Les pays arabes rejettent immédiatement le plan et se préparent à la guerre. Il y en aura plus d'une. Rappelons les trois principales.

La première (1948-1949) ne tarde pas. Le 14 mai 1948, veille du jour où les Anglais ont annoncé qu'ils partiraient, Ben Gourion, le président de l'Agence juive, proclame, dans les transports de joie de tout son peuple, la naissance d'un nouvel État baptisé Israël. Le lendemain, les voisins, Syrie, Transjordanie, Irak, Égypte, soutenus par la Ligue arabe, qui vient d'être créée, attaquent. Sur le papier, le jeu est plié d'avance : comment un pays peut-il tenir seul face à tant d'agresseurs ? La réalité est moins tranchée. L'État sioniste est bien armé et soutenu par les États-Unis, et même, à ce moment-là, par les Soviétiques[1]. Les assaillants sont sous-équipés, ils poursuivent tous des buts différents et, surtout, ils sont incapables de coordonner leur action. En quelques mois, Israël a renversé le destin et remporté une victoire totale : le petit État a réussi à agrandir le territoire prévu dans le partage et consolidé son existence. Tous ses assaillants sont perdants, sauf la Transjordanie, qui a profité du conflit pour annexer Jérusalem-Est et l'autre rive du Jourdain[2]. Et 750 000 Arabes de Palestine vivent ce qu'ils nomment la *nakba*, la « catastrophe » : dans les premiers jours de la guerre, ils ont fui leur terre natale. Après le cessez-le-feu, elle s'est transformée en un autre pays où ils ne peuvent retourner. Ils s'entassent donc dans des camps de réfugiés installés par les Nations unies dans les pays alentour. La solution est provisoire. Elle va durer longtemps.

---

1. Staline nourrissait l'espoir de faire du nouvel État un pays communiste. Il se retourne un an plus tard pour chercher des alliances dans les pays arabes.

2. C'est à ce moment-là que le royaume prend le nom de Jordanie.

La guerre des Six Jours

Pendant des années, les Arabes préparent la revanche. Israël, qui la sait imminente, les prend de court en déclenchant en juin 1967 une opération spectaculaire : en seulement six jours d'attaques-surprises, l'État hébreu réussit coup sur coup à anéantir l'aviation égyptienne, repousser les Jordaniens de l'autre côté du Jourdain et écraser les Syriens. Militairement, la victoire est éblouissante. Le pays, en moins d'une semaine, a conquis le Sinaï, la bande de Gaza, la moitié est de Jérusalem, la Cisjordanie et le plateau du Golan, véritable château d'eau de la région, ce qui multiplie sa surface par quatre. Diplomatiquement, les choses sont plus complexes. Israël a désormais une image d'agresseur et se retrouve à devoir gérer la question de ce qu'on appelle les « territoires occupés[1] ». Qu'en faire ? Pour la gauche alors au pouvoir, ces territoires n'ont pas vocation à rester israéliens jusqu'à la fin des temps – même si elle y implante des colonies. Ils ne doivent servir qu'à la sécurité du pays et seront une possible monnaie d'échange lors de négociations à venir. La droite, en particulier son aile religieuse, voit les choses différemment : ces conquêtes, et tout particulièrement la partie arabe de Jérusalem, une ville qui, selon eux, ne doit être qu'aux Juifs, et la Cisjordanie – à qui elle préfère donner son nom antique de Judée-Samarie – doivent être annexées pour reconstituer des frontières données par Dieu, puisqu'elles sont dans la Bible.

En octobre 1973, Égyptiens et Syriens profitent de la fête juive du Kippour pour tenter une nouvelle

1. L'expression est issue de la célèbre résolution 242 prise par l'ONU en novembre 1967. Elle prévoit qu'en échange de sa reconnaissance par les États de la région Israël se retire des « territoires occupés lors du récent conflit ».

attaque. L'État hébreu, surpris, réussit à rétablir la situation *in extremis* et contre-attaque. La tension internationale est à son comble. Les pays arabes producteurs de pétrole utilisent l'arme qu'ils ont en main pour s'immiscer dans le conflit : ils décrètent l'embargo sur les proches alliés d'Israël et font flamber les prix du brut pour punir l'Occident. Seules les pressions impérieuses des États-Unis, qui craignent une intervention soviétique dans le conflit, réussissent à arrêter la guerre.

L'expansion israélienne après 1967

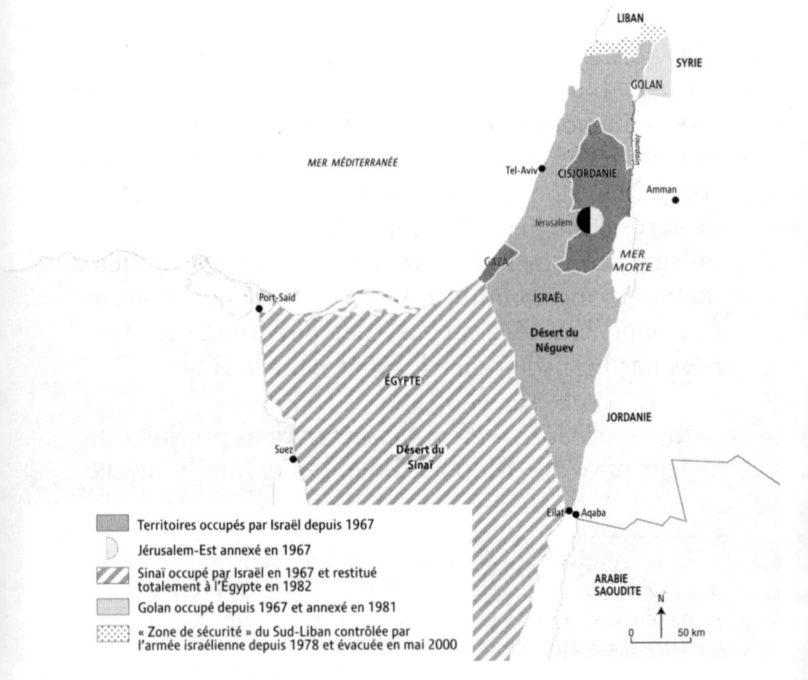

Le jeu continuera-t-il longtemps ? Sadate, le président égyptien, sent qu'il est vain. En 1978, au grand dam des autres pays arabes, il signe à Camp David[1], sous l'égide du président américain, la paix avec l'ennemi. Son pays y gagne le retour du Sinaï, et beaucoup d'argent : désormais l'armée égyptienne, notamment, sera financée par une considérable subvention annuelle de Washington. Israël voit son plus puissant adversaire transformé en allié, ce qui lui assure la sécurité à une frontière. La question est-elle résolue pour autant ? Ce serait oublier qu'elle a pris, depuis des années, une autre forme.

La question palestinienne

Peu à peu, les Arabes qui ont été chassés en 1948, ou ceux qui résident dans les territoires occupés par Israël, la Cisjordanie, la bande de Gaza, ont développé une identité propre : ils vivaient dans une terre nommée la Palestine et se sentent *palestiniens*. Les mouvements qui les représentent, comme l'Organisation de libération de la Palestine (OLP), fondée au Caire en 1964 et dirigée à partir de 1969 par Yasser Arafat, sont les nouveaux acteurs majeurs de la pièce. À la problématique israélo-arabe se substitue la question israélo-palestinienne. Elle n'est pas moins violente et réussit, elle aussi, à déstabiliser rapidement toute la région. L'OLP opte en

1. La résidence d'été des présidents des États-Unis, située dans le Maryland.

effet dans un premier temps pour l'action militaire et multiplie les attentats jusqu'en Europe[1]. Pour pouvoir mener leurs opérations en Cisjordanie, ses combattants se sont installés dans les camps de réfugiés de Jordanie. Ils prennent un tel poids dans le petit royaume qu'ils y forment un État dans l'État menaçant. Le roi Hussein décide, en 1970, de s'en débarrasser par la force. L'opération « Septembre noir » aboutit à de violents combats entre les forces jordaniennes et palestiniennes. Ils font des milliers de morts. Nombre des militants de l'OLP qui ont pu fuir s'installent au Liban. Cela ne fait que déplacer le problème. La présence de tous ces groupes armés déstabilise un pays à l'équilibre fragile[2]. En 1975, des heurts entre les combattants de l'OLP et les milices chrétiennes signent les débuts de la longue guerre civile libanaise et le martyre d'un État dont les voisins profitent de la faiblesse pour le dépecer. En 1976, la Syrie entre dans le conflit. Elle soutiendra puis trahira successivement tous les partis, dans le but de maintenir sa mainmise sur le pays. En 1978, c'est au tour d'Israël d'envahir le sud du Liban pour démanteler les bases arrière d'où les Palestiniens montent leurs attaques contre son territoire. Puis, en 1982, jouant sur une alliance avec les milices chrétiennes, il occupe tout le pays jusqu'à Beyrouth. L'opération s'appelle « Paix en Galilée ».

1. Le plus tristement célèbre est la prise d'otages et l'assassinat d'athlètes israéliens aux Jeux olympiques de Munich en 1972.

2. Voir chapitre 41.

Elle ajoute un peu de guerre à un pays qui n'en manquait pas[1].

Processus de paix

Dans les années 1980, l'OLP évolue et se résout à accepter l'existence d'Israël. La fin de la guerre froide allège le climat international. Le temps de la paix semble venu. En 1993, sous l'égide de l'éternel protecteur américain, Yasser Arafat et le Premier ministre israélien Rabin prennent acte d'un chemin pour y arriver. Les accords d'Oslo[2] ne règlent pas frontalement les problèmes les plus lourds – notamment les questions du retour sur leur terre natale des réfugiés de 1948 ou du statut de Jérusalem, ville sainte pour les Juifs et pour les musulmans. Ils créent une Autorité palestinienne qui sera chargée de les négocier progressivement tout en gérant une partie des territoires occupés, embryon d'un futur État palestinien. C'est ce qu'on appelle le « processus de paix ».

La paix est-elle donc enfin en vue ? Comment oublier, une fois de plus, les nouveaux acteurs qui, depuis des années, sont entrés sur cette scène turbulente ? Dans les zones occupées par Israël, à Gaza d'abord, en Cisjordanie encore, les adolescents et par-

1. C'est à ce moment-là que surviennent les massacres dans les camps palestiniens de Sabra et de Chatila, commis par les phalanges chrétiennes, avec la complicité passive de l'armée israélienne.

2. Du nom de la ville où les négociations, ultrasecrètes, ont eu lieu.

fois les enfants palestiniens, las de ne voir aucune amélioration à leur sort, se sont lancés dans une nouvelle forme de conflit : en 1987, ils se sont mis à lancer des cailloux sur les troupes d'occupation, déclenchant la première *Intifada*, la « guerre des pierres ». Elle sera suivie par d'autres. Durant cette même période, alors même que l'OLP devenait le grand interlocuteur d'une solution négociée, d'autres mouvements, qui la refusent violemment, ont pris de l'ampleur chez les Palestiniens, tel le Hamas, une association islamiste liée aux Frères musulmans d'Égypte, bien décidée à user de tous les moyens pour tuer dans l'œuf cette idée. Israël agit-il différemment ? De ce côté aussi, les acteurs ont changé. Yitzhak Rabin, l'homme de la poignée de main avec Arafat, l'homme d'État en qui tant d'hommes de bonne volonté avaient placé leurs espoirs, est assassiné en 1995 par un extrémiste juif. Et les gouvernements de plus en plus marqués à droite qui se succèdent à la tête du pays poursuivent, au mépris des populations qui y vivent, l'implantation de colonies dans des territoires qu'aucune instance internationale ne reconnaît comme leurs.

★
★ ★

Le Moyen-Orient, du nationalisme arabe à l'islamisme

Depuis le XIXe siècle, depuis la colonisation et l'humiliation par l'Occident, le monde arabo-musulman est hanté par la même question : comment notre civilisation (et notre religion) qui régnait sur le monde a-t-elle pu tomber si bas ? Comment peut-elle remonter ? D'une certaine manière, toute l'histoire du Moyen-Orient après 1945 peut s'entendre comme une réponse à cette dernière interrogation.

Le temps du panarabisme

La première réponse a été ce qu'on appelle le « nationalisme arabe », ou encore le « panarabisme », cette idée que le renouveau viendra de l'union de tous les Arabes, du Golfe à l'Atlantique, autour de leur langue, de leur culture. Laïque par essence – puisqu'il suppose une union entre Arabes de toutes confessions, chrétiens ou musulmans –, modernisateur, teinté de socialisme, le nationalisme arabe a été élaboré dans les années 1940 par quelques intellectuels syriens[1]. L'Égyptien Nasser (1918-1970) en est l'incarnation.

L'homme fait partie du groupe de jeunes officiers qui, en 1952, a chassé du pouvoir le roi Farouk, corrompu et discrédité, pour faire de l'Égypte une république. Il en devient rapidement le chef. Celui qu'on surnomme le *raïs*, le « capitaine », a des projets grandioses pour son pays, comme la construction d'un gigantesque barrage à Assouan, qui réglera à jamais le problème millénaire des imprévisibles crues

1. Les deux plus connus sont Michel Aflak (1910-1989), d'origine chrétienne, qui fonde, avec Salah Bitar (1912-1980), de tradition sunnite, le Baas, premier parti nationaliste arabe.

du Nil. En 1955, son éloquence, son charisme lors de la conférence de Bandung font de lui une étoile du nouveau mouvement des « non-alignés[1] ». En 1956, il frappe un coup encore plus fort. Au nom de la souveraineté égyptienne retrouvée, il annonce la nationalisation du canal de Suez, qui était encore alors la propriété de capitaux français et anglais. En Égypte, l'idée est accueillie par des transports de joie. À Londres et à Paris, on répond à l'ancienne[2]. En novembre, des parachutistes sautent sur Port-Saïd, la ville qui contrôle la voie d'eau. Les deux capitales occidentales avaient mal mesuré que leur temps était passé et que le monde était désormais dominé par des puissances autrement plus puissantes qu'elles. L'URSS vole au secours d'un pays qui est devenu son nouvel allié, et parle même de frappe atomique contre ses agresseurs. Les États-Unis, qui n'ont nulle envie d'entrer dans la Troisième Guerre mondiale pour défendre les intérêts franco-britanniques, sifflent la fin de la récréation et ordonnent le retrait des Européens. Nasser n'a rien eu à faire et triomphe : il est l'homme qui a renvoyé les Anglais à la niche.

Sa popularité est au zénith. Durant les années 1950 et 1960, l'idéologie qu'il représente aussi. De la jeunesse étudiante du Proche-Orient à Ben Bella, le premier président de la jeune Algérie indépendante[3], ou

1. Voir chapitre 47.

2. Les deux pays avaient aussi noué une alliance secrète avec les Israéliens qui envoyèrent des troupes au sol auparavant.

3. Jusqu'en 1965, date de son renversement par le coup d'État de Boumédiène.

Kadhafi, le jeune militaire qui renverse la monarchie libyenne en 1969, tout le monde est nationaliste arabe. Le concept connaît évidemment des variantes. Alors que Nasser ou l'Algérie flirtent avec l'URSS, Bourguiba, le père de la Tunisie moderne, reste solidement pro-occidental. Mais les politiques qui sont menées ont des points communs : la modernisation, des réformes sociales, une amélioration du droit des femmes et une tendance à tenir la religion à distance.

Pour autant, alors même qu'il domine, ce système montre des signes de faiblesse. Comme son nom l'indique, le panarabisme suppose l'union progressive de tous les Arabes qui devront se fondre en une seule nation. En 1958, l'Égypte et la Syrie amorcent le mouvement en s'unissant pour former un pays, la République arabe unie (RAU). Vu de Damas, le mariage est catastrophique. La Syrie, dans les faits, se retrouve aux ordres du Caire, où tout est décidé sans la moindre concertation. Elle se retire de l'alliance. L'étoile de Nasser pâlit. Il fait l'erreur d'épuiser son armée en la faisant intervenir dans l'interminable guerre civile yéménite (1962-1970), qui oppose les républicains, qu'il soutient, et les monarchistes, appuyés par sa rivale, l'Arabie saoudite. Surtout, il sort sonné de la défaite de 1967 face à Israël, ce petit pays à qui il se faisait fort de régler son compte.

Faute de héros triomphants, les peuples se retrouvent avec une autre réalité. Tous les régimes qui claironnaient avoir pour valeur la modernité, l'émancipation, le bonheur du peuple dérivent peu à peu vers des dictatures militaires où ne règnent plus que l'arbitraire et la corruption. Ainsi le parti Baas, qui s'affirme sur le papier laïque et social, arrive-t-il aux commandes en Syrie au début des années 1960 mais, de coups de force en coups d'État, il n'est plus que la fausse barbe d'une autocratie. À partir de 1970, tout le pouvoir est confisqué par Hafiz al-Assad, adepte de la terreur policière, qui accapare les richesses du pays au profit de son clan et de la minorité alaouite dont il est issu. L'Irak, où, en 1958, une révolution sanglante a chassé du pouvoir la monarchie hachémite[1], connaît un même processus : là aussi le Baas – quoique d'une branche ennemie de la branche syrienne – arrive au pouvoir. Là aussi il est confisqué par des militaires aux méthodes expéditives, comme Saddam Hussein, un psychopathe qui fait massacrer tous ceux qui s'opposent à lui.

★
★ ★

Le temps de l'islamisme et la montée en puissance de l'Arabie saoudite et de l'Iran

À partir des années 1960-1970, alors que le prestige du nationalisme modernisateur se ternit peu à

1. Le dernier roi du royaume d'Irak, créé par les Anglais après la Première Guerre mondiale, fut Fayçal II, petit fils de Fayçal Ier, le fils d'Hussein, chérif de La Mecque (voir chapitre 41).

peu, une autre voie paraît tentante pour beaucoup. Pourquoi ne pas chercher la source du renouveau dans la religion ? L'idée est ancienne. En 1928, dans une Égypte encore soumise aux Anglais, Hassan el-Banna (1906-1949), un instituteur écœuré de voir la façon dont les Européens traitaient ses compatriotes, est le premier à donner une forme politique à cette intuition en fondant l'association des Frères musulmans. Le principe de la confrérie, très simple, est résumé dans son plus célèbre slogan : « L'islam est la solution. » Sa stratégie tient sur deux fronts. Le premier concerne la base : ouverture de dispensaires et d'écoles, distribution de nourriture, qui répondent au message en faveur des pauvres du Coran, mais permettent aussi de gagner en popularité. Le second vise la tête. Tandis que les frères d'en bas soignent le peuple, les dirigeants, dont personne ne connaît les noms, travaillent secrètement à préparer la prise du pouvoir. Ils n'y arriveront pas de sitôt. Associée à la révolution de 1952, la confrérie se brouille avec Nasser, qui la réprime bientôt avec violence. Après 1954, des dizaines de milliers de militants sont arrêtés et envoyés dans des camps de concentration. Mais l'idée qui a été mise en valeur est appelée à un grand avenir. Elle pose que le meilleur gouvernement des hommes ne peut prendre sa source que dans le respect de Dieu et de la loi religieuse : on l'appelle l'« islamisme ». La confrérie d'Hassan el-Banna n'en forme qu'une des facettes. Deux grands pays, l'Arabie saoudite et l'Iran d'après 1979, en représentent deux autres.

Nous avons laissé le premier avant la Seconde Guerre mondiale, au moment où Ibn Séoud, le vieux guerrier, en avait fait le royaume d'Arabie saoudite[1]. Possédant les deux villes saintes de Médine et La Mecque, il était déjà prestigieux, mais pauvre. Son destin bascule grâce à une découverte miraculeuse – au moins pour ses dirigeants. À la fin des années 1930, on trouve du pétrole dans le désert. À la fin des années 1940, on découvrira même que les réserves qui sommeillent dans son sous-sol sont les plus abondantes au monde. Cela change beaucoup de choses, avant tout sur le plan diplomatique. Le pays, qui n'intéressait pas grand-monde, devient une relation de premier choix, en particulier pour les États-Unis, qui savent le poids stratégique de l'or noir et sont bien décidés à prendre, dans la région, la place dominante que les Britanniques n'ont plus les moyens de tenir. Pour Ibn Séoud, l'affaire est tentante. Il est à la tête d'un grand État à la vaste frontière, qu'il est en peine de protéger. Le mariage se fait sur cette base dès l'après-guerre : les Saoudiens laissent aux Américains la main sur leur pétrole en échange du parapluie de leur force militaire. C'est le paradoxe de la seconde moitié du XXe siècle. Les États-Unis se retrouvent les meilleurs alliés d'un pays qui va devenir le plus grand propagandiste d'un islam qui se veut en guerre contre l'Occident.

1. Voir chapitre 41.

Wahhabisme

On s'en souvient, le royaume d'Ibn Séoud a une autre caractéristique. Il défend le wahhabisme[1], une doctrine fondamentaliste qui promeut la lecture la plus étroite et la plus littérale du Coran, et pose la charia comme seule règle de gouvernement. Sans le contexte politico-diplomatique dont on vient de parler, sans doute cette façon de penser l'islam, alors étrangère à l'immense majorité des musulmans, serait-elle restée cantonnée à l'obscure petite secte qui l'avait conçue. L'argent du pétrole et l'amitié américaine changent la donne. À partir des années 1960, le roi Fayçal (règne : 1964-1975) se pose comme le grand rival de Nasser et commence un immense travail de propagation de sa doctrine dans le monde musulman. Le mouvement ne fait que commencer. À partir des années 1980, prospérant sur le déclin du nationalisme arabe et l'impéritie des gouvernements qui s'en réclament, le wahhabisme se répand grâce au financement d'écoles, à l'envoi de prédicateurs, de livres, ou à ses chaînes de télévision. L'Arabie saoudite, qui touche à son rêve d'hégémonie sur le sunnisme, ne craint plus grand-chose, sauf une rivale qui vient d'apparaître…

République islamique

L'Iran est également une puissance pétrolière, et l'Occident est prêt à beaucoup pour ne pas laisser

1. Voir chapitre 41.

échapper ce pactole. Au début des années 1950, le Premier ministre Mossadegh, un nationaliste qui veut redonner à son pays sa pleine souveraineté, a l'audace de nationaliser le pétrole. Il est éjecté par un coup de main monté de toutes pièces par la CIA. Sous la houlette du shah Riza Pahlevi (1919-1980, règne : 1941-1978), le pays, surarmé par Washington, devient un allié très fidèle des États-Unis. C'est aussi une sinistre dictature policière, exécrée par toutes les couches de la société, la bourgeoisie libérale, les étudiants flirtant avec la gauche ou le clergé chiite, qui reproche au monarque, qu'on voit boire de l'alcool en public ou se montrer en maillot de bain dans les magazines occidentaux, son modernisme. Fin 1978, tous ces courants font ensemble la révolution. L'ayatollah Khomeiny, un dignitaire religieux alors réfugié à l'étranger, en devient la figure tutélaire. À son retour d'exil, en 1979, il réussit à capter le pouvoir et à écraser les uns après les autres les imprudents qui se sont alliés à lui. Devenu le Guide suprême, il fait de l'Iran une république islamique, en clair, une théocratie où tout le pouvoir civil est subordonné au contrôle du religieux. Là aussi, la seule loi qui doit régner est celle du Coran, ou tout au moins l'idée qu'en ont ceux qui s'en font les interprètes. Pourtant, l'Iran nouveau est à l'opposé de l'Arabie dont on vient de parler. Il est perse, non arabe ; il est chiite et non sunnite ; et son positionnement politique est à l'autre bord de l'échiquier. Les Séoud ont fait de leur État une monarchie conservatrice, alliée de l'Occident. Par ses discours enflammés contre le « satan d'Amérique » et sa lutte affirmée contre l'« impérialisme », Khomeiny veut faire du sien un des pôles du tiers-mondisme révolutionnaire. La rivalité de ce nouveau venu avec les wahhabites va jouer un rôle essentiel. La naissance de l'Iran islamique bouleverse le paysage moyen-oriental et entraîne, on va le voir, la série de conflits qui nous font arriver au XXIe siècle.

Guerre du Golfe

Dès son arrivée au pouvoir, Khomeiny cherche à étendre l'influence iranienne en s'appuyant sur les minorités chiites de la région, en particulier celles, très nombreuses, qui vivent en Irak. Saddam Hussein, le dictateur de Bagdad, prend ombrage de cette volonté manifeste de le déstabiliser et se lance dans une guerre. Le conflit entre l'Iran et l'Irak, trop peu connu en Occident, est une épouvantable boucherie qui dure huit ans (1980-1988), fait entre 500 000 et 1 million de victimes et laisse *in fine* l'Irak épuisé et meurtri. Le dictateur de Bagdad ne comprend pas pourquoi les pays arabes de la région, et tout particulièrement l'Arabie saoudite, ne le dédommagent pas financièrement d'une guerre qu'il a faite, dans son opinion au moins, pour les protéger de l'ennemi perse chiite. C'est la raison pour laquelle, à l'été 1990, pour se rembourser en nature, il envahit le Koweït. Stupeur des Saoudiens, qui se voient menacés et appellent à l'aide l'ami américain. Cela donne la première guerre du Golfe (1990-1991), soutenue par l'ONU et menée par les États-Unis qui la gagnent très vite, mais elle ne règle rien. Saddam Hussein est défait, mais reste au pouvoir. Et le débarquement de bottes infidèles sur le sol sacré de l'Arabie saoudite a déchaîné la colère d'autres personnages de ce théâtre compliqué. Il est temps d'en parler enfin.

★
★ ★

Le djihadisme islamiste

L'islamisme, on vient de le voir, a des sources multiples. Il peut aussi déboucher sur des projets différents. Ainsi le parti turc de l'AKP, par exemple, est-il une émanation des Frères musulmans, mais il prétend n'en appliquer les principes que dans le strict respect de la démocratie. D'autres méprisent la démocratie. Le penseur Sayyid Qutb (1906-1966) est lui aussi un célèbre Frère musulman. Emprisonné du temps de Nasser, il écrit sous les barreaux des livres qui auront une grande influence et prône l'action violente contre ce qu'il appelle l'« ignorance », ou l'« obscurité », c'est-à-dire tout ce qui ne va pas dans le sens de la révélation coranique. De même, du wahhabisme dérive un autre courant, tout aussi fondamentaliste, tout aussi rétrograde, le salafisme[1], qui pose que le monde sera sauvé quand on recommencera à vivre comme au temps du prophète Mahomet. Certains salafistes qu'on appelle les « piétistes » prennent cela de façon très pacifique. Certains autres

1. Du mot *salaf*, les « ancêtres », en l'occurrence ceux qui vivaient à l'époque du Prophète.

s'en font une vision belliciste et violente : pour eux, il n'y a qu'avec les bombes que le monde entier connaîtra enfin la vérité ultime.

Alimenté par quelques autres sources intellectuelles comme les écrits du théoricien pakistanais Maududi (1903-1979), se forme ainsi, à partir des années 1960-1970, un nouveau courant, le « djihadisme ». Comme son nom l'indique, il prétend appeler tous les croyants à faire la guerre sainte, partout où ils peuvent, pour qu'advienne l'apocalypse désirée. Nombreux sont ceux qui, dans les années 1980, font leurs armes dans la résistance afghane à l'invasion soviétique[1], ce qui contribue à l'éclosion dans ce pays du régime des talibans à la fin des années 1990. On les retrouve aussi dans les conflits liés à l'éclatement de l'ex-Yougoslavie, dans ceux du Caucase ou en Algérie, lors de la terrible guerre civile qui ensanglante le pays dans les années 1990. Des groupes les structurent. Le premier à se faire connaître est Al-Qaida, dirigée par Ben Laden, un fils de la bourgeoisie saoudienne qui hait l'Occident et mène contre lui un harcèlement terroriste. L'attentat du 11 septembre 2001 est son méfait le plus célèbre. Il y en a eu beaucoup d'autres.

1. Voir chapitre 46.

49

La Chine

De Mao à Deng Xiaoping

En 1949, la Chine devient communiste. Pendant vingt-sept ans, elle est dirigée par Mao et subit ses délirantes initiatives : le Grand Bond en avant ou la Révolution culturelle font des millions de victimes. Après sa mort, le pouvoir passe aux mains de Deng Xiaoping, qui refuse toute ouverture politique, mais assure au pays son décollage économique.

Nous terminons notre voyage dans le XXe siècle avec la Chine. Son décollage économique, à la fin de cette période, qui permet le retour en force sur la scène mondiale de cette vieille puissance, est un événement majeur de l'histoire contemporaine. Il lui a fallu traverser encore bien des épreuves pour en arriver là.

Après la Seconde Guerre mondiale, le pays fait partie du club des vainqueurs[1], mais il est dévasté et un nouveau malheur accentue sa ruine. La guerre

1. Voir chapitres 45 et 46.

civile entre communistes et nationalistes, interrompue par l'alliance patriotique conclue face à l'invasion japonaise, reprend de plus belle. Après quatre ans de lutte, les communistes l'emportent. Tchang Kai-chek est chassé de Nankin. Comme 2 millions de personnes, il se réfugie à Taiwan. Avec une poigne de fer, il en fait une petite république qui se veut une sorte de conservatoire des valeurs de la « Chine éternelle ». Une autre Chine naît sur le continent. Le 1er octobre 1949, depuis la magnifique porte sud de la Cité interdite, face à l'immense place Tiananmen de Pékin, Mao Tsé-toung proclame l'avènement de la République populaire de Chine. Jusqu'à sa mort, vingt-sept ans plus tard, à l'exception d'une courte éclipse au début des années 1960, il en fait un État totalitaire dont il est le maître absolu.

Par un curieux effet de mémoire, qui doit un peu à la méconnaissance générale de ce pays trop lointain, un peu à la propagande du régime et beaucoup aux séquelles de l'admiration délirante qu'ont éprouvée pour lui tant d'intellectuels européens dans les années 1960-1970, peu d'Occidentaux mettent ce tyran à la place historique qui est la sienne. À côté d'Hitler, de Staline, il est un des grands criminels de masse du XXe siècle.

Dès les années 1920, Mao a commencé à former sa propre doctrine en adaptant le communisme à la réalité chinoise : il donne un rôle important aux masses paysannes, plutôt qu'à la classe ouvrière, ou encore estime qu'il faut passer directement de la « féodalité » à la société nouvelle, sans transition bourgeoise, comme le voulait Karl Marx, qui raisonnait en se référant à l'histoire occidentale. Pour autant, le but ultime du nouveau patron de la Chine est d'amener le pays sur la « voie du socialisme ». Le moins qu'on puisse dire est qu'il a eu une façon de conduire le convoi qui n'est qu'à lui. Comme tous les régimes frères, la République populaire de Chine, à partir des années 1950, adopte la planification économique, censée organiser de façon rationnelle et normée la transformation de la société. Mao y ajoute sa touche personnelle en ponctuant le voyage d'initiatives, appelées des « campagnes », conçues pour accélérer la marche des masses vers le bonheur. Toutes ont en commun d'aboutir à des catastrophes humaines de grande ampleur. Aucune n'empêche le Grand Timonier de préparer celle qui mènera au naufrage suivant. Rappelons les trois plus célèbres.

La campagne des Cent-Fleurs

Dès le milieu des années 1950, le régime est impopulaire. Une première collectivisation dans les campagnes, imposée par la terreur, a coupé les communistes de nombre de paysans. La nouvelle classe de techniciens et d'ingénieurs créée par l'industrialisation n'est pas beaucoup mieux disposée à l'égard d'un parti qui exerce sur toutes les activités un contrôle tatillon. Mao pense avoir trouvé un moyen génial de calmer le peuple. Il incite chacun à critiquer à voix haute ce qui ne va pas pour aider le pays à rectifier ses erreurs. En 1957, il lance la campagne des « Cent-Fleurs », ainsi nommée à cause d'une formule qu'il utilise dans un discours, en référence à la grande époque d'éclosion de la philosophie chinoise[1] : « Que cent fleurs s'épanouissent ! Que cent écoles rivalisent ! » Pour leur malheur, de très nombreux Chinois, des intellectuels, des universitaires, des écrivains, des journalistes, prennent leur dirigeant au mot. Ils font des déclarations publiques, écrivent des articles, des livres qui ne reculent devant aucune critique, pas même la plus radicale. Il suffit de peu de temps aux hiérarques communistes pour se rendre compte que l'opération a déchaîné des forces qui risquent rapidement de se retourner contre eux. Au bout de quelques semaines, le mouvement est arrêté, de façon aussi inattendue et soudaine qu'il a commencé. Le parti décrète une campagne de « rectification », qui doit mettre fin aux « dérives droitières » dont certains se sont révélés coupables. Plusieurs centaines de milliers de personnes, le plus souvent des intellectuels, sont liquidées ou envoyées mourir à petit feu dans les *laogai*, des camps de rééducation dont la dureté n'a rien à envier aux goulags soviétiques.

Le Grand Bond en avant

Quelques mois seulement après cette expérience calamiteuse, une nouvelle idée jaillit du cerveau de l'homme qui tient alors le destin d'un demi-milliard

1. Voir chapitre 2.

d'individus sous sa coupe. En 1958, il décrète le « Grand Bond en avant », un programme économique qui a pour but de transformer en quelques années la Chine en une puissance industrielle qui doit « rattraper la Grande-Bretagne et talonner les États-Unis ». « Trois ans d'efforts et de privations et 1 000 ans de bonheur », promet un des slogans du projet. Le pari est fou. La réalité le sera plus encore.

La campagne commence par la collectivisation totale du monde rural. Toute propriété y est désormais interdite, plus personne n'a le droit de rien posséder en propre, ni une maison, ni une chaise, ni une assiette. Des millions de paysans sont rassemblés dans des « communes », des villages dans lesquels plusieurs milliers de personnes n'ont plus de vie individuelle, dorment dans les dortoirs, mangent dans les cantines et obéissent aux ordres qu'on leur donne. Toutes les directives sont plus délirantes les unes que les autres.

Puisqu'il s'agit de bâtir une nation industrielle, il faut faire de l'acier. Partout dans le pays sont installés des petits hauts-fourneaux, où l'on brûle tout le bois qu'on trouve pour faire fondre n'importe quel objet métallique qui peut passer sous la main. Le système aboutit à produire un métal inutilisable. Établi à une grande échelle, il a aussi contribué à accélérer la déforestation et à faire disparaître tous les outils qui auraient dû servir aux champs.

Pourquoi s'en soucier encore ? La production agricole n'a plus besoin de toutes ces vieilles méthodes, puisque de nouvelles vont révolutionner les rendements. La plus tristement célèbre arrive en 1959. Mao pense qu'un bon moyen de récolter plus de grains est d'éradiquer les animaux qui les mangent. En lançant la campagne des « Quatre Nuisibles », il décrète la chasse aux mouches, aux moustiques, aux rats et surtout aux moineaux, plus spécifiquement visés. Toute la Chine se met à taper sur des casseroles de façon continue pour empêcher les oiseaux de se poser et les faire mourir d'épuisement. Pour le coup, la technique fonctionne. Les volatiles meurent ou disparaissent. Il ne faut qu'une saison pour constater l'effet de cette catastrophe écologique : faute d'oiseaux pour la manger, la vermine a proliféré et dévoré les pousses.

Le Grand Bond en avant est devenu un grand saut dans le néant. La production industrielle est inutilisable. L'ensemble de la production agricole s'effondre. Il n'y a plus rien dans les champs, plus rien dans les greniers, plus rien dans le pays. Le pire est que le pouvoir continue pendant un temps à vivre dans l'illusion d'une éclatante réussite. Soit parce qu'ils espèrent se faire valoir, soit parce qu'ils sont tétanisés à l'idée de déplaire à leurs supérieurs, tous les responsables locaux du parti annoncent à Pékin de faux rendements pour faire croire que la région dont ils ont la charge a dépassé les objectifs espérés. Cela accroît la pression sur les campagnes : si les villages ne donnent pas les sacs promis, c'est bien que les paysans les volent. En trois hivers, de 1959 à 1961, dans un climat d'apocalypse renforcé par un régime de terreur où l'on n'hésite pas à mettre à la torture un malheureux soupçonné d'avoir volé un épi, la Chine connaît une des pires famines de l'histoire du monde. Dans certaines régions, une personne sur trois disparaît. Le bilan total oscille, selon les estimations, entre 30 et 40 millions de morts.

La Révolution culturelle

Mis en minorité au sein des instances dirigeantes qui doutent enfin de lui, Mao garde son titre de président du Parti, mais il prend du champ et se retire loin des tumultes qu'il a lui-même créés. À partir de 1962, deux grands dignitaires du régime, Liu Shiaoqi (1898-1969), qui est devenu le président de la République, et Deng Xiaoping (1904-1997), secrétaire général du parti communiste, tentent de remonter le pays après le naufrage. Ils mettent fin aux délires collectivistes, renvoient les paysans aux champs, permettent le retour à un peu de marché privé. Il s'agit de suivre la ligne que Deng résume alors ainsi : « Peu importe que le chat soit noir ou gris, pourvu qu'il attrape les souris. » La formule, inspirée peut-être d'un vieux proverbe, est restée depuis attachée au personnage, et résume le pragmatisme qui deviendra sa marque de fabrique. Son heure n'est pas encore venue. L'idéologie n'a pas dit son dernier mot. Depuis sa retraite, Mao prépare déjà son retour.

Alors même que le Timonier vient de conduire son pays dans le précipice, ses fidèles s'occupent de réactiver le culte autour de sa personne. En 1964, la publication d'un recueil de ses citations, distribué à des millions d'exemplaires par Lin Biao, le puissant chef de l'armée, le place quelque part, aux yeux de ses admirateurs, entre Jésus-Christ et le prophète

Mahomet. L'ouvrage, que l'Occident, à cause de la couleur de son édition de poche, nomme *Le Petit Livre rouge*, est distribué dans les lycées et dans les facultés. Il y devient la bible de tous ceux dont Mao va faire le fer de lance de sa reconquête. Puisque les anciens ont eu la folie d'oser le mettre à l'écart, il va se débarrasser d'eux en s'appuyant sur les jeunes. Par millions, lycéens et étudiants sont enrôlés dans le nouveau mouvement des gardes rouges. À l'été 1966, le vieux guerrier les lance à l'assaut. Ils sont chargés de sortir la république de sa sclérose, de rectifier ses « dérives », de faire « feu sur le quartier général » : c'est la « Révolution culturelle ». En clair, l'ordre donné à une génération de jeunes gens fanatisés de mettre à sac leur propre pays. Ils le font avec une cruauté et une inventivité sans pareilles. Les murs se couvrent de *dazibaos*, des affiches qui désignent les traîtres, des « révisionnistes » qu'il faut éliminer, c'est-à-dire les professeurs, les cadres, les aînés qu'on punit selon toute une gamme de châtiments qui va de l'humiliation publique au lynchage, à la torture et à la défenestration. Tous ceux qui représentent l'autorité sont visés, y compris les plus haut placés, surtout s'ils sont dans le collimateur du maître suprême. Son rival, le président de la République Liu Shaoqi, est destitué, molesté, jeté dans une prison où il meurt des traitements qu'on lui inflige. Le sort que subit Deng Xiaoping est presque doux, par comparaison : il est exilé dans une petite ville de province, où il doit retourner à l'usine pour gagner sa vie. Son fils est moins chanceux. Détenu à l'université de Pékin où il étudiait, il saute par la fenêtre pour échapper aux tortures qu'on lui fait subir. Il reste paralysé à vie.

Durant un temps, avec un aveuglement qui aujourd'hui encore laisse pantois, une partie de la jeunesse européenne s'est entichée de cette folie lointaine qui lui semblait un idéal à atteindre. À Paris, à Bruxelles ou à Rome, on en excusait par avance les excès en répétant avec gourmandise une des fameuses citations du président : « La Révolution n'est pas un dîner de gala. » Sur place, elle a tourné à la table rase. Un des buts proclamés du mouvement est de détruire les « quatre vieilleries » : « vieilles idées, vieilles cultures, vieilles coutumes, vieilles habitudes ». Aux exactions contre les humains s'ajoute une crise iconoclaste de grande ampleur. Tout ce qui, de près ou de loin, rappelle l'ancien, la civilisation, la culture doit disparaître. Temples, palais, objets précieux, trésors d'une Chine millénaire sont profanés, pillés, détruits à jamais.

Comme les fois précédentes, le mauvais génie qui a déchaîné la tempête finit par comprendre qu'elle pourrait tout emporter. L'anarchie est partout, plus personne n'étudie, plus personne ne travaille, plus rien ne fonctionne et les affrontements se multiplient entre les groupes les plus divers, dans un climat de guerre civile. La Chine est au bord de l'effondrement. En 1967, Mao est obligé de s'appuyer sur l'armée pour rétablir l'ordre. Dans certaines provinces, les combats qui opposent les soldats aux gardes rouges sont si violents que la troupe a recours à l'artillerie. En 1968, le vieux leader trouve un autre moyen de calmer une génération devenue trop ingérable tout en restant fidèle à son idéologie : il ordonne l'envoi à la campagne de la jeunesse des villes, ce qui permettra de l'endurcir et de lui faire connaître la réalité de la vie paysanne. L'épisode, auquel on donne le nom de mouvement des « jeunes instruits », se poursuit pendant des années et brise la vie de millions d'individus.

À partir de 1969, un calme relatif est rétabli. La Révolution culturelle continue officiellement, mais sa phase la plus violente est terminée. Mao, malade, fait ses dernières apparitions publiques. Lin Biao, son fidèle maréchal, a été désigné comme son dauphin, mais il meurt en 1971 dans un accident d'avion dont personne n'a jamais élucidé les circonstances. Le pouvoir est ballotté au gré de jeux opaques dont les régimes totalitaires ont le secret. Les courants se font la guerre. Les radicaux, toujours déchaînés, toujours avides de continuer un mouvement qu'ils soutiennent depuis le début, sont emmenés par Jiang Qinq, une ancienne actrice devenue la troisième femme de Mao, et ses proches. Elle forme avec eux un petit clan que les Chinois, qui les détestent, nomment la « Bande des Quatre ». Les modérés, qui tentent de ramener le pays dans ses rails, se rallient à Zhou Enlai, éternel Premier ministre et ministre des Affaires étrangères de la République populaire de Chine, et à son vieil ami, Deng Xiaoping, qui a réussi un retour en grâce après son exil. Zhou meurt en janvier 1976. Il est suivi de quelques mois par Mao. La période maoïste est terminée.

Le temps des « trois mondes »

On vient de voir les effets de cette doctrine en politique intérieure. Disons un mot de la politique étrangère. On a parlé déjà de l'intervention des « volontaires » dans la guerre de Corée, en 1950, pour défendre la partie nord du pays, toujours communiste de nos jours, et toujours soutenue par la Chine[1]. Durant cette même année, l'Armée populaire entre au Tibet, indépendant depuis 1912, mais que les Chinois considèrent toujours comme une province vassale. Dans les premiers temps, les rapports entre Pékin et le dalaï-lama, qui dirige cette théocratie, sont relativement cordiaux : tout ce que demande le religieux est de pouvoir maintenir l'autonomie culturelle et spirituelle de son pays. Il ne tarde pas à comprendre que les occupants en font peu de cas. Des émeutes éclatent au milieu des années 1950 contre l'Armée populaire. En 1959, elles enflamment Lhassa, et obligent le chef tibétain à s'enfuir à travers les montagnes, avec une centaine de milliers de ses compatriotes. La propagande chinoise justifie les opérations de répression dans la meilleure tradition du colonialisme occidental : il est question d'amener le progrès et la civilisation à une région arriérée où règnent toujours des pratiques d'un autre âge. En réalité, il s'agit d'annexer une province qui fait un cinquième du territoire chinois, et permet de contrôler les plateaux et les montagnes qui forment le château d'eau de l'Asie. Ainsi agran-

1. Voir chapitre 46.

die jusqu'à l'Himalaya, la Chine se retrouve voisine de l'Inde, ce qui n'est pas sans poser de problèmes. Les deux pays ne sont pas d'accord sur le tracé des frontières, et la querelle dégénère en une courte guerre, en 1962, qui a pour effet de raviver un autre différend. Pékin ne décolère pas d'avoir vu, pendant toute l'affaire, New Delhi constamment soutenue par Moscou…

On a déjà parlé du « schisme » sino-soviétique[1] qui ne cesse d'enfler dans les années 1960, jusqu'à faire craindre une guerre nucléaire entre les deux pays, après des échanges de tirs entre soldats sur l'Oussouri, un affluent du fleuve Amour qui délimite les territoires. Les causes sont multiples, et tiennent largement à l'esprit d'indépendance et à l'ego démesuré de Mao, qui n'a aucune envie de s'encombrer de quelque grand frère que ce soit pour diriger son pays. Les conséquences géopolitiques sont énormes. À la partition binaire de la planète entre capitalisme et « camp du progrès », le Grand Timonier substitue ce qu'il nomme la « théorie des trois mondes ». Il y a celui de l'Occident, celui des Soviétiques et celui de tous les autres – c'est-à-dire avant tout la Chine –, qui ont désormais tout intérêt à s'allier au premier, car le deuxième représente le véritable ennemi. D'où le spectaculaire rapprochement, dans les années 1970, de Washington et de Pékin. La Chine communiste y gagne de retrouver à l'ONU un siège qui, depuis 1949, était toujours occupé par les nationalistes de

1. Voir chapitre 46.

Taiwan. Et, en 1972, le président Nixon lui-même se rend dans le pays de Mao.

La rupture avec l'ex-frère communiste a une autre conséquence sur le plan international : elle permet aux pays du camp dit « révolutionnaire » de changer de révolution. Quelques-uns optent pour la voie suivie à Pékin, même s'ils restent assez rares, il est vrai.

L'Albanie, où règne Enver Hodja (1908-1985), un stalinien de stricte observance, ne pardonne pas à Khrouchtchev d'avoir trahi le « petit père des peuples » et, par dépit, se rapproche un temps de la Chine, mais il se brouille avec elle à la fin des années 1970 et impose à son petit pays un isolement total.

Dans les années 1960, Pékin commence une politique d'influence en Afrique, en aidant au besoin les insurrections en cours, ou en soutenant les régimes déjà établis. La Tanzanie se laisse un temps séduire par les sirènes maoïstes. Dans les années 1970, le président Nyerere organise des communes sur le modèle de celles du Grand Bond en avant. Fort heureusement pour son pays, l'expérience n'est pas aussi cataclysmique. Avant d'être arrêtée, elle a abouti néanmoins au déplacement de 2 millions de personnes.

L'émule le plus scrupuleux et le plus fidèle du Grand Timonier se trouve en Indochine. À la fin des années 1960, la guerre du Vietnam déborde sur ses voisins. Bombardé par les Américains, qui lui reprochent d'offrir des bases arrière à l'ennemi vietminh, le Cambodge entre dans la tourmente. Pendant que Washington installe à Phnom Penh un gouvernement fantoche qui lui est tout acquis, des maquis communistes apparaissent, formés par les Khmers rouges. Contrairement aux Vietnamiens, soutenus et armés par Moscou, ils sont les alliés de Pékin. Comme la plupart des dirigeants du mouvement, Pol Pot a découvert le communisme à Paris, où il a étudié, mais divers voyages en Chine l'ont fait opter pour la façon dont on le pratique là-bas. En 1975, quand ses amis et lui réussissent à prendre le pouvoir, ils décident d'appliquer scrupuleusement le principe cardinal de la Révolution culturelle : la table rase.

Pour « régénérer » des humains que la vie citadine a corrompus, les villes sont vidées les unes après les autres, et leurs habitants, par millions, envoyés dans des campagnes transformées en gigantesques camps de concentration. Trois ans de ce régime suffisent à tuer près de 2 millions de personnes. Ce crime-là, généralement considéré comme un génocide, n'est pas directement imputable au chef d'État chinois. Il n'est pas faux de dire qu'il a été commis sous son inspiration[1].

★
★★

1. Au XXIᵉ siècle, l'Érythrée, qui a obtenu son indépendance en se séparant de l'Éthiopie en 1993, est le dernier pays au monde à être gouverné par un maoïste fervent. Il a réussi à en faire un État totalitaire généralement présenté dans la presse comme « la Corée du Nord africaine ».

La Chine de Deng

En juillet 1976, un des tremblements de terre les plus meurtriers de l'histoire ravage la province de Hebei, dans le nord. Faut-il, comme aux temps anciens, y voir un mauvais présage, annonçant un changement de dynastie ? De fait, quelques semaines plus tard, Mao meurt, mais sa disparition n'est pas suivie, comme dans les temps anciens, d'un éclatement de l'empire et d'un retour des désordres. Peut-être la Chine en a-t-elle connu assez. Jiang Qing, devenue la « veuve Mao », et sa Bande des Quatre tentent de s'emparer du pouvoir mais sont neutralisés assez vite. Après un court passage aux commandes d'un pâle épigone du grand leader apparaît celui qui va faire franchir au pays une étape nouvelle. Voici venu le temps de Deng Xiaoping, passé à travers toutes les grâces et les disgrâces, et ressuscitant toujours. Sa taille minuscule lui vaut le surnom de Petit Timonier. Sa détermination est grande.

Vacciné à tout jamais contre les errements révolutionnaires et les délires idéologiques qui ont failli couler le pays et le perdre lui-même, il mise tout sur ce qui lui en semble le plus éloigné, le réel du travail, de la production, des résultats économiques. En 1978, année où il se retrouve de fait aux commandes, il donne la ligne : les « quatre modernisations », c'est-à-dire les quatre domaines à réformer en priorité, sont l'agriculture, l'industrie, les sciences et technologies, et la défense nationale. Elles doivent assurer le relèvement chinois et satisfaire la population en augmentant le niveau de vie.

La population peut-elle se satisfaire de la seule amélioration de sa condition matérielle ? se demandent rapidement quelques esprits contestataires. Pourquoi, aux quatre premières, ne pas ajouter une cinquième modernisation, la réforme politique, la démocratisation du régime ? Pendant toute la décennie 1980, la question est récurrente. À intervalles réguliers (1979, 1986), on voit apparaître des mouvements de protestation, dans les universités, dans les grandes villes, qui ne cessent de demander plus de liberté. Chaque fois, le pouvoir semble ouvrir le couvercle, avant de le refermer, brutalement, en emprisonnant quelques meneurs. Le moment crucial arrive en 1989. En avril, des foules de jeunes gens, d'étudiants se rassemblent sur l'immense place Tiananmen, bien décidées à ne la quitter qu'après avoir reçu la garantie d'une évolution de leur pays vers la démocratie. Une fois encore, le pouvoir est hésitant, partagé entre les réformateurs favorables à l'ouverture et les partisans de la manière forte. Deng, sans doute tétanisé à l'idée d'une déstabilisation qui emporterait le régime, finit par pencher de leur côté. Il accepte le recours à la loi martiale. Les 4 et 5 juin, les chars du régime viennent clore dans le sang ce bref moment de liberté.

En politique, la Chine continuera donc à connaître le vieux système du parti unique, de la censure, des élections arrangées, de la presse aux ordres. En économie, en revanche, tout est de plus en plus permis, y compris les méthodes d'un capitalisme échevelé. Dans les années 1990 sont ainsi ouvertes dans diverses régions des « zones économiques spéciales » qui permettent de les acclimater. La Chine entre dans une nouvelle ère de son développement, qui porte officiellement le curieux nom de « socialisme de marché ». Aux yeux de n'importe quel étudiant en première année de sciences politiques, l'expression a tout de l'oxymore. Dans ce vieux pays asiatique qui a connu bien d'autres syncrétismes, il devient la norme et assure une croissance de plus en plus insolente. 1997 est l'année de la mort du vieux Deng, à l'âge de quatre-vingt-douze ans. Elle est aussi celle de la rétrocession par les Britanniques de Hong Kong, après plus de cent cinquante ans d'une présence commencée après la première guerre de l'Opium. Le détestable souvenir peut s'éloigner. Le pays s'apprête à redevenir une grande puissance.

Le monde vu de Chine

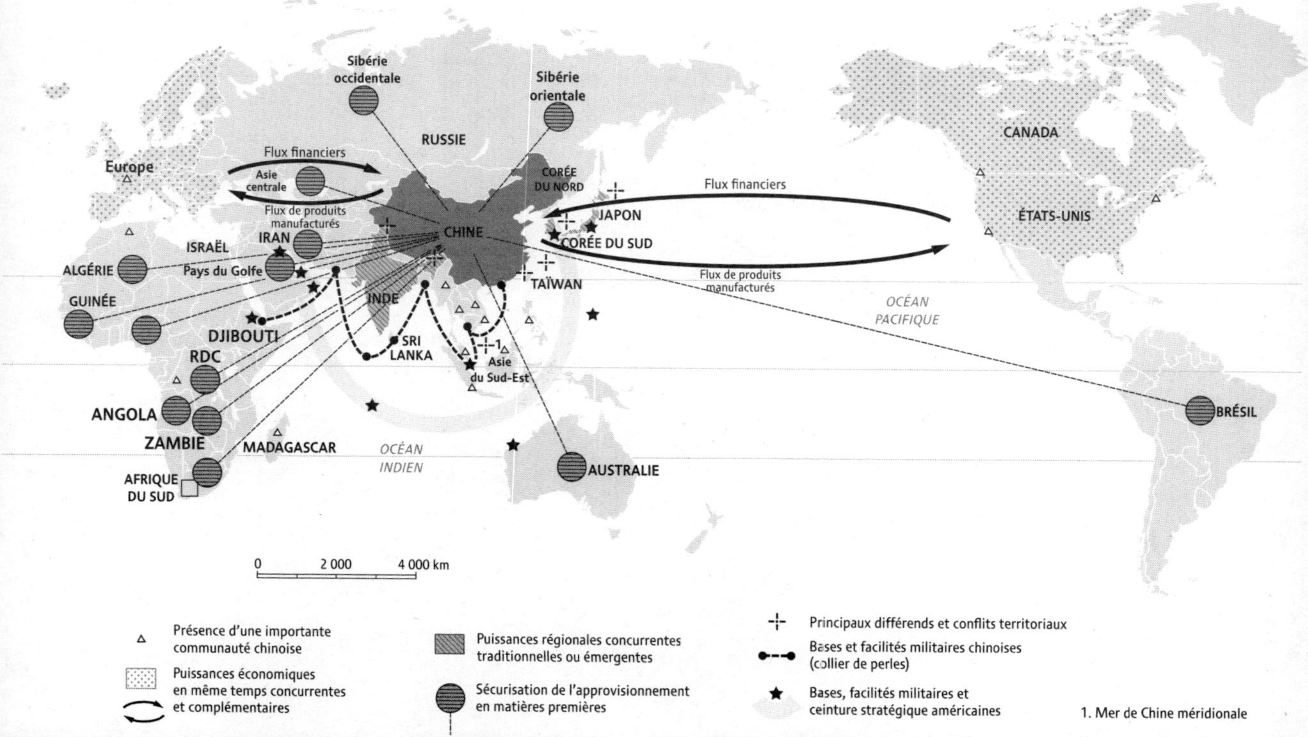

Épilogue

Après l'effondrement de l'URSS qui, avec dix ans d'avance sur l'arithmétique, marquait de façon évidente la fin du XXe siècle, beaucoup de gens ont cherché à comprendre de quoi le suivant serait fait. Pendant un temps, la plupart des discussions à ce sujet ont tourné autour de deux grands modèles explicatifs, proposés l'un après l'autre par deux livres à succès. Ces écrits nous ont entraînés vers des pistes qui me semblent fausses, mais qui ont eu l'intérêt de souligner l'évolution de l'humeur du monde.

La première de ces théories est apparue dans un article du politologue américain Francis Fukuyama, publié en 1989 au moment des premières secousses qui ébranlaient le géant soviétique ; elle s'est trouvée étayée dans un livre sorti en 1992, juste après sa disparition. Les deux écrits s'intitulent *La Fin de l'histoire*[1] et peuvent se résumer ainsi : la mort

1. Le titre exact est *La Fin de l'histoire et le dernier homme* (Flammarion, 1992), référence aux théories du philosophe allemand Hegel.

du communisme, ainsi que de toutes les idéologies, marque une étape terminale dans l'épopée humaine puisqu'elle permet le règne éternel du seul système raisonnable, ce modèle américain triomphant qui promeut l'alliance de l'économie de marché et de la démocratie libérale. Il n'était pas très compliqué de soulever la contradiction interne au raisonnement. L'auteur se réjouit de la disparition des idéologies au nom d'un modèle lui-même très messianique. Comme les positivistes du XIXe siècle avaient eu le don de transformer l'amour de la science en une croyance, et les communistes le matérialisme en un culte, l'horizon indépassable d'un paradis terrestre issu du croisement étonnant de Wall-Street et de la Bible avait tout de la pensée religieuse.

La thèse, néanmoins, connut un grand succès, probablement parce qu'elle était à l'unisson de l'incroyable optimisme qui s'était emparé de la planète dans ces années-là. Ceux de nos lecteurs qui sont assez vieux pour avoir connu les premiers coups de piolet plantés dans le mur de Berlin se souviennent sans doute de l'euphorie qui a suivi : les mauvais temps étaient finis, tout allait être réglé dans la paix et l'harmonie universelle. Il n'a pas fallu attendre longtemps pour déchanter. La guerre en Yougoslavie, faisant resurgir les diables oubliés du nationalisme balkanique, le génocide rwandais, cet holocauste tropical réglé à la machette, nous ont vite rappelé que le paradis sur terre n'existait pas, et qu'il n'y aurait pas de fin de l'histoire, pour la simple raison qu'elle ne s'arrête jamais, qu'elle ne suit aucun sens, qu'elle est un désordre permanent qui ne cesse de se perpétuer sous d'autres formes.

Au moins, dira-t-on, Fukuyama avait-il raison sur le plan économique, puisque cette même décennie a vu le triomphe de la « mondialisation », c'est-à-dire la multiplication des échanges et l'extension du capitalisme. En réalité, le fait infirme, lui aussi, les présupposés de l'auteur. Comme tous les penseurs du libéralisme, Fukuyama se réjouissait de la victoire de son modèle qui, en même temps que le système du marché, devait amener à tous les peuples la liberté politique, puisqu'il était évident pour lui qu'économie de marché et démocratie libérale étaient les deux faces d'une même pièce. Il faut croire que la banque qui les émet n'est pas partout la même. La Chine et la Russie ont rapidement montré la parfaite capacité du capitalisme à prospérer à l'ombre des régimes les plus répressifs.

Choc des civilisations

L'effondrement de deux tours à New York le 11 septembre 2001 a eu sur la psyché collective l'effet exactement inverse de celui produit par la chute du mur douze ans plus tôt. L'optimisme a cédé la place au pessimisme le plus sombre. Il a également fait croître l'intérêt pour le second livre dont nous parlions, *Le Choc des civilisations* de Samuel Huntington[1]. Écrit en réponse à l'ouvrage précédent, il

1. Samuel P. Huntington, *Le Choc des civilisations*, Odile Jacob, 1997.

prédisait à la planète un avenir autrement plus noir : la fin de la guerre froide allait permettre non pas l'avènement du libéralisme pour tous, mais un nouvel ordre du monde, structuré autour d'une dizaine de grandes civilisations toutes rivales les unes des autres et donc susceptibles de s'affronter[1]. Sitôt le livre paru, en 1996, nombre de commentateurs en ont, eux aussi, contesté la thèse centrale, reprochant en particulier à l'auteur de faire de ces « civilisations » des blocs immuables, sortis intangibles du fond des siècles et ne rendant pas compte des mélanges, des syncrétismes, des métissages qui sont pourtant fondamentaux pour comprendre l'évolution de toutes les sociétés humaines.

L'irruption d'Al-Qaida sur la grande scène de la terreur mondialisée a néanmoins eu pour effet de réactiver la thèse de Huntington, tout en la réduisant. On ne parlait plus du choc *des* civilisations, mais du choc d'*une* civilisation contre toutes les autres, l'Islam, transformée en matrice de toutes les violences, en source de tous les périls. Cette idée n'a fait que croître depuis. Il est important de rappeler à quel point elle est inepte et dangereuse.

Le fanatisme islamiste ne tombe pas du ciel, si l'on ose écrire. On l'a vu, il trouve son origine dans la succession de crises que le monde musulman a connues depuis deux siècles. Il est donc clairement une maladie de l'islam, exactement comme l'Inquisition espagnole fut un dérivé pervers du christia-

1. Chinoise, japonaise, indienne, orthodoxe, occidentale, latino-américaine, africaine, musulmane.

nisme, et le nazisme un cancer propre au XXe siècle occidental. Est-ce pour autant qu'il faille résumer le christianisme aux tenailles dont se servaient les bourreaux de Torquemada, et la modernité européenne à l'incendie du Reichstag ? Comment ne pas voir que la majeure partie des victimes de ces errements européens furent des Européens, comme la majorité des victimes de l'islamisme sont musulmanes ?

Faire porter la responsabilité des folies d'extrémistes sur l'ensemble d'une communauté est non seulement une erreur mais aussi une faute. La stratégie terroriste ne court qu'après un seul but : semer la panique. Les extrémistes cherchent à déstabiliser l'adversaire pour le forcer à rejeter les musulmans en bloc, de manière à pousser ceux-ci dans les bras des fanatiques qui prétendent les représenter. Il faut tout faire pour éviter ce piège grossier.

L'irruption de cette violence, en particulier dans les sociétés occidentales qui, depuis la fin de la Seconde Guerre mondiale, s'en croyaient protégées, crée une impression délétère. Assortie du chapelet de guerres, d'horreurs venues du monde entier qui tournent en boucle sur les écrans de nos sociétés médiatiques, elle pousse à croire que le monde est devenu fou. Les centaines de pages qui précèdent aideront, on l'espère, à relativiser ce jugement. Le monde est violent. Quelqu'un pourrait-il nous indiquer un moment, depuis le néolithique, où il ne l'a pas été ?

Pour le XXIe siècle

Plutôt donc que de passer sa vie à guetter dans le lointain un âge d'or ou une apocalypse, tout aussi improbables l'un que l'autre, il paraît plus sage d'envisager notre siècle en tentant de cerner avec lucidité les problèmes du présent.

Certains sont d'un ordre global, comme les questions liées à l'environnement. Elles concernent la planète entière : il faut espérer que la planète trouve le moyen de s'unir pour les résoudre. D'autres concernent la géopolitique. Depuis la fin de la glaciation du monde en deux blocs, les pôles de pouvoir se multiplient. Les États-Unis réussissent à se maintenir comme la seule puissance mondiale capable d'allier au plus haut niveau les forces de frappe économique, culturelle, militaire. La Chine les talonne, elle sera suivie bientôt de l'Inde, du Brésil et après, qui sait ? De l'Iran ? de futurs géants africains ? Toutes ces zones du monde ont à cœur d'accroître leur rayonnement, leur développement avec, pour conséquence à terme, de perturber les lignes de force qui parcourent la planète.

Je me permettrais simplement, à la fin de ce long parcours, de dire un mot personnel sur celles qui traversent le petit coin du monde auquel j'appartiens. J'étais, avant d'accomplir ce travail, européen d'intuition. Après l'avoir terminé, je le suis par déduction.

On l'a vu, le Vieux Continent a connu ses heures de gloire planétaire, du XVIe siècle, moment de son expansion, au XIXe, moment de sa domination. Au

XXe siècle, *l'hubris*, l'ivresse de la puissance, l'a conduit par deux fois au suicide. Depuis la fin de la Seconde Guerre mondiale, il a perdu le rôle central qui était le sien. Sur un planisphère du XXIe siècle, il semble s'estomper encore un peu plus. La Méditerranée, lit-on parfois, a été la mer de l'Antiquité, l'Atlantique, l'océan de la Renaissance et des Temps Modernes. Le Pacifique sera celui des temps à venir, dominés par le grand face-à-face entre la Chine et les États-Unis, qui permettra sans doute aux autres puissances régionales, du Japon à l'Australie, de la Corée au Vietnam, de jouer un rôle déterminant.

Notre petit continent se retrouve ainsi, peu à peu, repoussé à la périphérie. Tant mieux. Sa position centrale a conduit à trop de conquêtes, de folies, de guerres, pour qu'on le regrette. Il a aussi réussi, au fil des siècles, à créer un espace où sont aujourd'hui partagées et protégées des valeurs précieuses : la concorde, la solidarité par la protection sociale, la liberté de penser, de parler, de critiquer, de croire ou de ne pas croire, l'égalité entre les hommes et les femmes, le respect des minorités. Il n'y a pas eu beaucoup de moments dans l'histoire du monde où ces valeurs ont été garanties à grande échelle comme elles le sont, aujourd'hui, dans les pays européens. Il faut protéger ce miracle rare et fragile contre les périls qui le menacent. J'en vois deux. Le premier vient des géants dont je viens de parler. Je ne suis pas en train d'écrire que la Chine ou l'Inde auront un jour pour projet d'envoyer l'armée à la conquête de Bruxelles. Je pense que, comme toutes les puissances en pleine croissance, elles chercheront forcément, à un moment ou à un autre, à éliminer la concurrence de toutes les rivales possibles, et n'auront pas plus de scrupules à assurer leur propre développement sur la ruine de l'Europe que l'Europe n'en a eu à assurer le sien sur la leur.

L'autre menace vient des nationalistes, qui pensent que l'union de l'Europe étouffe leur propre pays, qu'elle l'empêche de retrouver sa grandeur. Bien sûr, la France, l'Allemagne, l'Espagne, le Royaume-Uni, tant d'autres, ont été de très grandes puissances. On en a parlé longuement, ils le furent à un moment où la planète était sous leur contrôle et, pour ainsi dire, n'existait pas. Le monde en est-il encore là ? Est-il raisonnable d'avancer dans le XXIe siècle en réfléchissant comme si l'on était en 1914 ? J'espère que ceux qui ont lu ce livre jusqu'ici auront compris que non.

BIBLIOGRAPHIE

Cette bibliographie, sans chercher à être exhaustive, donne des pistes aux lecteurs qui désireraient approfondir leurs connaissances sur tel ou tel sujet traité dans cet ouvrage, en offrant une sélection de livres qui soient le plus accessibles possible.

Sont données en anglais les références des livres qui n'ont pas encore été traduits.

Ouvrages généraux d'histoire du monde

Une histoire du monde, Larousse, coll. « Bibliothèque historique », 2013. Cinq volumes qui offrent au lecteur l'approche la plus accessible du sujet.

John Morris Roberts et Odd Arne Westad, *Histoire du monde*, Perrin, 2016, 3 vol.

Andrew Marr, *A History of the World*, Pan Macmillan, 2012. Écrit par un journaliste, excellent conteur, d'après une série d'émissions à succès sur la BBC.

Peter Furtado (dir.), *Histories of Nations: How Their Identities Were Forged*, Thames and Hudson, 2013. De grands historiens expliquent la façon dont chaque nation voit sa propre histoire. L'inverse de la *global history*, qui la met donc implicitement en valeur.

National Geographic Almanac of World History, 2014. Très clair.

La nouvelle histoire du monde, *Sciences humaines*, hors-série n° 3, décembre 2014-janvier 2015.

Ludwig Könenmann, *Atlas historica. Chronologie universelle du big-bang à nos jours en 1 200 cartes*, Place des Victoires, 2010.

Georges Duby, *Atlas historique. Toute l'histoire du monde en 300 cartes*, Larousse, 2016.

Hermann Kinder et Werner Hilgemann, *Atlas historique. De l'apparition de l'homme sur la Terre au troisième millénaire*, Perrin, 2006. Un ouvrage de référence, inégalé à ce jour.

Jean et André Sellier, deux historiens père et fils, ont écrit une remarquable série d'*Atlas des peuples* (d'Orient, d'Afrique, d'Europe centrale, d'Europe occidentale, d'Amérique, d'Afrique, d'Asie méridionale et orientale) publiée aux éditions La Découverte.

Émissions radiophoniques

La Fabrique de l'Histoire, France Culture. Ce programme, dirigé et présenté par Emmanuel Laurentin, alterne les interviews d'historiens, les documentaires et les émissions d'archives. http://www.franceculture.fr/emissions/la-fabrique-de-l-histoire

2 000 ans d'Histoire, France Inter. L'émission de Patrice Gélinet a été diffusée quotidiennement entre 1999 et 2011. On en trouve de nombreux enregistrements archivés via ce lien http://blog-histoire.fr/

La Marche de l'Histoire, France Inter. Présentée par Jean Lebrun, a remplacé l'émission précédente. https://www.franceinter.fr/emissions/la-marche-de-l-histoire

In Our Time, BBC. Le journaliste Melvyn Bragg reçoit trois universitaires pour faire le tour, durant une heure, des sujets les plus divers d'histoire mondiale, mais aussi de sciences, de culture, de religion. http://www.bbc.co.uk/programmes/b006qykl

Ouvrages d'histoire globale (par période)

Patrick Boucheron (dir.), *Histoire du monde au XVe siècle*, Fayard, 2009. Les meilleurs spécialistes convoqués pour décrire la planète durant le XVe siècle, depuis les îles du Pacifique (où a lieu une explosion volcanique) jusqu'à l'Empire ottoman, de la Chine des Ming à l'Italie des Médicis. Premier grand essai français d'histoire globale.

Guy Martinière et Consuelo Varela (dir.), *L'État du monde en 1492*, coédition La Découverte-Sociedad estatal para la ejecución de programas del Quinto centenario, 1992. Sous la forme d'un « état du monde », un almanach qui fait en fiches et en tableaux le portrait du monde de l'année écoulée. Des grands historiens racontent, de façon très claire, le monde de la fin du XVe au début du XVIe siècle.

Édith et François-Bernard Huygue, *Les Coureurs d'épices. Sur la route des Indes fabuleuses*, Payot, coll. « Petite bibliothèque », 2002. Sur le thème précis du commerce des épices, cet ouvrage retrace une grande histoire du commerce mondial depuis l'Antiquité jusqu'au moment où les Hollandais commencent à contrôler l'Indonésie. Remarquablement documenté et savoureux.

Sanjay Subrahmanyam, Indien, polyglotte, universitaire en France et aux États-Unis, est l'un des représentants les plus célèbres de l'histoire globale. *L'Empire portugais d'Asie (1500-1700)*, Le Seuil, coll. « Points histoire », 2013. C'est une somme remarquable mais très universitaire dans la forme. On conseillera plutôt au grand public *Vasco de Gama. Légende et tribulations du vice-roi des Indes*, Alma, 2012. Biographie, remarquable à la fois par son art de multiplier les points de vue et fourmillant d'anecdotes, qui se lit comme un roman d'aventure.

Portugal, l'empire oublié, « Les Collections de *L'Histoire* », n° 63, avril-juin 2014. Toute l'histoire du Portugal, depuis la reconquête jusqu'aux années post-dictature : riche et synthétique.

Serge Gruzinski, *L'Aigle et le Dragon. Démesure européenne et mondialisation au XVIe siècle*, Fayard, 2012, est un essai d'histoire parallèle. Au début du XVIe siècle, alors que les conquistadors espagnols font tomber les deux grands empires américains, les Portugais rêvent de faire la même chose avec la Chine et sont sèchement renvoyés. Serge Gruzinski est un des grands noms français de l'histoire globale.

Timothy Brooks, *Le Chapeau de Vermeer. Le XVIIe siècle à l'aube de la mondialisation*, Payot, coll. « Petite bibliothèque », 2012. En partant de l'étude de tel détail sur les toiles du maître hollandais, l'auteur, sinologue universitaire britannique, nous emmène en voyage dans la mondialisation du début du XVIIe siècle.

Thierry Sarmant, *1715 : la France et le monde*, Perrin, 2014. Magnifique tentative de faire de l'histoire monde en nous proposant le tour du globe l'année de la mort de Louis XIV.

Piers Brendon, *The Decline and Fall of the British Empire, 1781-1997*, Vintage, 2008. L'histoire de l'Empire britannique à partir de la perte des colonies américaines racontée de façon truculente.

Pankaj Mishra, *From the Ruins of Empire. The Revolt Against the West and the Remaking of Asia,* Penguin, 2013. L'histoire de la domination occidentale en Asie aux XIXᵉ et XXᵉ siècles, vue par les Asiatiques.

Henri Wesseling, *Les Empires coloniaux européens, 1815-1919*, Gallimard, coll. « Folio histoire », 2009. L'auteur, universitaire néerlandais, est un des meilleurs spécialistes de l'histoire coloniale.

Jean-Yves Le Naour, *Histoire du XXᵉ siècle*, Hachette Littératures, 2009. Un ouvrage synthétique et très pédagogique.

Norman Lowe, *Mastering Modern World History*, Palgrave, 2005. Le livre est un manuel qui fait un point complet sur tous les événements du début du XXᵉ siècle à nos jours, et qui a l'avantage de présenter, à chaque fois, les points de vue divers des historiens spécialistes. Il sera d'une grande ressource pour les étudiants.

Serge Berstein et Pierre Milza, *Histoire du XXᵉ siècle*, Hatier, 1994-2010, 4 vol.

Alya Aglan et Robert Frank (dir.), *1937-1947 : la guerre monde*, Gallimard, coll. « Folio histoire », 2015. Premier essai français d'histoire globale sur la Seconde Guerre mondiale.

HISTOIRE OCCIDENTALE

John Morris Roberts et Odd Arne Westad, *The Penguin History of Europe*, Penguin Books, 1998.

Frédéric Delouche (dir.), *Histoire de l'Europe*, Hachette éducation, 1997. Ouvrage rédigé par douze historiens européens.

Charles Seignobos, *Histoire de l'Europe*, Éditions de Cluny, 1934, et *Essai d'une histoire comparée des peuples d'Europe*, Éditions Rieder, 1938.

Norman Davies, *Europe: A History*, Harper Perennial, 1998. Un monument.

Jean Baubérot, *Petite histoire du christianisme*, Librio, 2008.

Christophe Badel et Hervé Inglebert, *Grand Atlas de l'Antiquité romaine. Construction, apogée et fin d'un empire (IIIe siècle av. J.-C. - VIe siècle apr. J.-C.)*, Autrement, 2014.

« Rome et Empire romain », Encyclopaedia Universalis, 1999.

Pierre Grimal, *L'Empire romain*, Le Livre de poche, 2008. Une introduction claire au sujet, par un des grands spécialistes.

Catherine Vincent, *Introduction à l'histoire de l'Occident médiéval*, Le Livre de poche, 2008.

Jacques Le Goff, *Un long Moyen Âge*, Fayard, coll. « Pluriel », 2011.

Dictionnaire du Moyen Âge. Histoire et société, Albin Michel, coll. « Encyclopaedia Universalis », 1999.

CHINE

John King Fairbank, avec Merle Goldman, *Histoire de la Chine. Des origines à nos jours*, Tallandier, 2010. Le classique sur la question.

Patricia Buckley Ebrey, *The Cambridge Illustrated History of China*, Cambridge University Press, 2010.

Claude Chancel et Libin Liu Le Grix, *Le Grand-Livre de la Chine. Histoire et géographie. Civilisation et pensée. Économie et géopolitique*, Eyrolles, 2012.

René Grousset, *Histoire de la Chine*, Payot, 1994.

Deng Yinke, *History of China*, China Intercontinental Press, 2008. Le livre est intéressant pour ceux qui veulent connaître le point de vue officiel.

Danielle Elisseeff, *Confucius. Des mots en action*, Gallimard, coll. « Découvertes », 2003.

Stéphanie Balme, *La Chine*, Le Cavalier bleu, coll. « Idées reçues », 2008.

Gilles Béguin et Dominique Morel, *La Cité interdite des Fils du Ciel*, Gallimard, coll. « Découvertes », 1996.

Ivan P. Kamenarovic, *La Chine classique*, Les Belles Lettres, 1999.

Damien Chaussende, *La Chine au* XVIIIe *siècle. L'apogée de l'empire sino-mandchou des Qing*, Les Belles Lettres, 2013. Remarquable, comme le précédent, et comme la plupart des titres de la collection « Guide Belles Lettres des civilisations », qui ont pour objet de raconter la vie économique, culturelle, quotidienne d'une société à un moment donné.

Asie (hors Chine)

Claude B. Levenson, *Le Bouddhisme,* PUF, coll. « Que sais-je ? » n° 468, 2004.

Jean Boisselier, *La Sagesse du Bouddha*, Gallimard, coll. « Découvertes », 1993.

Jean-Noël Robert, *Petite histoire du bouddhisme. Religions, cultures, identités*, Librio, 2008. Ces trois ouvrages, d'une grande clarté, offrent une bonne introduction au sujet.

Le Japon, des samouraïs à Fukushima, Pluriel-*L'Histoire*, 2011.

Nelly Delay, *Le Japon éternel*, Gallimard, coll. « Découvertes », 1998.

François Macé et Mieko Macé, *Le Japon d'Edo*, Les Belles Lettres, 2006.

Louis Fréderic, *La Vie quotidienne au Japon au début de l'ère moderne, 1868-1912*, Hachette, 1984.

Alain Daniélou, *Histoire de l'Inde*, Fayard, 1983. Le livre, écrit par un indianiste célèbre, est assez daté, mais très bien écrit, et donc agréable à lire.

Michel Angot, *L'Inde classique*, Les Belles Lettres, 2001.

Amina Okada et Thierry Zéphir, *L'Âge d'or de l'Inde classique*, Gallimard, coll. « Découvertes », 2007.

Pascale Haag et Blandine Ripert, *L'Inde*, Le Cavalier bleu, coll. « Idées reçues », 2009. L'Inde expliquée à travers quinze idées toutes faites qu'on a sur le pays.

René Grousset, *L'Empire des steppes. Attila, Gengis Khan, Tamerlan*, Payot, coll. « Regard de l'histoire », 2015. Publié en 1939, l'ouvrage reste un classique.

Jean-Paul Roux, *Histoire de l'Empire mongol*, Fayard, 1993.

—, *Gengis Khan et l'Empire mongol*, Gallimard, coll. « Découvertes », 2002.

L'Iran, des Perses à nos jours, Pluriel-*L'Histoire*, 2012. Excellent ouvrage, avec les contributions des plus grands spécialistes français de la question.

Philip Huyse, *La Perse antique*, Les Belles Lettres, 2005.

Afrique

Catherine Coquery-Vidrovitch, *Petite histoire de l'Afrique. L'Afrique au sud du Sahara de la préhistoire à nos jours*,

La Découverte, 2011. Excellente synthèse écrite par une universitaire spécialiste du continent.

François-Xavier Fauvelle-Aymar, *Le Rhinocéros d'or. Histoires du Moyen Âge africain*, Gallimard, coll. « Folio », 2014. L'histoire de l'Afrique avant l'arrivée des Européens, racontée à partir d'objets ou de témoignages. Le livre, magnifique, a été couronné par de nombreux prix.

David Van Reybrouck, *Congo, une histoire*, Actes Sud, coll. « Babel », 2014. L'auteur, anthropologue, historien et journaliste belge, mêle archives, témoignages, reportages pour nous plonger dans l'histoire fascinante du deuxième plus grand pays africain.

Henri Wesseling, *Le Partage de l'Afrique, 1880-1914*, Gallimard, coll. « Folio histoire », 2002.

AMÉRIQUES

Serge Gruzinski, *Le Destin brisé de l'Empire aztèque*, Gallimard, coll. « Découvertes », 2010.

Carmen Bernand, *Les Incas, peuple du soleil*, Gallimard, coll. « Découvertes », 2010.

Pierre Chaunu, *Histoire de l'Amérique latine*, PUF, coll. « Quadrige », 2014.

Pierre Vayssière, *Les Révolutions d'Amérique Latine*, Le Seuil, coll. « Points histoire », 2002.

André Kaspi, *Les Américains. Les États-Unis de 1607 à nos jours*, Le Seuil, coll. « Points histoire », 2014. Deux tomes qui donnent la meilleure synthèse de l'histoire des colonies britanniques d'Amérique du Nord, puis des États-Unis.

Citons aussi le nom de Philippe Jacquin. Cet universitaire (1942-2002), anthropologue et historien, était un des rares spécialistes français des Amérindiens. Il avait fait sa thèse sur les « Indiens blancs », les Européens passés de l'autre côté, durant les premiers siècles de la colonisation. On retiendra de lui deux ouvrages facilement accessibles, tous deux dans la collection « Découvertes » (Gallimard) : *La Terre des Peaux-Rouges* (2000), et *Vers l'Ouest, un nouveau monde* (1987), qui racontent de façon simple et passionnante la vie des pionniers et des cow-boys.

★
★ ★

Pour tout ce qui concerne le **monde arabo-musulman**, enfin, on conseillera au lecteur de se référer à la bibliographie figurant dans *L'Orient mystérieux et autres fadaises* (Fayard, 2013), précédent ouvrage de l'auteur.

INDEX

[Petites capitales] : noms de personnes
[*italique*] : dynasties, notions, organisations, périodes, populations
[romain] : noms de lieux

---

balkanisation : éclatement d'une région en plusieurs entités politiques, en référence à l'éclatement politique des Balkans à la fin du XIXe.

Commonwealth : le Commonwealth est d'abord le régime mis en place par Cromwell, qui en est le *lord protector* (1649-1658). Le mot désigne aussi la communauté fondée en 1931 pour regrouper les anciennes colonies britanniques.

comptoirs : petites places installées à l'étranger, souvent sur les côtes, qui servent aux Européens à commercer. On parle aussi de factoreries.

concert européen : après 1815, le puissant ministre des Affaires étrangères autrichien pense que le meilleur moyen de garantir la paix en Europe est que les puissances y soient de force équivalente, pour qu'aucune ne domine les autres. C'est ce qu'on appelle le concert européen, ou le système Metternich.

conciles : le message laissé par le Christ est flou sur bien des points. Dans les premiers siècles du christianisme, l'empereur de Rome, pour les éclaircir, convoque régulièrement l'ensemble des évêques. Leurs conciles définissent le dogme juste – l'orthodoxie – et rejettent la position fausse, qui devient « hérétique ». L'Église catholique, sous l'égide du pape, reprend ce système.

---

destinée manifeste : inventée en 1845 par un journaliste new-yorkais, l'expression de *manifest destiny* résume le messianisme américain : toute l'expansion du pays vers l'ouest est légitime puisqu'elle est l'expression d'une volonté divine.

Devisement du monde **:** au retour de ses voyages, Marco Polo se retrouve prisonnier avec un compagnon à qui il raconte ses voyages jusqu'en Chine. Celui-ci les couche par écrit dans un ouvrage intitulé le *Livre des Merveilles du monde* ou le *Devisement du monde* qui devient un best-seller d'avant l'imprimerie et met, dans les têtes de générations entières, un rêve chinois.

---

dharma **:** dans l'hindouisme, le *dharma* signifie à la fois l'organisation du monde tout autant que la loi, la morale et la place sociale que chacun doit respecter scrupuleusement pour ne pas bouleverser l'ordre cosmique.

---

diaspora : désigne la dispersion d'un peuple autour du monde. Celle des Hébreux commence après la fin de la captivité à Babylone, quand une partie d'entre eux revient à Jérusalem alors que d'autres restent en Mésopotamie ou s'éparpillent.

Grand Jeu : l'expression désigne la concurrence coloniale que se font, au XIXe siècle, les Russes et les Britanniques en Asie centrale.

Maghreb : l'endroit où le soleil se couche, l'Occident. La Tunisie, l'Algérie, le Maroc forment le Maghreb arabe. On y inclut parfois la Libye et la Mauritanie.

mare nostrum **:** un Romain conçoit son empire tel un monde circulaire, tournant autour de *mare nostrum* – notre mer –, appelée aussi *mare internum*. L'idée d'y voir une séparation entre un Nord, l'Europe chrétienne, et un Sud, arabo-musulman, n'apparaît qu'après les conquêtes arabes du VIIe siècle.

nanban **:** les premiers Occidentaux qui accostent au Japon sont les Portugais, au XVIe siècle. Les Japonais les appellent *nanban*, les « barbares du Sud », à cause de la direction dont ils viennent.

nation : jusqu'au XVIIIe siècle, la souveraineté repose sur le lien de subordination vertical de chaque sujet avec son monarque. Les révolutions, américaine puis française, renversent ce principe. Désormais le pouvoir doit émaner du peuple, de la nation – étymologiquement ceux qui sont « nés » à un endroit donné.

polycentrisme : la Chine impériale est une puissance unifiée, où un seul décide. L'Europe, éclatée entre de multiples puissances, est polycentrique. La concurrence qui en découle peut être stimulante. Au XVIe siècle, elle favorise l'expansion, chaque pays se lançant à la conquête du monde pour ne pas laisser les autres le faire.

Realpolitik : le chancelier allemand Bismarck forgea ce terme pour définir sa vision pragmatique de la politique étrangère : une bonne connaissance de la situation « réelle » des pays, des forces et des faiblesses de chaque État en vue d'établir une paix durable.

routes de la Soie : à partir du début de notre ère, elles partent de Changan, en Chine, et aboutissent à Damas ou Antioche, en Syrie. Elles relient ainsi le Vieux Monde d'un bout à l'autre.

Saint Empire : en 800, Charlemagne est sacré par le pape empereur des Romains, comme au temps des Augustes. En 962, Otton, duc de Saxe, relève cette couronne et fonde le Saint Empire romain, qui court de la Baltique au milieu de l'Italie. À partir des XVe-XVIe siècles, quand son territoire se réduit au monde allemand, on parle de Saint Empire romain germanique.

traités inégaux : après les guerres de l'Opium menées contre la Chine et l'ouverture forcée du Japon, les Occidentaux imposent aux Chinois et aux Japonais des traités de commerce très défavorables pour eux, qu'on appelle pour cette raison « traités inégaux ».

Troisième Rome : après la Ville éternelle, fondée par Romulus et Remus, Constantinople est la deuxième capitale de l'Empire romain. Elle tombe aux mains des Ottomans en 1453. Moscou, qui se prétend le centre de l'orthodoxie chrétienne, se vit dès lors comme la Troisième Rome.

westphalien (système) : pendant la guerre de Trente Ans, le pape et l'empereur, personnages-clés jusqu'alors, régnant au-dessus des monarques, perdent tout pouvoir au profit des nouveaux acteurs qui entrent dans le conflit, les États – la France, l'Espagne, la Suède, les Provinces-Unies, etc. Ce sont eux qui signent les traités de Westphalie (1648), qui rétablissent la paix, d'où le nom de « système westphalien » donné à la prééminence des États dans les relations internationales.

zhong guo : on la nomme Chine en Occident. Pour ses habitants, elle s'appelle *zhong guo*, le « pays du Milieu » (plus tard traduit en Europe par « empire du Milieu »), c'est-à-dire l'axe du monde autour duquel ne peuvent tourner que des inférieurs et des barbares.

REMERCIEMENTS

Jamais je ne serais venu au bout d'un projet aussi monumental et déraisonnable qu'une histoire du monde sans l'aide salvatrice d'une équipe.

Cet ouvrage a été soutenu chaleureusement, tout du long, par Sophie de Closets. Vincent Brocvielle, qui durant ces années n'a ménagé ni son enthousiasme ni sa disponibilité, en a été l'éditeur efficace. Carl Aderhold a bien voulu le relire à la lumière de sa culture encyclopédique et cela m'a évité bien des erreurs. Nombre d'autres ont été corrigées après la lecture scrupuleuse et pertinente de Diane Feyel, assistée d'Amicie Pélissié du Rausas et d'Émilie Polak. Philippe Rekacewicz a dessiné les cartes de l'ouvrage tandis que Pierre Brissonnet et Olivier Marty en ont conçu l'élégante couverture.

Merci à eux tous.

Table des cartes

TABLE

Quatre empires de l'Antiquité

Le monde au temps d'Haroun al-Rachid

Le monde au temps des invasions mongoles

DEUXIÈME PARTIE :
UN MONDE RECONFIGURÉ

Le XVIe siècle

Le XVIIe siècle

Le XVIIIe siècle

TROISIÈME PARTIE : UN MONDE DOMINÉ

Le siècle de l'Europe

Le XXe siècle

Du même auteur

L'ORIENT MYSTÉRIEUX ET AUTRES FADAISES : 2 500 ANS D'HISTOIRE AUTOUR DE LA MÉDITERRANÉE, Fayard, 2013.

LE KIT DU 21e SIÈCLE : NOUVEAU MANUEL DE CULTURE GÉNÉRALE, avec Vincent Brocvielle, Lattès, 2012.

NOS ANCÊTRES LES GAULOIS ET AUTRES FADAISES : L'HISTOIRE DE FRANCE SANS LES CLICHÉS, Fayard, 2010.

RAPPELLE-TOI, Nil Éditions, 2008.

LA PLANÈTE DES SAINTS, Hachette Littératures, 2007.

UNE GOLDEN EN DESSERT : TOUT CE QUI NOUS DONNE LE CAFARD ET LES MOYENS D'EN SORTIR, Nil Éditions, 2006.

NOS AMIS LES HÉTÉROS, Nil Éditions, 2004.

NOS AMIS LES JOURNALISTES, Nil Éditions, 2002.

NOS ANNÉES VACHES FOLLES : TOUT CE QUI A CHANGÉ DANS NOTRE VIE QUOTIDIENNE, Nil Éditions, 1999.

L'AIR DU TEMPS M'ENRHUME, Calmann-Lévy, 1997.

UNE FIN DE SIÈCLE : CHRONIQUE AMUSANTE D'UNE ÉPOQUE SINISTRE, Calmann-Lévy, 1994.

SUR LA TERRE COMME AU CIEL : POUR UNE NOUVELLE MORALE LAÏQUE, Calmann-Lévy, 1990.

POUR EN FINIR AVEC LES ANNÉES 80 : PETITE SOCIOLOGIE DES SNOBISMES DE L'ÉPOQUE, Calmann-Lévy, 1988.

PAPIER À BASE DE FIBRES CERTIFIÉES

Le Livre de Poche s'engage pour l'environnement en réduisant l'empreinte carbone de ses livres. Celle de cet exemplaire est de :
800 g éq. CO_2
Rendez-vous sur
www.livredepoche-durable.fr

Composition réalisée par NORD COMPO

Achevé d'imprimer en septembre 2018, en France sur Presse Offset par
Maury Imprimeur – 45330 Malesherbes
N° d'imprimeur : 230167
Dépôt légal 1re publication : février 2018
Édition 06 - septembre 2018
LIBRAIRIE GÉNÉRALE FRANÇAISE – 21, rue du Montparnasse – 75298 Paris Cedex 06

46/7670/6